A. JOACHIMSTHALER

Korrektur einer Biographie

A. JOACHIMSTHALER

KORREKTUR EINER BIOGRAPHIE

ADOLF HITLER 1908–1920

Mit 67 Textabbildungen
und 69 Fotos

HERBIG

Alle Abbildungen aus dem Archiv
des Verfassers

Schutzumschlaggestaltung: Wolfgang Heinzel, München
unter Verwendung eines Fotos aus Hitlers Wattenschein (1919)
Satz: Typo spezial I. Geithner, Erding
Gesetzt aus 10/11.2p English Times Compugraphic
Druck und Binden: Mohndruck, Graphische Betriebe, Gütersloh
Printed in Germany
ISBN 3-7766-1575-3

INHALT

Vorwort

Bei mindestens zwei Generationen der heute in der Bundesrepublik Deutschland lebenden Menschen hörte der Geschichtsunterricht bei der Weimarer Republik auf. Da eine eingehende historische, politische und soziale Auseinandersetzung mit dem Nationalsozialismus bei vielen Menschen nicht stattfand, sind die zeitgeschichtlichen Vorstellungen, die Erinnerungen an die NS-Zeit, die Eroberungsfeldzüge und Judenvernichtung auch für manche nicht so von Interesse. Die deutsche Geschichte von 1933 bis 1945 ist für viele Mitmenschen eine ganz unverständliche Entgleisung, an der man nicht schuld ist und für die es auch — außer Hitler — kaum einen Verantwortlichen gab. Vorgefaßte Meinung und Teilwissen statt Auseinandersetzen, lautet bei vielen Mitbürgern, die zum Teil der laufenden Berichte, Vorwürfe und Schilderungen der NS-Verbrechen überdrüssig sind, die Parole. Mit einer inzwischen gebildeten Meinung ist sicher leichter umzugehen als mit einer gezielten Auseinandersetzung der unheilvollen Vergangenheit der NS-Zeit und deren Personen.

Die ab Mitte des vorigen Jahrhunderts in allen europäischen Staaten vorhandene Meinung, daß der nationale Egoismus etwas Ehrenhaftes sei und nur die eigenen nationalen Belange ausschlaggebende Faktoren der Politik wären, hatte zu zwei Weltkriegen geführt, die von deutscher Seite angefangen und verloren worden sind. Zwölf Jahre Herrschaft Hitlers, davon fünf Jahre Krieg, an dem sich 92 Millionen Menschen der ganzen Welt beteiligten, von denen über 52 Millionen den Tod fanden, darunter sechs Millionen systematisch ausgerotteter Juden, haben die Deutschen zu einer gewissen Geschichtslosigkeit verdammt. Nach der Teilung des Deutschen Reiches 1945 durch die Alliierten in drei Teile (Polen, DDR und die Bundesrepublik) verdrängten viele nicht nur die furchtbare Periode der Naziherrschaft, sondern auch die nationale historische Vergangenheit.

Viele Buchautoren, die sich mit Hitler und dem Nazi-Regime beschäftigten, und noch dazu keine Historiker waren, begründeten daher im Vorwort ihrer Arbeiten, warum sie dieses Thema gewählt haben. Es scheint manchmal heute noch so, daß die Beschäftigung mit der NS-Ver-

gangenheit und der Person Hitlers — obwohl eben Teil deutscher Geschichte — suspekt sind. Das Leben Hitlers, dieses mit extremen Verfehlungen und Verbrechen belasteten Menschen, ist zwar teilweise verhältnismäßig gut erforscht, es ist aber ein sehr merkwürdiges Leben mit einigen »dunklen Stellen«. Vor allem von der Zeit vom November 1918 bis Juni 1919, ist über Hitlers frühe politische Tätigkeit und Einstellung bisher sehr wenig bekannt geworden.
Was besitzt Hitler heute noch an Interessantem, daß immer wieder über ihn geschrieben wird, heißt eine der anderen Fragen. Ist es der Eroberer, der Herr der Welt werden wollte, der zur Befriedigung seiner persönlichen Vorstellungen und seines Ehrgeizes eine ganze Welt in einen Krieg stürzte? Ist es das Phänomen Hitler, dem es gelang Millionen Menschen für seine Idee vom Nationalsozialismus und der Größe Deutschlands zu begeistern? Liegt es daran, daß eine große Zahl von Menschen irgendwo geheime Machtphantasien hegt, wie Hitler? Hoffen Menschen durch die Lektüre über Hitler die dunklen Stellen der menschlichen Natur begreifen zu können — ohne daß sie eine Antwort finden? Oder ist es die Faszination von Uniform, Marschschritt und kalkulierter Massenmobilisierung — die zum Massenwahn führte — sowie auf der anderen Seite Gewalt, Verbrechen und Mord die Menschen immer wieder sensationslüstern schaudern machen? Es ist ein uraltes, allerdings etwas merkwürdiges Interesse an finsteren Gestalten der Geschichte, und Hitler, als Inbegriff der bösen und kriminellen Ausprägung eines Politikers und Ideologen im zwanzigsten Jahrhundert, ist daher keine Ausnahme.

»Wer daran arbeitet, Hitler als bösen Dämon darzustellen, als Inkarnation des Bösen, der hilft einerseits mit, ihn als Faszinosum zu erhalten«, meinte Arno Plack in seinem Buch »Wie oft wird Hitler noch besiegt«, »zum anderen lenkt er eine psychologische Entlastungsstrategie, die alle Verantwortung für das, was geschehen konnte, diesem einen Manne zuschreibt, ohne die Wechselbeziehungen zu beachten, die allemal zwischen einem Führer und den von ihm Geführten bestehen. Diese Wechselbeziehung feststellen, heißt nicht die Kollektivschuld-These bejahen.«

Immer wird bei Hitler-Biographen kritisiert, daß sie sich zu sehr auf die Person Hitlers stützen und damit angeblich wesentliche Voraussetzungen seines Wirkens und seiner Wirkung außer acht bleiben. Gegenstand der Geschichte ist aber letztlich immer der Mensch, die Darstellung menschlichen Verhaltens. Um die Folgen und Auswirkungen, die der Nationalist, Rassenfanatiker, Politiker und Kriegsherr Hitler in persona auslöste, zu verstehen, kann man die Person Hitlers, in ihrer Entwicklung und Prägung, nicht vernachlässigen: Hitler war der »Motor«, der alles antrieb!

Hitlers Leben, das eigentlich im Widerspruch zu der großen Wirkung, die es erzeugt hat, steht, sollte und muß an Hand seiner politischen Entwicklung und den Zeitströmungen dargestellt werden. Eine biographische Neugier allein ist selbstverständlich nicht geeignet, historische und politische Bildung zu fördern. Aber es war eben leider so, daß Illustrierte und Zeitschriften sowie manche Journalisten und Historiker oft mehr an Sensationen interessiert waren als an einer ernsthaften Forschung und Darstellung derer Ergebnisse. In den frühen Jahren nach dem Krieg wurde keine personelle Geschichtsschreibung betrieben, sondern es wurden die Strukturen des Nationalsozialismus, die Faschismustheorie, das Gewaltsystem und die Folgen sowie Verbrechen des NS-Staates aufgezeigt. Personen, einschließlich Hitlers, die ja eine wichtige Rolle gespielt haben, sind meist nur sensationell aufgemacht dargestellt worden. Ausdrücklich betonen möchte ich, daß eine bloße Beschäftigung mit der Person Hitlers sicher nicht ausreicht, denn dazu gehört auf jeden Fall die Erläuterung, wie es möglich war, daß ein solcher Mensch so eine politische Macht gewinnen konnte. Den Anfang des Weges dazu wollte ich hiermit nachzeichnen.

Vor allem waren es die in vielen Biographien festzustellenden Ungenauigkeiten in Fakten und Daten sowie die laufende Fortschreibung dieser Darstellungen, die mich, neben Hitlers ungeklärtem Verhalten in der Revolutionszeit 1918/19 und Räteherrschaft — ausgelöst durch die Arbeiten von Ernst Deuerlein — veranlaßt haben, diesen wichtigen Abschnitt in Hitlers Leben näher zu untersuchen.

Auch waren es die oft falschen Angaben und Kombinationen sowie der leichtfertige Umgang mit den Quellen des Historikers Prof. Dr. Werner Maser, der nach den Angaben des »Spiegel« (Nr. 14 (1973), S. 43): »Dem SS-Chef Himmler ... schon im September 1944 als der ›künftige Führerbiograph und Historiker des Nationalsozialismus‹ vorgestellt ... *[wurde]* ...«, die mich zu weitergehenden Recherchen veranlaßt haben. Maser arbeitete nach dem Motto, ebenfalls nach dem »Spiegel« zitiert: »Jetzt wird nicht Geschichte geschrieben. Jetzt wird Geschichte gemacht!«

Inzwischen haben aber mehrere Historiker festgestellt, daß Masers Umgang mit den Quellen mehr als leichtfertig ist. »Diese Art Quellen zu zitieren«, so schrieb z. B. Joachim Leuschner in »Neue Politische Literatur« (XI. Jg. 1966, S. 247), »ist leider nicht auf die genannten Passagen beschränkt; schon vorher und erst recht in späteren Teilen seines Buches *[gemeint ist das Buch Masers, »Frühgeschichte der NSDAP«]* verfährt Maser ebenso oder ähnlich.« »Zudem hat«, wie Hellmuth Auerbach in den »Vierteljahresheften für Zeitgeschichte« (25. Jg. (1977) H. 1, » Hit-

lers Weg bis 1924« S. 11) feststellte, »die neuere Forschung Maser häufig Unzuverlässigkeit in Details nachweisen müssen.«
Scheinbar kann Maser Quellen und Dokumente oft nicht richtig interpretieren sowie zitieren, und er bleibt bei vielen seiner Vermutungen und Kombinationen — »Korrekturen«, wie es Maser nannte — den Beweis schuldig. Manfred Weißbecker führte z. B. in der »Zeitschrift für Militärgeschichte« (1967), S. 108 aus: »Ein anschauliches Beispiel findet sich ... bei der Behandlung von Hitlers Verzicht auf die ihm zustehende Waisenrente (S. 81, Frühgeschichte der NSDAP). Hier ersetzt Maser alte Behauptungen durch neue, die ebenso unbewiesen und anfechtbar sind.«
Um nur einige Stellungnahmen über Masers Arbeiten zu nennen:
Albrecht Tyrell führt auf Seite 11 seines Buches »Vom ›Trommler‹ zum ›Führer‹« aus: »Als besonders leichtfertig im Umgang mit den Quellen müssen W. Masers Darstellungen bezeichnet werden ...« In V.f.Z. 21 (1973) 5, S. 334-336, wird unter der Überschrift, »Hitlers Handschrift und Masers Lesefehler. Eine Notwendige Korrektur«, u. a. ausgeführt, daß gegen das Buch Masers »Hitlers Briefe und Notizen. Sein Weltbild in handschriftlichen Dokumenten«, »... erhebliche Bedenken geäußert werden müssen (s. Frankfurter Allgemeine Zeitung vom 4.6.1973, Seite 11). Obwohl das Buch nur eine sehr oberflächliche Analyse bietet ... scheint es uns geboten, auf die zahlreichen Lesefehler Masers bei der Übertragung der Handschriften Hitlers hinzuweisen und zu berichtigen ...« Eberhard Jäckel und Axel Kuhn weisen in ihrem Buch über »Hitler, Sämtliche Aufzeichnungen 1905-1924«, in vielen Anmerkungen auf die Übertragungsfehler Masers hin. Hellmuth Auerbach schreibt in einer Anmerkung in V.f.Z. 25 (1977) 1, S. 14, »... Das Buch von Werner Maser, › Hitlers Briefe und Notizen ‹ ... ist wegen seiner zahlreichen Fehler nur mit Vorsicht zu benützen.«
Ich selbst möchte hier im Vorwort nur einige »typische Beispiele« anführen, die außerhalb des in diesem Buch dargestellten Zeitraumes liegen. Alle Fehler, Kombinationen und Unkorrektheiten Masers darzustellen, würde den Rahmen sprengen, oder, wie Joachim Leuschner in der Zeitschrift »Neue Politische Literatur« (XI. Jg. 1966) ausführte: »Für weitere Hinweise auf Druck- und andere Fehler, unzureichende Literaturbenutzung usw. ... *[Masers]* ... ist hier nicht der Raum.«
Maser schreibt z. B. auf Seite 109 des genannten Buches u. a. folgendes: »... Einigen alten Freunden aus der Jugendzeit und Kindheit, wie beispielsweise Fritz Seidl und Fritz Lauböck allerdings antwortete er ... *[Hitler]* ... bis Ende 1923 noch ungekünstelt freundschaftlich ... So schrieb er beispielsweise dem Regierungsrat Lauböck: »Lieber Fritz ... *[usw.]* ...«

11.10.1923.

Lieber Adolf

Unter Deinen sonstigen Zuschriften dürfte es Dich doch freuen, an eine Zeit erinnert zu werden als Du und ich auf Frau Sekirs's Bude, Grabengaseo 9 (I.Klasse Realschule in Linz) viel Heldenstücke aussannen und in Leonding mit den Baudums usw., bei den Pulvertürmen zu verwirklichen gedachten. Nun freue ich mich von Dir so viel Rühmliches zu hören und wünsche Dir herzlichst Glück. Wenn Dir Zeit bleibt, bitte ich Dich, mir einige Zeilen über Deine Familie zu schreiben. Dieser Tage war Mayrhofer bei mir und sprachen wir auch über Dich. Also Glück auf

dein alter Freund

Fritz

Herrn Adolf Hitler, München, Deutsches Reich 15.10 erh.
Von der Post: Orleansplatz 1,a/II 15.10 erl.

Abs.: Fr. Seidl, Abt. 18, Lds.Reg., Burg Graz,Steiermark Oesterreich

Brief des Jugendfreundes Hitlers, Fritz Seidl, vom 11. Oktober 1923 an Hitler (HIMC, File 14, Reel 11; in Abschrift).

Übertragung aus dem Stenogramm des Sekretärs Lauboeck.

München, 16.10.23

Lieber Fritz! Mit unendlicher Freude erhielt ich gestern Deine lieben Zeilen, die mich an die sonnige Lausbubenzeit erinnerten, die wir beide im Verein mit anderen damals verbrochen haben.

Ich war erst neulich in Linz und bin dabei durch all die alten Strassen und Gässchen vorbei an unserem alten Grabenhaus auch durch die Ge..ennerstr und habe zufällig auch dabei an Dich gedacht. Das ....Ereignis, dass Du nur(?) noch lebst, und in Graz bist, und mir schriebst hätte ich im ......dort nicht erwartet, denn eine ganze Reihe der Kameraden sind ja unterdess dem Krieg zum Opfer gefallen. Was meine Familie betrifft, so besteht sie zunächst nur aus einem wundervollen deutschen Schäferhund. Zu Höherem hab ich's noch nicht gebracht. Der Rädelsführer von einst ist auch als Rädelsführer von heute für die zärtlichen Gebundenheiten des Lebens noch nicht genug zugeschliffen.

Ich grüsse Dich auf das Herzlichste und bitte Dich, mir wieder zu schreiben.

Dein alter Freund

Adolf Hitler

Antwortschreiben Hitlers vom 16. Oktober 1923 an seinen Jugendfreund Fritz Seidl, aus dem der Historiker Dr. Werner Maser einen »Regierungsrat Fritz Lauböck« macht (HIMC, File 14, Reel 1).

Dazu ist festzustellen, daß der »Regierungsrat Lauböck«, der richtig Lauboeck hieß, kein Jugendfreund Hitlers war! Er hieß Theodor Lauboeck (geb. 20.12.1874 (!) in Wunsiedel) und war von 1914 bis 1921 Amtsvorstand (Oberregierungsrat) in Rosenheim bei der Reichsbahn. Ab 1921 war er Gründungsmitglied der NSDAP Ortsgruppe in Rosenheim und mit seiner Frau Dora ein väterlicher Freund Hitlers. Sein Sohn Fritz Lauboeck (geb. am 11.2.1904 in Nürnberg) war von 1922 bis 1923 Privatsekretär Hitlers bei der NSDAP in München!

In dem vorhandenen Brief von Hitlers Jugendfreund Fritz Seidl (NSDAP Hauptarchiv, HIMC, File 14, Reel 1 bzw. BA Koblenz NS26/14) ist alles »eindeutig« nachzulesen (auch das Datum von Hitlers Brief, das nach Maser nicht zu erkennen ist: 11.10.1923 bzw. 16.10.1923)! Vor allem steht über dem Brief Hitlers an seinen Jugendfreund Fritz Seidl vom 16.10.1923 eindeutig: »Übertragung aus dem Stenogramm des Sekretärs Lauboeck.« Bei einer solchen Darstellung und Unkorrektheit Masers fehlen einem tatsächlich die Worte. Das gleiche gilt auch, wie später dargestellt, für einen »Kriegskameraden« Hitlers, Jakob Weiß aus Abens, den Maser ebenfalls, aus unerfindlichen Gründen, zu einem »Schulkameraden« Hitlers (wie auch nochmals Fritz Lauboeck (S. 39)), stilisiert.

Ein besonderes Kapitel ist z. B. auch Masers Konstruktion eines »Großvaters« von Hitler (Nepomuk Hüttler) in seinen Büchern »Der Sturm auf die Republik. Frühgeschichte der NSDAP« und »Adolf Hitler. Legende, Mythos, Wirklichkeit«. Nachdem Maser auf vielen Seiten seine »Vermutungen« ausbreitet, und das Faktum, das bereits Nikolaus Peradovich und Anton Albrecht Klein (s. u. a. »Spiegel« Nr. 24 (1957), S. 56ff.) nachwiesen, daß es keinen Juden Frankenberger oder Frankenreiter (nicht Frankenreither, wie Maser schreibt) in Graz gab, schreibt er z. B. in der 7. Auflage seiner Hitlerbiographie auf Seite 614 im Personenregister: »Frankenberger (wahrscheinlich Großvater Adolf Hitlers).«

Maser schreibt z. B. auch zu der Legitimierung des Vaters von Hitler, Alois Schickelgruber in »Hitler«, in seinen Büchern und Artikeln, um nur einiges herauszugreifen, daß der Pfarrer Zahnschirm erst kurz in Döllersheim war: »... den 1876 eben erst nach Döllersheim versetzten Pfarrer Josef Zahnschirm ... In diesem Falle konnte dem Pfarrer leicht ein Hörfehler unterlaufen ...« sowie, daß »... die Zeugen weder schreiben noch lesen konnten ...« (Maser, Adolf Hitler. Legende, Mythos, Wirklichkeit, S. 31).

Das ist alles falsch und von Maser — wie so vieles andere auch — kombiniert und nicht richtig dargestellt worden! Die Wahrheit ist, um hier nur einiges richtig zu stellen:

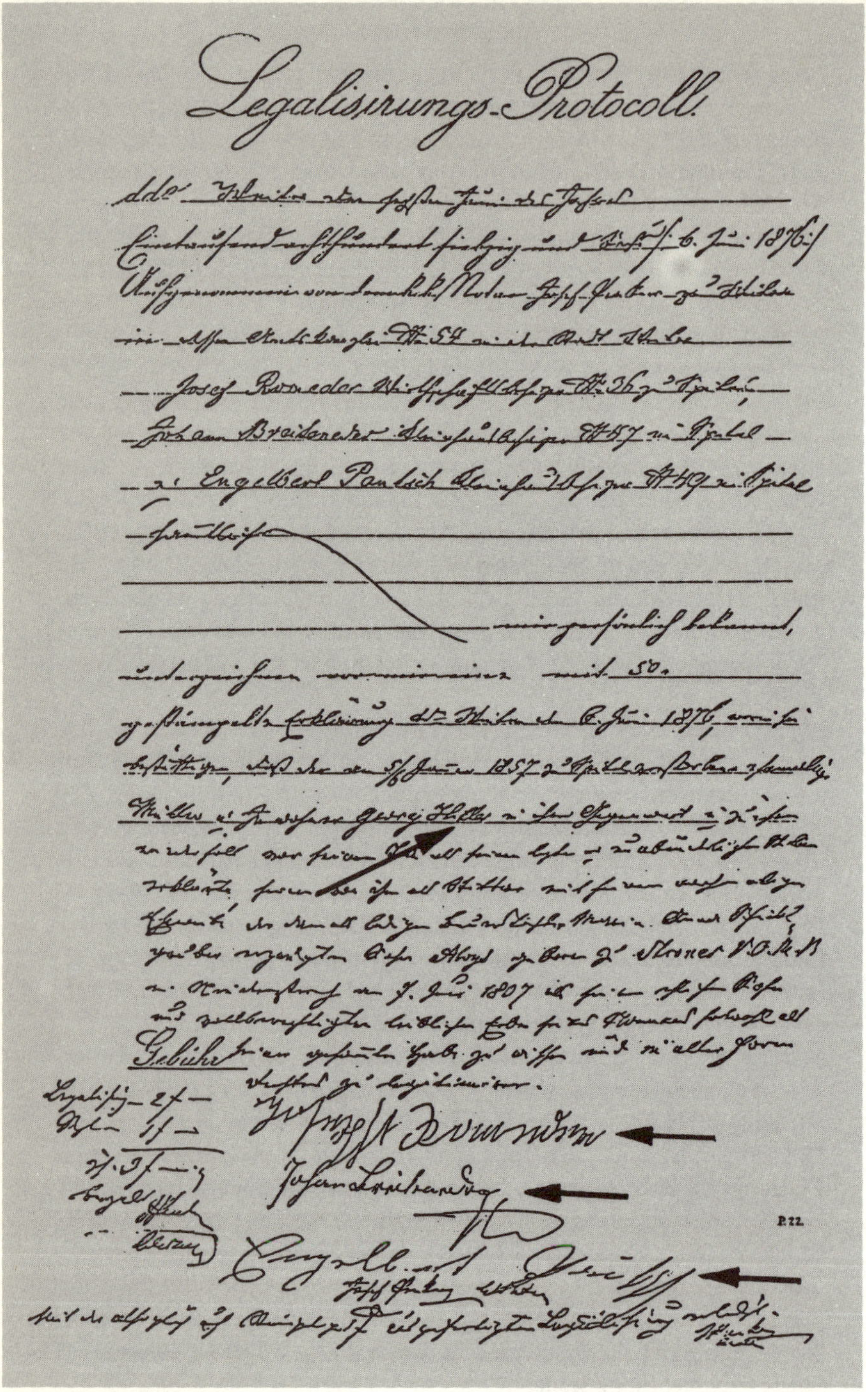

In dem Legalisierungs-Protokoll vom 6. Juni 1876 des Notars Josef Pauker aus Weitra taucht fälschlicherweise zum ersten Mal der Name »Hitler« auf. Hitler verdankt es dem niederösterreichischen Notar, und nicht wie Maser angibt, dem Pfarrer Zahnschirm in Döllersdorf, daß er Hitler und nicht Hiedler hieß. Das Protokoll haben die nach Maser »des Lesens und Schreibens unkundigen« Zeugen Romaeder, Breiteneder und Pausch eigenhändig unterschrieben.

1. Der Pfarrer Josef Zahnschirm war von 1867 bis 1886 Pfarrer in Döllersheim, also nicht eben versetzt und schon neun Jahre früher in Döllersheim, als Maser angibt (s. Brief des Pfarrers von Rastenfeld, Leopold Wiesinger vom 17.11.1965; Karl Merinsky, »Das Ende des Zweiten Weltkrieges und die Besatzungszeit im Raum Zwettl in Niederösterreich«).
2. Die nach Maser des Lesens und Schreibens unkundigen Zeugen haben das Legalisierungsprotokoll im Notariat Weitra am 6. Juni 1876 mit ihren Namen eigenhändig unterschrieben!
3. Dem Pfarrer Zahnschirm unterlief kein Hörfehler, da einen Tag vor der Änderung im Taufbuch, was Maser wohl entgangen ist oder nicht in sein Konzept gepaßt hat, am 6. Juni 1876 beim Notar Josef Penkner in Weitra ein Legalisierungsprotokoll (G.Z. 3394) erstellt worden ist. Die im Taufbuch genannten Zeugen gaben ihre Erklärung nicht zuerst beim Pfarrer Zahnschirm ab, sondern einen Tag vorher bei dem Notar Penkner in Weitra! »Wahrscheinlich war es sogar«, so vermutet Merinsky, »der Pfarrer Zahnschirm, der die Notariatserklärung veranlaßte, um für die Anmerkung und Korrektur im Geburts- und Taufprotokoll eine Grundlage und — wie er vermutlich glaubte — Rückendeckung zu haben.« (s. Karl Merinsky, a.a.O., S. 34). Daß in der Notariatserklärung, die als Faksimile hier gezeigt wird, der Name als »Hitler« und nicht »Hiedler« geschrieben wurde, war für den Pfarrer allein maßgebend. Adolf Hitler verdankt also der Großzügigkeit eines niederösterreichischen Notars aus Weitra, daß er »Hitler« und nicht »Hiedler« hieß.

So könnte man noch mehrere Beispiele anführen, wo Maser Vermutungen und Kombinationen aufstellt und den Beweis schuldig bleibt. Wie in der Zeitschrift »Neue Politische Literatur« (XI. Jg. 1966, S. 245) festgestellt: »Maser steht seinen eigenen Kombinationen nicht immer so kritisch gegenüber, wie der bisherigen Literatur, die er öfters allzu schlecht macht.«

Wie gesagt, die Beispiele ließen sich beliebig fortsetzen, ich gehe später noch auf einige gravierende Fehler und Kombinationen Masers ein. Vor allem sind nach der in diesem Buch veröffentlichten Entwicklung Hitlers zum Redner und Politiker, die Ausführungen von Manfred Weißbecker in der »Zeitschrift für Militärgeschichte« (1 (1967) S. 110), voll zu unterstreichen: »... Ihm ... *[Maser]* ... sind ferner die ›antibolschewistischen‹ Lehrgänge gleichgültig, die im Sommer 1919 vom ›V-Mann‹ Hitler besucht wurden (S. 113ff.) und sicher direkteren Einfluß auf seine Anschauungen nahmen, als die ›Erfahrungen‹ der Wiener Zeit, die der Verf. ... *[Maser]* ... so eifrig aufzuspüren bemüht ist.« Mit dieser Feststellung, die Weißbecker schon 1967 traf, hatte er zweifelsohne recht, denn Hitlers Weg in die Politik begann im Februar 1919 in München, als die Politik zu Hitler in die Kaserne kam.

Besonders bedanken möchte ich mich für die freundliche Unterstützung bei meinen Arbeiten bei den Herrn Dr. Gerhard Heyl, Dr. Reinhard Weber, Dr. Joachim Lauchs, Frau Karin Werth und besonders bei Frau Andrea Groß vom Bayerischen Hauptstaatsarchiv München. Weiter beim Magistrat der Stadt Wien, Stadt- und Landesarchiv (Abt. MA 8), Herrn Dr. Herbert Tschulk und Dr. Peter Csendes, Stadtarchiv Linz a. D., Herrn Dr. Fritz Mayrhofer, Stadtarchiv München, Herrn Dr. Richard Bauer, Dr. Helmuth Stahleder, Herrn Manfred Hackl und Frau Sabine Knittel sowie bei den Mitarbeitern des Instituts für Zeitgeschichte in München, besonders bei Herrn Hermann Weiß. Herzlich zu danken habe ich auch Herrn Dr. Hans Brunschlik und Frau Erna Baar, Sonderregistratur S München, Mrs. Agnes F. Peterson, Central and Western Collections, Hoover Institution, Stanford (Cal.), Mr. Henry Kramer, Orago (Cal.) und Mr. Ludwig Kosche, Ottawa sowie Mitarbeitern des BA Koblenz und BDC Berlin.

München, im Oktober 1988 *Anton Joachimsthaler*

1

Der Kunstmaler

[Wien und München]

Am Sonntag, dem 25. Mai 1913, [1] kamen im Münchner Hauptbahnhof »zwei junge Männer« mit dem Zug aus Wien an. Einer der beiden »war von schmächtiger Gestalt, hatte schmale Wangen, einen in die Stirn fallenden Haarschopf und trug einen abgetragenen dunklen Anzug.» [2] In der Hand hielt er »ein schwarzes Köfferchen, das ihn nicht allzusehr belastete.» [3] Sein Name war Adolf Hitler. [4]

Karl Honisch [5] gab 1939 an: »... er *[Hitler]* ... reiste in Begleitung eines Kameraden, der ebenfalls nach Deutschland auswanderte; sein Name ist mir entfallen.« [6] Über den Mann, der mit Hitler nach München gefahren ist, bestand bisher Unklarheit. Toland vermutete sogar einen jüdischen Händler Neumann. [7] Verschiedene Journalisten und Historiker erwähnen Neumann, aufgrund der Angaben von Reinhold Hanisch (s. Anm. 115) ohne Nachprüfung, und in der Literatur wird immer wieder von einem »jüdisch-ungarischen Händler Neumann« berichtet, ohne weitere Angaben. [8]

Hitlers Begleiter bei der Fahrt nach München war der österreichische Handlungsgehilfe Rudolf Häusler [9], der mit Hitler seit dem 4.2.1913 im Männerheim in der Meldemannstraße 27 in Wien gewohnt hatte. [10] Hitler und Häusler wollten zusammen nach »Deutschland auswandern«, da sie sich in München ein besseres berufliches Fortkommen versprachen.

Nach ihrer Ankunft in München am Sonntag, dem 25.5.1913, suchten die beiden ein Zimmer. Angeblich soll es ein Schild gewesen sein: »Kleines Zimmer zu vermieten«, das die beiden Männer im Norden von München, damals eine ärmliche Gegend in der Nähe des großen Münchner Kasernenviertels, zu dem Schneider Joseph Popp [11] in die Schleißheimer Straße 34 geführt hatte.

Frau Anna Popp berichtete später darüber:

»... Es war ein schöner Sonntagnachmittag im Frühjahr 1912 *[es war nachweislich 1913. Anm. d. V.]*, als jemand klopfte und ich die Tür öffnete. Ein junger Mann stand da und sagte, er möchte das Zimmer ansehen, das wir zu vermieten hatten. Ich zeigte es ihm ... Der junge Mann und ich wurden uns einig. Er sagte, er nehme das Zimmer und machte eine Anzahlung ... Ich erinnere mich noch, daß ich dann in die Küche ging und unseren Peppi und Liesl — sie waren damals elf und sieben — sagte, nicht so laut zu sein, da wir einen neuen Mieter haben. Dann ging ich wieder zu dem jungen Mann und sagte, daß er seinen Meldebogen ausfüllen soll. In kleiner, irgendwie verkrampfter Handschrift, kritzelte er: › Adolf Hitler, Architekturmaler aus Wien. ‹« [12]

Frau Popp vermietete Hitler und Häusler ein kleines Zimmer im 3. Stock/l. Am 26.5. bzw. 29.5.1913 wurden die Meldebogen der beiden bei der Münchner Polizei angelegt, wobei Hitler als Dauer des Aufenthaltes in München »2 Jahre« anführte. [13] Hitler gab später immer wieder als Ankunftsjahr in München 1912 an, was nachweislich nicht stimmt und gelogen ist. [14]
In das Haus, ein ärmliches Mietshaus aus der Gründerzeit, das im III. Reich ein Schild mit der Aufschrift: *»In diesem Haus wohnte Adolf Hitler in der Zeit vom Frühjahr 1912 bis zum Tage seines freiwilligen Eintritts in den Kriegsdienst im August 1914«* trug und die Bomben des II. Weltkrieges überstanden hat, führte von der Hofdurchfahrt eine Treppe nach oben. Jeweils auf einem Treppenabsatz, in halber Höhe zwischen den Stockwerken, befand sich eine Toilette für zwei Parteien, wie das damals in den alten Mietshäusern üblich war.
Im 3. Stock links wohnte Popp, rechts Schmidt. Vom Treppenabsatz führte eine Tür in ein Zimmer, das ca 2,5 x 5 Meter groß war und ein Fenster zur Schleißheimer Straße hatte. Dieses Zimmer, das nun Hitler zusammen mit Häusler bezog, war sehr einfach möbliert, hatte nur ein Bett, ein Sofa und einen Schrank, aber einen eigenen Eingang. Die Miete soll für Hitler und Häusler wöchentlich je drei Mark betragen haben, zusammen zahlten sie also sechs Mark pro Woche an Popp. Hitler und Häusler lebten vom 25.5.1913 bis zum 15.2.1914 in dem kleinen Zimmer zusammen. [15] Als Häusler am 16.2.1914 auszog und ein Zimmer nebenan bei Schmidt mietete, zahlte Hitler dann allein fünf Mark Miete pro Woche für das Zimmer. [16]
Es zeigte sich, daß Hitler, als er nach dem Tode seiner Mutter Linz verlassen und 1908 die Beziehungen zu seiner Familie abgebrochen hatte, später nicht so allein gelebt hat, wie dies immer dargestellt wird. In Wien hatte er am Anfang seinen Freund Kubizek und später eine Freundin. Frau Schroeder, Hitlers langjährige Sekretärin, versicherte mir immer wieder, daß Hitler zu ihr gesagt hätte, daß er in seiner Wiener Zeit eine »Geliebte« namens Emilie gehabt habe. [17]
Später beim Militär und als er seine politische Karriere begann, war es Hitlers patriotische Mission (»meine Geliebte ist Deutschland«), die er immer wieder als Grund dafür angab, daß er ohne Frau und normales

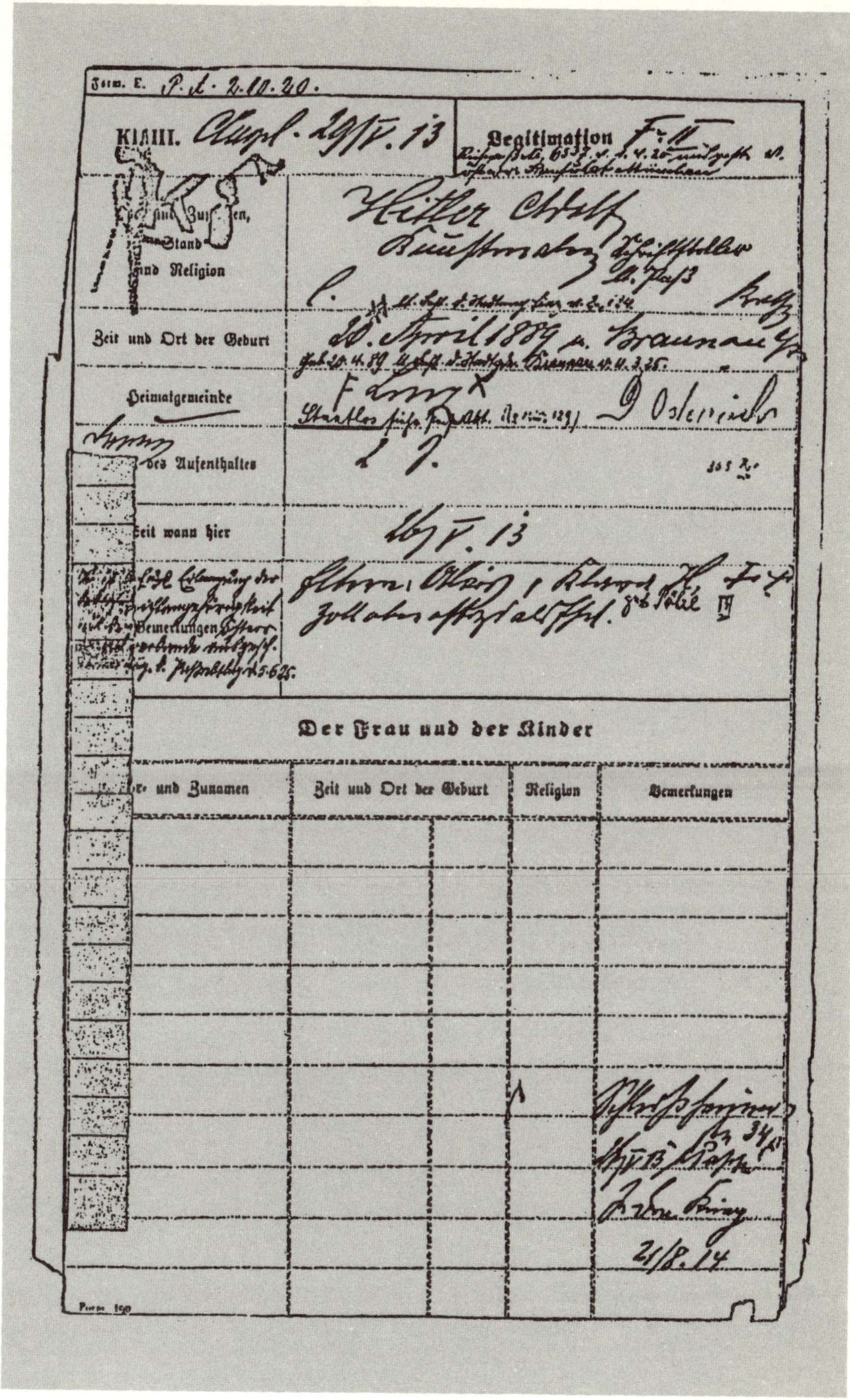

Form. E. P.A. 2.10.20.

KIAIII. Angel. 29/V.13

Legitimation F.II

Vor- und Zunamen, Stand und Religion: Hitler Adolf, Kunstmaler, Schriftsteller

Zeit und Ort der Geburt: 20. April 1889 in Braunau

Heimatgemeinde: Linz; Staatlos; Österreich

Dauer des Aufenthaltes: 2 J.

Seit wann hier: 26/V.13

Bemerkungen

Der Frau und der Kinder

Vor- und Zunamen	Zeit und Ort der Geburt		Religion	Bemerkungen

21/8.14

Am 29. Mai 1913 wurde von der Münchner Polizei ein Polizeimeldebogen für Hitler angelegt. Als Ankunftstag ist der 26. Mai 1913 angegeben, obwohl Hitler bereits am 25. Mai 1913 in München angekommen ist. Als Dauer seines Aufenthalts gab Hitler zwei Jahre an.

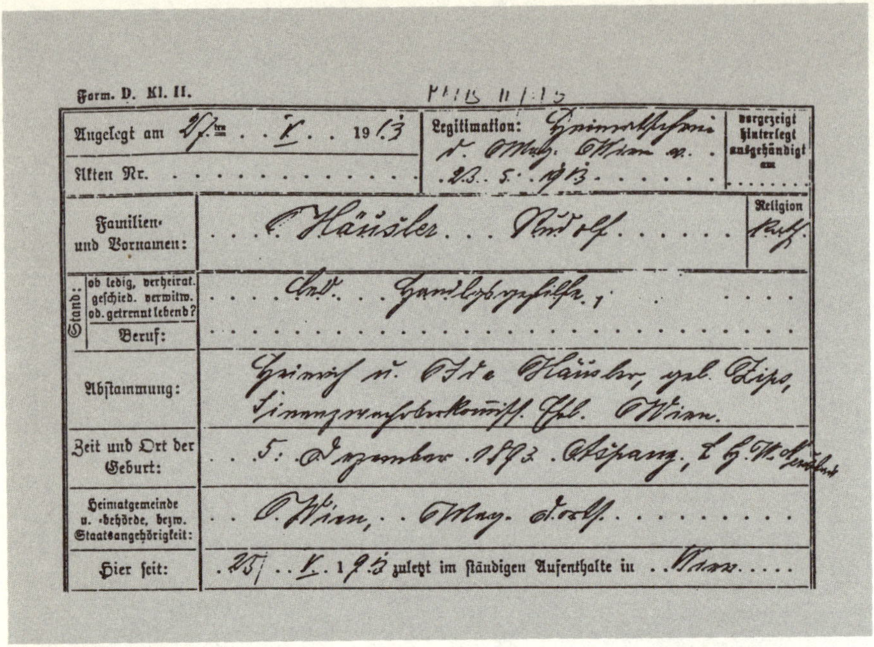

Form. D. Kl. II.

Angelegt am 27. V. 1913	Legitimation: Heimatschein d. Mag. Wien ... 23. 5. 1913	vorgezeigt hinterlegt ausgehändigt am
Akten Nr.		
Familien- und Vornamen:	Häusler Rudolf	Religion: kath.
Stand: ob ledig, verheirat. geschied. verwitw. od. getrennt lebend?	led. Handlungsgehilfe	
Beruf:		
Abstammung:	Heinrich u. Ida Häusler, geb. Zips, Finanzrechnungsrevident [illegible] Wien.	
Zeit und Ort der Geburt:	5. Dezember 1893 [illegible]	
Heimatgemeinde u. -behörde, bezw. Staatsangehörigkeit:	Wien, Mag. dorts.	
Hier seit:	25. V. 1913 zuletzt im ständigen Aufenthalte in Wien	

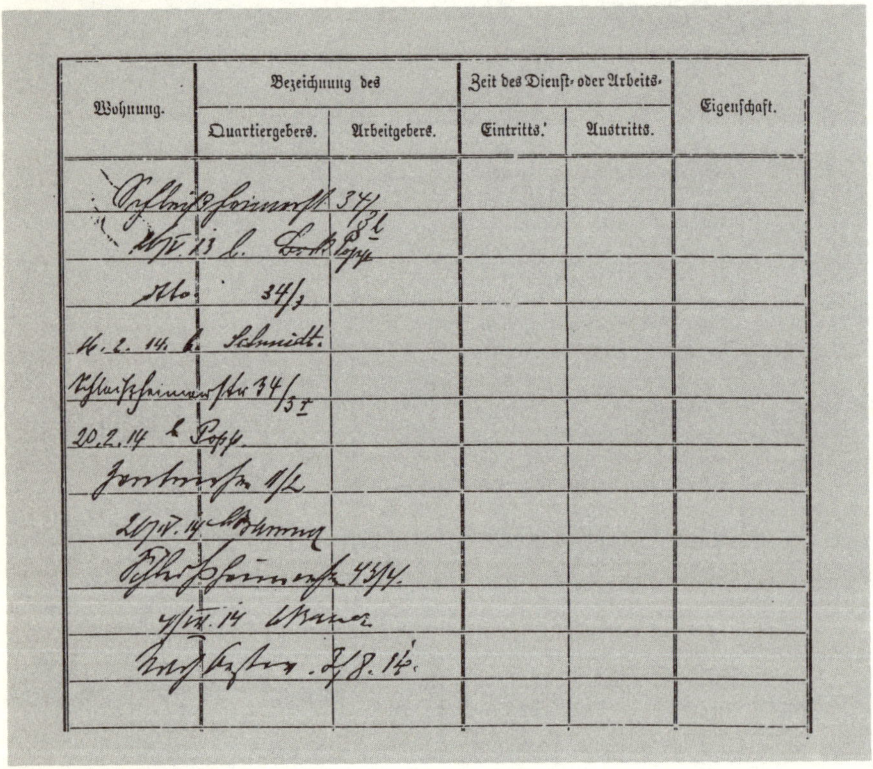

Wohnung.	Bezeichnung des Quartiergebers.	Bezeichnung des Arbeitgebers.	Zeit des Dienst- oder Arbeits- Eintritts.	Austritts.	Eigenschaft.
Schleißheimerstr. 34/3 L					
16./V.13 b. Popp					
dto. 34/3					
16. 2. 14. b. Schmidt.					
Schleißheimerstr 34/3 r					
20.2.14 b. Popp.					
[illegible] 1/2					
[illegible]					
Schleißheimerstr 43/4.					
[illegible]					
[illegible] 2/8.14.					

Der Polizeimeldebogen des Rudolf Häusler beweist, daß Häusler und Hitler am 25. Mai 1913 nach München gekommen sind und daß die beiden vom 25. Mai 1913 bis 16. Februar 1914 in einem kleinen Zimmer bei dem Schneider Joseph Popp zusammengewohnt haben.

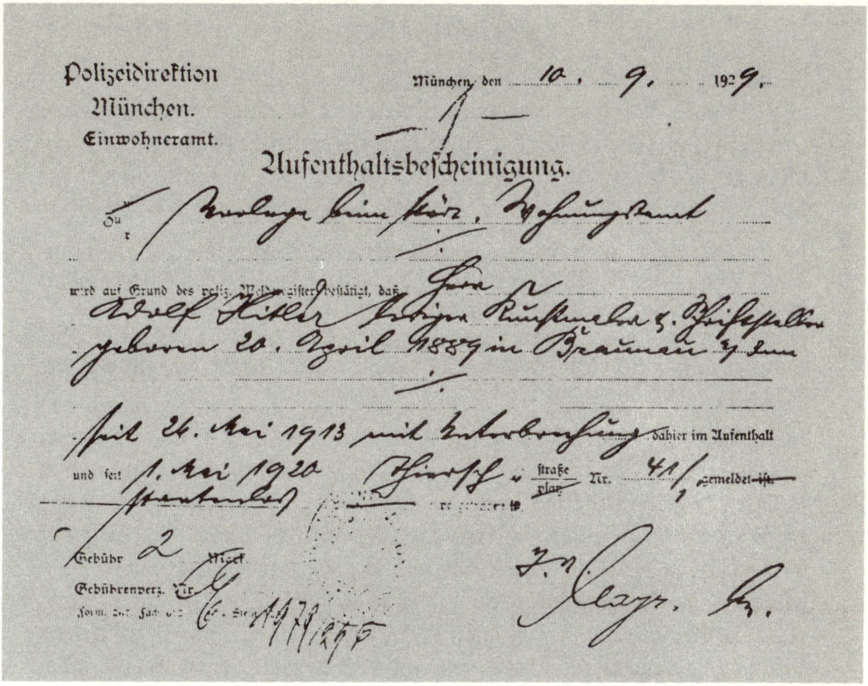

Polizeidirektion
München.
Einwohneramt.

München, den 10. 9. 1929.

Aufenthaltsbescheinigung.

Zur Vorlage beim Stdt. Wohnungsamt

wird auf Grund des poliz. Melderegisters bestätigt, daß Herr

Adolf Hitler, Kunstmaler u. Schriftsteller

geboren 20. April 1889 in Braunau a/Inn

seit 26. Mai 1913 mit Unterbrechung dahier im Aufenthalt

und seit 1. Mai 1920 Thierschstraße Nr. 41/I gemeldet ist.

Gebühr 2 Mk.

Gebührenverz. Nr.

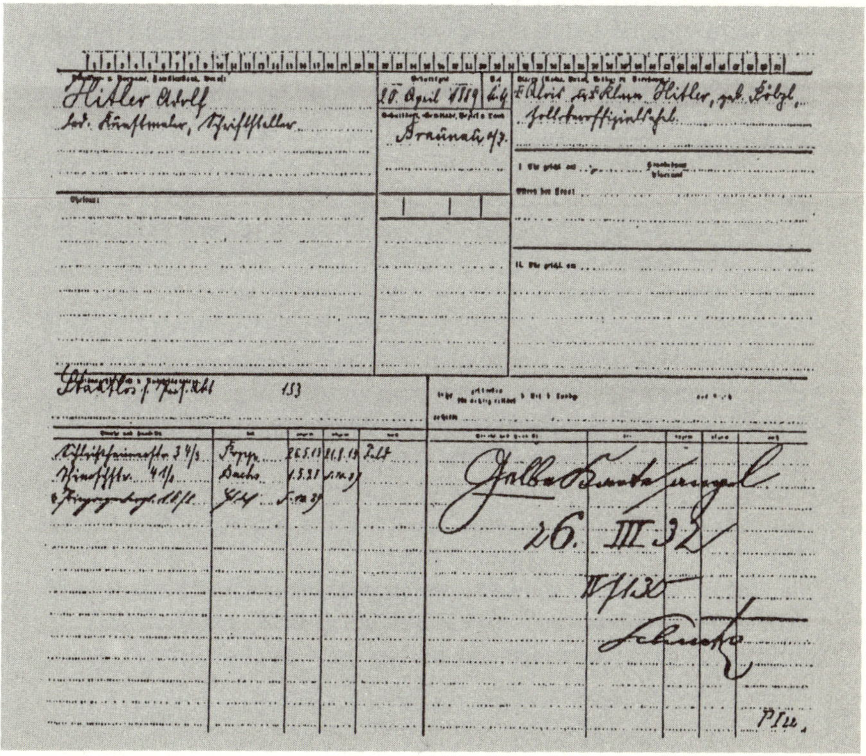

Hitler Adolf
led. Kunstmaler, Schriftsteller

20. April 1889

Braunau a/I.

Alois u. Klara Hitler, geb. Pölzl,
Zollamtsoffizial

Staatenlos

26. III. 32

Eine Aufenthaltsbescheinigung vom 10. September 1929 und eine Meldekarte beweisen ebenfalls, daß Hitler im Mai 1913 nach München gekommen ist und nicht 1912, wie Hitler immer wieder angab.

Sexualleben lebte. Frau Schroeder war weiter der Überzeugung, daß Hitler, der Frauen eine etwas scheue, aber im Grunde doch echtgemeinte Verehrung entgegenbrachte, später keine sexuellen Kontakte mit Frauen mehr gehabt hatte, auch nicht mit Eva Braun! [18] Weiter sprechen für Frau Schroeders Aussage z. B. auch die Angaben von Frau Wohlrab:

Er ... *[Hitler]* ist auch oft in Gesellschaft einer Bekannten von ihm (namens Wetti oder Pepi?) gewesen ... Am letzten Tage seiner Anwesenheit in meinem Lokal sagte Hitlers Bekannte zu mir: »Heute hat der Dolferl einen schweren Tag, er fährt nämlich nach Deutschland. Wenn er dort durchkommt und ihm seine Sache gelingt, dann ist er ein glücklicher Mensch.« [19]

Interessant ist, daß der amerikanische Autor Sydney Jones in seinem Buch »Hitlers Weg begann in Wien« [20] aus Hitlers Freundin, neben anderen Ungereimtheiten, einfach einen »Freund« macht!
Im Wiener Männerheim war Hitler wieder in Gesellschaft verschiedener Leute [21], in München war es am Anfang Rudolf Häusler, dann beim Militär seine Kameraden, und später umgab er sich mit seinem Hofstaat. In Gemeinschaft mit vielen Menschen zu leben, gab Hitler Sicherheit und einen gewissen Familienersatz. Das zeigt sich z. B. in seinem Leben sehr deutlich in den drei Jahren im Wiener Männerheim, bei seinem fast sechsjährigen Militärdienst und im Umgang mit seinem Hofstaat (»engerer Kreis«). An diese, anfänglich gleichsam erzwungene Gemeinschaft, hatte sich Hitler in den Jahren von 1910 bis 1920 gewöhnt, ja er brauchte sie später sogar. Hitler bestätigte dies selbst auch, indem er z. B. 1942 u. a. ausführte: »In meiner Jugend war ich eher ein für sich gehender Sonderling *[Hitler hat sich öfters als »Sonderling« bezeichnet. Anm. d. V.]*, als daß ich Gesellschaft gebraucht hätte. Jetzt kann ich gar nicht mehr allein sein!« [22]
Hitler wollte Menschen und sogenannte »Freunde« um sich haben, aber nur solange, als sich im persönlichen Umgang keine größeren Verpflichtungen für ihn ergaben. So ging Hitler auch in seinem ganzen Leben jeder zu engen Freundschaft und Intimität aus dem Weg. Er beendete stets Freundschaften, wenn sie zu eng zu werden drohten, ganz gleich, ob es sich um männliche oder weibliche Freunde handelte. Hitler lief den Gefühlen davon, höchstwahrscheinlich hatte er auch keine zu geben, und sein Leben blieb, obwohl er immer unter vielen Menschen war, in einer fast unerklärlichen Weise menschenleer.
Es scheint, daß Hitler dadurch auch immer mehr zum »Menschenverächter« geworden ist. Schon 1928 hat dies z. B. Walter Buch [23], der Hitler sehr gut kannte, bemerkt und in einen Brief an Hitler deutlich ausgesprochen:

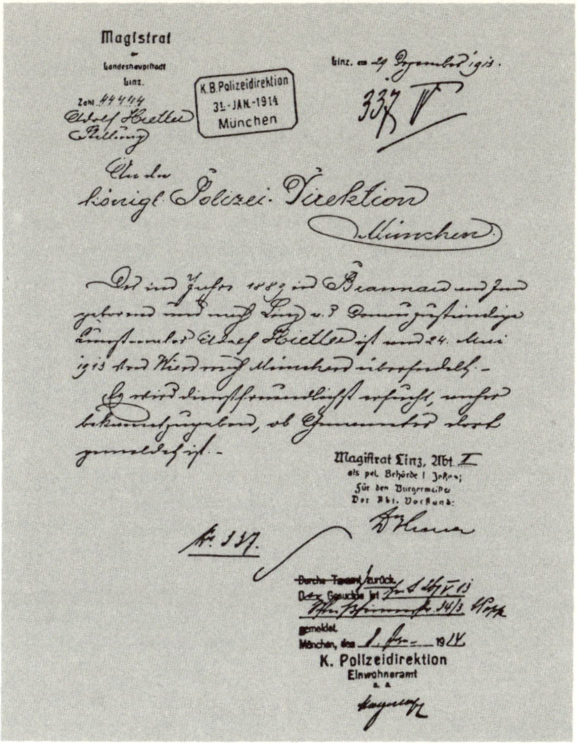

Magistrat der Landeshauptstadt Linz.

Zahl 44414

Adolf Hitler Meldung

K.B. Polizeidirektion
31.-JAN.-1914
München

Linz, am 21 Dezember 1913.

337 V

An die
königl. Polizei-Direktion
München

Der im Jahre 1889 in Braunau am Inn geborene und nach Linz a. D. Donau zuständige Kunstmaler Adolf Hitler ist am 24. Mai 1913 von Wien nach München übersiedelt. Es wird dienstfreundlichst ersucht, anher bekanntzugeben, ob Genannter dort gemeldet ist.

Magistrat Linz, Abt. I
als pol. Behörde I. Instanz;
Für den Bürgermeister
Der Abt. Vorstand:

Nr. 337

Durch ... zurück.
Der Gesuchte ist ... 26. V. 13
Schleißheimerstr. 34/3 Popp
gemeldet
München, den 1. Jan. 1914
K. Polizeidirektion
Einwohneramt

Anfrage des Magistrats der Stadt Linz vom 21. Dezember 1913 an die Polizeidirektion München, ob Hitler in München polizeilich gemeldet ist, mit einem Vermerk der Münchner Polizeidirektion, daß Hitler seit dem 26. Mai 1913 in der Schleißheimer Straße 34/3 bei Popp wohnhaft sei.

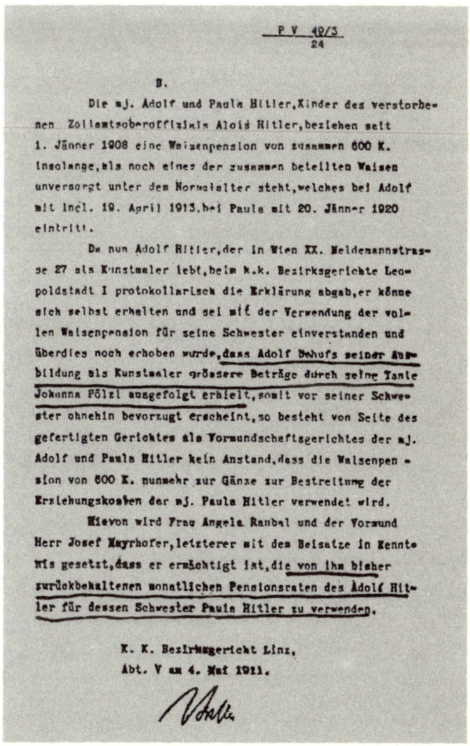

P V 49/3
24

B.

Die mj. Adolf und Paula Hitler, Kinder des verstorbenen Zollamtsoberoffizials Alois Hitler, beziehen seit 1. Jänner 1908 eine Waisenpension von zusammen 600 K. insolange, als noch eines der zusammen beteilten Waisen unversorgt unter dem Normalalter steht, welches bei Adolf mit incl. 19. April 1913, bei Paula mit 20. Jänner 1920 eintritt.

Da nun Adolf Hitler, der in Wien XX. Meldemannstrasse 27 als Kunstmaler lebt, beim k.k. Bezirksgerichte Leopoldstadt I protokollarisch die Erklärung abgab, er könne sich selbst erhalten und sei mit der Verwendung der vollen Waisenpension für seine Schwester einverstanden und überdies noch erhoben wurde, dass Adolf behufs seiner Ausbildung als Kunstmaler grössere Beträge durch seine Tante Johanna Pölzl ausgefolgt erhielt, somit vor seiner Schwester ohnehin bevorzugt erscheint, so besteht von Seite des gefertigten Gerichtes als Vormundschaftsgerichtes der mj. Adolf und Paula Hitler kein Anstand, dass die Waisenpension von 600 K. nunmehr zur Gänze zur Bestreitung der Erziehungskosten der mj. Paula Hitler verwendet wird.

Hievon wird Frau Angela Raubal und der Vormund Herr Josef Mayrhofer, letzterer mit dem Beisatze in Kenntnis gesetzt, dass er ermächtigt ist, die von ihm bisher zurückbehaltenen monatlichen Pensionsraten des Adolf Hitler für dessen Schwester Paula Hitler zu verwenden.

K. K. Bezirksgericht Linz,
Abt. V am 4. Mai 1911.

Obwohl Hitler angab, daß er kein Geld von Verwandten bekam oder erbat, stellte das Bezirksgericht Linz am 4. Mai 1911 fest, »daß Adolf Hitler behufs seiner Ausbildung als Kunstmaler grössere Beträge durch seine Tante Johanna Pölzl ausgefolgt erhielt.«

ADOLF HITLER
KANZLEI:
MÜNCHEN 13, SCHELLINGSTR. 50

MÜNCHEN, den 2. Juli 1929

Hochverehrter Herr Schulrat,

von einer Reise zurückkehrend, finde ich Ihre Zeilen vom 20. Juni vor. Sie können sich kaum vorstellen, welche Freude Sie mir mit diesen gemacht haben. Riefen Sie mir doch mit einem Schlag die Erinnerungen an die Jugendjahre wach und an die Stunden bei einem Lehrer, dem ich unendlich viel verdanke, ja, der mir zum Teil die Grundlage gegeben hat für den Weg, den ich inzwischen zurücklegte.

Statt der erbetenen Abschrift aus meinen Buche, lasse ich Ihnen dieses selbst zugehen; Sie werden die betreffende Stelle zu Beginn des ersten Bandes finden. Bei einer Neu=auflage desselben wird Ihr Vorname selbstverständlich berichtigt.

Mit herzlichen Grüssen und dem Ausdruck meiner Verehrung,

Ihr Ihnen stets ergebener

A. Hitler

Schreiben Hitlers vom 2. Juli 1929 an seinen ehemaligen Geschichtslehrer an der Realschule in Linz, Dr. Leopold Poetsch, der Hitler nach seinen Angaben »nationalen Fanatismus« beigebracht hatte, indem er an das »nationale Ehrgefühl« seiner Schüler appellierte.

An den

M a g i s t r a t der Landeshauptstadt

L i n z a.d.Donau.

Betreff:
Gesuch um Entlassung aus der
Österreichischen Staatsbürgerschaft.

H o h e r M a g i s t r a t !

Ich bitte um meine Entlassung aus der österreichischen Staatsbürgerschaft.

Grunde:

Ich befinde mich seit dem Jahre 1912 in Deutschland, habe nahezu 6 Jahre im deutschen Heere gedient, darunter 4½ Jahre an der Front und beabsichtige nunmehr die deutsche Staatsbürgerschaft zu erwerben.

Da ich zurzeit nicht weiss, ob meine österreichische Staatsangehörigkeit nicht ohnehin bereits erloschen ist, ein Betreten des österreichischen Bodens durch eine Verfugung der Bundesregierung jedoch abgelehnt wurde, bitte ich um eine günstige Entscheidung meines Gesuches.

Personalien. Adolf Hitler, geboren am 20. April 1889 zu Braunau am Inn, bisher zustandig nach Linz a.d.Donau.

Meine Dokumente sind seit dem November 1923 nicht mehr auffindbar und vermutlich verloren gegangen.

Hochachtungsvoll

Munchen, den 7. April 1925.

A. Hitler

Schreiben Hitlers an den Magistrat der Stadt Linz vom 7. April 1925 mit dem Ansuchen um Entlassung aus der österreichischen Staatsbürgerschaft, dem schon am 30. April 1925 stattgegeben wurde.

»... Nun habe ich ... den Eindruck gewonnen, daß Sie, Herr Hitler, allmählich zu einer Menschenverachtung kommen, die mich mit banger Sorge erfüllt. Ich glaube nicht, Herr Hitler, daß ein Mensch auf die Dauer eine Aufgabe erfüllen kann, ... der schon in jungen Jahren von einer Menschenverachtung erfüllt ist, wie ich sie glaube, in letzter Zeit aus Ihrem Wesen gespürt zu haben.« [24]

Die Geschichte, fast 52 Millionen Tote des II. Weltkrieges und in den Konzentrationslagern, bestätigt später die Menschenverachtung Hitlers in grausamer Weise.
In München gab sich Hitler als »Architekturmaler« aus. Warum Hitler aber später als Nationalität »Staatlos« angab, d. h. sich zu einem »Staatenlosen« erklärte und damit Österreich und seine österreichische Staatsbürgerschaft verleugnete, wird ein dunkler Punkt in Hitlers Leben bleiben. Fest steht, daß Hitler den Habsburger Staat und die k.u.k. Bürokratie haßte (»verzopfte Professoren« usw.), die ihm — seiner Ansicht nach — den beruflichen Aufstieg, Besuch der Kunstakademie usw. nicht ermöglicht hatten. Hitler war österreichischer Staatsbürger, er besaß einen gültigen Heimatschein (Nr. 2234), der am 21.2.1906 von der Gemeinde Stadt Linz ausgestellt worden war. [25]
Am 1.4.1920 ließ sich Hitler vom österreichischen Generalkonsulat in München einen Paß (Nr. 6537) ausstellen. Da war er nicht »Staatlos«, sondern österreichischer Staatsbürger und hatte auch plötzlich einen anderen Beruf, nämlich »Schriftsteller«. [26] Erst am 7.4.1925 bat Hitler den Linzer Magistrat offiziell um Entlassung aus der österreichischen Staatsbürgerschaft [27], da er der Auffassung war, daß er in dem Moment, wo er staatenlos wurde, auf Grund der deutschen Bestimmungen infolge seiner Beteiligung am I. Weltkrieg die deutsche Staatsangehörigkeit erwerben könne. [28] Schon am 30.4.1925 wurde dem österreichischen Generalkonsulat in München von der Landesregierung in Linz mitgeteilt, daß Hitler »behufs Erlangung der deutschen Reichsangehörigkeit aus dem österreichischen Staatsverbande ausgeschieden ist.« [29]
Bis zur Ausstellung des deutschen Staatsangehörigkeitsausweises durch den Polizei-Präsidenten von Braunschweig am 26.2.1932 (Ernennung Hitlers zum braunschweigischen Regierungsrat am 25.2.1932 durch den Minister Dietrich Klagges) war Hitler wirklich »Staatlos«. Später meinte Hitler einmal: »Vielleicht ist es eine Fügung, daß ich solange staatenlos war; damals habe ich den Wert des Einheitsstaates erst richtig erkannt.« [30]
Ohne einen zwingenden Grund hat sich Hitler in München sicher nicht als »Staatlos« bezeichnet! Die Erklärungen, die Adolf Hitler immer

5. Am 15.12.1913 wurde durch »Nachfrage« im Männerheim in der Meldemannstrasse 25-27 (Stadtteil Brigittenau), wo Hitler zuletzt gewohnt hatte, durch die Wiener Polizeibehörde festgestellt, daß Hitler nach München verzogen sei. [36]
6. Auf Anfrage der Linzer Behörden teilte die Polizeidirektion München am 8.1.1914 mit: »Der Gesuchte ... *[Hitler]* ... ist seit 26.5.1913 Schleißheimerstraße 34/3 bei Popp gemeldet.« [37]
7. Auf Ersuchen der Linzer Behörden erfolgte am Montag, dem 19.1.1914, eine Vorführung Hitlers durch die Münchner Polizei auf das k.u.k. Generalkonsulat in München. Folgende Stellungnahme des österreichischen Generalkonsulats ging am 23.1.1914 nach Linz:

   »Hietler wurde hieramts polizeilich vorgeführt. Nach den Beobachtungen der Polizei und nach dem hieramts gewonnenen Eindruck, dürften seine im beiliegenden Rechtfertigungsschreiben gemachten Angaben vollkommen der Wahrheit entsprechen. Auch soll er mit einem Leiden behaftet sein, das ihn zum Militärdienst untauglich macht; es hätte demnach für ihn keinerlei Veranlassung vorgelegen, sich der Stellungspflicht zu entziehen. Da Hietler sehr berücksichtigungswert erscheint, wurde von der Durchführung der Auslieferung vorläufig Abstand genommen und Genannter angewiesen, unbedingt bei der Nach-Stellung am 5. Februar in Linz zu erscheinen, widrigenfalls er von der hiervon bereits verständigten Polizeidirektion München am gleichen Tage ausgeliefert wird. Hietler wird also die Reise nach Linz antreten, falls sich der Magistrat durch die vorgeschilderte Sachlage und die Armut desselben nicht veranlaßt sieht, ihm die Nach-Stellung in Salzburg zu bewilligen.« [38]

   Anbei lag das erwähnte Rechtfertigungsschreiben Hitlers, vom 21.1.1914, in dem er u. a. erklärte:

   »Ich unterlies es mich im Herbst 1909 zu melden; holte dies jedoch im Februar 1910 nach. Damals meldete ich mich in Wien im Konskriptionsamte IB Rathaus und wurde von dort in den XX Bezirk meinem Wohnbezirke gewiesen. Ich bat dort mich in Wien stellen zu dürfen, mußte ein Protokoll oder Gesuch unterschreiben eine Krone zahlen, und habe im übrigen nie mehr etwas davon gehört. Es konnte mir jedoch nie einfallen mich der Stellung zu entziehen, so wenig als ich mich etwa zu diesem Zwecke in München befinde. Ich war in Wien stets gemeldet *[das ist gelogen, da Hitler vom 16.9.1909 bis 8.2.1910 polizeilich nicht gemeldet war. Anm. d. V.]*, bin es ebenso auch hier ...« [39]
8. Hitler hatte Glück, man glaubte in Linz der Stellungnahme des wohlwollenden Generalkonsulatsbeamten und Hitlers Ausführungen in seinem drei Seiten langen Rechtfertigungsschreiben. Er wurde am 5.2.1914 nach Salzburg zur Musterung bestellt und dort von der Musterungskommission als »Waffenunfähig« zurückgestellt. [40]

Viele Anzeichen sprechen dafür, daß sich Hitler dem Militärdienst in Österreich entziehen wollte, abgesehen davon, daß Hitler, als er sich zum Militärdienst hätte melden müssen, vom 16.9.1909 bis 8.2.1910 ohne festen Wohnsitz war, und er in Wien auch keinerlei Chance mehr sah, beruflich weiterzukommen. In Hitler schwelte wegen dem Scheitern seiner beruflichen Illusionen bis zu seinem Lebensende ein latenter Haß. Schuld an seinem Scheitern als Künstler und Architekt trugen die Habsburger Monarchie und Wien, das er später verächtlich eine »Phäakenstadt« und ein »Riesenbabylon« nannte. [41] Noch 1941 meinte Hitler:

»Wien wird den Krieg anfangen gegen die Wanzen und gegen den Dreck. Die Stadt muß gesäubert werden. Das ist die Kulturaufgabe, die das Wien des 20. Jahrhunderts zu lösen hat; weiter braucht es nichts zu tun. Wenn es das macht, gehört es zu den schönsten Städten der Welt.« [42]

Ob sich Hitler, wie er in seinem Rechtfertigungsschreiben vom 21.1.1914 angab, wirklich im Februar 1910 in Wien wegen seiner Musterung gemeldet hatte, läßt sich nicht nachvollziehen. Anzunehmen ist, daß sich Hitler als Obdachlosenasylant, der er damals war, 1909/10 bei den Behörden nicht gemeldet hat, er war ja in dieser Zeit auch polizeilich nicht gemeldet!

Im Frühjahr 1912 wurde in Österreich ein neues Wehrgesetz verabschiedet, was Hitler sicher bekannt geworden ist. Hitler blieb wohl deswegen bis 1913 in Wien, obwohl er immer als Abreise 1912 angab, da bei einem 24jährigen anzunehmen war, daß er seinen Militärdienst abgeleistet hatte und Hitler so leicht über die Landesgrenze gelangen konnte, wo ihm in München, nachdem er in Wien gescheitert war, ein neuer beruflicher Anlauf vorschwebte.

In München glaubte Hitler wohl untertauchen zu können und der Cartellconvention vom 10.2.1831 zu entgehen, in der Österreich und Bayern sich gegenseitig verpflichtet hatten, Fahnenflüchtige usw. festzunehmen, per Schub an die nächste Grenzstation zu befördern und auszuliefern. Daß die österreichischen Behörden ihn so konsequent suchen würden, damit hatte er sicher nicht gerechnet.

Als im Februar 1932 bekannt wurde, daß Hitler durch Ernennung zum braunschweigischen Regierungsrat (am 25.2.1932 durch Minister Dietrich Klagges in Braunschweig) deutscher Staatsbürger geworden ist, griff die antinazistische Presse wieder das Thema Hitler als Stellungsflüchtiger und sein Verhalten als Soldat im I. Weltkrieg auf. Beispielsweise wurde angeführt,

»ob Hitler die vaterländischen Obliegenheiten, die im Begriff der Wehrpflicht liegen, gegenüber seinem früheren Heimatstaate (Österreich)

erfüllt hat oder nicht. Der bloße Hinweis darauf, daß Hitler an der deutschen Front gekämpft hat, macht eine Entscheidung der Frage nicht überflüssig. Denn mag man auch unter dem rein militärischen Gesichtspunkte annehmen, daß eine Verletzung der Wehrverpflichtung gegenüber Österreich durch die Dienstleistung in der deutschen Armee › aufgewogen ‹ würde, vom staatspolitischen Gesichtspunkte aus liegen die Dinge doch wesentlich anders. Die bewußte Mißachtung der gegenüber dem österreichischen Staate geschuldeten Pflichten müßten, unter allen Umständen und was auch immer die Beweggründe gewesen sein mochten, als ein Verstoß gegen die ›Legalität‹, als ein Zeichen einer ›rebellischen, revolutionären Gesinnung‹ und darum auch, da im Begriff des Vaterlandes notwendig auch ein staatliches Moment liegt, als Beweis mangelnder vaterländischer Gesinnung angesehen werden ... Jedenfalls fällt Herrn Hitler die Feststellung leicht, ob er nach den österreichischen Heeresbestimmungen zum Erscheinen vor der Oberersatzkommission (oder einer analogen österr. Behörde) und zu wiederholter Stellung im Mobilmachungsfall verpflichtet gewesen wäre, oder ob er sich dieser, und zwar der entscheidenden Gestellung, entsprechend den von ihm ausdrücklich geäußerten Entschluß › nicht für den Habsburger Staat zu fechten‹ (siehe ›Mein Kampf‹ S. 179) entzogen hat. Auch seine Behauptung im Briefe an den Herrn Reichspräsidenten *[Hindenburg]* vom 28. Februar, *[1932]* wonach er überhaupt keine österreichische Heeresverpflichtung mehr hatte, bedarf in dieser Richtung noch einer Aufklärung.« [43]

Die Zeitschrift »Hamburger Echo«, ein Organ der SPD, plante im Februar 1932 eine Veröffentlichung »Kamerad Hitler«, in der dargestellt werden sollte, daß sich Hitler der Wehrpflicht in Österreich entzogen hatte und auch seine Dienstleistung im I. Weltkrieg bei der deutschen Armee. Vor Gericht wurde später ausgeführt:

»Als Kandidat für den Posten des Reichspräsidenten müsse er ... *[Hitler]* ... es sich gefallen lassen, einer Kritik unterzogen zu werden. Insbesondere gelte das für sein Verhalten in einer Zeit, wegen der er glaubt, jetzt eine Ausnahmestellung fordern zu können. Nur weil der Kläger ... *[Hitler]* ... solche Ansprüche in seinem Buch ›Mein Kampf‹ und in seinen Reden erhebe und weil er es verstehe, diese seinen Anhängern glaubhaft zu machen, sei der fragliche Artikel geschrieben ... Es sei nur unbewiesen, daß er sich aus reiner Kriegsbegeisterung heraus zu den Waffen gemeldet habe, es sei schließlich auch eine andere Deutung möglich ... Es stehe fest, daß sich der Kläger ... *[Hitler]* ... seiner ordentlichen Dienstpflicht in Österreich ›entzogen‹ habe. Bei der Bundesbrüderschaft der beiden Länder sei er gezwungen gewesen, sich in Deutschland zu stellen, wollte er vermeiden, daß man ihn nach kurzer Zeit als Deserteur aufgriffe. Durch seine Gestellung zur deutschen Armee sei er diesem schimpflichen Schicksal entgangen.« [44]

Mit einem großen Aufwand an Zeugen und Zeugnissen erwirkte Hitler bei den ihm freundlich gesinnten Richtern am 27.2.1932 eine einstweilige Verfügung gegen diese Veröffentlichung und am 9.3.1932 ein Gerichtsurteil, in dem es der Zeitschrift untersagt wurde, verschiedene Behauptungen über Hitler zu verbreiten: [45]

»Wie die Amtsbestätigung aus Linz vom 23. Februar 1932, Anlage 7/17/, ergäbe, sei der Kläger ... *[Hitler]* ... noch am 5. Februar 1914 in Österreich als ›zum Waffen- und Hilfsdienst untauglich‹ und zu › schwach ‹ bezeichnet worden. Mit Rücksicht darauf, daß er also zweifeln mußte, nach Ausbruch des Krieges in Österreich sofort genommen zu werden, habe der Kläger sich bereits am ersten Mobilmachungstag in München als Freiwilliger gestellt. Zunächst zurückgewiesen, habe er die besondere Erlaubnis zum Eintritt in die deutsche Armee erwirkt.« Und außerdem meinte man, »daß hier in versteckter Weise darauf angespielt wird, daß man es möglicherweise überhaupt mit einem Deserteur zu tun habe, den nur die Furcht vor Strafe in die deutsche Armee getrieben habe. Demgegenüber hat der Kläger ... *[Hitler]* ... durch die photographische Vorlage der ›Amtsbestätigung‹ Linz vom 23. Februar 1932 glaubhaft gemacht, daß er bei einer Nachmusterung in Salzburg ›zum Waffen- und Hilfsdienst untauglich und zu schwach‹ befunden und als ›waffenunfähig‹ erklärt worden sei. Der Kläger ... *[Hitler]* ... durfte sonach zu Anfang des Krieges durchaus der Meinung sein, daß seine heimischen Aushebungsbehörden jedenfalls zunächst noch nicht auf ihn als Soldat zurückgreifen würden.« [46]

Hier ging es aber immer nur um die von den Behörden veranlaßte, »zwangsweise Musterung« Hitlers in Salzburg 1914, nicht aber um Hitlers Doppeldelikt, d. h. Nichtstellung zur Musterung in Wien und Stellungsflucht aus dem Land Österreich. Daß sich Hitler im Februar 1910, wie er in seinem Rechtfertigungsschreiben an die Linzer Behörden vom 21.1.1914 angab, wirklich in Wien gemeldet hat und dann von den Behörden »einfach vergessen« wurde, ist unwahrscheinlich.
Die NS-Presse stellte die Angelegenheit ab 1933 dann etwa so dar:

»Man hat ihn ... *[Hitler]* ... als österreichischen ›Deserteur‹ verdächtigen wollen, der, um sich vom Heeresdienst zu drücken, nach München ausgewandert wäre. Einwandfrei ist das als Lüge erwiesen. Adolf Hitler hatte sich ordnungsgemäß zu seiner Zeit in Salzburg zur militärischen Untersuchung gestellt, war aber gänzlich untauglich befunden.« [47]

Nun, Hitler hat sich keineswegs »ordnungsgemäß zu seiner Zeit« in Salzburg zur Musterung gemeldet. Hitler hatte sich 1909 und 1910 bzw. 1911 und 1912 in Wien nicht gemeldet und verließ das Land Österreich. In Salzburg war es 1914 eine behördlicherseits erzwungene »Nachstellung in der 3. Altersklasse«. Nur die unterwürfigen Beteuerungen seiner Not (»... Ich habe das schöne Wort Jugend nie kennengelernt ...«) und

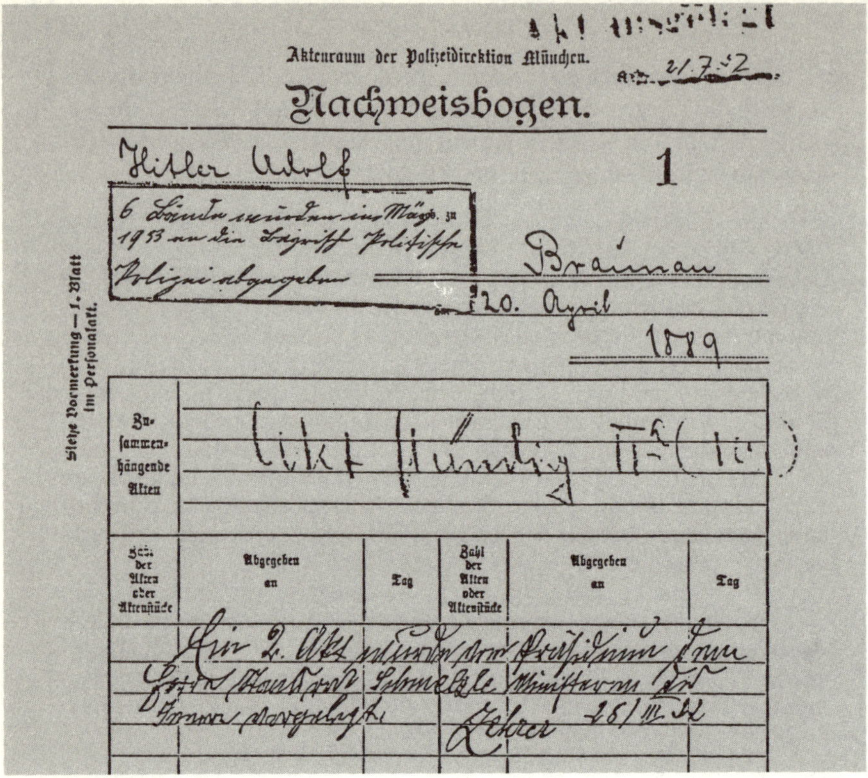

Aktenraum der Polizeidirektion München.

Nachweisbogen.

Hitler Adolf

1

6 Bände wurden im März 1933 an die Bayerische Politische Polizei abgegeben

Braunau

20. April

1889

Siehe Vormerkung — 1. Blatt im Personalakt.

Zusammenhängende Akten

Zahl der Akten oder Aktenstücke	Abgegeben an	Tag	Zahl der Akten oder Aktenstücke	Abgegeben an	Tag

Wie die beiden Schreiben zeigen, forderte Hitler kurz nach seiner Ernennung zum Reichskanzler durch die Bayerische Politische Polizei die »sechs Aktenbände« seines Personalaktes an, den die Münchner Polizeidirektion im Laufe der Jahre über Hitler angelegt hatte und ließ sie in seinem Panzerschrank in Berlin verschwinden (1945 durch Julius Schaub vernichtet).

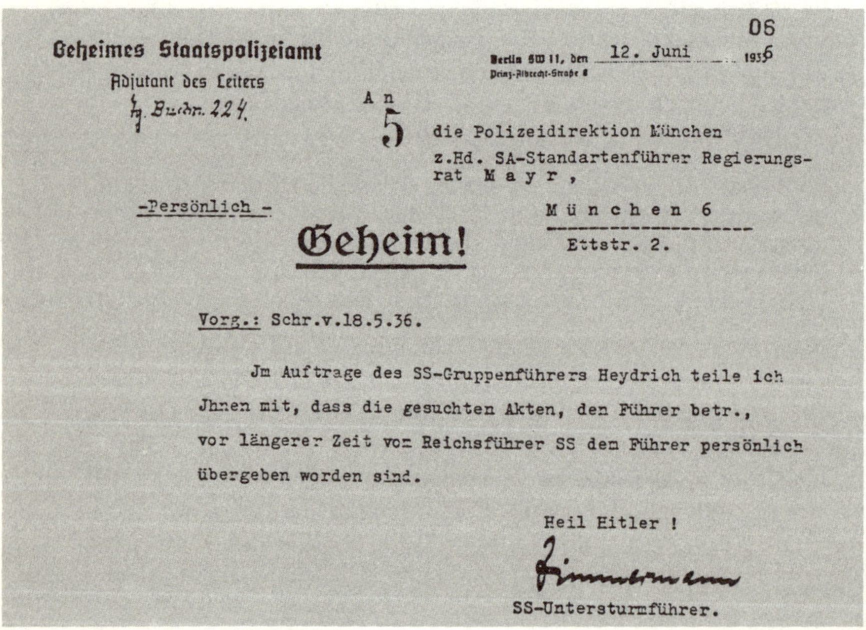

Geheimes Staatspolizeiamt

Adjutant des Leiters

Tg. Buchn. 224.

Berlin SW 11, den 12. Juni 1936

Prinz-Albrecht-Straße 8

An

die Polizeidirektion München

z.Hd. SA-Standartenführer Regierungsrat M a y r ,

M ü n c h e n 6

Ettstr. 2.

-Persönlich -

Geheim!

Vorg.: Schr.v.18.5.36.

Jm Auftrage des SS-Gruppenführers Heydrich teile ich Jhnen mit, dass die gesuchten Akten, den Führer betr., vor längerer Zeit vom Reichsführer SS dem Führer persönlich übergeben worden sind.

Heil Hitler !

Zimmermann

SS-Untersturmführer.

ein Hitler wohlgesinnter Beamter des österreichischen Generalkonsulats in München, bewahrten Hitler vor einer Strafe.

Zusammenfassend kann man sagen, daß es damals den antinazistischen Organen an entsprechenden Recherchen, Fakten und Unterlagen gefehlt hat, um Hitlers Verhalten bezüglich seiner Stellungsflucht richtig nachzuzeichnen. Als typisches Beispiel ist hier auch Hitlers Prozeß 1924 vor dem Volksgericht I in München zu nennen. Am 26.2.1924 wurde Hitler von den Richtern einvernommen:

»Auf die Frage des Vorsitzenden an Hitler, ob er sich vernehmen lassen wolle, erhebt sich Hitler und tritt mit einer zustimmenden Verbeugung an den Richtertisch.
Vorsitzender: ›Sie sind nach Linz zuständig und haben die bayerische Staatsangehörigkeit nicht erworben?‹
Hitler: ›Nein.‹
Vorsitzender: ›Sie sind 1912 zur Ausbildung als Architekturzeichner nach München gekommen?‹
Hitler: ›Nicht zur Ausbildung. Ich war schon fertig. Als Architekturzeichner mußte ich mir das Brot verdienen. Ich wollte mich zum Baumeister und Architekten ausbilden.‹« [48]

Kein Mensch überprüfte z. B. Hitlers Aussage, daß er 1912 nach München gekommen sei. Eine Nachfrage bei der Polizeidirektion München hätte sofort ergeben, daß Hitler erst im Mai 1913 nach München gekommen war.

Bei weiterer Nachforschung hätte man auch leicht ermitteln können, daß sich Hitler der Stellungspflicht in Österreich entzogen hatte. Ob Hitler dann so als nationaler vaterländischer Held aus dem Prozeß hervorgegangen und bekannt geworden wäre?

Nach der Machtübernahme ließ Hitler im März 1933 durch die Bayerische Politische Polizei (Leiter Reinhard Heydrich) sofort die »sechs« Aktenbände seines Personalaktes, den die Polizeidirektion München über ihn angelegt hatte, abholen [49], die durch den damaligen Münchner Polizeipräsidenten Heinrich Himmler Hitler übergeben wurden, der sie in seinem Panzerschrank in Berlin verschwinden ließ. Auch im März 1938, als Hitler nach Linz kam, ließ er sofort seinen damaligen Militärakt suchen, der aber nicht auffindbar war. [50] Auch wurden die Meldeunterlagen Hitlers in Wien am 28.5.1938 vom Polizeipräsidenten Steinhardt sofort an den »Reichskommissar für die Wiedervereinigung Österreichs mit dem Deutschen Reich«, Kubelke, übergeben. Beim Magistrat der Stadt Wien (MA 8) sind heute nur noch Abschriften vorhanden. Bekanntermaßen hat Hitlers Adjutant Julius Schaub [51] im April 1945 in Hitlers Auftrag alle Unterlagen aus Hitlers Panzerschränken in Berlin, München und am Obersalzberg vernichtet. [52]

Ein weiterer Grund, warum Hitler Wien verließ, war zweifelsohne die Erkenntnis, daß er in Wien keine Chance mehr sah, als Maler oder gar als Architekt, zum ausgelernten Architekturzeichner [53] und Kunstmaler [54] hatte er sich selbst stilisiert, weiterzukommen. Interessant sind hier auch die Berufsangaben, die Hitler von 1908 bis 1920 machte. Bei seiner Meldung in der Stumpergasse in Wien am 17.2.1908 gab er als Beruf »Künstler« an. Bei seiner nächsten Meldung in der Felberstraße am 18.11.1908 war er plötzlich »Student«. Als er sich am 22.8.1909 in der Sechshauserstraße anmeldete, war er »Schriftsteller«, und bei den beiden Meldungen in der Meldemannstraße am 8.2.1910 und 26.6.1910 war er »Kunstmaler«. In München gab er am 29.5.1913 als Beruf »Kunstmaler« an, nannte sich aber »Architekturmaler«, in den Kriegsstammrollen ist er »Kunstmaler«, und ab 1920 bezeichnete er sich wieder als »Schriftsteller«. Architekt und Baumeister wäre er gern gewesen, aber er mußte ja »leider« Politik machen und später Kriege führen.
Allein diese Angaben Hitlers zeichnen das verwirrende Bild eines Menschen, der scheinbar seine intellektuellen Phantasien völlig vom realen Leben trennen konnte. Hitler, der sich zu keiner beruflichen Entscheidung aufraffen konnte, verstand es wohl nie, daß dann die Gesellschaft und das Leben Entscheidungen treffen und einen harten Tribut fordern. Hitlers Trugschluß war, daß er glaubte, ohne schulische Vorbildung und ohne Beruf, abseits von der realen Wirklichkeit, das Leben meistern zu können. Und alles, was nicht in seine Vorstellungswelt paßte, ignorierte oder haßte er und war für ihn ein Leben lang dekadent. Diese Wesenszüge blieben ihm bis zum Selbstmord in Berlin 1945 erhalten. Der Mensch glaubt allgemein nicht gern, was nicht in seine Pläne paßt, und Hitler lebte extrem in seiner Gedankenvorstellung, glaubte felsenfest an seine »Vorsehung« und konnte bis zu seinem Tode immer die reale Wirklichkeit ignorieren, wenn sie nicht in seine Vorstellungswelt paßte. [55]
Öfters betonte Hitler, daß er in München nur gemalt habe, »um seine weitere Fortbildung zu ermöglichen«. [56] Aber er hat auch in München nie versucht, an einer Akademie oder durch Beginn einer Lehre seine »Fortbildung« ernst zu nehmen und in die Tat umzusetzen. Hitler behielt seine Abneigung gegen eine geregelte Beschäftigung und intensive Arbeit sein ganzes Leben lang bei. Im Grunde lebte Hitler in München bis zum Kriegsausbruch am 1. August 1914 genau so weiter, wie er in Wien gelebt hatte: als gescheiterter Berufsloser!
Die Schuld, daß er in der Schule und als Künstler versagt hatte, suchte und fand Hitler — auch bei seinen anderen, z.B. militärischen Mißerfolgen — bis zu seinem Lebensende immer bei anderen! Am Ende 1945 war

es sogar das deutsche Volk, das in Hitlers Augen versagt hatte. Schon 1942 meinte Hitler:

»Da bin ich auch hier eiskalt: Wenn das deutsche Volk nicht bereit ist, für seine Selbsterhaltung sich einzusetzen, ganz gut: Dann soll es verschwinden!« [57]

Es waren die Lehrer in Linz und Steyr, die »verzopften Professoren« in Wien, die »verkalkten Beamten« der k.u.k. Monarchie und der »korrupte, von Slawen durchsetzte Habsburger Staat«, die ihm den Weg nach oben versperrt hatten. Daß Hitler jede systematische und ernsthafte planmäßige Arbeit, die Voraussetzung für jeden Beruf ist, ein Greuel war und daß die Schuld für sein Versagen bei ihm selbst lag, daran dachte Hitler nie.

Hitler fehlte, bei aller Begabung und allem Talent, die nur durch Fleiß und Geduld — zwei Tugenden, die er nicht kannte — sowie durch intensive Arbeit und Studien zu erreichende Basis, der aber sein bohemienhaftes, hektisches und intuitives Wesen entgegenstand.

»Hitler war entschieden begabt,« so berichtete schon 1923 der Deutschlehrer Hitlers,

»wenn auch einseitig, hatte sich aber wenig in der Gewalt, zumindest galt er auch für widerborstig, eigenmächtig, rechthaberisch und jähzornig, und es fiel ihm sichtlich schwer, sich in den Rahmen einer Schule zu fügen. Er war auch nicht fleissig; denn sonst hätte er bei seinen unbestreibaren Anlagen viel bessere Erfolge erzielen können.« [58]

Später einmal meinte Hitler dazu:

»Lesen Sie meine Zeugnisse. Ich habe in Deutsch schlechte Noten gehabt. Dieser Idiot von Professor hat mir die deutsche Sprache verekelt, dieser Stümper, dieser kleine Knirps: Ich würde nie richtig einen Brief schreiben können ... Der ganze Mensch war mir widerlich. Er war rasend empört darüber, daß ich im Französischen nichts lernte.« [59]

Hitler lernte nur das, was ihn interessierte und was er lernen wollte, und in diesen Fächern war er auch gut. Er gehörte sein Leben lang zu der Art von Menschen, die intelligent sind, aber jeder intensiven Arbeit aus dem Weg gehen. Diese Menschen sind so intelligent, daß sie sich ohne viel Mühe einige Grundlagen aneignen können, und sie sind so gescheit, diese so zu erweitern und zu benutzen, daß sie in Berufs- und Lebenssituationen bestehen können, ohne je richtig gelernt zu haben. Da sie durch ihre überdurchschnittliche Intelligenz die Lernarbeit kompensieren können, erwecken sie den Eindruck, als wüßten sie sehr viel. Aber das Wissen ist oberflächlich und besteht im geschickten Gebrauch von Redewendungen und Fachausdrücken, das durch ihre rasche Auffassungsgabe und durch ein außergewöhnliches, nahezu fotografisches Gedächtnis, das sie in der Regel besitzen, unterstützt wird. So ein Mensch war Adolf Hitler. Selbstgefällig resümierte Hitler später einmal:

»Ich habe mich in meiner Schulzeit ziemlich viel im Freien herumgetrieben, meine Zeugnisse beweisen das. Und ich bin doch ganz intelligent geworden, habe doch allerhand gelernt, was andere nicht gelernt haben.« [60]

Hitlers Jugendfreund August Kubizek [61] hat Hitler einmal sehr treffend geschildert, als »ein Künstler, der den nackten ›Brotberuf‹ verachtete und sich mit Dichten, Zeichnen, Malen und Theaterbesuchen beschäftigte.« [62] Dabei blieb es, solange Hitler lebte, nur daß er sich ab 1938 (1936) auch noch als »Feldherr« versuchte und das deutsche und österreichische Volk in die größte Katastrophe gestürzt hat, die es je gegeben hat.

Eine gewisse zeichnerische Begabung, die über den Dilettantismus hinausging und Hitler sicher eine weitere Entwicklung ermöglicht hätte, ist ihm nicht abzusprechen. Durch das viele Zeichnen von bekannten Wiener und später Münchner Bauten, die er überwiegend von Vorlagen kopierte, war sein Auge für architektonische Einzelheiten geschärft. Hitler war daher in der Lage, seine Motive perspektivisch gut zu erfassen, was seine Zeichnungen zeigen. Auch Licht und Schatten konnte er ganz gut herausarbeiten, doch wirken die Zeichnungen allgemein irgendwie leblos und starr. Die grellen Farben, mit denen er die Zeichnungen anlegte, sind oft unnatürlich. Soweit überhaupt in seinen Zeichnungen Menschen als Staffage erscheinen, sind sie als steife Figuren ohne Bewegung und Harmonie, meist nicht ins Bild passend, angedeutet. Das dürften wohl auch die Professoren in Hitlers Arbeiten bei den Aufnahmeprüfungen 1907 und 1908 erkannt haben.

Als sich der 18jährige Hitler im Oktober 1907 mit großen Hoffnungen auf der Wiener Akademie der Bildenden Künste (Allgemeine Malerschule) zur Aufnahmeprüfung stellte, wurde er abgelehnt:

»Die Probezeichnung machten mit ungenügendem Erfolg oder wurden nicht zur Probe zugelassen, die Herren ..., Adolf Hitler, Braunau a. Inn, 20. April 1889, deutsch, kath., Vt. Oberoffizial, 4 Realsch. Wenig Köpfe. Probezeichnungen ungenügend.« [63]

Wenn man sich Hitlers Skizzen, Zeichnungen und Bilder ansieht, so muß man dem Journalisten Konrad Heiden [64], der 1935/36 die erste brauchbare Hitlerbiographie geschrieben hat, auch heute noch recht geben:

»Es sind durchwegs steife, aber exakte Zeichnungen nach gedruckten oder lithographierten Vorlagen und zwar Stadtansichten und Architekturstücke, menschliche Figuren, die allenfalls als winzige Staffage vorkommen, sind ganz mißraten und wirken wie gestopfte Säcke.« [65]

So ist es auch nicht verwunderlich, daß Hitler bedeutet wurde, daß er zum Maler »nicht geeignet sei«, jedoch bei ihm Fähigkeiten zur Architektur vorhanden wären. [66] Die Konsequenz einer anderen Berufswahl hat Hitler aber nie gezogen, er blieb ein mittelmäßiger Maler.

Maser zitiert in seiner Hitlerbiographie auf zwei Seiten ein Empfehlungsschreiben an den Maler Prof. Alfred Roller, Ausstattungsdirektor an der Wiener Hofoper und Lehrer an der Kunstgewerbeschule in Wien, sowie ein angeblich »fehlerfreies« Dankschreiben Hitlers (s. S. 82 und 84). Maser schreibt weiter, daß Hitler Prof. Roller getroffen hat (S. 114 und 287) und von diesem an den Bildhauer Panholzer zum »Kunstunterricht« vermittelt wurde usw. (S. 114 und 287). Den Beweis bleibt Maser aber schuldig, und Hitler hat Panholzer auch nicht als seinen Lehrer bezeichnet, wie Maser angibt (S. 84). Hitler sagte aber am 15./16.1.1942 (s. Heinrich Heim, S. 200):

»Als ich nach Wien kam, hatte ich eine Empfehlung zu Roller. Ich habe nur keinen Gebrauch gemacht davon. Wenn ich damals damit zu ihm gekommen wäre, so hätte er mich sofort genommen. Aber ich weiß nicht, ob das für mich besser gewesen wäre: Es wäre mir alles viel leichter geworden!«

Hitler gab später an, daß er »ein Opfer« des damaligen Bildungs- und Schulwesens in Österreich geworden sei, da er wegen seiner unzureichenden Schulbildung keine Architekturschule besuchen konnte. Das stimmt nicht, da es in Österreich auch Kunstgewerbeschulen gab und bei entsprechender Begabung später Ausnahmen bezüglich künstlerischer Studien gemacht werden konnten. [67]

Viele Jahre später, am 31.10.1941 führte Hitler aus:

»Ich wollte an die Kunstakademie und habe dort meine Arbeiten vorgelegt. Der Professor fragte mich, was für eine Bauschule ich besucht hätte? Wieso, ich habe keine Bauschule besucht! Sie müssen doch eine Bauschule besucht haben? Sie haben ersichtlich Talent für Architektur! Auf der einen Seite war das für mich vernichtend, da ich ja in die Malerklasse hatte eintreten wollen, auf der anderen Seite trat die Erkenntnis ein, ja, das stimmte ja wirklich! Im Reich *[in Deutschland. Anm.d.V.]* wäre es mir möglich gewesen, an die Bauakademie, zum Baufach überzugehen. In Österreich brauchte ich dazu aber die Bauschule der Technischen Hochschule, und Voraussetzung dafür war das Abitur.« [68]

Ein anderes Mal meinte Hitler aber wieder:

»Wer weiß, wenn meine Eltern vermögend genug gewesen wären, mich die Akademie besuchen zu lassen, so wäre ich wohl nicht in die Lage gekommen, die soziale Not von Grund auf kennenzulernen.« [69]

Viele junge Männer, in ähnlicher Lage wie Hitler damals, haben trotz ungenügender schulischer Vorbildung und geringer finanzieller Mittel ihren beruflichen Aufstieg im Leben gemacht und durch ihre menschlichen Qualitäten Freunde und Gönner gefunden. Gerade eine Stadt wie Wien bot jungen tüchtigen und strebsamen Menschen die Möglichkeit, sich empor zu arbeiten. Aber bei Hitler waren es höchstwahrscheinlich weder die fachlichen noch die menschlichen Qualitäten, die ihn wohl empfohlen hätten.

Das Verhältnis, das Hitler während seiner Wiener und Münchner Vorkriegszeit zur Architektur hatte, war ein rein äußerliches. Mit der zeichnerischen Begabung, die er besaß, nahm Hitler seine spielerischen Ansätze, Architektur zu skizzieren, sehr wichtig. Er nannte sich auch »Architekturmaler«, ohne jemals intensiv daran gearbeitet zu haben, sich mit dem bautechnischen oder kulturhistorischen Charakter seiner Objekte ernstlich auseinanderzusetzen. Damit blieb sein ganzes Schaffen bestenfalls Liebhaberei, von einer konsequenten Arbeit kann man bei Hitler nicht sprechen.

In den zwanziger und dreißiger Jahren konnte sich Hitler durch den Umgang mit guten Architekten (Troost, Gall, Gebr. Ruff, Degano, Alker, Klein, Speer, Fick, Bonatz, Giesler usw.) gewisse technische Grundkenntnisse aneignen, auch überraschte er die Fachleute öfters durch Fachausdrücke, die er sich beim Lesen architektonischer Bücher gemerkt hatte. Sein erstaunliches »Schubkasten- und Lexikongedächtnis« und seine rasche Auffassungsgabe kamen ihm dabei zu Hilfe. Teilweise hatten diese Fähigkeiten geradezu etwas Phänomenales. So soll er z.B. fast sämtliche Außenmaße der bedeutendsten Theaterbauten der Welt im Kopf gehabt haben, was verschiedene Zeugen nach dem Krieg bestätigten. [70] Das gleiche galt z.B. auch für Schiffstypen und -daten. Ebenso ausgeprägt war sein Augengedächtnis. Z.B. fielen ihm noch nach Jahren von ihm angeordnete Änderungen an Bauten oder Inneneinrichtungen in dem Augenblick sofort wieder ein, in dem er das betreffende Objekt wieder vor sich sah.

Obwohl man Hitler schon im Herbst 1907 bedeutet hatte, daß er zum Maler nicht geeignet sei, nahm er den Rat, es mit der Architektur zu versuchen, aus unerfindlichen Gründen nicht an. Mitte September 1908 unternahm Hitler nochmals einen Anlauf, um in die Malerschule der Akademie aufgenommen zu werden. Doch diesmal wurde er erst gar nicht zum Probezeichnen zugelassen und abgelehnt. Läßt man Hitlers späteres politisches Engagement beiseite, so war dies im Leben des berufslosen Hitlers der letzte Versuch, konkret für seine berufliche Entwicklung etwas unternommen zu haben!

Irgendwie scheint Hitler dann resigniert zu haben, sich weiter um ein Studium oder eine Ausbildung als Maler bzw. Baumeister zu bemühen, eigentlich ganz im Widerspruch zu seiner sonstigen später gezeigten

Willensstärke, wenn es galt, ein gesetztes Ziel zu erreichen oder seinen Willen durchzusetzen. Sicher haßte Hitler die Professoren und die Akademie in Wien, weil ihm die ersten beiden Anläufe 1907 und 1908 nicht geglückt waren. »Die Ablehnung«, schrieb er später, »traf mich wie ein jäher Schlag aus heiterem Himmel ... auch heute noch kann diese Stadt nur trübe Erinnerungen in mir wecken.« [71] Aber systematisch zu arbeiten, sich in einem geregelten Schulbetrieb einzufügen, sich einem Lehrer unterzuordnen und maßzuhalten, bzw. eine Lehre durchzustehen, das verstand und vertrug Hitler sowieso nicht. Doch Hitler war immer »fest« davon überzeugt, daß er sich »als Baumeister dereinst einen Namen ... machen ...« werde. [72] Davon träumte er sein ganzes Leben lang und noch 1941 meditierte Hitler, daß er sich wünsche, »wie ein unbekannter Maler in Italien herumstreichen zu können«, und, so führte er aus: »Ich will Baumeister sein. Feldherr bin ich wider Willen.« [73] Bezeichnend für Hitlers Architekturleidenschaft und seine Ignoranz der Wirklichkeit ist z.B., daß der Architekt Hermann Giesler [74] am 8.2.1945 Hitler noch das Modell der Stadt Linz (Donauufergestaltung) von München nach Berlin brachte und Hitler Ley, Kaltenbrunner u.a. erklärte, wie er »seine Stadt Linz« nach dem Krieg um- und ausbauen würde! Daß die Rote Armee im Februar 1945 schon vor Berlin und sein Ende kurz bevorstand, ignorierte Hitler dabei vollkommen! Wie aus den täglichen Aufschreibungen seines Dieners Heinz Linge ersichtlich, besuchte er das Modell, das er in einem Kellerraum der Reichskanzlei in der Voßstraße aufstellen ließ, öfters, u.a. um 4 Uhr morgens am 9.2., um 3 Uhr morgens am 10.2, um 18, 45 Uhr am 13.2.1945, usw. [75] Deutschland wäre sicher viel erspart geblieben, wenn Hitler Baumeister geworden wäre und nicht als Rassenfanatiker und Feldherr Unglück, Elend, Leid und Tod über die Menschheit gebracht hätte.

Fest steht auch, daß Hitler an seinen Zeichnungen, Aquarellen und den wenigen Ölbildern, nicht so hing, wie an seinen architektonischen Skizzen. 1944 meinte er:

»Ich wollte ja kein Maler werden, ich habe diese Sachen nur gemalt, damit ich meinen Lebensunterhalt bestreiten und studieren konnte ... Gemalt habe ich immer nur so viel, damit ich gerade das Notwendigste zum Leben hatte ... Meine architektonischen Skizzen, die ich damals angefertigt habe, das war mein kostbarster Besitz, mein Gehirneigentum, das ich nie hergegeben hätte, so wie ich die Bilder losgab.« [76]

Frau Christine Schroeder [77], Hitlers langjährige Sekretärin, bestätigte Hitlers Aussage von 1944:

»Daß Hitler an seinen architektonischen Skizzen sehr hing und sie nicht hergeben wollte, kann ich bestätigen. Als Schaub Ende April 1945 am

Berghof den Inhalt von Hitlers Panzerschrank ausräumte und auf der Terrasse verbrannte, waren darunter auch viele architektonische Skizzen Hitlers, von denen ich ein Bündel an mich nahm und sie vor Schaubs Vernichtung rettete. Aber sie blieben mir nicht. Die Hälfte gab mir Albert Zoller [78] nicht mehr zurück und den Rest verkaufte ich später dummerweise an Dr. Picker.« [79]

Frau Schroeder sagte mir, daß die Skizzen Hitlers, ca. 250 Zeichnungen, in einem Schuhkarton gebündelt lagen, von denen sie, als Schaub wieder zu Hitlers Panzerschrank in seinem Arbeitszimmer im 1. Stock ging, ein Bündel entnahm und behielt. Mehr traute sie sich nicht zu entnehmen, damit Schaub nichts merkte.

Maser weiß natürlich wieder alles anders: » ... Kurz bevor er ... *[Hitler]* ... in Berlin im Bunker seinem Leben ein Ende setzte, entnahm seine Sekretärin Christa Schröder sie mit seiner Erlaubnis dem Schreibtisch, steckte sie ein und gab sie während der Gefangenschaft — um sie behalten zu dürfen — als Arbeiten ihres Großvaters aus.« [80]

Hitlers Zeit in Wien und München läßt sich bis auf die Zeit vom 16.9.1909 bis zum 7.2.1910 aufgrund von Briefen und Meldedaten verhältnismäßig gut nachvollziehen. Wenn man seine Aufenthalte in Wien Anfang Mai bis Anfang Juni 1906 und Mitte September 1907 bis November 1907 außer Betracht läßt, so kam Hitler zwischen dem 14. und 17.2.1908 endgültig nach Wien und wohnte bis 18.11.1908 in der Stumpergasse Nr. 31, II. Stock, Tür 17, (VI. Wiener Bezirk), beim Westbahnhof in Untermiete bei Frau Maria Zakreys. In diese Zeit fallen verschiedene wichtige Ereignisse, die eine gravierende Zäsur in Hitlers Leben darstellen:

1. Im Juli 1908 trennte sich Hitler von seinem Freund Kubizek, mit dem er bisher das Zimmer bei Frau Maria Zakreys geteilt hatte, der zum Militärdienst einrückte, Hitler hat den persönlich und freundschaftlich-intimeren Kontakt zu Kubizek nie wieder aufgenommen.
2. Im August 1908 brach Hitler bei einem Besuch bei seinen Verwandten in Spital, wo auch seine Schwester Paula [81] und Halbschwester Angela Raubal [82] anwesend waren, endgültig mit seiner Familie, nachdem diese Hitler wieder bedrängt haben sollen, endlich einen »ordentlichen Beruf« zu ergreifen. [83]
3. Mitte September 1908 erfolgte die zweite und endgültige Ablehnung Hitlers um Zulassung zum Studium an der Wiener Akademie der Bildenden Künste (Allgemeine Malerschule).

Hitlers berufliche Illusion, »akademischer Kunstmaler« zu werden, war gescheitert. Blamiert vor seinen Verwandten und Bekannten brach er im Herbst 1908 alle Brücken ab, die ihn noch mit seiner Jugend, Linz und seiner Familie verbanden. Zu Kubizek hatte er noch Anfang 1908 gesagt, daß dieser bald nach Wien kommen solle,

»damit er nicht mehr so allein sein müsse, welches Bewußtsein ihn noch ganz verrückt mache. Seine Angehörigen in Linz machen ihm das Leben in dieser Stadt unmöglich, weil sie ihn ständig drängen, er solle einen Beruf ergreifen. Diese Quälereien habe er satt und entziehe sich denselben durch die Flucht nach Wien. Er verfüge über ein kleines Barvermögen, wodurch er sich einige Zeit über Wasser halten könne; er wolle Künstler werden und seinen spießbürgerlichen Verwandten beweisen, daß er recht habe, nicht sie.« [84]

Nun, Hitler behielt nicht recht. Der 19jährige lebte nun nach acht Monaten Wien als »Gescheiterter« allein in der Großstadt und auf alles, was bisher auf ihn eingedrungen war, reagierte er mit Feindseligkeit und vielleicht auch mit Furcht. Hitler, der noch etwas Geld hatte, tauchte als nichtstuender Einzelgänger, der sich wegen seines beruflichen Versagens schämte, in der brodelnden Masse Wien unter. Später erinnerte sich Hitler einmal:

»Ich finde es doch wunderbar, wenn ein Mensch schwere Situationen meistert. Mit dem Unglück fertig zu werden, ist nur wenigen gegeben. Das ist das Bewunderungswürdigste und das Schönste, was es gibt. Bei mir war mein ganzes Leben so; mein eigenes Elend, ja das war doch so ungeheuerlich in meiner Jugend!« [85]

In Wien, der Hauptstadt eines fünfzig Millionen Reiches, lebten damals mehr Tschechen als in Prag, mehr Juden als in Jerusalem und mehr Kroaten als in Zagreb. 1925 schrieb Hitler darüber, »widerwärtig war mir das Rassenkonglomerat, das die Reichshauptstadt zeigte.« [86] Und noch 1941 meditierte er: »Was Wien schwierig macht, ist die Verschiedenartigkeit des Blutes in seinen Mauern. Die Nachkommen aller der Rassen, welche das alte Österreich umfaßte, leben dort.« [87]

Zweifelsohne ist Hitlers Rassenfanatismus in Wien begründet worden. Die Sprachenverteilung in der österreichischen Reichshälfte sah 1900 folgendermaßen aus:

Sprache	Absolute Zahlen	%
Deutsch	9 171 614	35,78
Tschechisch	5 955 397	23,78
Polnisch	4 252 483	16,59
Ruthenisch	3 381 570	13,21
Slowenisch	1 192 780	4,56
Serbokroatisch	711 330	2,77
Italienisch	727 102	2,83
Rumänisch	230 963	0,90
Ungarisch	9 516	0,03

Dazu kam noch das Völkergemisch der ungarischen Reichshälfte mit den Magyaren, Slowaken, Kroaten, Serben und Rumänen. Die starke

Zuwanderung in die Metropole des Habsburgerreiches ab Mitte des 19. Jahrhunderts erzeugte eine vielschichtige Bevölkerungsstruktur, und die Hauptstadt Wien, in der man sich Arbeit und ein besseres berufliches Fortkommen versprach, spiegelte dieses Völkergemisch und Sprachenkonglomerat wider.

Z.B. waren die Deutschen, die nur 36 % der Einwohner der Habsburger Monarchie ausmachten, im »Reichsrat« (Parlament) in Wien immer in der Minderheit. »Die Lage für das Deutschtum«, meinte Hitler später, »war zur Zeit des Auftretens der alldeutschen Bewegung schon verzweifelt. Von Jahr zu Jahr war das Parlament mehr zu einer Einrichtung der langsamen Vernichtung des deutschen Volkes geworden.« [88] Hitler »erschien diese Riesenstadt als eine Verkörperung der Blutschande«, wie er 1924 schrieb [89], und die Sprachenvielfalt war für ihn, der alle Fremden, die den Deutschen in Wien Wohnungen und Arbeit wegnahmen, zu hassen begann, »eine Kulturschande«. [90]

In dem Vielvölkergemisch des Habsburgerreiches betrachteten sich die Deutschen als herrschendes und überlegenes Herrenvolk, was wohl auch Hitler mit geprägt hat. Obwohl sich die Italiener 1861 selbständig gemacht hatten, den Magyaren 1867 die Gleichberechtigung zugestanden wurde und die Slawen u.a. Völker des Staates nach Gleichberechtigung strebten, hielten in Österreich-Ungarn die Deutschen an ihrem deutschnational-autoritären Denken und Handeln fest. Dieser Nationalitätenkonflikt (u.a. Sprachenstreit usw.) beherrschte von den sechziger Jahren des 19. Jahrhunderts bis zum Ende des Habsburger Staates die österreichische Innenpolitik und erklärt die starken deutsch-nationalen Strömungen dieser Zeit in Wien. Hitlers »deutsch-Nationalismus«, der ihm schon während seiner Schulzeit in Linz und Steyer nahegebracht wurde, ist bei ihm durch die Wiener Verhältnisse seinerzeit sicher wesentlich verstärkt und gefestigt worden.

Durch den starken Zustrom von Juden in die österreichische Hauptstadt um die Jahrhundertwende entwickelte sich in Wien auch ein starker »Antisemitismus«. 1910 betrug z. B., bei 2.1 Millionen Einwohnern Wiens der jüdische Bevölkerungsanteil 8,6 %, d. h. es lebten 1910 über 180 000 Juden in Wien. [91] Die Juden waren damals in Wien nicht nur stärker, sondern auch erfolgreicher vertreten als in irgendeiner anderen deutschsprachigen Stadt, was natürlich einen gewissen Neid erweckte, der durch die Stärke und Schwäche der Juden, sich nicht zu integrieren, noch verstärkt wurde.

Aber nicht alle Juden Wiens waren Bankiers, Händler und Unternehmer. Beispielsweise waren in dem armen II. Wiener Bezirk (Leopoldstadt) ein Drittel der Bevölkerung israelischen Glaubens und in dem

Arbeiterviertel Brigittenau (XX. Wiener Bezirk), wo Hitler später drei Jahre im Männerheim in der Meldemannstraße verbrachte, fast ein Fünftel der Einwohner jüdischer Herkunft. [92]
Weiter waren die Gegensätze zwischen dem Adel und den wohlhabenden Bürgern einerseits und den Arbeitern, Handwerkern und Bediensteten andererseits, in Wien sehr groß. Dem Luxus des adeligen und großbürgerlichen Lebens- und Wohnstils stand das Wohnungselend der Arbeiter gegenüber. Durch die starke Zuwanderung und den Bevölkerungsanstieg von der Mitte des 19. Jahrhunderts bis zur Jahrhundertwende wuchs die Einwohnerzahl Wiens sehr schnell von 800 000 auf 2 Millionen an, und es gab in Wien weder Wohnungen noch Arbeit für so viele Menschen. »Mich schaudert noch heute«, schrieb Hitler 1924, wohl auch im Rückblick auf seine Zeit als Obdachloser, »wenn ich an diese jammervollen Wohnhöhlen denke, an Herberge und Massenquartier, an diese düsteren Bilder von Unrat, widerlichem Schmutz und Ärgerem.« [93]
In dieses Umfeld zog Hitler als »Student« am 19.11.1908 in die Felberstrasse 22, Tür 16, (XV. Wiener Bezirk, Rudolfsheim-Fünfhaus; direkt beim Westbahnhof) in Untermiete bei Frau Helene Riedl ein. Dort wohnte er bis zum 21.8.1909. Eine in der Nähe wohnende Dame sagte später aus, daß ihr Hitler damals durch ein höfliches und zugleich ungewöhnlich reserviertes Verhalten aufgefallen sei. [94]
Was Hitler »studiert« hat, ist nicht bekannt, er schrieb 1924:

»Ich las damals unendlich viel, und zwar gründlich. Was mir so an freier Zeit von meiner Arbeit übrig blieb, ging restlos für mein Studium auf. In wenigen Jahren schuf ich mir damit die Grundlagen meines Wissens, von denen ich auch heute noch zehre. — In dieser Zeit bildete sich mir ein Weltbild und eine Weltanschauung, die zum granitenen Fundament meines derzeitigen Handelns wurde. Ich habe zu dem, was ich mir so einst schuf, nur weniges hinzulernen müssen, zu ändern brauchte ich nichts.» [95]

Diese Aussage Hitlers kann nicht stimmen. Hitler hat in Wien, wie verschiedentlich schon nachgewiesen, nicht viele Bücher lesen und sich daher auch nicht eingehend mit dem Marxismus, sozialpolitischen Fragen und Judaika beschäftigen können. Als Hitlers Literatur sind nach seinen eigenen Angaben:

»Ich kaufte mir damals um wenige Heller die erste antisemitische Broschüre meines Lebens«, einige antisemitische Broschüren und die Wiener Zeitungen, die er nach seinen Angaben im »Volkscafé« las, anzusehen. »Ich habe mich seit früher Jugend bemüht«, so führte Hitler weiter aus, »auf richtige Art zu lesen und wurde dabei in glücklichster Weise von Gedächtnis und Verstand unterstützt. Und in solchem Sinne betrachtet, war für mich besonders die Wiener Zeit fruchtbar und wertvoll. Die Erfahrungen des täglichen Lebens bildeten die Anregung zu immer neuem Studium der verschiedensten Probleme.« [96]

Hitler hat mit Sicherheit durch Diskussionen, Beobachtung und Zeitungslesen viele Eindrücke gewonnen, jedoch mit Politik, Marxismus, Sozialdemokratie und den Juden hat er sich erst 1919 in München beim Militär als Vertrauensmann, Schüler des Übergangsheeres und Werbeobmann der DAP bzw. Vorsitzender der NSDAP eingehender beschäftigt. Wien, München und der I. Weltkrieg und die damaligen Verhältnisse, zeitgeschichtlichen Strömungen und Personen, waren Grunderfahrungen Hitlers, die später den Politiker Hitler mit geformt haben. Aber Hitler trat im Februar 1919 in München in die Politik ohne Vorkenntnisse ein, und sein »granitenes Fundament« erschöpfte sich später in einer einzigen Pauschalkritik und Kampfansage an Demokratie und Parlamentarismus sowie Marxismus und Judentum.

Wie kann Hitlers » Weltbild und Weltanschauung«, von denen er 1924 sprach, damals in Wien ausgesehen haben? Die Sozialdemokraten Österreichs beschlossen 1888 auf dem Parteitag der Sozialdemokratischen Arbeiterpartei Österreichs in Hainburg unter Viktor Adler, [97] das Proletariat politisch zu organisieren. Am 1.5.1890 marschierten Tausende von Arbeitern durch die Hauptallee des Wiener Praters. Von da ab kämpfte die Sozialdemokratische Partei Österreichs mit politischen Demonstrationen und den Zeitungen »Arbeiterzeitung« und »Gleichheit« für einen 8-Stunden Tag und für ein allgemeines Wahlrecht. Im November 1905 marschierten schon eine Viertelmillion Arbeiter über die Wiener Ringstraße, die das allgemeine Wahlrecht forderten: 1907 wurde es eingeführt.

Hitler hat sich von seiner Herkunft und als »Künstler« sicher nie zum Arbeiterstand gehörend betrachtet, und die echte Ideologie der Arbeiterbewegung war ihm, trotz seiner Tätigkeit und ersten Schulung in München im Februar/April 1919 auf der Linie der sozialdemokratischen Regierung als Vertrauensmann einer Demobilmachungskompanie, fremd. Hitlers Begegnung mit dem marxistischen Sozialismus vollzog sich nicht durch eine gründliche Auseinandersetzung, sondern nur über subjektive Eindrücke. Sein »späterer« Haß auf die Sozialdemokraten ist bei dem Reichswehrschüler und Politiker Hitler in München ab 1920 erst dadurch entstanden, daß diese für den internationalen Klassenkampf und nicht für die nationale Idee à la Hitler eintraten: »Unser Volk muß von dem hoffnungslosen Internationalismus befreit werden«, betonte Hitler später immer wieder, »und bewußt und systematisch zum fanatischen Nationalismus erzogen werden.« [98]

Eine weitere politische Strömung in Wien war die Pan-Germanische Bewegung Georg Ritter von Schönerers. [99] 1882 stellte er sein »Linzer Programm« auf — an dem auch Viktor Adler beteiligt war — nach dem das Deutschtum Österreichs nur durch eine stärkere Bindung an Deutschland zu retten wäre. Schönerer war ein Vertreter der deutschnationalen Richtung, und seine »Alldeutsche Partei« sah verschiedene Reformen, wie progressive Einkommensteuer, Erweiterung des Sozialversicherungswesens, Beschränkung der jüdischen Einwanderung (»kein Jude könne ein echter Deutscher sein«, ein Satz, den Hitler später übernahm!) usw. vor. Eine kleine Gruppe, die sich unter den sudetendeutschen Abgeordneten Rudolf Jung und Hans Knirsch von der Alldeutschen Partei Schönerers löste, nannte sich »Deutsche Arbeiterpartei«. Sie trat später in Verbindung mit Hitlers DAP und NSDAP.

Karl von Vogelsang [100] versuchte mit seiner Zeitschrift »Das Vaterland« zuerst Adelige für die sozialen Probleme zu interessieren. Aus seiner Bewegung entstand 1880 die »Christlich-Soziale Partei«, unter Karl Lueger [101], der die breite, sozialrevolutionär anfällige Masse Wiens Ende des 19. Jahrhunderts politisch mobilisierte. Die Christlich-Soziale Partei Luegers vertrat die Interessen des Mittelstandes, d.h. des christlichen Wiener Kleinbürgertums und forderte die Gleichberechtigung aller Staatsbürger, soziale Reformen im Sinne der katholischen Soziallehre und eine Stärkung der Monarchie. Als Gegner wurden die reichen jüdischen Bankiers und Geschäftsleute angesehen, was zu einer weiteren Steigerung des Antisemitismus in Wien geführt hat.

Im Juni 1907 fanden in Österreich, nachdem Kaiser Franz Joseph unter dem Druck der Parteien und Arbeiterschaft die Wahlgesetze reformieren ließ, zum erstenmal Parlamentswahlen nach dem allgemeinen, direkten und geheimen Wahlrecht statt, bei denen jeder Arbeiter das Wahlrecht hatte. Bei dieser Wahl gingen als weitaus stärkste Partei die Christlichsozialen unter Karl Lueger, den Hitler später den »genialsten Bürgermeister, der je bei uns gelebt hat« [102], nannte, hervor. Die Sozialdemokraten erreichten ebenfalls einen beachtlichen Erfolg, aber wie die Wahl zeigte, herrschten in Wien damals Sozialistenfeindschaft und Antisemitismus vor.

Das war das politische Umfeld in Wien, das Hitler in den Jahren 1908 bis 1913 vorfand und miterlebte. Angeblich wurden Hitler damals in Wien »die Augen geöffnet ... für zwei Gefahren ... für die Existenz des deutschen Volkes: Marxismus und Judentum.« [103] Und im Prozeß 1924 vor dem Volksgericht I in München führte Hitler aus:

»Mit kaum 17 Jahren kam ich nach Wien *[Hitler kam 1908 mit 19 Jahren ständig nach Wien. Anm. d.V.]* und ich habe dort zum erstenmal die soziale Frage kennen gelernt, das große Elend und die große Not weiter

Schichten, zweitens das Rassenproblem in der Stadt, in der sich praktisch Osten und Westen mehr oder weniger treffen. In Wien konnte man das Rassenproblem besser studieren als irgendwo in Deutschland, weil dort nach meiner politischen Weltanschauung der größte Feind der ganzen arischen Menschheit stärker auftritt, als im übrigen Deutschland. Drittens habe ich in Österreich die Partei und Bewegung kennen gelernt, deren Folgeerscheinungen zum Zusammenbruch führen mußten, die marxistische Bewegung. Ich bin von Wien fortgegangen als absoluter Antisemit, als Todfeind der gesamten marxistischen Weltanschauung.« [104]

Daß dieser Aussage Hitlers nicht so viel Gewicht beizumessen ist, läßt sich u.a. aus einem Brief vom Juli 1933 von Reinhold Hanisch [105] entnehmen, in dem er ausführte, daß er über Hitler »und seine tatsächlichen einstigen politischen Anschauungen und sein Verhalten in Wien«, berichten wird. [106]

Nach Hitlers Aussage hätte er also in Wien damals folgendes erkannt.

1. Er lernte das soziale Elend kennen.
2. Er lernte das Rassenproblem kennen, und zwar die Rasse, die ihm als der große Feind der arischen Rasse erschien, die Juden.
3. Er lernte die Partei kennen, die das Elend der Massen ausnutzte und mit den Semiten verbunden war, die Marxisten.

Das soziale Elend hat Hitler in Wien als Obdachlosenasylant sicher kennengelernt. Das Vielvölker- und Rassenproblem sowie den »Scheinantisemitismus« à la Karl Lueger hat Hitler auch miterlebt. Aber an Hitlers Verhalten ist bis Juni 1919 kein gravierender Judenhaß zu erkennen! Im Gegenteil, er hatte in Wien jüdische Bekannte und Freunde, wie z.B. Josef Neumann, verschiedene Mitbewohner des Männerheims und Händler. Auch sein Verhalten gegenüber dem jüdischen Arzt Dr. Eduard Bloch, der seine Mutter behandelt hatte, die vielen Aussagen von Zeitzeugen, die jüdischen Offiziere im R.I.R. 16 im I. Weltkrieg — Hugo Gutmann, ein jüdischer Offizier, schlug Hitler z.B. 1918 für das EK I vor — usw. geben eindeutig Zeugnis, daß Hitlers Judenhaß erst nach dem Juni 1919 deutlich wurde. Nietzsche nannte den Antisemitismus einmal die Weltanschauung der *»zu-kurz-Gekommenen«*, was bei Hitler zutreffen könnte.

Daß die »Marxisten in Wien mit den Semiten verbunden waren« — Hitler hatte angeblich »den Juden als Führer der Sozialdemokratie erkannt« [107] — stimmt auch nicht. Adler, der Parteiobmann der Sozialdemokratischen Partei Österreichs, war zwar Jude — obwohl er später Protestant wurde — aber das hat Hitler damals sicher nicht gestört. Aber die führenden Wiener Sozialisten, wie Schuhmeier, Pernerstorfer, Seitz, Renner usw. waren keine Juden! Doch in München, nach der

Revolution 1918, sah und erlebte Hitler die Unabhängigen Sozialdemokraten und Kommunisten wie Eisner, Fechenbach, Königsberger, Herzog, Toller, Jaffé, Mühsam, Wadler, Leviné u.a., die Juden waren und z.T. aus dem Osten kamen! Man darf nicht übersehen, daß jüdische Intellektuelle bei den Revolutionen 1917/18 in Rußland und Deutschland eine hervorragende Rolle gespielt hatten und daß dadurch in nationalen Kreisen in München und Deutschland eine scharfe antisemitische Strömung entstanden ist. Schon 1907 (!) schrieb man z.B. in München: »In Folge der Vorgänge in Rußland hat sich zahlreiches russisch-jüdisches Gesindel nach Deutschland verzogen und vornehmlich im judengesegneten München Aufenthalt genommen.» [108]

In München sah Hitler die Auswirkung der bolschewistischen Revolution, die nach der 2. und 3. Revolution als »Räteherrschaft« Vorbild war. Hier bildete sich bei Hitler nach der Schulung und Ausbildung durch das rechts orientierte Gruko 4, Übergangsheer und Reichswehr, sein Feindbild, sein endgültiges »Weltbild« und seine »Weltanschauung«, die das ganze weitere Leben Hitlers und sein Wirken bestimmt haben.

Was also Hitler von der Verbindung Marxismus-Semitismus in Wien schrieb, kann sich nur auf die Münchner Verhältnisse 1918/19 bezogen haben, die er hautnah miterlebt hat. Die marxistische Weltanschauung, die Sozialdemokratie, so wie sie sich 1907 - 1913 in Wien darstellte, kannte Hitler nur aus Zeitungen und aus Beobachtungen auf der Straße sowie Diskussionen. Daß Hitler damals in Wien schon seine politischen Thesen von 1920/21 vertreten haben soll, ist unglaubhaft, obwohl er 1924 schrieb:

»Ich redete mir in meinem kleinen Kreise die Zunge wund und die Kehle heiser und vermeinte, es müßte mir gelingen, sie von der Verderblichkeit ihres marxistischen Irrsinns zu überzeugen; allein dann erreichte ich erst recht nur das Gegenteil.« [109]

Viel eher dürfte sein Eingeständnis, das auch Karl Honisch bestätigte, zutreffend sein: »Ich glaube meine Umgebung von damals hielt mich wohl für einen Sonderling.« [110]

Zeitungen, allgemeine Gespräche und Diskussionen, wie sie in Wien üblich sind, einige billige Broschüren und vor allem seine persönlichen Beobachtungen — Hitler nannte sie später den »Anschauungsunterricht der Wiener Straße ... *[der ihm]* ... unschätzbare Dienste geleistet ... hätte« [111] — dürften mit an Sicherheit grenzender Wahrscheinlichkeit in Wien Hitlers einzige politische Schulung gewesen sein, die er 1924 als »Wiener Studien« bezeichnete. Es scheint, daß Hitlers »Weltbild« tatsächlich das Bild widerspiegelte, das das Wiener Kleinbürgertum in den

Jahren 1908 bis 1913 zeigte. In den Parolen der »Alldeutschen« Schönerers und denen von Lueger sowie in dem damals vorherrschenden Wiener Fremdenhaß und Antisemitismus sowie der Sozialistenfeindlichkeit fand Hitler die Thesen, die der »Deutschnationale« wohl nach der Schulung durch das Übergangsheer 1919 dann zu seiner »Weltanschauung« vermengte.

Am 21.8.1909 zog Hitler als »Schriftsteller« in die Sechshauserstraße 56, II. Stock, Tür 21, (XIV. Wiener Bezirk), in Untermiete zu Frau Antonie Oberlechner. [112] Schon zwanzig Tage später, am 16.9.1909 ist er nach »unbekannt verzogen«, angeblich ohne daß er die Miete für diese Zeit bezahlt hätte.

Über Hitlers damalige finanzielle Lage ist viel spekuliert und geschrieben worden. Mitte 1909 scheint Hitler jedenfalls nur mehr über wenig Barmittel verfügt zu haben. Sowohl die spärlichen und niedrigen Angaben Hitlers als auch die verschiedener Journalisten und Historiker sind nicht abgesichert. Als das Geld, das er geerbt hatte, im August/September 1909 zu Ende ging, und Hitler nur mehr über 25 Kronen Waisenrente verfügte (vom 1.1.1908 bis 31.5.1911), erfolgte der endgültige soziale Abstieg Hitlers zum Obdachlosen. 1924 schrieb Hitler über diesen Abschnitt seines Lebens:

»Der Herbst 1909 war eine für mich unendlich bittere Zeit. Ich war ein junger unerfahrener Mensch, ohne jede Geldhilfe *[Hitler erhielt im Monat 25 Kronen Waisenrente! Anm.d.V.]* und auch zu stolz eine solche auch nur von irgend jemand anzunehmen geschweige den zu erbitten *[Hitler erbat und erhielt mit an Sicherheit grenzender Wahrscheinlichkeit Anfang 1910 von seiner Tante Johanna Pölzl Geld. Anm.d.V.]*. Ohne jede Unterstützung nur auf mich selbst gestellt, langten die wenigen Kronen oft auch nur Heller aus dem Erlös meiner Arbeiten kaum für meine Schlafstelle.« [113] Noch 1942 erinnerte sich Hitler an diese Zeit: »Mir ist es ... so schlecht gegangen lange Zeit in Wien! Durch Monate habe ich kein warmes Essen gehabt. Ich habe von Milch und trockenem Brot gelebt.« [114]

Ab dem 16.9.1909 — in der Zeit hätte sich Hitler auch zur Musterung stellen müssen — galt Hitler amtlich als »unbekannt verzogen«. Erst am 8.2.1910 tauchte er wieder im Wiener Männerheim in der Meldemannstraße auf. Über diese Zeit Hitlers gibt es nur einen Zeitzeugen, den mehrfach vorbestraften sudetendeutschen Hausdiener, Gelegenheitsarbeiter und selbsternannten Bauzeichner und Radierer, Reinhold Hanisch. [115] »Ausgebildeter Graphiker«, wie Maser schreibt, war Hanisch natürlich nie. [116]

Obwohl Hanisch, der immer in Geldschwierigkeiten war, durch verschiedene Betrügereien und durch Reporter und Zeitungsleute, die seine

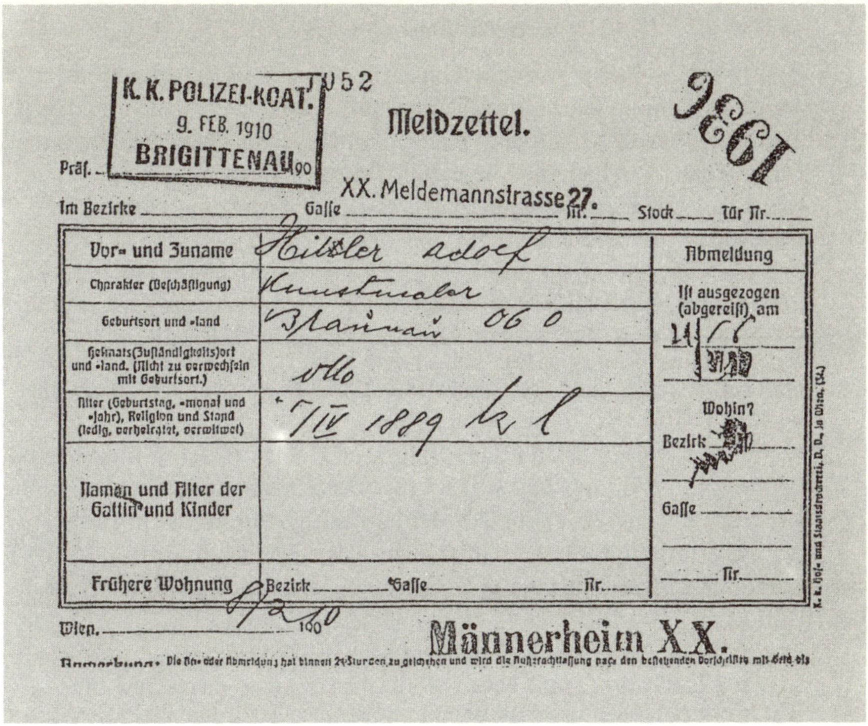

K. K. POLIZEI-KOAT. 9. FEB. 1910 BRIGITTENAU 90

1052

Meldzettel.

1938

Präs.

Im Bezirke XX. Gasse Meldemannstrasse 27. Nr. Stock Tür Nr.

		Abmeldung
Vor- und Zuname	Hitler Adolf	Ist ausgezogen (abgereist) am 21/6 1910
Charakter (Beschäftigung)	Kunstmaler	
Geburtsort und -land	Braunau O. Ö.	
Heimats(Zuständigkeits)ort und -land. (Nicht zu verwechseln mit Geburtsort.)	detto	
Alter (Geburtstag, -monat und -jahr), Religion und Stand (ledig, verheiratet, verwitwet)	20/IV 1889 r. k. l.	Wohin? Bezirk
Namen und Alter der Gattin und Kinder		Gasse
Frühere Wohnung	Bezirk Gasse Nr.	Nr.

Wien, 9/2 1910

Männerheim XX.

Anmerkung: Die An- oder Abmeldung hat binnen 24 Stunden zu geschehen und wird die Nichtbeachtung nach den bestehenden Vorschriften mit Geld bis

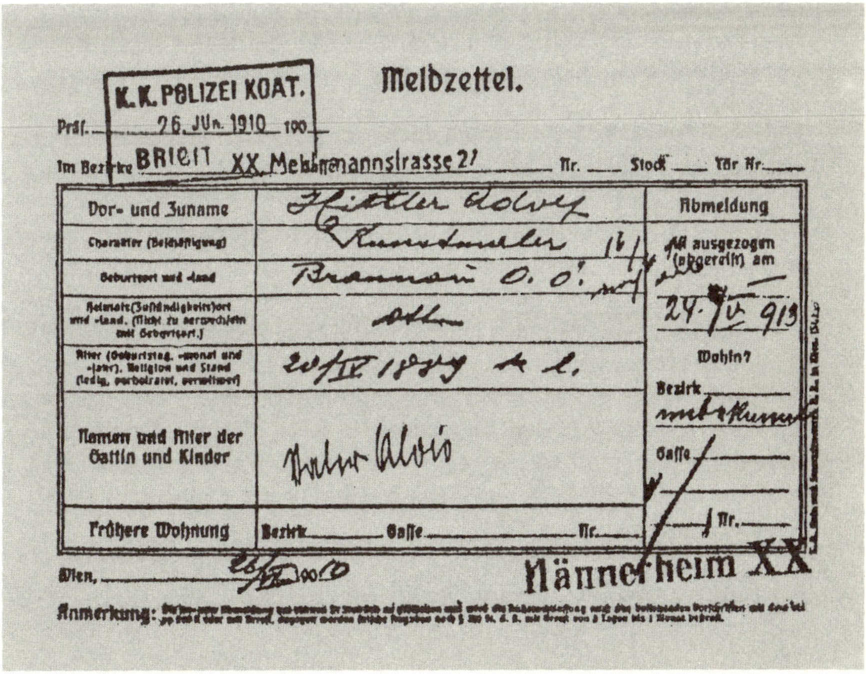

K. K. POLIZEI KOAT. 26. JUN. 1910 BRIGIT

Meldzettel.

Präs. 190

Im Bezirke XX. Meldemannstrasse 27 Nr. Stock Tür Nr.

		Abmeldung
Vor- und Zuname	Hitler Adolf	Ist ausgezogen (abgereist) am 24. V. 913
Charakter (Beschäftigung)	Kunstmaler	
Geburtsort und -land	Braunau O. Ö.	
Heimats(Zuständigkeits)ort und -land. (Nicht zu verwechseln mit Geburtsort.)	detto	
Alter (Geburtstag, -monat und -jahr), Religion und Stand (ledig, verheiratet, verwitwet)	20/IV 1889 r. k. l.	Wohin? Bezirk unbekannt
Namen und Alter der Gattin und Kinder	Vater Alois	Gasse
Frühere Wohnung	Bezirk Gasse Nr.	Nr.

Wien, 26/6 1910

Männerheim XX

Anmerkung:

Wie aus den beiden Meldezetteln ersichtlich, wohnte Hitler (mit einer Unterbrechung vom 21. Juni 1910 bis 26. Juni 1910) über drei Jahre lang (vom 8. Februar 1910 bis zum 25. Mai 1913) im Männerheim in der Meldemannstraße 27 in Wien (XX. Bezirk).

Berichte über Hitler »journalistisch aufbereiteten« [117] unglaubwürdig wurde und einige seiner Aussagen nachweisbar nicht stimmen, andere dagegen nachvollziehbar sind, bleiben Hanischs Aussagen die einzigen vorhandenen Quellen über diese Zeit Hitlers in Wien.

Franz Feiler, ein Bundesbahnschaffner aus Innsbruck, der Hanisch seit 1924 kannte, schrieb u. a. 1938:

»Es war mir nicht unbekannt, daß gerissene Zeitungsleute Hanisch des öfteren über Adolf Hitler ausgefragt haben, die erfahrene Wahrheit mit den ihnen notwendig scheinenden Zwecklügen ergänzten und Hanisch mußte dann für das ganze mit seinem Namen einstehen. Ich habe Hanisch gewarnt und von seiner Handlungsweise abzubringen mich bemüht.« [118]

Vor allem waren es die Journalisten Konrad Heiden [119] (»Frankfurter Zeitung«) und Rudolf Olden [120] (»Berliner Tagblatt«), die Hanisch Anfang der dreißiger Jahre über Hitler ausfragten und ihn beauftragten, Nachforschungen über Hitler anzustellen. Heiden brachte z. B. als erster den Text der Ablehnung Hitlers an der Allgemeinen Malerschule. [121]

»Im Register der hiesigen Malerschule«, schrieb Hanisch im Juli 1933 an den Bilderkäufer Franz Feiler, »ist auf der Seite wo das Gesuch Adolf Hitler zwecks Aufnahme abschlägig behandelt wird, als nächster Anwärter der Maler Hofbauer verzeichnet von dem Sie seinerzeit ein Aquarell erworben haben ... Es viel mir auf da ich Auftragshalber *[im Auftrag Heidens. Anm.d.V.]* Hitlertaten zu sammeln bei Einsicht in dieses Buch den Namen fand. Habe auch sonst viel Material gefunden sowie Zeugen.« [122]

Die »Auftraggeber« Heiden und Olden veröffentlichten dann das Material, das sie von Hanisch erhielten, 1935/36 in ihren Hitlerbiographien. Im gleichen Brief wies Hanisch auch auf eine Broschüre hin: »In einer Broschüre, die in kürzester Zeit über Hitler und seine tatsächlichen einstigen politischen Anschauungen sowie sein Verhalten in Wien erscheinen wird«. Es soll sich dabei um eine Broschüre mit dem Titel »Hitler wie er wirklich ist« gehandelt haben, die 1933 bei dem Verlag Novina in Preßburg verlegt wurde. [123] Als Hanisch am 2.12.1936 in Wien verhaftet wurde, fand die Polizei bei einer Hausdurchsuchung zwei weitere Broschüren, »Adolf Hitlers Weggenosse in Wien erzählt« und »Meine Begegnung mit Adolf Hitler«. Eine von diesen gelangte auf irgendwelchen Umwegen in die USA und wurde dann 1939 in der Zeitschrift »New Republic« veröffentlicht. [124]

Auch die Angabe von Heiden, daß Hitler nach dem 16.9.1909 bis zum November 1909 in der Simon Denk-Gasse im IX. Wiener Bezirk gewohnt haben soll — die auch Maser übernommen hat — scheint Heiden

von Hanisch erhalten zu haben. Sie ist jedoch nicht nachzuweisen, da darüber kein Meldezettel oder irgendein anderes Dokument existiert. [125] Es scheint höchst unwahrscheinlich, daß Hitler dort ein Zimmer mietete, da er dafür kaum Geld hatte. Außerdem liegt die Simon Denk-Gasse im IX. Wiener Bezirk (Alsergrund), d. h. weiter entfernt von der Gegend des Westbahnhofs (Fünfhaus, Gumpendorf, Sechshaus), die Hitler kannte, und in der er damals lebte.
Reinhold Hanisch schildert seine Begegnung mit Hitler folgendermaßen:

»Es war im Herbst 1909 als ich nach langer Irrfahrt auf den Landstraßen Deutschlands und Österreichs als müder Handwerksbursch das Asyl für Obdachlose in Meidling aufsuchte. Zur linken auf der Drahtpritsche war ein magerer junger Mensch mit ganz wundgelaufenen Füßen. Da ich noch Brod von den Bauern hatte teilte ich mit ihm. Ich sprach damals stark den Berliner Dialekt; er schwärmte für Deutschland. Seine Heimath Braunau am Inn hatte ich durchwandert, so konnte ich leicht seinen Erzählungen folgen.
Dort hatte sein Vater als Zollbeamter Dienst gemacht, in Linz hatte er eine Realschule besucht. Die folgenden Wochen brachten uns mehr noch zusammen. Beim Besuch des Asyls erhielt jeder eine Karte die zu einer wöchentlichen Nächtigung nebst Bad und Suppe und Brod berechtigte. Doch war ein schwunghafter Handel mit diesen Karten im Gang so daß man durch Kauf nach Ablauf der einen zum weiteren Verbleib eine andere erwarb. Ich suchte durch Gelegenheitsverdienst mein Stück Brod. Hitler mein Nachbar gieng meist in die Gumpendorferstr. wo bei einem Spital Suppe verteilt wurde. Der erste Schnee sah uns als Schneeschaufler. Über mein fortgesetztes Ermahnen entschloß sich Hitler seiner Schwester zu schreiben. Er hatte keinen Winterrock und sah erbärmlich blau gefroren oft aus. Seine Schwester sandte ihm 50 Kronen ein schönes Stück Geld damals. *[Ob Hitler das Geld von seiner Schwester oder von seiner Tante Johanna Pölzl (gest. 9.3.1911 in Spital) bekommen hat, ist fraglich. Jedenfalls wurde am 4.5.1911 vom Bezirksgericht Linz erhoben: »... daß Adolf Hitler behufs seiner Ausbildung als Kunstmaler größere Beträge durch seine Tante Johanna Pölzl ausgefolgt erhielt.« [126] Anm. d. V.]* Im Dorotheum lizitierte er einen Winterrock und wohnte von nun an, es war zu Weihnacht 1909, im Männerheim Wien XX. Bezirk Meldemanngasse *[Hitler wohnte erst ab dem 8.2.1910 im Männerheim und Hanisch war zu der Zeit in der Hermanngasse 16 gemeldet. Anm. d. V.]*. Da er mir erzählte daß er Academie besucht habe sagte ich ihm er solle Postkarten malen. Ich gieng diese verkaufen. Er malte auch Ansichten von Wien die ich bei Bilderhändlern und Tapezierern verkaufte. Ich konnte mitunter eine ganz gute Bestellung erreichen. So daß wir schlecht und recht leben konnten. Doch in besseren Geschäften des Kunsthandels wurden die Arbeiten immer abgewiesen. Ich redete Hitler zu sich mehr Mühe zu geben. Zum Zweck des weiteren Fort

schritts besuchten wir die Museen. Architektur begeisterte Hitler besonders. Und wenn er von Gottfried Semper sprach konnte mann ihm stundenlang zuhören. Auch die Musik Richard Wagner brachte ihn in helle Flammen.
So zogen die Wochen dahin. Im Männerheim gab es auch Kochgelegenheit. Doch unser Menü bestand zumeist in Polenta. Einmal wollte mir Hitler eine Oberösterreichische Milchsuppe kochen lehren, aber es wurde eine saure Milchsuppe.
So wie wir waren im Männerheim mehrere Leute die Kunstgewerblich tätig waren. Da war ein Notenschreiber, Adressenschreiber, andere malten Preiß und Recklametäfelchen. Ein anderer schnitzte mit dem Messer in Postkarten Monogramme etc. Es war eine große Familie die die gleiche Not zusammen hielt.
Die Politik wurde stark besprochen. Dr. Lueger war im Sterben *[Dr. Lueger starb am 10.3.1910 Anm. d. V.]*, die Arbeiterzeitung brachte starke angriffe gegen seine Nachfolger. Hitler hatte in einem Kino einen Film der Tunnel benannt gesehen, der ihn ganz berauschte. Ein Redner reißt die Massen mit sich, wird der gefeierte Volkstribun. Schwungvolle Reden gabs nun im Männerheim. Die Arbeit wurde vernachlässigt. Eine neue Partei muß aufstehen, es ging heiß oft her. Feindliche Blicke flogen, recht ungemütlich mitunter. Um diese Zeit erhielt ich einige Aufträge in Radierung die ich selbst versuchte da Hitler die Arbeit gänzlich vernachlässigte. Und da es mir gut gelungen war und ich ständig Aufträge erhielt, verließ ich das Männerheim, da dieses Zusammenleben in dem Massenquartier ein fleißiges Arbeiten nur stört. Das letzte Mal sah ich Hitler 1913 er ging ein Aquarell das er gemalt hatte verkaufen. Erst nach dem Krieg durch Zeitungsberichte kam mir sein Name wieder zur Kenntnis. So hat er dann sein Ziel erreicht. Über seine damalige Politische Einstellung, ist vieles seiner Heutigen gleich. Er war ein großer Veeherer von Schönerer. Auch Karl Hermann Wolf war sein Mann. Doch ist das Politische Niveau heut ja ein ganz anderes. So viele Erscheinungen des heutigen Lebens waren damals unbekannt. Wer kannte damals den Begriff Komunist. Derartiges hätte nur im Irrenhaus existieren können. Der Zusammenbruch des Staates war auch ein Zusammenbruch der Moralischen Begriffe. Nur so entstand der Nährboden für unsere heutige Zeit.» [127]

Detaillierter aber ähnlich ist Hanischs Bericht über Hitler in dem Zeitungsartikel »I was Hitler's Buddy«, der im April 1939, also zwei Jahre nach Hanischs Tod in den USA erschien. [128]
Von wann ab Hitler im Asyl für Obdachlose in Meidling, Asylgasse 4 (XII. Wiener Bezirk) in der Nähe des Schlosses Schönbrunn, übernachtet hat (Heiden gibt z. B. den November 1909 an), ist nicht nachvollziehbar, da keine Meldeunterlagen vorhanden sind und Hitler ab dem 16.9.1909 amtlich nicht mehr gemeldet war (»unbekannt verzogen«). Ob Hitler wirklich bis dahin auf Bänken und unter Brücken im Freien

geschlafen hat, wie verschiedentlich — u. a. auch von Konrad Heiden — angegeben, ist fraglich, aber nicht auszuschließen. Z. B. gab Hanisch bei einer öffentlichen Gerichtsverhandlung am 4.7.1933 vor dem Strafrichter, Landgerichtsrat Dr. Scholz in Wien u. a. an:

»Ich kenne Hitler seit dem Jahre 1909. Wir haben uns im Obdachlosenheim kennengelernt ... Er ist damals ganz verlaust herumgezogen ...« [129]

Sicher scheint, daß Hitler bis zum 7.2.1910 in dem Meidlinger Asyl übernachtet hat, das von der Gesellschaft für die Unterbringung von Obdachlosen geführt wurde, einer von Kaiser Franz Joseph anerkannten und geförderten philanthropischen Vereinigung. Das Asyl, das tagsüber geschlossen war, wurde erst abends geöffnet, bot die Möglichkeit zum Duschen und Desinfizieren der Kleidung usw., und in einem Eßsaal wurden eine Suppe und Brot ausgegeben. In großen offenen Schlafsälen, in denen Reihen von Drahtpritschen nebeneinanderstanden, schliefen die Asylanten bis zum Morgen, wo das Heim wieder geräumt werden mußte. [130] Tagsüber wurden, wie Hanisch angab, verschiedene Wärmestuben usw. besucht und einige Gelegenheitsarbeiten angenommen. [131]

Für den von seiner Mutter verwöhnten 20jährigen Hitler sicher eine traumatische und bittere Erfahrung; von Hitlers Illusionen war nicht mehr viel übriggeblieben, obwohl er 1941 im Führerhauptquartier einmal zu seinen Gästen sagte:

»Dem, der außerhalb der Not lebt, muß erst ein Tor aufgestoßen werden, damit er sie sieht. Die Jahre, die mich das Elend in der härtesten Form am eigenen Leibe haben erfahren lassen, sind für die deutsche Nation zum größten Segen geworden ... Dabei hat mich die Trostlosigkeit meiner Umgebung in einem Punkte nicht berührt: ich habe während dieser Jahre im Geiste in Palästen gelebt.« [132]

Hanisch berichtete aber, daß er damals versucht hat, den niedergeschlagenen Hitler zu trösten und als er ihn fragte, worauf er eigentlich warte, soll Hitler geantwortet haben: »Ich weiß es selber nicht.« Hanisch hätte nie eine solche Hoffnungslosigkeit bei einem Menschen erlebt. [133]

Am 8.2.1910 und nicht, wie Maser schreibt, *»im Dezember 1909«*(!) [134] zog Hitler, nachdem er von Verwandten (höchstwahrscheinlich von seiner Tante Johanna Pölzl) Geld erhalten hatte, in das Männerheim in der Meldemannstraße 25-27 im XX. Wiener Bezirk (Arbeiterviertel Brigittenau), was einen gewissen sozialen Aufstieg für ihn bedeutete. Über das Männerheim und Hitlers Lebensweise dort, existiert ein glaubhafter, wenn auch manchmal etwas gefärbter Bericht von Karl Honisch [135] (nicht zu verwechseln mit Reinhold Hanisch):

»Ich lernte Adolf H. im Ersten Wiener Männerheim in Wien, XX. Bez. Meldemannstraße 27 kennen. Dieses Männerheim wurde um 1905 von dem Karitativen Verein für Volkswohnungen errichtet. Später wurde eine zweite, gleichartige Anstalt 17. Wurlitzergasse 89 erbaut, die heute noch dem gleichen Zwecke dient, wenn auch in etwas veränderter Gestalt und in anderem Besitze, während das Männerheim im XX. Bez. in den Besitz der Gemeinde Wien übergegangen ist und als Filiale des Lainzer *[Stadtteil von Wien, Anm. d. V.]* Versorgungshauses dient. Der ursprüngliche Zweck der Gründung war, alleinstehenden Personen männlichen Geschlechtes billige Unterkünfte zu bieten, womit es in Wien damals schlecht bestellt war. Wer nur über wenig Geld verfügte, hatte eigentlich nur die Möglichkeit, sich irgendwo als sogenannter ›Bettgeher‹ einzulogieren. Wer gar keine oder keine nennenswerten Einkünfte besaß, konnte irgend eines der öffentlichen oder von privater Wohltätigkeit unterhaltenen Asyle in Anspruch nehmen, was man aber lieber vermied *[Hitler hatte vorher in einem solchen Asyl in Meidling übernachtet. Anm. d. V.]*. Daneben gab es allerdings auch eine Anzahl von privaten Massenquartieren, denen man aber gleichfalls aus vielfachen Gründen aus dem Wege ging. Das Männerheim konnte man als eine Art Mittelding zwischen den erwähnten Einrichtungen ansehen. Als ich im Männerheim meinen Einzug hielt, war das Haus, das ca. 500 Personen faßte, zu etwa 3/4 besetzt. Wenn ich das anfänglich mit einigem Mißtrauen betrat, so wurde ich bald angenehm überrascht. Schon der Anblick des großen gepflegten Baus wirkte beruhigend.

Das Männerheim war für die damalige Zeit das Modernste auf dem Gebiet der Massenbeherbergung. Neu daran war, daß hier die Schlafgäste, nicht wie in den Massenquartieren älteren Stils in gemeinsamen Schlafsälen schliefen, sondern daß jedem Gaste eine eigene Schlafkabine zur Verfügung stand. Allerdings war sie nur ganz klein — sie mochte etwa 1 1/2 x 2 1/2 Met. im Geviert messen und enthielt nichts als eine weiß überzogene, ziemlich reine, einfache Schlafstelle, ein Tischchen, einen Kleiderrechen und einen Spiegel — aber sie konnte einem immerhin so etwas wie ein eigenes Heim vortäuschen. Am Gange befanden sich Waschräume sowie Gelegenheiten zum Schuh- und Kleiderputzen.

Der Preis für eine Nächtigung betrug, glaube ich, 50 Heller. Im Wochenabonnement kam es noch etwas billiger zu stehn und hatte überdies den Vorteil, daß man immer dieselbe Kabine erhielt. Das Bett wurde nach jedem Gaste frisch überzogen, nur für ständige Schlafgäste, die, wie gesagt, immer dieselbe Kabine innehatten *[Hitler verbrachte über drei Jahre seines Lebens in dem Männerheim. Anm. d. V.]*, wurde es alle 7 Tage gewechselt.

Der Aufgang in die Schlafräume, die in den Stockwerken lagen, wurde um 8 h abends geöffnet. Bei Tag standen den Heimbewohnern die Tag-Aufenthaltsräume im Hochparterre zur Verfügung. Da war vor allem der große Speisesaal. Dort befanden sich auch die Ausgabeschalter der von einem Pächter betriebenen Kantine, wo Speisen und alkoholfreie Getränke zu billigen, von der Verwaltung des Männerheims kontrollierten Preisen verkauft wurden. Alkoholische Getränke durften ins Männerheim weder hereingebracht, noch hier konsumiert werden.

Während der Tagesstunden wurde dieser Raum kaum viel in Anspruch genommen, auch zu Mittag nur wenig, da die meisten der Heimbewohner auswärts waren, bei der Arbeitssuche, Gelegenheitsarbeiter etc. Aber gegen Abend füllte es sich mit einer bunt zusammengewürfelten Menge, die aß und schwatzte, über den Köpfen lag ein dichter Qualm von Zigarettenrauch und es herrschte ein fortwährendes Kommen und Gehen. Viele holten sich von der Kantine ihre bescheidene Abendmahlzeit. Das Essen war gut und die Portionen reichlich. Ich wenigstens erinnere mich nicht, je wieder im Leben so große Portionen von Beuschel, saurer Leber, Gemüse, Kaffee u.a.m. mit solchen Appetit genossen zu haben wie damals. Dazu trug wohl allerdings der Umstand bei, daß ich jung war und Hunger der beste Koch ist. [136]
... Zeitungen auflagen. Und schließlich ein kleinerer Raum, das sogenannte Arbeitszimmer. Hier fand sich die »Intelligenz« oder was sich dazuzählte, zusammen. Ein verhältnismäßig kleiner Kreis von etwa 15 - 20 Personen, die hier so ziemlich unter sich blieben. Da waren akademisch gebildete, die irgendwie Schiffbruch gelitten hatten neben Handelsangestellten, pensionierte Offiziere, ... Pensionisten u.a.m. Da ich von Beruf Kontorist war, zog es mich natürlich in diesen Kreis, wo ich bald heimisch wurde. Es waren da Leute mit ganz gediegenen Sachkenntnissen und natürlich gab es auch eine Anzahl von Orginalen, auf die näher einzugehen zu weit führen würde.
Mit dem bisher Geschilderten ist aber die Beschreibung des Männerheimes noch keineswegs vollständig. Da gab es zum Beispiel im Parterre noch eine Bücherei. Und dann die Räume im Kellergeschoß. Dort waren Bäder und Reinigungsgelegenheiten jeder Art vorhanden und gegen eine geringe Gebühr zu benützen. Auch gab es dort eine Schuster- und Schneiderwerkstätte, die ebenso wie ein Friseurladen und eine Wäscherei von Pächtern betrieben wurden und für die Heimbewohner zu ganz billigen Preisen arbeiteten. Schließlich wären noch die Schließfächer zu erwähnen. Hier konnte jeder Heimbewohner für eine geringe Entschädigung ein oder mehrere verschließbare Kästchen mieten, in denen er seine Habseligkeiten unterbringen konnte. Diese Einrichtung wurde allerdings nicht von allen Heimbewohnern in Anspruch genommen, denn unter diesen befanden sich welche, die wie der bekannte Weise von sich sagen konnten: omnia mea mecum porto *[ich trage alles mit mir]*. Und diese benötigten kein Schließfach. Dafür gab es wieder andere, die mehrere Kästchen mieteten um ihr Habe unterzubringen. Wie man sieht gab es selbst in diesem bescheidenen Milieu Besitzende und Habenichtse.
Wovon alle diese Leute, die das Männerheim in seinen Mauern beherbergten lebten? Ein Teil hatte ständige Arbeit, doch waren diese in der Minderzahl. Die andern übten die verschiedenartigsten Erwerbstätigkeiten aus, die alle zu schildern zu weit führen würde. Im allgemeinen kümmerte sich keiner darum, wovon der andere lebte, weil jeder mit sich selbst genug zu tun hatte. Man muß nämlich wissen, daß der Arbeitslose damals, in der sogenannten guten alten Zeit, es vielfach schwerer hatte, sein Dasein zu fristen als heute. Es gab damals weder eine Arbeitslosen-

unterstützung, noch Abfertigung im Falle der Entlassung noch irgend eine nennenswerte soziale Fürsorge. Und auch damals schon gab es Zeiten wirtschaftlicher Stagnation, wo Arbeiter und Angestellte in Massen auf die Straße geworfen wurden. Wer da nicht das Glück hatte eine Familie zu besitzen, die ihm irgendwie einen Rückhalt bot, konnte schon zusehen, wie er sich auf ehrliche Weise über Wasser hielt, bis wieder bessere Zeiten kamen. Ich konnte ein Lied davon singen, denn ebenso wie Adolf H. hatte ich meine Eltern in jungen Jahren verloren und stand allein in der Welt.

Unter den Insassen des vorerwähnten Schreibzimmers, das der Sammelplatz der Intelligenz war, fiel mir alsbald ein junger Mann von etwa 24 Jahren auf, der Tag für Tag in der gleichen Fensternische saß und zeichnete. Er gehörte zu den ständigen Heimbewohnern und erfreute sich unter seinen Schicksalsgenossen, wie ich bald bemerkte eines gewissen Ansehens. Das lag zum Teil an seiner Beschäftigung, man sah in ihm den ›Künstler‹ und vielfach auch an seiner Persönlichkeit, die ich in der Folge näher kennen lernte. Von schmächtiger Gestalt, mit schmalen Wangen und dunklem, in die Stirn fallenden Haarschopf mit einem abgetragenen dunklen Anzug bekleidet, arbeitete er fleißig vor sich bis tief in den Nachmittag hinein.

Als Beweis für die Achtung, welche er genoß, spricht allein die Tatsache, daß man ihm den von ihm gewählten Arbeitsplatz an einem der langen, schweren Eichentische beim Fenster stets freihielt. Niemand wäre es eingefallen, sich in seiner Abwesenheit auf seinen Platz zu setzen. Geschah es je einmal, daß sich ein Heimbewohner, der nicht zu unserem Kreis gehörte, sich ins Schreibzimmer verirrte und sich auf den Platz des zufällig abwesenden Malers setzen wollte, so wurde ihm von den anderen sofort bedeutet: ›Dieser Platz ist besetzt, da sitzt Herr Hitler!‹

Um es gleich zu sagen: dieser unscheinbare, schlecht genährte junge Mensch war Adolf Hitler. Es wäre heute leicht zu sagen, daß wir damals schon erkannten, welche ungeheuren Fähigkeiten in dem jungen Manne verborgen waren. Nein, das war keineswegs der Fall *[wieder eine Bestätigung, daß Hitler damals nicht der Politiker und Redner war, wie dies immer dargestellt wird. Anm. d. V.]*. Aber das eine kann ich heute ruhig behaupten: daß sich Hitler auch damals schon wesentlich von allen anderen Bewohnern des Männerheims unterschied. Vor allen in einem Punkte schon: wir alle lebten ziemlich gedankenlos in den Tag hinein. Wir waren derart mit der Sorge um das tägliche Leben behaftet, daß uns keine Zeit blieb an weiter zu denken. Teils waren viele auch durch die fortwährende Not so zermürbt, daß sie die moralische Kraft, sich wieder in die Höhe zu arbeiten, verloren hatten, und nur noch auf einen glücklichen Zufall hofften.

Ich glaube, daß Hitler der einzige unter uns war, der einen klaren Zukunftsweg vor sich sah. Er hat uns seine Absicht oft auseinandergesetzt. Er wollte nach München fahren um dort die Kunstakademie zu besuchen, um dort seine zeichnerischen Fähigkeiten auszubilden. In Wien war ihm die Aufnahme in die Akademie nicht bewilligt worden, was ihn mit tiefem Groll erfüllte und oft veranlaßte auf die ›verzopften Professoren‹ der hiesigen Akademie in recht kräftigen Ausdrücken zu schimpfen. Um seine Pläne verwirklichen zu können, war er genötigt, erstens sehr fleißig, zweitens sehr sparsam zu sein. Beides gelang ihm sehr gut. Hitler beschäftigte sich mit der Herstellung von Aquarellen. In der Regel stellte er täglich ein Bild fertig. Morgens begann er mit der Zeichnung, nach Tisch legte er in farben an. Die Bilder hatten meistens ein Format von etwa 35 x 45 cm und stellten fast durchwegs Wiener Motive dar. Er lieferte an Bilderhändler im 1. Bezirk, wo er fortlaufend Bestellungen erhielt. Meist war es die Karlskirche, die er zeichnete, Motive aus Alt-Wien und vom alten Wiener Naschmarkte. Ich erinnere mich, daß er besonders gangbare Motive oft ein dutzendmal nacheinander ausführte.

Ob diese Bilder als Kunstwerke anzusehen waren, weiß ich nicht. Unserem, von künstlerischer Sachkenntnis ziemlich unbeschwerten Laienverstande gefielen sie sehr gut und wir waren stolz darauf, einen Künstler in unserer Mitte zu haben. Hitler selbst dürfte anderer Meinung gewesen sein. Wenn ein Bild fertig geworden war und wir es aufrichtig bewunderten, sagte er oft geringschätzig, daß er nur ein Dilettant sei und daß er erst lernen müsse zu malen.

Aber schlecht konnten seine Arbeiten nicht gewesen sein, sonst hätten sie kaum so flotten Absatz gefunden, denn die Bilderhändler waren schon damals keine Wohltäter.

Ich habe schon gesagt, daß H. äußerst sparsam war. Für eine Zeichnung erhielt er, wenn ich mich recht erinnere 3 - 5 Kronen. Davon konnte er nicht nur seinen Unterhalt bestreiten, sondern noch etwas zurücklegen für den Reisefond nach München.

H. führte eine stets gleichmäßige, äußerst solide Lebensweise. Das war ein weiterer Punkt, wodurch er sich von den anderen unterschied. Die ließen es sich gut gehen, wenn sie unverhofft zu etwas Geld kamen, und hatte sie keines, so schnallten sie eben den Riemen enger. H. lebte immer gleich bescheiden. Seine Mahlzeiten waren denkbar einfach. Zum Teil bezog er sie aus der Kantine, eine Zeit lang beteiligte er sich auch an einer jener Kochgemeinschaften, wie ich sie eingangs geschildert habe.

Ich habe schon gesagt, daß es ein kleiner, ausgewählter Kreis war, der das Schreibzimmer, man könnte fast sagen, für sich mit Beschlag belegt hatte. Zumeist gehörten ihm Angehörige von Intelligenzberufen an, doch waren auch manuelle Arbeiter, Handwerker etc. vorhanden, und es wurde jeder gerne gesehen, soweit er sich anständig aufführte. Da saß man stundenlang jeden Tag zusammen, manche arbeiteten — einige, darunter auch ich, befaßten sich mit Schreibarbeiten wie Adressenschreiben — manche spielten Schach oder lasen Zeitung. Hitler zeichnete, andere taten auch nichts, alles in allem herrschte ein gewisses angenehmes kameradschaftliches Verhältnis. Obwohl die Leute nach Alter, Bildung und sozialem Herkommen denkbarst verschieden waren. Das gemeinsame Schicksal brachte es mit sich, daß man sich menschlich näher kam. Und ich kann nicht ohne Übertreibung sagen, daß man H. als den Mittelpunkt dieses kleinen Kreises bezeichnen konnte. Das lag zum Teil daran, daß er fast ausnahmslos täglich an seinem Platze saß und nur dann für kurze Zeit fehlte, wenn er seine Arbeiten ›abliefern‹ ging und auch an seiner eigenartigen Persönlichkeit.

Hitler war, wie ich mich wohl besinne, im ganzen und großen ein freundlicher und liebenswürdiger Mensch, der an dem Schicksal jedes seiner Gefährten Anteil nahm. Er beteiligte sich auch gerne mit großem Eifer an den oft stundenlangen Debatten, die meist über politische Streitfragen geführt wurden. Und doch besaß er bei aller Freundlichkeit eine Art, sich niemand zu nahe kommen zu lassen, eine Fähigkeit, die gerade in diesem Milieu sehr angebracht war. Man erlaubte sich ihm gegenüber keine Vertraulichkeiten. Aber er war durchaus nicht stolz oder arrogant. Im Gegenteil. Er hatte ein gutes Herz und war stets hilfsbereit. Öfters passierte es einem, daß er trotz aller Mühe die 50 Heller für die Nächtigung nicht hatte auftreiben können. In solchen Fällen pflegten die Kameraden eine Sammlung einzuleiten, um den bedrängten Schicksalsgenossen vor Obdachlosigkeit zu bewahren. Bei solchen Gelegenheiten steuerte H. stets sein Schärflein bei und ich habe ihn mehrmals selbst mit einem Hut in der Hand derartige Sammlungen einleiten sehen.

Ich sagte vorhin, daß in unserem Kreise viel und lebhaft debattiert wurde. Zeit war genug und ein Anlaß ergab sich bald. Von der Besprechung politischer und wirtschaftlicher Tagesereignisse glitt das Gespräch auf das Gebiet der hohen Politik hinüber und im Handumdrehen war eine Debatte im Gange, die an Lebhaftigkeit nichts zu wünschen übrig ließ. Zur Ehre aller Beteiligten muß ich aber feststellen, daß diese Debatten niemals ausarteten oder ins Persönliche übergingen, trotzdem sehr verschieden geartete politische Ansichten einander gegenüberstanden.

An diesen Debatten nahm Adolf H. äußerst regen Anteil und besonders wenn die Rede auf gewisse Themen kam, konnte er ein ganz unglaubliches Temperament entwickeln. Ich erinnere mich, daß es immer wieder zwei Faktoren waren, die ihn zur Stellungnahme entflammten. Das waren die Roten und die Jesuiten. Wir wußten, daß ihm die Roten übel mitgespielt hatten, denn er hatte uns oft von den schweren Zeiten erzählt, die er hinter sich hatte.

Am Anfang, wenn so eine Debatte in Gang kam, beteiligte er sich nur zeitweise mit einem Wort oder einer Bemerkung, das er einwarf und arbeitete ruhig an seiner Zeichnung weiter. Wenn aber die geäußerten Ansichten ihm gar zu sehr gegen den Strich gingen, dann erwachte sein Widerspruch. Dann geschah es oft, daß er aufsprang, Pinsel oder Bleistift über den Tisch hinschleuderte und in äußerst temperamentvoller Weise, wobei er auch vor starken Ausdrücken nicht zurückschreckte, seine Ansichten vortrug; mit blitzenden Augen und den Haarschopf, der ihm fortwährend in die Stirn rutschte, mit einer immer wiederkehrenden Kopfbewegung zurückwerfend.

Oft geschah es dann, daß er mitten in seiner Rede abbrach nur mit einer resignierten Handbewegung sich wieder niedersetzte und an seiner Zeichnung weiterarbeitete, als hätte er sagen wollen, schade um jedes

Wort, das man da an euch verschwendet, ihr versteht es ja doch nicht. Und damit mochte er wohl recht gehabt haben. Wir verstanden seine Ansichten nicht immer. Erst heute wird mir manches in seinem damaligen Wesen verständlicher. Es ist sicher, daß H. vieles, was er später verwirklichte im Keime in sich trug, daß es in ihm arbeitete und gärte. Daher kamen wohl auch seine wechselvollen Stimmungen. Ich habe schon betont, daß er im allgemeinen heiter und liebenswürdig war. Es gab aber auch Stunden, in denen er sich zurückzog, mit einem Buch oder auch nur um vor sich hin zu träumen. Mitunter konnte er wohl auch recht jähzornig sein. Wir kannten diese Stimmungen und respektierten sie.

An diesen oben geschilderten Debatten beteiligte ich mich fast nie. Ich war damals etwa 21 Jahre alt und hatte von Politik keine blasse Ahnung, auch kaum ein Interesse dafür und war überhaupt eine ziemlich unauffällige Erscheinung. Wenn ich nicht gerade mit Schreibarbeiten beschäftigt war, saß ich gern H. gegenüber und sah ihm beim zeichnen und malen zu, da ich mich für Kunst mehr interessierte als für Politik und freute mich, wenn ich ihm hin und wieder einen kleinen Dienst leisten konnte, z. B. reines Wasser zum aquarellieren holen etc.

Gerade dem Schreibzimmer gegenüber befand sich eine Verkaufsstelle der Niederösterr. Molkerei, dort gab es eine wunderbare Flaschenmilch und ein gutes Schwarzes, sogenanntes Iglauer Landbrot. Beides zusammen ergab ein herrliches Frühstück oder Jause. Immer wieder liefen wir über die Straße um einzukaufen. Auch H. aß gerne Milch und Brot und ich habe es oftmals für ihn mitgebracht. Dieser Laden besteht übrigens heute noch an derselben Stelle.

Ein auffallender Wesenszug an dem jungen H. ist mir in Erinnerung geblieben: seine Wissensbegierde. Ich habe schon erwähnt, daß unser Kreis sich aus den verschiedensten Elementen zusammensetzte. Es waren darunter auch Männer mit ganz gediegenen Fachkenntnissen. Mit diesen unterhielt sich H. besonders gern. So erinnere ich mich an einen damals etwa 30jährigen Mann namens Schön. Dieser war ein stellenloser Gutsverwalter mit anscheinend höherer Fachschulbildung. Mit ihm unterhielt sich H. immer wieder über agrarische Fragen, wobei es H. so genau nahm, daß er oft Bleistift und Papier zur Hand nahm und Aufzeichnungen machte. Dann war ein gewisser Herr Redlich da, ein Akademiker, sein Fachgebiet ist mir nicht mehr in Erinnerung. Ich weiß nur noch, daß er einen kurzen, blonden Vollbart und ein ausgesprochenes Gelehrtengesicht trug. Und noch so manch andere gab es, deren Namen mir entfallen ist, darunter auch Arbeiter und Handwerksmeister, von denen sich H. immer wieder über ihre Berufsgebiete belehren ließ.

An dieser Stelle möchte ich noch einen erwähnen, der mit H. viel verkehrt ist. Er hieß Hanisch. Also ein ganz ähnlicher Name wie der meine. Das betone ich ganz besonders, weil ich nicht gerne mit ihm verwechselt werden möchte. Hanisch hat nämlich in der Zeit, wo man sich schon stark mit Adolf H. als politische Persönlichkeit beschäftigte in jüdischen Blättern Aufsätze über das Männerheim und Adolf H. veröffentlicht, die glatte Verleumdungen darstellen und unwahr sind. Ich habe diese Veröffentlichungen selbst nicht gelesen, sondern nur in anderen Zeitungen Hinweise gelesen, kann sie daher nicht in ihren Einzelheiten an dieser Stelle richtigstellen.

Ich weiß nur, daß das Männerheim darin als eine Art Lasterhöhle geschildert war. Dagegen kann ich nur feststellen, daß im Männerheim die strengste Ordnung herrschte. Immer wieder inspizierten die diensttuenden Aufsichtsbeamten alle Räume, um in unauffälliger Weise die Einhaltung der Hausordnung zu überwachen. Natürlich ließ es sich nicht vermeiden, daß hin und wieder unlautere Elemente Eingang fanden, aber innerhalb der Männer der Anstalt herrschte Ordnung und Sauberkeit in jeder Beziehung.

Ich habe schon mehrmals erwähnt, daß H. seitens der anderen Heimgäste sehr respektiert wurde. Bezeichnend dafür ist, daß Männer, die oft bedeutend älter waren als H. und eine weitaus höhere Schulbildung genossen hatten, ihn in allen möglichen Angelegenheiten um seinen Rat fragten, und oft, wenn sie sich untereinander über irgendetwas nicht einigen konnten, ihn als Schiedsrichter anriefen. Welch ein Genie in diesem Mann steckte, ahnten wir alle natürlich nicht im entferntesten, aber, daß er kein Alltagsmensch war, und uns trotz seiner 24 Jahre geistig alle überragte, steht fest *[Honisch lernte Hitler 1913 im Männerheim kennen. Anm. d. V.].*

Ich habe schon gesagt, daß er sehr bescheiden und solid lebte. Ich erinnere mich nicht, ihn jemals im Gasthaus gesehen zu haben, und wenn er einmal eine Zigarette rauchte, war das ein Ereignis für uns. Hin und wieder leistete er sich einen Stehplatz in einem Theater. Davon konnte er dann tagelang begeistert erzählen oder Kritik üben, je nachdem es ihm gefallen hatte.

H. war wegen seiner soliden Lebensweise auch bei dem Hauspersonal gut angeschrieben und wurde auch — was ich mich gut erinnere — vom Verwalter öfters ins Gespräch gezogen. Und das war eine Ehre, die nur selten einem Hausbewohner zuteil wurde.

Nach all dem bisher Gesagten wird man es verstehen, daß es uns allen sehr leid tat, als Adolf H. eines Tages das Männerheim verließ um sich nach München zu begeben. Wir verloren an ihm einen echten Kameraden, der für jeden Verständnis besaß und, wenn er konnte, half. Sein Abgang ließ eine fühlbare Lücke zurück.

Ich erinnere mich noch gut an den Tag, an welchem wir Abschied nahmen; er reiste in Begleitung eines Kameraden, der ebenfalls nach Deutschland auswanderte; sein Name ist mir entfallen *[es war Rudolf Häusler. Anm. d. V.].* In der Hand trug Adolf H. ein schwarzes Köfferchen, das ihn nicht allzusehr belastete. Wir gaben ihm ein Stück Weges das Geleit. Dann kam noch zwei oder dreimal ein Brief oder eine Ansichtskarte aus München, dann hörte ich lange nichts mehr von ihm.« [137]

Reinhold Hanisch soll Hitler im Februar 1910 im Männerheim dazu gebracht haben, Postkarten und Aquarelle zu malen, die Hanisch dann

vorwiegend an Rahmengeschäfte und Tapezierer, seltener an Bilderhändler, verkaufte. Es waren in der Regel kleinere Aquarelle von ca. 30 x 45 cm Seitenlänge von bekannten Wiener Gebäuden, Kirchen und Plätzen, die von Hitler nach Vorlagen, meist menschenleer, aber mit einer gewissen architektonischen Perspektive gemalt wurden.
Den Erlös vom Verkauf der Bilder teilten sich Hitler und Hanisch. Immer wieder betonte Hanisch in späteren Bestätigungen über Hitler-Aquarelle, daß Hitler »sein Mitarbeiter« gewesen ist, wie z. B.: »Die beiden Aquarelle darstellend die ›Karlskirche‹ in Wien und ›Spinnerin am Kreuz‹ sind Arbeiten meines einstigen Mitarbeiters und derzeitigen Führers u. Reichskanzlers Adolf Hitler. Dies kann ich eidlich bestätigen« [138]
Hanisch, der Hitler angeblich immer wieder zur Arbeit anhalten mußte, und ihn einen »faulen Arbeiter« nannte, hat später, als Hitler eine bekannte politische Persönlichkeit war, mit Hitlers Bildern gehandelt, und er fälschte viele Bilder, die er mit Hitlers Initialen versah.
Die Fälschungen von Hitler-Bildern, die vor allem ab 1935 auftauchten, führten dazu, daß das NSDAP Hauptarchiv mit der Suche und Registrierung sowie später mit dem Ankauf der Hitler-Aquarelle begann:

»Auf unserer Suche nach solchen Bildern in Münchener Privatbesitz erfuhren wir beiläufig, daß sich seit einiger Zeit in jener Stadt, in der der junge Adolf Hitler zu zeichnen und zu malen begann, nämlich in Wien, eine Fälscherzentrale mit der ›Herstellung‹ von Aquarellen Adolf Hitlers befaßt und aus diesen skrupellosen Fälschungen einen einträglichen Exportartikel bis in die entlegensten Länder gemacht hat.«

Hanisch wurde am 16.11.1936 in Wien verhaftet, weil er an einem schwunghaften Handel mit Hitler-Bildern beteiligt gewesen sein soll. Ein Mann, namens Jacques Weiss, hatte die Fälschungen von Hanisch angeblich in Europa vertrieben: [139]

»Deshalb muß man, dies wurde auch von einer der angesehensten Münchener Kunsthandlungen bestätigt, äußerste Vorsicht und Zurückhaltung walten lassen, wenn Zeichnungen oder Aquarelle Adolf Hitlers gezeigt oder angeboten werden, und eine Art Bestandsaufnahme erscheint dringend notwendig, damit man für die Zukunft weiß, wer diese Erzeugnisse des künstlerischen Schaffens unseres Führers besitzt, welchen Weg sie nehmen, und wo sie in Zukunft zu finden sind.« [140]

Bereits 1936 hatte dann das NSDAP Hauptarchiv Vereinbarungen mit den ermittelten Besitzern von Hitler-Bildern getroffen, wonach diese keine Veröffentlichungen und auch Besitzwechsel der Bilder vornehmen durften, ohne vorher das NSDAP Hauptarchiv zu benachrichtigen. Es wurde u. a. ausgeführt, daß der Reichsamtsleiter im Stabe des Stellvertreters des Führers, Schulte-Strathaus (Braunes Haus, München), »den

unmittelbaren Auftrag vom Führer hat, diese Erinnerungsstücke zu sammeln. Dem Reichsamtsleiter Schulte-Strathaus untersteht als den Kulturreferenten des Stellvertreters des Führers das Hauptarchiv.« [141] Im März 1938 wurde mit dem Ankauf der Bilder Hitlers durch die Parteidienststelle »Stellvertreter des Führers« (Stabsleiter Schulte-Strathaus), und durch das NSDAP Hauptarchiv begonnen: »Es ist nunmehr seitens einer dem Führer nahestehenden Parteidienststelle beabsichtigt, diese Belege für das bildmäßige Schaffen des Führers möglichst vollständig und geschlossen zu vereinigen.« [142] Teilweise wurde sogar ein moralischer Druck auf die Besitzer der Bilder ausgeübt. Man machte sie u. a. darauf aufmerksam, »daß vielleicht einmal ein gesetzlicher Schutz für alle in die Geschichte der Bewegung fallenden Dokumente eintreten werde. Wenn damit dem schrankenlosen Handel die Wege geschlossen würden, sei nicht mehr damit zu rechnen, über den Weg der sich selbst treibenden Nachfrage phantastische Preise *[für die Bilder Hitlers. Anm. d. V.]*, konstruieren zu können.« [143]
Als im April 1938 viele Zeichnungen und Aquarelle Hitlers zu seinem Geburtstag in verschiedenen Zeitschriften und Illustrierten veröffentlicht werden sollten, verbot Hitler sogar jede weitere Veröffentlichung seiner Bilder:

»Der Führer hat gestern grundsätzlich angeordnet, dass eine Veröffentlichung seiner Aquarelle nicht erfolgen dürfe; dabei ist es gleichgültig, ob es sich um farbige Aufnahmen oder um Schwarz-weiss-Fotografien handelt. Das Verbot des Führers wird der Presse durch Reichspressechef Dr. Dietrich mitgeteilt werden.« [144]

Hitler ließ auch verschiedene Aquarelle, die er als Fälschungen erkannt hatte, vernichten. Beispielsweise wurden noch im August 1942 drei angebliche Hitler-Aquarelle, die von Hanisch gefälscht und 1935 mit Echtheitsbestätigungen versehen wurden, von der Staatspolizeileitstelle in Wien sichergestellt und an den Reichsführer SS, Heinrich Himmler [145] überstellt. In einem Aktenvermerk Himmlers vom 27.10.1942 ist dann festgehalten:

»Der Reichsführer-SS Feld-Kommandostelle, 27.10.1942
Tgb. Nr. A1/108/42
Betr.: Angebliche Führer-Aquarelle
Die drei angeblichen Aquarelle aus der Hand des Führers Wien, Heiligenkreutzerhof, Wien, Kaunitzberg, Das Rathaus, sind heute auf meine Anordnung hin, der eine Weisung des Führers zugrunde lag (mitgeteilt durch Schreiben des Reichsleiters Bormann vom 28.8.1942) vernichtet worden. Ebenso habe ich die eidesstattliche Versicherung über die Echtheit dieser Aquarelle vernichtet. [146] gez. H. Himmler«

Es ist also nicht so gewesen, daß Hitler an seinen früheren Bildern, wie er z. B. in einem Gespräch zu Heinrich Hoffmann andeutete, nicht interessiert gewesen war. Seine Angabe, daß die Bilder höchstens 150 bis 200 Reichsmark kosten dürften, ist auch nicht wörtlich zu nehmen, da die Parteidienststelle Stellvertreter des Führers bzw. das NSDAP Hauptarchiv schon 1938/39 für seine Bilder Preise von 2000 bis 8000 RM bezahlten, was Hitler sicher wußte.

Interessanterweise sind die eidesstattlichen Versicherungen Hanischs, u. U. auch die drei Bilder, erhalten geblieben, sie lauten:

»Die beiden an Sie verkauften Aquarelle, darstellend Kaunitzbergl in Wien und Heiligenkreuzerl sind Orginalarbeiten des jetzigen Reichskanzlers Adolf Hitler aus dem Jahre 1910 bis 13.

Ich habe in dieser Zeit Arbeiten des jetzigen Führers für denselben vertrieben. Das Bild ›Kaunitzbergl‹ hat Adolf Hitler in meiner Gegenwart gemalt und zwar in unserem beiderseitigen damaligen Wohnort ›Männerheim‹ Wien XX. Meldemanngasse 27. Dieses Bild verkaufte ich damals an die Händlerin Köhler, Wien 1, Hofzeile, jetziges Haus des Tageblatt.

Das Bild ›Heiligenkreuzl‹ verkaufte Hitler persönlich an die benannte Händlerin. Diese verkaufte das Bild weiter an den Tapezierer Schwab von dessen Sohn Joseph Schwab ich das Bild übernommen habe. Derselbe wohnt im dritten Bezirk, Messenhausnerstr. 4. Die Identität dieser Bilder mit den von Hitler gefertigten bestätige ich ausdrücklich unter Bezug auf meine Versicherung.

Wien, den 3. Sept. 1935 Reinhold Hanisch«

Die andere Bestätigung lautet:

»In den Jahren 1910 bis 13 bin ich mit dem jetzigen Deutschen Reichskanzler Adolf Hitler befreundet gewesen, und wohnte mit diesem zusammen im Männerheim, Wien XX, Meldemanngasse 27. In dieser Zeit verdiente sich Hitler seinen Lebensunterhalt durch Anfertigung von Aquarellbildern. Das Bild ›Rathaus‹ signiert A. Hitler ist eine Schöpfung desselben aus dieser Zeit. Das Bild verkaufte Hitler damals an den Trödler Schlieffer, Schönbrunnerstr. 86. Dieser verkaufte das Bild weiter an den Tapezierer Schwab, der das Bild in eine Divanrückwand verarbeitete. Das Bild habe ich mit der Rückwand zusammen erworben und dasselbe an Herrn R. Neumann weiter verkauft. Die Echtheit des Bildes und Identität des von Hitler gemalten versichere ich Ausdrücklich. [147]

Wien, den 19. Oktober 1935 Reinhold Hanisch«

Aber nicht nur Hanisch fälschte sehr viele Bilder und gab sie für Originale Hitlers aus. Immer wieder fanden sich Leute, die Bilder fälschten und Hitlers zugkräftigen Namen darunter setzten, um Geschäfte zu machen. Z. B. meldete der Reichsminister der Justiz, Otto Thierack, am 8.8.1942 an Hitler:

»Der Kunstmaler Ganser aus Wien, der, wie ich Ihnen mein Führer gemeldet habe, versucht hat, Bilder von ihm als Bilder von Ihnen zu verkaufen, ist inzwischen an Lungenschwindsucht gestorben.« [148]

Ein weiterer Fälscher, der den »Kunstmarkt Hitler« wieder belebte, war der 1938 in Löbau in Sachsen geborene Konrad Kujau, der 1957 aus der DDR über Westberlin nach Stuttgart kam. Der Schriften- und Schildermaler Kujau, der mehrere Berufe ausübte, zum Schluß Militaria-Händler war, wurde im Mai 1983 als primitiver Fälscher von 60 (63) Tagebüchern Hitlers bekannt, die durch den Reporter Gerd Heidemann für insgesamt 9,43 Millionen Mark (!) an die Illustrierte »Stern« verkauft wurden.

Kujau, der nicht nur ab 1978 fleißig an Hitlers Tagebüchern »gearbeitet« hatte, sondern auch sehr emsig Unterschriften von vielen historischen Persönlichkeiten der letzten 200 Jahre fälschte (u. a. von Napoleon I., Wilhelm II., Paul von Hindenburg, Herzog von Windsor usw.), hat vor allem auch sehr viele Bilder gemalt, die er mit Hitlers Unterschrift versah und von 1910 bis 1932 (!) datierte.

Bereits in den 60er Jahren begann der damalige Schildermaler Kujau Bilder aus der NS-Zeit zu malen. Als Kujau erkannte, welche Geschäfte mit Bildern und Schriftstücken Hitlers zu machen sind, fälschte und erfand er eine sehr große Zahl von angeblichen Bildern und Zeichnungen Hitlers (es wurde von 100 bis 300 Bildern und Zeichnungen gesprochen), die er z. T. recht einfach ausführte und mit meist primitiven Texten versah.

Bei seiner Einvernahme vor der 11. Strafkammer des Hamburger Landesgerichts im September 1984 gab Kujau z. B. an, daß er angeblich von einem Neffen Hitlers (!) namens Kurt — mehr wußte er nicht — aus der DDR 46 Aquarelle Hitlers gekauft hätte. Der Reporter Heidemann erklärte bei seiner Einvernahme, »daß er von Kujau 300 (!) Bilder, Skizzen und Aquarelle gekauft hat, von denen er angenommen habe, Hitler habe sie gemalt«.

Viele dieser Kujau-Bilder sind als »echte Hitler« verkauft und z. B. auch von den »Experten« Dr. August Priesack und Peter Jahn in dem »Werkkatalog Hitlers« als echte Skizzen und Bilder Hitlers aufgenommen worden (s. z. B. die Seiten 183, 184, 186, 188, 189, 190, 192, 193, 194, 199 usw. in dem Buch »Adolf Hitler als Maler« sowie die Ausführungen von Eberhard Jäckel/Axel Kuhn, »Neuere Erkenntnisse zur Fälschung von Hitler Dokumenten« in V. f. Z., 32 (1984), Heft 1, S. 163 - 164 (Gutachten des Bundeskriminalamtes, ED 147 im I. f. Z., München) und Ausführungen von Hermann Weiß in V. f. Z. 32 (1984) Heft 1, S. 164 - 169. Dr. Priesack, dessen sogenannte zeitgeschichtliche Sammlung fast keine

Originaldokumente, sondern ein Konglomerat von höchst unterschiedlichen und oft nicht nachzuweisenden Fotokopien enthält, hat, wie schon erwähnt, sehr viele Bilder und Skizzen Kujaus in »Hitlers Werkkatalog« übernommen. J. Sydney Jones hat 1980 in seinem Buch, »Hitlers Weg begann in Wien« (S. 298), mitgeteilt:
»Kopien dieser Skizzen befinden sich im Besitz von Professor Dr. August Priesack in München. Wenngleich die Quelle, aus der seine umfangreiche Hitlersammlung stammt, nicht preisgegeben werden kann, so besteht doch an der Authentizität der Skizzen kein Zweifel. Dr. Priesack erlaubte mir freundlicherweise, seine Sammlung unveröffentlichter Zeichnungen und Bilder Hitlers zu besichtigen. Demnächst wird er ein Buch mit Bildern und Fotos von Hitler veröffentlichen, von denen einige sicher großes Aufsehen hervorrufen werden.«
Nun ja, das Aufsehen bestand darin, daß es sich um primitive Fälschungen Kujaus handelte! Ich kann diese Angaben von Sydney Jones nur bestätigen. Im Januar 1983 hat mir Dr. Priesack die gleichen Fotokopien gezeigt und ausgeführt, daß sie aus der DDR stammen. Es waren alles Kujau Arbeiten. Deutlich kann ich mich z. B. noch an die Skizze auf Seite 205, Nr. 506, u. a. erinnern, die Herr Dr. Priesack als »Originale Hitlers« in den Werkkatalog gebracht hat.
Nach Kujaus Darstellung vor dem Landesgericht Hamburg im September 1984 habe er nur »durch Zufälle mitbekommen, daß der NS-Utensilien und Militaria Sammler Fritz Stiefel (Hegnach) das erste Hitler-Tagebuch gekauft habe. Im Sommer 1979 sei Stiefel zum erstenmal mit Professor August Priesack, der ihm als Sachverständiger eines Auktionshauses in München vorgestellt worden sei, zu ihm nach Stuttgart gekommen. Damals sei zum erstenmal über die Tagebücher gesprochen worden, und Priesack habe ausgerechnet, daß es insgesamt 27 sein müßten. Etwa zwei Monate später habe er dann mit dem Historiker Professor Eberhard Jäckel über die Tagebücher gesprochen. Kujau zeigte sich in diesem Zusammenhang sehr verwundert, wie leicht Leute, die er als Koryphäen angesehen habe, zu täuschen seien.« [149]
Neben der Feststellung, daß es erschreckend ist, welchen Marktwert der Name Hitler noch heute besitzt, kann man sich nur wundern, daß es immer wieder Menschen gibt, die viele Tausende von Mark für primitive und mittelmäßige Fälschungen von Bildern ausgeben, die ein Signum »Hitler« tragen, von den Zuschreibungen und Expertisen der sogenannten »Experten« ganz zu schweigen.
In diesem Zusammenhang muß man auf das schon zitierte Buch doch näher eingehen, das im wesentlichen von dem »Kunsthistoriker« Dr. August Priesack, von 1935-1939 Mitarbeiter des NSDAP Hauptarchivs und Autor eines tendenziösen Buches, «Die Reichsparteitage der

NSDAP 1923-1939«, das er unter dem Pseudonym R. Nedeling schrieb, zusammengestellt und redigiert wurde: »Adolf Hitler als Maler und Zeichner«, Gallant Verlag AG., Zug/Schweiz, 1983, »ein Werkkatalog der Ölgemälde, Aquarelle, Zeichnungen und Architekturskizzen Hitlers«. Herausgegeben und finanziert wurde das Buch von Billy F. Price, einem texanischen Sammler von Hitler-Bildern und NS-Utensilien. Das Buch, das durch einen Einspruch des Freistaates Bayern in der Bundesrepublik nicht verlegt wird, enthält »offensichtlich« so viele Fälschungen, auch die von Kujau, und schlechte Zuschreibungen, daß man sich über dieses kuriose Buch und die sogenannten »Sachverständigen« nur wundern kann. U. a. enthält es z. B. auch ein Ölbild von Reinhold Hanisch (Seite 92), den Hitler nie gemalt hat und das m. E. von Kujau stammt. Der haarsträubende Text von dem »Archiv-Spezialisten für Hitler Kunst« [150] Dr. Priesack unter dem Bild: »... 1936 wurde Hanisch verhaftet und starb im KZ.« [151]
Das daneben stehende Bild von Gretl Slezak stammt offensichtlich aus der gleichen Quelle. Hitler hat Gretl Slezak nie gemalt, schon gar nicht im Wahlkampfjahr 1932, ebensowenig wie die vielen Blumenbilder. [152] Oder das kitschige Bild »Abschied des Jägerburschen« (Seite 74 und 170) mit der primitiven Zuschreibung, bzw. das Bild »Mutter Maria« (S. 65 und 160) und ein Aktbild von Geli Raubal (S. 87 und 222), das dem Bild von Oskar Graf »Aphrodite« entnommen ist (s. Katalog zur Kunstausstellung 1942). Es würde zu weit führen, um alle offensichtlichen Fälschungen in dem Buch aufzuzeigen.
Wenn man das Buch »Adolf Hitler als Maler« kritisch durchsieht, so fällt auf, daß Bilder, die nachweislich von Hitler stammen, nur mit »A. Hitler« oder nur mit »Hitler« signiert sind. Bildlegenden usw. hat Hitler nie gemacht. Auch ist nicht bekannt, daß sich Hitler Ende der 20er und Anfang der 30er Jahre mit dem Malen von Bildern beschäftigt hätte; er hatte dazu damals gar keine Zeit! Bilder mit ausgeschriebenem Vornamen oder gar mit einer Bildlegende, wie auch Hermann Weiß (I. f. Z., München) feststellte [153], bzw. mit einer handschriftlichen Notiz auf der Rückseite, sind fast ausschließlich Kujau-Fälschungen. Die meisten dieser gefälschten Bilder sind an den Sammler Fritz Stiefel und an Privatsammler in die USA verkauft worden.
Wenn man z. B. den primitiven Text in Priesacks »Werkkatalog« liest, den Hitler angeblich auf die Rückseite des Slezak-Bildes geschrieben haben soll: »Ebenfalls nach einer Photographie von Hoffmann malte ich Sie Fräulein Slezak im Theaterkostüm. In diesem Kostüm sind Sie für mich der Inbegriff des ›Weaner Tschaperls‹. Mit besten Grüßen Ihr Freund Adolf Hitler, München 1932.«, so kann man sich wirklich nur

Porträtzeichnung des sechszehnjährigen Hitler, der 1905 von seinem Mitschüler und späteren Dipl. Architekten Armin Sturmberger aus der 4. Klasse der Realschule in Steyr gezeichnet wurde. Eine Fotokopie davon wurde später von dem Linzer Fotograf Weidinger in Postkartenform vertrieben (links). Verfälschung des gleichen Hitlerporträts durch Josef Greiner, der Hitler einen Hut aufsetzte und die Zeichnung auf 1908 datierte (rechts).

Typisches frühes Wiener Aquarell Hitlers »Alt Wien Ratzenstadl«, das er nach Vorlagen öfters gemalt hat.

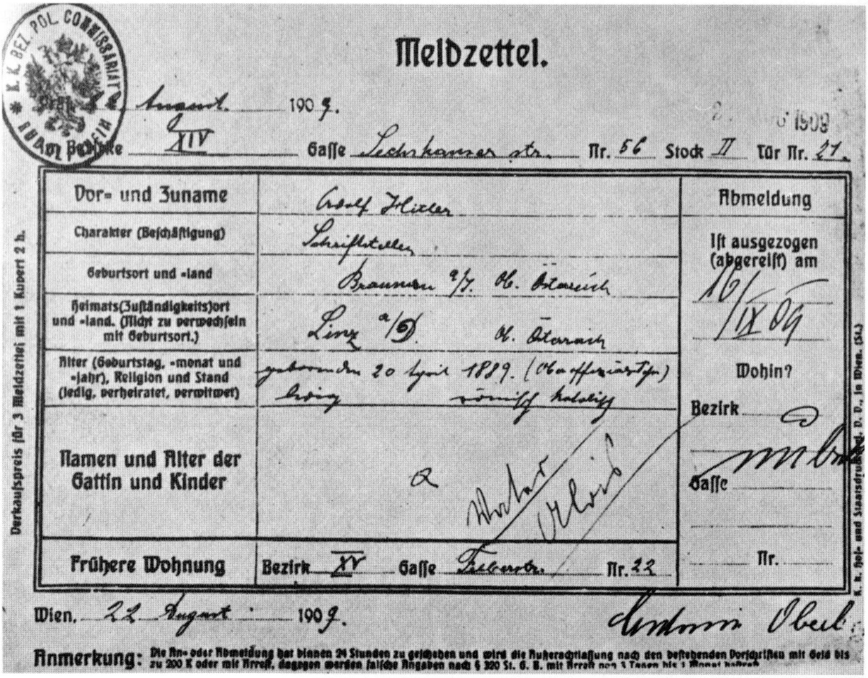

K. K. BEZ. POL. COMMISSARIAT RUDOLFSHEIM

Meldzettel.

August 1909.

Bezirk XIV Gasse Sechshauser str. Nr. 56 Stock II Tür Nr. 21.

Vor- und Zuname	Adolf Hitler	Abmeldung
Charakter (Beschäftigung)	Schriftsteller	Ist ausgezogen (abgereist) am 16/IX 09
Geburtsort und -land	Braunau a/I. Ob. Österreich	
Heimats(Zuständigkeits)ort und -land. (Nicht zu verwechseln mit Geburtsort.)	Linz a/D. Ob. Österreich	
Alter (Geburtstag, -monat und -jahr), Religion und Stand (ledig, verheiratet, verwitwet)	geboren den 20 April 1889. (Oberoffiziantssohn) ledig römisch katholisch	Wohin? Bezirk
Namen und Alter der Gattin und Kinder		Gasse
Frühere Wohnung	Bezirk XV Gasse Felberstr. Nr. 22	Nr.

Wien, 22 August 1909.

Antonie Oberl...

Anmerkung: Die An- oder Abmeldung hat binnen 24 Stunden zu geschehen und wird die Außerachtlassung nach den bestehenden Vorschriften mit Geld bis zu 200 K oder mit Arrest, dagegen werden falsche Angaben nach § 320 St. G. B. mit Arrest von 3 Tagen bis 1 Monat bestraft.

Verkaufspreis für 3 Meldzettel mit 1 Kuvert 2 h.

Bis zum 16. September 1909 war Hitler bei Frau Antonie Oberlechner in der Sechshauserstraße 56 polizeilich gemeldet (s. Meldezettel oben), um dann als Obdachloser in Wien unterzutauchen. In dieser Zeit hätte sich Hitler auch zur Musterung stellen müssen. Erst am 8. Februar 1910 meldete sich Hitler im Männerheim in der Meldemannstraße 27 (s. Foto unten) wieder polizeilich an.

Das Haus Schleißheimerstraße Nr. 34 trug im III. Reich eine Gedenktafel, durch die darauf hingewiesen wurde, daß Hitler dort bis August 1914 gewohnt hatte. In dem Zimmer ganz oben links wohnte Hitler zusammen mit Rudolf Häusler vom 25. Mai 1913 bis 16. Februar 1914 (Hitler weiter bis zum 16. August 1914).

Das »Wiener Parlament« (Reichsrat) hat Hitler nach einer Vorlage 1911–1912 öfters gemalt. Eines dieser Aquarelle, das Reinhold Hanisch im Mai/Juni 1912 Hitler höchstwahrscheinlich unterschlagen hatte, führte zum Bruch der Freundschaft Hitlers mit Hanisch.

Aquarell Hitlers, »München Alter Hof« von 1914 aus der Sammelmappe Heinrich Hoffmanns. Das Motiv hat Hitler in den Jahren 1913 und 1914 öfters gemalt.

wundern, daß »Experten« überhaupt so ein Bild als Arbeit Hitlers einstufen können!

Noch ein angebliches Bild von Hitler ist zu nennen, »das nach Herrn Masers Auffassung ein Bildnis der Fleischerstochter Charlotte Lobjoi sein soll« [154], der Mutter von Hitlers angeblichem Sohn, Jean Loret. Es ist ein »Ölgemälde« — eine offensichtliche Fälschung —, das der »Meldegänger Hitler« 1916 in Flandern gemalt haben soll und das angeblich von einem belgischen Reporter bei einem Privatsammler gefunden wurde. Über diese Konstruktion Masers und das Bild, das nicht einmal in dem »Werkkatalog« Priesacks auftaucht, was wirklich etwas heißen will, kann man sich ebenfalls nur wundern. Hitler hat keine so ausgeführten Porträts gemalt und hatte im I. Weltkrieg auch keine Ölfarben dabei!

Hanisch war bis zu seiner letzten Verhaftung am 2.12.1936 immer wieder in Bilderfälschungen und Betrugsaffären — 1935/36 in größerem Umfang — verwickelt. Sogar sein kurioser Bildersammlerkunde, Franz Feiler aus Innsbruck, hat ihn 1933, angeblich im Auftrag Hitlers, wegen Betrugs angezeigt. Am 6.7.1933 fand in Wien eine Verhandlung gegen Hanisch statt:

»Vor dem Strafrichter LGR. Dr. Scholz hatte sich heute der Radierer Reinhold Hanisch wegen Betruges zu verantworten.

In der von dem in Innsbruck wohnhaften Bundesbahnschaffner Franz Feiler erstatteten Anzeige heißt es, daß ihm von dem Beschuldigten ein Aquarell verkauft worden sei, das das Michaelerhaus in Wien darstelle. Signiert sei das Bild mit ›A. H. 1910‹. Hanisch habe erklärt, daß das Bild von der Hand Hitlers stamme. Er verlangte einen Preis von 200 Schilling und nahm eine Angabe von 50 Schilling. Um diese 50 Schilling fühle sich Feiler betrogen, da er in Erfahrung gebracht habe, daß es sich nicht um ein Bild des Reichskanzlers handle. Das Aquarell sei höchstens 20 bis 50 Schilling wert. Nur im Hinblick auf die Urheberschaft des Reichskanzlers hätte der ›sonderbare Bundesbahnangestellte‹ 200 Schilling gezahlt. Die Strafanzeige habe er im Auftrag Hitlers gemacht, den er am Ostermontag in Berchtesgaden aufgesucht habe. Er habe ihm das Bild gezeigt und Hitler habe erklärt, es sei nicht von ihm. Hanisch habe ihm aber beim Verkauf des Bildes als Beweis für die Echtheit eine Karte des Kunsthändlers Pohl in der Lerchenfelderstraße gegeben. Diese Karte stammt aus der Zeit des Weltkrieges und es wird auf ihr dem früheren Besitzer des Bildes, einem gewissen Franz Schwertfeger, mitgeteilt, daß der ›Maler Hitler‹ derzeit unauffindbar sei.

Richter (zum Angeklagten): Was sagen Sie zu dieser Anzeige?

Angekl.: Ich habe das Bild von einem Händler auf der Wieden gekauft und es dem Feiler angetragen. Ich kenne Hitler seit dem Jahre 1909. Wir haben uns im Obdachlosenheim kennengelernt. Er hat mit mir zusammen Bilder gemalt. Er ist damals ganz verlaust herumgezogen. Ich habe

auch geglaubt, daß das Bild von Hitler ist. Man hat seit diesem Jahr von Hitler keine Bilder mehr gesehen, so daß ich den Strich nicht mehr mit voller Bestimmtheit erkannt habe. Ich habe mich deshalb verleiten lassen, dieses Bild, das ich von Schwertfeger gekauft habe, als von Hitler gemalt weiterzugeben. Ich habe ihm das Bild in Berchtesgaden vorgelegt und er hat mir gesagt, ich soll weiter nachschauen nach solchen Bildern. Ich habe auch tatsächlich zwei solche Bilder aufgetrieben. Das Bild ist nicht einmal 20 Schilling wert. Ich habe die Bilder dann nach München geschickt und zum Verkauf angetragen. Ich bekam die Antwort, daß angebliche Bilder von der Hand Hitlers en gros fabriziert und um 250 Schilling gehandelt werden, obwohl sie nicht einmal 2 Schilling wert sind. Hitler hat mir seinerzeit erzählt, daß er die Akademie in Wien besucht hat ... Ich habe mich aber dort bei einem Herrn erkundigt und erfahren, daß er nie die Akademie besucht hat.
Die Verhandlung wurde zur Einvernahme von Zeugen über die Herkunft des Bildes vertagt.« [155]
Um so verwunderlicher ist es, daß am 11.5.1938 der gleiche Feiler, der Hanisch 1933 wegen Betrugs angezeigt hatte, an das NSDAP Hauptarchiv in München schrieb:
»Es gibt Leute, die auf Hanisch Steine werfen und die sehr, sehr wenig Ursache dazu haben. Ich kenne Reinhold Hanisch seit dem Jahre 1924 als einen überaus fleissigen schaffenden Menschen. Er arbeitete vom frühen Morgen solange er das Tageslicht zur Verfügung hatte. Dabei reichte sein Verdienst nicht aus, ihn vor der bittersten Not zu bewahren. Ich habe manch schöne Arbeit entstehen gesehen, für die der meist jüdische Händler schweres Geld einheimste. Der Hanisch bekam 5 Schilling Vorschuss und dabei blieb es. Fehlerlos war Hanisch nicht, aber er war trotz seiner Armut und Not ein vornehmer Charakter und ich bin tief betrübt über seinen Tod. Er war einst ein Freund zu unseren Führer und auch ich schäme mich der Freundschaft mit Reinhold Hanisch nicht. Niemals werde ich ihn einen Stein nachwerfen und ich weiss, dass auch unser Führer ihn nichts übel anrechnet.« [156]

In einem Vermerk des NSDAP Hauptarchivs von 1938, wobei es um ein Hitler-Aquarell, »Das Dominikaner-Kloster in Wien im Winter«, ging, ist festgehalten:

»Das Bild wurde um 1910 durch Reinhold Hanisch an den Rahmer Wenzel Reiner in Wien, Porzellangasse, verkauft. Reiner rahmte es ein und verkaufte es weiter (den alten Rahmen mit dem alten Rückendeckel habe ich hier; es ist derselbe Karton wie bei dem zweiten Parlament, das ebenfalls 1910 von Hanisch an Reiner verkauft wurde).
Nach der Malweise und der ›Staffage‹ zu urteilen kann das Bild vom Führer sein. Es ist allerdings links mit R. H. bezeichnet, das liesse auf Reinhold Hanisch schliessen. Nun sagte mir der jetzige Besitzer, der Eisenbahnschaffner Pg. Franz Feiler aus Innsbruck, von dem das zweite Parlament kam: Er habe Hanisch seit 1923 oder 1924 gekannt, da Hanisch damals im Hause seiner Eltern gewohnt habe. Hanisch habe gar

nicht so gut malen können, wie dieses Aquarell ausgeführt sei. Hanisch habe aber erzählt: Wenn er von Adolf Hitler 1909 und 1910 Bilder zum Verkauf erhalten habe, die nicht signiert gewesen seien, dann habe er (Hanisch) sie mit seinem Monogramm versehen als eigene Arbeiten an die Rahmenmacher verkauft. Ein Schwindel aus Ehrgeiz, um vor den Leuten auch als ›Kunstmaler‹ zu gelten. So sei die Signatur auf diesem Aquarell zu erklären. Das Bild ist so markant, daß der Führer sich dessen wohl sicher erinnern wird, wenn er es gemalt habe.« [157]

Wie viele gefälschte Hitler-Bilder es gibt, wird sich wohl nie mehr feststellen lassen, es sind jedenfalls mehr als man annimmt. Beispielsweise soll der öfters in Zeitschriften genannte Marquis of Bath in England 60 »beglaubigte (?)« Ölbilder, Aquarelle und Zeichnungen Hitlers besitzen. Noch heute werden in den USA und England für angebliche Hitler-Bilder und Skizzen Preise von vielen tausend DM von fanatischen Sammlern gezahlt. Hitler selbst meinte im März 1944, daß man für ein Aquarell von ihm nicht mehr als 150 bis 200 Reichsmark ausgeben sollte, »es ist ein Wahnsinn, wenn man dafür mehr Geld hergibt.« [158]
Auch in Auktionshäusern, z. B. bei Weinmüller in München, wurden Hitlers Bilder 1938 schon für 6000 bis 8000 RM versteigert [159], und Heinrich Hoffmann, ein Sammler von Hitler Aquarellen, gab nach 1945 an, daß im Krieg bereits bis zu 30 000 RM für ein Aquarell Hitlers bezahlt wurden. [160] 1980 sind z. B. auf Auktionen für Aquarelle Hitlers schon 12 000 DM und für Architekturskizzen 6000 DM gezahlt worden.
Interessant ist vor allem, was Hanisch über das Verhältnis Hitlers zu dem damals 31jährigen Juden Josef Neumann [161], den er öfters erwähnte, u. a. berichtete:

»... Der Händler Neumann wurde ein richtiger Freund Hitlers ... Er war ein gutmütiger Mensch, der Hitler sehr mochte und den Hitler auch hoch schätzte. Einmal sagte mir Hitler, daß Neumann ein sehr anständiger Mensch sei, weil Neumann, wenn einer von uns kleinere Schulden hatte, sie bezahlte, er dachte dabei wohl auch an sich, da er arm war ...« [162]

Der Jude Josef Neumann, der öfters als »Hirngespinst« von Reinhold Hanisch abgetan, aber trotzdem viel zitiert worden ist, läßt sich nachweisen, wodurch die Aussagen von Hanisch, bezüglich des freundschaftlichen Verhältnisses Hitler-Neumann, eine neue Wertung bekommen. Damit dürfte auch nachgewiesen sein, daß Hitlers angeblicher Haß auf »die Juden« in seiner Wiener Zeit noch nicht vorhanden war, was u. a. auch Hanisch immer wieder betonte!
Neumann war kein »ungarischer Händler«, sondern »Hilfsarbeiter und Kupferputzer« [163], ein geborener Österreicher, ledig, der aber nach Kabold in Ungarn heimatzuständig gewesen ist. Neumann war nach den

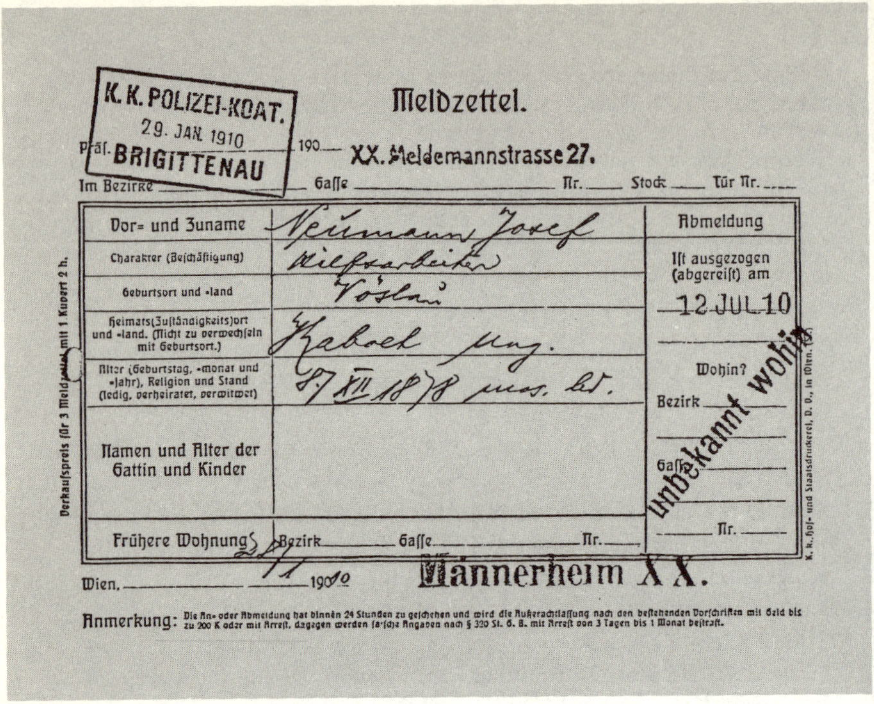

K. K. POLIZEI-KOAT.
29. JAN. 1910
BRIGITTENAU

Meldzettel.

Präs. ______ 190__ XX. Meldemannstrasse 27.

Im Bezirke ______ Gasse ______ Nr. ____ Stock ____ Tür Nr. ____

		Abmeldung
Vor- und Zuname	Neumann Josef	
Charakter (Beschäftigung)	Hilfsarbeiter	Ist ausgezogen (abgereist) am
Geburtsort und -land	Vöslau	12 JUL 10
Heimats(Zuständigkeits)ort und -land. (Nicht zu verwechseln mit Geburtsort.)	Kabolt Ung.	
Alter (Geburtstag, -monat und -jahr), Religion und Stand (ledig, verheiratet, verwitwet)	27/XII 1878 mos. led.	Wohin? Bezirk ______
Namen und Alter der Gattin und Kinder		Gasse ______ unbekannt wohin
Frühere Wohnung	Bezirk ______ Gasse ______ Nr. ______	______ Nr. ______

Wien, 28/1 1910 Männerheim XX.

Anmerkung: Die An- oder Abmeldung hat binnen 24 Stunden zu geschehen und wird die Außerachtlassung nach den bestehenden Vorschriften mit Geld bis zu 200 K oder mit Arrest, dagegen werden falsche Angaben nach § 320 St. G. B. mit Arrest von 3 Tagen bis 1 Monat bestraft.

Verkaufspreis für 3 Meldzettel mit 1 Kuvert 2 h.

K. k. Hof- und Staatsdruckerei, D. O., in Wien.

Meldezettel des Juden Josef Neumann, der mit Hitler befreundet war und vom 28. Januar 1910 bis 12. Juli 1910 mit diesem zusammen im Männerheim Meldemannstraße 27 wohnte.

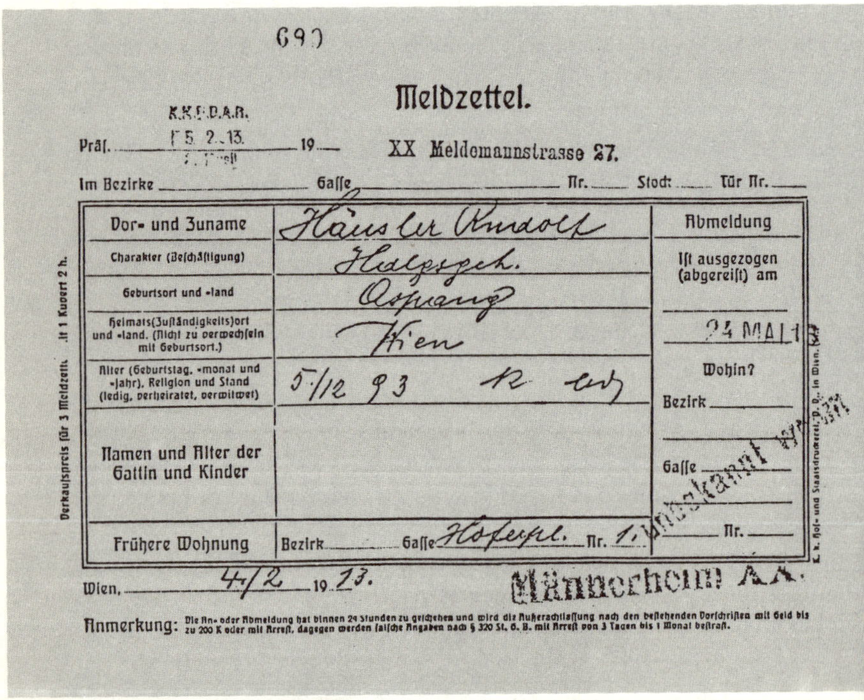

690

Meldzettel.

K.K.P.D.A.B.
F 5. 2. 13.

Präs. ______ 19__ XX Meldemannstrasse 27.

Im Bezirke ______ Gasse ______ Nr. ____ Stock ____ Tür Nr. ____

		Abmeldung
Vor- und Zuname	Häusler Rudolf	
Charakter (Beschäftigung)	Hdlgsgeh.	Ist ausgezogen (abgereist) am
Geburtsort und -land	Aspang	
Heimats(Zuständigkeits)ort und -land. (Nicht zu verwechseln mit Geburtsort.)	Wien	24 MAI 1
Alter (Geburtstag, -monat und -jahr), Religion und Stand (ledig, verheiratet, verwitwet)	5/12 93 k. led.	Wohin? Bezirk ______
Namen und Alter der Gattin und Kinder		Gasse ______ unbekannt wohin
Frühere Wohnung	Bezirk ______ Gasse Hofergl. Nr. 1.	______ Nr. ______

Wien, 4/2 1913. Männerheim XX.

Anmerkung: Die An- oder Abmeldung hat binnen 24 Stunden zu geschehen und wird die Außerachtlassung nach den bestehenden Vorschriften mit Geld bis zu 200 K oder mit Arrest, dagegen werden falsche Angaben nach § 320 St. G. B. mit Arrest von 3 Tagen bis 1 Monat bestraft.

Verkaufspreis für 3 Meldzettel mit 1 Kuvert 2 h.

K. k. Hof- und Staatsdruckerei, D. O., in Wien.

Meldezettel des Rudolf Häusler, der zusammen mit Hitler am 25. Mai 1913 nach München gefahren ist und dort mit ihm bis zum 16. Februar 1914 gewohnt hat.

Angaben von Hanisch mit Hitler eng befreundet und wohnte mit diesem vom 28.1.1910 bis 12.7.1910, also sieben Monate lang, im Männerheim in der Meldemannstraße 27 im XX. Wiener Bezirk (Brigittenau) zusammen. [164] Ob Neumann nach dem 12.7.1910 nach Deutschland ausgewandert ist, läßt sich nicht mehr feststellen. Jedenfalls taucht er am 3.8.1914, von Hirtenberg bei Baden kommend, wieder im Männerheim in der Meldemannstraße 27 auf. [165] Neumann läßt sich noch bis zum 25.9.1914 im Männerheim in der Wurlitzergasse 89 (XVII. Wiener Bezirk) nachweisen, dann verliert sich seine Spur in Österreich.

Hanisch berichtete weiter, daß Hitler mit Josef Neumann, nachdem Hitler einen größeren Betrag (angeblich 40 Kronen) verdient haben soll, für eine Woche in ein Hotel zog. Bemerkenswert ist in diesem Zusammenhang eine Schilderung von Heinrich Hoffmann, dem Hitler erzählt haben soll, daß er einmal in seiner Wiener Zeit, angeblich von einer Dame, für ein Bild (Innenraum der Kapuzinerkirche) 500 Kronen erhalten habe. [166] Ob es fünfhundert Kronen waren, die Hitler für sein Bild erhielt, oder ob es Hoffmann in seiner Erinnerung falsch wiedergab, mag dahingestellt bleiben. Jedenfalls scheint Hitler damals von einem Auftrag mehr Geld erhalten zu haben, als seine sonst üblichen zehn bis fünfzehn Kronen.

Tatsächlich läßt sich nachweisen, daß sich Hitler am 21.6.1910 im Männerheim abgemeldet hat (»unbekannt verzogen«). [167] Ob Hitler mit Neumann berufliche Pläne vorhatte, oder ob er mit ihm nach Deutschland auswandern wollte, läßt sich nicht mehr rekonstruieren. Neumann, der trotz seiner jüdischen Herkunft nach Hanisch ein »Deutschnationaler« gewesen sein soll und immer mit großer Begeisterung von Deutschland sprach, hat Hitler angeblich öfters animiert, mit ihm nach Deutschland auszuwandern. [168]

Am 26.6.1910, also nach fünf Tagen, meldete sich Hitler aber wieder im Männerheim an. Angeblich soll Hanisch seinen «Mitarbeiter« in der Stadt aufgespürt und Hitler zur Rückkehr bewegt haben. Die Frage ist, ob sich Hitler wirklich nur wegen eines kurzen Ausflugs in die Stadt im Männerheim abgemeldet hat oder ob ihm andere Pläne (evtl. berufliche) mit Neumann vorschwebten. Nur um Museen zu besuchen, auszuschlafen und in Cafés Kuchen zu essen, wie verschiedentlich dargestellt und auch von Hanisch berichtet, hat sich Hitler im Männerheim sicher nicht abgemeldet.

Im Juli 1910, so berichtete Hanisch weiter, malte Hitler ein Aquarell vom Wiener Parlament:

»Dann hatte er *[Hitler]* das Aquarell von dem Parlament in Wien fertig, an dem er sorgfältiger gearbeitet hatte, wie sonst üblich und hoffte es in einem besseren Geschäft verkaufen zu können ... er ging mit mir. Aber ... alle Versuche waren erfolglos ... Die Leute zuckten mit ihren Schultern ... und einer sagte, es ist zu schlecht, keine gute Arbeit. Hitler hatte sich viel davon versprochen und war natürlich enttäuscht ... Er sagte mir, ich solle das Bild verkaufen gehen ... er hatte mehr als acht Tage daran gemalt. Schließlich hatte er kein Geld mehr und er drängte mich das Bild zu verkaufen. Ich bekam 12 Kronen von dem Rahmenmacher Reiner. Er gab mir 6 Kronen gleich und diese gab ich Hitler.« [169]

Ende Juli 1910, nach dem Verkauf des Parlament-Aquarells, ist es zwischen Hitler und Hanisch zum Bruch der Beziehungen gekommen. Hanisch schildert den Vorgang folgendermaßen:

»Den nächsten Tag wollte ich etwas abliefern *[ein Aquarell Hitlers. Anm. d. V.]* das vierzehn Tage vorher bestellt worden war ... Ich hatte vertrauensvoll versprochen, es zu diesen Zeitpunkt abzuliefern, da mir Hitler versprochen hatte, es fertig zu machen. Als ich ihn danach fragte, erzählte er mir eine Geschichte von einer politischen Debatte. Wieder hatte er die Arbeit nicht fertig gemacht ... Ich war sehr erregt und über eine solche Faulheit sehr böse und ärgerlich. Hitler sagte, daß er für eine künstlerische Arbeit auch in einer entsprechenden Stimmung sein müsse. Ich nannte ihn einen Hungerkünstler und er nannte mich einen Hausdiener, weil ich ihm einmal gesagt hatte, daß ich früher als Diener in Berlin gearbeitet hatte ... Nach diesen Auseinandersetzungen verließ ich das Asyl *[Männerheim. Anm. d. V.]*.« [170]

Hanisch berichtet nun weiter, daß er nach einiger Zeit

»einen Händler mit Namen Löffler *[richtig: Siegfried Löffner. Anm. d. V.]* traf, ein Jude, der auch im Asyl *[Männerheim. Anm. d. V.]* wohnte. Er war einer von Hitlers Bekanntenkreis ... er warf mir vor, daß ich ein Bild Hitlers unterschlagen habe ... Hitler ... hätte gesagt, daß ich ihn bei dem Aquarell von dem Parlament betrogen habe. Wir hatten eine heftige Auseinandersetzung ... ein Polizist kam herbei und nahm uns mit auf die Polizeistation .. Ich wurde festgehalten ... Hitler hatte bemerkt, daß ich versucht hatte, ihn loszuwerden ... Ich wußte, daß Hitler ein jähzorniger Mensch war. Ich hatte Angst, daß er mich finden würde, egal wo ich hinging .. wegen seiner Faulheit befürchtete ich, er würde über mich herfallen und mich belasten. Aus diesen Gründen lebte ich unter einen angenommenen Namen *[Walter Fritz. Anm. d. V.]* ... Ich hoffte ... daß Hitler diesen Irrtum aufklären würde. Ich wurde ... mit Hitler konfrontiert ... Wie groß war meine Enttäuschung: Hitler von dem ich so hochstehend gedacht hatte, den ich so oft geholfen und dessen Aufträge ich erledigt hatte, erklärte, daß ich ein Aquarell im Wert von 50 Kronen unterschlagen hätte. Als ich Einspruch erhob und sagte, daß ich ihm seinen Anteil von den 12 Kronen gegeben hätte, leugnete er dies. Er leugnete auch, daß er zu mir gesagt hätte, das Bild so gut wie möglich zu verkaufen. Auf dem Gericht 2 Tage später ... beharrte Hitler auf seiner unwahren Beschuldigung ... Ich wurde zu einer kurzen Gefängnisstrafe verurteilt.« [171]

Einige Jahre später, im Mai 1933, gab Hanisch, nachdem er ein Parlament-Aquarell Hitlers an Franz Feiler verkaufen wollte, folgende Erklärung ab:

»Dieses Aquarell hat Adolf Hitler im Frühjahr 1910 im Männerheim Wien XX. Meldemanngasse gemacht. Er übergab es mir zum Verkauf und erhoffte sich 50 Kronen Erlös dafür. Nachdem es aber nirgends verlangt wurde, unsere Geldmittel aber zu Ende gingen, gab mir Hitler den Rat es um das erste Angebot zu verkaufen. Beim Rahmentischler Wenzel Reiner Wien IX. Liechtensteinerstrasse verkaufte ich es um 12 Kronen und übergab Hitler 6 Kronen als Anteil wie vereinbart. Nachdem es kurz darauf zum Bruch zwischen mir und Hitler kam verliess ich das Männerheim.

Hitler erhob nachträglich die Beschuldigung, dass ich ihm dieses Aquarell unterschlagen habe. Diese falsche Aussage hat Hitler auch bei Gericht beibehalten. Ich habe die Aussage nicht entkräftet, weil ich vom Privatkäufer des Parlaments eine mehrwöchentliche Bestellung erhalten hatte, die Hitler bekommen hätte, wenn ich den Ort des Verkaufes angegeben hätte. Durch die Angabe, dass das Bild 50 Kronen Wert habe, ist aber auch die Aussage Hitlers falsch. Da er nie für ein Bild 50 Kronen bekommen konnte. Er erhielt selten 10 Kronen, auch war nie ein Bild in einem besseren Geschäft anzubringen, da es künstlerisch wertlos ist. Der Privatkunde, der dieses Bild vom Rahmentischler Reiner gekauft hat, gerahmt und unter Glas bezahlte laut Geschäftsbuch 35 Kr.« [172]

In einem Vermerk des NSDAP Hauptarchivs vom 14.5.1938 ist festgehalten:

»Ich habe wegen des zweiten Aquarells vom Parlamentsgebäude, das in Innsbruck war, nachgeforscht. Was ich vermutete, ist mir jetzt gewiss: auch dieses Aquarell ist eine echte Arbeit von Adolf Hitler aus dem Jahre 1910 und keine spätere Fälschung von Hanisch. (Nur die Signatur scheint mir später auf das Bild geschrieben worden zu sein.) Der Rahmentischler Wenzel Reiner in Wien erinnert sich noch, dieses Bild 1910 um 12 Kronen von Hanisch, der die Verkäufe der Bilder Adolf Hitlers vermittelte, erworben und dann gerahmt um 35 Kronen an den Bankdirektor Sigmund Reich verkauft zu haben. Den alten Rahmen habe ich noch hier.

Der Schaffner Feiler von Innsbruck hat von Hanisch, mit dem er seit 1924 befreundet war, gehört, Adolf Hitler habe das Parlamentsgebäude 1910 mehrere Male gemalt, was durchaus wahrscheinlich ist. Auskunft kann da allein der Führer selbst geben.« [173]

Franz Feiler, der das Parlament Bild Hitlers für 200 Schilling von Hanisch erworben hat und es im Juli 1938 für 2000 RM an das NSDAP Hauptarchiv verkaufte [174], schrieb im Mai 1938 an das NSDAP Hauptarchiv:

»Es dürfte Ihnen unbekannt sein, dass der Führer das Parlament 3 oder 4 mal gemalt hat; und zwar nicht nach der Natur, sondern nach einer Vorlage (Druck oder Foto).

Das Bild, von dem Sie mir Mitteilung machen, habe ich im Sommer 1933 vom Tapezierer Pichler, Wien, Hernalser Hauptstr. Nr. 30 käuflich erwerben wollen. Die Frau Pichler hat es mir jedoch nicht verkauft. Mein Anbot war zu nieder *[Frau Pichler verkaufte das Bild am 6.5.1938 für 8000 RM an das NSDAP Hauptarchiv. Anm. d. V. [175]]*. Soviel mir erinnerlich, hat dieses Bild nicht Hanisch sondern der Führer selbst Herrn Pichler verkauft.« [176]

Die Angaben von Hanisch scheinen nicht der Wahrheit zu entsprechen. Viel spricht dafür, daß Hanisch Hitler betrogen hat und zwei Bilder Hitlers unterschlug und dann nicht mehr in das Männerheim zu Hitler zurückkam und untertauchte. Folgende Aussagen zu dem Fall lassen sich nachweisen:

»Kais. Königl. Bezirks-Polizei-Commissariat Wieden 4. Aug. 1910
Z 18 370
Reinhold Hanisch
Veruntreuung, Falschmeldung.
Siegfried Löffner, Platzagent, XX. Meldemannstraße 27, gibt an: Ich habe von einem Maler *[Hitler. Anm. d. V.]* im Männerheim erfahren, daß der Arretierte *[Hanisch. Anm. d. V.]* diesem Bilder verkauft und das Geld veruntreut habe. Ich kenne den Maler nicht mit Namen, nur vom Männerheim her, wo er mit dem Arretierten immer beisammen saß.« [177]

Einen Tag später, am 5.8.1910 wurde Hitler vorgeladen, worüber eine Einvernahme existiert:

»K.K. Bezirks-Polizei-Commissariat 5. August 1910
Brigittenau
Adolf Hitler, Kunstmaler, 20.4.1889 Braunau geb, Linz zuständig, kath, ledig, XX., Meldemannstraße 27 wohnhaft gibt an: es ist nicht richtig, daß ich dem Hanisch den Rat gegeben habe, er solle sich als Walter Fritz anmelden, ich habe ihn überhaupt nur als Walter Fritz gekannt. Da er mittellos war, gab ich ihm die Bilder die ich malte, damit er sie verkaufe. Von dem Erlöse erhielt er von mir regelmäßig 50 %. Seit ungefähr zwei Wochen ist Hanisch ins Männerheim nicht zurückgekehrt und hat mir das Bild »Parlament« im Werte von 50 K und ein Aquarellbild im Werte von 9 K veruntreut. Als einziges Dokument habe ich von ihm bloß das fragliche Arbeitsbuch auf den Namen Fritz Walter gesehen. Ich kenne den Hanisch vom Asyl in Meidling, wo ich ihn eimmal traf.
5. August 1910 Adolf Hitler« [178]

Unverständlich dabei ist, daß Hanisch seit dem Herbst 1909 eigentlich lückenlos polizeilich in Wien gemeldet war, und zwar unter seinem richtigen Namen. [179] In einer Gerichtsverhandlung am 11.8.1910 wurde Hanisch dann wegen Falschmeldung zu 7 Tagen Gefängnis verurteilt. [180]

Hanisch, der ständig um irgendwelche Bildergeschäfte bemüht war, und mit eigenen und von ihm gefälschten Hitler-Bildern handelte um zu leben, schrieb im Mai 1933:

»... es geht gar nichts, ich kann gehen wohin ich will niemand kauft etwas ... Juni, Juli werde ich mich noch hier in Wien halten, dann muß ich mich doch endlich aus dem Staube machen. Denn ich habe diese Woche mit 3 Schilling leben müssen, das heißt ob es Leben ist ... Mit einer schönen Arbeit besuchte ich Anfang der Woche den Chef der Rahmenfabrik Altenberg ... Er kennt Hitler und mich aus gleichen Arbeitstagen. Sagte mir, daß er beim sichten des alten Materials noch ein Aquarell von Hitler gefunden habe. Kunstwert hat es nicht da er ja kein guter Arbeiter war. Es war eine Hoffnung die ich gleich und gründlich losgeworden bin. Wollte mir eine Freude machen und trug mir alte Rahmen als Geschenk an. Ich habe aber so viel retourware zu haus, wozu noch mehr Krempel ... Mich hat die Arbeit nie verdrossen aber jetzt ist die Arbeit wertlos weil sie nicht absetzbar ist. Aber der Mensch muß leben. Wo das Enden soll, es ist ja ganz gleich wo man verreckt ...« [181]

Hanisch starb im Alter von 52 Jahren am 2.2.1937 als Untersuchungsgefangener im Gefängnis in Wien, wo er wegen Betrugs im größeren Umfang (§ 197 d. österr. Strafgesetzes) einsaß. [182] Als Todesursache wurde Herzversagen [183], bzw. von Feiler eine Lungenentzündung angegeben. [184]

Maser und die, die sich ohne Nachprüfung auf ihn beziehen, wissen es natürlich anders. Der Historiker Prof. Dr. Maser bringt in seiner Hitlerbiographie eine tolle Geschichte:

»Er *[Hanisch]* prostituierte sich vergeblich. Die Gestapo *[Geheime Staatspolizei. Anm. d. V.]* präsentierte ihm *[Hanisch]* 1938 für seine früheren Erzählungen Hitlers Rechnung auf Martin Bormanns Anweisung. Unmittelbar nach dem Einmarsch der deutschen Wehrmacht in Österreich wurde Hanisch verhaftet.« [185]

Hanisch wurde nicht unmittelbar nach dem Einmarsch der deutschen Wehrmacht in Österreich (12.3.1938) von der Gestapo verhaftet, Hanisch war zu diesem Zeitpunkt schon über ein Jahr lang tot! Hanisch wurde am 16.11.1936 von der österreichischen Polizei verhaftet und starb nachweislich bereits am 2.2.1937 im Gefängnis in Wien! Der »Archivspezialist für Hitler Bilder«, Dr. Priesack, läßt Hanisch sogar im KZ sterben! [186]

Martin Bormann hat auch keine Anweisung gegeben, einen Toten zu verhaften und hatte mit dem Fall Hanisch überhaupt nichts zu tun! Er hielt auch Hanisch 1944 (!) nicht für so wichtig, wie Maser meint. [187]

Im Zusammenhang mit einer colorierten Postkarte, die Hitler im Februar 1944 von Dr. Kaltenbrunner erhielt, schrieb er »im Auftrag Hitlers« an Dr. Brügmann vom NSDAP Hauptarchiv:

»Beiliegend erhalten Sie eine Karte, die der Führer dieser Tage durch den Obergruppenführer Dr. Kaltenbrunner, den Chef des Sicherheitshauptamtes, erhielt, die Karte soll bei Ihren Unterlagen aufgehoben werden. Zur Erklärung:
Der Führer wohnte seinerzeit in Wien mit einem Maler Hanisch zusammen, und dieser Hanisch verlegte sich, als der Führer nach München gezogen war, auf die Fälschung von Hitler-Bildern. Nach der Übernahme Österreichs hat sich Hanisch erhängt *[was nachweislich nicht stimmt und Martin Bormann wohl auch nicht wissen konnte. Anm. d. V.]*. Die beiliegende Karte hat der Führer nie erhalten; sie stammt aus dem Besitz des Hanisch. Der Führer betonte, er habe sich niemals mit der Colorierung von Bildern abgegeben.« [188]

Daß Maser, wie schon von mehreren Historikern festgestellt, leichtfertig mit den Quellen umgeht, geht u. a. weiter aus der nicht vollständigen Interpretation des Briefes von Feiler vom 11. Mai 1938 in seiner Hitlerbiographie hervor. [189] In diesem, von Maser zitierten Brief vom 11. Mai 1938 hätte Maser nämlich nachlesen können, daß »... Hanisch schon vor 1 1/2 Jahren *[also Anfang 1937. Anm. d. V.]* gestorben ist«. Selbst in der von Maser revidierten Neuausgabe »Der Sturm auf die Republik. Frühgeschichte der NSDAP«, lassen sich viele Konstruktionen, Fehler und leichtfertiger Umgang mit den Quellen feststellen. Über Hanischs Tod ist Maser da etwas anderes eingefallen, er läßt Hanisch »1938 in SS-Haft« sterben. [190]
Mehr als wundern muß man sich auch, daß Maser Hanisch in seinen Büchern oft zitiert, dann aber wieder schreibt, daß Hanisch unglaubwürdig ist und daß die meisten Lügen über Hitlers Wiener Zeit durch Hanisch entstanden sind und daß Journalisten und Biographen wie Rudolf Olden, Konrad Heiden und Alan Bullock »Hanischs Tendenzgeschichten« gefolgt sind. [191]
Woher Maser weiter wissen will, daß Hitler nach der Trennung von Hanisch seine künstlerische Arbeit einschränkt, erheblich mehr liest als vorher und immer intensiver auch in seiner bisherigen Arbeitszeit bei Tag zu politisieren beginnt, weiß niemand; es sind halt des Historikers Maser Vermutungen! Maser schreibt auch, daß Hitler weiter malt, aber es entstehen längst nicht mehr so viele Arbeiten wie zuvor. Woher weiß Maser das alles? Der halbwegs glaubhafte Zeuge Karl Honisch berichtete etwas anderes! »Von nun an verkauft entweder der ungarische Jude Neumann Hitlers Bilder«, schreibt Maser weiter, »oder Hitler macht sich selbst auf den Weg zu seinen Kunden, was die Produktion ebenfalls einschränkt.« [192] Der in Österreich geborene Hilfsarbeiter Josef Neumann ist aber bereits im Juli 1910 aus dem Männerheim ausgezogen, also noch vor dem Bruch Hanischs mit Hitler.

Weiter fabuliert Maser: »Wie Hanisch und Neumann vor 1913 in Wien, so handelte Hitlers einstiger Kriegskamerad Hans Mend [193] nach 1918 gelegentlich mit Hitler-Bildern.» [194] Auf Seite 139 seiner Hitlerbiographie wiederholt Maser nochmals: »... sich *[Mend]* nebenbei (wie Reinhold Hanisch vor 1914 in Wien auch) mit Kunstgeschäften befaßte.« Mend hat nie mit Bildern Hitlers, sondern mit Pferden gehandelt! Er wurde 1938, im Zuge der allgemeinen Recherchen des NSDAP Hauptarchivs nur nach Besitzern von Hitler-Bildern befragt, was aus dem vorhandenen Schriftverkehr eindeutig ersichtlich ist! Auch das Lager, in dem Mend war, das nach Maser nicht zu ersehen ist, geht aus dem Schriftverkehr des NSDAP Hauptarchivs eindeutig hervor; es war das Strafgefangenenlager Papenburg III, Brual-Rhede [195], wo Mend seit dem 16.8.1937 eine Zuchthausstrafe von 2 1/2 Jahren wegen eines Sittlichkeitsverbrechens absaß (am 24.12.1938 auf Grund eines Gnadenerweises entlassen). [196]
Maser zitiert und fabuliert noch mehr über und von dem mehr als fragwürdigen und eingebildeten Psychopathen Mend sowie die mehr als kuriosen Aussagen von Professor Schmid-Noerr und Walther Kleffel, über das unmögliche »Mend-Protokoll«, das gar nicht erst erwähnt oder gar zitiert werden sollte.
An dieser Stelle muß man noch einen »angeblichen Zeitzeugen« nennen, der oft zitiert und auch von Hanisch genannt wurde, Greiner. Josef Greiner [197] ist bekannt geworden durch seine mehr als zweifelhaften »Erinnerungen« an Hitler, mit dem er — nach seinen Angaben — im Wiener Männerheim und in München gewohnt haben soll, in beiden Städten natürlich aber zu dem Zeitpunkt nicht nachzuweisen ist. [198] Es ist sinnlos, sich mit dem selbstüberheblichen Greiner und seinen angeblichen Erinnerungen, die weder von den konfusen Zeitangaben, noch von den unwahrscheinlichen Schilderungen her stimmen, zu beschäftigen [199], wie dies leider verschiedene Journalisten und auch Historiker getan haben. Manche Historiker meinen, daß es sich bei dem von Hanisch genannten Greiner sogar um eine andere Person handelte und Josef Greiner nur von Heiden, Olden, Jetzinger usw. davon hörte. Interessant ist in diesem Zusammenhang auch, daß Hanisch wohl einen Greiner kannte, Josef Greiner aber keinen Hanisch!
Um die Person Greiners und den Umgang mit seinen »Erinnerungen« zu beleuchten, sei auf folgendes kurz hingewiesen. Am 1. März 1939 wurde von der Gauleitung der Bayerischen Ostmark an die Reichsleitung der NSDAP in München geschrieben, über Greiner eine »Warnkarte« anzulegen. Nach allgemeinen beruflichen Angaben wurde u. a. ausgeführt:

»... Greiner hat ein Buch mit dem Titel ›Sein Kampf und Sieg‹ verfasst und verlegt. Es handelt sich dabei um Erinnerungen an den Führer aus dem Jahre 1911, wo Greiner angeblich mit ihm im 20. Bezirk in Wien wohnhaft war. Das Buch ist in einer Auflage von 69 Exemplaren erschienen, wovon eines dem Führer, eines dem Duce und je eines den Reichsministern Göring und Goebbels und der Reichspressestelle übersandt wurde.
Nach Mitteilung der parteiamtlichen Prüfungskommission zum Schutze des nationalsozialistischen Schrifttums hat der Führer entschieden, dass das vorgenannte Buch zu beschlagnahmen ist. Greiner wurde verständigt, dass es untersagt ist, weitere Exemplare des Buches drucken zu lassen. Der Verfasser war früher Telefonfabrikant, ging in Konkurs und gründete im Jahre 1934 mit einem Juden die österreichische Notrufgesellschaft, wobei er diesem grössere Geldbeträge herauslockte. Er wird in geschäftlicher Hinsicht als ein gefährlicher, notorischer Erpresser geschildert. Greiner hat es auch stets verstanden, sein Vermögen vor dem Zugriff der Gläubiger zu entziehen. Es gelingt ihm, mit seinen angeblichen Verbindungen zu hohen Stellen immer wieder Aufträge zu erhalten. Gegenwärtig ist er wieder für das Reichsluftfahrtministerium beschäftigt. Es empfiehlt sich für Greiner in der Reichskartei eine Warnkarte anzulegen.« [200]

Am 1. März 1940 stellte Greiner tatsächlich einen Antrag auf Aufnahme in die NSDAP. Der Ortsgruppenleiter von Hütteldorf in Wien gab dazu am 26.5.1940 folgende Stellungnahme ab:

»Der Antragsteller verkehrte bis 1934 ausschließlich in sozialdemokratischen und besonders jüdischen Kreisen und war ständiger Leser der Arbeiter Zeitung. Im Jahre 1934 änderte sich seine Gesinnung radikal; er war eines der ersten V. F.-Mitglieder *[V. F. = Vaterländische Front. Anm. d. V.]* und bezog nur mehr die Reichspost.
Als er sah, dass ein n. s. Umschwung *[n. s. = nationalsozialistischer. Anm. d. V.]* möglich wäre, begann er über den Klerus zu schimpfen und im März 1938 war er bereits ein ›furchtbar Alter Kämpfer‹. Er erzählte überall, er sei ein Du-Freund des Führers und versuchte sogar ein Buch über das Zusammenleben mit dem Führer herauszugeben. Ein Exemplar sandte er dem Führer, worauf ein Verbot, das Buch herauszugeben, veranlasst wurde.
Ing. Greiner ist ein ausgesprochener Konjunkturmensch und skrupelloser Geschäftemacher. Der Antrag wird abgelehnt.« [201]

1947 schrieb Greiner in dem Vorwort zu seinem Buch, das jetzt nicht mehr »Sein Kampf und Sieg«, sondern »Das Ende des Hitler-Mythos« hieß: »Als ich Ende 1938 die Gefahr erkannte, in die Hitler Deutschland und Österreich gebracht hatte, stellte ich mich auf die Seite der Patrioten, die einen Ausweg nur in der Beseitigung Hitlers erblickten.«

Ein weiterer Kommentar zu Einstellung und Person Josef Greiners sowie eine Wertung seiner »Erinnerungen« erübrigt sich damit wohl.

2 Der Architekturmaler

[München Mai 1913 - August 1914]

»Wien«, so schrieb Hitler abschließend in »Mein Kampf«, »war und blieb für mich die schwerste, wenn auch gründlichste Schule meines Lebens. Ich hatte diese Stadt einst betreten als ein halber Junge noch und verließ sie als still und ernst gewordener Mensch.« [202]

In München setzte Hitler seine gewohnte Lebens- und Arbeitsweise ohne wesentliche Änderungen fort. Sein Leben verlief in denselben Bahnen wie in Wien, und Hitlers Abneigung gegen eine geregelte Beschäftigung und intensive Arbeit, die er sein Leben lang beibehielt, trat immer deutlicher hervor. Trotz seiner Begeisterung für die Stadt München, die Architektur und das Malen bemühte sich Hitler um keine Ausbildung und kam auch hier beruflich nicht weiter. Die Verbindung mit Österreich, Wien, seiner Familie und seinen damaligen Bekannten hat Hitler daher auch in München ruhen lassen, und er kam nur mit sehr wenigen Menschen in näheren Kontakt. Wenig Männer- und keine Frauenbekanntschaften sind in dieser Zeit feststellbar oder nachweisbar. Das schemenhafte Bild, an das sich die wenigen Leute erinnern, die Hitler damals kannten, zeigt einen Menschen, der, außer Rudolf Häusler, mit dem er fast neun Monate zusammen lebte, keine Freunde hatte und verschlossen wirkte. Aber auch als höflich und etwas schüchtern wurde Hitler von mehreren Zeitzeugen geschildert. »Das danke ich der damaligen Zeit«, schrieb Hitler später, »daß ich hart geworden bin und hart sein kann.« [203]

Neben dem Malen soll Hitler einen Teil seiner Zeit in Cafés und Lokalen zugebracht haben, wo er Zeitungen las und angeblich über Politik diskutiert haben soll, was aber kaum anzunehmen ist. Z. B. wird das »Café Größenwahn« genannt, wo sich die Schwabinger Boheme zu treffen pflegte. Strindberg hat hier verkehrt, Wedekind, Max Halbe, Roda Roda und Wilhelm Busch. Im »Café Stefanie« in der Amalienstraße z. B. verkehrten die radikalen, überwiegend jüdischen Intellektuellen, wie Kurt Eisner, Erich Mühsam, Ernst Toller, Felix Fechenbach und Gustav Landauer, die späteren Führer der Revolution und Räterepublik in München. Das Schwabinger Fluidum intellektueller Ungebundenheit, in dem auch die ausgefallendsten und radikalsten Theorien aus Kunst und

Politik toleriert wurden, zog vor dem I. Weltkrieg viele Menschen an, die nach geistiger und künstlerischer Entfaltung und Freiheit strebten. Aber trotz Hitlers eventueller Kontakte zur Schwabinger Boheme, haben sich sein Stil als Maler in München und sein Wesen sowie seine Einstellung nicht verändert. Er malte weiterhin naturalistisch und akademisch; abstrakte oder experimentelle Malerei lehnte er ab; für moderne Kunst hatte Hitler sein Leben lang nichts übrig.
Frau Anna Popp, Hitlers Vermieterin, berichtete, »daß mein Herr Hitler«, nach seiner Ankunft in München gleich zu malen anfing:

»Am nächsten Morgen ging ... *[er]* ... fort und kam bald mit einer Staffelei zurück, die er irgendwo aufgetrieben hatte. Hitler begann sofort zu malen und blieb stundenlang bei seiner Arbeit. Nach einigen Tagen sah ich zwei schöne Bilder fertig auf seinem Tisch, eines vom Dom und das andere von der Theatinerkirche. Dann ging mein Untermieter früh am Morgen, mit einer Mappe unter seinem Arm, auf die Suche nach Käufern. Meistens besuchte er die gleichen Leute, die an seiner Arbeit interessiert waren und zuweilen seine Zeichnungen kauften.« [204]

Frau Popp schilderte weiter, daß es Hitler die ersten Monate in München nicht so gut ging:

»Am Anfang ging er immer aus um in einem Lokal oder so zu essen. Dann, nach ein bis zwei Wochen holte er sich ein bißchen Wurst für das Mittagessen oder einen Nußzopf. Ich vermutete, daß er noch etwas Geld von irgendwoher gehabt hatte [205] ... Ich weiß, daß er Not litt und sich das erste Jahr, das er bei uns war, mühsam durchschlug und oft hungrig vom Tisch aufstand ... *[es mag auch stimmen, wie Hitler später erzählte, daß er ›Monate hindurch ... kein warmes Mittag- oder Abendbrot gehabt ... [hätte] ...‹ Anm. d. V.]* Er führte sich sehr gut auf«, berichtete Frau Popp weiter, »und hätte nie daran gedacht, in meine Küche zu kommen ohne anzuklopfen, wenn er etwas Wasser für seinen Tee brauchte. Ich rief laut ›herein‹, er öffnete die Tür und sagte: ›Erlauben Sie‹, höflich wie immer.
Natürlich haben wir immer gesagt, daß er reinkommen und sich hinsetzen soll. Dann bat er um Erlaubnis, seinen Tee zubereiten zu können. Wir sagten, er brauche kein Getue zu machen, er könnte jederzeit hereinkommen, aber er verhielt sich immer so. Ich habe in meinem Leben keinen so jungen Mann mit so guten Manieren gesehen.
Meinen Mann tat es immer leid, daß er sich so einschränken mußte und mehr als einmal sagte er, er solle sich hinsetzen und mit uns einen Bissen essen. Aber niemals wollte er und niemals tat er es. Ich mochte das sehr an ihm.
Dann verging wieder eine ganze Woche, ohne daß sich Hitler aus dem Haus rührte. Er blieb nur in seinem Zimmer wie ein Eremit, seine Nase steckte in Büchern und er arbeitete und studierte ... von morgens bis abends ...

Während der ganzen Zeit von zwei Jahren *[Hitler wohnte nur vom Mai 1913 bis August 1914 bei Popps. Anm. d. V.]*, die er bei uns war, kann ich mich nicht erinnern, daß er einen Besuch gehabt hätte. Nach einiger Zeit hat er gelegentlich einen Brief von seiner Schwester erhalten, welche verheiratet war und in Wien lebte *[gemeint ist Hitlers Halbschwester Angela Raubal, die aber erst seit dem 12.10.1915 als Leiterin eines Lehrmädchenheims in Wien lebte. Anm. d. V.]* ... Er sprach nie davon, daß er irgendwelche Verwandten habe ...
Wir fragten ihn oft am Abend, ob er nicht in unsere kleine Küche kommen wolle und ein bißchen bleiben möchte. Aber er entschuldigte sich immer sehr nett und sagte, er müsse arbeiten ... Hitler verbrachte auch viel Zeit in der Staatsbibliothek, er brachte immer wieder neue Bücher von dort mit. Nachdem er den ganzen Tag gemalt und gezeichnet hatte, saß er häufig die ganze Nacht über den Büchern. Ich schaute mir auch an, was für Bücher das waren, alles politisches Zeug und so und wie man in den Landtag kommt. Ich konnte mir nicht vorstellen, was er mit diesen Dingen zu tun hatte und warum er sich damit beschäftigte ...
Einmal, ich erinnere mich noch, sagte ich gerade heraus: ›Herr Hitler, nehmen Sie mir es nicht übel, aber Sie machen sich krank mit diesen Büchern und ihrem dauernden lesen, wie Sie es machen. Was hat das Lesen mit Ihren Malen zu tun?‹
Hitler stand auf, lachte und nahm meinen Arm: ›Liebe Frau Popp‹, sagte er, ›weiß man, was man im Leben braucht oder nicht braucht?‹« [206]

Hitler betonte in seinem Buch »Mein Kampf« immer wieder, daß er in München viel gelesen (»studiert«) habe, da er damit seine Bildung und sein »Studium« dokumentieren wollte. Aber es gibt keine Hinweise, welche Bücher Hitler wirklich gelesen hat. Hitler hatte ja seine eigene Auffassung vom Lesen, die er, wie folgt, beschrieb:

»Freilich verstehe ich unter ›Lesen‹ vielleicht etwas anderes als der große Durchschnitt unserer sogenannten ›Intelligenz‹ ... Ich kenne Menschen, die unendlich viel ›lesen‹, und zwar Buch für Buch, Buchstaben für Buchstaben ... Sie besitzen freilich eine Unmenge von ›Wissen‹, allein ihr Gehirn versteht nicht, eine Einteilung und Registratur dieses in sich aufgenommenen Materials durchzuführen. Es fehlt ihnen die Kunst, im Buch das für sie Wertvolle vom Wertlosen zu sondern, das eine dann im Kopf zu behalten für immer, das andere, wenn möglich, gar nicht zu sehen, auf jeden Fall aber nicht als zwecklosen Ballast mitzuschleppen. Auch das Lesen ist ja nicht Selbstzweck, sondern Mittel zu einem solchen. Wer aber die Kunst des richtigen Lesens innehat, den wird das Gefühl beim Studieren jedes Buches, jeder Zeitschrift oder Broschüre augenblicklich auf all das aufmerksam machen, was seiner Meinung nach für ihn geeignet (weil entweder zweckmäßig oder allgemein wissenswert) ist zur dauernden Festhaltung ... Nur so hat das Lesen dann Sinn und Zweck.« [207]

Man kann sich des Eindrucks nicht erwehren, daß Hitler, wenn er so gelesen hat, immer nur das herauslas, was er ohnehin schon erkannt hatte oder zumindest schon zu wissen glaubte und schon damals alles andere einfach ignorierte, was nicht in seine Vorstellungswelt paßte.

»Im andren Fall«, so begründete Hitler seine Ansicht vom Lesen weiter, »entsteht ein wirres Durcheinander von eingelerntem Zeug ... Niemals wird es einem Kopfe gelingen, aus dem Durcheinander seines ›Wissens‹ das für die Forderung der Stunde Passende herauszuholen, da ja sein geistiger Ballast nicht in den Linien des Lebens geordnet liegt ... Ich habe zu dem, was ich mir so schuf, nur weniges hinzulernen gemußt, zu ändern brauchte ich nichts.« [208]

Ob Hitler damals wirklich so viele Bücher gelesen hat, ist fraglich. 1924 führte Hitler aus: »Was mich außer meiner beruflichen Arbeit« — hier bezeichnete Hitler auf einmal das Malen als seine »berufliche Arbeit«(!) — »am meisten anzog, war auch hier wieder *[wie in Wien. Anm.d.V.]* das Studium der politischen Tagesereignisse, darunter besonders außenpolitische Vorgänge.« [209]

Diese Aussage Hitlers scheint den Tatsachen mehr zu entsprechen, da er von Wien her gewohnt war, im Männerheim, Volkscafé usw., die Zeitungen zu lesen. [210] Hitler behielt ja diese Gewohnheit auch sein ganzes Leben lang bei. Als Führer, Reichskanzler und Feldherr war z. B. seine immer wiederkehrende Frage an den Pressechef, die Ordonnanzen usw.: »Haben Sie Depeschen?« [211]

Unverständlich ist es eigentlich, daß bis heute, sowohl in der Weimarer Republik, als auch im III. Reich, nicht bekannt wurde, daß Hitler fast neun Monate lang mit dem Österreicher Rudolf Häusler [212] in einem kleinen Zimmer zusammen wohnte. Auch Frau Popp erwähnt in ihren Schilderungen mit keinem Wort ihren anderen Untermieter, Rudolf Häusler, der doch mit Hitler das Zimmer zusammen gemietet hatte. In dem Buch »Germany's Hitler«, das 1934 verlegt wurde und u. a. auch Berichte von Frau Popp enthält, wird über Häusler nichts berichtet. Thomas Orr, der 1952 einige Zeitzeugen in der Gegend befragte, ist der einzige, der den Namen Häusler erwähnte und angab,

»daß Häusler nachts schlafen wollte, während Hitler oft bis drei und vier Uhr morgens die Petroleumlampe brennen ließ und über dicken Büchern saß, die er sich von der Staatsbibliothek ausgeliehen hatte.« [213]

Angeblich soll es zwischen Hitler und Häusler später zu Reibereien gekommen sein, da Hitler nachts länger aufblieb, und da Häusler, der sich als »Schriftsteller« ausgab, ein »Sozialist« gewesen sein soll. [214] Aber Häusler war alles andere als ein Sozialist; er war wie Hitler ein »Nationalist«:

»Meine Erziehung war großdeutsch«, gab Rudolf Häusler 1939 an, »1908 bis 1911 war ich Mitglied des Deutschen Handlungsgehilfenver-

bandes. 1911 lernte ich Adolf Hitler kennen *[nach dem Meldezettel des Rudolf Häusler erst am 4.2.1913 im Wiener Männerheim in der Meldemannstraße. Anm.d.V.]*, der sich meiner annahm, mich politisch aufklärte und so in mir den Grundstock für meine politische und allgemeine Bildung legte. 1912 nahm er mich mit nach München, wo wir gemeinsam wohnten und Gelegenheitsarbeiten nachkamen.« [215]
Häusler war Mitglied der NSDAP seit 1929 und 1.9.1938, ab dem 1.12.1938 »hauptberuflich« Hauptabteilungsleiter bei der DAF (Deutsche Arbeitsfront) und ab 1940 NSDAP Hauptstellenleiter in Wien. [216]
Was Hitler mit Rudolf Häusler verband, der neun Monate lang mit Häusler in einem kleinen Zimmer zusammen gewohnt hat, wird sich wohl kaum mehr klären lassen. Die geteilte Miete allein kann es nicht gewesen sein, da Hitler im Männerheim in Wien sparsam gelebt hatte und etwas Geld haben mußte. [217] Durch die Erbschaft von seiner Tante Johanna Pölzl (gest. 29.3.1911 in Spital) sowie durch die Waisenrente, die er bis zum 31.5.1911 bezog und durch das Malen von Wiener Bauten konnte Hitler leben und, wie Karl Honisch glaubhaft berichtete, etwas für seinen »Reisefond« beiseite legen. In München hat Hitler, wie er selbst ausführte, durch das Malen von bekannten Gebäuden und Stadtansichten ebenfalls ganz gut leben können (vom Finanzamt geschätztes Jahreseinkommen 1200 Reichsmark). [218]
Fest steht, daß Häusler bis zum 15.2.1914 mit Hitler zusammen in dem kleinen Zimmer lebte [219] und erst am 3.8.1914 wieder nach Wien zurückfuhr. Wie aus dem Polizeimeldebogen ersichtlich, wohnte Häusler, nachdem er fünf Tage nebenan bei Schmidt gewohnt hatte, nochmals vom 20.2.1914 bis 19.5.1914 bei Popp im 3. Stock rechts, neben dem Zimmer von Hitler. Vom 20.5.1914 bis 6.7.1914 wohnte Häusler dann in einer Parallelstraße zur Schleißheimer Straße, in der Zentnerstraße 11/2, um später nochmals in die Schleißheimer Straße 43/3 zurückzukommen, wo er bis zu seiner Rückreise nach Österreich am 3.8.1914 wohnte. Bemerkenswert ist, daß der 20jährige Häusler beim Ausbruch des I. Weltkrieges sofort nach Wien zurückfuhr, wo er sich zum Militärdienst stellte. Hitler dagegen blieb, ohne sich bei den österreichischen Behörden zu melden, in München und versuchte , beim bayerischen Heer unterzukommen. Ob es die Angst war, doch noch beim österreichischen Heer dienen zu müssen, oder ob es die Euphorie der Mobilmachungstage in München war, die ihn zu diesem Schritt bewog, läßt sich nicht klären. Hitler war jedenfalls von München begeistert: »Eine deutsche Stadt! Welch ein Unterschied gegen Wien« [220] und im nachhinein erschien ihm die Zeit vor dem I. Weltkrieg in München als, »die glücklichste und weitaus zufriedenste ... *[seines]* ... Lebens« [221].

Mit 600 000 Einwohnern, die München 1913 hatte (gegenüber der 2 Millionen-Stadt Wien), war München, ohne das Völkergemisch Wiens, eine gemütliche Stadt, ein »großes Dorf«, wie man sagte. Kein Wunder, daß sich Hitler hier wohl fühlte, auch die bayerische Lebensart und der bayerische Dialekt lagen ihm mehr, als das »Geraunze« der Wiener. München war durch die Wittelsbacher eine kulturell sehr lebendige Stadt geworden und auch der Kunstmarkt in München war dem Wiener gleichzusetzen. So ist es auch verständlich, daß die Kunststadt München mit ihrem Flair Hitler begeisterte: »Man hat nicht nur Deutschland nicht gesehen«, schrieb er 1924, »wenn man München nicht kennt, nein, man kennt vor allem die deutsche Kunst nicht, wenn man München nicht sah.« [222]
Hitler war in München nicht, wie Maser schreibt, erst in zweiter Linie Maler [223], sondern er malte »beruflich«, wie er selbst einmal ausführte, sehr viel und lebte sonst in den Tag hinein, ohne Ansatz — wie bisher auch — für seine weitere Ausbildung und Zukunft etwas zu tun. Hitler begann kein Studium an der Münchner Akademie, und er bemühte sich auch nicht um eine Ausbildung als Baumeister bzw. Architekt. Ob er dies je vorhatte? Hitler selbst meinte viele Jahre später, daß bei ihm damals in München der Entschluß feststand,

»als Autodidakt weiterzuarbeiten und im Reich eine praktische Schulung durchzumachen. Mit herzlicher Freude bin ich nach München; drei Jahre wollte ich noch lernen; mit 28 Jahren dachte ich als Zeichner zu Heilmann & Littmann *[große Münchner Baufirma. Anm.d.V.]* zu gehen; bei der ersten Konkurrenz würde ich mich beteiligt haben, und da, sagte ich mir, würden die Leute sehen, der Kerl kann etwas. Ich hatte mich bei allen damaligen Konkurrenzen privat beteiligt, und als die Entwürfe zum Bau der Oper in Berlin publiziert wurden, hat mir das Herz geklopft, wenn ich mir sagen mußte, viel schlechter als das, was du selbst geplant hast! Auf das Theatergebiet hatte ich mich spezialisiert.« [224]

Alle Aussagen von Hitlers damaligen politischen Ambitionen und politischen Diskussionen sind unglaubhaft, nicht nachzuweisen und erst später, als Hitler ein bekannter Politiker war, hineininterpretiert worden. Fest steht, wie auch die Bilderkäufer Hitlers und Frau Popp berichteten, daß Hitler in der Regel einige Tage an einem Bild malte und dann mit dem Bild loszog, um es in der Stadt zu verkaufen.
Obwohl es Hitler am Anfang in München nicht so gut ging und sein *»Wiener Reisefond«* sicher schnell verbraucht war und Rudolf Häusler auch von *»Gelegenheitsarbeiten«* sprach, die die beiden ausgeführt hätten, konnte Hitler ab Ende 1913 durch den Verkauf seiner Bilder dann ganz gut leben.

In seinem Rechtfertigungsschreiben an den Linzer Magistrat vom 21.1.1914, also knapp sieben Monate nach Hitlers Ankunft in München, führte er aus:

»Wohl verdiene ich mir meinen Unterhalt als selbständiger Kunstmaler jedoch nur, um mir, da ich ja gänzlich vermögenslos bin, (mein Vater war Staatsbeamter) meine weitere Fortbildung zu ermöglichen. Nur einen Bruchteil meiner Zeit kann ich zum Broterwerb verwenden, da ich mich als Architektur Maler noch immer erst ausbilde. So ist auch mein Einkommen nur ein sehr bescheidenes, gerade so groß, daß ich eben mein Auskommen finde.

Ich lege als Zeugnis dessen meinen Steuerausweis bei, und bitte gleich hier ihn mir wieder gütig zusenden zu wollen. Mein Einkommen ist hier mit 1200 M angenommen, eher zu viel als zu wenig, und es ist dies nicht so zu verstehen, daß da nun genau auf den Monat 100 M fallen. O nein. Das Monats-Einkommen ist sehr schwankend, jetzt aber sicher sehr schlecht, da ja der Kunsthandel um diese Zeit in München etwa seinen Winterschlaf hält, und es leben, oder wollen wenigstens leben, gegen 3 Tausend Künstler hier. Von Ersparnissen irgend einer Bedeutung kann da nicht die Rede sein, da ja meine Auslagen bedeutend größere sind als etwa die eines gleichgutgestellten Arbeiters.« [225]

Als Heinrich Hoffmann [226] Hitler am 12.3.1944 beim Mittagessen am Berghof (Obersalzberg) ein Aquarell von ihm zeigte, sagte Hitler u. a. zu Hoffmann: »Für so ein Bild habe ich damals nicht mehr als etwa RM 12,— bekommen. Gemalt habe ich immer nur so viel, damit ich gerade das Notwendigste zum Leben hatte. Mehr als etwa RM 80,— habe ich im Monat nicht gebraucht. Für das Mittag- und Abendessen mußten RM 1,— ausreichen.« [227]

Immer wieder betonte Hitler, daß er mit dem Malen von Bildern nur sein »Studium« finanzieren wollte. Woraus allerdings sein weiteres Studium in München bestand, ist nicht ersichtlich und auch nicht festzustellen. Hitler war schon ein »Autodidakt« von seltsamem Format, und er kann sich in der Münchner Zeit nicht durch »gezieltes Lesen« systematisch politisch weitergebildet haben. Mit Marxismus, Bolschewismus und sozialpolitischen Fragen usw. hat sich Hitler erst ab März/Juni 1919 als Vertrauensmann und Zögling des rechts orientierten Übergangsheeres sowie als Werbeobmann der DAP bzw. Vorsitzender der NSDAP näher beschäftigt [228], was auch Friedrich Krohn und andere bestätigten. [229]

Man könnte noch anfügen, daß Maser den »Zeitzeugen«(!) Josef Greiner zitiert, der nach Maser »... zweifellos über umfassendere Literaturkenntnisse (!) als Kubizek verfügte ...« und auf einer halben Seite die Bücher aufführt, die Hitler nach Greiner gelesen haben soll [230], obwohl er einige Seiten vorher schreibt, daß Greiner »unglaubwürdig« sei [231] und »keinen Quellenwert« besitzt. [232]

Hitler hausierte die ersten Monate in München mit seinen Bildern überwiegend in den großen Münchner Bierwirtschaften. Im Hofbräuhaus z. B., wie auch der Journalist Heiden von Zeitzeugen erfuhr, versuchte Hitler seine Bilder an die zahlreichen Touristen und Einheimischen zu verkaufen. Dr. Hans Schirmer, ein Münchner Arzt, berichtete darüber:

»Es war, soviel ich mich erinnere, im Hochsommer 1911 oder 1912, jedenfalls längere Zeit vor dem Krieg *[Hitler kam erst im Mai 1913 nach München, es dürfte also im Sommer 1913 gewesen sein. Anm.d.V.]*, als ich abends im Garten des Hofbräuhauses bei einer Maß Bier saß. Gegen acht Uhr bemerkte ich einen sehr bescheidenen und im Äußeren recht mitgenommen aussehenden jungen Mann, den ich für einen mittellosen Studenten hielt und der an den Tischen vorbeiging, um ein kleines Oelbild zum Kauf anzubieten.

Es mochte gegen zehn Uhr abends geworden sein, als ich ihn wieder bemerkte und sah, daß er sein Bild immer noch nicht angebracht hatte. Als er bald darauf in meine Nähe kam, fragte ich ihn, da mich sein Schicksal rein menschlich berührte, ob er das Bild verkaufen wolle. Auf diese Frage antwortete er: »Ja, gern«. Ich fragte nun nach dem Preise, worauf er fünf Mark nannte. Nun waren meine Verhältnisse von jeher nicht günstig, und wenn ich mal zu einem abendlichen Glas Bier in das Hofbräuhaus ging, so hatte ich meist nicht mehr Geld in der Tasche, als man als Taschengeld eben mitzunehmen pflegt ...

Ich gab dem jungen Mann deshalb die drei Mark und dazu meine Anschrift auf einem Rezeptformular mit der Bitte, das Bild zunächst zu behalten, am anderen Tage in meine Wohnung zu kommen und es mir gegen Inempfangnahme des Restbetrages dann auszuhändigen. Dieses Anerbieten wurde abgelehnt, er bestand darauf, daß ich das Bild gleich behalte. Ich ging dann auch auf diesen Wunsch ein.

Das Bild war ein Stimmungsbild ›Der Abend‹ benannt. Gleich nachdem der Maler von mir weggegangen war, bemerkte ich, daß er zum Buffet ging und sich ein Paar Wiener Würstl und ein Stück Brot geben ließ. Diese Mahlzeit verzehrte er für sich allein, nahm aber kein Bier dazu.

Am anderen Tage gegen halbzehn Uhr vormittags fand er sich dann in meiner Wohnung ein. Wir unterhielten uns einige Zeit über allgemeine Dinge, wie man sie bei solchen Gelegenheiten, wo jeder bemüht ist, nicht an persönliche Dinge zu rühren, bespricht. Dabei fragte er mich dann auch, ob ich noch weitere Bilder haben wolle. Dabei hatte ich das Gefühl, ihm, obwohl meine eigene wirtschaftliche Lage schon damals nicht leicht war, helfen zu müssen.

In der Woche hatte ich gerade zwei Ansichtspostkarten bekommen, die auf meinem Tisch lagen, eine von Kochel mit dem Hotel ›Grauer Bär‹ und eine vom Schliersee. Da beide Orte immer Ziel meiner Lieblingsausflüge waren, bat ich ihn, mir diese beiden Bilder zu malen. Er sagte erfreut zu.

Weil ich nun den Eindruck nicht los wurde, daß es ihm sehr schlecht ge-

he, andererseits ihn das Aussprechen dieser Erkenntnis auch wehe tun könnte, so fragte ich ihn, ob er nicht vorher noch Auslagen für die beiden anzufertigenden Bilder haben werde, dann wolle ich ihm gern einige Mark geben, damit er sich bei Schachinger, einem Malerutensiliengeschäft in meiner Nähe, das Nötige besorgen könne. Dieses Angebot nahm er freudig an.
Die beiden Bilder hat er mir dann noch in der gleichen Woche gebracht. Ich merkte daraus, daß er sehr intensiv tätig sein mußte, um seinen dringendsten Lebensunterhalt zu verdienen. Das letzte Bild (Kochel) war, worauf er mich besonders aufmerksam machte, noch nicht ganz trocken. Auch diesmal sprachen wir einige Zeit miteinander. Wieder empfand ich, daß er hart zu kämpfen hatte, daß er aber auch zu stolz war, um sich etwas schenken zu lassen. Andererseits scheint er aber auch von mir selbst den Eindruck gewonnen zu haben, daß ich kein reicher Mann war, und ich glaube, daß er deswegen weiterhin auch nicht mehr gekommen ist.« [233]

Später konnte Hitler seine Bilder dann überwiegend in verschiedenen Münchner Geschäften verkaufen, wo er, wie mehrere Zeitzeugen und auch Frau Popp berichteten, mitunter ganz gute Bestellungen erzielen konnte. [234] Aus den vorhandenen Zeugenberichten geht auch hervor, daß Hitler, nachdem er einmal ein Bild an einen Kunden verkauft hatte, oft weitere Aufträge erhielt. Beispielsweise hat der Goldschmied Paul Kerber in der Dienerstraße 17 bis Juli 1914 allein 21 Bilder von Hitler gekauft. [235]

Der damals 40 Jahre alte Kaufmann Josef Würbser und spätere Prokurist der Hutfabrik Seidl in München, der von Hitler auch zwei Aquarelle gekauft hatte, erinnerte sich:

»Im April 1914 kam in das damalige Hutgeschäft Zehme am Marienplatz, Ecke Dienerstraße, ein junger Mann zu mir an die Ladenkasse und fragte mich, ob ich ihm nicht zwei Bilder abnehmen wolle, er brauche den Erlös zum Kauf von Büchern für seine Weiterbildung. Da ich selbst die Malerei als Liebhaberkunst übe, war mein Interesse sofort geweckt. Ich sah mir die beiden Bilder an, von denen eines das ›Alte Rathaus mit Durchblick zum Marienplatz‹ und das andere den ›Alten Hof‹ darstellte. Ich erwarb beide Bilder, die mir in der frischen Wiedergabe dieser baulichen Schönheiten Münchens besonders gefielen. Der Preis ist mir heute nicht mehr genau erinnerlich, er dürfte sich um fünfzehn bis fünfundzwanzig Mark je Bild bewegt haben.« [236]

Würbser verkaufte später das Aquarell »Alter Hof« an den geschäftstüchtigen Fotografen Hitlers, Heinrich Hoffmann (s. Anm. 226), der das Bild in Farbe reproduzierte und verschiedentlich veröffentlichte. Die sogenannte »Faksimile-Sammelmappe« Hoffmanns enthielt sieben Aquarelle Hitlers, die Hoffmann mit an Sicherheit grenzender Wahrscheinlichkeit durch einen Münchner Maler überarbeiten ließ. In farbigen Reproduktionen sind sie z. B. schon 1935 in dem amerikanischen Magazin »Esquire« veröffentlicht worden, später auch in den sogenannten »Cigarettenbilder Alben« usw., wodurch die Bilder Hitlers breiten Kreisen bekannt geworden sind.

Ein Lehrer aus Ingolstadt, Friedrich Echinger, gab an:

»Eine bekannte Dame von mir, die um meine Neigung für gute Bilder wußte, hat in meinem Auftrag 1913 in einem Schreibwarengeschäft in München zuerst das Aquarell »Die Propyläen« gekauft. Das Bild gefiel mir damals so gut, daß ich die Dame beauftragte, von dem gleichen Künstler noch weitere Bilder, sofern sie sie bekommen konnte, für mich anzukaufen. Auf dem gleichen Wege hat die Dame dann für mich erworben den »Münzhof«, das »Sendlinger Tor« und das »Hofbräuhaus«. Der »Münzhof« ist heute im Besitz von Pastor Friedrich Loy *[der Pastor Loy aus Hamborn verkaufte am 11.5.1939 in Duisburg das Bild für 5000 RM an das NSDAP Hauptarchiv. Anm.d.V.]* ... Die übrigen drei Bilder sind noch in meinem persönlichen Besitz.« [237]

Echinger verkaufte diese Bilder am 23.3.1939 für 15 000 RM an das NSDAP Hauptarchiv. [238]

Der damals 32jährige Lebensmittelhändler Josef Attenberger, ein Münchner Kaufmann, der bis 1944 ein Kolonialwarengeschäft am Rindermarkt 1 betrieb und dann in Grünwald wohnte, erinnerte sich:

»Es war im Jahre 1914, kurz vor Ausbruch des Weltkrieges, da bot mir in meinem Kolonialwarengeschäft am Rindermarkt 1 ein junger Mann, der derzeit gerade keine Arbeit finden konnte, ein Aquarellbild, das Münchner Standesamt darstellend, zum Kauf an. Das Bild gefiel mir, der junge Künstler erweckte mein Mitleid und so kaufte ich das Bild.« [239]

Attenberger verkaufte im Mai 1938 das Bild »Großes Standesamt« für 6000 RM an das NSDAP Hauptarchiv. [240]

Der damals 31jährige Goldschmied und Edelsteinschleifer Otto Paul Kerber gab an:

»1912 kam ein junger Mann in das 1880 gegründete Geschäft Georg Lotthammers Nachf., in dem ich ab 1913 Teilhaber war, und bot mir ein Aquarell von der Münchner Residenz an. Das Bild gefiel mir und ich kaufte in der Folge mehrere Bilder von dem jungen Hitler, der immer wieder bei mir vorbeischaute. So weit ich mich erinnere, zahlte ich ihm je nach Ausführung 15 bis 20 Mark für ein Bild.« [241]

Dr. Alfred Detig, der sich ab 1935 mit Hitlers Bildern beschäftigte und darüber mehrere, teilweise bebilderte Zeitungsartikel schrieb, berichtete, daß er sein erstes Hitler-Aquarell von Kerber erwarb:

»Im Frühjahr 1936 lernte ich durch einen Bekannten den Münchner Chemiker Dr. Schnell, Sendlingerstraße, kennen, der mir in dem Zimmer hinter seinem Ladengeschäft fünf Aquarelle zeigte, die er selbst in den letzten Jahren vor dem Weltkriege vom Führer gekauft hat. Die

Bilder machten einen tiefen Eindruck auf mich, ebenso die Schilderung Dr. Schnells. Ich sah in der nächsten Zeit in München noch eine Reihe von Aquarellen des Führers aus seiner Münchner Vorkriegszeit; und ich schrieb darüber mehrere, teilweise bebilderte Artikel, die in reichsdeutschen Zeitungen, vor allem in mehreren Parteiblättern erschienen sind. Einige Redaktionen teilten mir mit, daß in der Leserschaft ein außerordentliches Interesse an der Tätigkeit des Führers als Künstler bestehe, von der die meisten keine Vorstellung hatten. Die verschiedenen Anfragen in den Redaktionen veranlaßten mich, mich weiter mit diesem Thema zu beschäftigen und allen mir zugänglichen Spuren nachzuforschen. Auf diese Weise entstand der Wunsch, nach Möglichkeit auch selbst das eine oder andere Bild zu besitzen, und so kaufte ich denn von dem Juwelier Kerber in der Dienerstraße im Sommer 1935 das Aquarell von der Münchner Residenz und kurze Zeit darnach von der Witwe des Juweliers Haug (Goldschmied) in der Türkenstraße *[Haug betrieb in der Türkenstraße 26 ein Gold- und Silberwarengeschäft, das nach seinem Tode von seiner Frau Emma weitergeführt worden ist. Anm.d.V.]* das Aquarell vom Standesamt im Alten Rathaus am Petersbergerl. Beide gaben mir die ausdrückliche Versicherung ab, daß sie die Aquarelle selbst vom Führer in München in den Jahren vor dem Weltkriege erworben hätten. Kerber fügte hinzu, daß er im ganzen 21 Aquarelle vom Führer angekauft habe, von denen er jetzt noch zwei besitzt.
Durch den Juwelier Kerber wurde ein Fräulein Waltershausen auf mich aufmerksam gemacht, die im Auftrag des Münchner Arztes Dr. Schirmer sich bemühte, drei Ölgemälde des Führers zu verkaufen ... Sie erzählte mir, die Bilder hätten dem Parteiarchiv sowie einer Reihe hervorragender Persönlichkeiten der Partei vorgelegen, ohne daß es zu einem Ankauf gekommen wäre. Ich lehnte zunächst ab, Fräulein Waltershausen kam aber mehrfach wieder, bis ich es schließlich doch möglich machte, die Bilder nacheinander in längeren Zeitabständen für mich zu erwerben. Das letzte Bild habe ich erst nach dem Tode Dr. Schirmers gekauft.« [242]

Der Juwelier Paul Kerber, der Bilder Hitlers nach 1933 in seinem Ladengeschäft ausstellte und dadurch einen großen Zulauf hatte, gab nach 1945 an,

»daß Hitler zu ihm 1912 [243] dauernd mit Bildern gekommen sei und daß er sie Hitler abkaufte, wie jedem anderen auch. Nach der Machtübernahme sei er in seinem Laden so überlaufen worden, daß er sich entschloß, die Bilder in die Auslage zu stellen, um im Laden ruhiger arbeiten zu können. Auf meine Frage, warum er die Bilder nicht weiterverkaufte, wußte er keine Auskunft. Als Pg. können Sie doch nicht Bilder ihres geliebten Führers verkaufen, erklärte er und, daß er genug Scherereien mit der Gestapo hatte und zwar wegen der Bilder. Ihm wäre der Posten eines Sachverständigen für die Hitlerbilder angeboten worden, den er ablehnte.« [244]

Es existieren Fotos von Kerbers Auslage in der Dienerstraße 17, wo z. B. Hitlers Bild vom »Karlstor« mit Girlanden geschmückt, als Schaufensterdekoration zu sehen ist, mit einem Schild darunter: »Aquarell gemalt von Adolf Hitler«.

Der damals 36jährige Münchner Chemiker Dr. Josef Schnell, der in der Sendlingerstraße Nr. 42, schräg gegenüber der Asamkirche ein Parfümerie- und Seifengeschäft und in Milbertshofen eine Seifen- und chemische Fabrik betrieb, kaufte ebenfalls, wie auch Dr. Detig erwähnte, von Hitler fünf Bilder. Dr. Josef Schnell erinnerte sich, daß eines Tages ein junger armer Maler bei ihm vorsprach,

»der wahrscheinlich von irgendjemand gehört hatte, daß ich manchmal schon arme Maler unterstützt habe. Er bat um eine kleine Unterstützung. ›Ich bin Architekturmaler‹ sagte der junge Mann und erbot sich ein kleines Bild zu malen. Auf Anfrage nannte er sich Hitler; er sei aus Österreich und wolle hier Maler werden«.

»Gut, dann malen Sie mir die Asamkirche hier nebenan«, sagte Dr. Schnell. »Hitler brachte nach 8-10 Tagen ein kleines Bild der Asamkirche, das überraschend gut gelungen war ... Ich bezahlte ihm die vereinbarten zwanzig Mark und kaufte noch mehrere Bilder von ihm, die er pünktlich lieferte. Auch gab ich ihm später noch weitere gelegentliche Aufträge, die ich ihm bei Bekannten an Hand des Bildes der Asamkirche verschaffte ... Es kam dann der erste Weltkrieg und Hitler und die Bilder gerieten in Vergessenheit ... Als nach dem I. Weltkrieg Hitler seine politische Tätigkeit entfaltete, wollte ich mir Gewißheit verschaffen, ob der Politiker Hitler mit jenem angehenden Maler identisch sei. So ging ich einmal kurz in das Hofbräuhaus, wo Hitler auf einer Versammlung sprach und überzeugte mich, daß der Versammlungsredner jener Hitler war, von dem ich die Bilder besaß. Eines hatte ich inzwischen als Preis in meinem Schützenverein gestiftet ...

Lange Zeit nach der Machtübernahme, wurde ich von Hitler einmal in das Hotel Vier Jahreszeiten eingeladen. Dort erkundigte sich Hitler nach meinem Ergehen sowie nach den Bildern und erbot sich mir einen Gefallen zu erweisen, falls ich einen Wunsch hätte ... Zwischen 1934 und 1936 kam eines Tages jemand vom Stab des ›Stellvertreters des Führers‹ Hess in das neben dem Laden gelegene Büro, in dem die von Hitler gemalten Stadtansichten als Wandschmuck hingen, und fragte, ob Hess, der sich für die Bilder interessiere, diese sehen könnte. Hess kam darauf mit 2 oder 3 Herren und sah sich die Bilder an ... Später kam von einer Parteistelle das Ansuchen, von den Hitler-Bildern für das Parteiarchiv Photokopien herstellen zu dürfen, was auch gemacht wurde.« [245]

Dr. Schnell kaufte also 1914 je für 20 Mark mehrere Aquarelle Hitlers; es waren dies Bilder vom »Hofbräuhaus«, »Alter Hof«, »Sendlingertor«, »Hoftheater« usw., wobei er die Motive jeweils bei Hitler bestellte.

Die »Asamkirche« in der Sendlingerstraße war ein Standard-Motiv Hitlers, das er, wie andere Münchner Motive auch, öfters gemalt hat.
Durch Dr. Josef Schnell hat Hitler auch den damals 36jährigen Juristen Assessor Ernst Hepp kennengelernt, der später bis 1945 als Reichsrichter am Obersten Finanzgericht in München arbeitete. Hepp hat von Hitler auch zwei Aquarelle gekauft, die er noch nach 1945 besaß. Manchmal lud Ernst Hepp Hitler, den er wohl mochte, auch zum Essen in seine Wohnung zu seiner Familie ein, oder gab ihm auch eine Karte für die Oper oder für ein Konzert. [246]
Hitler, der Hepp für seine Unterstützung und Anerkennung dankbar war, schrieb Anfang 1915 an Hepp und seine Schwester Martha verschiedentlich Feldpostkarten und, nachdem Hepp Hitler zwei Pakete an die Front geschickt hatte, einen sehr aufschlußreichen, zwölf Seiten(!) langen Brief seiner Erlebnisse bei den Kämpfen in Flandern, wobei er mit »ehrerbietigen Handkuß an Ihre geehrte Frau Mutter und Gemahlin« schloß. [247]
Auch der damals 41jährige Bäckermeister Heilmann, in dessen Bäckerei Hitler in der Gabelsbergerstraße 57 (später Gabelsbergerstraße Nr. 66) einkaufte (Heilmann hat das Geschäft 1904 erworben), gab nach 1945 an:

»Mir hat er zwei Bilder verkauft: ›Das alte Rathaus‹ und den ›Alten Hof‹, in dem sich heute das Finanzamt befindet. Zwanzig Mark habe ich für jedes Stück bezahlt ... ich habe sie in meinem Schreibtisch liegen lassen all die Jahre — ich wollte den jungen Maler ja damals nur unterstützen. Er sah doch immer so verhungert aus, der Zimmerherr von Popp.« [248]

Wie aus den glaubhaften Aussagen von Hitlers Bilderkäufern hervorgeht [249], erzielte Hitler für seine Aquarelle und die wenigen Ölbilder Preise zwischen anfänglich 5 und später 20 Reichsmark. Hitler selbst gab 1944 an, daß er nicht mehr als etwa 12 Mark für ein Bild bekommen hätte.
Wenn man die Berichte der Bilderkäufer Hitlers, von Frau Popp usw. vergleicht, dann malte Hitler durchschnittlich 2 bis 3 Tage an einem Bild. Rein theoretisch hätte Hitler, wenn man die Sonntage und die Zeit, die er zum Verkauf der Bilder benötigte, abzieht, ca. 10 Bilder im Monat malen können, was bei einem durchschnittlichen Preis von 12 RM einen Verdienst von 112 RM im Monat entsprochen hätte.
Wenn Maser angibt, daß Hitler nur »stundenweise« gemalt hat [250] und auch nur dann »kontinuierlich«, wenn Bestellungen vorlagen [251], so ist das wieder eine Vermutung Masers. Wenn man nämlich die Zeit rechnet, die Hitler zum Malen und zum Verkauf seiner Bilder benötigte,

um auf einen entsprechenden Verdienst zu kommen, so mußte Hitler schon einiges malen, und es kann ihm nicht gar so viel Zeit zu Caféhausbesuchen und angeblichem »Politisieren« geblieben sein.
Ab Ende 1913, als Hitler in verschiedenen Münchner Geschäften und bei Händlern bekannt war, erreichte er öfters ganz gute Bestellungen. Es ist also anzunehmen, daß er das im Finanzausweis (diesen Ausweis brauchte Hitler zum Verkauf seiner Bilder) angegebene Einkommen von monatlich durchschnittlich 100 Mark schon erreichte und somit (abzüglich 20 Mark Miete) mit 80 Mark — wie Hitler auch selbst angab — gar nicht so schlecht leben konnte. Zumindest scheint er so viel verdient zu haben, wie ein Arbeiter auch, der damals 1913 in München im Durchschnitt zwischen 96 und 116 Reichsmark im Monat verdiente und noch eine Familie zu ernähren hatte. [252]
Wenn Hitler 1944 bei einem Gespräch mit Heinrich Hoffmann angab, er habe — zumindest die ersten Monate in München — von einer Mark pro Tag sowohl sein Mittag- wie auch sein Abendessen bestreiten müssen, so kann das auch den Tatsachen entsprechen. Die Preise in München waren vor dem I. Weltkrieg sehr niedrig. Ein Liter Bier kostete 1913 z. B. 30 Pfennig, ein Ei 7 Pfennig, ein halbes Kilo Brot 16 Pfennig und ein Liter Milch 22 Pfennig. [253]
Der Bäcker Franz Heilmann erinnerte sich:
»Regelmäßig gegen Abend um halb fünf oder um fünf Uhr betrat Hitler die Bäckerei und kaufte allabendlich dasselbe. Damals im Jahre 1913 kostete ein »Zopf« eine Mark, aber der Bäckermeister schnitt auch einzelne Scheiben von einem solchen Zopf ab, wenn jemand sich einen ganzen nicht leisten konnte, und Adolf Hitler kaufte hier Abend für Abend eine Scheibe Zopf für 5 Pfennig. Dann ging er schräg über die Straße zum Milchhändler Huber und kaufte sich dort einen halben Liter Milch, das war sein Abendbrot.« [254]

In verschiedenen Aussagen, von 1921 bis 1924, stellt Hitler seine Zeit in Wien und München bis zum August 1914 folgendermaßen dar:

1. »Ich bin am 20. April 1889 zu Braunau a. Inn als Sohn des dortigen Postoffizials Alois Hitler geboren. Meine gesamte Schulbildung umfaßt 5 Klassen Volksschule und 4 Klassen Unterrealschule. Ziel meiner Jugend war, Baumeister zu werden und ich glaube auch nicht, daß, wenn mich die Politik nicht gefaßt hätte, ich mich einem anderen Beruf jemals zugewandt haben würde. Da ich, wie Sie wahrscheinlich wissen, bereits mit 17 Jahren väterlicher- und mütterlicherseits verwaist war, im übrigen ohne jedes Vermögen dastand, mein gesamter Barbetrag bei meiner Reise nach Wien betrug rund 80 Kronen, war ich gezwungen, sofort als gewöhnlicher Arbeiter mir mein Brot zu verdienen. Ich ging als noch nicht 18jähriger als Hilfsarbeiter auf einen Bau und habe nun im Verlaufe von 2 Jahren so ziemlich alle

Arten von Beschäftigung des gewöhnlichen Taglöhners durchgemacht. Nebenbei studierte ich, soweit meine Mittel es zuließen, Kunstgeschichte, Kulturgeschichte, Baugeschichte und beschäftigte mich nebenbei mit politischen Problemen. Aus einer mehr weltbürgerlichen empfindenden Familie stammend, war ich unter der Schule der härtesten Wirklichkeit in kaum einem Jahr Antisemit geworden. Schon damals jedoch konnte ich mich keiner der bereits bestehenden Parteien anschließen.

Unter unendlicher Mühe gelang es mir, mich nebenbei als Maler soweit auszubilden, daß ich durch diese Beschäftigung von meinem 20. Lebensjahr ab ein, wenn auch zunächst kärgliches, Auskommen fand. Ich wurde Architektur-Zeichner und Architektur-Maler und war praktisch mit meinem 21. Lebensjahr vollkommen selbständig. 1912 ging ich in dieser Eigenschaft dauernd nach München. Im Verlauf der 4 Jahre, vom 20. bis 24. hatte ich mich mehr und mehr mit politischen Dingen beschäftigt, weniger durch Besuch von Versammlungen als vielmehr durch gründliches Studium volkswirtschaftlicher Lehren, sowie der damals zur Verfügung stehenden gesamten antisemitischen Literatur.

Seit meinem 22. Jahr warf ich mich mit besonderem Feuereifer über militärpolitische Schriften und unterließ die ganzen Jahre niemals, mich in sehr eindringlicher Weise mit der allgemeinen Weltgeschichte zu beschäftigen.

Aktiv betätigt habe ich mich in der Politik auch in diesen Jahren nicht. Ich vermied es, irgendwo als Redner aufzutreten schon aus dem Grunde, weil keine der damals bestehenden Parteien mir innerlich sympathisch gewesen wäre. Auch in dieser Zeit war das letzte Ziel unverrückbar, Baumeister zu werden.« [255]

2. »Ich war schon im Alter von 16 1/2 Jahren gezwungen, mir meinen Lebensunterhalt zu erwerben. Mit kaum 17 Jahren kam ich nach Wien ... Ich ging nach München (1912) und habe mich hier schlecht und recht durchgebracht.« [256]
3. »... noch nicht 16 Jahre alt, zum ersten Male zu einem Besuch auf zwei Wochen nach Wien gefahren ... War ich nach Wien gefahren *[zum zweiten Mal im Oktober 1907. Anm.d.V.]*, um die Aufnahmeprüfung in die Akademie zu machen ... In der Realschule war ich schon weitaus der beste Zeichner meiner Klasse gewesen ... Die ... Ablehnung ... traf ... mich wie ein jäher Schlag aus heiterem Himmel ... In wenigen Tagen wußte ich ... daß ich einst Baumeister werden würde ... Als ich nach dem Tode meiner Mutter zum dritten Male nach Wien und dieses Mal für viele Jahre zog, war bei mir ... Ruhe und Entschlossenheit zurückgekehrt. Der frühere Trotz war wieder gekommen und mein Ziel endgültig ins Auge gefaßt ... Einen Koffer mit Kleidern und Wäsche in den Händen, mit einem unerschütterlichen Willen im Herzen, fuhr ich so nach Wien. Was dem Vater 50 Jahre vorher gelungen, hoffte auch ich dem Schicksal abzujagen; auch ich wollte »etwas« werden ... Ich wollte Baumeister werden, und Wider-

A b s c h r i f t :

M ü n c h e n , den 29.November 1921

Lieber Herr Doktor !

Wie mir Herr E c k a r t mitteilt, haben Sie wieder einmal Interesse über meine Entwicklung zum Parteiführer gezeigt.

Ich erlaube mir deshalb, Ihnen einen kurzen Aufriss über meine Person zu geben.

Ich bin am 20.April 1889 zu Braunau a.Inn als Sohn des dortigen Postoffizials Alois H i t l e r geboren. Meine gesamte Schulbildung umfaßt 5 Klassen Volksschule und 4 Klassen Unterrealschule. Ziel meine Jugend war, Baumeister zu werden und ich glaube auch nicht, daß, wenn mich die Politik nicht gefaßt hätte, ich mich einem anderen Beruf jemals zugewandt haben würde. Da ich, wie Sie wahrscheinlich wissen, bereits mit 17 Jahren väterlicher- und mütterlicherseits verwaist war, im übrigen ohne jedes Vermögen dastand, mein gesamter Barbetrag bei meiner Reise nach Wien betrug rund 80 Kronen, war ich gezwungen, sofort als gewöhnlicher Arbeiter mir mein Brot zu verdienen. Ich ging als noch nicht 18 jähriger als Hilfsarbeiter auf einen Bau und habe nun im Verlaufe von 2 Jahren so ziemlich alle Arten von Beschäftigungen des gewöhnlichen Taglöhners durchgemacht. Nebenbei studierte ich, soweit meine Mittel es zuliessen, Kunstgeschichte, Kulturgeschichte, Baugeschichte und beschäftigte mich nebenbei mit politischen Problemen. Aus einer mehr weltbürgerlich empfindenden Familie stammend, war ich unter der Schule der harten Wirklichkeit in kaum einem Jahr Antisemit geworden. Schon damals jedoch konnte ich mich keiner der bereits bestehenden Parteien anschliessen.

Unter unendlicher Mühe gelang es mir, mich nebenbei als Maler soweit auszubilden, daß ich durch diese Beschäftigung von meinem 20.Lebensjahr ab ein, wenn auch zunächst kärgliches Auskommen fand. Ich wurde Architektur-Zeichner und Architektur-Maler und war praktisch mit meinem 21.Lebensjahr vollkommen selbstständig. 1912 ging ich in dieser Eigenschaft dauernd nach München. Im Verlauf der 4 Jahre, von 20 bis 24 hatte ich mich mehr und mehr mit politischen Dingen beschäftigt, weniger durch Besuch von Versammlungen als vielmehr durch gründliches Studium volkswirtschaftlicher Lehren, sowie

-2-

der damals zur Verfügung stehenden gesamten antisemitischen Literatur.

Seit meinem 22.Jahr warf ich mich mit besonderem Feuereifer über militärpolitische Schriften und unterliess die ganzen Jahre niemals, mich in sehr eindringlicher Weise mit der allgemeinen Weltgeschichte zu beschäftigen.

Aktiv betätigt habe ich mich in der Politik auch in diesen Jahren nicht. Ich vermied es, irgendwo als Redner aufzutreten schon aus dem Grunde, weil keine der damals bestehenden Parteien mir innerlich irgendwie sympathisch gewesen wäre.

Auch in dieser Zeit war das letzte Ziel unverrückbar, Baumeister zu werden.

Am 5.August 1914 meldete ich mich auf Grund eines genehmigten Majestätsgesuches beim 1.bayr.Inf.Regiment zum Eintritt in die deutsche Armee. Nach einigen Tagen zurückgestellt wurde ich am dem 2.Inf.Reg. überwiesen und trat am 16.August in die damals in Aufstellung begriffenen Formationen des Bayr.Res.Inf.Regt.s Nr.16 ein. Das Regiment marschierte unter dem Namen : Regiment"L i s t " als erstes Bayerisches Freiwilligen-Regiment ins Feld und empfing Ende Oktober 1914 in der "Schlacht an der Yser" die Feuertaufe.

Es war eines jener Freiwilligen-Regimenter, die damals im Verlaufe von wenigen Tagen oft nahezu vollständig aufgerieben wurden.

Am 2.Dez.1914 erhielt ich das Eiserne Kreuz 2.Klasse. Ich blieb dauernd beim Regiment und wurde in der Schlacht an der Somme am 7.Okt.1916 zum erstenmal verwundet (durch Granatsplitter am linken Oberschenkel) und kam am 10.Okt.1916, am Jahrestage meines Ausmarsches als Verwundeter zum ersten Male wieder in die Heimat.

Nach 2 monatlicher Behandlung im Lazarett Beelitz bei Berlin wurde ich im Dez.1916 dem Ersatzbatl.2.Inf.Reg.München überwiesen und meldete mich wieder freiwillig ins Feld. Am 1.März 1917 war ich wieder bei meinem Stammregiment und erhielt am 17.9.1917 das Militärverdienstkreuz 3.Kl.mit Schwertern, am 9.Mai 1918 das Regimentsdiplom, am 4.8.1918 das Eiserne Kreuz 1.Kl., am 18.5.1918 das Verwundetenabzeichen in schwarz und am 25.8.1918 Dienstauszeichnung 3.Klasse.

In der Nacht am 13./14.Oktober 1918 erhielt ich eine sehr schwere Gelbkreuzvergiftung, im Verlaufe deren ich zunächst vollständig erblindete. Ich wurde von Werwick in Flandern abtransportier und dem Vereinslazarett Pasewalk bei Stettin überwiesen. da meine

- 3 -

Erblindung in verhältnismäßig kurzer Zeit wieder wich, und das Augenlicht allmählich wieder zurückkehrte, außerdem ja am 9.Nov. die Revolution ausgebrochen war, ersuchte ich um möglichst schnelle Überführung nach München und war seit Dez.18 wieder beim Ers.Batl.2 Inf.Reg. Während der Räteperiode auf der Konskriptionsliste stehend, wurde ich nach Niederschlagung der roten Herrschaft in die Untersuch.Kommiss. des 2.InfReg. kommandiert u. von dort als Bildungsoffizier dem Schützenregiment 41 überwiesen. Ich hielt in diesem Regiment sowie in anderen Formationen nun zahlreiche Aufklärungsvorträge über den Wahnsinn der roten Blutdiktatur und konnte mit Freude erleben, daß aus den infolge der allgemeinen Reichswehrverminderung aus dieser ausscheidenden Heeresangehörige die 1.Truppe meiner späteren Anhänger entstand.

Im Juni 1919 schloß ich mich der damals 7 Mitglieder zählenden Deutschen Arbeiterpartei an, in der ich nun endlich auf politischem Gebiete die Bewegung gefunden zu haben glaubte, die meinem Ideal entsprach.- Heute ist die Zahl ihrer Anhänger in München allein auf über 4 1/2 Tausend gewachsen, und ich darf mit Stolz wohl einen grossen Teil an dieser Arbeit mir zuschreiben.

Gestatten Sie mir, daß ich nun schliesse und verbleibe ~~mit~~ ich

mit vorzüglicher Hochachtung

Ihr (gez.) A. H i t l e r .

F.d.R. der Abschrift :

Hitler

26. Aug. 1941

In dem Bestand des NSDAP-Hauptarchivs fand sich dieser von Hitler am 29. November 1921 an einen unbekannten Doktor geschriebene Lebenslauf Hitlers. Es ist das früheste bekannte Dokument über Hitlers Darstellung seines Lebenslaufes bis 1921.

stände sind nicht da, daß man vor ihnen kapituliert, sondern daß man sie bricht ... Indem mich die Göttin der Not in ihre Arme nahm und mich oft zu zerbrechen drohte, wuchs der Wille zum Widerstand, und endlich blieb der Wille Sieger ... Fünf Jahre, in denen ich erst Hilfsarbeiter, dann als kleiner Maler mir mein Brot verdienen mußte; mein wahrhaft kärgliches Brot, das doch nie langte, um auch nur den gewöhnlichsten Hunger zu stillen ... Ich las damals unendlich viel, und zwar gründlich. Was mir so an freier Zeit von meiner Arbeit übrigblieb, ging restlos für mein Studium auf. In wenigen Jahren schuf ich mir damit die Grundlagen meines Wissens, von denen ich heute noch zehre ... Es wurde mir damals meist nicht sehr schwer, Arbeit an sich zu finden, da ich ja nicht gelernter Handwerker war, sondern als sogenannter Hilfsarbeiter und manches Mal als Gelegenheitsarbeiter versuchen mußte, mir das tägliche Brot zu schaffen ... Die Unsicherheit des täglichen Brotverdienstes erschien mir in kurzer Zeit als eine der schwersten Schattenseiten des neuen Lebens ... Je länger ich das ... sah, um so mehr wuchs meine Abneigung gegen die Millionenstadt, die die Menschen erst gierig an sich zog, um sie dann so grausam zu zerreiben ... In den Jahren 1909 auf 1910 hatte sich auch meine eigene Lage insofern etwas geändert, als ich nun selber nicht mehr als Hilfsarbeiter mir mein tägliches Brot zu verdienen brauchte. Ich arbeitete ... schon selbständig als kleiner Zeichner und Aquarellist. So bitter dies in bezug auf den Verdienst war — es langte wirklich kaum zum Leben —, so gut war es aber für meinen erwählten Beruf ... Ich malte zum Brotverdienen und lernte zur Freude ... Ich studierte so ziemlich alles, was ich über dieses ganze Gebiet *[soziales Problem. Anm. d. V.]* an Büchern erhalten konnte, und vertiefte mich im übrigen in meine eigenen Gedanken. Ich glaube meine Umgebung von damals hielt mich für einen Sonderling ... Ich war fest überzeugt, als Baumeister mir dereinst einen Namen zu machen ... Meine Kleidung war noch in Ordnung, meine Sprache gepflegt und mein Wesen zurückhaltend. Ich hatte mit meinem Schicksal noch so viel zu tun, daß ich mich um meine Umwelt nur wenig zu kümmern vermochte. Ich suchte mir noch Arbeit, um nicht zu verhungern, um damit die Möglichkeit einer wenn auch noch so langsamen Weiterbildung zu erhalten ... Ich trank meine Flasche Milch und aß mein Stück Brot ... oder dachte über mein elendes Los nach ... In einem billigen Volkscafe, in das ich öfters ging, um Zeitungen zu lesen ... las ... *[ich]* ... eifrig die sogenannte Weltpresse (›Neue Freie Presse‹, ›Wiener Tagblatt‹, usw.) ... Wie vorher schon immer, verfolgte ich auch in Wien alle Ereignisse in Deutschland mit größtem Feuereifer, ganz gleich, ob es sich dabei um politische oder kulturelle Fragen handeln mochte. In stolzer Bewunderung verglich ich den Aufstieg des Reiches mit dem Dahinsiechen des österreichischen Staates ... Ich kaufte mir damals um wenige Heller die erste antisemitische Broschüre meines Lebens ... mir ... (hatte) ... der Anschauungsunterricht der Wiener Straße unschätzbare Dienste geleistet ... Mir wurde bei dem Geruch der Kaftanträger später einmal übel ... Ich begann sie allmählich zu hassen ... Ich war vom schwächlichen Weltbürger zum fanatischen Antisemiten geworden ... Ich hatte mich einst gehütet, irgendwie öffentlich aufzutreten, obwohl ich glaube, mich mehr mit Politik beschäftigt zu haben als so viele andere. Nur im kleinsten Kreise sprach ich von dem, was mich innerlich bewegte oder anzog. Dieses Sprechen im engsten Rahmen hatte viel Gutes für mich: ich lernte so wohl weniger ›reden‹, dafür aber die Menschen in ihren oft unendlich primitiven Anschauungen und Einwänden kennen ... Die Gelegenheit dazu war sicher nirgends in Deutschland so günstig wie damals in Wien ... Endlich aber wollte ich des Glücks teilhaftig werden, an der Stelle sein und wirken dürfen, von der einst ja auch mein brennender Herzenswunsch in Erfüllung gehen mußte: Der Anschluß meiner geliebten Heimat an das gemeinsame Vaterland, das Deutsche Reich ... Im Frühjahr 1912 kam ich endgültig nach München ... Jedenfalls war diese Zeit vor dem Kriege die glücklichste und weitaus zufriedenste meines Lebens. Wenn auch mein Verdienst immer noch sehr kärglich war ... Daß ich heute an dieser Stadt so hänge, mehr als an irgendeinem anderen Flecken auf dieser Welt, liegt wohl mitbegründet in der Tatsache, daß sie mit der Entwicklung meines Lebens unzertrennlich verbunden ist ... Zum zweiten Male in meinem Leben *[das erste Mal in Wien. Anm.d.V.]* bohrte ich mich *[in München. Anm.d.V.]* in die Lehre der Zerstörung hinein *[in die marxistische Lehre. Anm.d.V.]* — und diesmal freilich nicht mehr geleitet durch die Eindrücke und Wirkungen meiner tagtäglichen Umgebung, sondern hingewiesen durch die Beobachtungen allgemeiner Vorgänge des politischen Lebens. Indem ich ... mich in die theoretische Literatur dieser neuen Welt vertiefte und mir deren mögliche Auswirkungen klarzumachen versuchte, verglich ich diese dann mit den tatsächlichen Erscheinungen und Ereignissen ihrer Wirksamkeit im politischen, kulturellen und auch wirtschaftlichen Leben ... Ich studierte die Bismarcksche Ausnahmegesetzgebung in Absicht, Kampf und Erfolg. Allmählich erhielt ich dann eine für meine eigene Überzeugung allerdings geradezu granitene Grundlage, so daß ich seit dieser Zeit eine Umstellung meiner inneren Anschauung in dieser Frage niemals mehr vorzunehmen gezwungen wurde. Ebenso ward das Verhältnis von Marxismus und Judentum einer weiteren gründlichen Prüfung unterzogen ... In den Jahren 1913 und 1914 habe ich denn auch zum ersten Male in verschiedenen Kreisen ... die Überzeugung ausgesprochen, daß die Frage der Zukunft der deutschen Nation die Frage der Vernichtung des Marxismus ist.« [257]

Wenn man Hitlers verschiedene Darstellungen seines Werdeganges bis 1914 näher ansieht, so fällt, neben diversen Widersprüchen sowie den falschen und nachweislich gelogenen Angaben von Daten, vor allem auf, daß Hitler immer sehr bemüht war, seine politischen Ambitionen so früh wie möglich zu legen. Obwohl er selbst ausführte, daß der »An-

Ein Offizier verliest die Kriegszustandserklärung Deutschlands (Bild oben). Am Sonntag, dem 2. August 1914, versammelten sich Tausende von Menschen am Odeonsplatz in München und sangen in überschäumender Kriegsbegeisterung vaterländische Lieder. Unter ihnen auch der fünfundzwanzigjährige Adolf Hitler (Bild unten).

Am 8. Oktober 1914 erfolgte im Hof der Türkenkaserne die Vereidigung und Verabschiedung des Reserve-Infanterie-Regiments Nr. 16 (List) in Anwesenheit des Königs Ludwig III. Oben: Oberst Julius List erstattet dem König Meldung. Mitte: König Ludwig III. und Oberst List (rechts) beim Abschreiten der Front. Unten: Verabschiedung des III. Batallions durch den König.

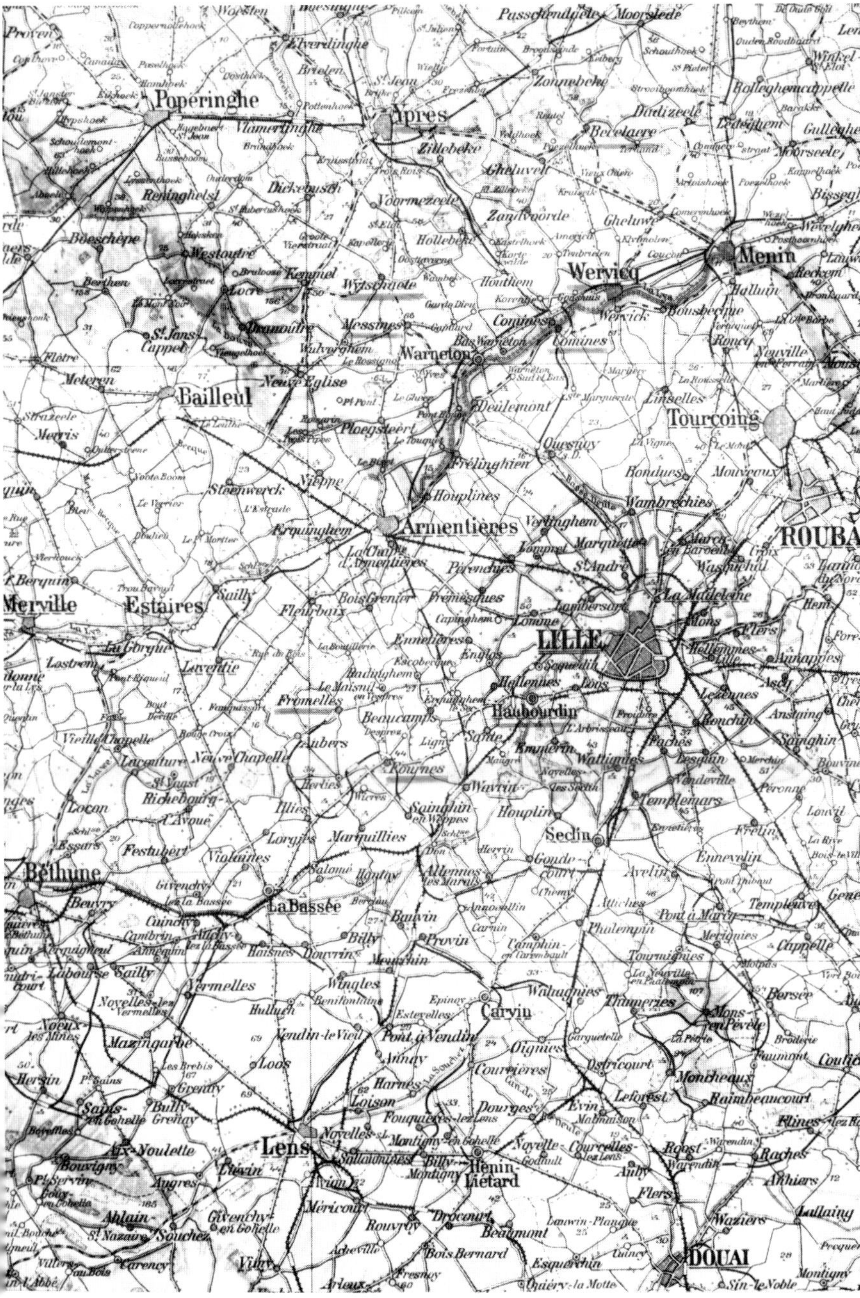

In Flandern, westlich von Lille verbrachte Hitler die meiste Zeit als Soldat. Trotz schwerer Kämpfe hat sich im I. Weltkrieg die Front in diesem Abschnitt nur um einige Kilometer hin und her bewegt, aber vielen Tausenden von Soldaten auf beiden Seiten Leben und Gesundheit gekostet.

Erste Aufnahme der Regimentsordonnanzen und Meldegänger Ernst Schmidt, Anton Bachmann und Adol[f] Hitler (mit seinem englischen Terrier »Foxl«), die gemeinsam am 2. Dezember 1914 das EK II verliehe[n] bekommen haben, Aufnahme vom April 1915 im Ruhequartier in Fournes.

schauungsunterricht der Wiener Straße«, also nur allgemeine Eindrücke und Beobachtungen der damaligen Strömungen in Wien, ihm »unschätzbare Dienste geleistet« hätten, versuchte er immer wieder seine politischen Erfahrungen von damals zu dokumentieren und auf das »Studium« von Büchern zurückzuführen, wie er überhaupt schon sein damaliges großes politisches Interesse dadurch untermauern wollte. Es existieren aber keine glaubhaften Nachweise, daß Hitler schon damals politisch engagiert war, außer dem allgemein üblichen »politisieren«, wenn Männer zusammen sitzen, vor allem in Wien.

Alle einschlägigen Zeugenaussagen stammen aus einer Zeit, als Hitler schon ein bekannter Politiker war. Sein Buch »Mein Kampf«, seine Aussagen darin waren seit 1925 bekannt und sind natürlich von Zeitzeugen übernommen worden, bzw. sie haben ihre Schilderungen und Aussagen sicher beeinflußt, wie z. B. die Aussage Hitlers, daß er schon 1912 nach München gekommen sei usw. Hitler schrieb z. B. auch, daß er in Wien in kleinstem Kreise von dem sprach, was ihn innerlich bewegte oder anzog. Sinngemäß findet sich diese Angabe 1938 auch bei Karl Honisch wieder. Eine Pflichtübung Honischs gegenüber dem »Führer«, obwohl Honisch vorher schrieb, daß von dem Politiker Hitler damals »noch nichts« zu erkennen gewesen war!

Es konnte nicht angehen, daß der »Politiker Hitler« nicht schon von Jugend her politisch interessiert gewesen war, oder zumindest politische Ambitionen gezeigt hätte. Die politische Genialität Hitlers mußte doch schon bei dem jungen Hitler erkennbar gewesen sein! Daß Hitler aufgrund seiner Linzer und Wiener Erfahrungen ein »Deutschnationaler« war, ist sicher unbestritten, aber eine gezielte politische Beschäftigung und entsprechende einschlägige Studien hat es wohl bei ihm damals nicht gegeben.

Als Beispiel dafür kann man auch Hitlers Einlassungen von seiner angeblichen politischen Aktivität und Betätigung in München vor dem I. Weltkrieg nehmen. Er schrieb darüber, daß er 1913 und 1914 das Verhältnis von Marxismus und Judentum einer Prüfung unterzogen hätte und daß er in verschiedenen Kreisen, die später angeblich treu zur Nationalsozialistischen Bewegung standen, über die Zukunft Deutschlands gesprochen hätte (Vernichtung des Marxismus usw.). [258] Kein Zeitzeuge erinnert sich oder bestätigt Hitlers Aussage, daß er 1913/14 über die Vernichtung des Marxismus, der Sozialdemokratie oder der Juden gesprochen hätte.

Diese Aussage Hitlers ist, wie so viele andere auch, anzuzweifeln. In Deutschland entstand erst 1918/19 — neben dem überwiegend durch die bolschewistische Revolution aus Rußland importierten Kommunismus —

eine ganz andere Form des Sozialismus. Die Not und das Massenelend der letzten Kriegsjahre erzeugten bei den Soldaten und bei der Bevölkerung in der Heimat einen »Kriegsmüdigkeits- und Antiobrigkeitssozialismus«, der durch die Revolution 1918 zum Ausbruch gekommen und überwiegend von einfachen Soldaten und kleinen Fabrikarbeitern getragen und verteidigt worden ist. Hitler meinte zwar, daß die Revolution 1918 »in keiner Weise von weltanschaulichen Gesichtspunkten getragen war, sondern überwiegend vom Gesindel geführt wurde, das erst kurz vorher irgendwelche Gefängnisse ... verlassen hätte« [259], gab aber auf der anderen Seite später zu: »Neben unerhört Gutem war in der alten Armee unerhört viel Veraltetes, daraus ist die Sozialdemokratie geboren worden.« [260]

3
Der Soldat
[August 1914-November 1918]

Als in München die Nachricht von der Ermordung des österreichischen Thronfolgers, Erzherzog Franz Ferdinand und seiner Frau am Sonntag, dem 28. Juni 1914, in Sarajewo bekannt wurde, war Hitler nach seinen Angaben zu Hause in seinem Zimmer in der Schleißheimerstraße, und er wußte angeblich sofort, daß es Krieg geben würde. [261]
Österreich richtete, nachdem ihm Deutschland seine unbedingte Bündnistreue am 6.7.1914 versichert hatte, ein hartes Ultimatum an Serbien (23.7.1914), und da Rußland daraufhin mobilisierte (30.7.1914), ist ein Krieg tatsächlich unvermeidbar geworden. Es folgte Mobilmachung auf Mobilmachung und Kriegserklärung auf Kriegserklärung [262], bis nicht nur die meisten europäischen Länder, sondern auch fast alle wichtigen überseeischen Staaten, wie die USA, Kanada, Australien, Japan oder Argentinien (insgesamt waren es bis 1918 neunundzwanzig Länder) in einem »Weltkrieg« verstrickt waren!
»Die Bevölkerung wurde vom Kriegsfieber gepackt. In sämtlichen Hauptstädten schrie sie nach dem Krieg«, erinnerte sich der spätere englische Kriegspremierminister David Lloyd George. In den meisten Ländern Europas standen 1914 Jubel sowie Zuversicht und Hoffnung auf einen kurzen Krieg am Beginn des I. Weltkrieges, und in Paris, London, Berlin, Wien und auch in München versammelten sich Tausende von jungen Menschen, um für den Krieg zu demonstrieren. Sogar die von Hitler angeblich damals schon so gehaßten Sozialdemokraten, die durch die überschäumenden vaterländischen und nationalistischen Strömungen der mittelständischen Volksmassen in Deutschland »sehr national« eingestellt waren, erklärten am 4. August 1914 im Deutschen Reichstag: »Nicht für oder gegen den Krieg haben wir uns heute zu entscheiden, sondern über die Frage der für die Verteidigung des Landes erforderlichen Mittel ... Unsere heißen Wünsche begleiten unsere zu den Fahnen gerufenen Brüder ohne Unterschied der Parteien.« Das »Ja« zu den Kriegskrediten erfolgte dann im Deutschen Reichstag einstimmig. [263]
In München wogte nach dem Mord von Sarajewo sofort eine Welle der Erregung empor, und die Bayern fühlten sich durch Stammesverwandt-

schaften mit den Österreichern in diesen Schicksalstagen besonders eng verbunden. Als z. B. am Samstag, dem 25.7.1914, Österreich die diplomatischen Beziehungen zu Serbien abbrach, ging es in München »auf«, wie man sagte. Das Conzert-Café Fürstenhof in der Neuhauser Straße z. B. war bis Sonntag morgen überfüllt; die Kapelle spielte patriotische Lieder, die vom Publikum mitgesungen wurden. Als die Kapelle im Café Fahrig am Karlstor aufhörte, vaterländische Lieder zu spielen, wurde das Caféhaus unter Führung von Studenten gegen 3 Uhr morgens völlig zertrümmert. Es existieren Fotos von Heinrich Hoffmann, der das zerstörte Café fotografiert hatte, und Hitler erzählte später, »das erstemal, daß ich ein total zertrümmertes Lokal gesehen habe, sei damals nach dem Mord von Sarajewo gewesen.« Der Vorgang, daß eine in Wut geratene Menge so etwas anrichten könne, habe ihn mächtig erregt.

Sonntag, den 26. Juli 1914, war halb München auf den Beinen. Es erfolgte eine spontane nationale Demonstration. Die Musik des Infanterie-Leib-Regiments spielte auf dem Marsch zur Residenz (Wachablösung und Konzert) österreichische Märsche (Deutschmeister und Radetzky). Das Musikprogramm war geändert worden. Es wurden zuerst die österreichische Hymne und das Prinz Eugenlied gespielt; dann erst folgten deutschnationale Musikstücke. Die Menschenmenge zog anschließend von der Residenz zum Wittelsbacher Palais und huldigte dem König und zog auch zur österreichisch-ungarischen Gesandtschaft zu einer spontanen Sympathiekundgebung. [264]

Als die Nachricht von der Mobilmachung und Kriegserklärung Deutschlands an Rußland in München am Abend des 1. August 1914 bekannt wurde, bildeten viele Münchner »im Hochgefühl der vaterländischen Begeisterung« einen spontanen Demonstrationszug; »durch die Wein- und Dienerstraße stürmte die Menge zur Residenz. Im Hofgarten staute sich das Volk und wartete im erhabenen Schweigen seines Herrn und Königs. Da wurden Rufe laut, der König sei im Wittelsbacher Palast. Die Menge strömte dorthin und huldigte dem Monarchen, der seine Rührung kaum meistern konnte.« [265]

Aber der Höhepunkt der Kriegseuphorie in München wurde am Sonntag, dem 2. August 1914, einen Tag nach der deutschen Mobilmachung und Kriegserklärung an Rußland, erreicht. [266] Nicht am Samstag, dem 1. August, wie man überall lesen kann — natürlich auch bei Maser (S. 126) — versammelten sich die Münchner zum Aufzug der Residenzwache auf dem Odeonsplatz. Die Nachricht von der Kriegserklärung wurde in München erst am 1.8.1914 um 6 Uhr abends bekannt: »Von der Schriftleitung der »Münchner Neuesten Nachrichten« verbreitete sich der Ruf ... um 6 Uhr abends ... weiter wie ein Lauffeuer.« [267]

Tausende Münchner hatten sich aus vaterländischer Überzeugung und überschäumender Kriegsbegeisterung vor der Feldherrnhalle zu einer Massendemonstration versammelt:

»Am Sonntag den 2. August vereinigte sich ganz München zur Mittagsstunde vor der Feldherrnhalle zu einer einzigartigen vaterländischen Kundgebung. Alles was an edlen Leidenschaften im Menschen wohnt, schien sich loszulösen. Was da an Melodien, Soldatenweisen und begeisterten Worten zum Himmel drang, klang wie ein hohes Lied deutscher Stärke, deutscher Zuversicht ... Mit klingendem Spiel, im flotten Marschschritt der Wachparade zogen diesmal die Münchner zum Wittelsbacher Palast. Der König erschien mit seiner Familie auf dem Balkon, begeistert umjubelt, und rief sein Volk auf zu treuem Festhalten an Kaiser und Reich in schwerer Stunde. Wenn aber Unglück uns heimsuchen sollte, müsse das Volk um so treuer zusammensteh'n.« [268]

Heinrich Hoffmann [269], damals ein kleiner Fotograf in der Münchner Schellingstraße 33, fotografierte von der Feldherrnhalle aus die begeisterte Menschenmenge, die die Nationalhymne und »Die Wacht am Rhein« sang. Jahre später sah Hitler das Foto bei Hoffmann.

»Hitler drehte das Foto um«, so berichtete Hoffmann, »und las den Text: ›Zu Beginn des ersten Weltkrieges, am 2. August 1914, versammelte sich eine riesige Menschenmenge auf dem Odeonsplatz in München und sang begeistert das Deutschland-Lied und ›Die Wacht am Rhein‹.‹ ›Unter dieser Menschenmenge stand auch ich!‹ rief Hitler erregt aus. ›Dann müßten Sie ja zu finden sein‹, antwortete ich und machte mich gleich an die Arbeit, um Vergrößerungen herzustellen ... Auf der letzten Platte endeckte ich Hitler! Es gab keinen Zweifel, barhäuptig stand er unter der Menge und sang mit.« [270]

Tatsächlich zeigt die Aufnahme den 25jährigen Hitler in der Menge singend, mitgerissen von der allgemeinen Begeisterung der Stunde. Man kann es Hitler glauben, wenn er 1924 schrieb:

»Ich schäme mich auch heute nicht es zu sagen, daß ich, überwältigt von stürmischer Begeisterung, in die Knie gesunken war und dem Himmel aus übervollem Herzen dankte, daß er mir das Glück geschenkt, in dieser Zeit leben zu dürfen ... Ich hatte so oft das ›Deutschland über alles‹ gesungen und aus voller Kehle Heil gerufen ...« [271]

Das Foto mit Hitler in der Menschenmenge aus dem Jahre 1914 vervielfältigte der geschäftstüchtige Hoffmann dann in Tausenden von Abzügen; »es wurde eines der begehrtesten Bilder«, berichtete Hoffmann später. [272]

Es ist anzunehmen, daß es tatsächlich die allgemeine, überschäumende nationale Kriegsbegeisterung jener Tage war, die einer Massensuggestion glich und Hitler derart ergriff, daß er sich spontan entschloß, als Kriegsfreiwilliger beim bayerischen Heer einzutreten. Angeblich soll

Hitler, nach seinen Angaben, am Montag, dem 3. August 1914, an dem Tag, da sein österreichischer Freund Rudolf Häusler nach Wien zurückfuhr, ein Immediatgesuch an König Ludwig III. gerichtet haben, mit der Bitte, trotz seiner österreichischen Staatsbürgerschaft in einem bayerischen Regiment als Freiwilliger dienen zu dürfen. Schon am »nächsten Tag« [273], also am Dienstag, dem 4.8.1914, soll Hitler von der »Kabinettskanzlei« ein Schreiben erhalten haben, mit der Aufforderung, sich bei einem bayerischen Regiment zu melden.

»Als ich mit zitternden Händen das Schreiben geöffnet hatte und die Genehmigung meiner Bitte mit der Aufforderung las, mich bei einem bayerischen Regiment zu melden«, schrieb Hitler später, »kannte mein Jubel und meine Dankbarkeit keine Grenzen.« [274]

Auch diese Angabe Hitlers scheint fraglich, da in der Hektik des Kriegsausbruches und der Mobilmachung kaum anzunehmen ist, daß das Gesuch, wenn es je geschrieben wurde, in »einem Tag« von der Kabinettskanzlei erledigt wurde, die außerdem, wie später nachgewiesen, gar nicht zuständig war.

Diese Aussagen Hitlers übernahm natürlich auch Frau Anna Popp:

»Und dann kam der August 1914 und der Krieg! Ich sehe heute noch den jungen Hitler vor mir stehen, wie er mir die Karte zeigte, die er von der Kabinettskanzlei bekommen hatte, daß er im deutschen Heer dienen dürfte.« [275]

Ignaz Westenkirchner [276] machte ähnliche Angaben, und Thomas Orr berichtete, daß angeblich sogar ein Diener des Hofes in die Schleißheimerstraße 34 gekommen sei und Hitler die Mitteilung brachte, daß er sich als Freiwilliger bei einem bayerischen Regiment melden kann; damalige Umwohner Hitlers hätten sich noch daran erinnern können. [277]

Nach den im folgenden geschilderten Recherchen des Bayerischen Kriegsarchivs von 1924 bestehen daran aber erhebliche Zweifel, da nur das Bayerische Kriegsministerium unter bestimmten Voraussetzungen berechtigt war, ausländische Kriegsfreiwillige in das bayerische Heer zu übernehmen.

Vielfach wird auch ausgeführt, daß der in seinen Illusionen enttäuschte Hitler sich nur zum Militärdienst gemeldet hätte, um aus seinem bisher nicht sehr erfolgreichen Dasein und der Problematik der Unzufriedenheit und Ziellosigkeit seines unbewältigten Lebens zu entkommen und aus der Einsamkeit der zurückliegenden Jahre in die Geborgenheit einer festgefügten Gemeinschaft zu kommen. Man kann davon ausgehen, daß viele junge Menschen damals — Arbeiter wie Intellektuelle — unter dem Eindruck der nationalen Euphorie, der Kampfbegeisterung der zusammengefluteten jubelnden und singenden Menschen, den Krieg als eine willkommene Abwechslung ansahen, um von dem täglichen, teilweise ungewissen Einerlei des Lebens zu entfliehen und in das erregende, kurze vaterländische »Abenteuer Krieg« zu ziehen.

Daß dies auch für Hitler zutreffen könnte, ist anzunehmen. Sein stark ausgeprägtes »deutschnationales« Empfinden — »für mich stritt nicht Österreich für irgendeine serbische Genugtuung, sondern Deutschland um seinen Bestand« [278] — ist damals in jenen euphorischen Stunden angesprochen worden, und man kann Hitler glauben, wenn er sagte: »Mir...kamen die damaligen Stunden wie eine Erlösung aus den ärgerlichen Empfindungen der Jugend vor.« [279]

Um die juristische Seite des Eintritts kriegsfreiwilliger Österreicher in das bayerische Heer zu untersuchen, wurde noch während des sogenannten »Putschprozesses« vor dem Volksgericht I in München 1924 ein Gutachten des Bayerischen Kriegsarchivs vom Bayerischen Innenministerium angefordert, da man die Möglichkeit erwog, falls Hitler freigesprochen werde, ihn sofort aus Bayern auszuweisen und als »lästigen Ausländer« nach Österreich abzuschieben. [280]

Auf eine diesbezügliche Anfrage der Münchner Polizeidirektion erkannte der Magistrat von Linz das Heimatrecht Hitlers an, und am 20. April 1924 wurde nach München geschrieben, daß gegen die Übernahme Hitlers im Falle einer gesetzlich begründeten Ausweisung von der oberösterreichischen Landesregierung keine Einwände erhoben würden. Gleichzeitig wurde wegen einer evtl. Übernahme Hitlers die österreichische Grenzstelle Passau verständigt. So war Anfang Mai 1924 alles vorbereitet, ohne daß die Öffentlichkeit etwas erfahren hatte, Hitler von der bayerischen Polizei nach Österreich abschieben zu lassen. [281]

Im September 1924, während Hitler im Gefängnis Landsberg a.L. einsaß, erhielt die Bundesregierung in Wien davon Kenntnis, daß man Hitler bei einer Ausweisung aus Bayern mit Zustimmung der oberösterreichischen Landesregierung in Linz übernehmen wollte. [282] Die österreichische Regierung in Wien, die eine politische und umstürzlerische Tätigkeit Hitlers in Österreich befürchtete, gab daraufhin sofort eine Anweisung an die Landesregierung in Linz und an alle Grenzbahnhöfe, Hitler auf keinen Fall das Betreten Österreichs zu gestatten. [283]

Der österreichische Bundeskanzler Dr. Ignaz Seipel bestritt das Heimatrecht Hitlers, indem er ausführte, daß Hitlers Dienst im deutschen Heer den Verlust seiner österreichischen Staatsbürgerschaft nach sich gezogen hätte. [284]

Daraufhin forderte das Bayerische Innenministerium vom Bayrischen Kriegsarchiv München eine Stellungnahme an, wie es zu Hitlers Aufnahme in das bayerische Heer gekommen sei und wie die rechtliche Lage bei dem Eintritt kriegsfreiwilliger Österreicher in das bayerische Heer gewesen wäre. In diesem sehr aufschlußreichen Bericht des Bayerischen Kriegsarchivs vom 13.10.1924, der scheinbar zu wenig bekannt ist und ein neues Licht auf Hitlers Eintritt in das bayerische Heer wirft, wurde folgendes ausgeführt:

»I. Allgemeines.

Ein Abkommen über die Einstellung Kriegsfreiwilliger zwischen Österreich-Ungarn und dem Deutschen Reich oder Bayern hat weder vor dem Krieg bestanden, noch ist während diesem ein solches getroffen worden. Das Aktenstudium ergibt vielmehr die Absicht der beiderseitigen Regierungen, dem verbündeten Nachbarn seine Wehrpflichtigen zuzuführen. Wenn Fälle vorkommen, in denen Österreicher in Bayern die Genehmigung zum kriegsfreiwilligen Eintritt erhielten, so waren diese im Verhältnis zur Zahl der sich in Bayern aufhaltenden Österreicher gering. Im Oktober 1916 war eine Aufstellung der im Bezirk des 1.A.K. lebenden Österreicher-Ungarn erstellt worden. Diese ergab allein 3357 Wehrpflichtige außerhalb Münchens und in München 23 000 Österreicher-Ungarn überhaupt.

Maßgebend für die Behandlung österreichisch-ungar. Kriegsfreiwilliger in Bayern war die W.O. § 21a. Auf Grund dieser Bestimmung hat S.M. der König das B.K.M. *[Bayr. Kriegsministerium. Anm. d. V.]* für die Dauer des Krieges ermächtigt, Ausländer als Kriegsfreiwillige einzustellen.

Nachdem dem B.K.M. schon in den ersten Mobilmachungstagen mitgeteilt worden war, daß die Truppenteile »wahllos« Kriegsfreiwillige in großem Umfange annähmen *[Scheinbar ist Hitler, der sich spontan als Kriegsfreiwilliger meldete, in den Wirren der ersten Mobilmachungstage — wie so viele andere auch — angenommen worden. Anm. d. V.]*, wurde vom Staatsministerium des Inneren und Kriegsministerium ein die Einstellung von Freiwilligen regelnder Erlaß hinausgegeben, der bezüglich der Einstellung von Ausländern auf W.O. § 21a hinweist, nachdem bereits am 6.8.14 ein die Behandlung ausländischer Staatsangehöriger betreffender K.M.E. *[Bayer. Kriegsministerialerlaß. Anm. d. V.]* die Zuführung österreichisch ungarischer Wehrpflichtiger an die österr. ung. Grenzbehörden befohlen hatte *[d.h. Hitler hätte zum Zeitpunkt seiner Meldung den österreichischen Grenzbehörden übergeben werden müssen und nicht als Freiwilliger in das bayerische Heer aufgenommen werden dürfen. Anm. d. V.]*.

Am 19.10.14 trifft ein Erlaß des P.K.M. *[Preuß. Kriegsministeriums. Anm. d. V.]* ein, der anordnet, daß die Einstellung von Ausländern davon abhängig gemacht wird, daß die Einbürgerung beantragt wird und nach dem Urteil der Zivilbehörden voraussichtlich erfolgen wird *[was bei Hitler auch nicht der Fall war. Anm. d. V.]*. Das B.K.M. erhebt diesem Erlaß gegenüber am 27.10.14 Bedenken, da es den meisten Ausländern unmöglich sein wird nach § 8 R. u. St.A.G. v. 22.7.13 auf ihren

Antrag eingebürgert zu werden. Ob sie nach § 12 a.a.O. die Einbürgerung erreichen werden, hänge von der Dauer des Krieges ab, da Kriegsfreiwillige bei der Demobilmachung zur Disposition der Ersatzbehörden zu entlassen seien (W.O. § 98,2). Es ergeht daher die Anfrage an das P.K.M., ob dort Bestimmung getroffen seien, daß die eingestellten Kriegsfreiwilligen auf ihren Antrag hin ohne Erfüllung der in § 8 Ziff. 3 u. 4 R. u. St.A.G. von der obersten Zivilverwaltungsbehörde eingebürgert werden.

Die Antwort des P.K.M. vom 17.12.14 lautet verneinend, mit dem Beifügen: ›Eine solche Bestimmung könnte auch mit den reichsgesetzlichen Festsetzungen nicht in Einklang gebracht werden.‹ Der Referent des B.K.M. bemerkt hierzu am Rande: ›Nicht richtig, falsch § 8!‹ Der Erlaß geht hierauf zum Akt.

Wie Beilage 3, Ziff. 7,8,10 zeigt, ist dieser Einstellung von Ausländern erschwerende Standpunkt von Bayern von Anfang an nicht eingenommen worden, er ist, wie Beil. 5 zeigt, auch vom B.K.M. im Oktober 1916 — vielleicht unter dem Eindruck der schweren Einbußen der Sommeschlacht — verlassen worden. Damit hat dann das B.K.M. die Befugnis, Kriegsfreiwillige neutraler Staaten (sinngemäß wohl auch verbündeter Staaten, vgl. Beil. 3, Ziff 19) einzustellen, dem stellv. Gen.-Kdos. überlassen. Bayern schließt sich diesem Verfahren nicht an ›wegen der dienstlichen Unzuträglichkeiten‹, die mit der Ausländer-Einstellung verbunden sind.

Aus vorstehendem geht deutlich hervor, daß die Österreicher-Ungarn bezüglich Annahme als Kriegsfreiwillige im deutschen Heere auch während des gemeinsamen Krieges keine Sonderstellung eingenommen haben, sondern als Ausländer behandelt wurden.

Am 31.7.18 stellt der einschlägige Referent des B.K.M. fest, hinsichtlich der österreichischen Staatsangehörigkeit habe das B.K.M. zu Beginn des Krieges die Einstellung genehmigt, später habe es dann die Einstellung abgelehnt, in letzter Zeit habe es die Einstellung in Aussicht gestellt, wenn das K.u.K. Ministerium für Landesverteidigung zustimme.

Die in den Beilagen 3 angeführten Fälle geben folgendes Bild:

1) In 8 Fällen verzichtete Bayern auf die Einstellung oder Dienstleistung von Österreichern.
2) In 5 Fällen wird die Zustimmung zur Einstellung der österreichisch-ungar. Regierung erbeten, oder von ihr abhängig gemacht.
3) In 3 Fällen die Erlaubnis ohne weiteres erteilt.
4) In 3 Fällen ergeben sich Einstellungen durch die Truppe unter Außerachtlassung der W.O. § 21a. Der Rechtsstandpunkt, der in diesem Fall eingenommen wird, ergibt Beil. 6.
5) In 2 Fällen wird die Einstellung verweigert.
6) In 2 Fällen werden Deutsche, die im österr.-ung. Heere stehen, vom B.K.M. angefordert.

Weitere Fälle konnten nicht ermittelt werden. Abschließend kann also wohl festgestellt werden, daß die bayerische Regierung die Einstellung von Österreicher-Ungarn keineswegs begünstigt hat.

II. Besonderes.
Adolf Hitler wohnte bei Kriegsausbruch in der Schleißheimerstr. 34 in München. Er ist im August 1914 anscheinend zum nächstliegenden bayerischen Truppenteil, dem 2.I.R. gegangen u. hat sich dort gemeldet. Er war damals 25 Jahre alt, ob er in Österreich aktiv gedient hat, in welchem österr. Dienstpflichtverhältnis er stand, ist nicht ersichtlich.
Hitler hat wahrscheinlich damals auch, von der allgemeinen Volksstimmung ergriffen, instinktmäßig gehandelt, wenn er zum nächsten Truppenteil eilte. Deutschland hatte ja in Verfolg seiner Bündnispflicht gegenüber dem angegriffenen Österreich die Waffen ergriffen ... Da kann es kein Wunder nehmen, wenn ein begeisterter junger Mann die Grenzen, die Salzach und Inn bilden, vergißt und nur nach der Waffe gegriffen hat, ganz gleichgültig nach welcher; schütze doch jeder die bedrohte Heimat.
Es ist nicht ausgeschlossen, daß auch Hitler sich schon in den allerersten Tagen der Mobilmachung freiwillig gemeldet hat. Weil man ihn eben einfach nicht brauchen konnte, ist er wohl zunächst weggeschickt oder beurlaubt worden — wie so viele andere! Am 16.8.14 kam er dann zum Rekruten-Depot, bereits am 1.9.14 zum neu in Aufstellung begriffenen R.I.R. 16 (List). Es war dies die Zeit, in der die Ersatztruppen sich erst zu konsolidieren versuchten, aber auch schon die ersten überraschend hohen Ersatzanforderungen des Feldheeres und gleichzeitig die Befehle zur Aufstellung der überplanmäßigen Neuformationen zu erfüllen waren, eine Zeit, in der sich die Befehle, Weisungen und die Nöte des Tages für die Ersatz-Bataillons- und Komp-Führer sowie Feldwebel — alle Neulinge in ihren Stellungen — überstürzten. Aller Wahrscheinlichkeit nach ist so die Frage Hitlers Staatsangehörigkeit überhaupt nie in Rede gestanden. Weder in den namentlichen Rennern des B.K.M. und des stellv. Gen.-Kdo I.A.K. noch in den Tageslisten der stellv. 2. Inf.-Brig. ist der Name Hitlers zu finden (Die Akten des R.I.R. 16 sind bis jetzt in der Masse nicht auffindbar). Das R.I.R. 16 aber, das aus Unausgebildeten bestand, bildete und rüstete sich bis zum 20.10.14 aus, kaum auf dem Kriegsschauplatz eingetroffen, hatte es schwerste Verluste. Hitler aber scheint sich bewährt zu haben (E.K.II v. 2.12.14). Nun frug man erst recht nicht mehr nach seiner Staatsangehörigkeit.
Der Stammrollen-Auszug Hitlers zeigt rein objektiv das Bild eines tapferen, braven Soldaten, der zweimal verwundet oder gaskrank den Krieg von Anfang bis zum Ende bei einer Großkampftruppe mitmachte und sich dabei hohe Auszeichnungen (E.K. I als Gefreiter!) erworben hat.
Hitler wie seine Vorgesetzten haben sich durch die Nichtberücksichtigung der österreichischen Staatszugehörigkeit Hitlers wohl unbewußt einen Formfehler zu Schulden kommen lassen, der aber nach einem 4 1/2 jährigen so schweren Krieg, den 2 Verbündete gemeinsam durchfochten, wohl nicht die Handhabe bieten kann, einem Kriegsteilnehmer die Heimat, für die er 4 Jahre lang gekämpft und geblutet zu verweigern.« [285]

Wie aus der vorstehenden, für Hitler sichtbar wohlwollenden Stellungnahme des Bayerischen Kriegsarchivs zu entnehmen, war schon im Oktober 1924 nicht mehr feststellbar, wie Hitler zum bayerischen Heer gekommen ist! Man nahm an, daß er sich einfach als Kriegsfreiwilliger beim 2. Inf. Regt. in München gemeldet hat. Wenn man die Zustände von damals verfolgt, »die Meldestellen konnten sich kaum der Fluten erwehren, die über sie hereinbrachen; alle Kasernen, Schulgebäude, Massenquartiere waren vollgefüllt mit Freiwilligen, die zwar noch keine genügende Ausbildung hatten, aber doch darauf brannten, an den Feind zu kommen«, so wundert es nicht, daß manche Ungereimtheiten und auch Verstöße gegen ministerielle Erlasse bei den Meldestellen passierten.

Hitler hatte, so ist anzunehmen, wie so oft in seinem Leben Glück, daß es ihm in den Wirren der ersten Mobilmachungstage irgendwie gelungen ist, bei einer der Freiwilligenmeldestellen angenommen zu werden. Ein Nachweis, daß ihm König Ludwig III. bzw. die »Kabinettskanzlei« die Genehmigung innerhalb »eines Tages« erteilt hat, sich als Freiwilliger bei einem bayerischen Regiment zu melden, ist nicht vorhanden.

Viel zu wenig beachtet wurde auch eine andere Aussage Hitlers über seinen Eintritt in das bayerische Heer. Am 29.11.1921 führte Hitler nämlich aus:

»Am 5. August 1914 meldete ich mich auf Grund eines genehmigten Majestätsgesuch beim 1. bayr. Inf. Regiment zum Eintritt in die deutsche Armee. Nach einigen Tagen zurückgestellt, wurde ich dem 2. Inf. Reg. überwiesen und trat am 16. August in die damals in Aufstellung begriffenen Formationen des Bayr. Res. Inf.-Regts Nr. 16 ein.« [286]

Diese Aussage Hitlers würde mit dem Bericht des Bayer. Kriegsarchivs insofern übereinstimmen, als ausgeführt wurde, daß Hitler sich höchstwahrscheinlich schon in den allerersten Tagen der Mobilmachung bei einer Meldestelle freiwillig gemeldet hatte (nach Hitler am Mittwoch, dem 5.8.1914) und zunächst weggeschickt oder beurlaubt wurde und daß er erst später am 16.8.1914 beim 2. Inf. Regt. angenommen worden ist, wobei seine österreichische Staatsangehörigkeit nicht beachtet wurde. Eine weitere Version seines Eintritts in das bayerische Heer ließ Hitler 1932 beim Prozeß gegen die Zeitschrift »Echo der Woche« in Hamburg durch seine Rechtsanwälte abgeben, wonach er nach seiner Freiwilligenmeldung am »ersten Mobilmachungstag« (Samstag, dem 1.8.1914(!)) zurückgewiesen wurde:

»Mit Rücksicht darauf, daß er ... *[Hitler]* ... zweifeln mußte, nach Ausbruch des Krieges in Österreich sofort genommen zu werden, habe der Kläger *[Hitler. Anm.d.V.]* sich bereits am ersten Mobilmachungstage in

München als Freiwilliger gestellt. Zunächst zurückgewiesen, habe er die besondere Erlaubnis zum Eintritt in die deutsche Armee erwirkt.« [287]

Nicht verständlich bleibt die Aussage Hitlers in »Mein Kampf«, daß er angeblich in »einem Tag«, d. h. von Montag, den 3. August (Gesuchsabgabe) auf Dienstag, dem 4. August 1914 (Antwort von der Kabinettskanzlei, die nicht zuständig war), eine Genehmigung zum Eintritt in das bayer. Heer erhalten haben soll.

Jedenfalls fand sich in den Unterlagen des Kriegsministeriums und des stellv. Generalkommandos des I. Armee Korps, bei der sonst so gründlichen Führung der Akten, kein Hinweis auf eine Genehmigung, daß der Österreicher Hitler beim bayerischen Heer dienen durfte. Allem Anschein nach hat es Hitler der Sorglosigkeit und Unachtsamkeit irgendeines Feldwebels des 2. Infanterie Regiments zu verdanken, daß er beim bayerischen Heer angenommen wurde: »Hitler, wie seine Vorgesetzten haben sich durch die Nichtberücksichtigung der österreichischen Staatszugehörigkeit Hitlers wohl unbewußt einen Formfehler zu Schulden kommen lassen«, heißt die abschließende Formulierung in dem Bericht des Kriegsarchivs.

Um die Geschichte der geplanten Ausweisung Hitlers 1924/25 abzurunden, sei noch vermerkt, daß die bayerische Regierung am 15.10.1924 der Wiener Bundesregierung nochmals ihre Argumente bezüglich Hitlers Ausweisung mitteilte. Die wichtigsten Punkte waren dabei:

a) daß Hitler nur solange in der deutschen Armee gedient habe — und zwar als ungedienter Freiwilliger —, wie Deutschland und Österreich verbündet gewesen seien;
b) daß die österreichischen Behörden den Dienst österreichischer Freiwilliger im deutschen Heere während des Weltkrieges früher als eine Erfüllung von deren Pflicht betrachtet hätten, dem österreichischen Gestellungsbefehl Folge zu leisten;
c) daß im Hinblick hierauf weder Hitler noch irgendein anderer der zahlreichen österreichischen Freiwilligen im deutschen Heere als »unbefugter Auswanderer« und damit der österreichischen Staatsangehörigkeit verlustig betrachtet werden könne, zumal Hitler wiederholt seine Absicht, die österreichische Staatsangehörigkeit zu behalten, erklärt und niemals formell darum ersucht habe, sie aufzugeben;
d) daß die österreichischen Behörden Hitlers österreichische Staatsangehörigkeit bei fünf festgestellten Anlässen zwischen 1920 und 1924 anerkannt hätten, und zwar bei drei Anlässen durch Anerkennung seines österreichischen Passes und bei zweien in Beantwortung unmittelbarer und ausdrücklicher Anfragen von seiten der bayerischen Polizei;

e) daß Hitler sich trotz gegenteiliger Gerüchte weder um die bayerische Staatsangehörigkeit noch um die irgendeines anderen deutschen Landes beworben habe;
f) daß die Frage, ob der Dienst im deutschen Heer während des Weltkrieges den Verlust der österreichischen Staatsangehörigkeit nach sich ziehe, eine Frage, an der eine nicht unbeträchtliche Zahl von Österreichern sehr interessiert sei, von der österreichischen Regierung bisher negativ beantwortet worden sei. [288]

Auch auf diese Argumente der bayerischen Regierung ging der österreichische Bundeskanzler Dr. Ignaz Seipel nicht ein; er beharrte auf seinem Standpunkt, daß Hitler durch seinen Dienst im deutschen Heer die österreichische Staatsangehörigkeit verloren habe.

Am 20. Dezember 1924 entschied die bayerische Regierung die Freilassung Hitlers, und der bayerische Ministerpräsident Eugen von Knilling erklärte dem Gesandten der Reichsregierung in München Haniel von Haimhausen:

»Hitler gilt als staatenlos, und infolge der Verweigerung seiner Übernahme durch Österreich käme ein Abtransport dorthin nicht in Frage. Ausweisung eines Staatenlosen aber von einem deutschen Land in ein anderes hält der Ministerpräsident aus juristischen wie aus politischen Gründen nicht angängig. Die Regierung fürchtet allerdings, daß Herr Hitler durch die Festungshaft keineswegs abgeklärt und beruhigt worden sei, sondern seine Ziele mit alter Energie weiter verfolgen werde ...« [289]

Womit der bayerische Ministerpräsident recht behielt, wie die Geschichte bewiesen hat!

Die alleinige Schuld für das Scheitern der Ausweisung Hitlers aus Bayern 1924/25 trug der österreichische Bundeskanzler Dr. Seipel, der sich weigerte Hitler zu übernehmen. Er befürchtete, daß die schon vorhandenen innenpolitischen Schwierigkeiten in Österreich durch den radikalen Politiker Hitler noch vermehrt würden, womit er sicher nicht unrecht hatte. Von der österreichischen Regierung wurde dann ein Einreiseverbot für Hitler nach Österreich ausgesprochen, das erst am 29. August 1932 wieder aufgehoben worden ist.

Wie auch immer Hitler zum bayerischen Heer kam und ob er sich schon am 5. August 1914 beim 1. Infanterie Regiment gemeldet hat, ist auch durch seine Kriegsstammrollen nicht mehr nachvollziehbar. Jedenfalls wurde Hitler nachweislich am 16. August 1914 vom 2. Ersatzbataillon, Rekruten-Depot VI, des 2. Infanterie Regiments eingekleidet. Das Ersatzbataillon des 2. Inf. Regt. war damals, wegen der Überbelegung der Stammkaserne des 2. Inf. Regt. an der Loth/Infanteriestraße, in der

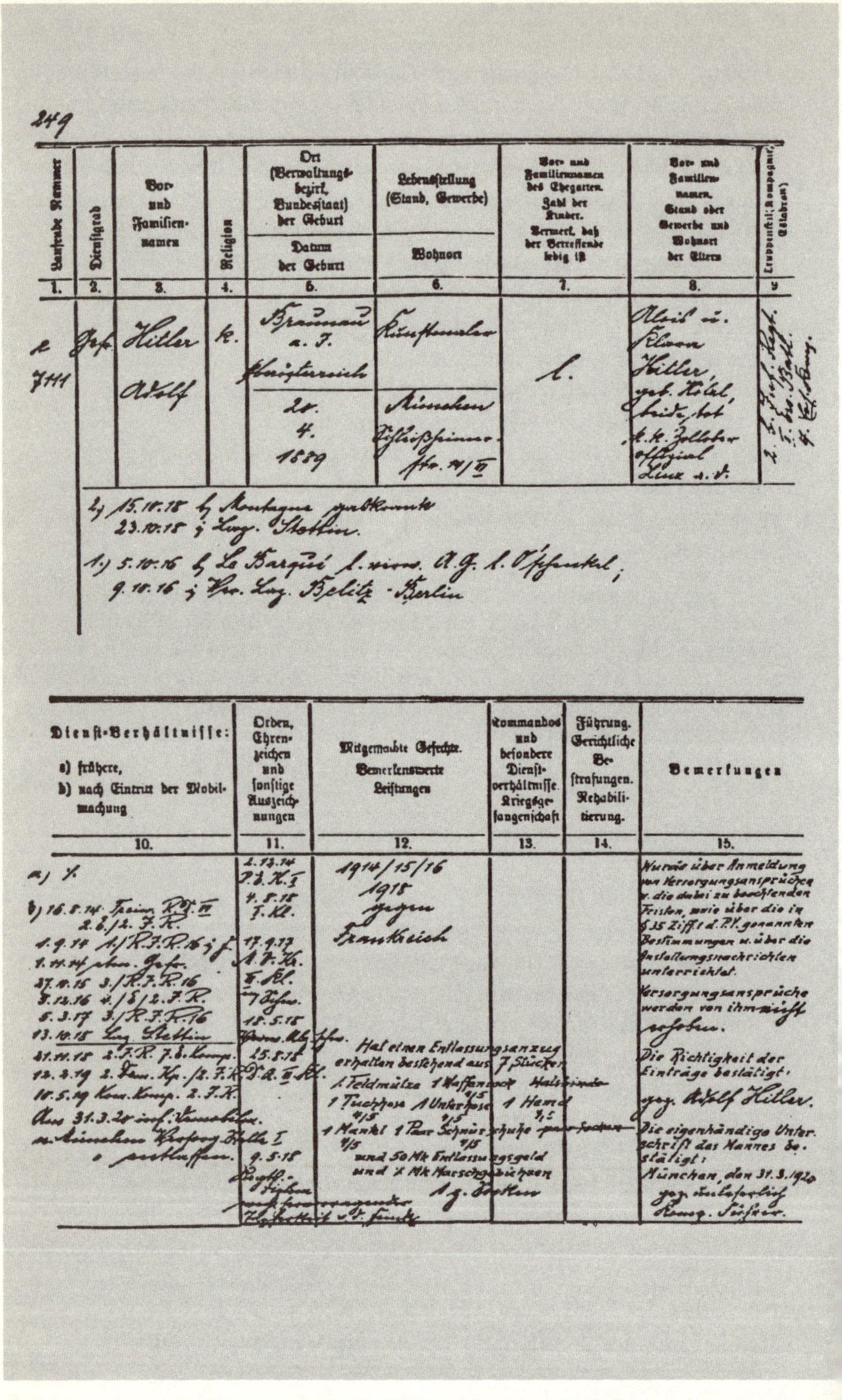

Diese Seite ist heute in der Kriegsstammrolle Nr. 4470 im BHStA Abt. IV. Die Originalseite und auch andere KrStR Hitlers wurden am 1. Juli 1937 entfernt und als Negativ Reihe Nr. 70 dem NSDAP-Hauptarchiv übergeben. Später im Berliner Document Center mikroverfilmt (HIMC, File 12, Reel 1A bzw. NS 26/12).

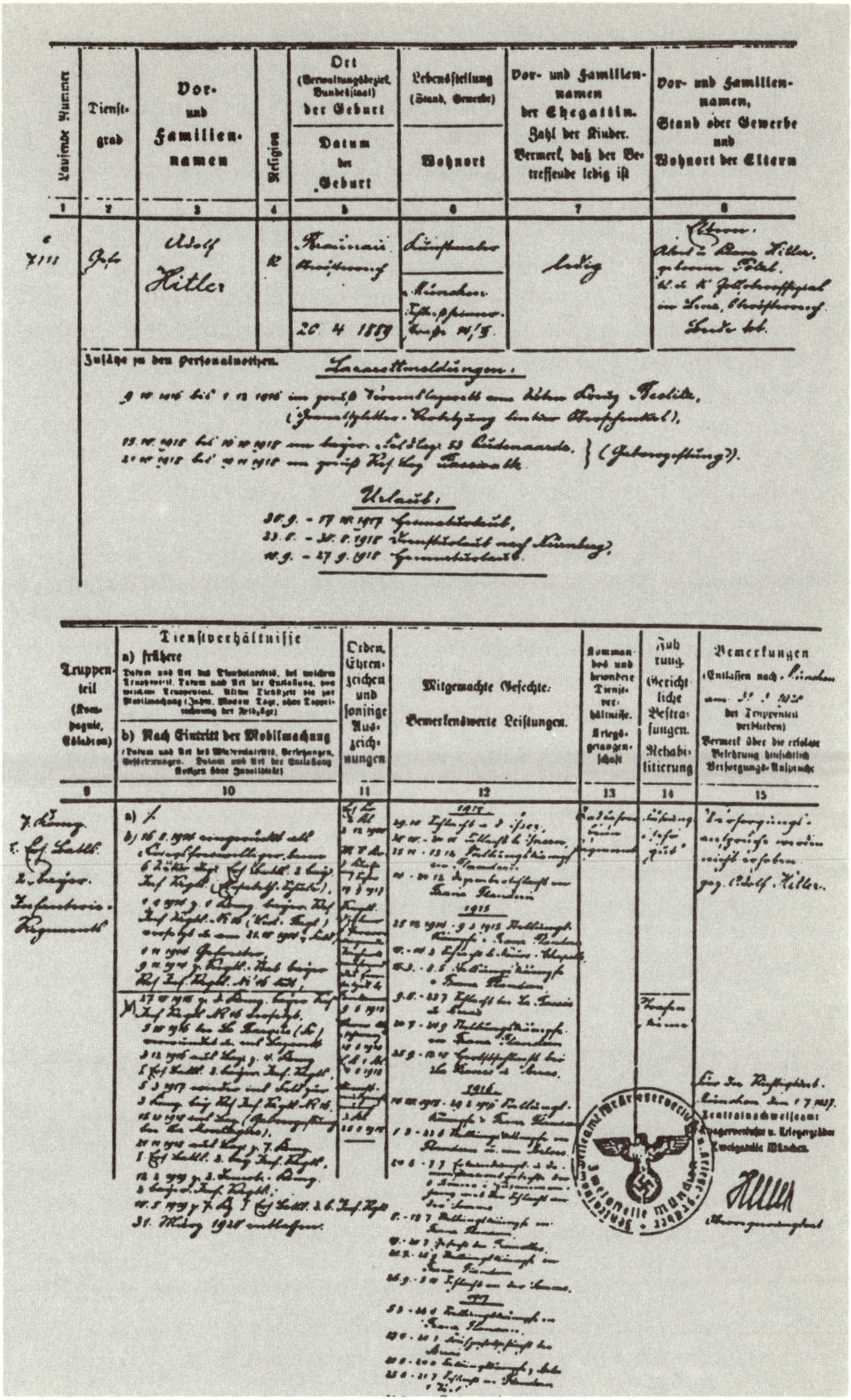

Laufende Nummer	Dienstgrad	Vor- und Familiennamen	Religion	Ort (Verwaltungsbezirk, Bundesstaat) der Geburt / Datum der Geburt	Lebensstellung (Stand, Gewerbe) / Wohnort	Vor- und Familiennamen der Ehegattin. Zahl der Kinder. Vermerk, daß der Betreffende ledig ist	Vor- und Familiennamen, Stand oder Gewerbe und Wohnort der Eltern
1	2	3	4	5	6	7	8
		Adolf Hitler	K	20. 4. 1889		ledig	

Zusätze zu den Personalnotizen.

Lazarettmeldungen.

Urlaub.

Truppenteil (Kompagnie, Eskadron)	Dienstverhältnisse a) frühere (Datum und Art des Diensteintritts, bei welchem Truppenteil. Datum und Art der Entlassung, von welchem Truppenteil. Letzte Dienstzeit bis zur Mobilmachung (Jahr, Monat, Tag), ohne Doppelrechnung der Feldzüge) b) Nach Eintritt der Mobilmachung (Datum und Art des Wiedereintritts, Beförderungen, Versetzungen. Datum und Art der Entlassung, Vermerk über Invalidität)	Orden, Ehrenzeichen und sonstige Auszeichnungen	Mitgemachte Gefechte. Bemerkenswerte Leistungen.	Kommandos und besondere Dienstverhältnisse. Kriegsgefangenschaft	Führung. Gerichtliche Bestrafungen. Rehabilitierung	Bemerkungen (Entlassen nach ... am ... der Truppenteil verblieben) Vermerk über die erfolgte Belehrung hinsichtlich Versorgungs-Ansprüche
9	10	11	12	13	14	15
2. bayer. Infanterie-Regiment	a) /		1914			gez. Adolf Hitler.
			1915			Zentralnachweiseamt für Kriegerverluste u. Kriegergräber Zweigstelle München
			1916			

Der vorstehende Stammrollenauszug, auf dem alle Gefechte und Schlachten des R.J.R. 16 vermerkt sind, wurde am 1. Juni 1937 für das NSDAP-Hauptarchiv angefertigt, obwohl alle Kriegsstammrollen Hitlers vorhanden waren (Negativ Nr. 70/1 und 1a, NSDAP-Hauptarchiv).

Münchner Elisabethenschule untergebracht, die bis Herbst 1919, wie so viele andere Münchner Schulen auch (Türkenschule, Amalienschule usw.), als Kaserne benutzt wurde.

Der leichtfertige Quellenumgang Dr. Masers zeigt sich auch hier wieder einmal deutlich. In seiner Hitlerbiographie schreibt er: »Hitler entscheidet sich *[bei seinem Eintritt in das bayerische Heer am 16.8.1914. Anm.d.V.]* für das Reserve-Infanterieregiment Nr. 16.« [290] Hitler konnte sich sein Regiment nicht aussuchen, und das R.I.R. 16 wurde erst gegen Ende August 1914 aufgestellt, als Reserve, Landwehr und der gediente Landsturm bereits einberufen waren und französische Divisionen, die gegen Italien aufgestellt worden sind, frei wurden und eine Gefahr für den rechten Flügel der deutschen Front in Nordfrankreich darstellten. [291] Die Aufstellung des Reserve Infanterie Regiments Nr. 16 lag in den Händen des Ersatzbataillons des 2. Infanterie Regiments. [292]

Weiter schreibt Maser: »16.8. Eintritt ... *[Hitlers]* ... in das 6. Rekruten-Ersatz-Batl. des 2. bayerischen Inf.-Regts. Nr. 16 (List).« [293] Und an anderer Stelle den gleichen Unfug, den leider auch, wie so oft, andere, z. B. Toland usw. übernahmen: »... in das 6. Rekruten-Ersatz-Batl. des 2. bayerischen Infanterie-Regiments Nr. 16 ein.« [294]

Ein 6. Rekruten-Ersatz-Bataillon gab es gar nicht, sondern das Ersatzbataillon des 2. Inf. Regt. hatte mehrere Rekruten Depots (I-VIII), und es gab auch kein 2. Inf. Regt. Nr. 16 List! Es gab das 2. Inf. Regt. in München und das damals in Aufstellung begriffene Reserve Infanterie Regiment Nr. 16! In den Kriegsstammrollen Hitlers steht eindeutig lesbar:

KrStR. Nr. 166/148: »Am 16.8.14 eingetreten als Kriegsfreiwilliger b. R.D. VI, 2. I.R. u. a. 1.9.14 anher versetzt.«

KrStR. Nr. 1062: »16.8.14 beim Ers. Batl. 2. Inf. Regt. Rek. Dep. VI eingetreten. 1.9.14. z. 1. Komp. Res. Inf. Regt. Nr. 16 vers.«

KrStR. Nr. 204: »16.8.14. als Kriegs Freiwilliger Rek. D. VI. 2. E.B./2. I.R. 1.9.14. 1/R.I.R. 16.«

KrStR. Nr. 7111 bzw. 4470: »16.8.14. Freiw. R.D. VI, 2. E/2. I.R. 1.9.14. 1./R.I.R. 16.«

Ein weiterer Kommentar dazu erübrigt sich wohl.

Zu den Kriegsstammrollen Hitlers ist allgemein noch anzumerken, daß die meisten Blätter 1937 für das NSDAP Hauptarchiv entnommen und nach 1945 von der Hoover Institution on War (HIMC) im Berlin Document Center auf Mikrofilm aufgenommen worden sind (heute Bestand NS 26 des BA Koblenz). Die Entlassungsstammrolle Nr. 7111 Hitlers wurde ebenfalls entfernt und von dem damaligen Oberregierungsrat Heller eine beglaubigte Abschrift angefertigt. Sie weist gegenüber der Originalstammrolle die Eintragungen der ganzen Liste der Schlachten und Gefechte des R.I.R. 16 auf und befindet sich heute in einem mit rotem Kunstleder (mit Adler und Hakenkreuz) gebundenen Band der Kriegsstammrollen. Änderungen oder Fälschungen in den Kriegsstammrollen Hitlers sind nicht feststellbar.

Hitler rückte also, wie vorstehend dargestellt, am Sonntag, dem 16. August 1914, in die als Kaserne umfunktionierte Elisabethenschule ein. Auf dem großen Exerzierplatz der Türkenkaserne und am Oberwiesenfeld sowie in Freimann erhielt Hitler die soldatische Grundausbildung. Später noch erinnerte sich Hitler, »sehe ich mich im Kreise meiner lieben Kameraden eingekleidet, dann zum ersten Mal ausrücken, exerzieren usw.« [295] Und, »während er in Ausbildung war«, gab Frau Anna Popp an, »kam er öfters bei uns vorbei, froh darüber, daß er sich von dem Drill und den Übungen ausruhen konnte.« [296] Am Freitag, dem 21. August 1914, meldete sich Hitler bei der Münchner Polizei ab oder ließ sich durch Frau Popp abmelden. [297]

Wie Maser dazu kommt, Hans Mend [298] als Hitlers »zeitweiligen Rekrutenausbilder« [299] und »Hitlers zeitweiligen Unteroffizier« sowie »einstigen Unteroffizier« zu bezeichnen [300], ist völlig schleierhaft! Mend, der es im I. Weltkrieg nicht über den Rang eines Gefreiten hinaus brachte, hatte mit Hitlers Ausbildung nachweislich überhaupt nichts zu tun, und er wurde erst später Gefreiter als Hitler (Hitler am 1.11.1914 und Mend am 24.11.1914). [301]

Mend gibt in seinem Buch z. B. an, daß er Hitler in Schwabmünchen zum ersten Mal gesehen habe, was aber sicher nicht stimmt. Falsch und gelogen, wie fast alles von und um Hans Mend, ist jedenfalls z. B. seine Darstellung, daß er Hitler schon »unter den Ordonnanzen« am 28. bzw. 29.10.1914 mit Oberst List gesehen hätte. [302] Hitler kam erst am 9.11.1914 als Ordonnanz zum Regimentsstab! Auch über die Angaben des Prof. Schmid-Noerr/Percha in dem von Mend erdichteten, sogenannten »Mend-Protokoll« vom 1.12.1932, kann man sich wirklich nur wundern. Leider ist Mend, der von dem amerikanischen Historiker Rudolph Binion [303] richtig »ein dreimal verurteilter Betrüger« genannt wurde, vor allem durch Maser immer wieder zitiert worden.

Wie schon erwähnt, entschloß man sich Mitte August 1914 Freiwilligen-Formationen aufzustellen. Für die neuzubildende Armee hatte Bayern eine Division aufzustellen, die 6. bayer. Reserve Division (General Freiherr von Speidel), die sich wiederum aus der 12. und 14. bayer. Reserve Infanterie Brigade zusammensetzte. Die 12. Res. Inf. Brigd. (Generalmajor Kiefhaber) bestand aus dem Res. Inf. Regt. Nr. 16 (München, Oberst List) und dem Res. Inf. Regt. Nr. 17 (Augsburg, Oberst Großmann).

Am 1. September 1914 war man mit der Aufstellung des R.I.R. 16 fertig, es bestand aus drei Bataillonen mit je rd. 1000 Mann, und jedes Bataillon setzte sich aus vier Kompanien (1. bis 12. Komp.) zusammen. Das R.I.R. 16, das aus den Rekruten Depots des 1. und 2. Inf. Regt. gebildet wurde, war ein sehr bunt zusammengewürfelter Haufen; es erhielt meist Freiwillige und ungediente Männer zugeteilt, überwiegend sehr junge und auch schon etwas ältere Jahrgänge. Neben vielen Münchner Studenten, Künstlern, Männern mit wissenschaftlichen Berufen und Handwerkern, waren es vor allem Leute vom Land aus Ober- und Niederbayern, die das Gros der Soldaten des R.I.R. 16 stellten. Die wesentlichen Unterlagen über das R.I.R. 16 finden sich in den — gegenüber anderen Münchner Regimentern wenigen — Kriegstagebüchern I-III (mit 32 Anlagen) im Bayer. Hauptstaatsarchiv, Abt. IV und in dem Buch von Dr. Fridolin Solleder, »Vier Jahre Westfront, Geschichte des Regiments List R.I.R. 16«.

Die Freiwilligen, die in den verschiedenen Rekruten Depots (I-VIII) zusammengefaßt waren, darunter Hitler, sind am 1.9.1914 zum neuen R.I.R 16 versetzt worden. Hitler kam zur 1. Kompanie des I. Bataillons (Batallions Kdr. Major d.R. Graf von Zech auf Neuhofen und Kompanieführer der 1. Komp. Hauptmann Pflaumer).

Nur unter großen Schwierigkeiten gelang es, für das R.I.R. 16 die notwendigen Waffen, Uniformen und sonstige Ausrüstung zu beschaffen. Beispielsweise reichten die damals noch verwendeten Pickelhauben mit Helmspitzen für das R.I.R. 16 nicht aus, und es wurden schwarze Wachsleinwandmützen, die der Landsturm trug, mit einem schilfgrünen Segeltuch überzogen und ausgegeben, die später zu einer folgenschweren Verwechselung führten. Man hielt die bayerischen Freiwilligen des R.I.R. 16 nämlich für Engländer, was Hunderte an Toten gekostet hat. Erst im November 1914 erhielt das Regiment Pickelhauben, und am 30.11.1914 wurde das Tragen der Wachstuchmützen verboten. Erst kurz vor der Sommeschlacht im Oktober 1916 (!) ist das R.I.R. 16 mit Stahlhelmen ausgerüstet worden. Auch wurde das R.I.R. 16 z. B. nicht mit den üblichen Kalbfelltornistern ausgerüstet, sondern nur mit wasserdichten Rucksäcken usw.

Da man die Aufstellung der Reserve Inf. Regimenter geheim halten wollte, wurde befohlen, daß in allen Meldungen, Briefanschriften usw. die Reserve Regimenter nur mit den Namen der Kommandeure bezeichnet wurden, erst mit dem Abrücken an die Front sind die Regiments

Nummern verwendet worden. Nach dem damaligen Regimentskommandeur, Oberst Julius List [304], ist die allgemein bekannte Bezeichnung »Regiment List« entstanden und beibehalten worden.
Ende Oktober 1914 sollte die 6. bayerische Reserve Division (ca. 17 000 Mann) kriegsverwendungsfähig an der Front eingesetzt werden, d. h. für die militärische und taktische Ausbildung des R.I.R. 16 standen nur knapp zwei Monate (!) zur Verfügung. Später sagte Hitler einmal — wohl in Erinnerung an seine kurze Ausbildung — »Wenn man einen Mann auf das Wesentliche hinführt, kann ein Soldat mit drei Monaten Ausbildung schon alles Mögliche lernen. Das andere«, so meinte er, »muß man der Schulung überlassen, die automatisch eintritt ... Die Ausbildung, die vor dem Feind erfolgt, ist weitaus die beste.« [305]
Schon am Mittwoch, dem 8. Oktober, erfolgte im Kasernenhof der Türkenkaserne, dem Standort des Inf. Leibregiment München, die Vereidigung und Verabschiedung des R.I.R. 16 durch König Ludwig III., wobei der König ausführte, daß sich das Reserve Inf. Regiment gleich ehrenvoll wie die alten (gedienten) Truppen schlagen möge. Im Stadtarchiv München sind darüber Filmaufnahmen vorhanden.
Der damals noch nicht ganz 25 Jahre alte Maler Ernst Schmidt [306], der am 6.8.1914 zum Rekruten Depot I des Ersatzbataillons des 2. I.R. eingezogen worden ist, wurde am 7.9.1914, einen Tag vor der Vereidigung, zum Res. Inf. Regiment 16 versetzt. [307] Von ihm stammt die Mitteilung nach 1945, daß Hitler angeblich im Anschluß an die Vereidigung auf König Ludwig III. von Bayern auch noch auf den Kaiser Franz Joseph von Österreich-Ungarn den Fahneneid abgeleistet haben soll. Schmidt sagte z. B. 1952 zu Orr, daß nach der Vereidigung,

»die Nichtbayern auf den jeweiligen Monarchen vereidigt wurden, soweit diese Monarchen selbständige Kontingente der deutschen Armee stellten, wie der König von Sachsen, König von Württemberg etc. Mit ein paar anderen Österreichern mußte der Kriegsfreiwillige Hitler seinen zusätzlichen Fahneneid auf seine apostolische Majestät den Kaiser Franz Joseph von Österreich-Ungarn ablegen. Am Tage des Fahneneides gab es doppelte Verpflegung und mittags Schweinebraten mit Kartoffelsalat. Hitler hat mir mehrfach erzählt, daß ihm der festliche Tag deswegen ganz besonders angenehm in Erinnerung geblieben sei, da er immer einen unglaublichen Hunger gehabt habe. Während des Krieges war er dafür bekannt, daß er immer hungrig war, und ekelhaft werden konnte, wenn die Verpflegung sich mal verzögerte.« [308]

Ob diese Angaben von Schmidt, die in der Literatur immer wieder auftauchen, der Wahrheit entsprechen, ist nach dem Bericht des Bayer. Kriegsarchivs vom 13.11.1924 fraglich. Es fehlt dort jeder Hinweis auf eine zusätzliche Vereidigung von Österreichern beim bayerischen Heer.

Am Samstag, dem 10. Oktober 1914, sollte das Reserve Inf. Regiment 16 den Münchner Standort verlassen, um auf dem Lechfeld in einer nur auf 10 Tage angesetzten Großübung eine Gefechtsausbildung im Verband des Bataillons und Regiments sowie im gefechtsmäßigen Abteilungschießen und in größeren feldmäßigen Marschleistungen zu erhalten.

Frau Popp berichtete, daß Hitler am Freitag, dem 9.8.1914, zu ihr gekommen wäre, um sich zu verabschieden:

»Er nahm meinen Mann bei der Hand und sagte, ›Wenn ich fallen sollte, würden Sie bitte meiner Schwester schreiben, vielleicht möchte sie meine wenigen Sachen haben, wenn nicht können Sie sie behalten. Es tut mir leid, daß ich Ihnen Schwierigkeiten mache.‹ Er schüttelte auch mir die Hand, während ich da stand und weinte. Wir alle hatten ihn so gern. Er umarmte Peppi und Liesl, die er immer so mochte, drehte sich um und eilte davon.« [309]

Am Samstag, dem 10.10.1914, rückte das R.I.R. 16 aus München ab. Hitlers I. Bataillon marschierte über Pasing nach Alling (Hitler schlief nach seinen Angaben dort in einem Heustadel) und am nächsten Tag nach Türkenfeld, wo im Freien übernachtet wurde. [310] Anschließend bezog das I. Bataillon (1. Komp. Hitlers) ab Dienstag, dem 13.10.1914, bis zum 21.10.1914 Quartier im Kloster Lechfeld und Umgebung.

In einem Brief vom 20.10.1914 an Popps aus dem kleinen Ort Graben, wo Hitler untergebracht war, schilderte er eingehend die Marschtage und kriegsmäßigen Übungen am Lechfeld. [311] »Die ersten 5 Tage *[von Dienstag, dem 13.10.1914, bis Samstag, dem 17.10.1914., Anm.d.V.]* am Lechfeld waren«, so schrieb Hitler, »die anstrengendsten meines Lebens ... Heute den 20.sten Abend geht es in viertägiger Bahnfahrt an die Front, wahrscheinlich nach Belgien. Ich freue mich ungeheuer ... Ich hoffe wir kommen nach England.« [312]

Am Sonntag, dem 18.10.1914, fand Vormittag eine Übung der gesamten 12. bayerischen Reserve Infanterie Brigade, einschließlich der dazu gehörenden Res. Kavallerie Abt. Nr. 6 und dem Res. Feldartillerie Regt. Nr. 6, mit Fahnenweihe und Feldgottesdienst sowie Parade vor dem Divisionskommandeur, dem General der Kavallerie Freiherr von Speidel, statt. [313]

»Wir bekamen 6 neue Fahnen für die ganze Brigade«, schrieb Hitler begeistert an Frau Anna Popp, »unsere 1. Kompanie *[der Hitler angehörte. Anm.d.V.]* war Fahnenkompanie« [314].

Am 26.10.1914 sollte die 12. bayerische Res. Brigade lt. Armeebefehl in Flandern in der 4. Armee unter Herzog Albrecht von Württemberg eingesetzt werden, um den rechten Flügel dieser Armee zu verstärken. Es sollte verhindert werden, daß die in dem Höhenzug von Ypern liegenden Engländer die deutschen Stellungen vom Meer her aufrollten.

Am Mittwoch, dem 21. Oktober 1914, wurde das R.I.R. 16 mit allem Gerät in drei Transportzüge verladen. Das I. Bataillon mit Hitler fuhr um 3 Uhr früh ab. Hitler sandte von Ulm, wo die Soldaten die erste Verpflegung erhielten, eine Ansichtskarte an Joseph Popp: »Herzliche Grüße von der Durchreise nach Antwerpen aus Ulm.« [315]

Am Abend des 21.10.1914 gab es in Bietigheim Verpflegung, und als am nächsten Morgen der Zug am Rhein entlangfuhr und Hitler das Niederwald Denkmal sah, so berichtete er, »da brauste aus dem endlos langen Transportzug die alte Wacht am Rhein in den Morgenhimmel hinaus, und mir wollte die Brust zu enge werden.« [316] Noch 1944, ein Jahr vor seinem Tod, erinnerte sich Hitler an diese Fahrt:

»Den Rhein sah ich zum ersten Male, als ich 1914 mit der Truppe nach dem Westen ausrückte. Es wird mir ewig unvergeßlich sein, welche Gefühle mich bedrängten, als ich zum ersten Male diesen Schicksalsstrom erblickte. Ebenso großen Eindruck hat damals auf mich die Aufgeschlossenheit und die Herzlichkeit der dort lebenden Menschen gemacht, die uns überall einen völlig unerwarteten Empfang bereiteten. Wir wurden in geradezu rührender Weise mit allem versorgt. Abends, als wir nach Aachen kamen, sagte ich mir, daß ich diesen Tag in meinem Leben niemals vergessen werde.« [317]

Über Köln, Aachen erreichte Hitler mit seinen Kameraden in der Nacht am Donnerstag, dem 22.10.1914, die belgische Grenze bei Herbestal; man hatte »feindlichen Boden« betreten. Über Lüttich, Brüssel kam das R.I.R. 16 nach Lille, wo Hitler am 23.10.1914 um vier Uhr nachmittags eintraf. Am 24.10.1914 war der Transport der ganzen 6. bayerischen Reserve Divison nach Lille beendet; sie wurde dort drei Tage als Reserve der 4. Armee (Herzog Albrecht von Württemberg) — Hitler nannte es »Alarmquartier« —, zur Verfügung gehalten.

Die deutsche 4. Armee hatte den Auftrag, aus der Linie Brügge-Lille einen entscheidenden Angriff in Richtung Ypern zu führen, um den Wettlauf mit den englischen und französischen Truppen zum Meer zu gewinnen. Bereits ein am 20.10.1914 begonnener Vorstoß der 4. Armee gegen Ypern hatte keinen Erfolg gebracht. Nun sollten die »Reservedivisionen« als Verstärkung bei dem geplanten neuen Angriff mit eingesetzt werden.

Am Montag, dem 26.10.1914, wurde der 6. bayer. Res. Division der Marschbefehl an die Front südlich Werwick-Comines erteilt. Das R.I.R. 16 marschierte am 27.10.1914 in einem über 40 km langen Tagesmarsch von 3.30 Uhr früh bis 8 Uhr abends über Cheval blanc, Le Beau chene, Werwick, Gheluwe nach Panemolen, wo biwakiert wurde. Gegenüber in

Karte der Fronten in Belgien und Frankreich im I. Weltkrieg. Der nach dem »Schlieffenplan« eingeleitete deutsche Angriff auf Frankreich kam nach der Schlacht an der Marne (5. bis 12. September 1914) zum Stehen.

Postkarte Hitlers, die er am 21. Oktober 1914 bei dem Transport des R.J.R. 16 an die Front von Ulm an den Schneider Joseph Popp geschrieben hat (rechts oben).

Zusammen mit dem Uoffz. Karl Lippert fuhr Hitler am 19. Mai 1915 nach Valenciennes, wo u. a. für den Regts. Kdr. Friedrich Petz eine Matratze requiriert wurde, die Hitler, wie er am 5. Oktober 1934 gegenüber Lippert ausführte, tragen mußte (rechts unten).

Gruß aus Ulm.

Herzl. Grüße von der Durchreise nach Antwerpen und Ulm

Adolf Hitler

Absender:	N. Meldg.	Ort	Dat	Zeit
R.J.R. 16	Abgegangen	Fournes	19.	10.15.
	Angekommen			

Ausweis.

Unteroffizier Lippert und Gefr. Adolf Hitler, Regtsstab R.J.R.16 sind dienstlich nach Valenciennes verschickt. Rückkehr 20.10.15.

K. B. Reserve Infanterie Regiment Nr 16

der Linie Gheluvelt-Wytschaete lagen sehr gute englische Truppen, das IV. englische Korps. Hitler erzählte später, die Engländer, »die wir 1914 getroffen haben ... da waren Leute dabei, die hatten schon den Burenkrieg mitgemacht ... bei diesen Leuten wird das Regiment die Heimat. Mit solchen Leuten kann man schon etwas machen!« [318]
Auch für Hitler wurde von nun an das Regiment richtig zur Heimat; er kam erstmalig in geordnete Verhältnisse, in eine große Gemeinschaft, die Hitler auch die Sorgen um das tägliche Brot abnahm. »Eine einzige Zeit gab es«, so erinnerte sich Hitler noch im Oktober 1941, »in der ich keine Sorgen hatte: die sechs Jahre beim Militär; da ... bekam man alles geliefert, das Essen auch, desgleichen das Quartier ...« [319]
In der Nacht vom 28. auf 29.10.1914 erreicht Hitlers I. Bataillon in einem Nachtmarsch gegen 6 Uhr früh die Hauptstraße Menin-Ypern bei Koelberg (ca. 11 km vor Ypern). Angegriffen werden sollte der Ort Gheluvelt und der anschließende Schloßpark bis Poelzelhoek. Um 6.45 Uhr trat das I. Bataillon Hitlers rechts der Straße nach Ypern frontal zum Angriff auf Gheluvelt an. Schon kurze Zeit später, in einem Lärchenwald bei der Straße nach Becelare erhielt Hitler die »Feuertaufe« durch Artilleriebeschuß, und es gab die ersten Toten.

»Da zischt plötzlich«, so schrieb Hitler, der das Ereignis wohl nie vergessen hatte, »ein eiserner Gruß über unsere Köpfe uns entgegen und schlägt in scharfem Knall die kleinen Kugeln zwischen unsere Reihen, den nassen Boden aufpeitschend; ehe aber die kleine Wolke sich noch verzogen, dröhnt aus zweihundert Kehlen dem ersten Boten des Todes das Hurrah entgegen. Dann aber begann es zu knattern und zu dröhnen ... und mit fiebrigen Augen zog es nun jeden nach vorne, immer schneller, bis plötzlich über Rübenfelder und Hecken hinweg der Kampf einsetzte, der Kampf Mann gegen Mann.« [320] Und in einem Brief berichtete Hitler weiter, »4mal dringen wir vor und müssen wieder zurück, von meinem ganzen Haufen bleibt nur mehr einer übrig außer mir, endlich fällt auch der. Mir reißt ein Schuß den ganzen rechten Rockärmel herunter aber wie durch ein Wunder bleibe ich gesund und heil. Um 2 h endlich gehen wir ein 5ts mal vor, und diesesmal besetzen wir den Waldrand und die Gehöfte. Am Abend um 5 h sammeln wir, und graben uns hundert Meter vor der Straße ein.« [321]

Ein Teil der Verluste des R.I.R. 16 an diesem Tag, bei den beiderseits der Straße nach Ypern vorstoßenden I. und vor allem beim III. Bataillon, entstand dadurch, daß die Soldaten auch von »rückwärts« beschossen wurden! Es stellte sich später heraus, daß das württembergische Res. Regt. Nr. 248 und das sächsische Regiment Nr. 105 die zwischen ihnen vorgehenden Soldaten des R.I.R. 16 infolge des Nebels wegen ihrer Landsturmmützen und Rucksäcke für Engländer gehalten hatten, obwohl in dem Tagesbefehl für den 29.10.1914 vom General d. Inf. von Schaefer (54. Res. Div) darauf hingewiesen wurde, »daß das bayer. Res. Inf. Regt. 16 Landsturmmützen mit graugrünem Überzug trägt.» [322] Allein von der 11. Kompanie des III. Bataillons sollen 110 Mann durch deutsches Maschinengewehrfeuer gefallen sein. [323] Johann Raab, ein Kriegskamerad Hitlers, der später Fernsprecher im Regimentsstab und damals beim III. Batl. war, berichtete darüber:

»Am 27. Okt. früh 2 Uhr marschierten wir den ganzen Tag bis spät in die Nacht an den uns zugedachten Platz in Stellung. Am 29. Okt. 14 hatten wir das erste Gefecht zu überstehen und war dies somit unsere Feuertaufe. Es war der erste schwarze Tag für uns, wo uns unsere Württemberger und Sachsen als Engländer hielten, dadurch, weil wir in erster Linie eingeschoben wurden und die Landsturmmützen mit Überzug (wie eben das ›List‹ Reg. ausmarschierte) aufhatten. Sie hielten uns für den Feind und wurden von diesen von hintenher beschossen, deshalb die großen Verluste ... Unser III. Batl. vom R.I.R. 16 war ja fast buchstäblich aufgerieben worden, der kleine Rest davon wurde in das I. und II. Batl. eingereiht und erst am 27. Jan. 15 wurde durch Nachschub das III. Batl. wieder neu gegründet.« [324]

Bei dem anschließenden Sturmangriff auf eine englische Schützengrabenstellung und dem Schloßpark von Gheluvet fiel der Bataillonskommandeur Hitlers, Graf von Zech auf Neuhofen, durch einen Kopfschuß. Die Engländer (Regiment York) wehrten sich verzweifelt. »In diesem erbitterten Ringen«, so berichtete ein Zeitzeuge, »das stellenweise zu Nahkämpfen Mann gegen Mann führte, wuchsen unsere Verluste unheimlich.« [325]

Nach blutigen Verlusten des I. Bataillons an diesem Tag zogen sich die Reste der 1. Kompanie Hitlers aus dem unübersichtlichen Gelände wieder zurück, um sich auf einer freien Höhe in dem Dreieck zwischen den Straßen nach Becelaere und Ypern einzugraben. Oberst List gab am Abend bekannt: »Feind aus allen seinen Stellungen geworfen, mehrere hundert Gefangene. Infanterie hält die eigenen Stellungen und gräbt sich dort ein.« [326] Das war die »Feuertaufe« Hitlers im I. Weltkrieg. Am 30.10.1914 wurde der Angriff auf Gheluvet fortgesetzt, aber gegen Abend wegen des starken feindlichen Widerstandes und der einsetzenden Dunkelheit abgebrochen, da man erkannte, daß das Angriffsziel ohne unverhältnismäßig große Opfer nicht erreicht werden konnte. Gegen Mitternacht wurde ein neuer Angriff für den 31.10. festgesetzt, obwohl z. B. das I. Bataillon Hitlers kaum mehr als ein Drittel seiner Leute hatte. Der neue Bataillonsführer Hitlers, Hauptmann Franz Rubenbauer, führte bei dieser Besprechung aus, »... es ist die Rede von Bataillonen. Wir in der Mitte haben keine Bataillone mehr, kaum eine regel-

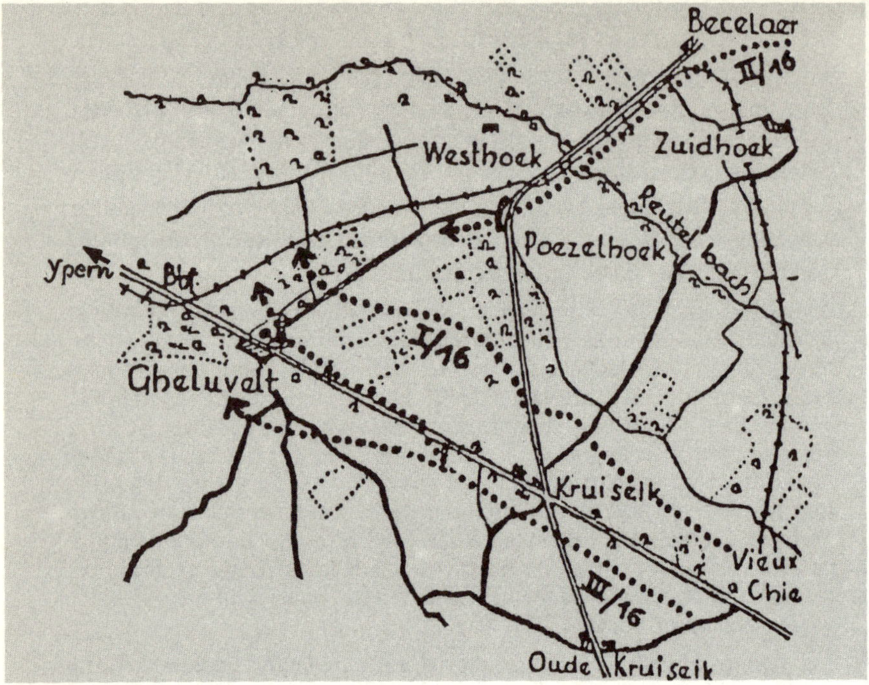

Bei den Kämpfen bei Cheluvelt vom 29. Oktober 1914 bis 1. November 1914 erhielt das R.J.R. 16 die »Feuertaufe«; Lageplan über das Vorgehen der drei Bataillone des Regiments. In der Mitte, rechts der Straße nach Ypern, das I. Bataillon Hitlers (I/16).

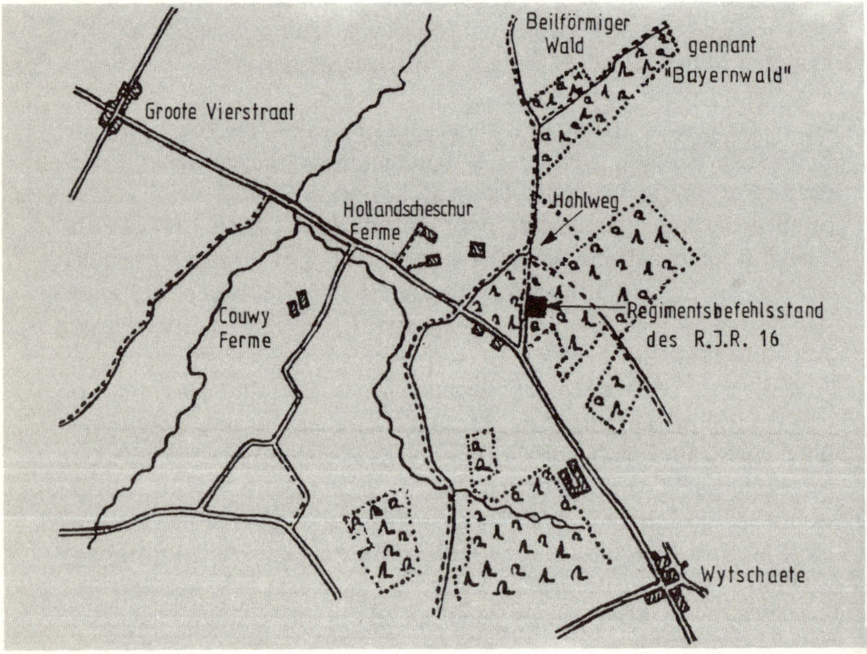

Lage des Regimentsbefehlsstandes des R.J.R. 16 am Hohlweg von Wytschaete bei dem Sturm auf das »beilförmige Waldstück« vom 15. bis 16. November 1914, wo Hitler als Meldegänger im Stab bei Oberstleutnant Philipp Engelhardt war, der dort am 17. November 1914 durch einen Volltreffer in die Regimentsgefechtsstelle schwer verwundet wurde.

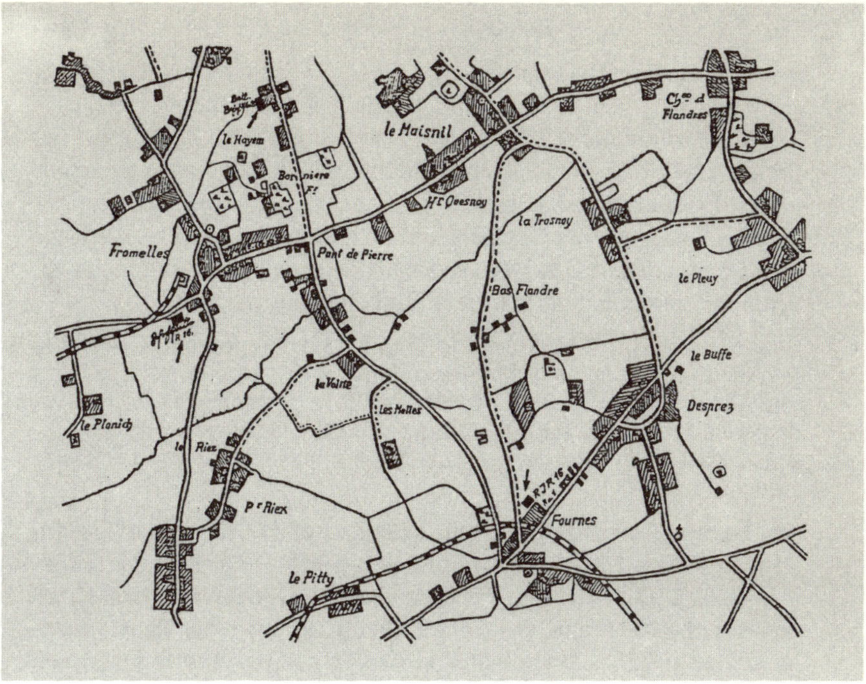

Lageplan der Gefechtsbefehlsstelle des R.J.R. 16 in Fromelles und des Regimentsstabes in Fournes 1915.

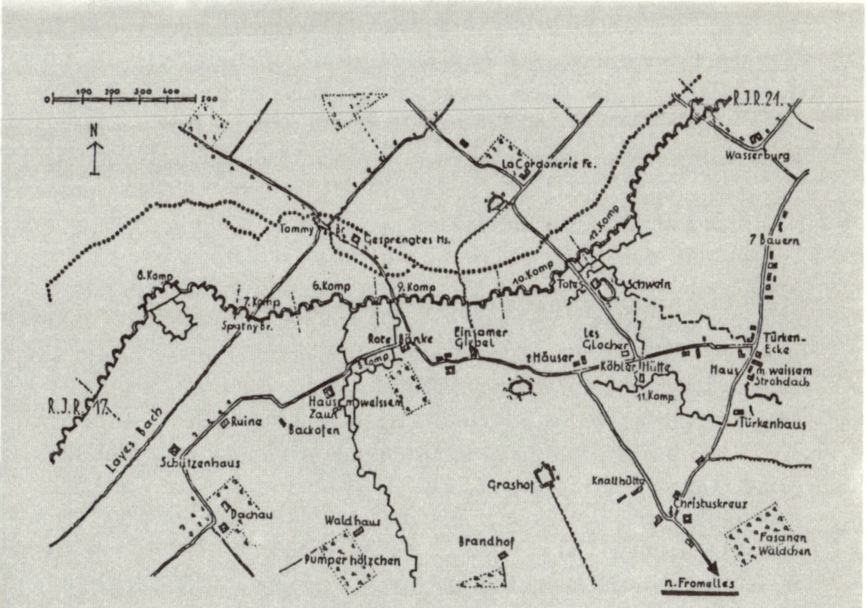

Verlauf der deutschen und englischen (....) Stellungen 1915, ca. drei Kilometer nordwestlich von Fromelles mit den »bayerischen Bezeichnungen« der Bauernhöfe, Wälder usw., die die Soldaten des R.J.R. 16 verwendeten. Nachbarregimenter waren das R.J.R. 17 und 21.

rechte Kompanie. Die Mannschaft steht seit 48 Stunden im Gefecht, hat seit 3 Nächten nicht mehr geruht. Die Truppe ist erschöpft.« [327] Trotzdem wurde für den 31.10. dem I. Bataillon wieder der Angriff befohlen. Um 4 Uhr morgens trat Hitler mit seinen Kameraden nochmals an, und Gheluvet wurde genommen, aber das Kampfgelände an der Yperner Straße war mit Gefallenen und Verwundeten bedeckt. Auch der Kommandeur des R.I.R. 16, Oberst List, fiel an diesem Tag durch ein Schrapnellgeschoß. Später meinte Hitler einmal:

»... die Front ist oft Nerveneindrücken ausgesetzt, von deren Wirkung sich die Führung keine rechte Vorstellung macht; aber da heißt es, hart sein: Eine solche Truppe muß so bald wie möglich wieder eingesetzt werden! Man kann den Tod nur mit dem Tod besiegen! Wenn du zurückgehst, wirst du erschossen, gehst du vor, so kannst du mit dem Leben davonkommen!« [328]

Am Sonntag, dem 1.11.1914, wurde der Kampf fortgesetzt und erst am Abend ist das R.I.R. 16 aus der Front abgezogen worden und marschierte in ein Ruhequartier nach Werwick. Dort wurde dann festgestellt, daß von den rd. 1000 Mann, das jedes Bataillon noch vor vier Tagen gehabt hatte, nur noch ca. 250 Soldaten kampffähig waren; von 25 Offizieren waren vier übriggeblieben. Die Gefechtsstärke des R.I.R. 16 betrug nur mehr 750 Unteroffiziere und Mannschaften, 4 Offiziere (u. 4 Sanitätsoffiziere), d. h. von den ursprünglich über 3000 Soldaten des R.I.R. 16 waren rd. 70 % gefallen oder verwundet. [329] Die Angaben von Hitler in seinen Briefen an Joseph Popp und Ernst Hepp stimmen in etwa mit diesen Zahlen überein, was Maser wieder anders darstellt. [330] Hitler teilte Joseph Popp und auch Ernst Hepp mit, daß nach dem 4tägigen Kampf um Gheluvet und Belzelaere »von 3600 Mann, so stark war unser Regiment, nur noch 611 übrig« waren. [331] Bei den Ausfällen wurden natürlich auch die Verwundeten mit gerechnet.
Es fällt auf, daß Hitler — trotz entsprechender Verbote — in seinen Briefen an Joseph Popp und Ernst Hepp sehr viele militärische Einzelheiten, wie Standorte, Verluste, Angriffstermine usw. mitteilte. 25 Jahre später hat Hitler Soldaten, die solche Angaben und Einzelheiten in die Heimat schrieben, auf das allerschwerste bestrafen lassen.
Durch die großen Verluste des I. und III. Bataillons wurden diese beiden Bataillone am 3.11.1914 zu einem »Kombinierten Bataillon« zusammengefaßt. Das schlecht ausgerüstete R.I.R. 16 hat in seiner fast viertägigen Feuertaufe einen furchtbaren Blutzoll entrichtet. Am Dienstag, dem 3.11.1914, wurde Hitler in Werwick rückwirkend zum 1.11.1914 zum Gefreiten befördert, was er stolz an Joseph Popp berichtete: »Ich wurde Gefreiter und blieb wie durch ein Wunder gesund.« [332] Hitler war Sol-

dat geworden. »Im reinsten Idealismus bin ich ins Feld gezogen«, meinte Hitler später, »dann aber hat man Tausende verletzt und sterben gesehen, und da kommt einem das Bewußtsein dessen, daß das Leben ein dauernder grausamer Kampf ist.« [333]

Nach einer nur kurzen Pause kam Hitler am 4.11.1914 mit dem »Kombinierten Bataillon« nach Comines und am 5.11. nach Bas-Warneton, um sich in der Nacht mit dem Rest des II. Batl. (ca. 200 Mann) wieder in Comines zu vereinigen, wo das nun nur noch rd. 750 Mann starke R.I.R. 16 bis zum 8.11.1914 in Alarmbereitschaft lag.

Der nach dem sogenannten »Schlieffenplan« eingeleitete Angriff der deutschen Armeen auf Frankreich kam nach anfänglichen Erfolgen, infolge fehlender Kräfte und einer Krise am gefährdeten rechten Flügel, nach der Schlacht an der Marne (vom 5. bis 12.9.1914) zum Stehen. Es erfolgte ein Teilrückzug der deutschen Armeen und speziell im Kampf um die rechte offene deutsche Heeresflanke in Belgien gelang es den deutschen Truppen nicht, den Nordseekanal zu erreichen und die Nachschubhäfen der englischen Expeditionsarmee einzunehmen; der deutsche Operationsplan war insgesamt gescheitert!

Die Front erstarrte ab November 1914 und wurde zum grausamen und schmutzigen Stellungs- und Grabenkrieg. Bei dem hohen Grundwasserstand in der Tiefebene Flanderns gelang es den Soldaten nur mühselig, sich Deckung im Boden zu verschaffen.

»Als wir uns damals«, so berichtete 1932 ein Kompaniekamerad Hitlers der Zeitschrift »Echo der Woche«, »bis auf die Haut naß, in die verschlammten Granattrichter ducken mußten, als wir, versinkend im Kot und Dreck, die erste Grabenlinie halten mußten, als wir unseren Darm in die Hose entleeren mußten, weil, wer nicht am Boden klebte, abgeknallt wurde ... jedes Austreten wäre ein Luxus gewesen, der mit dem Tode zu bezahlen war ... da war Adolf Hitler schon nicht mehr dabei, sondern saß bereits hinter der Drecklinie beim Regimentsstab.« [334]

Hitler gab dies indirekt in einem Brief an Ernst Hepp zu, indem er schrieb: »Ich bin jetzt beim Stab als Gefechtsmeldegänger. In Bezug auf Schmutz ist es da etwas besser, dafür aber auch gefährlicher.« [335]

Über die damals unvorstellbaren Zustände in den Gräben berichtete Hitler auch in seinen Briefen an Joseph Popp und Ernst Hepp:

»Das Wetter ist miserabel oft Tagelang bis zum Knie im Wasser ... Die Umgebung ist teils flach teils leicht gewellt, und mit zahlreichen Hecken und Alleeartigen Baumreihen besetzt. Durch den ewigen Regen (wir haben keinen Winter) die Nähe des Meeres, und die Tiefe Lage des Geländes, gleichen die Wiesen und Felder grundlosen Morästen, während die Straßen mit Fußtiefem Schlamm bedeckt sind. durch diese Sumpfe ziehen sich die Schützengräben unserer Infantrie, ein Gewirr von Unterständen, Schützengräben mit Schießscharten, Laufgräben, Drahtverhauen, Wolfsgruben, Flattermienen ...« [336]

Am 9.11.1914 marschierte das R.I.R. 16 von Comines über Warnetonferme de la Croix nach Bethlehem-Ferme, mit dem Auftrag, dort das R. I. R. Nr. 20 in den Schützengräben abzulösen. An diesem Tag kam Hitler als Ordonnanz (Meldegänger) in den Regimentsstab des R.I.R. 16. Ob Hitler durch seinen früheren Bataillonsführer, Hauptmann Franz Rubenbauer, der damals vertretungsweise kurz Regimentskommandeur des R.I.R. 16 war [337], dahin kam oder aufgrund einer Meldung der 1. Kompanie bzw. von Hitler selbst, wird sich wohl nicht mehr eindeutig klären lassen.

Jedenfalls wurde Hitler am 9.11.1914 zum Regimentsstab des R.I.R. 16 versetzt [338], dessen Regimentsbefehlsstelle in einem geräumigen Kellergewölbe eines Gutshofes in der südöstlich Messines gelegenen Bethlehem-Ferme lag. Man unterschied zwischen der »Regimentsbefehls-« oder »Regimentsgefechtsstelle«, die immer näher an der Front war und wo die Fernsprecher, Meldegänger und Meldereiter, Radfahrer [339] usw. und der Kommandeur mit seinem Stab bei militärischen Operationen waren und dem »Regimentsstab« mit Verwaltung usw., wo man sich aufhielt, wenn z. B. keine größeren Kampfhandlungen an der Front waren, was bei dem nun folgenden »Grabenkrieg« auch öfters der Fall war. Beispielsweise lag 1915 die Gefechtsbefehlsstelle des R.I.R. 16 in Fromelles, und der Regimentsstab war in Fournes untergebracht. Der gesamte Regimentsstab des R. I. R. 16 bestand, wie aus den K. T. B. ersichtlich, im Durchschnitt — mit Kommandeur und Adjutanten — aus 8 Offizieren, 40 bis 70 Unteroffizieren und Mannschaften (mit Fernmeldetrupp), 8 bis 10 Pferden, 3 bis 6 Fahrzeugen und 6 bis 8 Fahrrädern. Maser schreibt z. B., daß die Frontlinie westlich Fromelles verlief,

»während der Regimentsgefechtsstand sich im ›Hinterland‹ in Fournes in der Villa des Notars befand, wo Hitler im Haus des Metzgers Gombert einquartiert war . . . Für Hitler, der sich ständig beim Regimentsgefechtsstand aufhielt und sein ›festes Mädchen‹ in unmittelbarer Nähe hatte, gab es derartige Probleme nicht. Er blieb in seinen Quartieren, von wo aus er jeweils mit Meldungen in die Schützengräben und zu den Artillerie-Beobachtern ›nach vorne‹ zu gehen hatte.« [340]

Das sind reine Phantasien Masers! Die Frontlinie verlief etwa 3 km nordwestlich von Fromelles, wo der Regimentsgefechtsstand war. In Fournes lag der Regimentsstab. Hitler und seine Kameraden waren dort in einem Haus, das sie nach der Wirtin »zur schwarzen Marie« bezeichneten, untergebracht, das Hitler auch öfters gezeichnet hat. Hitler hielt sich auch nicht »ständig« in Fournes auf, da er meistens schichtweise im Regimentsgefechtsstand in Fromelles war. Wie Max Amann aussagte, waren die Meldegänger in der Regel abwechselnd immer drei Tage im Gefechtsstand in Fromelles und hatten dann drei Tage Ruhe in Fournes.

Hitler hat auch nicht von »seinen Quartieren« in Fournes Meldung nach vorne gebracht, wie Maser schreibt — Fournes war von Fromelles gut eine Wegstunde entfernt — sondern vom Gefechtsbefehlsstand in Fromelles an die ca. 3 km entfernte Front!
Die Meldegänger hatten die Aufgabe, vom Regimentsstab Befehle an die Bataillonsstäbe und zu den Kompanien zu überbringen. Auch Meldehunde und Brieftauben wurden nach Angaben des Fernsprechers Johann Raab eingesetzt. Wenn es an der Front ruhig war, was bei dem festgefahrenen Stellungskrieg auch öfters der Fall war, so berichtete später der damalige Oberleutnant Friedrich Wiedemann [341],

»hatten unsere Meldegänger wie auch der übrige Regimentsstab ein verhältnismäßig ruhiges Leben. Die Meldegänger wurden zu kleinen Dienstleistungen herangezogen und begleiteten den Kommandeur oder mich bei regelmäßigen Rundgängen durch die vordere Linie ... Hatten unsere Meldegänger in ruhigen Zeiten auch ein ruhiges Leben, so änderte sich das, sobald es zu Kampfhandlungen kam. Die Fernsprechleitungen zu den Bataillonsbefehlsstellen und zu den Kompanieführern waren meist sehr rasch zerschossen, und die Befehle des Regimentskommandeurs konnten nur noch durch Melder an die Empfänger gelangen. Da half dann nichts anderes, — ob schweres oder leichtes Feuer — die Meldegänger mußten heraus aus dem Bunker, durch das Feuer hindurch und nach vorn bis in die vorderste Linie. Die Verluste und damit der Wechsel unter unseren Meldern waren entsprechend groß. Andererseits lernte man sehr rasch diejenigen kennen, auf die Verlaß war. In Großkampfzeiten konnte man nur selten zwei Meldegänger zugleich abschicken, wie wir das im Frieden gelernt hatten. Somit blieb der einzelne Melder ganz auf sich gestellt und unbeobachtet. Wenn uns einmal ein Mann erzählte, daß er aus diesem oder jenem Grunde seinen Befehl nicht überbringen konnte, dann war nichts anderes zu machen, als noch einen weiteren Mann loszuschicken. Von den zuverlässigen Männern behielten wir beim Regiment drei bis vier zurück, die wir so wenig wie möglich in Anspruch nahmen, um sie unter besonders schwierigen Umständen zur Verfügung zu haben. Einer von diesen Zuverlässigen war Hitler.« [342]
»Er ... *[Hitler]* ...«, so berichtete auch Max Amann, »war immer dienstbereit. Wir waren immer 3 Tage im Gefechtsstand und 3 Tage in Ruhe und wenn wir im Gefechtsstand waren, mußten die taktischen Befehle sofort expediert werden. Wenn ich da, auch nachts um 3 Uhr, hineinkam, lagen ständig ein paar Ordonnanzen bereit, und ich rief: ›Ordonnanz‹, hat sich keiner gerührt, nur Hitler ist aufgesprungen. Wenn ich sagte: ›Immer Sie‹, hat er dann gesagt: ›Lassen Sie die anderen schlafen, mir macht es nichts aus.‹ Das Schanzzeug hat er noch umgehängt gehabt, obwohl wir es schon längst weggeworfen hatten. Er war ein guter und eifriger Soldat und hat sich nie vorgedrängt.« [343]
In einem Brief an Joseph Popp schrieb Hitler, daß er »schon nach dem

2ten Kampf *[am 30.11.1914. Anm. d. V.]* zum Eisernen Kreuz vorgeschlagen« worden ist, »aber der Kompanieführer wurde noch am selben Tag schwer verwundet und die Sache schlief ein. Ich kam ›dafür‹ als Gefechts Ordonnanz zum Stabe.« [344]

Von der Zeitschrift »Echo der Woche« wurde im Februar 1932 ausgeführt,

»daß Hitlers Regimentskamerad nachweist, daß Hitler nicht mehr als 10 Tage in der vordersten Linie war ... und das kam so. Nach den schlimmen Geschehnissen von Ypern und nach den Verlusten vor Wytschaete mußte das Regiment, das inzwischen einen neuen Kommandeur erhalten hatte, neu formiert werden. Es war Nachschub gekommen, die Kompanien waren aufgefüllt worden, die Stäbe mußten neu gebildet werden. Auch die erste Kompanie sollte einen Meldegänger stellen. Daß dafür in allererster Linie der alte Michael Schlehhuber, ein mehr als 40jähriger Familienvater, der älteste Kriegsfreiwillige der Kompanie, in Frage kam ... war für uns eine Selbstverständlichkeit. Aber da bockte der alte Schlehhuber. Wir rieten ihm gut zu, er wollte nicht. ›Nein, Kameraden, ich bleibe bei Euch vorn im Graben, was soll ich hinten beim Stab?‹ An Stelle des alten Schlehhuber, den die Kameraden der 1. Kompanie schonen wollten, meldete sich der Kriegsfreiwillige Adolf Hitler zum Regimentsstab.« [345]

Tatsächlich läßt sich Michael Schlehhuber [346] nachweisen, der mit Hitler ab dem 16.8.1914 bis zum 9.11.1914 bzw. 15.11.1914, wo er verwundet wurde, zusammen bei der 1. Kompanie gewesen war. Die Angaben des »ungenannten Regimentskameraden« im Hamburger »Echo der Woche« über Schlehhuber stimmen jedenfalls alle. Der »Sozialdemokrat« Schlehhuber sagte später im März 1932 als Zeuge im Prozeß Hitlers gegen die Zeitschrift »Echo der Woche« in Hamburg aus:

»Ich kenne Hitler seit dem Ausmarsch mit dem bayerischen Reserve-Infanterie-Regiment 16. Ich habe Hitler als einen guten Soldaten und tadellosen Kameraden kennengelernt. Ich habe nie beobachtet, daß Hitler sich irgendwie vom Dienst gedrückt oder der Gefahr entzogen hätte. Ich war vom Ausmarsch bis zum Heimmarsch innerhalb der Division und habe ich später bis zum Schluß nie etwas Nachteiliges über Hitler gehört. Ich war erstaunt, später in den Zeitungen Ungünstiges über die Leistungen Hitlers als Soldat zu lesen, ich stehe Hitler politisch vollkommen fern und gebe dieses Urteil nur ab, weil ich Hitler als Kriegskameraden hoch schätze.» [347]

Schlehhuber, der von der Gegenseite als Zeuge angeboten worden ist, bestätigte mehr Hitlers einwandfreies Verhalten als Soldat, als er ihn belastet hätte.

Eine andere Version, wie Hitler und Ernst Schmidt als Meldegänger zum Regimentsstab kamen, gab Schmidt nach 1945. Danach soll bei den Kämpfen um Gheluvet am 31.11.1914 Hitler mit Schmidt hinter einer

Aufnahme von Hans Bauer: Hitler mit seinen Kameraden (Tiefenböck nannte sie »Unterstab«) im September 1915 in der Nähe der Regimentsbefehlsstelle in Fromelles (1 = Adolf Hitler, 2 = Josef Wurm, 3 = Karl Lippert, 4 = Josef Kreidmayer, 5 = Karl Lanzhammer, 6 = Ernst Schmidt, 7 = Jakob Höfele, 8 = Jakob Weiß, 9 = Karl Tiefenböck).

Aufnahme der Regimentsordonnanzen (Meldegänger) mit Hitlers Hund Foxl im Ruhequartier in Fournes Anfang September 1916 (1 = Adolf Hitler, 2 = Balthasar Brandmayer, 3 = Anton Bachmann, 4 = Max Mund, 5 = Ernst Schmidt, 6 = Johann Sperl, 7 = Jakob Weiß, 8 = Karl Tiefenböck).

Ansicht der zerstörten Stadt Fromelles, in der vom 17.3.1915 bis 27.9.1916 der Regimentsgefechtsstand des R.J.R. 16 untergebracht war (links oben).

Der Feldwebel im Regimentsstab Max Amann (links) mit einer Ordonanz am Bahnhof La Bassée im März 1917 (links unten).

In der Tiefebene von Flandern standen die Schützengräben die meiste Zeit unter Wasser. Ein Laufgraben der deutschen Stellungen 1915 vor Fromelles (rechts oben).

Nur auf schwimmenden Laufstegen konnten sich die Soldaten des R.J.R. 16 in den Stellungen vor Fromelles bewegen, wie die Aufnahme vom Mai 1915 zeigt (rechts unten).

Aufnahme des Meldegängers Adolf Hitler 1916 im Ruhequartier in in Fournes.

Ernst Schmidt, Adolf Hitler und Karl Lippert (v.l.n.r.) Mitte 1915 in Fournes.

Regimentsordonnanz Adolf Hitler mit Gewehr im Laufschritt von dem Lehrer Korbinian Rutz, damals Bataillions-Meldegänger, im Mai 1915 in Fournes aufgenommen.

Hecke gelegen haben, als ein Offizier vorbeikam und fragte, ob sie sich wohl zutrauen würden, eine Meldung zum Regimentsstab zu bringen. Beide bejahten, und beim Regiment war man froh, zwei Männer gefunden zu haben, die zuverlässig ihre Meldungen nach vorn brachten und die auch intelligent genug waren, eine mündliche Meldung fehlerfrei zu übermitteln. [348]

Warum Hitler in seinem Buch »Mein Kampf« verschwieg, daß er Ordonnanz und Meldegänger beim Regimentsstab war, ist nicht verständlich. Den ganzen Krieg über ist Hitler Meldegänger geblieben. Es läßt sich nicht bestreiten; Hitler war ein guter Soldat, und er war gern Soldat gewesen, was er im Laufe seines Lebens immer wieder betonte, und noch 1941 resümierte er: »Ich war leidenschaftlich gern Soldat.« [349] Aber Hitler schilderte sich in »Mein Kampf« nur ganz kurz als Soldat, und da als Infanterist, der »im Kampf Mann gegen Mann« kämpfte, wie er ausführte. Nach 1945 hat man dies so gedeutet, daß der »kampferprobte Führer« der NSDAP ja nicht ein Meldegänger gewesen sein konnte, der nur Befehle entgegennimmt, eine Aufgabe, die wenig zu dem »befehlsgewohnten Führer« passen wollte.

Balthasar Brandmayer [350], der mit Hitler vom 30.5.1915 bis 31.5.1918 zusammen als Meldegänger beim Regimentsstab des R. I. R. 16 war, schilderte die Tätigkeit der Meldegänger später folgendermaßen:

»Ich meldete mich bei dem Regimentskommandeur Oberstleutnant Friedrich Petz. Er verwies mich hierauf in den Gefechtsunterstand der Meldeläufer des Regiments. Dort angekommen, mußte ich mich von meinem Gewehr trennen, das ich seit meinem Ausmarsch nie aus der Hand gegeben hatte ... Meine künftige Ausrüstung bestand von nun ab aus Armeepistole, Meldetasche und Taschenlampe. Der Befehl wurde jeweils im wohlverschlossenen Kuvert in die Meldetasche verstaut. Die Wichtigkeit der Meldung war durch die Kennzeichnung des Umschlages in Form des Kreuzes sichtbar. Wurde der Brief mit einem Kreuz bezeichnet, so wußte man, daß keine Eile geboten war. Zwei Kreuze waren das Merkmal für Dringlichkeit, drei hingegen sehr eilig. Die Meldegängergruppe bestand meist aus zehn Mann. Sechs hatten stets nach dem Graben Dienst, die anderen standen in Bereitschaft. In der Regel mußten zwei Meldegänger den Befehl nach vorne übermitteln. Das geschah ausschließlich aus Sicherheitsgründen, damit bei einem unvorhergesehenen Hemmnis, hervorgerufen durch Verwundung oder Tod eines Meldegängers, unverzüglich der zweite das wichtige Dokument an Ort und Stelle bringt.« [351] Hitler erzählte auch, »daß man die Meldegänger ausschickte ohne Rücksicht darauf, ob sie bei sofortigem Aufbruch Gefahren ausgesetzt waren, die nicht bestanden, wenn man den Einbruch der Dunkelheit abwartete. So sah ich mich doch wiederholt, obwohl es nichts als eine Postkarte wegzubringen gab, schweren Artilleriefeuer ausgesetzt. Einer meiner späteren Kommandeure hat das allerdings völlig abgestellt.« [352]

Am 12.11.1914 wurde Oberstleutnant Philipp Engelhardt [353] Kommandeur des R.I.R. 16, Regiments Adjutant war Leutnant Georg Eichelsdörfer, [354] durch den Hitler später das E K II bekam. In der Nacht vom 12. auf 13.11.1914 ist das R.I.R. 16 vor Messines abgezogen worden und kam in Wytschaete zum Einsatz. In einem Waldstück nordwestlich der Ortschaft hatten sich französische Truppen festgesetzt. Der Regimentsstab war in Oosttaverne und der Regimentsgefechtsstand wurde von Pionieren an der Abzweigung eines Hohlweges zu einem beilförmigen Waldstück in den Boden gebaut. Hitler hat den »Hohlweg bei Wytschaete« in einem seiner wenigen Aquarelle, die er im I. Weltkrieg malte, festgehalten. Das Bild ließ Heinrich Hoffmann später überarbeitet aus seiner »Sammelmappe« veröffentlichen. Der Text zu dem Bild von Dr. August Priesack im »Werkkatalog« ist falsch; es war nicht der 29.10.1914 sondern der 15./16.11.1914.

Der Regt. Kdr. Oberstleutnant Philipp Engelhardt wollte sich, so berichtete der Regt. Adjt. Leutnant Georg Eichelsdörfer, ein Bild von dem Kampfgeschehen machen und begab sich vom Regimentsgefechtsstand im Hohlweg bis zum Rande des Waldes, wo er das Gelände überblicken konnte. Er wurde dort erkannt und beschossen:

»Fast hätte er seine Tollkühnheit mit dem Leben bezahlt. Die beiden ihn begleitenden Gefechtsordonnanzen des Regiments Adolf Hitler und Bachmann sprangen vor, stellten sich schützend vor ihm hin und drängten ihn mit den Worten, er möge das Regiment davor bewahren, in so kurzer Zeit ein zweites Mal seinen Kommandeur zu verlieren in ein nahes Erdloch. Zum Dank drückte er beiden stumm die Hand.« [355]

Und Hitler schrieb in einem Brief an Joseph Popp:

»Oberst Leutnant Engelhart schlug mich dann selber zum Eisernen Kreuz vor. Aber am selben Tag wurde er schwer verwundet.« [356]

Am Montag, den 16.11.1914 wurde mit Hilfe schwerer Artillerie das Waldstück vom R. I. R. 16 erobert, aber 122 Tote und 286 Verwundete kosteten die Angriffe in den beiden Tagen. Am 17.11.1914 fand um 14.30 Uhr im Regimentsgefechtsstand eine Lagebesprechung mit Kompanieführern statt, als ein Volltreffer der französischen Artillerie in den Gefechtsstand einschlug. Es gab mehrere Tote und Schwerverwundete, unter diesen auch der Regt. Kdr., Oberstltn. Engelhardt.

Der Meldegänger Hitler hatte auch hier — wie so oft in seinem Leben — Glück. Er berichtete, daß von den acht Meldegängern des Regimentsstabes

»am Tage des ersten Sturmes *[am 15.11.1914. Anm. d. V.]* 3 abgeschossen, einer schwer verwundet« wurden. Und als am 17.11.1914 die Vorschlagsliste für das Eiserne Kreuz »besprochen wurde, kamen auch 4 Kompanieführer in das Zelt bzw. Unterstand. Infolge Platzmangels mußten wir vier *[gemeint sind die Meldegänger Hitler, Schmidt, Bachmann und ein Unbekannter. Anm. d. V.]* einen Augenblick hinaustreten. Wir waren kaum 5 Minuten draußen als eine Granate in das Zelt schlug, den Herr ObstL. Engelhardt schwer verwundete und den gesamten sonstigen Stab teils tötete teils verwundete. Es war der furchtbarste Anblick meines Lebens.« [357]

Der Sturm auf den Wald bei Wytschaete war das letzte Gefecht des R.I.R. 16 im flandrischen Bewegungskrieg. Am 17.11.1914 wurde der Angriff auf Ypern eingestellt. Der einsetzende Winter mit Regen und Nässe ließ die Front erstarren und zum Stellungskrieg werden. Am 20.11.1914 wurde das R. I. R 16 als Divisionsreserve von der Front abgezogen.

Oberstleutnant Friedrich Petz [358] vom R.I.R. 17 übernahm noch am Abend des 17.11. das R.I.R. 16 als Regimentskommandeur. Das Regiment wurde durch 400 neue Soldaten wieder gefechtsmäßig ergänzt und kam am 24.11.1914 nach Messines. Dort sollte es in der Winterstellung auf dem Westhang des Höhenzuges von Wytschaete nach Messines einen Gefechtsabschnitt halten. Gegenüber den Schützengräben des R.I.R. 16 lagen in 70 bis max. 500 m Abstand die englischen Truppen in ihren Gräben. Der Regimentsstab mit Hitler war in einem Kirchengewölbe von Messines untergebracht; er wurde ab dem 17.12.1914 wegen des starken englischen Artilleriefeuers zeitweise nach Comines verlegt. In Messines übernahm am 1.12.1914 kurzzeitig Oberstleutnant von Langlois das R.I.R. 16 bis zum 21.1.1914, wo er erkrankte und Oberstleutnant Petz wieder das R.I.R. 16 kommandierte. Am Mittwoch, den 2.12.1914, wurden 60 Mann des Regiments mit dem Eisernen Kreuz ausgezeichnet, darunter war auch Adolf Hitler.

»In Messines«, so berichtete Hitler an Ernst Hepp, »wurde ich zum erstenmal in Wyschaete zum zweitenmal zum Eisernen Kreuz vorgeschlagen, diesmal mit noch vier anderen ... *[Meldegängern]* ... von Oberstl. Engelhardt, unserem Regimentskommandeur. Am 2ten Dezember erhielt ich es dann endlich.« [359]

Und an Joseph Popp schrieb Hitler:

»Oberst Leutnant Engelhart schlug mich dann selber zum Eisernen Kreuz vor. Aber am selben Tag wurde er auch schwer verletzt ... Jetzt wurde ich neuerdings vorgeschlagen durch den Regimentsadjutanten Eichelsdörfer und gestern am 2 Dezember erhielt ich das Eiserne Kreuz wirklich. Es war der glücklichste Tag meines Lebens.« [360]

Hitler war, das kann man aus seinen Briefen entnehmen, sehr stolz auf die Auszeichnung, und man kann ihm glauben, wenn er 1941 sagte: »Ich bin doch maßlos glücklich, daß ich den Krieg in dieser Weise erlebt habe.« [361] Auch in seinen nächtlichen Monologen beim Tee in den Führerhauptquartieren während des II. Weltkrieges kam Hitler immer wie

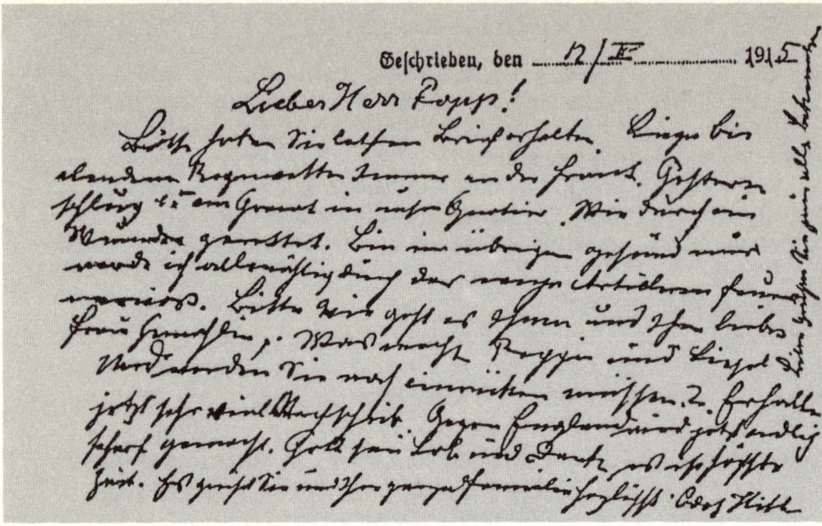

Geschrieben, den 12/II 1915

Lieber Herr Popp!

Feldpostkarte Hitlers an Joseph Popp vom 12. Februar 1915, in der er angab, daß ihn »das ewige Artilleriefeuer allmählich nervös macht«.

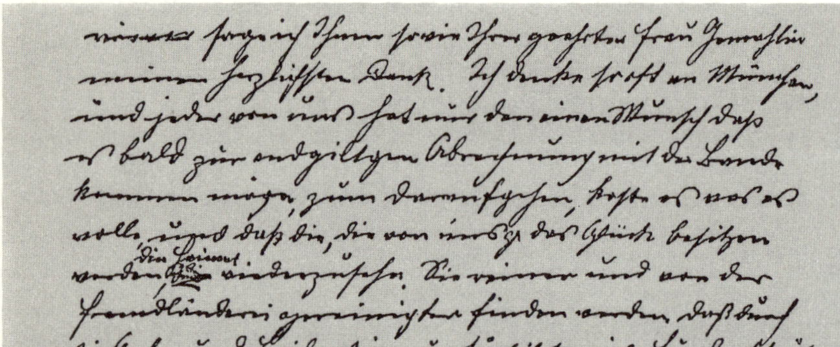

Adolf Hitler

Letzte Seite eines zwölf Seiten langen Briefes Hitlers vom 5. Februar 1915 an Ernst Hepp mit den erste »deutsch-nationalen« Äußerungen Hitlers: »... daß auch unser innerer Internationalismus zerbricht. Das wä mehr wert, als aller Ländergewinn. Mit Österreich wird die Sache kommen, wie ich es immer sagte ...«.

der auf seinen Militärdienst im I. Weltkrieg zurück. Auf einem Foto vom April 1915 ist Hitler mit seinen Kameraden Ernst Schmidt und Anton Bachmann [362] zu sehen, die mit Hitler zusammen als Regimentsordonnanzen am 2.12.1914 das EK II erhalten hatten.

Weihnachten 1914 verbrachte Hitler beim Stab in Messines. Er bekam von Frau Popp, Frau Seiler, Ernst Hepp und dem Bäcker Heilmann Pakete und Briefe, was aber im Laufe des Jahres 1915 aufhörte. Die Briefe von Joseph Popp und seiner Frau hat Hitler immer seltener beantwortet. Am Anfang schrieb er noch, ob Joseph Popp nicht auch einrücken müsse, und er solle alle Bekannten im Hause und Heilmeier (Hitler meinte wohl Heilmann) grüßen lassen sowie daß er »ehestens« einen ausführlichen Brief schreiben werde, aber dann blieb jede Nachricht von Hitler aus, und die Familie Popp soll mehrfach beim Vizefeldwebel Max Amann im Stab des R. I. R. 16 angefragt haben, ob Hitler überhaupt noch am Leben sei. [363]

»Vorerst meinen besten Dank«, schrieb Hitler im Januar 1915 an Joseph Popp, »für Ihren lieben Weihnachtsbrief ... ebenso für das Packetchen.« [364] Und an Ernst Hepp schrieb er: »Für die beiden Packete, die Herr Assessor so gut waren für mich abzuschicken sage ich Ihnen sowie Ihrer geehrten Frau Gemahlin meinen herzlichsten Dank.« [365] Auch von einer Frau Seiler erhielt er ein Paket, wie aus einem Brief Hitlers an Joseph Popp vom 20.2.1915 ersichtlich.

Auf der anderen Seite wird berichtet, daß Hitler keine Pakete von seinen wenigen Bekannten in München wollte. So sagte Frau Popp später: »Als wir einmal meinten, ihm ein Paket zu Weihnachten zu senden, war er direkt böse. Er schrieb zurück, er hätte genug zu Essen.« [366] Auch der Bäckermeister Heilmann soll ähnliches berichtet haben:

»Wir haben wohl tausend Liebespakete im Laufe des ersten Weltkrieges an die Front geschickt — gute Sachen: Schokolade und Zigarren und so, aber nur einmal ist es uns passiert, daß wir eine Ablehnung bekamen — von dem Zimmerherrn des Schneidermeisters Popp gleich um die Ecke, von dem Adolf Hitler. Der schrieb uns er dankte für das Paket, aber er bäte, ihm auf keinen Fall noch etwas zu schicken — merkwürdig, dabei hatte er doch immer solchen Hunger gehabt, der Zimmerherr von Popp.« [367]

Auch Hitlers Kriegskameraden bestätigten, daß Hitler im weiteren Verlauf des Krieges keine Post und keine Pakete aus der Heimat mehr bekam.

Gegen Ende November nahmen im I. Weltkrieg die Kämpfe an der Front wegen Eintritt des Winters immer etwas ab. Hitler erinnerte sich z. B. 1942:

»Im allgemeinen sind Ende November, Anfang Dezember im Westen die

Kriegshandlungen zuende gewesen, sie klangen dann immer aus ... dann begann es ganz plötzlich zu regnen und zu schneien, und dann ist die Geschichte ersoffen.« [368]

Der Wahnsinn des Krieges trat nirgends deutlicher hervor als zu Weihnachten 1914. Wie aus dem K. T. B. des R. I. R. 16 und den Aufschreibungen von Fridolin Solleder zu entnehmen, gingen zu Weihnachten die Bayern und vor allem die Engländer waffenlos zwischen den Schützengräben aufeinander zu, schüttelten sich die Hände, unterhielten sich und tauschten Sachen aus. Ein Augenzeuge berichtete später darüber:

»Von drüben winkten sie mit Taschentüchern, und auch bei uns, die wir noch ganz unter dem Einfluß der weihnachtlichen Friedensstimmung standen, wurde dieser Gruß von einigen erwidert. Ein besonders Kühner kam die Arme schwenkend, näher, noch einer folgte, noch mehr, und allmählich kamen sie von allen Seiten. Auch wir stiegen aus unseren Gräben heraus, gingen ihnen entgegen, so daß wir ungefähr in der Mitte der Stellungen zusammentrafen. Wie wundersam war doch das! Die Feinde — es waren Engländer, von deren Vorhandensein wir nur Kenntnis erhielten, wenn sie uns ihre Eisengrüße sandten, wir sahen sie nun von Angesicht zu Angesicht. Wir, die wir uns gegenüber lagen mit der totbringenden Waffe in der Hand, winkten uns zu und drückten uns die Hände, tauschten Geschenke, als wären wir Freunde, wären wir Brüder! ... Die Leute unterhielten sich, soweit es ging, auf das Beste. Ein Engländer spielte mit der Mundharmonika eines deutschen Kameraden, andere tanzten, wieder andere hatten einen kolossalen Stolz, auf ihren Kopf einen deutschen Helm zu tragen. Als ein Mann von uns den Weihnachtsbaum brachte und in die Mitte stellte, hatte sofort ein jeder seine Streichhölzer aus der Tasche, und im Nu brannte der Baum. Die Engländer stimmten ein Weihnachtslied an, wir sangen hierauf »Stille Nacht, heilige Nacht«. Es war dies etwas Ergreifendes: zwischen den Schützengräben stehen die verhaßten Gegner um den Christbaum und singen Weihnachtslieder. Diesen Anblick werde ich mein Leben lang nie vergessen ... In diesem Augenblick waren wir Brüder, waren wir nicht mehr Deutsche oder Engländer — wir waren ›Menschen‹!« [369]

Einige Stunden später lagen die Soldaten wieder in ihren dreckigen Schützengräben und spähten durch die Schießscharten, ob sie nicht einen ›Menschen‹ auf der anderen Seite erspähten, den sie erschießen konnten! Heinrich Lugauer, seit Dezember 1914 ebenfalls Meldegänger beim Regimentsstab, berichtete in diesem Zusammenhang:

»Als Weihnachten 1914 viel von einer Verbrüderung mit den Engländern die Rede war, zeigte sich Adolf Hitler als erbitterter Gegner. So etwas dürfe jetzt in der Kriegszeit nicht zur Debatte stehen.« [370]

Bis März 1915 lag das R. I. R. 16 bei Messines in der Winterstellung. Hitler schrieb an Joseph Popp:

»Unser Regimentsstab liegt jetzt in Messines. Messines ist ein Städtchen von 2.400 Einwohnern das heißt es war dies, denn jetzt ist von dem Orte nicht mehr vorhanden als ein ungeheuerer Brand und Schutthaufen.» [371]

Hitler zeichnete auch hier im Dezember 1914 einige Bilder von den Ruinen von Messines.
Als die Engländer bei Neuve Chapelle im März 1915 einen Durchbruch erreichten, wurde das R.I.R. 16 zum Gegenangriff eingesetzt. Der Regimentsgefechtsstand mit Hitler wurde in die Ferme de Biez verlegt. Am 12.3.1915 wurde angegriffen, aber ohne Erfolg; die Engländer waren zahlenmäßig und materialmäßig weit überlegen: 243 Tote und einige Hundert Verwundete war die Bilanz des erfolglosen Versuches, Neuve Chapelle zurückzuerobern.
Am 14.3.1915 wurde das R.I.R. 16 abgelöst, und der Regimentsstab kam nach Grand und Petit Moisnil. Am 17.3.1915 ist das R.I.R. 16 dann in die Stellungen bei Fromelles verlegt worden. Die Regimentsbefehlsstelle (Gefechtsstelle) wurde beim Schloß Fromelles in einem Keller eines Hauses eingerichtet (gegenüber lag der Sanitätsunterstand des R.I.R. 16) und der Regimentsstab war in dem »gut eine Wegstunde« entfernten Fournes im Haus eines Notars in der Münsterstraße 50 untergebracht. [372] Die Regimentsordonnanzen hatten ihr Quartier bei der »schwarzen Marie«, im Haus einer resoluten französischen Wirtin.
Es begann der Stellungskrieg bei Fromelles, in dem das R.I.R. 16 eine ca. 2,3 km lange Stellungslinie etwa 3 km vor Fromelles bis zum 26./27. September 1916, also über eineinhalb Jahre lang, zu verteidigen hatte. Gräben und Unterstände, Bachbrücken und Entwässerungen sowie eine Feldeisenbahn zwischen Fournes und Fromelles wurden gebaut. Die Kämpfe bei Fromelles haben bei den Engländern und Deutschen viele Tote und Verwundete gekostet, aber schließlich wieder dort geendet, wo sie begonnen hatten; in eineinhalb Jahren hatte sich die Front trotz zweier schwerer Gefechte im Mai 1915 und Juli 1916 nur einige Meter hin und her bewegt!
Hitler, der nun als Regimentsordonnanz im Ruhequartier des Regimentsstabes in Fournes mehr Zeit hatte, fand auch wieder Ruhe zum Zeichnen. Der Unteroffizier Karl Lippert [373], der als »Ordonnanzführer« ab dem 22.11.1914 beim Regimentsstab war, berichtete,

»daß Hitler ... sich ... in ruhigen Tagen in der Gefechtsstelle zu Fromelles oder Fournes mit Zeichnen und Lesen [374] beschäftigte ... Fast jeder Mann im Regimentsstab wurde gezeichnet, einige auch in Karikatur. Leider fehlen mir die lustigsten Sachen, die ich jahrelang im Tornister mitgetragen habe und die sich dann im Wind und Regenwetter auflösten ...« [375]

Von Hitlers Bildern aus dem I. Weltkrieg sind höchstwahrscheinlich nur vier Originalaquarelle übriggeblieben: »Kloster Messines«, Dezember 1914, »Porträt von Max Mund«, 1916, «Am Bahndamm von Biache«, 1917 und »Becelaire«, 1917. Die anderen sieben Aquarelle aus der Sammelmappe Hoffmanns sind mit an Sicherheit grenzender Wahrscheinlichkeit überarbeitet und nachkoloriert worden. Weiter sind neun Bleistiftzeichnungen und fünf Federzeichnungen noch vorhanden, aber kein »Ölbild«, wie Maser meint. Alle anderen Zeichnungen und Aquarelle sind wohl als Fälschungen einzustufen.

Hitler als Maler im I. Weltkrieg wurde vor allem durch die sieben Bilder aus einer »Sammelmappe« von Heinrich Hoffmann bekannt. Die vielen Reproduktionen dieser »Kriegsbilder« Hitlers durch Hoffmann sind vor allem in den Fliegerhorsten der Luftwaffe und auch in den sogenannten »Cigarettenbilderalben« (herausgegeben 1933 von dem Cigaretten/Bilderdienst Hamburg-Bahrenfeld) breiten Kreisen vorgestellt worden. Dabei fällt auf, daß diese sieben Bilder gegenüber den vorhandenen anderen Originalzeichnungen Hitlers in einem merkwürdigen Kontrast stehen. Während die Originalzeichnungen in ihrer etwas phantasielosen Korrektheit jenen Hitler verraten, der sich auch später in seinen Architekturskizzen in ganz ähnlicher Form äußert, zeigen die Bilder aus Hoffmanns Sammelmappe, was Technik und Farbe betrifft, einen sehr schwungvollen Strich und eine sicher angelegte Kolorierung. Es drängt sich die Vermutung auf, daß es sich bei diesen Aquarellen zumindest um eine von sehr fachkundiger Hand durchgeführte Überarbeitung handelt, ist aber leider nicht nachzuweisen. Alfred Rosenberg [376], der in Moskau Architektur studiert hatte und etwas davon verstand, schrieb allerdings in seinen Nürnberger Memoiren [377], daß er seinerzeit in München Kriegsaquarelle Hitlers gesehen habe, »zum Teil im Original, z. T. in späterer Wiedergabe«, (!) die ihn überraschten, »da sie natürliche Begabung, Betonung des Wesentlichen und ausgeprägten malerischen Sinn« verraten hätten. Es kann kein Zweifel darüber bestehen, daß es sich dabei um die Zeichnungen Hitlers aus der Sammelmappe Hoffmanns gehandelt haben muß. D. h. die Aquarelle aus der Sammelmappe von Heinrich Hoffmann sind mit Sicherheit von einem guten Maler überarbeitet und aquarelliert worden!

Nachfolgende Zusammenstellung gibt einen Überblick über die noch vorhandenen Zeichnungen Hitlers, wobei zu bemerken ist, daß in dem »Werkkatalog Hitlers« (Dr. Priesack) nicht nur die ganzen Fälschungen mit aufgenommen, sondern z. B. die markanten Bilder von Max Mund und Karl Lippert (zwei Kriegskameraden Hitlers beim Regimentsstab) nicht richtig bezeichnet und zugeordnet worden sind. [378]

Aquarell Hitlers von seinem Kriegskameraden Max Mund, den er am 18. August 1915 in Fournes gemalt hat (links). Bleistiftzeichnung von Hitlers Kriegskamerad Uoffz. Karl Lippert, den er 1915 in Fournes porträtierte.

Hitler zugeschriebene Federzeichnung »Auf nach Comines« von 1915, die nach 1945 aufgetaucht ist (oben). Federzeichnung Hitlers, »Blick auf Messines vom Schützengraben aus« vom 10. Februar 1915 (unten).

Das Ruhequartier der Regimentsordonnanzen in Fournes, von den Meldegängern »Zur schwarzen Marie« genannt, zeichnete Hitler 1915 öfters (Skizzenbuch Hitlers, Ernst Schmidt, NSDAP-Hauptarchiv Neg. Nr. 93).

Das gleiche Motiv wie oben aus der Sammelmappe Heinrich Hoffmanns. Die Überarbeitung der Zeichnung ist nicht zu übersehen.

1. »Hohlweg bei Wytschaete«, November 1914, Aquarell (17 x 26), Nr. 1 aus der Sammelmappe Heinrich Hoffmanns.
2. »Porträt von Max Mund«, 18. August 1916, Aquarell (8,1 x 10,8). Dr. Priesack schreibt: »1914«! Max Mund kam erst im Mai 1915 zum Regimentsstab, und nach Angaben von Frau Mund am 20.9.1938 ist das Bild am 18.8.1916 in Fournes entstanden (HIMC, File 47, Reel 2).
3. »Messines Kloster«, Dezember 1914, Aquarell (13 x 15), Nr. 2 aus der Sammelmappe Heinrich Hoffmanns.
4. »Klosterruine Messines«, Dezember 1914, Bleistiftzeichnung (14 x 9), BA Koblenz NS 26/93.
5. »Kloster-Messines«, Dezember 1914, Aquarell (9 x 14), BA Koblenz NS 26/94. Das Bild stammt von Ernst Schmidt und kam unter der Nr. 94 in das NSDAP Hauptarchiv.
6. »Klosterruine Messines«, 1915, aquarellierte Federzeichnung (9 x 14). BA Koblenz NS 26/43a/18. NSDAP Hauptarchiv Nr. 132/1.
7. »Blick auf Messines vom Schützengraben aus«, 10.2.1915. Federzeichnung (9 x 14), BA Koblenz NS 26/439/15.
8. »Porträt vom Unteroffizier Karl Lippert«, Fournes 1915, Bleistiftzeichnung (30 x 20), BA Koblenz NS 26/5091. Lippert war vom 22.11.1914 bis 9.3.1915 mit Hitler zusammen beim Regimentsstab.
9. Soldat mit Stahlhelm«, 1916, Bleistiftzeichnung, Bayer. Hauptstaatsarchiv (Sammlungen).
10. »Auf nach Comines«, 1915, Federzeichnung (9 x 14).
11. »Blick auf Fournes«, Mai 1915, Bleistiftzeichnung (8 x 17).
12. »Quartier in Fournes«, 1915, Bleistiftzeichnung (9 x 12), BA Koblenz NS 26/93a. Zeichnung aus dem Skizzenbuch Hitlers, NSDAP Hauptarchiv Nr. 93a.
13. »Quartier in Fournes«, September 1915, Federzeichnung (9 x 14). BA Koblenz NS 26/93/1. Die Zeichnung stammt von Ernst Schmidt und kam unter der Nr. 93 in das NSDAP Hauptarchiv.
14. »Ruhequartier in Fournes«, 1915, Federzeichnung mit Farbstiften (17 x 26), Nr. 5 aus der Sammelmappe von Heinrich Hoffmann.
15 »Studie aus Fromelles«, 1915, Federzeichnung (9 x 14), BA Koblenz NS 26/2060c.
16. »Fromelles Verbandsstelle«, 1915, Aquarell (13 x 22), Nr. 3 aus der Sammelmappe Heinrich Hoffmanns.
17. »Haus mit weißem Zaun«, 1915, Aquarell (13 x 21), Nr. 4 aus der Sammelmappe Heinrich Hoffmanns.
18. »Straße in Messines«, 1915, Bleistiftzeichnung (14 x 6), BA Koblenz NS 26/132.

19. »Haubourdin«, 15.6.1916, Aquarell (23 x 14), Nr. 6 aus der Sammelmappe Heinrich Hoffmanns.
20. »Am Bahndamm von Biache«, 3.5.1917, Aquarell (12 x 15).
21. »Ardoye in Flandern«, 27.6.1917, Bleistiftzeichnung (15 x 22), Nr. 7 aus der Sammelmappe Heinrich Hoffmanns.
22. »Becelaire«, 1917, Aquarell (13 x 20).

In Fromelles und Fournes, wo Hitler fast die Hälfte seines militärischen Frontdienstes im I. Weltkrieg verbrachte, entstanden auch die meisten Fotos, auf denen Hitler mit seinen Kameraden zu sehen ist. »Auf die Pflege des äußeren Menschen«, so berichtete der Fernsprecher im Regimentsstab, Heinrich Lugauer, »legte er wenig Wert, es ist ja aus seinen Kriegsbildern ersichtlich.« [379]

Vor allem im Ruhequartier Fournes und auch in der Nähe der Regimentsgefechtsstelle, im Schloßpark von Fromelles, sind im Mai und Juni 1915 mehrere Aufnahmen von den Meldegängern gemacht worden. Hans Bauer (32 Jahre), ein Buchhalter aus München, der vom 21.5.1915 bis 25.11.1918 Fernsprecher beim Regimentsstab war, hat damals ein Gruppenfoto in Fromelles gemacht: »... Ich habe im weiteren Verlauf damals die Aufnahme (Adolf Hitler im Kreis seiner Kameraden) ... aufgenommen.« [379a] Es war ein sehr gemischter Haufen, der auf den Fotos zu sehen ist: Adolf Hitler (26 Jahre), ein Kunstmaler aus Braunau in Österreich, Ernst Schmidt (25 Jahre), ein Maler aus Würzbach, Anton Bachmann (18 Jahre), ein Kaufmann aus Aschaffenburg, Max Mund [380] (18 Jahre), ein Vergolder aus München, Balthasar Brandmayer (21 Jahre), ein Maurer aus Bad Aibling, Karl Tiefenböck [381] (19 Jahre), ein Kontorist aus München, Ignaz Westenkirchner (22 Jahre), ein Hilfsarbeiter aus Eggenfelden, Josef Inkofer [382] (23 Jahre), ein Kellner aus Regensburg, Karl Lanzhammer [383] (17 Jahre), ein Techniker aus Dingolfing, Johann Sperl [384] (33 Jahre), ein Steindrucker aus München, Jakob Weiß [385] (22 Jahre), ein Ökonomiepraktikant aus Abens bei Landshut, Karl Lippert [386] (23 Jahre), ein Dekorateur aus Miltenberg (Main), Josef Wurm [387] (21 Jahre), ein Kaufmann aus München und Karl Höfele [388] (23 Jahre), ein Bauführer aus Pfarrkirchen (Niederbayern).

Hier muß man kurz eine Pointe einfügen. Der Historiker Dr. Maser bringt es fertig, aus dem Hallertauer Wirtssohn Jakob Weiß, der aus Abens in Niederbayern nie herauskam, einfach einen »Schulkameraden« Hitlers zu machen! Er schreibt: »... mit seinen Schulkameraden Jakob Weiß, Fritz Seidel und Fritz Lauböck ...« [389] Wobei der am 11.2.1904 in Nürnberg geborene Fritz Lauboeck auch kein Schulkamerad Hitlers war, sondern Hitlers Privatsekretär in München von 1922 bis 1923!

Brandmayer [390] beschrieb später seine Begegnung am 30.5.1915 mit Hitler und den anderen Meldegängern folgendermaßen:

»Mein Erscheinen löste bei den Meldegängern das größte Hallo aus; denn man war froh, daß man einen Neuling zum Traktieren hatte ... da trat Adolf Hitler in den Unterstand. Ich sah ihn zum ersten Mal in meinem Leben ... Er fragte mich, woher ich komme und ob ich für beständig in ihrer Gruppe bleibe. Hitler selbst war bis aufs Skelett abgemagert, seine Gesichtsfarbe fahl und bleich. In den tiefen Höhlen staken zwei durchdringende, dunkle Augen; sie fielen mir damals besonders auf. Sein Schnurrbart war stark und wenig gepflegt ... Adolf Hitler ist neben Mund Max mein unzertrennlicher Kamerad geworden ... Mein Einstand wurde ... erst gebührend mit Tee und Wurstbrot gefeiert. Adolf Hitler saß in einer Ecke und hatte sich in eine Zeitung vertieft; währenddessen schlürfte er von Zeit zu Zeit aus seinem Feldkessel den heißen Tee. Ab und zu warf er einen Einwurf in die fröhliche Unterhaltung, mit dem wir meist nichts anzufangen wußten. So ging der erste Tag in Fromelles dem Ende zu. In den aufeinandergestellten Holzpritschen lag Stroh. Der Schlaf übermannte uns ...
Nach wenigen Tagen hatte ich sämtliche Meldegänger näher kennengelernt. Dem Namen nach waren es Schmied *[richtig Schmidt. Anm. d. V.]*, ein gemütlicher Franke, Weiß Jakl, ein Wirtssohn aus der Hallertau, Mund Max, ein urwüchsiger Münchner, Sperl, Tiefenbeck *[Tiefenböck]*, Landshammer *[Lanzhammer]*, Inkofer und Bachmann.« [391]

Noch einer, der auf den Fotos zu sehen ist, sollte nicht übersehen werden, da er Hitler fast 3 Jahre lang im I. Weltkrieg begleitet hat und an dem Hitler mehr hing als an manchen Menschen: sein Hund »Foxl« [392], ein weißer Terrier, der seinem englischen Herrn entlaufen war.

»1915 gleich im Januar«, so erzählte Hitler später, »habe ich ihn erwischt. Er ist einer Ratte nach, die in unseren Graben sprang. Er hat gebissen, toll, aber ich habe nicht mehr locker gelassen und habe ihn zurückgebracht. Nun ist er mir dauernd ausgerissen. Mit einer kolossalen Geduld — er hat nicht deutsch verstanden — habe ich ihn langsam an mich gewöhnt. Zunächst habe ich ihn nur mit Keks und Schokolade genährt — die Engländer hatten ein besseres Essen als wir —, dann habe ich angefangen, ihn so ein bißl zu dressieren. Er ist immer bei mir gewesen. Die anderen haben ihn nicht gewollt. Für mich war es zugleich ein Intelligenzstudium. Alle Sachen, Seilspringen, die Leiter hinaufklettern und heruntersteigen, habe ich ihm allmählich beigebracht. Entscheidend ist, daß ein Hund immer beim Herrn schläft.
Wenn ich fort hab' müssen, in die Stellung, und es war starkes Feuer, da habe ich ihn in der Unterkunft angehängt. Aber meine Kameraden haben mir gesagt, er hat auf niemand reagiert, bis ich wieder dagewesen bin. Wenn ich nur in die Nähe gekommen bin, hat er mich schon erkannt, das war dann ein Geschrei! Die Rattenjagd ist für ihn die größte Freude gewesen. [393] Foxl haben wir ihn geheißen. [394]

Meinen Foxl in Fromelles, ich hab' ihn oft studiert! ... Er saß neben mir, wenn ich gegessen habe, sah mir mit jedem Bissen zu. Habe ich ihm beim fünften, sechsten Bissen nichts gegeben, dann legte er die Pfoten rauf, schaute mich an mit einem Blick: Ich bin doch auch da! Ich habe ihn so gern gehabt! Niemand durfte mich anrühren, da ist er rabiat geworden. Nur mir hat er gefolgt.
Dann kam die Zeit mit dem Gaskrieg. So konnte ich ihn nicht mehr mitnehmen nach vorn. Da hat er von anderen zu fressen gekriegt. Aber nach zwei Tagen, wenn wir aus der Stellung zurückgekommen waren, ist er wieder nur bei mir gewesen. Alle haben ihn gern gehabt. Wenn wir marschiert sind, ist er hie und da zurück, hat geschaut. Ich habe alles mit ihm geteilt, abends hat er bei mir geschlafen ...
Er hat die ganze Somme-, die Arrasschlacht mitgemacht, nervös war er gar nicht. Als ich verwundet worden war *[am 5.10.1916 bei Le Barque. Anm. d. V.]*, hat ihn Karl Lanzhammer bei sich gehabt, er sagte mir, es war schrecklich mit ihm. Wie ich zurückgekommen bin, ist er auf mich los wie ein Narr ..
Ach, daß sie mir den geklaut haben! Ich dachte mir, wenn ich mit dem Leben davonkomme, kaufe ich mir im Frieden eine Hündin dazu. Ich hätte ihn nicht hergegeben, um keinen Preis. In meinem Leben habe ich noch keinen Hund verkauft. Da kam einer her und wollte den Hund erwerben. Er war ein richtiger Zirkushund. Alle denkbaren Kunststücke hat er gemacht. Vor Kolmar kam der Eisenbahner noch einmal und hat mir zweihundert Mark geboten. Und wenn Sie mir zweihunderttausend geben, Sie kriegen ihn nicht! Wir treten in Harpsheim an *[richtig: Habsheim; es war am 19.10.1917 im Elsaß. Anm. d. V.]* aufeinmal fehlt der Hund. Marsch! Ich konnte nicht stehen bleiben. Ich bin weg von dem Bahnhof mit einem Gefühl! Dieser Schweinehund, der ihn mir genommen hat, weiß gar nicht, was er mir angetan hat.« [395]

Am 9. Mai 1915 eröffneten die Engländer nach starker Artillerievorbereitung einen Angriff und brachen in die deutschen Stellungen ein. Die z. T. doppelt verlegten Fernsprechleitungen zu den Bataillonen und Kompanien waren schnell zerschossen. Die Befehle, Anweisungen und Lageberichte mußten überwiegend durch zwei Meldegänger überbracht werden. Hitler war, nach späteren Angaben seiner Kameraden, meist mit dem Meldegänger Ernst Schmidt unterwegs.
Am 10.5.1915 waren die englischen Truppen nach harten Kämpfen wieder aus den deutschen Stellungen hinausgeworfen worden, aber 600 Tote und Verwundete waren der Blutzoll des R. I. R. 16 an diesen beiden Tagen. Die Gefechtsstärke des Regiments betrug am 12.5.1915 nur mehr 60 Offiziere und 2271 Mann und wurde dann bis Juni 1916 wieder auf 80 Offiziere und 2800 Mann aufgefüllt.
Auch im Regimentsstab wechselten die Meldegänger, Fernsprecher und die Meldereiter durch Verwundung, Beförderung oder Versetzung; nur

einer blieb, Adolf Hitler! Es kamen neue Leute, wie Johann Wimmer (35 Jahre), ein Kutscher aus Vilsbiburg — er war Radfahrer beim Regimentsstab — Franz Mayer (24 Jahre), ein Diener aus Nachstetten (Krumbach), der zuerst Diener beim Regimentskommandeur des R.I.R. 16 und ab 4.6.1916 Regimentsordonnanz war. Heinrich Lugauer (27 Jahre), ein Elektrotechniker aus München und Johann Raab (19 Jahre), ein Brauer aus München, waren Fernsprecher beim Regimentsstab. Neue Meldegänger waren Karl Witzgall (19 Jahre), ein Schreiner aus München, Hermann Heer (20 Jahre), ein Kaufmann aus Rothenburg a. T. und Ferdinand Widmann (18 Jahre), ein Musiker aus München, um nur einige zu nennen.

Auch über Hans Mend, den Meldereiter, berichtete Brandmayer:

»Des öfteren besuchte uns im Ruhequartier Fournes auch Hans Mend mit seinem Schimmel. Sein Quartier hatte er in der Nähe ›Zur schwarzen Marie‹. Ein zweiter Meldereiter, Vitus Gasteiger mein Landsmann gebürtig in Au bei Aibling, kam manchesmal in unsere Räuberhöhle. Mend wurde nach einigen Monaten zu einen anderen Truppenteil abkommandiert.« [396]

Ein letztes Wort zu Hans Mend, den »Schimmelreiter«, den Gefreiten, der sich später als »Offiziersstellvertreter«, »Stabsoffizier« und »Rittmeister« ausgab. Ich habe sämtliche Unterlagen über Mend eingesehen, die noch vorhanden sind [397] und sein Buch »Adolf Hitler im Felde, 1914-1918« gelesen. Es ist sinnlos, sich mit dem selbstüberheblichen Psychopathen Mend näher zu beschäftigen, und man muß sich eigentlich wundern, daß Hitler und seine Mitarbeiter mit Mend später so glimpflich umgegangen sind, d. h. daß sie ihn einfach ignorierten, was bekanntermaßen sonst im III. Reich nicht der Fall war. Z. B. hat Mend, als Hitler den aufdringlichen Angeber am 8. Oktober 1932 im Café Heck in München nicht mehr sehen wollte, einen Brief, den er an Hitlers Adjutanten Wilhelm Brückner [398] geschrieben hatte, in der Zeitschrift »Der Gerade Weg« veröffentlicht, in dem er u. a. angab:

»Auf Grund meiner gestrigen Erfahrungen mit Adolf Hitler im Cafe Heck habe ich mich entschlossen, jede Kameradschaft, sowie Gefolgschaft seiner Partei aufzuheben, nachdem ich mich nicht mehr veranlaßt sehe, ihn weiter zu protegieren. So viel er von Frontgeist in seinem Evangelium predigt, so wenig bemüht er sich an seiner eigenen Person ein Exempel zu statuieren. Schließlich muß er sich merken, daß er in militärischen Sachen sich niemals, nachdem ich acht Jahre die Waffe trug, an meine Seite stellen darf.

Hätte ich in meinem Buche all dasjenige angeführt, was ich bewußt verschwiegen habe, dann wäre Hitler nicht so als Held herauskristallisiert worden. Es wäre viel nützlicher für ihn und seine Partei, wenn er zurückdächte, was er einst war ...« [399]

Dieser arrogante Brief hielt aber Mend nicht davon ab, nachdem Hitler im Januar 1933 Reichskanzler geworden war, sich am 8. Juli 1933 in einem Schreiben an den Reichsschatzmeister Xaver Schwarz um Aufnahme in die NSDAP zu bewerben:

»Vor ca. 2 Jhr. hat mein Kriegskamerad Adolf Hitler, in meinem Beisein im Café Heck durch das Telefon meine Mitgliedschaft zur NSDAP angeordnet ... Außerdem habe ich seit der Gründung der Partei, obwohl ich bis 1930 nicht eingeschriebenes Mitglied war meine ganze Person für Adolf Hitler und die NSDAP eingesetzt, manchmal mit großen Opfern ... Auch bin ich jederzeit bereit Widerrufung über die Veröffentlichung des Briefes am 9. Oktober im ›Geraden Weg‹ ergehen zu lassen ... Ohne mich zu vernehmen bin ich in dieser Sache bereits 3 Monate in Schutzhaft gewesen; trotzdem stehe ich meinem inneren Drange folgend, voll und ganz hinter meinem Kriegskameraden Adolf HITLER ... Es ist ein unerhörter Zustand, wenn man mich 5 Minuten vor 12 einfach aus der Partei ausschaltet.« [400]

Ein weiterer Kommentar zu Mend erübrigt sich wohl. Vielleicht noch ein Wort zu Masers Angabe auf Seite 140 seiner Hitlerbiographie: »Auf welche Weise Mend, der plötzlich spurlos verschwand, ums Leben kam, ist nicht erwiesen.« Es war aber ganz einfach, Mends Lebenslauf und sein Ende nachzuvollziehen (s. Anm. 193). Auch über die mehr als phantasievollen Angaben des Herrn Prof. Schmid-Noerr aus Percha, die Maser in seinem Buch wiedergibt (!), kann man nur den Kopf schütteln.

Wenn man die Lebensläufe von Hitlers Kriegskameraden betrachtet, so muß man feststellen, daß die meisten von ihnen spätere und z. T. auch sehr frühe Anhänger Hitlers geworden sind (DAP Mitglieder 1919 und 1920 usw.). Max Amann, [401] Vizefeldwebel im Regimentsstab, antwortete z. B. bei seiner Vernehmung 1947 in Nürnberg auf die Frage, »wurde Hitler von seinen Kameraden geschätzt?« »Ja, sehr. Sie sind alle Parteigenossen geworden.« [402] Wie auch Friedrich Wiedemann ausführte, »hat Hitler auch nach dem Krieg gute Kameradschaft gehalten mit seinen Kameraden ... die ihn mehrfach besuchten.« [403]

Sie besuchten Hitler nicht nur, sondern wandten sich auch mit allen möglichen Anliegen an ihn. Vor allem in der wirtschaftlich schlechten Zeit 1932/33, als es in Deutschland über 5 Millionen Arbeitslose gab, schrieben einige an Hitler, mit der Bitte um Hilfe bzw. um Unterstützung. Aber auch von sich aus unterstützte Hitler später als Reichskanzler viele Kriegskameraden. Er erkundigte sich nach ihnen und brachte sie in Stellungen bei der Partei sowie deren Organisationen unter, und größere Geldzuwendungen waren keine Seltenheit.

Um nur einige Beispiele zu nennen: Im März 1933, als Hitler zwei Monate Reichskanzler war, erkundigte er sich schon nach seinem Freund Ernst Schmidt,

»darf ich Sie gleichzeitig an die Angelegenheit des Kriegskameraden des Führers Ernst Schmidt, der in der Gegend von Trostberg/Oberbayern wohnen und sich in Not befinden soll, erinnern. Sie wollten mir seine Adresse besorgen.« [404]

Schmidt erhielt eine Unterstützung, und Hitler traf sich mit ihm z. B. 1934 am Chiemsee, wie ein Foto beweist. [405] Nach dem Sieg über Frankreich nahm Hitler Schmidt auch als seinen Gast mit auf die Kampfstätten des I. Weltkrieges: »24.6.1940 Abends kommen Reichsleiter Amann und Ernst Schmidt (Kriegskamerad Hitlers)«, schrieb Martin Bormann in sein Tagebuch. [406] »25.6.1940 nach Laon. Darnach mit Auto zu den Weltkriegs-Kampfstätten des Führers ... 26.6. Flug nach Lille; Fahrt nach Messines, Fromelles usw. zu den Kampfstätten des Führers.«

Der »Feldherr« Hitler, der Frankreich in einem »Blitzfeldzug« niedergeworfen hatte, besuchte nun in seinem Triumphgefühl sofort nach dem Waffenstillstand die Stätten, wo die deutschen Truppen und der »Gefreite Hitler« fast vier Jahre lang im Stellungskampf vergeblich um den Sieg gekämpft hatten.

»Der Soldat hängt grenzenlos an dem, was mit seinem Blut getränkt ist«, so erklärte Hitler später seine Fahrt an die Kampfstätten des I. Weltkrieges. [407] »Die größte Überraschung war für mich in diesem Feldzug das Wiedersehen mit Arras. Das war damals nur Erde und jetzt blühende Felder, wogendes Getreide, während auf der Vimy-Höhe Karst geblieben ist, die Granatlöcher noch ziemlich wie damals; auch in der Champagne wird das so sein.« [408]

Balthasar Brandmayer, der Maurer in Bruckmühl war, erhielt durch seinen Kriegskameraden Hitler ab 1.1.1934 eine Anstellung im Bürodienst und im Juni 1937 von Hitler eine Unterstützung von 5000 Reichsmark. [409]

Ignaz Westenkirchner, der 1928 mit seiner Familie nach Amerika ausgewandert war, bezahlte Hitler Mitte 1933 die Rückreise nach Deutschland. Er empfing ihn in der Reichskanzlei und

»Reichsleiter Amann, der während des Krieges Vizefeldwebel im selben Regiment und Kriegskamerad des Führers gewesen war, übertrug Westenkirchner die Stelle eines Hausmeisters im Eher-Verlag München ... Hitler sprach Westenkirchner mit ›Du‹ an«, und, »... er erinnerte sich an alle gemeinsamen Erlebnisse, wie wir Weihnachten 1917 auf einem Bauernhof bei Laon im Schweinetrog geschlafen haben und wie wir dann später herumgelaufen sind, um den Pionierleutnant zu suchen und wie wir im Schlamm der Marne die Absätze verloren haben ...« [410]

Johann Sperl richtete am 7.3.1936 ein Gesuch an Hitler:

»Der Einreicher ist der Steindrucker Johann Sperl ... ein Regimentskamerad des Führers; beide waren zusammen beim Stabe R.I.R. 16. Der Gesuchssteller bittet, sein Schreiben dem Führer vorzulegen. Er will den Führer bitten, zu veranlassen, daß er beim topographischen Büro oder bei der Landesvermessungsanstalt in München wieder Arbeit und Brot bekommt.« [411]

Er bekam die Stelle.

Jakob Weiß gratulierte Hitler am 31.1.1933 zur Ernennung zum Reichskanzler. Hitler antwortete ihm, daß ihn besonders die Anteilnahme seiner »alten Kriegskameraden« freue:

»Lieber Weiß Jakl! Herzlichen Dank für Deinen Glückwunsch. Ich freue mich besonders über die Anteilnahme meiner alten Kriegskameraden. In alter Erinnerung Adolf Hitler.« [412]

Fritz Strauß, ein Handlungsgehilfe aus Epersheim (später in Lindau), der vom 1.5.1916 bis 20.12.1918 beim Regimentsstab des R.I.R. 16 als Ordonnanz war und als »der alte Regimentsdepp« bezeichnet wurde, ist von Hitler persönlich 1929 wieder in die NSDAP aufgenommen worden, nachdem er 1925 wegen Waffenbesitzes ausgeschlossen worden war. Strauß schrieb mehrere Briefe an Hitler und erhielt von diesem am 14.4.1937 einen einmaligen Betrag von 10 000 Reichsmark als Finanzierungshilfe. [413]

Karl Lippert, früher Unteroffizier und Ordonnanzführer im Regimentsstab, wurde durch Vermittlung Hitlers in der Reichszeugmeisterei der NSDAP ab dem 1.1.1934 als politischer Stellenleiter und Betriebsprüfer untergebracht.

Josef Wurm, der ebenfalls Unteroffizier beim Regimentsstab und ein Schwager von Max Amann war, ist 1934 als Abteilungsleiter beim Eher-Verlag (»Völkischer Beobachter«) untergebracht worden. In Berchtesgaden empfing Hitler Wurm 1937 bei einem Besuch, wie auf einem Foto festgehalten. [414].

Die Beispiele lassen sich fortsetzen: Friedrich Wiedemann, Max Amann, Bruno Horn u.a. erhielten durch Hitler entsprechende Positionen und mehr oder weniger großzügige Zuwendungen.

Max Amann [415], kam als Unteroffizier und »Regimentsschreiber« am 10.9.1914 zum Stab des R.I.R. 16. Er wurde dort am 20.11.1914 zum Vizefeldwebel befördert und leitete bis zum 5.12.1918 die Verwaltung des Stabes des R.I.R. 16 (Schreibstube, Gefechtsschreiber usw.) und war Vorgesetzter der Regimentsordonnanzen, Fernmelder, Meldereiter und Kraftfahrer des Regimentsstabes. 1946 gab er bei seiner Vernehmung in Nürnberg an:

»Ich nehme an, Sie wissen wie ich zu Hitler gekommen bin. Ich bin der Kriegskamerad, den er einfach geholt hat ... Ich bin gelernter Buchhal-

Eine weitere Skizze Hitlers von 1915 zeigt ebenfalls das Ruhequartier der Regimentsordonnanzen in Fournes (NSDAP-Hauptarchiv Neg. Nr. 93a).

Von dem Aquarell Hitlers »Hohlweg bei Wytschaete« vom November 1914 gibt es ebenfalls eine deutlich überarbeitete Fassung aus der Sammelmappe Heinrich Hoffmanns.

Kanzlei des Führers der NSDAP.

OKT. 1939 1147

Berlin W 8, den 18. Oktober 1939
Voßstraße 4
Fernruf: Ortsverkehr 12 00 54
Fernverkehr 12 66 21

Aktenzeichen: IV c/50 121

An die
Kreisleitung Götting
der Gauleitung München - Oberbayern der NSDAP.
R o s e n h e i m/Obb.
Herzog - Otto - Str. 3/0

Betrifft: Balthasar B r a n d m a y e r, Götting 44.

Der Obengenannte ist ein Kriegskamerad des Führers und einer der wenigen, die dem Führer gegenüber das kameradschaftliche "Du" anwenden dürfen. Brandmayer erhielt im Juni des Jahres 1937 im Auftrage des Führers zur Klärung seiner gesamten wirtschaftlichen Verhältnisse eine einmalige Unterstützung in Höhe von RM 5.000.-- .

In einem Schreiben vom 31. Mai d.J. führte der Gesuchsteller Beschwerde darüber, daß der private Kindergarten in Bruckmühl geschlossen worden ist. Ich überreiche Ihnen dieses Gesuch und die Fotokopie eines Berichtes des Hauptamtes für Volkswohlfahrt, Hauptamtsleiter Pg. Hilgenfeldt. Ich bitte Sie, Brandmayer klarzumachen, daß die Schließung des konfessionellen Kindergartens Angelegenheit der dafür zuständigen Behörden und Parteidienststellen bleiben muß. Die Kriegskameradschaft, die Brandmayer mit dem Führer verbindet, darf nicht dazu führen, Maßnahmen der NSDAP. zu bemängeln und Unruhe in die Bevölkerung zu bringen.

Ich bitte Sie deshalb, in geeigneter Form Brandmayer auf diese Tatsachen aufmerksam zu machen und sein Gesuch an mich zurückzusenden.

Anlagen

Ko/We.

Heil Hitler!
i.A.

Kanzlei des Führers der NSDAP

Reichsamtsleiter

Verschiedene Kriegskameraden Hitlers wandten sich mit ihren Gesuchen und Wünschen direkt an de »Reichskanzler« Hitler. Als Beispiel dafür ein Schreiben der Kanzlei des Führers vom 18. Oktober 1939, da über ein Gesuch und Geldzuwendung an Balthasar Brandmayer (Verfasser des Buches »Zwei Meldegänger« Auskunft gibt.

Viele Kriegskameraden schrieben an Hitler, wobei sie zum Teil das »Du« beibehielten, was Hitler damal akzeptierte (rechts).

ter und wurde im Jahre 1912 zum 1. bayer. Inf. Regt. als Wehrpflichtiger Soldat, als Infanterist, für zwei Jahre eingezogen. Zu Beginn des Weltkrieges 1914 bin ich als aktiver Soldat ins Feld gerückt und war 4 1/2 Jahre an der Front des Bayerischen Infanterieregiments 16. Hitler war damals beim Reserveregiment 16 Meldegänger und ich der Stabsfeldwebel beim Regiment 16. Übrigens war damals der Regiments-Adjutant Hauptmann Wiedemann. Nach dem Kriege traf ich Hitler, als ich mich vom Militär entlassen ließ. Ich war auf Ersuchen des damaligen Abteilungschefs namens Döppinger vom Dezember 1918 bis etwa Anfang August 1919 als Mitarbeiter von ihm ins Kriegsministerium eingetreten, wo ich eine Lesestelle hatte ... Nach meiner Entlassung vom Militär bin ich unter einem mir bekannten Rechtsanwalt Dr. Leo Schmidt in die neugegründete Siedlungs- und Landbank eingetreten und ich war dort Abteilungsleiter. Etwa im Frühjahr 1920 traf ich durch einen Zufall Hitler am Odeonsplatz in München. Er trug immer noch Soldatenuniform ... Das zweite Mal traf ich Hitler im Jahre 1921, als ich mit meiner Frau und meinem Kind im Englischen Garten spazieren ging. Dort erklärte er mir, er müsse mich dringend sprechen, er brauche mich ... Er sagte: ›Ich brauche Sie dringend für meine Partei zur Ordnung und Verwaltung.‹ ... Einige Tage später besuchte er mich in meiner Wohnung ... Er hat mir einen Riesenvortrag von 2 oder 3 Stunden gehalten und er hat gesagt, ich habe mich ihm zur Verfügung zu stellen. Ich sagte, ich habe meine Stellung bei der Bank, das ist für mich unmöglich. Und er sagte wieder: ›Sie müssen sich zur Verfügung stellen‹ ... Ich habe es abgelehnt, weil ich jung verheiratet war und andere Verpflichtungen hatte. Da kam er dreimal in meine Wohnung und hat mich fertig gemacht und da habe ich mich zur Verfügung gestellt. Ich wäre nicht als Geschäftsführer zu ihm gegangen, wenn nicht Dr. Schmidt weggegangen wäre ... Ich war nicht in der Partei, als mir Hitler die Stelle des Leiters der Geschäftsstelle der NSDAP im Juli 1921 übertrug. Ich bin einige Monate später eingetreten *[am 1.10.1921. Anm. d. V.]*. Ich habe dann im Jahre 1922 *[am 1.4.1922 Anm. d. V.]* auf die Bitte Hitlers die Leitung des Eher-Verlages übernommen und habe dort vor allen Dingen einmal Geschäftsbücher angelegt. Die Firma war eine G.m.b.H. Sämtliche Anteile gehörten bereits dem Nationalsozialistischen Arbeiterverein e. V. ... Es waren lediglich zwei Leute abzufinden, die aber bereits durch notariellen Akt ihre anteiligen Geschäftsanteile abgetreten hatten, das war Gottfried Feder und ein gewisser Freiherr von Reizenstein ... Ich habe dann, als die Partei im Jahre 1923 verboten wurde, nach dem Hitler-Putsch in München bei Wiedergründung der Partei im Februar 1925 ausschließlich die Geschäftsführung des Eher-Verlages übernommen und bis zum Ende dieses Krieges hauptamtlich gehabt ... Ich bin nach der Machtübernahme als Leiter des größten Parteiverlages von Hitler zum Reichsleiter für die Presse ernannt worden.« [416]

Bei der Spruchkammerverhandlung gegen Max Amann am 6.12.1948 wurde an Hand seiner Steuererklärung belegt, daß sich Amanns Einkommen von 108 000 RM im Jahr 1934 auf 3,8 Millionen 1942 gesteigert hatte. Nach Feststellung des Finanzamtes hatte Max Amann am 1.1.1943 ein Vermögen von 10 306 000 Reichsmark [417], ein Vermögen, das er in rd. 22 Jahren als »Hitlers Kriegskamerad« erwerben konnte. Amann verwaltete beim Eher-Verlag auch das Barkonto Hitlers aus den Einnahmen vom Vertrieb seines Buches »Mein Kampf«:

»Frage: Stimmt es, daß der Führer sein ganzes Barkonto sozusagen auf dem Eher-Verlag hatte?
Antw.: Jawohl. Er hatte ungefähr 7 Millionen gehabt, die er nicht abgerufen hatte. Er hat keine Zinsen dafür bekommen.
Frage: Wann war der Bestand von 7 Millionen, am Schluß?
Antw.: Bei der Kapitulation.
Frage: Wann war der Höhepunkt?
Antw.: Meiner Schätzung nach war der 15 Millionen. Im Laufe der Jahre, ab 1925, waren es ungefähr 8 Millionen, die er bezogen hat.« [418]

Der Gefreite und der Vizefeldwebel des I. Weltkrieges waren Millionäre geworden! Hitler schätzte Amann wegen seiner Geschäftstüchtigkeit sehr, schon 1934 schrieb er:

»Sie, mein lieber Amann, haben sich als einer der Ersten meiner ehemaligen Kriegskameraden mir zur Verfügung gestellt. Der organisatorische Aufbau der Bewegung im Jahre 1923 war Ihr Verdienst.« [419] Noch in späteren Jahren resümierte Hitler: »Zu den ältesten gehörte Amann. Für mich war das besonders wichtig, weil ich von den wirtschaftlichen Dingen ja gar nichts verstanden habe ... Beim Amann kann ich nur sagen: er ist ein Genie. Der größte Pressemann der Welt ... Amann!« [420]

Friedrich Wiedemann [421], der vom 1.1.1916 bis 16.8.1917 Regimentsadjutant des R. I. R. 16 und Amanns sowie Hitlers Vorgesetzter gewesen war, erhielt von Hitler großzügige Zuwendungen, z. B., wie er selbst angab, einmal einen sechssitzigen Mercedes und andere Geschenke. [422] Durch Max Amann erhielt Wiedemann, höchstwahrscheinlich auf Anweisung Hitlers, 1934 einen Kredit von 10 000 RM, den er dringend für die Molkerei in Fuchsgrub brauchte. [423] Wiedemann hatte z. B. auch die persönliche Genehmigung Hitlers gehabt, 20 000 RM Unterstützungsgelder zu verteilen, von der er ausgiebig Gebrauch machte: »In Geldsachen war Hitler sehr großzügig, weil er kein Gefühl für den Wert des Geldes hatte«, meinte Wiedemann 1948. [424]

Bruno Horn [425], der ab dem 3.3.1916 als Ordonnanzoffizier und ab 21.4.1916 bis 5.6.1916 als stellv. Regimentsadjutant (nochmals vom 19.6.1918 bis 15.8.1918) beim R. I. R. 16 war und dort Hitler kennenlernte, trat im März 1932 beim Prozeß Hitlers in Hamburg gegen die Zeitschrift »Echo der Woche« als Zeuge auf und sagte für Hitler aus: »Davon, daß mindestens der vernommene Zeuge Kaufmann Horn, früher Ordonnanzoffizier des b. R.I.R. 16, ein zuverlässiger Schilderer ist, ist das Gericht überzeugt.« [426]

Horn, der bei den Mannschaften umstritten war und am 13.8.1918 in einem Schreiben an den Regt. Kdr. des R.I.R. 16 wegen seines Gesundheitszustandes um Verwendung in der Heimat bat, wurde von Balthasar Brandmayer 1924 in seinem Buch wie folgt geschildert:

»Plötzlich trat der Ordonnanzoffizier Leutnant Horn in den Unterstand. Alles sprang von den Sitzen ihm die Ehrenbezeugung zu erstatten. Warum wir diesen Hasenfuß von einem Offizier in letzter Zeit zugeteilt erhielten, verstanden wir alle nicht. Unter uns wurde er nur mit »Sauhund« tituliert. Seine Tapferkeit bestand darin uns Meldegänger bis aufs Blut zu schikanieren. Und er glaubte dabei so unentbehrlich zu sein, wie das Amen nach dem Vaterunser. Hitler nannte ihn überhaupt nicht anders als den Feigling. Seine Furcht ging soweit, daß er sich nicht einmal ins Freie wagte und seine Notdurft im Unterstand verrichtete. Vor seinem Hinauswurf durch die Meldegänger rettete ihn die alsbaldige Versetzung zu einem anderen Truppenteil.« [427]

Wiedemann berichtete, daß er Horn Geld geliehen hatte:

»In den Zwanzigerjahren war ein alter Regimentskamerad, der Leutnant d. Res. Horn, an mich herangetreten und hatte mich um ein Darlehen gebeten. Ich konnte die Summe damals entbehren und gab sie ihm. Als ich viele Jahre danach selbst in der Tinte saß, erinnerte ich mich wieder an Horn ... Ich schrieb ihm einen Brief und bat ihn, mir mitzuteilen, ob er jetzt das Geld zurückzahlen könne ... Die Antwort kam postwendend: Geld habe er keines, aber er könne mir vielleicht in anderer Weise helfen. In einigen Tagen treffe er Hitler, der sei ja nun Reichskanzler und ein mächtiger Mann ... Ostern 1933 gelang es Horn nach Überwindung von Schwierigkeiten an Hitler heranzukommen.« [428] *[Unterstützung durch Hitler. Anm. d. V.].*

Wie Wiedemann weiter ausführte, hatte Horn bei dem Prozeß im März 1932 gegen das »Echo der Woche« in Hamburg

»als Zeuge für Hitler ausgesagt, als es darum ging, ob Hitler das EK I zu recht oder zu unrecht trage. Hitler hatte ihn ... *[Horn. Anm. d. V.]* ... daraufhin zugesichert, er könne sich jederzeit an ihn wenden, wenn er Hilfe brauche. Ganz hat Hitler sein Wort aber nicht gehalten. Im Jahre 1934 klagte nämlich Horn in einem Beleidigungsprozeß gegen einen Mann *[Balthasar Brandmayer. Anm. d. V.]*, der auch beim 16. Res. Inf. Regt. gewesen war und später in einer Broschüre über Hitler *[»Zwei Meldegänger«. Anm. d. V.]* dem Leutnant Horn Feigheit vorgeworfen hat. Horn bat ... *[nun]* ... Hitler um ein Zeugnis, das diesen Vorwurf, der auch nach meiner Überzeugung unberechtigt war, entkräftete. Hitler hat das jedoch abgelehnt.« [429]

D. h. Horn wurde von Hitler zwar finanziell unterstützt, aber Hitler ließ die zu Recht oder Unrecht erhobenen Vorwürfe Brandmayers gegen

Horn einfach im Raum stehen, ging nicht gegen Brandmayer vor und half Horn nicht. Hitler vermied es, wie so oft in seinem Leben bei einem Streit oder Rivalitäten seiner Mitarbeiter, direkte Entscheidungen zu treffen, d. h. für den einen oder den anderen Stellung zu nehmen.
Ein weiterer Kriegskamerad Hitlers, der Hitler aus irgendwelchen Gründen nicht leiden konnte, war Korbinian Rutz [430], dem nach 1933 vor allem Max Amann übel mitspielte, Rutz, der im I. Weltkrieg beim R. I. R. 16 viele Fotos machte (s. bei Fridolin Solleder), u. a. auch ein Foto von Hitler im Mai 1915 in Fournes (Hitler mit Gewehr laufend), schrieb im Frühjahr 1932 einen Brief an einen ihm bekannten Studenten in Garmisch, der den Brief dann an Dr. Fritz Gerlich (am 30.6.1934 im KZ Dachau von den Nazis ermordet), dem Herausgeber der antinazistischen Zeitschrift »Der Gerade Weg«, weitergab, wo er veröffentlicht wurde (Nr. 150 vom 10.5.1932). Auch am 8.4.1932 wurde eine weitere Stellungnahme von Rutz gegen Hitler in der Presse veröffentlicht. [431]
In beiden Schreiben von Rutz wurden, wie es später hieß, »die militärischen Leistungen des Herrn Reichskanzlers herabgesetzt.« [432]
In dem Schreiben führte Rutz aus:

»Ich will gerne Aufschluß geben über Hitlers ›Frontdienstzeit‹ und ich wünsche und hoffe, daß Sie die Wahrheit als Heilmittel entgegennehmen und weiterverbreiten.
Ich kam als Landwehrmann zum R.I.R. 16 (List) am 12. November 1914 mit dem 1. Nachersatz ins Feld und rückte allmählich zum Offizier und Komp.-Führer auf. Damals war Hitler schon Ordonnanz beim Regts.-Stab und blieb dieses bis zum Kriegsschluß. Die Regts.-Ordonnanzen hatten die Befehle bei der Brigade in Empfang zu nehmen und die Meldungen dorthin zu bringen. Zum Abholen der Regts.-Befehle für die Bataillone kamen die Batls.-Ordonnanzen zu den Regts.-Stäben. Der Dienst einer Regts.-Ordonnanz erforderte einen geschickten und gewandten Mann, aber Heldenmut war nicht nötig.
Öfters begab sich der Regts.-Kommandeur in die vordere Stellung. Dabei wurde er von der Regts.-Ordonnanz (ich glaube, es waren sechs oder acht) bis zur Batls.-Befehlsstelle begleitet. Hier übernahm die Begleitung ein Offizier des Batls.-Stabes und eine Ordonnanz. Solche Besuche der vorderen Linie kamen fast nur an ruhigen Tagen vor. Wenn »dicke Luft« war, waren die Kompanien vom Besuch von hinten fast immer ungestört. Der Regts.-Stab wohnte in einem Ort hinter der Front. Nehmen wir unsere Stellung bei Fromelles an: Die vorderste Linie, in der wir uns befanden, lag etwa 20 Min. bis 1/2 Stunde vor Fromelles. Der Regts.-Stab lag in Fournes, eine gute Stunde hinter Fromelles. Er war also mindestens 1 1/2 Stunden von der Kampflinie entfernt. Der Regts.-Stab wohnte immer im besten Gebäude des Ortes, hatte gut betonierte Keller und Unterstände. Während der Frontoffizier und Frontsoldat in seinem Unterstand in primitivsten Verhältnissen lag, nicht einmal

Stroh als Lager hatte, jede Nacht Dienst machte, niemals mehr als 4 Stunden zusammenhängenden Schlaf hatte ... genoß jede Regts.-Ordonnanz zum mindesten ihre Matratze mit Kopfpolster, genügend wollene Decken und Schlaf genug.
Bei Großkämpfen wurde der Regts.-Stab weiter vorgezogen, er lag beispielsweise einmal in Fromelles, an der Somme bei Le Barque in einem tiefen Unterstand, in der Ypernschlacht in einem riesigen Betonklotz an der Straße Menin-Ypern. Ich kann diese Punkte genau angeben, weil ich in den damaligen schweren Tagen selbst den Regts.-Stab aufsuchte, um Befehle zu holen. Eine Regiments-Ordonnanz sah ich an keinem einzigen Großkampf in der vordersten Linie.
Auszeichnungen waren als Ordonnanz leichter zu bekommen wie als Frontsoldat, denn man kannte eben den Mann. Aber den braven Hannes, der aufopferungsvoll, stumm tapfer die schwersten Strapazen und Gefahren ertrug, den kannte nur der Kompanieführer und nicht der Herr Adjutant oder Ordonnanzoffizier. Während ferner die Ordonnanz ihr ganz geregeltes Leben hatte, Frühstück, Mittag- und Abendtisch hielt, bekam der Hannes samt seinem Kompanieführer das warme Essen nachts um 12 Uhr von der Feldküche unter unbeschreiblichen Verhältnissen, Dreck, Granattrichter, Sperrfeuer usw. Häufig bekam er nichts, weil die Feldküche nicht kommen konnte. Unser Mittagessen bekamen wir 1/2 bis 1 Stunde nach Mitternacht.
Hitler wurde schwer verwundet. Auch das kann ich Ihnen wahrheitsgemäß erzählen. Hitler lag im Schloßgarten von Fromelles. Der Regts.-Stab war gerade in Fromelles. Er nahm mit einigen Kameraden ein Sonnenbad. Da schlug eine Granate ein. Und Hitler wurde verwundet. Also nicht im Kampf, nicht auf Posten ... wurde Hitler getroffen, sondern beim Ausruhen.
Hitler wurde gasvergiftet ... Das war in der Ypernschlacht 1917. Der Regts.-Stab lag in dem Beton-Unterstand. Fesselballons beobachteten den Verkehr dorthin. Sie leiteten dann das Feuer dorthin und mit Gasgranaten wurde der Unterstand ausgeräuchert ...
Hitler hat das Eiserne Kreuz I. Klasse. Das hat zum Schluß jede Regts.-Ordonnanz bekommen. Mein braver, tapferer Kompaniekamerad, der vier Jahre an der Front war, zweimal verwundet wurde, jedoch kein besonderes Geisteskind war, hat es nicht erhalten.
Sie müssen ferner folgendes bedenken: Der Abgang der Chargen war bei der Infanterie stark. Man brauchte immer wieder Unteroffiziere, Vizefeldwebel usw. War einer ein Licht, wie Hitler es zweifellos ist, und war er in der Front, so war er in einem Jahr Unteroffizier und bald Vizefeldwebel, konnte es auch weiter bringen. Warum ist Hitler Gefreiter geblieben und nichts geworden? Weil er lieber den im größten Teil sicheren Aufenthalt hinter der Front in Kauf nahm, als die dauernde Unsicherheit in vorderster Linie. Nun, bitte, urteilen Sie selbst.« [433]

Wobei hier anzumerken ist, daß einiges, was Rutz über Hitler schrieb, wirklich nicht zutreffend war. Dies hat auch Rutz nach 1945 zugegeben:

»Ich streite nicht ab, daß Hitler bei Lebard *[bei Le Barque. Anm.d.V.]* am 5.10.1916 verwundet wurde. Mir wurde s. Zt. allerdings der Vorgang anders erzählt, ich kann es nicht aufrecht erhalten, daß Hitler beim Sonnenbaden in Fromelles im Schloßpark verwundet wurde ... Daß Hitler das EKI in Traunstein bekommen hat ist unrichtig.« [434]

Nach der »Machtübernahme« schrieb dann Max Amann am 5.4.1933 an das Bayerische Kultusministerium:

»In der Traunsteiner Gegend, genauen Ort kann ich nicht angeben, ist der Hauptlehrer Rutz als Volksschullehrer tätig. Korbinian Rutz war mit Herrn Adolf Hitler und mir im Felde. Während seiner Felddienstzeit zeichnete sich Rutz dadurch aus, daß er sich vom Dienst an der Front drücken wollte. Trotzdem er im Frieden die vorgeschriebene Ausbildung und verschiedene Übungen als Reservist durchgemacht hat, schämte er sich nicht, den Posten eines Wichsers zu übernehmen, in der Hoffnung, dadurch etwas weiter vom Schuß zu sein. Er war Diener beim Bataillonsadjutanten Sölch des 1. Batl. R.I.R. 16. Nach kurzer Zeit gelang es ihm durch Stänkereien den Bataillonsschreiber des 1. Batl. R.I.R. 16 zu verdrängen um auf eine etatsmäßige Unteroffiziersstelle eingereiht zu werden. Rutz hat sich dann krank gemeldet und wurde gegen Ende des Krieges beim Ersatz-Bataillon zum Leutnant der Landwehr befördert. Nach dem Kriege hat Rutz in der schamlosesten Weise über den Führer Adolf Hitler in der Bayerischen Volkspartei-Presse Artikel veröffentlicht und Hitler der Feigheit und Drückebergerei bezichtigt. Der ehemalige Offizierswichser und Bataillonsschreiber hat es gewagt, die Behauptung in der Presse der Bayerischen Volkspartei aufzustellen, der Dienst der Gefechtsordonnanz und des Meldegängers beim Regimentsstab, den Hitler beim R.I.R.-16 versah, sei absolut gefahrlos gewesen und Hitler habe lediglich aus Drückebergerei diesen Dienst gesucht. Rutz hat in unerhörter Weise die Ehre des Führers zu beschmutzen versucht und dabei seinen Leutnant der Landwehr, den er sich auf irgend welche Schleichwege in der Heimat geholt hat, heraushängen lassen. Ich bitte dringend, den Rutz aus dem Schuldienst zu entfernen.« [435]

Daraufhin wurde Rutz am 15.9.1933 von der Gestapo verhaftet und in das Konzentrationslager Dachau gebracht, wo er bis zum 20.12.1933 eingesperrt war. Weiter sollte Rutz sofort aus dem Schuldienst entlassen werden. Der Bruder von Rutz, ein Rechtsanwalt, schrieb daraufhin an Hitler, daß Rutz die Beleidigung Hitlers bedauere und bat ihn, Rutz im Schuldienst zu belassen. In einem Schreiben des Staatssekretärs Heinrich Lammers an den Reichsstatthalter von Epp in Bayern vom 17.3.1934 ist, wegen der Entlassung von Rutz aus dem Staatsdienst, festgehalten:

»Ich habe dem Herrn Reichskanzler *[Hitler]* in der Sache Rutz Vortrag gehalten. Der Herr Reichskanzler hat dabei zum Ausdruck gebracht, daß er Rutz für minderwertig halte. Er hat es abgelehnt zu der Angelegenheit Stellung zu nehmen.« [436]

Irgendwie erschütternd liest sich dann eine Erklärung des »Hitler-Feindes« Rutz vom 22.1.1934, mit dem er seinen Brief vom Frühjahr 1932 widerrief:

»Als deutscher Mann zögere ich nicht, einen anerkannten Irrtum zu bekennen und zu widerrufen ... Diesen Widerruf und dieses Bedauern betone ich umsomehr, als ich aus den überragenden, alles bisher dagewesene übertreffenden Leistungen des Führers, die er für Volk und Vaterland vollbracht hat, erkannt habe, welche gewaltige Persönlichkeit im Führer wirkt.
Ich kenne heute kein anderes Ziel als restlos in einem deutschen Sinne zu wirken, kann auch heute gar nicht mehr begreifen, wie ich zur Abfassung jenes Briefes kam. Ich kann es mir nur so erklären, daß ich inmitten des allgemeinen Kampfes des Jahres 1932 den Blick für das Richtige und Entscheidende nicht mehr gefunden habe, inmitten des allgemeinen Tobens der Parteianschauungen. Im übrigen hat der Führer selbst wiederholt betont, daß die alten Dinge begraben sein sollten. Ich hoffe durch Mitarbeit am neuen Staat in seinem Sinne zu beweisen, daß ich auf dem Boden des neuen Reiches stehe.« [437]

Diese »Erklärung« bewahrte Rutz vor seiner Entlassung als Beamter; er wurde aber am 1.7.1934 pensioniert. So konnten Menschen in einem KZ von den Nazis innerhalb weniger Tage umgedreht werden und aus der Angst vor dem Verlust der Stellung und der Arbeit handeln.
Max Amann, 1948 zu dem Fall Rutz verhört, gab kaltschnäuzig an:

»Er ... *[Rutz]* ... hat im Jahre 1931 oder 1932 öffentlich behauptet, Hitler habe das Eiserne Kreuz I. Klasse für seine Leistungen hinter der Front bekommen und seine Verwundung beim Sonnenbaden erlitten. Diese Behauptung des Rutz ist in einem Wahlflugblatt der SPD in ganz Deutschland verbreitet worden. Nach der Machtübernahme hat Kultusminister Schemm den Rutz aus dem Dienst entlassen und ihn in Schutzhaft nehmen lassen. Er hat aber seine volle Pension bekommen. In Schutzhaft *[d.h. im Konzentrationslager Dachau. Anm.d.V.]* hat der Rutz dann einen Jammerbrief mit der Anrede ›Hochzubeehrender Herr Reichsleiter‹ und ›Hochzuverehrender Herr Reichstagsabgeordneter‹ an mich geschrieben. Ich habe daraufhin den Kultusminister Schemm gebeten, die Entlassung des Herrn Rutz zu betreiben, was auch geschehen ist. Rutz war keine 2 Monate in Haft.« [438]

Man hat Hitler später öfters Feigheit und Drückebergerei als Soldat vorgeworfen. Das entspricht nicht den Tatsachen. Hitler war nachweislich ein guter Soldat, der bis 1918 an den Sieg der deutschen Armee geglaubt hat. Als Zeuge vor dem Volksgericht München I hat 1924 z. B. der spätere Regimentskommandeur Hitlers, Oberstleutnant Maximilian Baligand [439] ausgesagt:

»Es ist nicht wahr, daß Hitler sich hinten beim Regimentsstab einen Druckposten gesichert hatte. Wenn alle Inhaber solcher Druckposten bei den Stäben so tapfer gewesen wären, wie Hitler es war, dann wäre in den Schützengräben nie ein Haß gegen die Stäbe aufgekommen.«

Auch Friedrich Wiedemann, der ab dem 1.1.1916 bis zum 16.8.1917 als Regimentsadjutant beim R.I.R. 16 war, schildert Hitler als einen guten und tapferen Soldaten:

»Niemand der ihn ... *[Hitler]* ... genauer kennt, wird ihm Mut absprechen. Er hat sich im Felde als tapferer, besonders verläßlicher Meldegänger erwiesen, der das EK I wirklich verdient hat und auch mehrfach dazu vorgeschlagen war, bevor er es bekommen hat. Er war das Muster des unbekannten Soldaten, der still und ruhig seine Pflicht tat.« [440]

Am 27.10.1915 wurde Hitler im Zuge einer neuen Zusammenstellung des R.I.R. 16 mit den anderen Meldegängern des Stabes zur 3. Kompanie des I. Bataillons versetzt, und Weihnachten 1915 verbrachte er im Ruhequartier in Fournes. Dieses Quartier, ein einfaches, angeblich baufälliges Haus, nach der dunkelhaarigen Wirtin von den Meldegängern zur »schwarzen Marie« genannt, hat Hitler Ende 1915 mehrmals gezeichnet.

»An Hitler hatte zu Weihnacht«, so erinnerte sich Brandmayer, »niemand gedacht; ich wollte mit ihm kameradschaftlich teilen, was er jedoch gebieterisch ausschlug. Es war etwas Eigentümliches mit Hitler. Absolut nicht wollte er von uns irgendeine Kleinigkeit entgegennehmen ... Seine Löhnung gab er denn auch nur zum Kauf von Marmelade aus. Seine gefaßten Rauchwaren verteilte er, da er Nichtraucher war, stets unter uns ... Inkofer, unser Küchendragoner hatte das Abendbrot zurecht gemacht. Es gab Kartoffelpuffer mit Marmelade und Tee — Hitlers Lieblingsspeise ...
Trotz meines langen Beisammenseins mit ihm weiß ich nie, daß Hitler jemals ein Paket oder überhaupt Post empfing. Und da fragte ich ihn oft neugierig, ob er denn niemand in der Heimat hätte? Die Antwort war immer: Nein! Er wüßte aufrichtig nicht, wo seine Geschwister seien. Er war so arm und trotzdem verstand er es, diese seine Armut durch sein herrisches Wesen zu verbergen.« [441]

Max Amann sagte 1947 bei einem Verhör in Nürnberg das gleiche:

»Er ... *[Hitler]* ... war der ärmste Soldat. Der hat keinen Menschen gehabt, der ihm ein Liebespaket geschickt hat. Ich habe beim Regimentsstab die Kraftfahrer und Melder gehabt und ich habe keinen kennengelernt, der nicht ein Paket geschickt bekommen hätte. Er hat niemanden gehabt; er war bescheiden und anspruchslos. Ein bißchen eigenartig war er aber schon. Aus Kantinenüberschüssen haben wir immer Geld verteilt ... Es kam jeden Monat ein großer Überschuß heraus. Je nach Kompaniestärke, ungefähr 140 Mann, bekamen wir so und so viel und das habe ich auf diese Männer verteilt, darunter auch an den Gefreiten Hitler. Einmal war ein größerer Betrag überfällig. Es werden vielleicht RM 20,— gewesen sein und ich fragte Wiedemann, ob ich es dem ärmsten

Mann geben darf. Der sagte ›ja‹ und ich sagte, ›ich werde es dem Maler geben, dem Kunstmaler‹, denn so nannten sie ihn. Ich ließ ihn kommen und fragte ihn, wie viel er bekommen hat und sagte ihm hier sind so und so viel übrig und die bekommen Sie. Er sagte: ›Nein, das nehme ich nicht, geben Sie es den Ärmeren, es gibt noch Ärmere.‹ Ich sagte ihm, daß er es doch nehmen sollte, weil er niemand hat, aber er hat es abgelehnt. Diese Schwester, die dann eine so große Rolle spielte *[gemeint ist Hitlers Halbschwester Angela Raubal. Anm.d.V.]*, hat damals ihren Bruder auch nicht gekannt, sondern erst, als der liebe Bruder etwas war ...« [442]

Auch Wiedemann bestätigt Amanns Aussage:

»Da er ... *[Hitler]* ... im Gegensatz zu seinen Kameraden keine Liebespakete aus der Heimat erhielt, haben wir ihm einmal 10 Mark aus dem Kantinenfond geben wollen, damit er sich zu Weihnachten etwas kaufen konnte. Hitler hat das abgelehnt.« [443]

Maser schreibt, daß

»für den Gefreiten Hitler das Regiment List die Heimat ... *[war]* ... eine Legende ist, steht seit 1965 fest. Hitler hatte während des Ersten Weltkrieges zwar keine Eltern mehr; aber eine Familie und eine Heimat hatte er, und Freunde, die ihm schrieben und Pakete schickten, hatte er auch.« [444]

Das sind alles Phantastereien Masers. Für Hitler war sehr wohl der Regimentsstab seine Heimat. Seine »Familie« bestand aus seiner Schwester Angela Raubal, die nicht wußte, wo Hitler war, wie auch sein Freund Ernst Schmidt aussagte. [445] Später erzählte Hitler selbst:

»Von Familiengeschichte habe ich gar keine Ahnung. Auf dem Gebiet bin ich der Allerbeschränkteste. Ich habe auch früher nicht gewußt, daß ich Verwandte habe. Erst seit ich Reichskanzler bin, habe ich das erfahren. Ich bin ein vollkommen unfamiliäres Wesen, ein unsippisch veranlagtes Wesen. Das liegt mir nicht.« [446]

Und die »Heimat« hatte Hitler 1913 verlassen und sich als »Staatlos« bezeichnet! Das ist die Familie und Heimat Hitlers, von der Maser spricht! Auch die beiden angeblichen Heimaturlaube Hitlers in Spital bei seinen Verwandten, sind nachweislich eine reine Erfindung Masers, und Pakete sowie Post bekam Hitler ab Mitte 1915, wie viele Zeugen glaubhaft bekunden, auch nicht mehr.

Ignaz Westenkirchner erzählte ebenfalls, daß der »Adi«, wie sie Hitler nannten, von seinen Verwandten aus Österreich keine Post bekam, und auch von seinen wenigen Bekannten aus München erhielt er ab Mitte 1915 weder Briefe noch Pakete. Westenkirchner gab an, daß

»Hitler annahm, daß die österreichische Polizei ihn als Deserteur suche, und er wolle seine Schwester nicht in Verlegenheit bringen, deswegen hätte er ihr erst gar nicht geschrieben, daß er im deutschen Heer diene und die Strapazen gesundheitlich gut durchstehen könne. ›Wer nichts weiß, der kann auch nichts verraten.‹ Im übrigen erkenne er den Habsburgerstaat nicht mehr als seine Heimat an. Seine jetzige Heimat sei sein Regiment ›List‹ und seine Heimat nach dem Kriege sei Bayern, und zwar München, wo er Baumeister und Architekt sein werde. Um bis zum Examen leben zu können, werde ich wieder meine Bilder verkaufen.« [447]

Wie Westenkirchner, so sagte auch Hitlers Freund Ernst Schmidt nach 1945 aus:

»Da Hitler in Deutschland keine Verwandten hatte und auf keinen Fall nach Österreich wollte, als ob er dort etwas ausgefressen hätte, so drängte es ihn nicht nach Urlaub.« [448]

Hitler wollte scheinbar keine Pakete und keine Post haben, was ja auch Frau Anna Popp und Franz Heilmann bestätigten, aus welchen Gründen auch immer. Hitler war ein Soldat, der »auffiel«, weil er gehorsam, pflichteifrig sowie bescheiden war, weil er Alkohol und Tabak ablehnte, weil er Frauen und Bordelle mied und weil er oft stundenlang in einer Ecke des Unterstandes saß und auch, weil er »ein bißchen eigenartig war«, wie Max Amann meinte. [449]

Viel wurde über Hitlers politische Reden in seinem Kameradenkreis im I. Weltkrieg geschrieben, aber fast alles nach 1933, als Hitler schon Führer und Reichskanzler war. Alle Stellen zu zitieren, wo in Glorifizierung Hitlers auf seine damals angeblich schon vorhandenen politischen Anschauungen hingewiesen wurde, ist sinnlos. Hitler glaubte bis 1918 felsenfest an den deutschen Sieg, aber er hat in »Mein Kampf« auch ganz klar selbst ausgeführt: »Ich war damals Soldat und wollte nicht politisieren ... ich wollte damals von Politik nichts wissen.« [450]

Auch Hitlers Freund, Ernst Schmidt, berichtete:

»Hitler versuchte in dieser Zeit nicht irgendwelchen politischen Einfluß auf einen zu nehmen ... Gewiß hatte er seine Überzeugung.« [451]

Brandmayer gab 1934 an:

»Unser Einwurf gegenüber Hitlers Ansicht war immer und immer wieder, daß wir den Krieg verlören. Da ging Adolf auf. ›Für uns kann der Weltkrieg nicht verloren sein‹, waren stets seine letzten Worte. Die meisten waren derselben Anschauung, überzeugt und gefestigt, einige murmelten: ›Das weiß der Österreicher auch nicht.‹ Oft wurde ihm aus Trotz widersprochen, bloß damit Hitler in Erregung geriet ... freilich habe ich sein Gehabe nie verstanden und ihm manchmal ein ungerechtes, hartes Wort gesagt. Sollte mein Frontkamerad Hitler diese Zeilen zu Gesicht bekommen, so möge er mir heute verzeihen!« [452]

Sicher sind Hitlers Wiener deutsch-nationale Allgemeinplätze, sein Haß auf alles Fremde und auf den von Slawen durchsetzten Habsburger Staat dagewesen, doch von Hitlers späteren politischen und Rassendogmen ist in seiner Militärzeit an der Front glaubhaft nichts feststellbar. So sind z. B. in seinem Brief an Ernst Hepp vom 5.2.1915 seine üblichen, in Wien geprägten Ansichten zu hören,

»... daß die, die von uns das Glück besitzen werden, die Heimat wiederzuseh[e]n, sie reiner und von der Fremdländerei gereinigter finden werden ... daß durch den Strom von Blut der hier Tag für Tag fließt gegen eine internationale Welt von Feinden, nicht nur Deutschlands Feinde im A[e]ußeren zerschmettert werden, sondern daß auch unser innerer Internationalismuß zerbricht ...«

Sehr treffend hat auch Max Amann 1947 Hitlers politische Ansichten während des I. Weltkrieges wiedergegeben:

»Er ... *[Hitler]* ... sprach mit den Leuten über die Zustände in Österreich, daß es zerfallen ist, daß es ein Glück sei, daß der Krieg gekommen sei, solange der Kaiser gelebt hat usw. ...« [453]

Diese Themen und sein Glaube an den Sieg Deutschlands waren die sogenannte »politische Betätigung« Hitlers während des Krieges, was später als seine, bereits damals schon vorhandene, Idee vom Nationalsozialismus ausgelegt wurde. Max Amann antwortete bei seinem Verhör 1947 in Nürnberg auf die Frage, ob Hitler schon damals »während des Krieges Reden gehalten hätte«, ganz klar mit: »Nein!« [454] Aber nach dem Krieg 1919/1920, so gab Amann weiter an, »habe ich ihn dann nicht mehr gekannt ... Es war ein unbekanntes Feuer, das in ihm brannte ...« [455] Es gibt wohl keinen Zweifel, der Politiker Hitler wurde erst 1919 geboren!

Eine weitere viel diskutierte Frage um Hitler war die, warum er es, trotz vierjähriger Frontdienstzeit, nicht weiter als zum Gefreiten gebracht hatte. Hitler wurde sehr früh Gefreiter und hätte damit noch 1914, wie Beispiele seiner Kameraden zeigen (z. B. Karl Lippert usw.), bei dem großen Ausfall von Soldaten aller Dienstgrade Unteroffizier werden können. Etatsmäßige Unteroffiziersstellen gab es nur bei den Kompanien des Regiments. Um einen zum Regimentsstab »kommandierten« Gefreiten beim Stab befördern zu können, hätte man eine solche Unteroffiziersstelle dort wegnehmen müssen. Das ist auch öfters gemacht worden, und das war auch nicht der Grund, warum man es bei Hitler nicht gemacht hat: Hitler wollte aus irgendwelchen Gründen nicht befördert werden! Vielleicht hatte Hitler tatsächlich die Bedenken, daß er nach einer Beförderung irgendwann den Regimentsstab verlassen müsse, was ja auch, wie Beispiele zeigen, in der Regel der Fall war.

Zwei Zeitzeugen bestätigen eindeutig die Ablehnung einer Beförderung durch Hitler selbst. Wiedemann, damals Regimentsadjutant des R.I.R. 16 berichtete:

»Hitler hatte damals nach militärischer Auffassung wirklich nicht das Zeug zum Vorgesetzten. Ich sehe einmal davon ab, daß er nach den Friedensbegriffen eines aktiven Offiziers keine besonders gute Figur machte; seine Haltung war nachlässig und seine Antwort, wenn man ihn fragte, alles andere als militärisch kurz. Den Kopf hielt er meist etwas schief auf die linke Schulter geneigt. Nun alles das spielt im Kriege keine Rolle. Aber irgendwie muß ein Mann schließlich zum ›Anführer‹ geeignet sein, wenn man ihn mit Recht zum Unteroffizier befördern wollte. Wohl haben wir beim Regimentsstab tatsächlich einmal überlegt, ob wir ihn nicht doch zum Unteroffizier machen sollten, und zwar nur, um ihn auszuzeichnen. Wir sind jedoch nicht zuletzt deshalb wieder davon abgekommen, weil Hitler selbst nicht zur Beförderung vorgeschlagen werden wollte.« [456]

Max Amann sagte 1947 in Nürnberg bei seiner Einvernahme das gleiche aus:

»Dann, eines schönen Tages, schlug ich ihn ... *[Hitler]* ... zum Unteroffizier vor. Unser Unteroffizier für die Meldegänger war verwundet und ich sagte: Wir nehmen den nächsten, den Gefreiten Hitler, der ist schon längere Zeit als Gefreiter überfällig und deshalb schlug ich ihn bei Wiedemann vor und fragte gleichzeitig, ob ich ihn in den Regimentsbefehl einsetzen darf. Ich habe ihn dann kommen lassen und sagte: ›Ich gratuliere Ihnen, Sie sind ab heute Unteroffizier.‹ Er sah mich ganz entsetzt an und sagte: ›Ich bitte, davon abzusehen, ich habe ohne Tressen mehr Autorität als mit Tressen.‹ Ich fragte ihn, was das für eine komische Antwort sei und ob er als Österreicher den deutschen Unteroffizier ablehnt. Das hat er verneint. Er war immer devot, immer ergeben. Jeder andere wäre stolz gewesen.« [457]

Als Amann gefragt wurde, ob Hitler einen triftigen Grund für seine Ablehnung angegeben hätte, antwortete er: »Nein.«

Bei seiner Entnazifizierung 1948 nach dem Verhalten Hitlers während des I. Weltkrieges gefragt, faßte Friedrich Wiedemann zusammen:

»Ich kann nur betonen, daß er ... *[Hitler]* ... damals ein tapferer, anständiger und absolut zuverlässiger Soldat war. Er war Gefreiter und Meldegänger für besonders kritische Lagen. Trotzdem haben wir bei Hitler nicht die Eigenschaften entdecken können, die uns veranlaßt hätten, ihn zu befördern.« [458]

Auch der spätere Generalmajor a.D. und damalige Regimentskommandeur, Friedrich Petz, bescheinigte Hitler im Februar 1922 in einem Schreiben:

»Hitler war ein äußerst fleißiger, williger, gewissenhafter und pflichtgetreuer Soldat, dabei unbedingt zuverlässig und seinen Vorgesetzten treu ergeben. Er zeigte sich geistig sehr geweckt und körperlich frisch, gewandt und ausdauernd. Besonders hervorzuheben ist sein persönlicher Schneid und der rückhaltlose Mut, mit dem er in gefährlichen Lagen und im Gefecht allen Gefahren entgegengetreten ist. Niemals hat ihn

Hitler, begleitet von Max Amann und Ernst Schmidt sowie Adjutanten, nach dem Sieg über Frankreich am 26. April 1940 auf der Fahrt zu den Stellungen des I. Weltkrieges in Flandern. Bild oben: Hitler (Mitte) mit Max Amann und Ernst Schmidt in der Nähe von Fromelles auf dem Schlachtfeld des I. Weltkrieges.

Bild mitte: Wehrmachtsadjutant Gerhard Engel, Hitler, Ordonnanz Max Wünsche und Ernst Schmidt.

Bild unten: Erich Kempka, Max Amann, Gerhard Engel, Hitler, Ernst Schmidt, Max Wünsche, Otto Dietrich und Heinz Linge (v.r.n.l.).

24 Jahre liegen zwischen diesen beiden Aufnahmen:

Der »Gefreite« Hitler mit seinen Kameraden (1 = Balthasar Brandmayer, 2 = Johann Wimmer, 3 = Jose Inkofer, 4 = Karl Lanzhammer, 5 = Adolf Hitler, 6 = Johann Sperl, 7 = Max Mund) im Mai 1916 in Fournes.

Der »Feldherr« Hitler mit Max Amann, Wehrmachtsadjutant Gerhard Engel, Ernst Schmidt und Adjutan Julius Schaub (v.r.n.l.) am 26. April 1940 an der gleichen Stelle in Fournes.

Hitler (links mit Helm), neben ihm Brandmayer, in einem minierten Unterstand für die Regimentsordonnanzen im Frontabschnitt Riencourt–Villers im September 1916.

Hitler am 26. Oktober 1916 im preußischen Vereinslazarett vom Roten Kreuz in Beelitz bei Berlin, wohin er nach seiner Oberschenkelverwundung am 5. Oktober 1916 gebracht wurde.

Schlachtfeld auf den Vimyhöhen (westlich von Vimy), im Stellungskrieg des R.J.R. 16 vom Oktober 1916 bis Februar 1917.

Aufnahme von Hans Bauer: Hitler (links außen) mit Meldegängern und Telefonisten im Ruhequartier in Hantay im April 1917.

Der Münchner Vergolder Max Mund vor seinem Porträt als Frontsoldat, das Hitler von ihm am 18. August 1915 in Fournes gemalt hat.

Bereits einige Monate, nachdem Hitler Reichskanzler geworden war, erkundigte er sich nach seinem Kriegskameraden Ernst Schmidt, den er 1934 am Chiemsee traf.

Seinen Kriegskameraden Josef Wurm, mit Familie, ein Schwager von Max Amann, empfing Hitler 1934 im Haus Wachenfeld am Obersalzberg.

Nachdem Hitler seinem Kriegskameraden Ignaz Westenkirchner mit Familie die Rückfahrt von Amerika nach Deutschland bezahlt und ihn im Zentralverlag der NSDAP untergebracht hatte, empfing ihn Hitler 1933 in der Reichskanzlei (Max Amann, Ignaz Westenkirchner, Hitler und Ernst Hanfstaengel).

1915 1916

Vom Soldat zum Führer der NSDAP. Die Veränderung von Hitlers Gesicht und Schnurrbart von 1915 bis 1921.

1919 1921

Aufnahme eines Teils der Wachmannschaft des Gefangenenlagers Traunstein von Anfang Januar 1919, wo Hitler (Kreis links) und Ernst Schmidt vom 6. Dezember 1918 bis 23. Januar 1919 bzw. bis spätestens 11. Februar 1919 Dienst leisteten.

Vom 20. Februar bis 8. März 1919 war Hitler (in der Mitte stehend) zur Bahnhofswache des Münchner Hauptbahnhofs abkommandiert (Wachmannschaft).

seine eiserne Ruhe und Kaltblütigkeit verlassen. Wenn die Lage am gefährlichsten war, hat er sich freiwillig zu Ordonnanzgängen in die vorderste Linie gemeldet und sie mit bestem Erfolge durchgeführt.« [459]

Im März 1916 erkrankte der Regimentskommandeur Oberstleutnant Friedrich Petz und wurde am 15.3.1916 durch Oberstleutnant Emil Spatny [460] abgelöst, der das R.I.R. 16 bis zum 24.4.1917 führte. Wiedemann berichtete, daß der Nachfolger, also Spatny, »sich während der Sommeschlacht so unmöglich benommen ... *[hat]* ... daß er nicht mehr zu halten war ... Während der Sommeschlacht hatte sich dieser Herr ... so betrunken, daß er nicht einmal in der Lage war, die Regimentsbefehle zu unterschreiben, die ich für ihn entworfen hatte ...« [461]

Nach Maser, der »sich wie kein anderer bundesdeutscher Geschichtsschreiber ... zum Ziel gesetzt ... *[hat]* ... eine der zählebigsten Hitler-Legenden zu widerlegen: die Mär vom zeugungsunfähigen, sexfremden, ja frauenfeindlichen Diktator« [462], hat Hitler 1917 in Le Cateau mit einer Französin, Charlotte Lobjoie, einen »Sohn« gezeugt.

»Anfang 1916«, so schreibt Maser, »war das Mädchen dem deutschen Soldaten Adolf Hitler erstmals begegnet. Es blieb zunächst in Premont, ließ sich auf sexuelle Beziehungen mit Hitler ein und folgte ihm (außer von Oktober 1916 bis März 1917) bis Herbst 1917 u. a. nach Seboncourt, Fournes, Wavrin und Noyelles lez Seclin in Nordfrankreich — und im Mai, Juni und Juli 1917 nach Ardooie in Belgien.« [463]

D. h. die Französin soll Hitler eineinhalb Jahre lang, inmitten eines Weltkrieges, nachgezogen sein, ohne daß nur irgend jemand etwas gemerkt hätte!

Wenn man die Vermutungen und Begründungen des Historikers Maser liest, kann man sich wirklich nur wundern, daß so etwas von Zeitschriften und Illustrierten 1977 verbreitet wurde. Daß Maser bis heute in seiner Hitlerbiographie seine »Entdeckung« publiziert, ist — gelinde ausgedrückt — unverständlich. Im einzelnen auf alle Angaben, die Maser im »Spiegel«, der »Bunten«, in »Zeitgeschichte« [464] und in seiner »Hitlerbiographie« (7. Auflage) bringt, einzugehen, hieße nur, die »Maser-Legende« aufzuwerten.

Abgesehen von einer anzunehmenden ersten Freundin in Wien [465] und Hitlers echten Liebe zu seiner Nichte Angela (Geli) Raubal [466], existieren keine Unterlagen, und es konnte auch bisher kein einziger glaubwürdiger Zeitzeuge angeben, daß Hitler je ein intimes Verhältnis mit einer Frau gehabt hätte. Im Gegenteil, angefangen von den Berichten über Hitlers Leben in München, im I. Weltkrieg und bis zu seinem Ende 1945, finden sich keine Hinweise auf ein intimes Verhältnis Hitlers zu einer Frau (ausgenommen sein platonisches Verhältnis zu Eva

Braun). Da Hitler fast sein ganzes Leben lang immer unter sehr vielen Menschen war (»ich brauche die Gesellschaft von Leuten«) und auch von seinen Gegnern argwöhnisch beobachtet wurde, hätte es zumindest einer dieser Leute merken müssen, wenn Hitler irgendwann einmal eine intimere Beziehung eingegangen wäre. Sein Verhältnis zu Eva Braun [467] war nach verschiedenen Zeugenaussagen glaubhaft ein rein platonisches und nach den Angaben von Frau Schroeder eine reine »Schutzbeziehung«.

Vor allem im I. Weltkrieg wäre es zumindest einem Kriegskameraden Hitlers aufgefallen, wenn Hitler, wie es Maser darstellt, eineinhalb Jahre lang ein Verhältnis mit einer Französin gehabt hätte! Aber im Gegenteil, sämtliche Kameraden Hitlers sagten übereinstimmend aus, daß der deutsch-nationale Hitler, der alles Fremde haßte, mit französischen Frauen absolut nichts im Sinn hatte! Als Beispiel unter vielen kann man Brandmayer nehmen, der in seiner einfachen bayerischen Art berichtete:

»Am Vormittag hatte es eine ausgiebige Löhnung gegeben. ›Wie wär's, wenn ma uns heut um a Mamsell umschau'n taten?‹ sagte einer der Telefonisten, als eben ein ähnliches Thema angeschnitten wurde. ›I tät mi z'Tod schäma bei einer Französin a Liab z'sucha‹, fiel Hitler erregt in dessen Rede. Die Wirkung war vorerst ein homerisches Gelächter. ›Jetzt schau den Klosterbruda o!‹ rief ein anderer. Hitlers Gesicht war ernst geworden. ›Habt Ihr überhaupt koa deutsch Ehrg'fühl mehr in Euch?‹ begann wieder Hitler ... In dieser Hinsicht war Hitler unerbittlich korrekt und hart. Es leben heute noch Zeugen genug, die mir das erhärten können ...« [468]

Sogar Hans Mend, der wirklich alles mögliche über Hitler erfand, u. a. sogar eine homosexuelle Beziehung Hitlers mit Ernst Schmidt [469], hat nie etwas über einen Kontakt oder eine Beziehung Hitlers im I. Weltkrieg zu einer Frau erwähnt. Wenn man die Gesamtpersönlichkeit Hitlers sowie seine nationale und vaterländische Einstellung im I. Weltkrieg würdigt, so ist ein Verhältnis Hitlers mit einer Französin auch gar nicht vorstellbar.

Maser schreibt z. B. auch mit dem Brustton der Überzeugung in dem »Spiegel«-Artikel: »Liebe in Flandern« und auch in seiner Hitlerbiographie eine vollkommen unwahre und erfundene Geschichte von der »Ex-Nonne Pia, die später ein Kind bekam, das auf Kosten der Partei erzogen wurde, doch nie war geklärt worden, welcher Parteigenosse der Vater gewesen war.« [470] Die ungelernte Krankenpflegerin Eleonore Mayer (geb. 7.9.1885 in Kirchberg), geschiedene Baur (1908-1914) — nicht Bauer, wie Maser schreibt, geschiedene Sponseil (1923-1935) — war nie Nonne gewesen, sondern gab sich ihren Namen »Schwester Pia«, den sie später beibehielt, als sogenannte »wilde Schwester« 1908 bei der Vereinigung freier Schwestern (»Gelbes Kreuz«), die überwiegend, wie die Baur auch, in der Hauskrankenpflege tätig waren. Ihr einziger Sohn, Willi Mayer, wurde schon 1905 unehelich geboren; der Vater war Jurastudent. Willy Mayer ist 1945 in Berlin gefallen. [471]

Nachdem Maser am 2. Februar 1976 von dem »Hitler-Sohn« Jean Loret hörte, hat er

»seither daran gearbeitet, seine Behauptung zu erhärten. Maser kontaktierte Loret sogleich und gewann den Franzosen für die Idee, seine Geschichte zu publizieren, und bald galt der Mann aus Speyer unter den jüngeren Lorets als ›der gute Onkel Maser‹ (so ein Besucher), der der Familie zu Ruhm und Wohlstand verhelfen werde.« [472]

Aus dem Nachlaß von Frau Christine Schroeder erhielt ich einen Aktenband mit Briefen und Unterlagen von Jean Loret, die dieser an Frau Schroeder geschrieben hatte. In einem Brief vom 21.7.1979 führte Jean Loret u. a. aus:

»Niemals habe ich von Herrn Maser einen Pfennig erhalten. Dieser ist schlimmer als ein ..., wenn es nach Geld riecht. Mehrmals habe ich Maser darum gebeten, mir den Betrag der Unkosten zu begleichen, welche in seinem Auftrag unternommenen Nachsuchungen veranlaßt hatten, auch seine Aufenthalte in Saint-Quentin sowie meine Reisen nach Speyer — Freilich es umsonst ... Ich hatte mich an Maser gewandt, weil ich dachte, daß ich in ihn einen ernsten, gewissenhaften, redlichen Historiker entdecken würde; ich fand nur einen nach Sensationellen trachte, nach einen Haufen DM gierte, vor nichts zurückwich die Wahrheit verunstaltete, posaunte Lügen die er als Entdeckung vortrug.« [473]

»Schon glaubte sich Maser am Ziel seiner Recherchen«, so berichtete der »Spiegel« 1977, »da traf ihn ein arger Rückschlag. Als er Anfang Oktober mit zwei Journalisten zu der in St. Quentin lebenden ›Kronzeugin‹ (so einer der Maser-Begleiter) Alice Lobjoie, Charlottes Schwester fuhr, um sich die Richtigkeit seiner These bestätigen zu lassen, erteilte ihm die Frau eine Absage.

Ihre Schwester, so gab Tante Alice zu Protokoll, sei zwar eine Zeitlang mit einem deutschen ›Unterleutnant‹ liiert gewesen, nicht aber mit Hitler; sie selbst habe den Mann wiederholt gesehen — mit Hitler habe er keine Ähnlichkeit gehabt. Und dann brach jahrelang aufgestauter Haß gegen den Neffen durch: ›Jean ist ein Spinner, die Hitler-Geschichte haben ihm nur die Deutschen aufgeschwatzt.‹

Auch die ›Sunday Times‹ formulierte einen kritischen Einwand: Ein von Maser bei der Universität Heidelberg in Auftrag gegebenes erbbiologisches Gutachten habe ›wenig überzeugend nachgewiesen, daß Loret allenfalls Hitlers Sohn sein könnte.‹

Kaum aber hatte das Blatt Masers Story enthüllt und damit einen Run der Illustriertenpresse auf das Maser-Haus in Speyer ausgelöst, da griff der Historiker zur Gegenaktion. Er fuhr nach St. Quentin und brachte

Loret in Sicherheit — in Masers Haus. Seither verbirgt er seinen Schützling vor der Presse; selbst ein Loret-Foto mag Maser, längst mit einer Illustrierten [474] im Geschäft, nicht freigeben. [475]

Vielleicht sollte man noch »Die Zeit« Nr. 28 vom 7.6.1978 zitieren, wo bei den »Aschaffenburger Streitgesprächen« der Historiker *[»Streitfragen der Zeitgeschichte«]* folgendes ausgeführt wurde:

»... Statt dessen stürzten sich Masers Kritiker mit Wonne auf die Affäre des französischen Hitler-Sohnes Jean Loret, der sich mittlerweile des Mammons wegen mit seinem ›Betreuer‹ überworfen hat ... Maser schoß sein schönstes Eigentor, als er selber nach seinem Vortrag den illegitimen Sohn ›für eine ganz nebensächliche Sache erklärte.«

Weitere Anmerkungen zu »Hitlers Sohn« sind wohl nicht mehr erforderlich.

Im Sommer 1916 erfolgte der zweite große Angriff bei Fromelles. Vor allem bei dem benachbarten R.I.R. 21 konnten englische Truppen in die deutschen Stellungen einbrechen. In schweren Kämpfen am 19. und 20.7.1916 gelang es dem R.I.R. 16 den Angriff abzuwehren und die englischen Soldaten zurückzuwerfen.

»Schon am 16. Juli 1916«, so berichtet Brandmayer, »als stoßweise schweres Feuer auf unsere Stellungen gelegt wurde, waren die Fernsprechleitungen zerschossen und unbrauchbar geworden. Wir brachten Meldung auf Meldung vom und zum Graben. Grell beleuchteten Feuersignale unseren Weg ... Unsere Gefechtsstelle wurde nach dem Abflauen der Angriffe nach dem ›Maierhof‹ verlegt.« [476]

Am 27.9.1916 wurde das R.I.R. 16 nach fast eineinhalb Jahren bei Fromelles abgelöst und im Bahnhof Haubourdin — der Regimentsstab schon um 5 Uhr morgens — in Waggons verladen. Mit dem Zug ging es nach Iwuy. Das R.I.R. 16 sollte dort den Frontabschnitt Riencourt-Villers an Flos durch den Ausbau von Stellungen verteidigen, und erst hier erhielten die Soldaten des R.I.R. 16 Stahlhelme; bisher hatten sie die Pickelhauben getragen.

»Nach einem mühevollen Fußmarsch über Cambrai«, so berichtete Brandmayer weiter, »trafen wir endlich 6 Uhr abends in Fremicourt ein. Als erstes galt es einen schußsicheren Unterstand herzustellen. Nach fünf Tagen war unser miniertes Loch soweit fertiggestellt.« [477]

Doch schon am 2.10.1916 wurde das R.I.R. 16 in der Sommeschlacht eingesetzt und bezog die Allaines-Stellung zwischen Bapaume und Le Barque, die eine Breite von rd. 1000 m und eine Tiefe von 1500 m hatte. Der Regimentsstab wurde in Le Barque-Nord in einem minierten Unterstand eingerichtet.

»Vor uns lag eine unbekannte Gegend«, so berichtete Brandmayer, »und nächtliche Ungewißheit machte unsere Meldegänger unsicher ... Die Meldegänger bezogen einen minierten Gang, der so eng und niedrig war, daß zwei Personen nicht einander auszuweichen vermochten. Man konnte kaum sitzen. Einer stolperte über die Beine des anderen. Dumpf und dicht war die Luft, fast zum Ersticken. Eine kleine Treppe führte ins Freie. Ich hatte gerade neben Hitler Platz genommen, da schlug ein Volltreffer mitten in den Gang. Die Decke zermalmt und tausendfach zerrissen; allenthalben spritzten die Splitter.« [478]

Ein Granatsplitter traf Hitler am linken Oberschenkel. Auch Wiedemann berichtete, daß Hitler bei dem Volltreffer auf den Unterstand der Meldegänger verwundet wurde:

»Die minierten Stollen waren zu eng, um richtige Schlafstellen einzurichten. So hockten also die Melder eng aneinandergelehnt im Gang, meist mit angezogenen Beinen und schliefen dort todmüde trotz dieser unbequemen Lage ... einer der Eingänge zeigte gerade in Richtung der englischen Artilleriestellung. Die Gefahr, daß ein Geschoß genau im richtigen Winkel den schmalen Eingang träfe, war zwar sehr gering, aber gerade das traf ein! Gott sei Dank war es nur eine leichte Granate. Aber sie krepierte so, daß die Splitter den Gang entlangflogen, in dem unsere Melder schliefen. Es war Nacht, und ich wurde durch die Detonation und das Stöhnen der Verwundeten aufgeschreckt. Sechs Meldegänger waren verwundet ... Unter ihnen war auch mein Meldegänger Adolf Hitler. Seine Verletzung erwies sich jedoch als nicht so schwer, und als ich mich zu ihm niederbeugte, sagte er: »Es ist nicht so schlimm, Herr Oberleutnant, gelt, ich bleibe bei euch, bleibe beim Regiment.« [479]

Jahre später erzählte Hitler, daß man sich als Verwundeter abmeldete:

»Eigenartig, daß der Schmerz im Augenblick der Verwundung kaum fühlbar ist: man kriegt einen Schlag, man glaubt, es ist gar nichts los. Die Schmerzen kommen erst auf dem Transport. Man hat doch unglaubliche Szenen gesehen, besonders im Jahr 1914, wo doch die Truppe noch in einer unfaßlichen Haltung war. Die Verwundeten haben sich damals noch stramm abgemeldet beim Hauptmann, wenn sie nur gehen konnten.« [480]

»Da lag er«, so berichtete Wiedemann weiter, »verwundet und hatte keinen anderen Wunsch als beim Regiment bleiben zu dürfen. Er hatte keine Familie, und, wenn man so will, auch keine Heimat. Für den Gefreiten Hitler war das Regiment List Heimat.« [481]

Auch Hitlers Freund, der Meldegänger Ernst Schmidt, wurde bei dem Granateinschlag an beiden Oberschenkeln verwundet. [482] Wie Brandmayer berichtete sowie aus den Kriegsstammrollen ersichtlich, »waren, als der 13. Oktober 1916 heraufdämmerte ... Weiß Jakl und ich von der Gruppe der alten Meldegänger allein mit heiler Haut davongekommen. Alle übrigen waren tot oder verwundet.« [483]

Die Angaben über den Tag der Verwundung Hitlers weichen ab. Während Hitler [484] in »Mein Kampf« angibt: »Am 7.10.1916 wurde ich verwundet« [485] und in einem Brief vom 29.11.1921 ebenfalls ausführte, »in der Schlacht an der Somme am 7.10.1916 ... *[wurde ich]* ... zum ersten Mal verwundet (durch Granatsplitter am linken Oberschenkel)« [486], ist in der »Namentlichen Verlustliste« des R.I.R. 16 vom 9.11.1916 unter Nr. 233 der Gefreite Hitler mit Verwundung am 5.10.1916 angegeben. [487] In der »Zählerkarte« des Lazaretts vom Roten Kreuz in Beelitz ist es der 6.10.1916 (Zugang am 9.10.1916) und in den Kriegsstammrollen Hitlers Nr. 1062 und 4470 ebenfalls der 5.10.1916. Auch geht aus der Kriegsstammrolle von Ernst Schmidt eindeutig hervor, daß er — wie Hitler — am 5.10.1916 bei Le Barque an beiden Oberschenkeln verwundet wurde.

Es ist auch hier so, daß sich Hitler wieder einmal im Datum »geirrt« hat und natürlich — wie immer — in späteren Darstellungen das Datum 7.10.1916 aus seinem Buch »Mein Kampf« übernommen worden ist. Dafür, daß Hitler bei dem Volltreffer in dem Unterstand der Regimentsordonnanzen am 5.10.1916 verletzt wurde, spricht auch die »Zählerkarte« aus dem Lazarett Beelitz, und der »Verwundetenzettel« des Sammellazaretts in Hermies, wo Hitler am »6.10.1916 um 5 Uhr Vorm.« ärztlich versorgt worden ist.

Vom 9.10.1916 bis 1.12.1916 lag Hitler im preußischen Vereinslazarett vom Roten Kreuz in Beelitz bei Berlin (Abt. I, Zimmer 34).

»Welch ein Wandel«, schrieb Hitler. »Vom Schlamm der Sommeschlacht in die weißen Betten dieses Wunderbaues! Man wagte ja anfangs kaum sich richtig hineinzulegen. Erst langsam vermochte man sich an diese neue Welt zu gewöhnen.« [488]

Ein Gruppenfoto vom 26.10.1916 zeigt einen schmalen Hitler mit dunklen stechenden Augen und einem großen nach unten gezogenen ungepflegten Schnurrbart. Hier im Lazarett Beelitz traf Hitler auch seinen Meldegängerkameraden Anton Bachmann wieder, der am 6.10.1916 bei Bapaume durch einen Granatsplitter am Kopf verwundet worden war. [489]

Als Hitler wieder gehen konnte, erhielt er die Erlaubnis nach dem nahen Berlin zu fahren. Er schrieb von dort am 4.11.1916 eine Ansichtskarte von der Nationalgalerie in Berlin, wo er sich die Gemälde angesehen hatte, an den Diener Franz Mayer, der Regimentsordonnanz beim Stab war. [490] Hitler war damals zum ersten Mal in der Stadt, in deren Trümmern er 28 Jahre später sein Leben beendete.

Am Samstag, dem 2.12.1916, also nach siebeneinhalb Wochen Lazarettaufenthalt, fuhr Hitler nach München, wo er sich am 3.12.1916 beim 2. Inf.Regt. meldete, das das Ersatzregiment für das R.I.R. 16 war. Er wurde der 4. Kompanie des I. Ersatzbataillons zugeteilt. Hier traf Hitler

Landsberg/L. 7.11.24.

Herrn

Friedrich W i t z g a l l

München

Lieber Herr Regimentskamerad!

Nehmen Sie bitte für den Gruß von der Regimentsgedächnisfeier meinen herzlichsten Dank entgegen. Leider war es mir nicht vergönnt, dieses Jahr selber daran teilzunehmen. - Ebenso leid tut es mir, dass ich die Adressen von Herrn Obertst Baligand und Herrn Major Rubenbauer sowie von den anderen , auf der Karte unterschriebenen Herrn nicht kenne, so dass mir ein persönlicher Dank an meine früheren Kommandeure nicht möglich ist. Sollten Sie, lieber Herr Witzgall, vielleicht einen der Herrn treffen, dann bitte ich Sie kameradschaftlich, meinen Dank den Herren übermitteln zu wollen.

Mit treudeutschem Gruß

Ihr Regimentskamerad

Adolf Hitler

Berlin, den 20.2.1933.

Lieber Weiss Jackl !

Herzlichen Dank für Deinen Glückwunsch. Ich freue mich besonders über die Anteilnahme meiner alten Kameraden.

In alter Erinnerung

auch seinen Freund Ernst Schmidt wieder, der bereits am 15.11.1916 vom Lazarett Brandenburg kommend, zur 5. Komp. des I. Ersatzbataillons des 2. Inf. Regt. zugeteilt worden ist. In einer Karte, die Hitler am 21.12.1916 an Brandmayer geschrieben hatte, bemerkte er auch: »War vor einigen Tagen beim Schmidt.« [491]
Auch der Meldegänger Max Mund, der am 7.10.1916 bei Le Barque infolge einer Gasvergiftung in das Res. Lazarett Gera (Reuß) eingeliefert worden war, kam am 18.11.1916 nach München zu Hitlers 4. Kompanie. Der Meldegänger Johann Wimmer, der bereits am 5.9.1916 bei Aubers durch einen Gewehrschuß an der linken Schulter verletzt wurde, kam am 10.11.1916 ebenfalls nach München zur 5. Kompanie des I. Ersatz Batl., wo Schmidt war. So trafen sich die drei Meldegänger des Stabes des R.I.R. 16 beim Ersatzregiment in München wieder.
Schon im Lazarett Beelitz stellte Hitler fest, daß »Feiglinge« dort den Ton angaben: »Mir kroch der Ekel zum Halse herauf ... Was sollte man machen? ... man ... *[müßte]* ... es bei der Leitung genau wissen und wußte es auch. Dennoch geschah nichts ... Die Unzufriedenheit war groß.« [492] Aber in München war Hitlers Enttäuschung noch größer:

»Noch viel ärger waren jedoch die Verhältnisse in München selber! Ich ... *[glaubte]* ... die Stadt nicht mehr wieder zu erkennen. Ärger, Mißmut und Geschimpfe, wohin man nur kam! Beim Ersatzbataillon selber war die Stimmung unter jeder Kritik ... Die Drückebergerei galt fast schon als ein Zeichen höherer Klugheit, das treue Ausharren aber als Merkmal innerer Schwäche und Borniertheit ... Ich war froh wieder an die Front zu kommen, zu der ich mich sofort nach meiner Ankunft in München von neuem meldete.« [493]

Weihnachten 1916 verbrachte Hitler in der Elisabethenschule, wo das Ersatzbataillon des 2. Inf. Regt. untergebracht war. Er schrieb Kartengrüße mit Glückwünschen zu Weihnachten und zum Jahreswechsel an Brandmayer an die Front und ließ »Alle Kameraden ... *[grüßen]* ... auf ein baldiges Wiedersehen hoffend.« [494]
Hitler, der sich über die schlechte Stimmung unter den Soldaten in der Heimat wunderte, langweilte sich in der Ersatzkaserne: »Sitze jetzt meist mit geschwollenen Backen zwischen meinen vier Mauern und denke oft an Euch«, schrieb er am 21.12.1916 an Brandmayer, »ein Transport ging vor ein paar Tagen zum Rgt. kam leider nicht mit.« [495]
Als Hitler hörte, daß er im Januar 1917 mit einem Ersatztransport zum 2. Inf. Regiment an die Front kommen sollte, hat er, wie Wiedemann berichtete, einen Brief an ihn geschrieben: »Herr Oblt. werden verstehen, daß es mein dringendster Wunsch ist, wieder zu meinem alten Regt. und meinen alten Kameraden zu kommen. Ich bitte Herrn Oblt. sehr, mich wieder zum 16. RIR anzufordern.« [496]

Auch an Max Amann soll Hitler eine Postkarte geschrieben haben, mit der Bitte, ihn wieder zum Regimentsstab anzufordern.
Hitlers Freund Ernst Schmidt war schon am 17.2.1917 wieder an die Front zum R.I.R. 16 zurückgekehrt, und auch Hitler wurde nun vom Regimentsstab des R.I.R. 16 angefordert und traf am 5.3.1917 beim Regiment ein, das nach einem Ruhequartier in Somain wieder in einer neuen Stellung bei La Basse, wenige Kilometer nördlich der Vimy-Stellung, in Einsatz kam.
Am 23.4.1917 wurde der Regimentskommandeur, Oberstleutnant Emil Spatny, wegen Krankheit durch den Major Freiherr Anton von Tubeuf [497] abgelöst, der das R.I.R. 16 bis zum 26.7.1918 führte. Wiedemann berichtete, daß sich von Tubeuf freute, als junger Major das R.I.R. 16 führen zu können, »bequemer Vorgesetzter war er nicht, weder für seine Offiziere, noch für die Männer des Regiments. Er galt als ein besonders strenger Herr und vor allem die Mannschaften liebten ihn nicht.« [498]
Hitler teilte diese Einstellung wohl nicht, da er als Reichskanzler den 1919 als Oberstleutnant vom Militär entlassenen von Tubeuf am 15.8.1935 nachträglich als 65jährigen zum Oberst beförderte. Max Amann sagte 1947 aus:

»Der beste Regimentskommandeur, Freiherr von Tubeuf, hat ihn ... *[Hitler]* ... sehr gern gemocht. Das ist auch der einzige Offizier, dem Hitler nach der Machtübernahme noch einen höheren Dienstgrad verliehen hat, also vom Oberstleutnant zum Oberst befördert hat. Der hat ihn sehr geschätzt und der hat ihm auch das EK I gegeben, was eine hohe Auszeichnung für einen Österreicher war.« [499]

Von Tubeuf ging also nicht, wie Friedrich Wiedemann unverständlicherweise schrieb, nach dem I. Weltkrieg als Oberst ab und wurde auch nicht 1933 durch Hitler zum General befördert. [500]
Der spätere Oberst a.D. von Tubeuf kannte und mochte Hitler wirklich, was auch aus seinem Zeugnis vom 20.3.1922 hervorging, das er als Pensionist von Bad Aibling für Hitler schrieb:

»Adolf Hitler hat sich in der Zeit von April 1917 bis August 1918 in meinem Regimentsstab (Bayer. Res. Inf. Reg. 16) als Ordonnanz außerordentlich bewährt. Unermüdlich dienst- und hilfsbereit gab es keinen Grund und keine Lage, in der er sich nicht stets freiwillig gemeldet hätte zu den schwierigsten, mühevollsten und gefährlichsten Aufträgen, immer bereit, für andere und für sein Vaterland Ruhe und Leben zu opfern. Er ist mir von den Mannschaften auch menschlich am meisten nahe gekommen, und ich freute mich im Privatgespräch über seine von hervorragender Vaterlandsliebe und anständigster, ehrbarster Gesinnung zeugenden Ansichten. Meine herzlichen Wünsche begleiten ihn für sein Leben.« [501]

Ab dem 25.4.1917 lag das R.I.R. 16 in der Arras-Schlacht in Donai in Reserve. Es wurde am 3.5.1917 nach Klein Vitry verlegt und kam im Juni 1917 südlich von Oppy in Einsatz, wobei der Regimentsgefechtsstab in Quirey la Motte lag.
Am 12.7.1917 wurde das R.I.R. 16 in der »Schlacht in Flandern«, und zwar wieder in dem Abschnitt Gheluvelt eingesetzt, wo es 1914, also vor knapp drei Jahren, seine blutige »Feuertaufe« erhalten hatte. Vom 13. bis 23.7.1917 erfolgten täglich Gasangriffe (die ersten Gaseinsätze erfolgten schon Mitte 1916). Im Blasverfahren, mit Gasminensalven und Artilleriebeschuß mit Gasgranaten wurde Gas auf die deutschen Stellungen geschossen.
Neben der starken Fliegertätigkeit der Engländer, die von den Flugzeugen Bomben warfen und die deutschen Stellungen mit Maschinengewehren beschossen, erfolgte am 31.7.1917 der erste groß angelegte Angriff der Engländer auf einer Breite von 25 Kilometern mit einer neuen Waffe, den »Tanks«. Hitler sagte später:

»1916 in der Somme-Schlacht sind die ersten Panzer aufgetreten. Die Panzer-Fertigungsaufträge sind bei uns erst 1917 ausgegeben worden ... 400 Tanks im Sommer 1918, und wir würden den Weltkrieg gewonnen haben. Es war unser Unglück, daß die damalige Führung die Bedeutung der technischen Waffen nicht rechtzeitig erkannt hat ... Daß man die Notwendigkeit der Tankwaffe oder doch der Abwehr bei uns nicht erkannt hatte, das war der Grund für unser Unterliegen 1918.« [502]

Am 1.8.1917 wurde das R.I.R. 16 aus der Schlacht in Flandern abgelöst und ins Elsaß in die kleinen Dörfer um Mühlhausen verlegt, wo es eine 6 1/2 km breite Stellungsfront zu halten hatte. Der Regimentsstab mit Hitler war zuerst in Schlierbach und später in Galfingen und dann in Hochstadt untergebracht, wo Hitler am 17.9.1917 das Militär-Verdienst-Kreuz III. Klasse verliehen bekam.
Am 30.9.1917 trat Hitler mit Ernst Schmidt [503] einen achtzehntägigen Urlaub bis zum 17.10.1917 an, den er bei den Eltern seines Kameraden im Stabe, Richard Arendt [504], in Berlin verbrachte. Hitler bezeichnete die Eltern von Arendt (Fritz und Helene Arendt) »als sehr lieb ... hätte es mir nicht besser wünschen können.« [505]
Am Dienstag, dem 2.10.1917, kam Hitler in Berlin an [506] und war, wie schon bei seinem ersten Besuch in Berlin, im November 1916, von der Stadt begeistert. »Die Stadt ist großartig«, schrieb er, »so richtig eine Weltstadt ... Bin fast den ganzen Tag fort. Habe jetzt endlich Gelegenheit die Museen etwas besser zu studieren. Kurz es fehlt mir nichts.« [507]
Fast am Tag genau, 24 Jahre später, am 17.10.1941 hatte der »Reichskanzler« Hitler aber eine andere Vorstellung von Berlin:

»Was häßlich ist in Berlin, wollen wir beseitigen, und was Berlin jetzt bekommt, soll so sein, daß es den Inbegriff dessen darstellt, was mit den heutigen Mitteln überhaupt nur zu machen ist. Wer die Reichskanzlei betritt, muß das Gefühl haben, vor den Herrn der Welt zu treten, und schon der Weg dahin durch den Triumphbogen auf den breiten Straßen an der Soldatenhalle vorbei zum Platz des Volkes soll ihm den Atem nehmen.« [508]

Was für ein Weg innerhalb von 24 Jahren: Vom »Gefreiten« des I. Weltkrieges zum »Herrn der Welt«!

An Max Amann schrieb Hitler gleich drei Karten (8., 11. und 12.10.1917) mit Grüßen aus Berlin an die Front, wobei er bedauerte, »daß die Tage hier ... *[in Berlin]* ... so schnell verlaufen.« [509]

Maser schreibt in seiner Hitlerbiographie auf Seite 135, daß Hitler seinen Urlaub vom 30.9. bis 17.10.1917 in Spital in Österreich verbrachte! Auf Seite 136 und 142 wiederholt Maser das gleiche, auch bezogen auf Hitlers zweiten Urlaub vom 10.9.1918 bis 27.9.1918: »... fährt am 10. September auf Heimaturlaub nach Spital, dem Herkunftsort der Hitler-Sippe.« Auch Joachim C. Fest schreibt in seiner Hitlerbiographie [510] das gleiche, was er wohl von Maser übernommen hat. Ernst Schmidt gab später an, daß Hitler mit ihm zuerst nach Dresden zu Schmidts Schwester gefahren wäre [511] und erst dann nach Berlin. Dem widerspricht aber Hitlers Militärfahrschein, der nach Berlin ausgestellt war. Hitler hat seit Mai 1913 erst wieder 1920 zum ersten Mal [512] österreichischen Boden betreten. Wie soll er als »aktiver deutscher Soldat« im I. Weltkrieg nach Österreich gekommen sein, das er wegen seiner »Stellungsflucht« und Antipathie gegen den Habsburger Staat mied? Außerdem hatte sich Hitler, wie schon ausgeführt, 1908 mit seinen Verwandten überworfen und sie auch nicht mehr besucht (»ich habe keine Verwandten«). Neben dem Nachweis, den ich führe, daß Hitler seine beiden Urlaube in Berlin verbrachte, gab Hitler 1941 selbst die Antwort, wo er seine Heimaturlaube im I. Weltkrieg verbracht hatte:

»Berlin habe ich immer gern gehabt ... Während des Krieges hatte ich zweimal zehn Tage Urlaub. Ihn in München verleben? Das Treiben der Schwarzen hätte mir die Freude an der Stadt genommen. Beide Male ging ich nach Berlin, und von der Zeit her kenne ich die Berliner Museen und Sammlungen.« [513]

Nicht einmal in München wollte Hitler seine Urlaube verbringen, und da soll er nach Österreich gefahren sein! Außerdem beweist zusätzlich ein noch vorhandener Militärfahrschein III. Klasse Hitlers, ausgestellt am 8.9.1918 von Dudzele (Dudizeele bei Becelaere) nach »Berlin«, daß Hitler, nicht wie der Historiker Maser einfach ausführt, »zu der Hitler Sippe nach Spital gefahren ist.« [514]

Am Mittwoch, dem 117.10.1917, kehrte Hitler zum Regiment zurück, das inzwischen am 13.10.1917 von Nixheim im Elsaß in die Champagne verlegt worden war. Der Regimentsstab war zuerst in einer Kreidehöhle auf dem Gebirgsstock von Montarcene und dann in Plesnoy-Ferme untergebracht. Doch schon am 20.10.1917 ist das R.I.R. 16 nach Ebouteau, am 23.10.1917 nach Vivaise und am 25.10.1917 nach Molinchart verlegt worden. Dort bezog das Regiment eine ca. 4 km breite Stellung bei Anizy-Lizy, wo erst Unterstände und Unterkünfte gebaut werden mußten. Weihnachten 1917 verbrachte Hitler dort mit den Meldegängern Ernst Schmidt, Max Mund, Jakob Weiß und Balthasar Brandmayer. [515]
Aber schon am 28.3.1918 bezog das R.I.R. 16 wieder eine 9 km breite Stellung am Croizat-Kanal zwischen Chauny und Tergnier. Am 1.4.1918 erfolgte ein Angriff der deutschen Armee parallel zur Oise. Der Regimentsstab war in dieser Zeit im Keller des Schlosses Fontaine untergebracht. In diesen verlustreichen Kämpfen im April 1918 betrugen die Verluste des R.I.R. 16 durch Tote und Verwundete 23 Offiziere und 1123 Mann, wieder einmal fast die Hälfte des Bestandes!
Am 9.5.1918 erhielt Hitler ein Regiments-Diplom wegen hervorragender Tapferkeit vor dem Feinde und am 18.5.1918 das Verwundeten Abzeichen in Schwarz mit Schwertern verliehen.
Vom 25.5.1918 bis 31.5.1918 führte das R.I.R. 16 einen Angriff über Montéco, den Höhenrand östlich und nordöstlich von Bagneux durch, wobei es in fünf Tagen rd. 23 km feindliche Stellungen aufrollte. Der Regimentsstab war bei Epagny untergebracht und erhielt am 30.5.1918 einen Artillerietreffer, der mehrere Tote und Verwundete kostete (unter anderen wurde z. B. auch Brandmayer dort verwundet).
Nach den schweren und verlustreichen Kämpfen bei Montdidier hatte das R.I.R. 16 mit halber Gefechtsstärke den Angriff von der Ailette zur Aisne vorgetragen. Am 12.6.1918 wurde es von der Front abgelöst und kam in ein Ruhequartier in Couselles. Doch schon am 28.6.1918 bezog das R.I.R. 16 wieder eine Stellung bei Passy an der Marne; es begann die »Marne-Schlacht«, die vom 15.7.1918 bis 29.7.1918 dauerte.
Am 1.8.1918 wurde das R.I.R. 16 wieder aus der Front gezogen und bezog in Le Cateau eine Ruhestellung, wo das Regiment mit Nachersatz wieder ergänzt worden ist. Am Sonntag, dem 4.8.1918, erhielt Hitler dort aus der Hand des am 22.7.1918 vom Urlaub zurückgekehrten Regimentskommandeur, Major von Tubeuf, das Eiserne Kreuz I. Klasse.
Hitler ist später von seinen Gegnern immer wieder vorgeworfen worden, daß er durch seine Tätigkeit als Meldegänger beim Regimentsstab das EK I unter nicht geklärten Umständen, bzw. zum Schluß, wo es »jeder Bahnhofsvorstand« bekam, erhalten hätte. Beispielsweise behauptete

der Feldwebel Georg Schnell noch 1952 gegenüber Thomas Orr, daß Hitler und Max Amann das EK I zu Unrecht getragen haben. Daß Orden immer wieder getragen wurden, ohne daß sie verliehen worden sind, kam immer wieder vor. Beispielsweise trug der bekannte Führer von Hitlers SS Leibstandarte und General der Waffen SS, Josef (Sepp) Dietrich [516], das EK I, obwohl sich in seiner Kriegsstammrolle und anderen Unterlagen kein Nachweis dafür finden läßt. Auch bei einer Anfrage von 1960 hat Dietrich nur das EK II angegeben. [517] Dietrich hat auch immer verschwiegen, daß er am 9.11.1918 zum »Vorsitzenden des Soldatenrates« gewählt wurde. [518]
Hitler war, wie die verschiedensten Aussagen von Kriegskameraden und seiner Vorgesetzten beweisen, ein guter und zuverlässiger Soldat und hat sich das EK I, eine für einen Gefreiten sehr seltene Auszeichnung, wohl verdient, aber nicht für die Gefangennahme von fünfzehn Franzosen, wie dies später in nationalsozialistischen Schulbüchern zu lesen war. Hitler hat seine Verdienste als Soldat immer wieder durch eine Reihe von Unwahrhaftigkeiten selbst entwertet.

Wiedemann berichtete, daß Hitler, solange er beim Stab war, »sich als tapfer und zuverlässig«, erwiesen hat, »und das EK I hat er zu Recht erhalten. »Ich erinnere mich noch recht gut«, sagte Wiedemann, »wie ich mir nach einer größeren Kampfhandlung in der Stellung bei Fromelles mit dem Regimentsschreiber Max Amann überlegte, wen wir zum EK I vorschlagen sollten.
Meiner Ansicht nach stand Hitler schon längst diese Auszeichnung zu, und somit setzten wir ihn auf die Vorschlagsliste, allerdings nicht oben hin, sondern am Schluß. Wir taten das mit Rücksicht auf die Kompanien, die immer meckerten, wenn wir unsere Leute vom Regimentsstab an die Spitze der Liste setzten. Hitler hat damals das EK I nicht bekommen. Auf unsere 10 Vorschläge erhielten wir nur 5 Auszeichnungen zugeteilt.« [519]

Hitler verdankt mit an Sicherheit grenzender Wahrscheinlichkeit dem Leutnant der Landwehr, Hugo Gutmann [520], einem jüdischen Büromaschinenfabrikanten aus Nürnberg, das EK I. Gutmann, ein tapferer und von mehreren Vorgesetzten »hervorragend« beurteilter Offizier, der ab dem 16.8.1917 als Nachfolger von Wiedemann Regimentsadjutant beim R.I.R. 16 war, wurde z. B. später von Hitler und Brandmayer völlig zu Unrecht diffamiert und diskreditiert. Hitler gab z. B. 1941 folgendes von sich:

»Ich habe im Weltkrieg das EK I nicht getragen, weil ich gesehen habe, wie es verliehen wird. Wir hatten einen Juden im Regiment, Gutmann, einen Feigling sondergleichen. Er hat das EK I getragen. Es war empörend und eine Schande.« [521]

Hitler hätte aber auch nur über einen Monat lang Zeit gehabt, das EK I an der Front zu tragen! Daß er es aber dem Juden Hugo Gutmann verdankte, daß er zum EK I vorgeschlagen wurde, das erwähnte Hitler nicht. Brandmayer gab an:

»Als Adjutant des Regiments fungierte Leutnant Eichelsdörfer, als mehrmaliger Stellvertreter Hugo Gutmann, Leutnant der Landwehr, ein Offizier mit jüdischen Allüren und Manieren. Er stand bei der Meldegängertruppe in keinem hohen Ansehen. In der Folgezeit war mir dieser angstschlotternde Auch-Offizier ein unsympathischer Vorgesetzter.« [522]

Es ist wirklich ein trauriges Kapitel, daß man einen tapferen »deutschen Offizier« jüdischen Glaubens, der vier Jahre an der Front für Deutschland gekämpft hatte, später so schilderte und ihn zur Emigration zwang, nur weil er ein Jude war! »Wo die Ursache für den fanatischen Judenhaß Hitlers lag«, so schrieb Wiedemann später, »habe ich nie herausgebracht. Die Erfahrungen mit jüdischen Offizieren während des Weltkrieges konnten dazu wenig beigetragen haben. Wir hatten mehrere Juden als Offiziere im Regiment.« [523]

Bei Hitler war es mit an Sicherheit grenzender Wahrscheinlichkeit am Anfang auch kein direkter Haß auf »die« Juden, wie auch mehrere Zeitzeugen angaben, sondern es war sein Haß auf die »vielen Fremden« in Wien, die den Deutschen Arbeit und Wohnung weggenommen haben. Erst später wandelte sich dieser latente »Fremdenhaß« unter dem Eindruck der überwiegend von Juden, also von »Fremden« geführten Revolution und Räteherrschaft, sowie durch die antisemitische Grundhaltung beim Übergangsheer und der Reichswehr in München nach der Räterepublik, in einen »Judenhaß« um.

Wiedemann berichtet weiter, daß Gutmann, als sein Nachfolger als Regimentsadjutant, Hitler ebenfalls zum EK I vorschlug.

»Gutmann war Jude«, schrieb Wiedemann. »Daß der Vorschlag zur Auszeichnung ... *[Hitlers]* ... von ihm ausging, ist sicher. Ich bin zwar bei der Verleihung nicht dabei gewesen, aber es ist mehr als wahrscheinlich, daß Gutmann diese Auszeichnung Hitler auch persönlich überreichte. Eine Ironie der Weltgeschichte mit makabrem Hintergrund.« [524]

Es war aber keine Ironie der Weltgeschichte, wie Wiedemann vermutete, daß Hitler das EK I aus der Hand Gutmanns erhalten hat, da dieser nachweislich vom 22.7. bis 15.8.1918 in Heimaturlaub gewesen ist. [525] Hitler erhielt das EK I von seinem Regimentskommandeur Major von Tubeuf überreicht.

Wofür hat nun Hitler das EK I wirklich erhalten? Es gibt dazu mehrere kompatible Aussagen:

1. Aussage von Eugen Tannhäuser vom 4.8.1961:

»Herr Gutmann war Regimentsadjutant im List Regiment, besaß selbst das Eiserne Kreuz erster Klasse und den Bayerischen Militärverdienstorden, und ich habe mit meinen eigenen Augen die Urkunden gesehen, worin er wegen Tapferkeit vor dem Feinde einmal zum Vizefeldwebel und später unter ehrender Erwähnung im Armeebefehl zum Leutnant befördert worden war. Er berichtete mir, daß Hitler ein Soldat gewesen sei wie die anderen und sich weder durch besonderes Versagen noch besondere Leistungen ausgezeichnet hätte. Einmal sei eine wichtige Meldung durch das Trommelfeuer von der Befehlsstelle des Regiments zu den Truppen zu überbringen gewesen. Die telephonische Verbindung versagte, und um sicher zu gehen, rief Gutmann zwei Meldegänger, darunter Hitler, und übergab ihnen die Meldung, in der Hoffnung, daß wenigstens einer von ihnen durchkäme. Er versprach beiden im Falle des Gelingens das Eiserne Kreuz erster Klasse. Sie kamen beide durch; aber — wie Gutmann sagte — das Versprechen war leichter gewesen, als das Halten. Über zwei Monate bemühte er sich beim Divisionskommandeur ab, bis er endlich das EK I für die beiden Meldegänger genehmigt erhielt; denn es handelte sich um eine Tat, die auf dem Schlachtfelde täglich vorkam. Gutmann bemerkte außerdem, daß Hitler niemals 15 Franzosen allein gefangen genommen habe, wie das in nationalsozialistischen Schulbüchern zu lesen war. Es wisse auch kein anderer Offizier des ehemaligen List-Regiments davon, und in der Regimentsgeschichte sei nichts darüber vermerkt.« [526]

2. Aussage des Fernsprechers und Kriegskameraden Hitlers, Johann Raab, am 4.8.1948:

»Ich war beim Regt. Stab des RIR 16 (List) zu der gleichen Zeit, als Hitler dort Meldegänger war. Ich kann mich erinnern, daß er sich sehr oft freiwillig für andere verheiratete Kameraden zu Meldegängen anbot. Ich kann mich auch erinnern, wie er das EK I bekam, da ich zu gleicher Zeit das EK II erhielt. Hitler hat damals eine Meldung an die Front gebracht, als sämtliche anderen Verbindungen im Feuer vernichtet und erstickt waren. Seine Tat wurde im Regt. Befehl besonders lobend erwähnt.« [527]

3. Schreiben des stellv. Regt. Kdr. des R.I.R. 16, Freiherr von Godin, an den Kdr. der 12. Inf. Brigade vom 31.7.1918:

»Hitler ist seit Ausmarsch beim Regiment und hat sich in allen mitgemachten Gefechten glänzend bewährt. Als Meldegänger leistete er sowohl im Stellungskrieg als auch im Bewegungskrieg Vorbildliches an Kaltblütigkeit und Schneid und war stets freiwillig bereit, Meldungen in den schwierigsten Lagen unter größter Lebensgefahr durchzubringen. Nach Abreißen aller Verbindungen in schwierigen Gefechtslagen war es der unermüdlichen und opferbereiten Tätigkeit des Hitlers zu verdanken, daß wichtige Meldungen trotz aller Schwierigkeiten durchdringen konnten. Hitler erhielt das E.K. 2 für tapferes Verhalten in der Schlacht bei Wytschaete am 2.12.14. Ich halte Hitler für vollends würdig zur Auszeichnung mit dem E.K. 1.« [528]

Damit dürfte feststehen, daß Hitler das EK I auf Vorschlag von Leutnant Hugo Gutmann dafür erhalten hat, daß er unter schwierigen Umständen wichtige Meldungen in die vordersten Linien gebracht hatte.
Am 10.8.1918 übernahm Oberst Maximilian von Baligand [529] das R.I.R. 16 und schon am 15.8.1918 ist das Regiment mit Lastkraftwagen nach Cambrai gefahren worden, wo es am 25.8.1918 bis 27.8.1918 einen Angriff der englischen Truppen bei Bapaume abzuwehren und wieder 700 Mann an Verlusten zu beklagen hatte. Hitler war bei diesen Kämpfen nicht dabei, da er vom 23.8.1918 bis 30.8.1918 einen kurzen Diensturlaub nach Nürnberg zu einer Fernsprechausbildung, bzw. nach anderen Quellen [530], für den Transport von Papieren für ein aufgeriebenes Nürnberger Regiment (?), das mit dem R.I.R. 16 angeblich zusammmengelegt werden sollte, bewilligt bekam. In der Zwischenzeit wurde Hitler am 25.8.1918 die Dienstauszeichnung 3. Klasse verliehen.
Am 13.9.1918 wurde das R.I.R. 16 nochmals bei den vier Jahre lang umstrittenen Höhen von Wytschaete und Messines in Flandern eingesetzt. Hitler war nicht dabei, da er ab dem 10.9.1918 zum zweiten Male in diesem Krieg in Berlin einen Urlaub verbrachte, was u. a. auch ein Eisenbahnfahrschein von Dudzele (Dudizeele bei Becelaere) nach Berlin, ausgestellt am 8.9.1918 und Hitlers Einlassung im FHQ in der Nacht vom 21. auf den 22.10.1941 (s. Anm. 513) beweisen. Hitler hatte bis zum 27.9.1917 einen achtzehntägigen Heimaturlaub bewilligt bekommen, den er nicht, wie Maser immer wieder schreibt, in Spital in Österreich bei seinen Verwandten verbrachte.
Bereits einen Tag nach seiner Rückkehr zum Regimentsstab erfolgte ein Angriff der englischen Truppen, und am 29.9.1918 kam das R.I.R. 16 nach Comines in Stellung, wo es stärkere Gasangriffe der Engländer durchzustehen hatte:

»Der Engländer belästigt die Stellungen mit Artilleriefeuer und besonders mit Gas, wodurch Verluste zu beklagen sind — darunter ein großer Teil des Regimentsstabes.« [531]

Am 14.10.1918 wurde Hitler auf der Montagne-Höhe bei Werwick-Süd mit mehreren Kameraden vom Regimentsstab (Johann Raab, Hermann Heer, Heinrich Lugauer) gasvergiftet. [532] In seinem Buch »Mein Kampf« berichtete Hitler darüber folgendes:

»In der Nacht vom 13. zum 14. Oktober ging das englische Gasschießen auf der Südfront vor Ypern los; man verwendete dabei Gelbkreuz, das uns in der Wirkung noch unbekannt war, soweit es sich um die Erprobung am eigenen Leib handelte.

Ich sollte es noch in dieser Nacht selbst kennenlernen. Auf einem Hügel südlich von Wervik waren wir noch am Abend des 13. Oktober in ein mehrstündiges Trommelfeuer von Gasgranaten gekommen, das sich dann die ganze Nacht hindurch in mehr oder minder heftiger Weise fortsetzte. Schon gegen Mitternacht schied ein Teil von uns aus, darunter einige Kameraden gleich für immer. Gegen Morgen erfaßte auch mich der Schmerz von Viertelstunde zu Viertelstunde ärger, und um sieben Uhr früh stolperte und schwankte ich mit brennenden Augen zurück.« [533]

In einem früheren Brief schrieb Hitler am 29.11.1921:

»In der Nacht am 13./14. Oktober 1918 erhielt ich eine sehr schwere Gelbkreuzvergiftung, im Verlaufe deren ich zunächst vollständig erblindete. Ich wurde von Wervik in Flandern abtransportiert und dem Vereinslazarett Pasewalk bei Stettin überwiesen ... meine Erblindung ... *[wich]* ... in verhältnismäßig kurzer Zeit wieder ... und das Augenlicht ... *[kehrte]* ... allmählich wieder zurück.« [534]

An dieser Stelle gab Hitler also an, daß seine Erblindung »in verhältnismäßig kurzer Zeit wieder wich.«

In seinem Prozeß nach dem Putsch vom 9.11.1923 vor dem Volksgericht Müchen I fragte der Vorsitzende Hitler:

»Sie sind einmal verwundet worden und haben eine schwere Gasvergiftung erlitten?

Hitler: Jawohl, es war eine Vergiftung mit deutschem Gelbkreuzgas und ich war eine Zeitlang fast blind. Später hat sich mein Zustand dann gebessert, aber mit Rücksicht auf meinen Beruf als Architekt galt ich doch als vollkommener Krüppel und ich habe nie geglaubt, daß ich nocheinmal eine Zeitung werde lesen können.« [535]

Immer wieder kann man bei Hitlers Einlassungen Widersprüche in Daten und Fakten feststellen. Auf der einen Seite sagte Hitler »wich die Erblindung in kurzer Zeit«, auf der anderen Seite führte er sechs Jahre später an, daß er für seinen Beruf als Architekt als vollkommener Krüppel galt.

Ignaz Westenkirchner berichtete 1937,

»daß er am 14.10.1918 beim Essenholen in einem verlassenen Geschützstand von derselben Gasgranate schwer gasvergiftet wurde, die auch den Führer vergiftete.« [536]

Johann Raab, der seit dem 28.12.1915 als Fernsprecher beim Regimentsstab war, erinnerte sich:

»... am 14. Oktober 18 ... *[sind wir]* ... bei Wervic Süd mit Gas derart beschossen worden, daß der ganze Unterstand vergast war und verschiedene Kameraden, von einer Ordonannz des Res. Batl. nach rückwärts befördert wurden. Alle diese waren durch das Gas erblindet! Unter diesen Erblindeten befand sich auch unser Führer und ich. Um nicht verloren zu gehen, hielt sich jeder am Waffenrockzipfel des vorderen Kameraden fest und so ging es im Gänsemarsch als Blinde bis Limselle, wo wir nur notdürftig behandelt wurden. Bei diesen Trauerweg waren mehrere

Kriegskameraden beteiligt, wie Heer Hermann aus Rothenburg o. T., Lugauer Heinrich aus München und noch so ein Hundebetreuer etc. In Limselle im Lazarett kamen wir dann auseinander. Die meisten in ein Lazarett in einem Vorort von Brüssel.« [537]

Heinrich Lugauer berichtete 1940:

»... mit dem Führer zusammen wurden Hans Raab und ich am 14.10.1918 gasvergiftet, und nur unseren Kameraden Hermann Heer aus Rothenburg o. T. haben wir es zu verdanken, daß wir noch leben.« [538]

Vom 15.10.1918 bis 16.10.1918 wurde Hitler mit seinen Kameraden Raab, Lugauer, Heer und Westenkirchner dann im Bayer. Feldlazarett 53 in Qudenaarde (Verlust Listen Nr. 424) behandelt und kam anschließend nach vier Jahren Frontdienst mit einem Verwundetentransport am 21.10.1918 im preußischen Reserve Lazarett Pasewalk bei Stettin an, wo er bis zum 19.11.1918, dem Tag seiner Entlassung, behandelt wurde. Hitler ist aus dem I. Weltkrieg als ein eher ruhiger, mehr in sich gekehrter, unauffälliger und etwas eigenbrötlerischer Sonderling hervorgegangen, der nicht verstand, daß Deutschland den Krieg verloren hatte.

4

Revolutionszeit

[November 1918 — Februar 1919]

Es ist aufschlußreich, bei den Hitler-Biographen Heiden, Görlitz und Quint, Bullock, Toland, Deuerlein, Fest, Maser, Shirer, Tyrell, Olden, Willing, um nur einige zu nennen, nachzulesen, was diese über die Tätigkeit Hitlers in der Revolutionszeit und Räterepublik in München berichten. Viele Angaben wurden fortgeschrieben, abgeschrieben, soweit nicht Hitlers auffällig kurze Darstellung in seinem Buch »Mein Kampf« herangezogen worden ist. Ernst Deuerlein war der einzige, der sich mit diesem wichtigen Zeitabschnitt in Hitlers Leben eingehender beschäftigt hat, aber leider zu früh verstorben ist.

Wenn die Verhältnisse in der Münchner Garnison [539] und in München während der Revolution und der Räterepublik hier etwas ausführlicher dargestellt werden, so nur deswegen, weil es zum Nachvollziehen von Hitlers Erleben der damaligen Zeit, seines Verhaltens und seiner Entwicklung zum Redner und Politiker notwendig ist. In dieser Zeitspanne liegt der Schlüssel zu Hitlers Einstieg in die Politik!

Die Revolution und die spätere Räteherrschaft, die die Stadt München und die Menschen aufs tiefste erschütterte, lösten Hitlers latente Wiener Haßgefühle auf alles Fremde und Internationale sowie auf den Bolschewismus und die Juden aus. 1942, als die systematische Ermordung der Juden Europas in den Vernichtungslagern in Polen begann, erzählte Hitler z. B. im Führerhauptquartier seinen Gästen: »1919 schrieb eine Jüdin im Bayerischen Kurier: ›Was Eisner [540] jetzt macht, wird an uns Juden einmal ausgehen!‹ Es ist das ein seltener Fall hellseherischer Voraussicht«, meinte Hitler sarkastisch, wohl in bezug auf die einsetzende planmäßige Ermordung der Juden in Auschwitz und Treblinka. [541]

Man darf nicht vergessen, daß jüdische Intellektuelle bei den Revolutionen in Rußland und Deutschland eine hervorragende Rolle gespielt haben. Durch die jüdische Herkunft Eisners [542], dessen zuverlässigsten Gefolgsleute Fechenbach, Herzog, Jaffé und Toller, als auch die revolutionären Kommunisten und Anarchisten Leviné, Wadler, Mühsam u. a., die Juden waren, wurden der antisemitischen Agitation damals Tür und Tor geöffnet, und der Judenhaß in Bayern nahm schon in dieser Zeit bedrohliche Formen an, auf dem Hitler dann aufbaute. Ohne Zweifel ist

Hitlers Haß auf die Bolschewisten und die Juden durch die kommunistische und teilweise von Juden östlicher Herkunft geführte Räterepublik in München geweckt sowie die spätere »antibolschewistische Schulung« [543] Hitlers durch das Übergangsheer und durch den antisemitisch eingestellten Leiter der Nachrichtenabteilung (Ib) des Gruppenkommandos 4 gefördert, potenziert zum Ausbruch gekommen.

In der Annahme, daß die Münchner Garnison noch fest in der Hand der Regierung sei, genehmigte der Münchner Magistrat am Donnerstag, dem 7. November 1918, um 15 Uhr eine Friedensdemonstration der Sozialdemokratischen Partei (SPD) unter Erhard Auer [544] und der Unabhängigen Sozialdemokratischen Partei (USPD) unter Kurt Eisner [545] auf der Theresienwiese, obwohl Polizeiberichte schon im September 1918 auf die Gefahr revolutionärer Unruhen hinwiesen. Nach der Massendemonstration zogen die Mehrheitssozialisten unter Auer in die Münchner Innenstadt. Auf der Theresienwiese verblieben Eisners Unabhängige Sozialdemokraten, Matrosen [546] sowie Soldaten der Münchner Garnison, die bereits, wie die Matrosen, die Reichskokarden abgelegt hatten.

Unter der Führung Eisners, der mit seinem Aufruf: »Verteilt euch über die Stadt, besetzt die Kasernen, beschlagnahmt die Waffen und die Munition, reißt die übrigen Kameraden mit und macht euch selbst zu Herren der Regierung!«, die Demonstranten anheizte, sowie einer Rede des blinden Bauernführers Ludwig Gandorfer [547] und des Schlossers Hans Unterleitner [548] sowie der Aufforderung des Unteroffiziers Felix Fechenbach [549], der mit einer roten Fahne in der Hand schrie: »Auf in die Kasernen, befreien wir unsere Kameraden. Es lebe die Revolution!«, setzten sich die Revolutionäre zu den Münchner Kasernen in Bewegung.

Die Guldeinschule, die als Kaserne für eine Landsturmkompanie benutzt wurde und als erste auf dem Weg der Demonstranten lag, wurde nahezu gewaltlos besetzt. Die Demonstranten bewaffneten sich. Die Reserveeinheiten der bayerischen Regimenter (die aktiven Regimenter waren noch an der Front), die in München stationiert waren, galten schon früher als politisch unzuverlässig, und das große Infanterie Kasernement des 1. bayer. Inf. Regiments am Marsplatz [550] ging auch sofort zu den Revolutionären über. Die Offiziere wurden entwaffnet und alle Militärpersonen zum Ablegen der Reichskokarde veranlaßt.

Die anderen Kasernen Münchens, vor allem die großen Kasernen am Oberwiesenfeld, wo auch das 2. bayer. Inf. Regiment und andere Einheiten lagen, folgten. Nur in der Türkenkaserne (»Prinz Leopold Kaserne«; Areal Türkenstraße - Theresienstraße - Barerstraße - Gabelsbergerstraße) wurde anfänglich etwas Widerstand geleistet. Auch die Reserveeinheiten des Inf. Leibregiments, die in der Türkenkaserne untergebracht waren und die Wache in der Residenz usw. stellten, unternahmen nichts gegen die Revolutionäre; die Residenzwache löste sich gegen 19 Uhr einfach auf.

Am Abend wurde die Militärstrafanstalt I in der Leonrodstraße 53 gestürmt und die inhaftierten Soldaten befreit. Später meinte Hitler:

»Die Herrschaft des Untermenschentums 1918 erklärte sich daraus, daß auf der einen Seite der vierjährige Krieg einen starken Verlust bester Kräfte mit sich gebracht hatte, während andererseits das Verbrechertum im Mutterland gehegt war. Todesstrafen wurden so gut wie nicht verhängt. Es brauchten nur die Gefängnisse geöffnet zu werden, so hatte die revolutionäre Masse ihre Führung.« [551]

Der Hauptbahnhof, das Telegraphenamt und die übrigen staatlichen und militärischen Gebäude sowie auch der Landtag und die Redaktionen der bürgerlichen Zeitungen wurden anschließend ebenfalls besetzt. Die Revolution in München wurde erst durch den Übergang der Münchner Garnison zu den revolutionären Demonstranten am 7.11.1918 ermöglicht, d. h. die Armee und die Polizei ließen die Revolution einfach stattfinden, ohne sich zu wehren. Auch während der späteren Räteherrschaft spielte die Münchner Garnison eine recht zweifelhafte und unrühmliche Rolle: Teilweise erklärte sie sich neutral, teilweise war sie sozialdemokratisch bzw. ausgesprochen kommunistisch; nur ein ganz kleiner Teil der Offiziere und Mannschaften war gegenrevolutionär eingestellt. [552]

Am 7. November 1918 gegen 22.30 Uhr verließ König Ludwig III. [553] München, nachdem ihm der Minister Ritter von Dandl [554] eröffnet hatte, daß nach dem Übergang der Münchner Garnison zu den Revolutionären keine Machtmittel mehr zur Verfügung stehen, um den Thron zu schützen. »Das ist es, wofür ich der Sozialdemokratie dankbar bin«, meinte Hitler später einmal, »daß sie diese höfischen Interessen beseitigt hat.« [555]

Es gab in München kein Regiment mehr, das die bayerische Monarchie gegen die Revolutionäre hätte einsetzen können! Nach vier Jahren Krieg, Hunger und Massenelend war ein großer Teil der Soldaten und der notleidenden Arbeiterschaft des Krieges und der Militärs des preußisch-militaristisch-kaiserlichen Regimes sowie der Ländermonarchien einfach überdrüssig geworden.

Die meuternden Soldaten trafen sich am Abend des 7. November 1918 im Mathäser, wo sie im Obergeschoß einen »Soldatenrat«, und die im Speisesaal des Erdgeschosses versammelten Arbeiter einen »Arbeiterrat« wählten. Die Mitglieder dieser Räte begaben sich dann in das Landtaggebäude und konstituierten einen provisorischen »Soldaten-, Arbeiter- und Bauernrat« mit Kurt Eisner als erstem Vorsitzenden. In der Nacht vom 7. auf 8.11.1918 wurde dann bekanntgegeben:

»Die bayerische Republik wird hiedurch proklamiert ... die Soldaten in den Kasernen werden durch Soldatenräte sich selbst regieren und Disziplin aufrechterhalten. Offiziere, die sich den Forderungen der Zeit nicht widersetzen, sollen unangetastet ihren Dienst versehen.«

Schon am Nachmittag des 8.11.1918 trat im Landtag ein provisorischer Nationalrat zur Bildung einer Regierung zusammen. Er bestand aus den Mitgliedern des Soldaten-, Arbeiter- und Bauernrates, der ehemaligen Landtagsfraktion der SPD und des Bayerischen Bauernbundes sowie aus drei Liberalen des alten Landtags. Die SPD unter Erhard Auer, die eigentlich keine Revolution wollte, galt damals — wie schon Konrad Heiden feststellte — manchem als »Rechtspartei«, was Hitler aber später in bewußter Verkennung der Tatsachen der SPD vorwarf (»Novemberverbrecher« usw). Erst nach der Revolution paßten sich Auer und die SPD der neuen Situation an und erklärten sich dann in Verhandlungen mit Kurt Eisner bereit, in die neue Regierung einzutreten. [556]
Schon am Samstag, dem 9.11.1918, übernahmen die vom provisorischen Nationalrat gewählten Minister aus SPD und USPD unter dem Ministerpräsidenten Kurt Eisner die Regierung. Der Übergang erfolgte völlig reibungslos, da sich die Militärs und die Beamten wie bei einem normalen Regierungswechsel verhielten. Ein umfassender Anpassungsprozeß des Militärs und der Bürokratie an die neuen Machtverhältnisse folgte, der von der regierenden SPD und USPD als gemeinsames Bestreben angesehen wurde, aus der von Hunger und Massenelend bedrohten Nachkriegsmisere herauszukommen.
In den »Arbeiterräten« verfügte die SPD und USPD über die Mehrheit; einige Kommunisten und Anarchisten saßen im »Soldatenrat«. Minister für militärische Angelegenheiten wurde Albert Roßhaupter [557] (SPD), der als Zivilist, wie es sich für die neue demokratische Regierung geziemte, die Leitung der militärischen Angelegenheiten übernahm. Die Befehlsgewalt über die Münchner Kasernen hatte am 9.11.1918 ein zehnköpfiger, linksorientierter »Soldatenrat« übernommen, der auch die Aufsicht über die Waffen- und Munitiondepots hatte. »Oberkommandierender der bayerischen Armee« wurde der jüdische Leutnant d. R. Kurt Königsberger [558], und erst am 13.11.1918 wurde Minister Roßhaupter auch Oberkommandierender der bayerischen Truppen.
Der Soldatenrat verlangte von den Offizieren des Standorts die Beseiti-

gung der Achselklappen; die Reichskokarde mußte sofort im gesamten bayerischen Heer abgelegt werden. Später wurde dann angeordnet:

»Sämtliche Gradabzeichen sind von heute ab abzulegen. Die neuen Gradabzeichen sind, soweit als Stoffe vorhanden, anzulegen. Sollten die neuen Gradabzeichen noch nicht eingetroffen sein, sind bis zum Eintreffen derselben die Uniformen ohne Abzeichen zu tragen.« [559]

Durch eine Verordnung des Min. f. mil. Angelegenheiten Roßhaupter vom 26.11.1918 wurde aber auch angeordnet, daß die Soldatenräte in ihrer Tätigkeit an die Gesetze, Verordnungen und Dienstvorschriften, »soweit sie noch zu recht bestehen«, sowie an die Anordnungen der überwachenden höheren Dienststellen gebunden sind. Kein Soldat durfte ohne Genehmigung des Arbeiter- und Soldatenrates München verlassen. Die Soldatenräte konnten durch Entgegennahme, Prüfung, Gegenzeichnung von Befehlen, Anordnungen usw. Einfluß auf den allgemeinen Dienst- und Verwaltungsbetrieb des Standortes nehmen, und sie hatten auch die Möglichkeit, bei der personellen Zusammensetzung des militärischen Führungskorps mitzuwirken. Auch die Polizei und die Sicherheitsbehörden unterstanden dem »Landessoldatenrat« unter dem Vorsitz von Richard Scheid [560].

Die rechtlich völlig ungeklärte politische Situation veranlaßte das Offizierskorps der Münchner Garnison — Sprecher war der dienstälteste Offizier der bayerischen Armee, der Kavalleriegeneral Max Freiherr v. Speidel — zu der Erklärung:

»... zur Ermöglichung der Versorgung des Feld- und Besatzungsheeres und der geregelten Demobilmachung unter Wahrung ihrer Überzeugung und Gesinnung sich ›rückhaltlos und aufrichtig‹ in den Dienst des Volksstaates zu stellen.« [561]

Der Minister f. mil. Angelegenheiten Roßhaupter verzichtete auf eine Vereidigung der Münchner Truppen auf die neue Regierung, da das Offizierskorps der Münchner Garnison die Entscheidung König Ludwig III. abwartete. Am 13.11.1918 traf aus Schloß Anif bei Salzburg der Thronverzicht des Königs ein:

»... stelle ich allen Beamten, Offizieren und Soldaten die Weiterarbeit unten den gegebenen Verhältnissen frei und entbinde sie des mir geleisteten Treueids.«

Am 30.1.1919 wurde von Roßhaupter (No. 12649 A) eine Stellungnahme zum Fahneneid des Militärs abgegeben, die auch Hitler bekannt wurde:

»Ein Truppenteil hat an das Min. f. mil. Angel. nachstehende Anfrage gerichtet: ›Hier herrscht bei Mannschaften die Meinung, daß Bestrafung durch Kasernenräte u. Führer nicht angängig ist, weil die Vereidigung auf die neue Regierung nicht erfolgt ist.‹ Hierzu wird bemerkt: Die Eigenschaft als Person des Soldatenstandes des akt. Heeres u. damit die Anwendbarkeit der für Heeresangehörige geltenden Bestimmungen ergibt sich ohne weiteres aus der duch die Ersatzbehörden auf Grund der Wehrpflicht verfügten Einstellung in das Heer. Die Leistung des Eides ist nicht ein das Dienstverhältnis erst begründender Akt, sie hat vielmehr nur die Bedeutung einer äußerlich erkennbaren, feierlichen Bekräftigung getreuer Erfüllung der schon mit der Zugehörigkeit zum akt. Heer auferlegten Dienstpflichten. Die Ableistung des Eides ist demnach nicht Voraussetzung für die Anwendbarkeit des Milt. Strafgesetzbuches u. der Disziplinar-Strafanordnung.« [562]

Die Revolution und die damaligen Verhältnisse in den Kasernen in München, die zeitgeschichtlichen Strömungen und Personen vor dem I. Weltkrieg in Wien und München sind Grunderfahrungen Hitlers gewesen, die durch die sozialdemokratische und die dann anschließende rechtsorientierte Schulung durch das Übergangsheer bei ihm sublimiert zu Tage traten. Das war Hitlers politische Entwicklung. Er beschloß nicht im Lazarett Pasewalk, Politiker zu werden, wie er später behauptete, sondern durch die Revolution und die Räteherrschaft kam die Politik zu ihm in die Kaserne!

Ernst Deuerlein war auf dem richtigen Weg, als er die Akten des »Reichswehr Gruppenkommandos 4« (Abt. Ib/P) für die Zeit ab Juni 1919 auswertete. [563] In einer Fußnote seiner gut recherchierten Arbeit über »Hitlers Eintritt in die Politik und die Reichswehr« [564], bemerkte Deuerlein:

»Wenn es gelingt, die Verwendung dieser Einheit *[Deuerlein meinte damit die 2. Demobilmachungs Kompanie des 2. Inf. Regt. Anm. d. V.]* im Frühjahr 1919 aufzuklären, wird die häufig gestellte Frage nach Hitlers Verhalten während der Münchner Rätezeit beantwortet werden können.«

Um darüber etwas Klarheit zu schaffen, habe ich dort angesetzt, wo Deuerlein zu früh aufgehört hat. [565] Auch verschiedene Artikel in Zeitschriften und Aussagen von Zeitzeugen über Hitlers ungeklärtes und recht zweifelhaftes Verhalten sowie seine ungewöhnlich kurze und nichtssagende Aussage über seine Tätigkeit unter der republikanischen Regierung und in der Räterepublik, die er doch in München miterlebt hatte, deuteten ebenfalls darauf hin, daß Hitler in »Mein Kampf« nicht die Wahrheit geschrieben und in dieser Zeit noch nicht die Thesen vertreten hatte, wie er sie später als »Trommler« lautstark von sich gab. [566]

Deuerlein vermutete bereits 1969 sehr treffend:

»Da Hitler in seinen nicht wenigen Reden bis zum Putsch vom 9. November 1923 kein Wort über den angeblich im Herbst 1918 gefaßten Entschluß, Politiker zu werden, verlor, drängt sich die Vermutung auf, seine Begegnung mit der Politik wurde nicht durch seine eigene Willensleistung, sondern durch bisher nicht bekannte Umstände veranlaßt.« [567]

Die Annahme, daß Hitler erst damals durch die konfusen und politisch sehr unterschiedlichen Strömungen in den Münchner Kasernen zu einem der vielen polemisierenden und agierenden Soldaten geworden ist, die nach dem Krieg nicht mehr weiter wußten, lag nahe.
Auch war anzunehmen, daß — wie allgemein bekannt — der damals »sehr obrigkeitsdienernde«, berufs- und heimatlose Hitler, der unbedingt weiter beim Militär bleiben wollte, während der ersten Revolutionsmonate in München zu den gemäßigten, die neue Regierung stellenden Mehrheitssozialdemokraten tendierte, was von vielen Zeitzeugen immer wieder eindringlich betont und auch in mehreren Zeitschriften unwidersprochen dargestellt wurde. Die Möglichkeiten, die Hitler aber später durch die Rednerschulung und Ausbildung durch das rechtsorientierte »Übergangsheer« [568] geboten worden sind, waren für Hitler, der sich schnell den nun anderen Machtverhältnissen in München anpaßte, vielversprechender gewesen als ein Engagement bei der bereits etablierten SPD.
Auch Hitlers Regimentskommandeur, Oberst Otto Staubwasser [569], der nach der Revolution der Regierung Johannes Hoffmann [570] aus SPD und USPD nahestand und der Hitler im Juni 1919 höchstwahrscheinlich dem Gruppenkommando 4 [571] für die Rednerschulung vorgeschlagen hat, war z. B. für die Schaffung einer »Volkswehr«, die der republikanischen SPD Regierung zur Verfügung stehen sollte. [572]
Ernst Deuerlein, der sich auch mit dieser Frage beschäftigt hatte, wies in seiner Hitler-Biographie sowie in seinem Nachlaß ebenfalls auf Hitlers anfängliche Annäherung an die SPD hin, obwohl er Hitlers Einstieg in die Politik später datierte, weil ihm die entsprechenden Unterlagen nicht zur Verfügung standen, bzw. weil Deuerlein zu früh verstorben ist.
Hitlers Auseinandersetzung mit den damaligen politischen Strömungen in den Kasernen und seine erste Schulung erfolgten bereits ab Mitte Februar 1919 und zwar im Geist der nicht besiegten Frontgeneration und der regierenden Mehrheitssozialdemokraten, was später nachgewiesen wird. Man darf hier keinesfalls übersehen, daß die meisten deutschen Sozialdemokraten damals »sehr national« und »patriotisch« eingestellt waren, wobei sogar Hitler später eingestand:

»Bei den Gestalten von 1918 mache ich einen Unterschied. Die einen ... *[SPD]* ... sind hineingeschlittert ... Die wollten nie Revolution machen ... in Bayern ... *[auch]* ... der Auer. Im Kampf gegen die Leute konnte ich darauf ... *[später]* ... keine Rücksicht nehmen und auch keine Entschuldigung kennen. Erst nach dem Sieg *[gemeint ist die Machtergreifung Hitlers 1933. Anm. d. V.]* konnte ich sagen: Ich verstehe eure Argumente.« [573]

Als Eisner z. B. am 4.2.1919 in Bern, beim ersten Nachkriegskongreß der Zweiten Internationale, als unbeirrbarer Pazifist den deutschen Militarismus und das kaiserliche Regime angriff und freimütig von der deutschen Kriegsschuld sprach, betrachteten die meisten deutschen Sozialdemokraten Eisners Kriegsschuldbekenntnis als »Beschmutzung des eigenen Nestes« und nahmen es ihm sehr übel. Eisner war ein überzeugter Pazifist! Auf der letzten USPD Versammlung, die er vor seiner Ermordung besuchte, führte er im Februar 1919 u. a. aus. »Wir haben das Gift des deutschen Militarismus noch alle in uns.« Wie recht Eisner damit hatte, bewies der Zweite Weltkrieg.

Bei seiner Entlassung aus dem Lazarett Pasewalk [574] bei Stettin am 19. 11. 1918 und auf der Fahrt nach München am 20. 11. 1918 hatte Hitler sicher nicht an Politik gedacht, da ihn ganz andere Sorgen quälten: Hitler fuhr einer ganz ungewissen Zukunft entgegen, und er wußte nicht, was er weiter machen sollte! Für Hitler waren über vier Jahre lang das R.I.R. 16 und der Regimentsstab seine Heimat gewesen, die ihm eine Aufgabe und Geborgenheit gegeben hatten. In seinem Buch »Mein Kampf« schrieb Hitler unbewußt seine Gefühle nieder, die ihn am 20.11.1918 auf der Heimfahrt nach München bewegten, nämlich »... Gedanken an meine Zukunft, die mir ... so bittere Sorgen bereitet hatten« [575].

Es war die reine Existenzangst des nun schon 29jährigen berufs- und heimatlosen Hitlers, der ohne Familie und Freunde wirklich vor dem Nichts stand! Es war die Angst, wieder dort anfangen zu müssen, wo er 1914 aufgehört hatte, als mittelmäßiger Künstler, der noch die Jahre in Wien in Erinnerung hatte. Dies bestätigte z. B. auch sehr deutlich der Hauptmann Karl Mayr [576], der Hitler sehr gut kannte:

»Nach dem Ersten Weltkrieg war er ... *[Hitler]* ... nur einer der vielen tausend Ex-Soldaten, die auf der Straße waren und nach Arbeit suchten ... In dieser Zeit war Hitler bereit von irgendjemanden einen Posten anzunehmen, der ihm freundlich gesinnt war ... Er hätte für einen jüdischen oder französischen Auftraggeber genau so gern gearbeitet, wie für einen Arier. Als ich ihn das erste Mal traf, glich er einem müden streunenden Hund, der nach einem Herrn suchte.« [577]

Mayr hat nach den neueren Erkenntnissen damit wohl wirklich sehr treffend Hitlers tatsächliche Situation und Verhalten in München beim Militär ab November 1918 dargestellt.

Im einzelnen läßt sich über die Zeit von Hitlers Rückkehr aus dem Lazarett Pasewalk folgendes nachweisen. Nach den unzuverlässigen Angaben von Wilhelm Hoegner [578], der den bis heute verschwundenen Lazarett Akt Hitlers gesehen haben will [579], soll Hitler am 13.11.1918 wieder kriegsverwendungsfähig geschrieben worden sein. Beim Prozeß vor dem Volksgericht München I wurde Hitler am 26.2.1924 von dem Vorsitzenden gefragt:

»Aus dem Lazarett sind Sie dann als k.v. entlassen worden.
Hitler: In dem Lazarett in Pasewalk herrschten schon seit dem 5. November 1918 vollständig revolutionäre Zustände. Ich habe meine Militärpässe gar nicht mehr bekommen, die Papiere sind alle verlodert worden.« [580]

Am Dienstag, dem 19.11.1918, wurde Hitler jedenfalls geheilt aus dem Lazarett Pasewalk entlassen und fuhr mit der Eisenbahn über Berlin nach München zurück. [581] Vor dem Volksgericht München I gab Hitler aber am 26. 2. 1924 an, daß er als »Krüppel« entlassen worden sei:

»Die Vergiftung war sehr schwer ... *[Hitler]* ... war fast vollständig erblindet ... Als Hitler das Lazarett verließ, hatte sich sein Augenlicht etwas gebessert. Für seinen Beruf mußte er damals als ›vollständiger Krüppel‹ gelten« [582], obwohl Hitler drei Jahre vorher geschrieben hatte, daß seine »Erblindung in verhältnismäßig kurzer Zeit wieder wich« [583].

Wie aus der Kriegsstammrolle Nr. 4470/7111 hervorgeht, wurde Hitler nach seiner Ankunft in München am Donnerstag, dem 21. November 1918, der 7. Kompanie des I. Ersatzbataillons des 2. Inf. Regiments zugeteilt, die in der Luisenschule und ab Januar 1919, als noch eine »Matrosen Kompanie« dazu kam, z. T. auch in der Amalienschule lag. [584] Fünf Tage später, am 26.11.1918, traf Hitler dort auch seinen Frontkameraden Ernst Schmidt wieder, der ebenfalls der 7. Ersatzkompanie Hitlers zugeteilt worden war. [585] Das 2. Inf. Regt. war das Ersatz- und Auflösungsregiment des R.I.R. 16, dem Hitler und seine Kameraden Schmidt, Westenkirchner, Amann, Wurm, Inkofer, Widmann usw. zur Entlassung aus dem Militärdienst zugeteilt wurden. So trafen sich die meisten vom Regimentsstab des R.I.R. 16 in München beim 2. Inf. Regt. wieder.

Die Offiziere und Soldaten, unter ihnen auch Hitler mit seinen Kameraden, die von den Fronten oder Lazaretten wieder zu den Reserveeinheiten ihrer Regimenter nach München zurückkamen, fanden in den Kasernen »Soldatenräte« vor, die sich ein Führungs- und Befehlsrecht angeeignet hatten. Die Reaktion des Truppen-Offizierskorps und der Soldaten war aber überwiegend gelassen und nicht gegenrevolutionär. Durch die Verhältnisse in den Kasernen und revolutionäre Agitation gelang es den Soldatenräten, die meisten der Soldaten zu destabilisieren. Man erkannte die neuen Machtverhältnisse an und stellte sich der neuen Regierung zur Verfügung.

In den einzelnen Kasernen Münchens hatten die dort gewählten Kasernenräte auch nicht allein die Befehlsgewalt, sondern die Offiziere und Kasernenräte trugen gemeinsam die Aufgaben, unterschrieben z. B. auch zusammen die Regiments- und Bataillons-Anordnungen usw., wie aus den Akten ersichtlich. Z. B. gab Hitlers zeitweiliger Regimentskommandeur, Oberst Staubwasser, am 31.12.1918 durch eine Regiments Anordnung bekannt.

»Im ausdrücklichen Einvernehmen mit den Kasernenräten mache ich die Komp. und Batls. Führer aufmerksam, daß es keineswegs im Geiste der neuen Zeit liegt, Unordnung, Faulheit und Ungehorsam hingehen zu lassen. Wo jemand noch nicht reif ist zu freiwilligem Gehorsam, da muß mit Strafen eingeschritten werden, deren Gerechtigkeit und Wirksamkeit eben dadurch besonders gewährleistet ist, daß sie von Führern und Kasernenräten gemeinsam ausgesprochen werden, und damit jeder Verdacht einer Parteilichkeit oder Übereilung ausgeschlossen ist.« [586]

Am 13.12.1918 erließ Oberstleutnant Buchner [587], der kurz darauf von Oberst Staubwasser abgelöst worden ist, eine Regt. Anordnung mit der Aufforderung zur Wahl der Kasernenräte des 2. Inf. Regt., »da bisher nur die Kompanien und Bataillone provisorische Kasernenräte gewählt hatten.« Es wurde bekannt gegeben,

»da zur Zeit ein Kasernenrat des Regiments noch nicht besteht, ist sofort ein provisorischer Kasernenrat zu bilden, zu dem I. u. II. Batl. je zwei Mitglieder aus ihren provisorischen Batls.-Rat, das Ers. Batl. *[dem Hitler angehörte. Anm. d.V.]* 2 Mitglieder seines Batls.-Rat entsendet.«

Die anschließende Wahl führte ein Wahlausschuß von drei Soldaten durch; sie war allgemein, mittelbar und geheim. Für den Regimentsrat des 2. Inf. Regt. waren sieben Räte zu wählen, die aus ihrer Mitte den eigentlichen Regiments Kasernenrat, die Vertreter zu den Soldatenräten der oberen Kommandobehörden und die Vertreter zum Garnisonsrat zu wählen hatten. [588]

Obwohl die »Arbeiter- und Soldatenräte«, wie Hitler später ausführte, in seinen Augen »ein Werkzeug des Bolschewismus und der Juden waren« und die heimkehrenden Frontsoldaten betrogen hatten, schloß sich Hitler trotz mehrerer Aufrufe in Regiments Anordnungen keinem »Grenzschutz« an [589], und versuchte z. B. auch nicht, sich später zu den bayerischen »Freikorps-Truppen« [590] oder zu der »Volkswehr« Hoffmanns [591] durchzuschlagen, die zur Befreiung Münchens von der Räteherrschaft durch die sozialdemokratische Regierung Hoffmann gebildet wurden. Weiter unternahm Hitler auch nichts, als am 13.4.1919 die »Republikanische Schutztruppe« [592] gegen den Zentralrat putschte. Im Gegenteil, zwei Tage nach der Ausrufung der kommunistischen Räteregierung wurde Hitler Ersatz Bataillons Rat des Demobilmachungs Bataillons des 2. Inf. Regiments. Der Kasernenrat des 2. Inf.

Regt. stand in seiner Gesamtheit der Räteherrschaft sehr loyal gegenüber! Tatsachen, die Hitler auch später von Röhm, Epp, Hess u. a. vorgeworfen worden sein sollen. [593] Auch vorher, im Lazarett Pasewalk, hatte Hitler z. B. nichts gegen revoltierende Soldaten unternommen, wie er selbst aussagte:

»In der Nacht vom 5. auf 6. November kamen schon Matrosen zu uns ... habe sie aber damals nicht angegeben, denn ich fühlte damals schon, daß der Zusammenbruch kommt.« [594]

Hitler befand sich mit seiner Einstellung 1918/19 in guter Gesellschaft. Um hier nur einige Namen zu nennen, wurde z. B. Josef (Sepp) Dietrich [595], Führer von Hitlers SS-Leibstandarte und General der Waffen SS — damals 1918 Unteroffizier bei der Bayer. Sturmpanzer-Kraftwagen Abt. 13 — am 9.11.1918 zum »Vorsitzenden des Soldatenrates« gewählt. [596] Als Hitlers Begleiter und Fahrer, sein »treuer Wachhund«, der spätere SS-Brigadeführer Julius Schreck [597], 1920 ein Führungszeugnis beantragte, stellte man fest, »daß Schreck Ende April 1919 Mitglied der ›Roten Armee‹ gewesen war« [598]. Es zeigt sich überhaupt, daß viele der radikalen Elemente aus der Revolutionszeit und der Räterepublik (sowohl USPD Mitglieder als auch Kommunisten) sich später den Nationalsozialisten anschlossen und die besten Gefolgsleute und Anhänger Hitlers geworden sind! Es liegt die Vermutung nahe, daß wohl viele von der damaligen Tätigkeit und Einstellung Hitlers und seiner Leute in dieser Zeit wußten, was aber, wie so vieles in der Naziherrschaft unter Hitler, verschwiegen und unterdrückt worden ist.

Was unternahm Hitler in der Revolutionszeit in München? Nichts! Er blieb, abgesehen von einer kurzen Kommandierung von 7 bis 8 Wochen zur Wachmannschaft des Gefangenenlagers in Traunstein, in der Kaserne in der Luisenschule, wo Teile des 2. Inf. Regt. lagen [599], und später ab dem 17.2.1919 in dem Kasernement des 2. Inf. Regt. in der Loth-Infanteriestraße [600] bzw. in den Baracken am Oberwiesenfeld und erledigte den von der sozialistischen Regierung und später kommunistischen Befehlshabern befohlenen Dienst pflichtgemäß. Hitler hat dem Aufbruch seiner Frontgeneration gegen den, von ihm später so gehaßten, Kommunismus in der Kaserne einfach untätig zugeschaut!

Am 3. 12. 1918, also dreizehn Tage nach Hitlers Ankunft vom Lazarett Pasewalk in München, erfolgte mit Bataillons Anordnung des Ersatsbataillons des 2. Inf. Regt. eine »Kommandierung« von 15 Mann der 7. Ersatzkompanie, der Hitler angehörte (insgesamt 45 Mann vom 1. Ers. Batl.), zum Gefangenenlager Traunstein. [601] Am 4.12.1918 wurde die Regimentsanordnung vom 3.12.1918 abgeändert:

»Zur tel. Anforderung des Gef. Lager Traunstein werden dorthin kommandiert: V.d. 1. E.K. 30 Mann, 2. E.K. 40 Mann, 3. E.K. 20 Mann, 4. E.K. 25 Mann, 6. E.K. 20 Mann, 7. E.K. 15 Mann *[bei denen Hitler und sein Freund Ernst Schmidt waren. Anm. d. V.]* zusammen 140 Mann und 2 Unteroffiziere. Die Mannschaften fahren am Freitag ... 6.12.1918 ... früh 5.43 Uhr unter Führung eines Offz. Stellv. vom Gefangenen Lager Traunstein nach Traunstein. Sammeln der Mannschaften am Freitag früh 5 Uhr bei der 6. Komp. Einkleidung Winterausrüstung, guter Wachanzug, umgeschnallt mit zwei Patronentaschen, ohne Seitengewehr und ohne Obergewehr. Fahrscheine und Ausweise durch Transportabtlg. geht der 6. Komp. zu.« [602]

An dieser Stelle ist festzuhalten, daß es sich um eine »Kommandierung« und keine freiwillige Meldung handelte! Aus verschiedenen Regimentsanordnungen geht hervor, daß später, scheinbar unter dem Druck der Kasernenräte (z. B. für das Gefangenenlager Puchheim, Durchgangslager Lechfeld usw.), Freiwillige für diesen Wachdienst gesucht wurden.

Maser macht in seiner Hitlerbiographie aus dieser Kommandierung Hitlers vom 6. Dezember 1918 nach Traunstein folgendes; er schreibt:

»Als Anfang Februar 1919 *[Maser verlegt also das Datum einfach um zwei Monate später!]* während eines Kompanie-Appels der 7. Kompanie des 1. Ersatz-Bataillons *[Maser zitiert hier ohne jeden Zusammenhang die Kriegsstammrolle Nr. 204 Hitlers. In der Kriegsstammrolle 204 oder KrStr. Nr. 166/148, Nr. 1062 bzw. Nr. 4470/7111 Hitlers steht kein Wort von einem Appell und kein Datum einer freiwilligen Meldung oder Kommandierung Hitlers nach Traunstein! Anm. d. V.]* bekanntgegeben wird, daß sich rund zwei Dutzend Soldaten *[es waren 140 Soldaten! Anm. d. V.]* zur Bewachung von Kriegsgefangenen nach Traunstein melden können, weil die dort als Wachsoldaten eingesetzten alten Landsturmleute entlassen werden sollen, melden sich auch Hitler und Schmidt freiwillig für den von der 2. Demobilmachungs-Kompanie des 2. bayerischen Infanterie-Regiments *[Hitler war bis zum 11. Februar 1919 bei der 7. Ers. Komp.! Anm. d. V.]* eingerichteten Dienst. Am 12. Februar *[am 12. Februar 1919 war Hitler schon wieder in München und wurde von der 7. Ers. Komp. zu der damals neu aufgestellten 2. Demobilmachungs Kompanie versetzt! Anm. d. V.]* treten sie in Traunstein an ...« [603]

Ein weiterer Kommentar dazu erübrigt sich.

Ernst Schmidt berichtete auch, daß er mit Hitler, nicht wie Maser schreibt, Anfang Februar 1919, sondern Mitte Dezember 1918 nach Traunstein kam. Schmidt gab an:

»Inzwischen kam Hitler von Pasewalk zurück. Wir zwei trafen uns und erneuerten unsere alte Freundschaft. Damals hörte ich zum ersten Mal, daß er wegen seiner Gasvergiftung im Lazarett gewesen war. Er sagte nicht viel über die Revolution, aber es war ihm einfach anzusehen, wie bitter er fühlte ... Dann, eines Tages, wurden Freiwillige als Wachen für das Gefangenenlager Traunstein gesucht ... Hitler sagte zu mir ›Sag

Schmidt, geben wir unsere Namen an, Du und ich. Ich kann es hier nicht mehr länger aushalten.‹ ... Es war Mitte Dezember, als wir nach Traunstein gingen. Da waren überwiegend russische Kriegsgefangene und einige englische ... Wir hatten nicht viel zu tun. Wir stellten die Wache am Tor ... für 24 Stunden in einem Stück, die nächsten 24 Stunden hatten wir frei.« [604]

Hitler und Schmidt fuhren am Freitag, dem 6. Dezember 1918, mit der Eisenbahn nach Traunstein. Gegen Mittag trafen die 140 Soldaten des I. Ersatz Bataillons des 2. Inf. Regt. im Lager Traunstein ein. »Es waren die übelsten Elemente, die je nach Traunstein kamen«, berichtet ein Zeitzeuge, »faul, zuchtlos und frech.« [605]

In »Mein Kampf« schrieb Hitler folgendes:

»Noch Ende November 1918 kam ich nach München zurück. Ich fuhr wieder zum Ersatzbataillon meines Regiments, das sich in der Hand von ›Soldatenräten‹ befand. Der ganze Betrieb war mir so widerlich, daß ich mich sofort entschloß, wenn möglich wieder fortzugehen. Mit einem treuen Feldzugskameraden, Schmiedt Ernst, kam ich nach Traunstein und blieb bis zur Auflösung des Lagers dort. Im März 1919 gingen wir wieder nach München zurück.« [606]

Soweit Hitlers Darstellung. Die Wahrheit ist:

1. Das Lager Traunstein befand sich, nachdem die Offiziere schon einige Tage nach dem Ausbruch der Revolution am 7.11.1918, wegen der revolutionären Soldatenräte, das Zivil- und Kriegsgefangenenlager Traunstein verlassen hatten, in der Hand von »zuchtlosen und undisziplinierten Soldatenräten« [607]. Hitler fuhr also nach Traunstein zu »Soldatenräten«, die er »so widerlich« fand!
2. Die von München nach Traunstein kommandierten Soldaten des Ersatzbataillons mit Hitler und Schmidt »waren die übelsten Elemente, die je nach Traunstein kamen«, so daß »der Vorsitzende des Soldatenrates ... *[des Lagers Traunstein]* ... wieder ihren Abruf nach München verlangte« [608].
3. Hitler log, wenn er angab, daß er erst im März 1919 nach München zurückkam! Sein Freund Schmidt gab z. B. an , daß sie schon Ende Januar 1919 wieder nach München gekommen sind! Hitler ist frühestens am 23. Januar 1919 und spätestens am 11. Februar 1919 nach München zurückgekommen, wie später nachgewiesen wird, und nicht erst im März 1919! Hitler verbrachte also die Zeit der Republik, Ermordung Eisners, des Zentralrates und der kommunistischen Räteherrschaft nicht auf dem Lande im Abseits des Geschehens, wie Hitler es gern in »Mein Kampf« darzustellen versuchte, sondern voll und ganz im Brennpunkt der Ereignisse in München!

Im Lager Traunstein, so berichtete Weber, gab es nach der Revolution

»Elemente unter der Wachmannschaft, die ohne die frühere straffe Zucht sich zu einem ziemlich üblen Bestandteil des Lagers entwickelten. Es waren Leute, die nach Waffenstillstand und Revolution die soldatische Tätigkeit nur als Mittel zur Erhaltung einer sorgenfreien Existenz auf Staatskosten zu betrachten schienen *[auch Hitler ist in diese Kategorie Soldaten einzureihen! Anm. d. V.]*. Es war natürlich, daß die meisten soliden Elemente auf ihre Entlassung drängten. Man suchte zunächst die Möglichkeit ohne Ersatz durchzukommen, indem man den Wachdienst immer mehr einschränkte. Als er trotz aller Einschränkungen doch nicht mehr mit den noch vorhandenen Leuten durchgeführt werden konnte, erbat man von München Ablösungsmannschaften für die alten Landwehrmänner. Bereitwillig wurden junge Leute aus den Ersatzformationen geschickt.« [609]

Im Lager Traunstein und auf den Außenkommandos befanden sich ca. 300 Zivilgefangene verschiedener Nationalitäten, die aber, aufgrund des Berner Abkommens vom 26.4.1918, im November und Anfang Dezember 1918 entlassen worden sind. [610] Zum Lager Traunstein gehörten, neben den Zivilgefangenen rd. 1600 Kriegsgefangene, die sich im Arbeitseinsatz in verschiedenen Außenkommandos befanden, die bis Rosenheim, Mühldorf, Bernau usw. reichten. Nach Abschluß des Waffenstillstandes zwischen Deutschland und der Entente am 11.11.1918 gehörten dem Lager Traunstein (ohne Lazarettkranke) z. B. 1450 Russen und 65 Franzosen an. [611]
Nach Ausbruch der Revolution mußten die russischen Kriegsgefangenen, da sie am Lande, wo sie z. T. bei Bauern arbeiteten, nun ein nicht unerhebliches Sicherheitsrisiko darstellten, in das Stammlager Traunstein zusammengezogen werden. Die gleichen Maßnahmen wurden auch für die Außenkommandos Bernau und Kendlmühlfilze erforderlich, wo die Verwaltung der Strafanstalt Laufen und das Salinenamt Rosenheim die Entfernung der russischen Gefangenen beantragten. Dadurch war das Lager Traunstein, das für eine Höchstbelegung von 1000 Mann eingerichtet war, überfüllt, so daß bereits Ende November 1918 fünfhundert russische Gefangene in das Lager Puchheim überführt werden mußten. [612]
Hitler verrichtete also mit den als »übelste Elemente« geschilderten Soldaten, die der Augenzeuge Weber »faul, zuchtlos, anspruchsvoll und frech« nannte, seinen Dienst. Auf einem Foto, das im Januar 1919 von einem Teil der Wachmannschaft aufgenommen wurde, sind Hitler und Schmidt zu erkennen. Das allgemeine Verhalten der 140 Soldaten schildert Weber weiter sehr anschaulich:

»Verlassen des Postens, Nichterscheinen zum Dienst, unerlaubtes Ausbleiben bildeten die Regel. Dringend erbat der Vorsitzende des Solda-

Kurt Eisner

Felix Fechenbach

Erhard Auer

Johannes Hoffmann

Albert Roßhaupter

Ernst Niekisch

Gustav Landauer

Ernst Toller

Erich Mühsam

Massendemonstration (Friedensdemonstration) von SPD und USPD am 7. November 1918 auf der Theresienwiese. Anschließend zogen die Demonstranten und Soldaten in die Münchner Kasernen, und die Revolutionäre übernahmen die Macht in München.

Im Mathäser-Bräu in München versammelten sich am Abend des 7. Novembers 1918 die revoltierenden Soldaten und wählten einen »Soldatenrat«.

Am 16. Februar 1919 demonstrierten tausende Arbeiter in München gegen den »Verrat der SPD«. Im Auto sitzend Kurt Eisner, stehend Felix Fechenbach.

Das 1. und 2. Inf.Reg. in München waren die unzuverlässigsten Regimenter. Bewaffnete Rotarmisten, Soldaten und Arbeiter im Hof der Kaserne des 1. Inf.Reg. am Marsfeld.

Max Levien

Eugen Leviné

Rudolf Egelhofer

ROTE ARMEE

Die rote Armee der Räterepublik Baierns hat den Zweck, die Republik der revolutionären Arbeiter, Bauern und Soldaten gegen jede gegenrevolutionären Angriffe von außen und innen zu schützen und für Ordnung und Sicherheit Gewähr zu leisten. Die rote Armee ist eine freiwillige.

Aufnahmebedingungen:

Es können nur Angehörige aller arbeitenden Klassen aufgenommen werden, die auf dem Boden der Räterepublik stehen.

Vorbedingungen für die Aufnahme in die rote Armee:

1. Altersgrenze vollendetes 23. bis 45. Lebensjahr [Ausnahme möglich].
2. Körperliche Rüstigkeit.
3. Keine Strafen wegen ehrloser Handlungen [Strafe wegen politischer Vergehen ausgenommen].
4. Gründliche Ausbildung mit einer Waffe oder sonstigen militärischen Hilfsmitteln [Technische Truppen, Sanitätspersonal, mil. Handwerker usw.].
5. Zugehörigkeit zu einer sozialistischen oder freigewerkschaftlichen Organisation der klassenbewußten Arbeiterschaft. Bisherige Berufssoldaten, welche sich ohne Vorbehalt auf den Boden der Räterepublik stellen.
6. Erwerbslose, welche die oben gestellten Bedingungen erfüllen, werden in erster Linie eingestellt.
7. Als Stamm für die neue Armee werden die bestehenden Formationen übernommen.
8. Alle in die rote Armee Eintretenden werden durch Handschlag auf die Räterepublik verpflichtet.
9. Strengste Disziplin und unbedingter Gehorsam wird gefordert.

Jeder Angehörige der roten Armee erhält ein Diensttagegeld von M. 6.– nebst M. 1.– Treuprämie sowie Verpflegung, Unterkunft und Bekleidung. Verheiratete [Selbstverpfleger] erhalten M. 5.– Zulage für Verpflegung und Unterkunft sowie für München eine Teuerungszulage von M. 2.50 pro Tag.

Angeworben wird:

a] für München: Ortsansässige eines hiesigen Truppenteils beim Truppenteil;
b] in den übrigen Garnisonen: bei den dort bestehenden Truppenteilen.

Das Werbebüro im städtischen Wehramt [Winzererstraße] besteht aus einer Kommission, die sich aus Arbeiter-, Soldaten- und Bauernräten zusammensetzt. Der Vorsitzende dieser Kommission ist Kamerad und Genosse Wimmer vom Vollzugsausschuß des baierischen Landessoldatenrates.

Die Werbung beginnt Donnerstag, den 10. April 1 Uhr mittags. Militärpapiere sowie die aus obigen Bedingungen hervorgehenden Unterlagen sind mitzubringen.

Ueber Bewaffnung des Städte-Proletariats sowie der Bauern erfolgen sofort gesonderte Bestimmungen.

Zentralrat	Volksbeauftragter	Landessoldatenrat	Korpssoldatenrat
gez. [illegible]	gez. Reichert.	gez. Wimmer.	gez. [illegible]

Mit Plakaten wurde in München am 10. April 1919 durch den Rat der Volksbeauftragten für den Eintritt in di »Rote Armee« geworben, die zum Schutz der bayerischen Räterepublik aufgestellt worden ist.

tenrates wieder ihren Abruf nach München, als der große Russenabschub im Dezember erfolgt war.« [613]
Mit dieser Aussage und der Regiments Anordnung des Ersatz Bataillons des 2. Inf. Regt. vom 14.2.1919 läßt sich der Zeitpunkt von Hitlers Rückkehr nach München ziemlich genau bestimmen: Der große Abtransport der russischen Kriegsgefangenen aus dem Lager Traunstein erfolgte am 25.12.1918, dem ein weiterer Abtransport am 23.1.1919 folgte. [614] Wenn man davon ausgeht, daß Hitler noch bis zum 23.1.1919 in Traunstein Wachdienst verrichtete, so ist der 24. oder 25. Januar 1919 der früheste Termin seiner Rückkehr nach München.
Anfang Februar 1919 wurde das Lager völlig geräumt. [615] Sollte Hitler nach den beiden Abtransporten der russischen Kriegsgefangenen im Dezember und Januar noch länger in Traunstein geblieben sein, was aber nicht anzunehmen ist, so kann das maximal bis zum 11.2.1919 gedauert haben, da mit Regiments Anordnung vom 14.2.1919 angeordnet wurde:
»Alle Dienstgrade und Mannschaften älterer Jahrgänge, die nicht zu anderweitiger Verwendung abkommandiert sind, werden zum aktiven Regiment versetzt, wo sie auf die Demob. Komp. verteilt werden.« [616]
Da nach der vorstehenden Regt. Anordnung nur die »nicht abkommandierten« Soldaten des 1. Ersatz Bataillons zu den Demobilmachungskompanien versetzt worden sind, und Hitler nach der Kriegsstammrolle Nr. 204 und Nr. 4470/7111 am 12.2.1919 zur 2. Demobilmachungs Kompanie mit dem »Ziel der Entlassung« versetzt wurde, ist ebenfalls nachgewiesen, daß Hitler »spätestens« vor dem 11. Februar 1919 wieder in München gewesen war! Aber Hitler war mit an Sicherheit grenzender Wahrscheinlichkeit schon Ende Januar 1919 wieder in München, wie auch Ernst Schmidt bestätigt:
»Ende Januar wurde das Lager ... *[Traunstein]* ... abgebrochen und wir kamen in die Baracken nach München zurück.« [617]
Weiter geht aus der Regiments Anordnung vom 14.2.1919 hervor, daß das Ersatz Bataillon ab 17.2.1919 aus der Luisen-, Amalien- und Türkenschule in die Kasernengebäude des 2. Inf. Regt. beim Oberwiesenfeld verlegt und daß aus dem Ersatz Bataillon ein sogenanntes »Demobilmachungs Bataillon« gebildet wurde:
»Ab 18.II. wird das Ers. Batl. Demobilmachungsbatl. Ihm unterstehen die 1. u. 2. Demobilmachungs.-Komp. u. 5. Versorgungs-Komp. (Luisenschule), 7. Kommandierten Komp. (Höhere Töchterschule) und Matrosen Komp. (Luisenschule). Dem Demobil. Batl. wird ein eigenes Referat für Arbeitsvermittlung angeschlossen werden.« [618]
Hitler wurde also am 12.2.1919 mit dem »Ziel der Entlassung« aus dem Militärdienst zur 2. Demobilmachungs Kompanie versetzt! Zu den Demobilmachungs-Kompanien wurden die Soldaten versetzt, die mög-

lichst schnell entlassen werden sollten. Sie stellten eine Art von Arbeitsreservoir dar, und da sie sonst keine Aufgaben hatten, wurden sie zu allen möglichen Dienstleistungen, wie verschiedene Wachdienste, Umzugs- und Räumungsarbeiten usw. herangezogen. [619]
Ernst Schmidt berichtete darüber:

»Da war absolut nichts zu tun. Wir wurden nahezu krank davon, besonders Hitler. Eines Tages fragten wir nach einer Arbeit, wir mußten etwas zu tun haben. Sie trieben für uns etwas auf — alte Gasmasken zu prüfen. Da waren ganze Berge von diesen Dingern. Wir hatten nur die Einsätze abzuschrauben und nachzusehen, ob etwas nicht in Ordnung war und diese auf die Seite zu legen. Die Arbeit war leicht und machte uns Freude, wir bekamen drei Mark pro Tag dafür. Mit diesem Lohn konnten wir manchmal die Oper besuchen. Hitler war ein richtiger ›Opern-Fan‹. Wir kauften nur die billigsten Plätze, aber das machte nichts. Hitler verlor sich in der Musik bis zur letzten Note und war blind und taub auf alles um ihn herum.« [620]

Auch die täglichen Wachen am »Dienstgebäude Oberwiesenfeld« (1 Uffz. und 9 Mann sowie 3 Nachtposten) und am »Handwerksgebäude« an der Lothstraße (1 Uffz. und 9 Mann) wurde ab dem 20.2.1919 von dem Demob. Batl. gestellt. Es wurde aber auch darauf hingewiesen, »eine Reihe von Wachhabenden und Mannschaften zeigt in der Handhabung des Wachdienstes einen bedauerlichen Grad von Verständnislosigkeit und mangelndem Pflichtgefühl.« [621]
Schon ab dem 17.2.1919 mußten dem Regiment vom Demobilmachungs Bataillon »Zeiteingaben betreffs Arbeitsvorschriften« vorgelegt werden, d. h. über den Arbeitseinsatz der zur Entlassung anstehenden Soldaten mußte ein Nachweis geführt werden. Auch wurde immer wieder angedroht, daß die Soldaten der Demob. Komp., die z. B. wegen »Unterkunftslos wieder eingestellt worden sind, bei Arbeitsverweigerung sofort entlassen werden können«. Als sich für verschiedene Arbeiten und Wachen nur wenige Soldaten freiwillig meldeten, wurde ausgeführt, »in Anbetracht der großen Zahl und Stärke der Demob. Komp. dürfte die Meldung eine viel größere sein«. [622]
Vorstehende Schilderungen geben einen anschaulichen Überblick, wie es bei den Demob. Komp. zuging, wo Hitler seine Zeit verbrachte. Für viele Soldaten, die nach dem Krieg vor dem Nichts standen, war es die einzige Unterkunft und Möglichkeit, in der damaligen sehr schlechten Nachkriegszeit zu überleben. Dazu gehörte auch Hitler!
Die Löhnung der Soldaten des Demob. Batl., also auch die von Hitler, wurde in Dekaden gezahlt. Daß sich dabei auch manche Soldaten Vorteile zu verschaffen wußten, geht aus einer Batl. Anordnung vom 21.2.1919 hervor:

»Erfahrungen einer Demob. Komp. haben ergeben, daß einzelne Leute den Staat zu prellen versuchen, indem sie am letzten Tage vor der Dekade eintreten, 1 bis 2 Tage bei der Demob. Kp. arbeiten, bis die zweite Löhnungsdekade fällig ist, um dann nach Erhalt der zweiten Löhnung ihre Entlassung zu fordern, angeblich weil sie Arbeit gefunden haben. Auf diese Weise kann sich ein Mann für 3 Tage 20 Mk. Löhnung verschaffen.« [623]

Daraus geht u. a. auch hervor, daß Hitler in dieser Zeit etwa 40 Reichsmark Löhnung im Monat bekam.

Weiter wurde angeordnet:

»Die Mannschaften der Demob. Komp. soweit sie nicht als Wachen oder Arbeitsdienst in Frage kommen, haben sich an Werktagen von morgens 8 Uhr — nachm. 5 Uhr in der Unterkunft aufzuhalten. Die Unterkunft kann während dieser Zeit nur verlassen werden, wenn sich die betreffenden Mannschaften im Besitze eines vom Komp. Führer od. Feldwebel unterschriebenen Ausweises befinden.« [624]

D. h. Hitler mußte sich, wenn er nicht gerade zu irgendeiner Arbeit eingeteilt worden war, von früh 8 Uhr bis nachmittag um 17 Uhr in der Unterkunft für einen evtl. Arbeitseinsatz bereithalten.

Den Soldaten des Demobilmachungs Bataillons wurden, neben den Bemühungen des Batl. Referates für ›Arbeitsvermittlung‹, immer wieder alle Möglichkeit geboten, sich um eine entsprechende Arbeit zu bemühen:

»Die Demob. Komp. können die Mannschaften zum Suchen von Arbeit mit Gebühren beurlauben. Die Beurlaubung müßte von 10 zu 10 Tagen erfolgen und den Betreffenden ein Ausweis mitgegeben werden, woraus hervorgeht, daß er sich beim Arbeitgeber vorgestellt hat. Rückt er wieder ein, ohne Arbeit gefunden zu haben, verbleibt er 10 Tage bei der Komp. und kann dann wieder 10 Tage beurlaubt werden.« [625]

Aus den verschiedenen Anordnungen des Demobilmachungs Bataillons geht hervor, daß alle Anstrengungen unternommen worden sind, um die Soldaten wieder einer Arbeit im Zivilleben zuzuführen. Hitler, der sich in dieser Zeit ohne jede geregelte Beschäftigung in der Kaserne aufhielt, hat sich — trotz der vielen gebotenen Möglichkeiten — in keiner Weise um eine Arbeitsstelle oder gar um seine Entlassung bemüht. Wo sollte Hitler, der ohne Beruf war, auch eine Arbeit finden, und Bilder hätte in der schlechten Nachkriegszeit auch niemand gekauft. Hitler stand zu dieser Zeit tatsächlich vor dem Nichts!

Hitlers Kriegskameraden, die einen Beruf hatten, sind Ende 1918 und Anfang 1919 vom Militär entlassen worden, was sich durch die Kriegsstammrollen nachweisen läßt. Sein Freund Ernst Schmidt, mit dem er im Gefangenenlager Traunstein war, z. B. am 12.4.1919. [626]

Wenn man die laufenden Entlassungen und Entlassungsaufrufe der De-

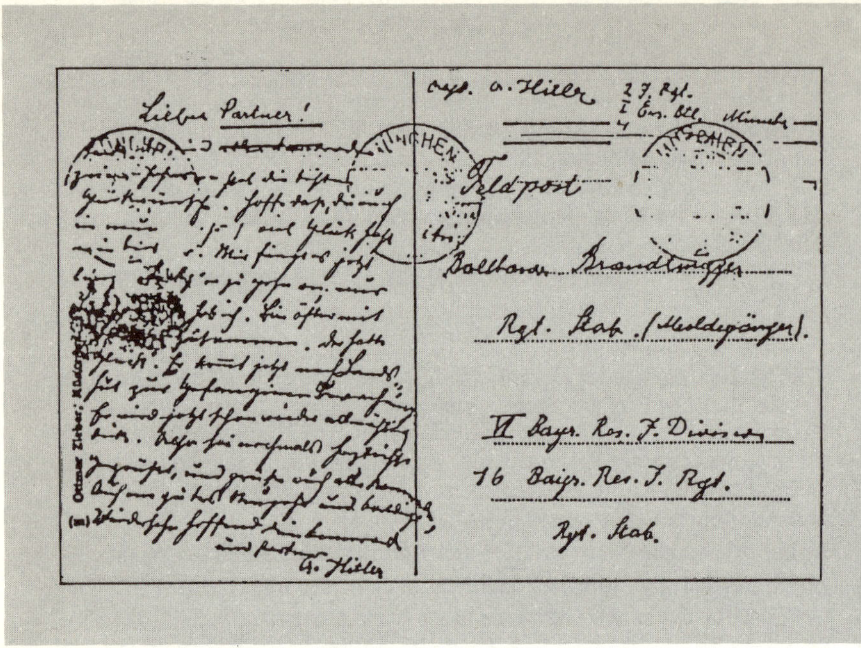

Lieber Partner!

Abs. A. Hitler 2. I. Rgt. Ers. Btl. München

Feldpost

Balthasar Brandmayer

Rgt. Stab. (Meldegänger).

VI Bayr. Res. J. Division

16 Bayr. Res. J. Rgt.

Rgt. Stab.

A. Hitler

Nach der Entlassung aus dem Lazarett Beelitz am 1. Dezember 1916 kam Hitler nach München zum Ersatzbataillon des 2. Inf. Regt., das Ersatzregiment für das R.J.R. 16 war. Von da schrieb er u.a. am 28. Dezember 1916 eine Karte an seinen Kriegskameraden Balthasar Brandmayer und versuchte wieder zum Stab des R.J.R. 16 zurückzukommen.

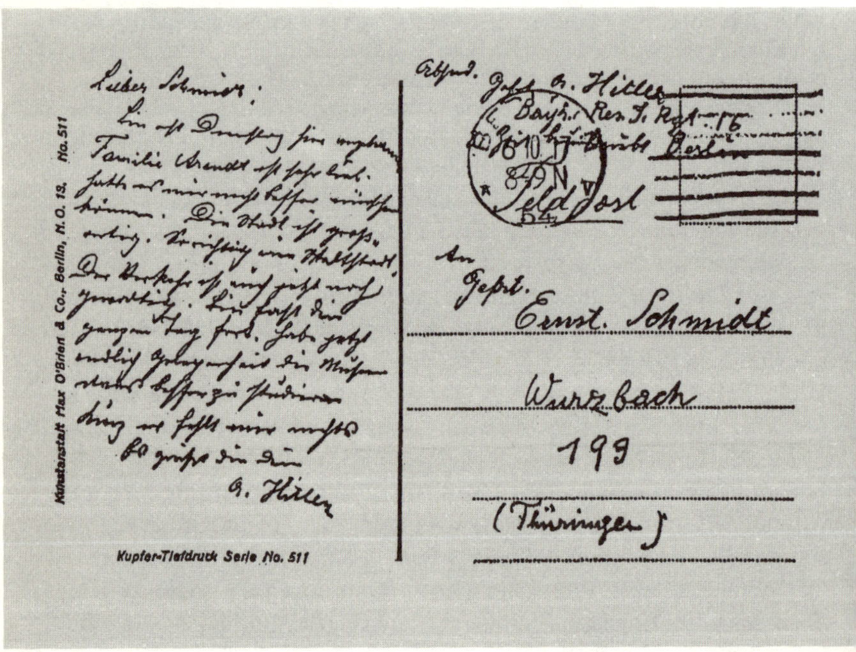

Lieber Schmidt:

A. Hitler

Kunstanstalt Max O'Brien & Co., Berlin, N.O. 18. No. 511

Kupfer-Tiefdruck Serie No. 511

Abs. A. Hitler

Feldpost

An

Gefrt. Ernst. Schmidt

Wurzbach

199

(Thüringen)

Von seinem ersten Heimaturlaub (vom 30. September 1917 bis 17. Oktober 1917), den Hitler bei den Eltern seines Kriegskameraden Richard Arendt in Berlin verbrachte, schrieb Hitler am 6. Oktober 1917 ein Ansichtskarte von Berlin an seinen Freund Ernst Schmidt, der gleichzeitig mit Hitler einen Urlaub bei seine Familie in Thüringen (Würzbach) angetreten hatte.

mobilmachungs Kompanien des 2. Inf. Regt. ansieht, die ab dem 18.2.1919 aufgestellt worden sind, so hat es der schon ältere Hitler einfach immer wieder verstanden, sich dort zu halten. Hitler versuchte sich »anzupassen«, sich zu engagieren und sich hervorzutun, nur um irgendeine Möglichkeit zu finden, beim Übergangsheer bleiben zu können!

Anfang Februar 1919 ließ der SPD Vorsitzende und Innenminister Erhard Auer in Abwesenheit Eisners den Landtag zum 21.2.1919 einberufen, mit dem Ziel, den Ministerpräsidenten Eisner abzulösen, dessen USDP nur drei der hundertachtzig Landtagssitze innehatte. Weiter leitete Auer eine Aktion gegen die KPD und Anarchisten ein. U. a. ließ er den Führer der Münchner Ortsgruppe Schwabing der KPD, Max Levien [627] verhaften, ohne Eisner und den Soldatenrat zu verständigen. Am 12.2.1919 erließ der Min. f. Mil. Angel. Roßhaupter einen Aufruf zur Bildung eines freiwilligen »Volksheimatschutzes«, um der Regierung eine zuverlässige Truppe zu schaffen. Der Regierung standen nur die »Republikanische Schutztruppe«, kleine Teile der Münchner Garnison sowie verschiedene Wachregimenter, z. B. des Infanterie Leibregiment [628] in der Türkenstraße, Leibgarde der Hartschiere zur Verfügung, auf die sie sich halbwegs verlassen konnte. Diese Truppenteile standen zwar in ihrer Mehrheit zu der SPD Regierung, aber die aus dem Feld zurückgekehrten Fronttruppen waren durch linke Agitation auch schon soweit beeinflußt, daß es fraglich erschien, ob diese, für revolutionäre Parolen ansprechbaren Soldaten, zur Niederschlagung eines linksradikalen Putsches von der Regierung noch zuverlässig eingesetzt werden konnten.

Am 16. Februar 1919 wurde durch den »Revolutionären Arbeiterrat« (RAR), der sich überwiegend aus USPD-Leuten, Kommunisten und Anarchisten zusammensetzte, eine Demonstration der Arbeiter aus den Münchner Betrieben auf der Theresienwiese veranstaltet, um sich gegen den, wie sie es nannten, »Verrat« der SPD zu wehren. Auch die gesamte Münchner Garnison beteiligte sich geschlossen an der Demonstration, woraus ersichtlich ist, daß der größte Teil der Soldatenräte den RAR und die USPD sowie KPD unterstützten. Wie stark der Anhang der Linksradikalen bei den Soldaten damals war, läßt sich schwer feststellen. Die Führungspositionen in den Soldatenräten befanden sich jedenfalls in den Händen von Linksradikalen und Kommunisten, während viele Kasernenräte zur USPD und den Mehrheitssozialdemokraten tendierten. Hitler hat höchstwahrscheinlich an dieser Demonstration der linksorientierten Arbeiterschaft in München teilgenommen, weil diese vom 2. Inf. Regt. angeordnet wurde:

»Morgen Sonntag den 16.2.19 findet eine Demonstration der gesamten Arbeiterschaft und sämtlicher Truppenteile der Garnison statt. Das

Regt., einschließlich Demob. Batl. sammelt sich um 12.15 Uhr Mittag im Kasernenhof des I. Batl. Oberwiesenfeld ... Die Kasernenräte verteilen sich auf die einzelnen Gruppen, um Ruhe u. Ordnung aufrecht zu erhalten. Die Komp. Führer sorgen dafür, daß sich ›alle‹ dienstfreien Mannschaften an der Demonstration beteiligen.« [629]

Ernst Müller-Meiningen [630] berichtete, daß bei dieser Demonstration »ein Regiment nach dem anderen folgte« und einen »fürchterlichen bolschewistischen Aufzug« darstellte. Gegen 13 Uhr zogen über 10 000 Menschen durch die Stadt. Auf der Demonstration sprachen neben Eisner und Mühsam auch der wieder freigelassene KPD-Funktionär Max Levien, der für die Errichtung einer Räterepublik plädierte. [631]

Am Donnerstag, dem 20. Februar 1919, wurde Hitler zur Bahnhofswache im Münchner Hauptbahnhof abkommandiert:

»Die 2. Demob. Komp. stellt ab 20.2. Mittag 12 Uhr die ständige Wache am Bahnhof in der Stärke von 2 U.O. u. 36 Mann. Es sind bei allen Wachen ältere, erfahrene u. gewissenhafte Wachhabende und Mannschaften *[was auf Hitler zutraf. Anm. d.V.]* abzustellen.« [632]

Hitler, der auf einem Foto der Wachmannschaft am Bahnhof zu sehen ist, war dort in einer sehr gemischten Gesellschaft! Die Bahnhofswache hatte im Münchner Hauptbahnhof und in der Bahnhofsumgebung (Außenwachdienst unter dem Vizefeldwebel Paul Felber) für Ruhe und Ordnung zu sorgen und die an- und abreisenden Soldaten zu kontrollieren usw. »Im Bahnhof und Bahnhofsnähe«, so wurde berichtet, »traf sich alles ›Gesindel‹ Münchens« [633], und dementsprechend schritt die Bahnhofswache auch ein. Wie aus stenographischen Berichten über die Verhandlung des Kongresses der Arbeiter-, Bauern- und Soldatenräte (A.B.S. Rat; Zentralrat) hervorgeht, passierten unter dem Bahnhofskommandanten Emil Aschenbrenner [634] mehrere Ausschreitungen und Mißhandlungen. [635] Es wurden

»Klagen eingebracht, daß die Gefangenen durchgepeitscht werden ... tritt ihnen Aschenbrenner mit genagelten Schuhen ins Gesicht ... Für die Bahnhofswache«, so wurde ausgeführt, »ist es Prinzip, daß ein jeder, der ihr nicht in den Kram paßt, in den Keller oder an eine andere Stelle kommt, wo es nicht beobachtet werden kann und daß 10 bis 12 Mann über den betreffenden herfallen.« [636]

Eine daraufhin eingesetzte Untersuchungskommission berichtete am 27.2.1919, daß sie

»auf der Bahnhofswache Zustände angetroffen haben, die noch weit haarsträubender und schrecklicher sind, als sie uns die Leute vorgetragen haben ... Der Bahnhofskommandant Aschenbrenner und der Offiziersstellvertreter Felber haben in eigener Machtvollkommenheit ohne irgendwelchen weiteren Befehl oder Instruktionen Executionen vorgenommen, die alles andere sind als eine menschenwürdige Behandlung ...

Ich fragte wiederholt — es waren 26 Soldaten noch anwesend —, ob ihnen irgendwie von den vorgesetzten Behörden, z.B. vom Stadtkommandanten irgend etwas angeordnet oder anbefohlen wäre oder ob sie wissen, daß dieser Kenntnis hat. Sie sagten: Nein, das machten jene aus eigener Machtvollkommnis ... Wir von der Kommission bekamen das Gefühl, daß die dort anwesenden Soldaten *[unter ihnen auch Hitler, der vom 20.2 bis 8.3.1919 bei der Bahnhofswache war. Anm. d.V.]* unter dem Banne des Aschenbrenner und Felber standen und mit den Berichten, die wir von ihnen verlangten, nicht herausrückten. Wir stellten fest, daß die Leute ohne Vornahme einer Untersuchung in der Bahnhofskommandantur auf schrecklichste Weise mißhandelt wurden, daß ihnen von Soldaten, die an der Wache teilnahmen das Eigentum genommen wurde, daß Aschenbrenner und Offiziersstellvertreter Felber alles tun, um die richtigen Wege zur Aufklärung zu untergraben und zu verschleiern ... Es ist ferner nötig, daß die Mannschaften, die an diesen Ausschreitungen beteiligt waren, sofort von dem Posten enthoben, abgelöst, ersetzt werden durch solche Truppen, zu denen man Vertrauen haben kann.« [637]

Inwieweit Hitler an Ausschreitungen usw. beteiligt war, ist nicht festzustellen. Hitler hat diese Verhältnisse miterlebt, und er schwieg sich auch später darüber vollkommen aus. Jedenfalls wurden die 36 Soldaten des 2. Inf. Regt. mit Hitler schon zweieinhalb Wochen später durch Leute der 2. Abteilung der Republikanischen Schutztruppe ersetzt. Interessant ist aber, daß Aschenbrenner und Felber, die ja der Republk. Schutztruppe angehörten, bis zum 13.4.1919 auf ihren Posten verblieben, als die Republk. Schutztruppe gegen die Räteherrschaft putschte. Nach schweren Kämpfen wurde der Hauptbahnhof dann durch linksradikale Arbeiter, Soldaten und Matrosen gestürmt. Gegen 21 Uhr flüchtete Aschenbrenner mit Felber und fünf weiteren Leuten auf einer Lokomotive in Richtung Ingolstadt.

Mit Batl. Anordnung des Demob. Batl. vom 8.3.1919 wurde angeordnet: »Ablösung der zur Bahnhofs-Kdtr. kommandierten Wachmannschaften (K.B. vom 7.3.19) ... Sämtliche zur Bahnhofs-Kdtr. kommand. Wachmannschaften, mit Ausnahme der M.G.-Schützen werden ab 8.3.19 abgelöst u. durch Mannschaften der republikanischen Schutztruppe ersetzt ... Die bisher eingesetzten Mannschaften rücken bis 8.3.19 Mittag 12 Uhr bei ihren Truppenteilen ein.« [638]

D. h. Hitler mit seinen Kameraden kehrte am Samstag, dem 8.3.1919, wieder in das Kasernement des 2. Inf. Regt. zurück.

5
Der Redner und Politiker
[Februar 1919-September 1919]

»Gegen meinen Willen bin ich Politiker geworden«, resümierte Hitler drei Jahre vor seinem Tod. »Ich würde, hätte sich ein anderer gefunden, nie in die Politik geraten sein; ich wäre Künstler oder Philosoph geworden.« [639] Auch diese Aussage Hitlers ist anzuzweifeln. Der Berufs- und Heimatlose zeigte 1918/19 nach seiner Rückkehr vom Lazarett Pasewalk nach München gar keinen Ansatz, sich weiter als »Künstler« auszubilden, sondern er hatte nur einen Wunsch, beim Militär bleiben zu können, was aus seinem ganzen anschließenden Verhalten hervorgeht. Langsam wurde aus dem nichtstuenden, unauffälligen, eher bescheidenen Hitler, der in seiner Unterkunft bei der Demobilmachungs Kompanie sehr viel Zeit hatte, durch die konfusen Verhältnisse und sehr unterschiedlichen politischen Einstellungen der Soldaten, über die natürlich unter diesen viel gesprochen und diskutiert wurde, einer der vielen polemisierenden und agierenden Soldaten der damaligen Zeit.
Hitler begann, mit seinen Kameraden zu diskutieren und zu reden, und scheinbar gefielen diesen Hitlers Ansichten. Jedenfalls wurde er höchstwahrscheinlich schon Mitte Februar 1919 zum »Vertrauensmann« des Demobilmachungs Bataillons des 2. Inf. Regt. gewählt. Hitler wandelte sich in der Kaserne langsam zu einem Menschen, der aus sich herausging und der durch seine deutsch-nationale Einstellung sowie seinen in ihm verankerten Wiener Haß auf alles Fremde und Internationale, einem Teil seiner Frontkämpfergeneration nach dem Munde sprechen konnte. Damit begann eigentlich Hitlers Eintritt als »Diskutierer« und Redner in die Politik.
Der exakte Zeitpunkt der Wahl Hitlers läßt sich nicht mehr feststellen. Es ist aber anzunehmen, daß dies am 15.2.1919 war, als sein Vorgänger, der bisherige »Vertrauensmann« Josef Seihs [639a] (in den Batl. Anordnungen auch Seiss bzw. Seiß geschrieben) zum »Bataillons Rat« des Demobilmachungs Bataillons gewählt wurde. Als Hitler nach der Befreiung Münchens ab dem 9.5.1919 in der »Untersuchungs- und Entlassungskommission« war, die bei der Entlassung der Soldaten festzustellen hatte, welche Soldaten vom 2. Inf. Regt. bei der »Roten Armee« waren, bzw. welchen »spartakistische, bolschewistische, kommuni-

stische Umtriebe nachgewiesen werden konnten« (s. Anm. 723), gab er am 23.5.1919 u. a. zu Protokoll:

»... Daß ... *[sich]* ... einzelne Teile des Regiments der roten Armee angeschlossen, ist jedenfalls auf die Propagandatätigkeit des ... Bataillonsrat Seihs zurückzuführen ...« [640]

Daß Hitler aber damals — höchstwahrscheinlich als Nachfolger von Josef Seihs — »Vertrauensmann« des Demobilmachungs Bataillons wurde und in Zusammenarbeit mit der »Propagandaabteilung« der SPD und USPD Regierung den demokratisch-republikanischen Staatsgedanken seinen Kameraden vermittelte, hat er immer wohlweislich verschwiegen!

Jedenfalls wird Hitler in einer Batl. Anordnung des Demob. Batl. vom 3.4.1919 namentlich genannt:

»Sitzung der Vertrauensleute. Am Freitag den 4.4.19 Nachm. 2 Uhr findet im Offz. Kasino des Inf. Leib. Regts. eine Sitzung der Vertrauensleute statt. Die vom Batl. aufgestellten Vertrauens Leute Wein (5. Komp.), Hüttler [641] *[Hitler]* (2. Demob. Komp.) und Friedl (Matrosen Komp.) sind zu verständigen.« [642]

Bereits Mitte November 1918 wurde von dem zehnköpfigen, linksorientierten «Soldatenrat«, der auch die Befehlsgewalt über die Münchner Kasernen hatte, eine sogenannte »Propagandaabteilung« eingerichtet, die die Aufgabe hatte, die Soldaten über die neue demokratisch-republikanische Staatsform aufzuklären. [643] Unter dem Minister für militärische Angelegenheiten Roßhaupter wurde sie dann in eine »Aufklärungs- und Beratungsstelle« umgewandelt, die aber ab Januar 1919 wieder »Propagandaabteilung« genannt wurde. [644]

Interessant ist in diesem Zusammenhang ein zur Aktenlage absolut kompatibler Artikel in der »Münchner Post«, in dem folgendes ausgeführt wurde:

»Nach dem Zusammenbruch sehen wir Hitler beim Ersatzbataillon des 2. Regiments in der Luisenschule. Dort war vom Arbeiter- und Soldatenrat eine Propagandaabteilung eingerichtet worden, die an Hand von textlichem und bildlichem Material die drei großen politischen Strömungen: die vergangene autokratische Gedankenrichtung, den demokratischen Staatsgedanken und den Bolschewismus, veranschaulichen wollte und es sich zur Aufgabe gesetzt hatte, die demokratisch-republikanische Staatsform als das erstrebenswerte politische Ziel zu unterstreichen. Zu diesem Zweck wurden in jener Propagandaabteilung eine Reihe von aufklärenden Vorträgen für Arbeiter und Soldaten gehalten. In dieser Propagandaabteilung, deren Vater der revolutionäre Arbeiter- und Soldatenrat war ... saß Adolf Hitler ... er hielt es damals mit seinen Anschauungen verträglich, daß er in dieser Propagandaabteilung für die demokratisch-republikanische Staatsform Vorträge hielt! Der gleiche Adolf Hitler, der heute das Wort ›Novemberverbrecher‹ stündlich auf den Lippen trägt, galt seiner politischen Überzeugung nach in den Kreisen der Propagandaabteilung als Mehrheitssozialist und gab sich auch als solcher aus, wie so viele, war er aber nie politisch und gewerkschaftlich organisiert.« [645]

Alois Hundhammer erwähnte 1931 auch in einem Vortrag, daß die »Münchner Post« behauptet, Beweise dafür zu haben, daß sich Hitler noch Anfang 1919 zur Sozialdemokratie bekannte. [646] Auch Konrad Heiden, der in München als Journalist recherchierte und mit Zeitzeugen gesprochen hatte, berichtete:

»In München tritt er ... *[Hitler]* ... während der Räterepublik bei seinen Kameraden für die sozialdemokratische Regierung ein und nimmt überhaupt in den erregten Diskussionen für die Sozialdemokraten und gegen die kommunistische Partei ... *[Stellung]* ... und daß er sogar von seinem Eintritt in diese Partei gesprochen habe ...» [647]

Diese viel zu wenig beachtete Mitteilung von Konrad Heiden dürfte nach den neuen Erkenntnissen über Hitlers Verhalten und Einstellung ab Februar 1919 den Nagel auf den Kopf treffen!

Ernst Toller [648] berichtete ebenfalls, daß ihm ein Mann, mit dem er später im Gefängnis zusammen war, erzählt habe, daß er

»Hitler in den ersten Monaten der Republik in einer Münchner Kaserne begegnet ... *[sei]* ... Damals hätte Hitler erklärt, er sei Sozialdemokrat. Der Mann sei ihm aufgefallen, weil er ›so gebildet und geschwollen‹ dahergeredet hätte, wie einer, der viel Bücher liest und sie nicht verdaut.« [649]

Wenn sich auch für Hitlers damaligen Hang zu den regierenden Sozialdemokraten kein weiterer schriftlicher Nachweis in den Akten auffinden ließ, so beweist doch Hitlers Wahl zum Vertrauensmann und seine daraus resultierenden Aufgaben — abgesehen von den vielen Aussagen der Zeitzeugen — diese Annahme. Vor allem ist an dieser Stelle zu fragen, »warum« Hitler in seinem Buch »Mein Kampf« verschwieg, und auch später nie ein Wort darüber erwähnte, daß er im Februar 1919 zum »Vertrauensmann« des Demobilmachungs Bataillons [650] und zwei Tage nach der Ausrufung der kommunistischen Räterepublik, als alle Kasernenräte neu gewählt worden sind, als Ersatz-»Bataillons Rat« des Demobilmachungs Bataillons des 2. Inf. Regt. gewählt wurde? [651] Das läßt nur einen Schluß zu, daß Hitler damals der demokratisch-republikanischen SPD Regierung nahegestanden haben muß und später in der Räterepublik zumindest neutral gewesen war!

Die Aufgaben der Vertrauensleute der Propagandaabteilung — also auch Hitlers — sind in einem Beiblatt zu einer Regiments Anordnung des 2. Inf. Regt. festgehalten:

»Die Vertrauensmänner der Propaganda Abtlg. des 2. Inf. Regt. werden

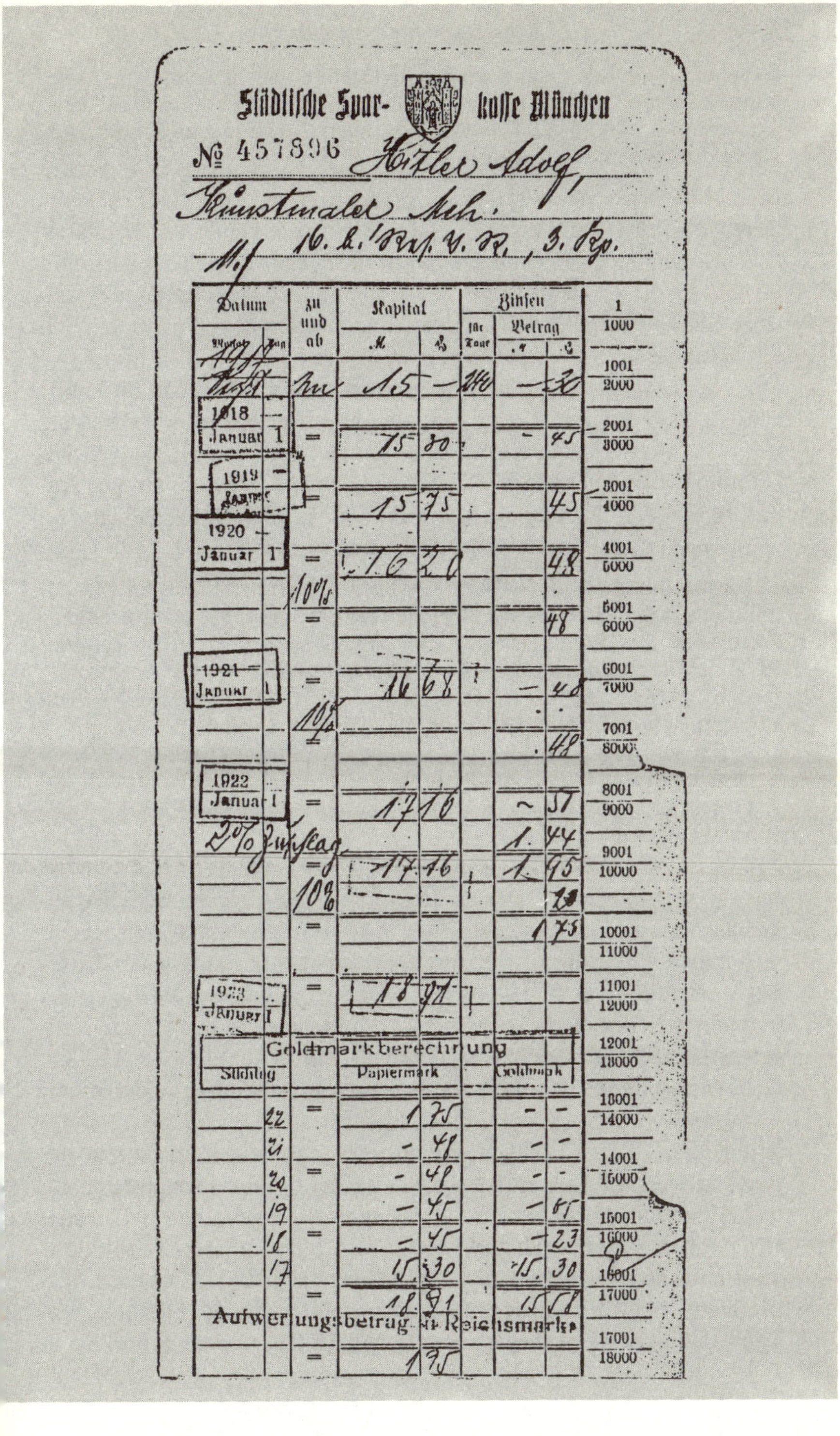

Städtische Spar- kasse München

№ 457896 Hitler Adolf,

Kunstmaler Mch.

M.f 16. b. Res. I. R., 3. Kp.

Datum Monat	Tag	zu und ab	Kapital M.	₰	Zinsen für Tage	Betrag M.	₰
[illegible]		Zu	15	—	240	—	30
1918 Januar	1	=	15	30		-	45
1919 Januar	1	=	15	75			45
1920 Januar	1	=	16	20			48
		10% =					48
1921 Januar	1	=	16	68		—	48
		10% =					48
1922 Januar	1	=	17	16		—	51
2% Zuschlag						1.	44
		=	17	16		1.	95
		10%					20
		=				1	75
1923 Januar	1	=	18	91			

Goldmarkberechnung

Stichtag		Papiermark		Goldmark	
22	=	1	75	-	-
21		-	48	-	-
20	=	-	48	-	-
19		-	45	-	85
18	=	-	45	-	23
17		15	30	15	30
	=	18	91	15	58

Aufwertungsbetrag in Reichsmark

= 1 95

1 / 1000, 1001 / 2000, 2001 / 3000, 3001 / 4000, 4001 / 5000, 5001 / 6000, 6001 / 7000, 7001 / 8000, 8001 / 9000, 9001 / 10000, 10001 / 11000, 11001 / 12000, 12001 / 13000, 13001 / 14000, 14001 / 15000, 15001 / 16000, 16001 / 17000, 17001 / 18000

15,30 RM betrug Hitlers »Vermögen« nach seiner Rückkehr vom Lazarett Pasewalk nach München.

ersucht, die jeweils erscheinenden Beiblätter täglich beim Appell bekannt zu geben ... Die Vertrauensmänner werden ersucht, jeden Dienstag von morgens 10-12 Uhr Aufklärungsmaterial in der Propaganda Abtlg. Luisenschule abzuholen.« [652]

D. h. Hitler hatte auch »Aufklärungsarbeit« zu leisten und die verschiedenen Anordnungen der regierenden Mehrheitssozialisten (Beiblätter zu den Regiments Anordnungen usw.) täglich beim Appell des Demobilmachungs Bataillons bzw. der 2. Demobilmachungs Kompanie vorzutragen. Hitler hatte nun eine echte Aufgabe gefunden, die ihm lag und auch erfüllte.

Was aber noch wichtiger ist, Hitler erhielt ab Ende Februar 1919 seine erste richtige politische Schulung, allerdings war es eine sozialistische, eine »demokratisch-republikanische« Schulung, über die Hitler im Laufe seines Lebens auch nie ein Wort geprochen hat! Wie z. B. aus den Anordnungen des Demob. Batl. ersichtlich, fanden Diskussionen und Schulungen der »Vertrauensmänner« statt:

»Lt. Mitteilungen der ›Aufklärungs- und Beratungsstelle‹ des Min. f. mil. Angelegenheiten .-Kreis München (K.B. v. 19.2.19) Vertrauensmännersitzung. Am Freitag den 21.2.19 nachm. 3 Uhr findet im Zimmer 19/II der Stadt-Ktr. eine Sitzung der Vertrauensmänner für Aufklärung statt. Tagesordnung:
1. Organisationsfragen.
2. Parlament oder Räte?
3. Diskussion.
4. Leseraum u. Bücher.
5. Verschiedenes.
Sämtliche Vertrauensleute der Propaganda Abtl. sowie der früheren Beratungsstelle des Gen. Kdos. I.b.A.K. haben zu erscheinen.« [653]

Weitere Schulungen, an denen Hitler als »Vertrauensmann« teilgenommen haben muß, folgten, wie aus den Regts. Anordnungen des 2. Inf. Regt. ersichtlich. D. h. Hitler wurde bereits ab Februar 1919 über die monarchistischen, demokratischen und bolschewistischen Staatsgedanken eingehend unterrichtet sowie geschult, und er konnte schon bei dem Demobilmachungs Bataillon als Vertrauensmann einiges vorlesen und vortragen!

Wenn man Hitlers Tätigkeit, Funktionen und sein Verhalten in der Revolutions- und Rätezeit betrachtet, so läßt das nur einen Schluß zu, daß Hitler damals der Regierung, d. h. den durchaus »national« eingestellten Mehrheitssozialdemokraten, nahegestanden haben muß! Ganz unbeteiligt kann sich Hitler nicht verhalten haben, denn sonst hätte man ihn nicht zum Vertrauensmann des Demobilmachungs Bataillons gewählt und akzeptiert. Gegenrevolutionär, USDP Anhänger und Kommunist war Hitler nicht, also konnte er nur im Sinne der damaligen Regierung, d. h. der regierenden Mehrheitssozialisten agiert haben. Eine Aussage im »Berliner Tagblatt« scheint hier — bei aller Skepsis — auch eine Bestätigung zu liefern:

»Am 3. Mai 1919, also 6 Monate nach der Revolution, bekannte sich Adolf Hitler in einer Versammlung der Angehörigen des 2. Infanterie-Regiments in der Mannschaftskantine auf dem Oberwiesenfeld zur Mehrheitsdemokratie. In dieser Versammlung, die kurz nach dem Sturze der Münchner Räterepublik wegen der Neubesetzung des Postens des Regimentsführers *[der Regimentsführer Oberstlt. Buchner wurde am 9.5.1919 abgelöst. Anm. d.V.]* abgehalten wurde, setzte sich Hitler für Major Ochner ein. Während er in der Diskussion gegen den unabhängigen Sozialdemokraten, Offiziersstellvertreter Klumpf, polemisierte, bekannte sich Hitler unter Vorbehalt zur Mehrheitssozialdemokratie.» [654]

Über diese Versammlung des 2. Inf. Regt. gibt es leider keine Niederschrift. Es gab zwar im ganzen bayerischen Heer keinen Major Ochner, sondern es könnte der Oberstlt. Buchner sein, der am 9.5.1919 als Regt. Führer des 2. Inf. Regt. abgelöst wurde, aber der Vizefeldwebel August Klumpf [655], der lange Zeit »der Regiments Kasernenrat« des 2. Inf. Regt. war, läßt sich nachweisen. Es ist auch ohne weiteres möglich, daß der Zeitzeuge die Wahl vom 15. April 1919 meinte, bei der Hitler von der 2. Demob. Komp. mit 19 Stimmen als Ersatz Batls. Rat und Klumpf mit 52 Stimmen in den Regts. Rat gewählt worden sind. Es ist also ohne weiteres möglich, daß sich ein Konkurrenzkampf zwischen Klumpf und Hitler ergeben hatte. Fest stehen dürfte aber, daß Hitler zu den Mehrheitssozialdemokraten tendierte, wie z.B. auch der zeitweilige Regimentskommandeur des 2. Inf. Regt., Oberst Otto Staubwasser. Interessant ist auch, daß der »Regiments Rat« August Klumpf — wie auch viele andere aus der damaligen Zeit — später in die SA, 1933 als Obertruppenführer, und ab 1.5.1937 in die NSDAP eintrat. [656]

Die Aussage im »Berliner Tagblatt« über die damalige politische Einstellung Hitlers besitzt schon einen gewissen Aussagewert. Hitler hat sich bis Mai 1919 mit an Sicherheit grenzender Wahrscheinlichkeit zu den Leuten bekannt, von denen er später zu Unrecht sagte, » daß er schon im November 1918 erkannt hätte, daß sie keine Ehre besitzen« [657].

Auch in anderen Unterlagen wird von Hitlers Annäherung an die SPD berichtet. In der Sammlung Rhese des Bayer. Hauptstaatsarchivs findet sich eine frühe, kurze Biographie Hitlers, in der ausgeführt wird:

»Es wird ihm ... *[Hitler]* ... nachgesagt, daß er nach der Revolution 1918 der sozialdemokratischen Partei Deutschlands als reges Mitglied angehörte.«

Auch die »Westdeutsche Arbeiterzeitung« brachte einen Bericht über Hitlers Agieren im Sinne der Mehrheitssozialisten: »Die Soldatenräte in der Garnison waren alle rot *[hier sind mit »rot« die Mehrheitssozialdemokraten gemeint. Anm. d.V.]*. Fast jeden Tag wurden Vorträge gehalten im sozialistischen Sinne. Novembergeist war Trumpf. Hitler unterhielt sich viel mit seinen Kameraden über die Lage, aber er hat nicht, wie er heute glauben machen will, den Marxismus als Irrlehre oder des deutschen Volkes Untergang gekennzeichnet. Er sagte zu seinen Kameraden wörtlich: ›Ich stehe in Verbindung mit dem SPD-Parteisekretär, um in die ›Propagandaabteilung‹ einzutreten.‹ Die Verhandlungen mit dem sozialdemokratischen Parteisekretär zerschlugen sich.« [658]

Eine Aussage im Prozeß vor dem Volksgericht München I untermauert diese Mitteilung. Hitler sagte, wohl in bezug auf sein früheres Verhältnis zu den Mehrheitssozialdemokraten: »Glauben Sie mir, ich wäre im anderen Lager mit offenen Armen aufgenommen worden«, womit er wohl die SPD meinte. [659] Noch 1942 sagte Hitler:

»Der damaligen Sozialdemokratie hat nur der ›Führer‹ gefehlt!« [660]

Nach der Besetzung Münchens am 1. und 2. Mai 1919, amtierten die sozialdemokratische Regierung Hoffmanns und der Landtag zwar in Bamberg (bis 27.8.1919), aber die Macht in München hielt das rechtsorientierte Militär in den Händen. So vollzog sich dann in dem obrigkeitsdienernden berufslosen Hitler, der unbedingt beim Militär bleiben wollte, eine Wende nach rechts, was durch die Hitler gebotene Schulung und Ausbildung durch das Übergangsheer intensiviert worden ist.

Nach der Demonstration am 16.2.1919 war der Ministerpräsident Kurt Eisner praktisch gescheitert, einerseits an den Mehrheitssozialisten, welche die Räte nur als Übergangslösung bis zur Schaffung eines normalen Parlamentarismus akzeptierten, andererseits an den Kommunisten, die das parlamentarische System grundsätzlich ablehnten.

Am 19.2.1919, zwei Tage vor dem Zusammentritt des Landtags, beschloß die Landeskonferenz der »Arbeiter-, Bauern- und Soldatenräte« einstimmig, ihre Aufgabe erst dann als vorläufig erledigt zu betrachten, wenn die Regierung den Einbau der Räte in den Volksstaat garantierte: Die Räte bereiteten sich auf eine zweite Revolution vor!

Als Eisner am 21.2.1919 gegen 10 Uhr zur Eröffnung des Landtages ging, angeblich mit seiner Rücktrittsrede in der Tasche [661], wurde er von Graf Arco-Valley [662] auf offener Straße erschossen. Als Antwort auf diesen Mord schoß eine Stunde später ein Mitglied des Revolutionären Arbeiterrates, der Metzger Alois Lindner [663], im Sitzungssaal des Landtages den Innenminister Erhard Auer und zwei andere Anwesende nieder.

Die Ermordung des Ministerpräsidenten Eisner war das Signal zu einer neuen Volkserhebung; eine »zweite Revolution« brach in München aus. In der Stadt entstand wilder Aufruhr. SPD, USPD und KPD schlossen sich zusammen und bildeten am 22.2.1919 einen elfköpfigen Aktionsausschuß, den »Zentralrat der Bayerischen Republik« unter Ernst Niekisch [664] und Ernst Toller [665], der sich Regierungsfunktionen beilegte.

Über München wurde das Kriegsrecht verhängt, das Betreten der Straßen ab 19 Uhr war verboten, ein dreitägiger Generalstreik ist ausgerufen worden, und die Universität und alle Zeitungsredaktionen (drei Wochen dauernde Zensur) wurden geschlossen. Der Landtag war auseinander gelaufen und die Münchner Garnison durch die internen politischen Gegensätze gelähmt.

Nach der Mitteilung des »Vollzugsausschusses des Landessoldatenrates« (M.B.v. 24.2.19) fand am 25.2.1919 um 9 Uhr eine Sitzung sämtlicher Delegierter der Kasernenräte Münchens statt, mit der Tagesordnung:

1. Die gegenwärtige Lage.
2. Die Leichenfeier Eisners. [666]

Dort wurde unter Beteiligung aller Kasernenräte festgelegt:

»Die Batl. einschl. Demob. Batl ... *[bei dem Hitler war. Anm. d. V.]* ... stellen zur Leichenfeier des durch ruchlose Mörderhand gefallenen Ministerpräsidenten Kurt Eisner je 25 Mann als Trauerparade ab. Anzug, Mantel, umgeschnallt, Feldmütze (nicht Schirmmütze) ohne Waffen ... Sammeln des Kdo. 8 Uhr Vorm. Kasernenhof 1. Batl. Oberwiesenfeld. Von jedem Batl. 6 Kasernenräte mit ›roter Binde‹ darüber Trauerflor.« [667]

Ob Hitler, der ab dem 20.2.1919 bei der Bahnhofswache Dienst verrichtete, zu der Trauerparade der Münchner Garnison für Eisner abgeordnet wurde, ist nicht mehr festzustellen. Etwa 100 000 Personen beteiligten sich an dem Trauerzug, der sich von 9 Uhr an mit zwanzig Musikkapellen von der Theresienwiese zum Ostfriedhof bewegte.

Nach einer Abstimmung des »Zentralrates der Bayerischen Republik« am 28.2.1919 über eine von Erich Mühsam [668] eingebrachte Resolution für die Ausrufung einer Räterepublik, die abgelehnt wurde (234 gegen 70 Stimmen) [669], ist am 1.3.1919 eine provisorische Regierung aus SPD und USPD gewählt worden. Die Mehrheitssozialisten glaubten, daß mit der Bildung einer provisorischen Regierung unter dem Ministerpräsidenten Martin Segitz [670] die revolutionäre Krise überwunden sei. Die Regierung Segitz fand aber nicht die Unterstützung der Massen. Praktisch regierte jetzt weder der vom Rätekongreß eingesetzte Zentralrat der Republik noch die provisorische Regierung.

Die Mehrheitssozialisten versuchten nun, in Verhandlungen in Nürnberg und Bamberg mit der Bayerischen Volkspartei [671] und der USPD die Räte auszuschalten und ein Regierungsprogramm aufzustellen. Am 3.3.1919 einigte man sich in Nürnberg, eine neue Regierung aus SPD und der USPD zu bilden, mit Johannes Hoffmann [672] als Ministerpräsidenten. Als der Münchner Zentralrat dem nicht zustimmen wollte, drohte die SPD, eine neue Regierung in Bamberg zu bilden. Daraufhin nahm der Zentralrat die Einigungsvorschläge am 8.3.1919 an.
In dieser krititschen Zeit war für das 2. Inf. Regt. Hitlers nach K.B. vom 7.3.1919 »höchste Bereitschaft« angeordnet, die nachmittags ab drei Uhr aufgehoben, dann aber wieder angeordnet wurde. Mehr unternahm die Münchner Garnison nicht; Hitler und seine Kameraden standen in Bereitschaft in der Kaserne.
Am 17.3.1919 trat der Landtag zusammen, um die Regierung aus SPD und USPD zu bestätigen. Johannes Hoffmann wurde Ministerpräsident, Minister für Äußeres sowie Inneres war Ernst Schneppenhorst. [673] Für die Münchner Garnison wurde am 16. und 17.3.1919 wieder »höchste Bereitschaft« angeordnet und sowohl der Landtag, als auch die Residenz von einem Kontingent des 2. Inf. Regt. gesichert, damit die Sitzung ohne Störung abgehalten werden konnte. Ob Hitler an diesen Sicherheitsmaßnahmen teilgenommen hat, läßt sich nicht feststellen.
Doch der revolutionäre Zentralrat war nicht bereit, der neuen Regierung nachzugeben. Es bildete sich ein radikaler Kern mit Ernst Toller, Erich Mühsam, Gustav Landauer [674], Max Levien und Eugen Leviné. [675] Dieser radikalen Gruppe gelang es, linksorientierte Soldatenräte soweit zu beeinflussen, daß die Münchner Garnison dem bayerischen Landtag und der SPD Regierung Hoffmann den Schutz entzog.
Die Soldatenräte hielten z. B. beim 2. Inf. Regt. Hitlers eine Kasernenratsitzung ab:

»Sämtliche Räte des Regts. u. d. Nachkdos. (R.I.R. 16, R.I.R. 2) versammeln sich am 4.4.1919 nachm. 3.30 Uhr in der Kantine 2. Batls. Die Herrn Komp. Führer sind dazu einzuladen. Tages-Ordnung:
1. Die Sozialisierung in Bayern u. i. Deutschland.
2. Existenz der Räte.
In Anbetracht d. wichtigen Tagesordnung ist erscheinen Ehrensache.« [676]

Eine Rätedelegation verlangte nun vom Ministerpräsidenten Hoffmann die uneingeschränkte Diktatur des Proletariats, d. h. eine »Räterepublik«, die Aufstellung einer »Roten Armee«, ein Bündnis mit der Sowjetunion und die völlige Abtrennung Bayerns von der Weimarer Republik. [677] Die Landeskonferenz der SPD lehnte am 6.4.1919 in Nürnberg mit 47 gegen 6 Stimmen diese Forderungen aus politischen und wirtschaftlichen Gründen ab. [678]

Die Soldaten des 1. Inf. Regt. verlangten nun am Samstag, dem 5.4.1919, vom Zentralrat die sofortige Proklamation der Räterepublik. Sie forderten weiter, als erstes Regiment der zu bildenden »Roten Armee« geführt zu werden und nannten das große Kasernement des 1. Inf. Regt. am Marsplatz »Kurt-Eisner-Kaserne«. Auch beim 2. Inf. Regt., wo Hitler Dienst leistete, waren die Zustände ähnlich, und das 2. Inf. Regt. nannte seine Kaserne an der Lothstraße »Karl-Liebknecht-Kaserne«. Dafür wurde die Kaserne dann von 1934 bis 1945 offiziell »Adolf-Hitler-Kaserne« genannt!

Das 1. und 2. Inf. Regt. in München waren damals die unzuverlässigsten Regimenter der Münchner Garnison, d. h. auf die Münchner Truppen konnte sich die Regierung Hoffmann nicht mehr verlassen. Ein zaghafter Versuch einiger Offiziere der Garnison, die Regierung Hoffmann doch noch zu stützen, scheiterte an ihrer Uneinigkeit. Die »Kasernenräte« beschlossen, im Falle eines Generalstreiks »neutral« zu bleiben und den Schutz des Landtages bei seiner Wiedereinberufung nicht mehr zu übernehmen. Die Regierung und der Landtag hatten damit ohne Unterstützung des Militärs ihren Einfluß verloren.

Schon am Abend des 6.4.1919 wurde von dem provisorischen »Rat der Volksbeauftragten«, der sich konstituiert hatte, die Ausrufung der »Räterepublik« für Montag, den 7.4.1919, beschlossen. Dieser Rat erließ in der Nacht vom 6. auf 7.4.1919 einen Aufruf an das »Volk in Baiern«, worin mitgeteilt wurde: »Baiern ist Räterepublik!«

Damit waren die Würfel gefallen. Hoffmann verließ mit seiner Regierung am 8.4.1919 München und fuhr nach Bamberg, um erst am 27.8.1919 wieder nach München zurückzukehren. Im Bereich des 1. Armeekorps wurde der Belagerungszustand verhängt und die Polizeistunde auf 22 Uhr festgesetzt. [679]

Die erste »Amtshandlung« des Rates der Volksbeauftragten bestand in der Auflösung des bayerischen Landtages und ab dem 10.4.1919 in der Schaffung einer »Roten Armee«. [680]

»Zum Schutz der bayerischen Räterepublik«, so wurde ausgeführt, »gegen reaktionäre Versuche von außen und von innen wird sofort eine Rote Armee gebildet. Ein Revolutionsgericht wird jeden Anschlag gegen die Räterepublik sofort rücksichtslos ahnden.« [681]

Der Rat der Volksbeauftragten erklärte u. a. die Münchner Garnison zum Stamm der »Roten Armee«, und die Münchner Garnison erkannte »im Interesse des Wohles des gesamten Proletariats« die auf »sozialkommunistischer Grundlage« aufgebaute Räterepublik an. Sämtliche

Kriegsgefangene wurden auf freien Fuß gesetzt und ihnen der Eintritt in die Rote Armee nahegelegt. [682]
Die Regierung Hoffmann in Bamberg, vor allem der Minister für militärische Angelegenheiten Schneppenhorst, versuchte mit der noch halbwegs regierungstreuen Republikanischen Schutztruppe unter Alfred Seyffertitz [683], die in der Schwindschule, Kirchen- und Stielerschule lag, sowie Teilen des 1. und 7. Feldart. Regt. (alle anderen Münchner Regimenter verhielten sich »neutral«; Teile des 1. Inf. Regt. kämpften sogar gegen die Republ. Schutztruppe!), die Räteregierung zu stürzen. Am frühen Morgen des 13.4.1919 besetzte die Republikanische Schutztruppe das Wittelsbacher Palais, und Abteilungen der Republikanischen Schutztruppe verhafteten die Ratsmitglieder Mühsam, Wadler, Lipp u. a. Über München wurde der Kriegszustand verhängt und die Absetzung des »Rates der Volksbeauftragten« bekanntgegeben.
Seyffertitz gelang es jedoch nicht, weitere Münchner Truppenteile für seine Aktion zu gewinnen. Hier wird wieder einmal die, gelinde ausgedrückt, recht zweifelhafte Rolle der Münchner Garnison in dieser Zeit ersichtlich, in deren Kasernen Hitler Dienst leistete. Sogar das berühmte Inf. Leibregiment, dessen letzter Kommandeur Oberst Ritter von Epp (s. Anm. 711) gewesen war, verhielt sich neutral!
Die nicht verhafteten Mitglieder des Rates der Volksbeauftragten holten nun zum Gegenschlag aus und forderten in Anschlägen zu einer Demonstrationsversammlung auf der Theresienwiese auf. Es gelang den führenden Anhängern des Rätesystems, die Arbeiter in den großen Münchner Betrieben (Krupp-Werke in Freimann, Eisenbahnausbesserungswerke in Neuaubing und München, Maschinenfabrik Krauss usw.) aufzuputschen. Auf der Theresienwiese versammelten sich tausende Demonstranten und Soldaten, besonders des 1. Inf. Regiments [684], die das Waffendepot in der Ausstellungshalle besetzten und bewaffnet in die Stadt marschierten.
Am Marienplatz kam es dann zu Schießereien zwischen der Republikanischen Schutztruppe und Rotgardisten. In der Hoffnung, daß die von dem Minister für mil. Angelegenheiten Schneppenhorst in Aussicht gestellten »zuverlässigen« Truppenteile aus Ingolstadt mit dem Zug eintreffen würden, verschanzte sich der Rest der Republikanischen Schutztruppe im Hauptbahnhof München, wo es ab 18 Uhr zu schweren Kämpfen kam. Schließlich nahmen nach 21 Uhr linksradikale Arbeiter, Matrosen und Soldaten unter kommunistischer Führung den Bahnhof ein. Damit hatten die »Kommunisten« in München die Macht erobert!
Inzwischen versammelten sich im Hofbräuhaus Betriebs- und Soldatenräte und riefen die »Kommunistische Räterepublik« aus. Sie erklärten

Plakat vom 8. November 1918 mit der Mitteilung an die Münchner Bevölkerung, daß Bayern nach der Revolution eine Republik geworden ist.

Proklamation.

Volksgenossen!

Um nach jahrelanger Vernichtung aufzubauen, hat das Volk die Macht der Civil- und Militärbehörden gestürzt und die Regierung selbst in die Hand genommen. Die Bayerische Regierung wird hierdurch proklamiert. Die oberste Behörde ist der von der Bevölkerung gewählte Arbeiter-, Soldaten- und Bauernrat, der provisorisch eingesetzt ist, bis eine endgültige Volksvertretung geschaffen werden wird. Er hat gesetzgeberische Gewalt. Die ganze Garnison hat sich der Republikanischen Regierung zur Verfügung gestellt. Generalkommando und Polizeidirektion stehen unter unserem Befehl. Die Dynastie Wittelsbach ist abgesetzt.

Hoch die Republik!

Der Arbeiter- und Soldatenrat.

Kurt Eisner.

Ausschnitt aus der Batl. Anordnung des Demobilmachungs-Bataillons des 2. Inf. Regt. vom 3. April 1919, in der Hitler (»Hüttler«) als »Vertrauensmann« des Demobilmachungs-Bataillons (2. Demob. Komp.) namentlich genannt wurde.

Demob.Batl.2.Jnf.Rgts. Batl.Anordnung v. 3.4.1919.

1. Sitzung der Vertrauensleute. Am Freitag den 4.4.19 Nachm.2 Uhr findet im Offz.Kasino des Jnf.Leib Rgts.eine Sitzung der Vertrauensleute statt.Die vom Batl.aufgestellten Vertr.Leute Wein (5.)Hüttler(2.Dem. Kp.)und Friedel(Matr.Kp.)sind zu verständigen.

2. Entlassung von Studierenden.(Zu bes.Rgts.An.v.2.4.19)Das Regt.macht auf den K.M.E.v.25.3.19 No 26531 K 3 aufmerksam,wonach alle Studierenden gleichgiltig,welchen Ranges entlassen werden müssen.Versäumtes ist sofort nachzuholen.

3. Beamtenstellvertreter.Beamt.Stellv.Ostermeier Willy (Kdrt.Kp.)wird mit

Unten: Einer von vielen Zeitungsartikeln, in dem über Hitlers Verbindung und Annäherung an die SPD Anfang 1919 berichtet wurde (Volks-Wacht Nr. 58 vom 10. März 1932).

Wo Hitler nicht landen konnte!

Er wäre 1918 gerne Marxist geworden

Köln, 8. März (Eig. Drahtbericht) Die „Westdeutsche Arbeiterzeitung", das Verbandsorgan der katholischen Arbeiter und Knappenvereine Westdeutschlands, die am 12. März erscheint, enthält einen Artikel: „Wo stand Adolf Hitler 1918". In dem Artikel heißt es:

„Die Soldatenräte in der Garnison waren alle rot." Fast jeden Tag wurden Vorträge gehalten in sozialistischem Sinne. Novembergeist war Trumpf. Hitler unterhielt sich viel mit seinen Kameraden über die Lage, aber er hat nicht, wie er heute glauben machen will, den Marxismus als Irrlehre oder des deutschen Volkes Untergang gekennzeichnet.

Er sagte zu einem seiner Kameraden wörtlich: „Ich stehe in Verbindung mit dem SPD. Parteisekretär, um in die Propaganda Abteilung der SPD. einzutreten" Die Verhandlungen mit dem sozialdemokratischen Parteisekretär zerschlugen sich.

Den Grund hat Hitler nie angegeben. Im Januar 1919 schlug sich Hitler zu den Rechtsparteien. Wer die Lage in München nur etwas kennt, für den war es klar, daß jene Kreise nicht vor das Volk treten konnten, um neue Ideen zu predigen. Also war es für sie ein Akt der Klugheit sich einen Menschen zu suchen, der von unten kam und öffentlich sprechen konnte So konnten sie Hitler als willenlosen und vor der beruflichen Zukunft bangenden Menschen leicht für ihre Ziele gewinnen"

Aus dieser Schilderung geht hervor, daß Hitler bei Verhandlungen mit einem sozialdemokratischen Parteisekretär nicht auf seine Kosten gekommen ist. Wahrscheinlich hat man in München damals schon erkannt daß er nur ein Schwätzer ist.

den »provisorischen Rat der Volksbeauftragten« für abgesetzt und übertrugen die gesamte gesetzgebende und vollziehende Gewalt einem 15köpfigen Aktionsausschuß, dem ein vierköpfiger Vollzugsausschuß unter dem Vorsitz von Eugen Leviné vorstand.

Der 23jährige (nach Maser 21jährige!) Matrose Rudolf Egelhofer [685] wurde am 14.4.1919 zum »Stadtkommandanten« von München und am 16.4.1919 zum »Kommandeur der Roten Armee« ernannt. In die Rote Armee sind auch viele russische Kriegsgefangene aufgenommen worden. Ein zehntägiger Streik, der am 13.4.1919 proklamiert wurde, diente der Bewaffnung der Arbeiter, was durch die Betriebsräte der großen Fabriken Münchens forciert wurde. Die »Rote Armee« wuchs innerhalb kürzester Zeit auf ca. 20 000 Mann an. In einer großen Truppenschau am 22.4.1919, an der ca. 12-15 000 bewaffnete Arbeiter, vor allem von den großen Münchner Fabriken, und Soldaten der Münchner Garnison teilnahmen, wurde Stärke nach außen demonstriert. [686]

In »Mein Kampf« schrieb Hitler:

»Im Laufe der neuen Räterevolution *[d. h. ab dem 13.4.1919. Anm. d.V.]* trat ich zum ersten Mal so auf, daß ich mir das Mißfallen des Zentralrates zuzog. Am 27. April 1919 frühmorgens sollte ich verhaftet werden — die drei Burschen besaßen angesichts des vorgehaltenen Karabiners nicht den nötigen Mut und zogen ab, wie sie gekommen waren.« [687]

Das ist wieder einmal nachweislich eine Lüge Hitlers. Am 27.4.1919 existierte ein Zentralrat schon lange nicht mehr. [688] Nach dem Rücktritt von Niekisch am 8.4.1919 hat der provisorische Zentralrat, abgesehen von einzelnen Mitgliedern, die sich trafen, nicht mehr getagt; am 13.4.1919 wurde er aufgelöst. Vor allem lag aber das kommunistische Rätesystem am 27.4.1919, wo die Truppen des Generalleutnant Ernst von Oven [689] schon auf München vorrückten und u. a. die Lebensmittelzufuhr nach München sperrten, in seinen letzten Zügen. Am 27.4.1919, als Hitler angeblich verhaftet werden sollte, entzogen bereits die Betriebs- und Soldatenräte dem Vollzugsrat unter dem Kommunisten Eugen Leviné das Vertrauen! Welcher »Zentralrat« sollte oder hätte Hitler in dem damaligen Chaos verhaften lassen wollen?

Aber der Fall Hitler lag ja ganz anders! Abgesehen von der Tatsache, daß drei bewaffnete Rotarmisten mit Sicherheit in der Lage gewesen wären, einen Hitler in der Kaserne zu inhaftieren, ergibt sich folgendes: Am 14.4.1919, also einen Tag nach der Ausrufung der kommunistischen Räteregierung, fand im Gewerkschaftshaus, Pestalozzistraße 40/43, eine außerordentliche Sitzung sämtlicher Soldaten- und Kasernenräte Münchens statt: [690]

»Am Montag den 14.4., versammelten sich die Soldatenräte Münchens im Gewerkschaftshause, um zu den Ereignissen der letzten beiden Tage Stellung zu nehmen. Vertreten waren sämtliche Regimenter aus sämtlichen Truppengattungen der Garnison München. Nach Eröffnung der Sitzung durch den Vorsitzenden nahm der Vollzugsrat mit dem Posten des Stadtkommandanten betraute Kamerad Egelhofer das Wort. Er sprach von dem hohen Ernst der vergangenen Tage und Stunden, der jedem einzelnen Kameraden und Genossen die Plicht auferlege, sich ein ganz klares und unzweideutiges Urteil zu bilden und die dann gefaßte Überzeugung rückhaltlos gegen alle Anschläge der vereinigten bürgerlich-kapitalistischen Reaktion zu verteidigen. Zweideutigkeit und Schwanken sei ein Verbrechen an der Revolution ... Mit Stimmeneinheit erklärte sich dann in einer Entschließung die Soldatenräteversammlung für die Neuwahl der Kasernenräte ... und erklärten, daß die Soldatenräte der Garnison München rückhaltlos auf dem Boden der Räterepublik stünden.« [691]

D. h., wenn man daran gedacht hätte, Hitler zu irgendeinem Zeitpunkt zu verhaften — wofür es keinen ersichtlichen Grund gab — dann wäre es bei diesem Appell der kommunistischen Räterepublik an die Kasernenräte der Münchner Garnison der Fall gewesen. Später gab Hitler in einem Brief auch an, daß er »während der Räteperiode auf der Konskriptionsliste ... *[gestanden habe]* ...« [692].

Aber es war ja ganz anders! Schon am nächsten Tag wurden, aufgrund der vorstehenden Entschließung der Soldaten- und Kasernenräte, in den Kasernen Neuwahlen durchgeführt. Mit Batls. Anordnung des Demob. Batls. wurde bekanntgegeben:

»Heute 15.4.19 finden Neuwahlen sämtl. Kas. Räte des Dem. Batls. *[wo sich Hitler befand. Anm. d. V.]* inkl. Regts. statt. Es ist jedes Batls. Angehörigen Pflicht, und eigenstes Interesse, sich bei seiner zustehenden Komp. an der Wahl zu beteiligen. Die Wahlen finden v. 10 Uhr Vorm. bis 4 Uhr Nachm. in den von den einzelnen Komp. bestimmten Wahllokalen statt. Das Wahlresultat ist bis morgen 16.4.19 vorm. 9 Uhr beim Regt. unter Namensangabe (Vor- u. Zuname) schriftlich einzureichen.« [693]

Bereits am Mittwoch, den 16.4.1919, wurde das Wahlergebnis des 2. Inf. Regt. bekanntgegeben. Und siehe da: »Herr Hittler« (Hitler) wurde neben Johann Blüml, der 39 Stimmen bekam, mit 19 Stimmen als Ersatz-»Bataillons Rat« gewählt! [694] In einer anderen Zusammenstellung der am 15.4.1919 gewählten Kandidaten, ist weiter nachzulesen:

»Bei den Wahlen der Kasernenräte des 2. I.R. am 15.4.1919 wurden gewählt oder erhielten Stimmen ... Bei der 2. Demobilmachungs Kompanie ... Ers. Gefr. Hitler Adolf.« [694a]

D. h. Hitler wurde »nach der Machtübernahme« durch die kommunistische Räteregierung bei den Wahlen, die wegen der »Loyalität zur Roten Armee« neu durchgeführt worden sind, und erklärt wurde, »daß die Soldatenräte der Garnison rückhaltlos auf dem Boden der Räterepublik ständen«, zum Ersatz »Bataillons Rat« gewählt! Wenn Hitler auf der Konskriptionsliste der Räteregierung gestanden wäre, wie er später angab, hätte man ihn damals wohl kaum als Kandidaten für den Bataillons Rat aufstellen können! Das läßt nach der damaligen allgemeinen Lage und politischen Stimmung in den Münchner Kasernen nur den einen Schluß zu, daß Hitler nicht auf einer angeblichen Konskriptionsliste gestanden hat und nicht gegen die kommunistische Räteregierung agiert hat, sondern sich zu diesem Zeitpunkt zumindest neutral verhielt. Mit Hitler wurden am 15.4.1919 Josef Seihs (s. Anm. 639a] mit 36 Stimmen als »Bataillons Rat« (Kommandierten Kompanie) und Georg Dufter [694b] mit 50 Stimmen (1. Demobilmachungs Kompanie) zum »Vorsitztenden« des Bataillons Rat des Demobilmachungs Bataillons des 2. Inf. Regt. gewählt. Am 23.5.1919 gab Hitler als Mitglied der »Untersuchungs- und Entlassungskommission« des 2. Inf. Regt., wie aus dem Akt Georg Dufter im BHStA (StAnw Nr. 1979) ersichtlich, als Zeuge vor dem Münchner Standgericht, folgendes zu Protokoll:

»Dufter war der ärgste und radikalste Hetzer des Regiments und hat jederzeit für die Räterepublik Propaganda gemacht. In den öff. Versammlungen des Regiments hat er jederzeit den radikalsten Standpunkt vertreten und für die Diktatur des Proletariats agiert.
Daß einzelne Teile des Regiments der roten Armee sich anschlossen, ist jedenfalls auf die Propagandatätigkeit des Dufter und des Bataillonsrates Seihs zurückzuführen.
Durch seine Hetzereien gegen die Regimentstruppen, die Dufter noch am 7. Mai belästigte, hat er bewirkt, daß auch Regimentsangehörige an diesem Nachmittage mit den Pionieren sich zu Feindseligkeiten gegen die Regierungstruppen hinreißen ließen.«

Daß Hitler mit Dufter, der Soldatenrat und Leiter der Propagandagruppe des 2. Inf. Regt. gewesen war, einmal zusammengearbeitet hatte und daß Hitler bei der Wahl am 15.4.1919 von der 2. Demobilmachungs Kompanie als Ersatz-»Bataillons Rat« gewählt worden ist, hat er immer verschwiegen!
Am gleichen Tage wurden in den Kasernen Handzettel verteilt, wo u. a. zu lesen war:

»Soldaten, die Garnison München steht hinter der Münchner Arbeiter- und Soldatenrepublik! ... Die ganze Garnison mit all ihren Formationen und die bewaffneten Arbeiter sind entschlossen, mit aller Kraft die Räterepublik zu verteidigen!« [695]

Nach dieser Loyalitätserklärung der Kasernenräte wurde die Münchner Garnison in die Rote Armee integriert, höchste Bereitschaft angeordnet, und es wurde die »rote Armbinde« getragen. Die rote Armbinde wurde von revolutionären linksradikalen Soldaten schon ab November 1918 getragen! Auch die Hilfsschutzleute mußten z. B. die rote Armbinde tragen. [696] Daß Hitler bereits bei der Demonstration am 16.2.1919 bzw. Eisners Begräbnis eine rote Armbinde getragen hat, ist, wenn er teilgenommen hat, anzunehmen, aber nicht nachweisbar. Hitler könnte sie u. U. nach dem 16.4.1919 getragen haben, wie fast alle Soldaten der Münchner Garnison. Die skeptische kommunistische »Münchner Rote Fahne« meinte am 16.4.1919 dazu:

»Die Trümmer der Armee ... können nicht einfach, so wie sie sind, durch eine rote Kokarde in revolutionäre Truppen verwandelt werden ...« [697]

Auch ein zweiter Versuch der SPD Regierung Hoffmann, mit der »Volkswehr« die kommunistische Räteherrschaft in München zu brechen, scheiterte am 15.4.1919 in Dachau. In einem Gefecht schlug die Rote Armee unter Toller die regierungstreuen Truppen zurück. Die Regierung Hoffmann in Bamberg rief nun den Reichswehrminister Gustav Noske [698] in Berlin um militärische Hilfe an.

Noske setzte den Kommandeur des XXI. Armeekorps, Generalleutnant Ernst von Oven, [699] als Oberbefehlshaber aller Streitkräfte ein, die nun zur Befreiung Münchens aufgestellt worden sind. Um der bayerischen Empfindlichkeit gegen die »Preußen« ein Zugeständnis zu machen, stellte er ihm am 24.4.1919 den bayerischen Generalmajor Arnold von Möhl [700] zur Seite, der aber nichts zu sagen hatte und nur als Stellvertreter der bayerischen Regierung fungierte.

Die Reichsregierung in Berlin erklärte für Bayern den Ausnahmezustand und stellte in Thüringen ca. 20 000 Soldaten auf, dic sich aus vier Hauptabteilungen [701] (mit Artillerie, Kavallerie, Pioniere) zusammensetzten und die noch durch eine Fliegerstaffel und zwei Panzerzüge ergänzt worden sind.

Am Freitag, dem 25.4.1919, erließ die neu gebildete Militärkommission des kommunistischen Aktionsausschusses einen Aufruf an die Arbeiter, Soldaten und Erwerbslosen, in dem man zum Eintritt in die Rote Armee aufforderte. U. a. wurde ausgeführt, daß sich der Soldat der Roten Armee

»zur freiwilligen Unterordnung und unbedingten Gehorsam gegen die Führer, zu eiserner Disziplin in und außer Dienst im Interesse der Räterepublik verpflichtet. Die Rotten-, Gruppen-, Zug- und Abteilungsführer werden von der Mannschaft gewählt. Die Regimentsführer selbständiger Formationen ernennt der Volksbeauftragte im Einvernehmen mit den Regimentern. Abkommandierte gibt es nicht ... Beim Eintritt in die Rote Armee verpflichtet sich der Soldat zu dreimonatiger Dienstzeit. Nach Ablauf derselben kann er vierzehntägig kündigen ... Soldaten können erst aufgenommen werden, nachdem sie aus ihrem Truppenteil ausgeschieden sind.« [702]

Mit diesem Aufruf wurde auch Hitler in der Kaserne konfrontiert. Am 28.4.1919 fand eine Sitzung des großen Kasernenrates statt. Für das 2. Inf. Regt. wurde bekanntgegeben:

»Sämtl. Räte des Regt. Wachkdos. u. 2. I.R. versammeln sich am 29.4.19 Nachm. 2 Uhr im Offz. Kasino (Dienstgebäude). Tagesordnung:
1. Die politische Lage.
2. Die Rote Armee.
3. Verschiedenes.« [703]

Höchstwahrscheinlich um Soldaten für die Rote Armee zu gewinnen, wurde am 30.4.1919 den Soldaten des 2. Inf. Regt. mitgeteilt:

»Laut Beschluß der großen Kas. Ratsitzung muß das Regiment bis 10.5.19 aufgelöst sein. Batl. bleiben bestehen: Die Versorgungs Komp. und die Kommand. Komp. die beiden Demob. Kom. *[Hitler war bei der 2. Demob. Komp. Anm. d. V.]* entlassen ihre Mannschaften bis 19.5.19 ...« und »Rote Armee: K.B. vom 29.4.19 ... die noch nicht entlassenen Mannschaften und Dienstgrade des alten Heeres haben sich bis 15.5.19 über ihren Eintritt in die Rote Armee zu entscheiden, um eine Übersicht über ihre Stärke und die nötigen Mittel zu bekommen. Parole 30.4/1.5.1919: ›Trotzky‹.« [704]

D. h. die Soldaten des 2. Inf. Regt. und des Demob. Batl. Hitlers wurden, als die Truppen des Generalleutnant von Oven schon dabei waren, den Ring um München zu schließen, vor die Wahl gestellt, sich für den aktiven Dienst in der »Roten Armee« zu entscheiden! Fest steht, daß Hitler und die meisten Soldaten des Demob. Batl. nicht in die Rote Armee eingetreten sind, ganz einfach schon deswegen nicht, weil dies am 30.4.1919, als München schon von Reichstruppen eingeschlossen war, einem Selbstmord gleichgekommen wäre!

Der damalige Vizefeldwebel Rudolf Schüssler [705], der am 2.1.1919 zum »Mil. Kasernen Vorsteher« (M.K.V.) des 2. Inf. Regt. gewählt worden ist und den Hitler 1920 als Sekretär zur DAP mitnahm, soll nach Maser angeblich vorgeschlagen haben, daß das Demob. Batl. neutral bleiben soll. Daraufhin wäre Hitler nach Maser auf einen Stuhl gestiegen und soll gesagt haben: »Kameraden wir sind doch keine Revolutionäre Garde für hergelaufene Juden, Feldwebel Schüssler hat ganz recht, wenn er vorschlägt, daß wir neutral bleiben.« [706]

Ob dies den Tatsachen entspricht, bleibt dahingestellt. Abgesehen von Schüsslers ungeklärter politischer Einstellung als M.K.V. des 2. Inf. Regt. in der Revolutions- und Rätezeit, hätte Hitler am 30.4.1919 leicht große Reden schwingen können, da die Reichstruppen unter von Oven dabei waren, den Ring um München zu schließen. [707]

Demob.Batl.2.Jnf.Rgt. Batl.Anordnung v.16.4.1919.

1516

Wahlergebnisse des Demob.Batls.lt. Protokoll:

Komp.	Rgt.Rat.	Batl.Rat.	Kompagnie-Räte		
1.Demob.Kp	Graß Joh. (52) Kellermann (6)	Dufter Georg (50) Liegeder(5)	Wiedemann Max (66) Wankerl(17)	Zipp Eugen (45) Rommel(6)	Stuber Max (41) Seefried(3)
2.Demob.Kp.	Klumpf Aug. (52) Beichl (4)	Blüml Joh. (39) Hittler(19)	Huber Josef (49) Steigenber-ger (20)	Zilling Gust. (33) Neumeier(19)	Fuhrmann Jos.(21) Feulner(3)
Vors.Komp.	Greiner Alb. (97)	NiebauerGg. (72)	Klass Otto (97)	Habermayer Hans(92)	Wein Max (96)
Komdrt.Kp.	Alt Jos. (37)	Seiss Jos. (36)	Krapf Alois (33)	Schulz Max (38)	Wolff Ldw. (30)
Matr.Komp.	Egger Karl	Schuster Fr. Fritz	Bauer Joh.	Sandtner Gg.	Ottl Ldw.

Die unter den aufgeführten Namen auf zweiter Zeile Stehenden sind Ersatzleute.

Dienstbetrieb. (R.A.v.16.4.19) Ab 17.ds.Mts.wird in allen Geschäftszimmern des Rgts.u.Referaten der Dienstbetrieb wie sonst aufgenommen.

Zusammenstellung der Wahlergebnisse bei den Neuwahlen der Kasernenräte des Demobilmachungs-Bataillons des 2. Inf. Regt. am 15. April 1919 (oben). Wie daraus ersichtlich, wurde Hitler (Hittler) mit 19 Stimmen zum »Ersatz-Bataillonsrat« gewählt. Unten: Zusammenstellung der Kandidaten, die bei den Wahlen der Kasernenräte am 15. April 1919 gewählt worden sind oder Stimmen erhielten.

Bei den Wahlen der Kasernenräte des 2.J.R. am 15.4.1919 wurden gewählt oder erhielten Stimmen:

4.) Bei der 2. Demobilmachungs - Kompagnie

Offst. Klumpf August

Ers. Offst. Beichl Georg

Vzfdw. Bluml Johann

Ers. Gefr. Hitler Adolf ←

Vzfw. Huber Josef

Gefr. Zilling Gustav

Jnf. Führmann Franz

Ers. Sergt. Steigenberger

Jnf. Neumayer

Jnf. Feulner Johann

[illegible] 5

[illegible] 7

[illegible] 10

Sicherheit

W L

Weber

Maser schreibt weiter, »daß diese beiden Sätze Hitlers genügt hätten, um die Kameraden seines Batls. davon abzuhalten, sich den Räten zur Verfügung zu stellen« [708]. Woher Maser dies wissen will — er zitiert wieder den nicht auffindbaren Artikel von Goote Thor — ist nicht bekannt. Einige Zeilen weiter schreibt Maser, »daß Hitler nach dem Einmarsch des Freikorps Epp verhaftet und auf Fürsprache einiger Offiziere, die ihn kannten, wieder freigelassen wurde.« [709]
Ernst Schmidt, der wohl diese zweifelhafte Geschichte in die Welt gesetzt hat, berichtet aber nur:

»Als die Weißen eindrangen, fielen einige Streuschüsse, die von den Baracken zu kommen schienen ... Sie nahmen dort jeden Mann, einschließlich Hitler gefangen ... Einige Tage später ... sah ein Offizier, der an der Front gewesen war, Hitler und veranlaßte seine sofortige Freilassung.« [710]

Abgesehen davon, daß Hitler sicher nicht einige Tage gefangengehalten worden sein kann — er war am 9.5.1919 schon in der »Entlassungs- und Untersuchungskommission« des 2. Inf. Regt. — ist nicht bekanntgeworden, daß beim Einmarsch der Truppen von Oberst Deetjen in das große Kasernenviertel am Oberwiesenfeld gekämpft oder geschossen worden ist. Daß dort Soldaten von »Epp-Truppen« gefangengenommen worden sind, davon ist nur bei Maser die Rede! Die großen Kasernen am Oberwiesenfeld (Maximilian II Kaserne, Kasernement des 2. Inf. Regt., Pionierkaserne, Zeughaus, Proviantlager, Artilleriewerkstätte, Luftschifferkaserne, Schwere Reiter Kaserne, Eisenbahn Bataillon) sind nicht von den wenigen Soldaten des Ritter von Epp [711], sondern von den preußischen und hessischen Truppen des Generalleutnant von Friedeburg und Oberst Deetjen besetzt worden, als die »Bayerische Schützenbrigade Epp« mit »Freikorps Epp« noch längere Zeit in Giesing kämpfte! [712] Und warum sollte man einen Hitler am 1.5.1919 verhaften, der schon am 9.5.1919 in die sofort aufgestellte Entlassungs- und Untersuchungskommission des 2. Inf. Regt. kam [713], durch die die zur Entlassung kommenden Soldaten geprüft wurden, ob sie sich während der letzten Tage unter der kommunistischen Räteherrschaft einwandfrei verhalten hatten? [714]
An dieser Stelle soll noch einmal versucht werden, mit der heroischen und in der Literatur scheinbar nicht mehr zu eliminierenden Story des Freikorps Epp aufzuräumen! Das Bayerische Schützenkorps Epp und Freikorps Epp mit seinen 700 bis 800 Mann [715], die nur ca. 3.5 % der Truppen des Generalleutnant von Oven ausmachten, haben München nicht befreit! Sie waren nur ein kleines, sehr bescheidenes und von der Reichsregierung in Berlin finanziertes Truppenkontingent der bayeri-

schen Regierung Hoffmann und nur ein kleiner Teil im Kampfabschnitt des Generalmajor Haas.

An anderer Stelle schreibt Maser noch einmal:

»Er ... *[Hitler]* ... wurde nach dem Einmarsch des Freikorps Epp sogar verhaftet, weil aus der Kaserne einige Gewehrschüsse auf die in München einrückenden Befreiungstruppen abgegeben worden sein sollten.« [716]

Hier muß man Maser fragen, wie das Schützenkorps Epp in die Kasernen am Oberwiesenfeld gekommen sein soll, wenn es bis zum 2. Mai 1919 in Giesing kämpfte? Man hat den Eindruck, daß sich Maser nie die Zusammensetzung der Streitkräfte (Regierungstruppen, Freikorps und Volkswehr) angesehen hat, die in vier Formationen unter Generalleutnant von Oven München besetzten! Die Gruppen des Generalleutnant von Friedeburg und Oberst Deetjen kamen von Norden (Schleißheim-Dachau) und haben das Kasernenviertel am Oberwiesenfeld, wo Hitler war, besetzt. Die Gruppe des Generalmajor Haas rückte von Westen nach München vor, wobei sich das bayerische Schützenkorps Epp dort am südlichen Flügel befand, und die Gruppe des Generalmajor Siebert kam von Osten.

Auch schreibt Maser, daß Hitler sich in der Max II Kaserne befand. [717] Hitler war »nie« in der Maximilian II Kaserne, die im Münchner Norden nur eine unter vielen war, sondern in dem Kasernement und den Baracken des 2. Inf. Regt. an der Loth- und Infanteriestraße!

Die Rolle des Oberst von Epp und die seines kleinen Schützen- und Freikorps wird bei der Besetzung Münchens bis heute noch immer überschätzt. Zweifelsohne hatten Epps Leute in dem linksorientierten Arbeiterviertel Giesing Kämpfe durchzustehen, aber am Stachus, Mathäser und Hauptbahnhof mußten die anderen Truppeneinheiten auch kämpfen. Vielleicht wurde die Rolle Epps bisher immer deswegen so überbewertet, weil es, neben den überwiegend preußischen und württembergischen eben »bayerische« Truppen waren und weil Epp später von Hitler und den Nazis als »der Befreier Münchens« hochstilisiert wurde, um den eitlen Epp propagandistisch für sich einspannen zu können (»Propaganda-Figur«).

Am 30.4.1919 hatte sich der Ring um München geschlossen, und die Truppen der Reichsregierung rückten von drei Seiten auf die Stadt vor. Die Einheiten der Heeresgruppe von Friedeburg nahmen am Vormittag des 1. Mai 1919 die Kasernenanlagen am Oberwiesenfeld ein und rückten dann gegen den Hauptbahnhof vor. Die Gruppe des Oberst Deetjen besetzte die Kaserne des 1. Pionier Batl. (Ecke Winzerer-Elisabethstraße) und das Kasernement des 2. Inf. Regt. (Loth-Infanteriestraße), wo

Hitler in der Kaserne saß. Konrad Heiden, der als Journalist in den zwanziger Jahren mit vielen Augenzeugen gesprochen hat, gibt wohl die einzig glaubhafte und bisher nicht sehr beachtete Version an:

»Nach dem Sturz der Räteregierung dringt eine ›weiße‹ Truppe in die Kaserne ein, wo Hitler mit einer ›wilden Rotte‹ (so drückt sich der Gewährsmann aus) in scheinbarer Eintracht lebt.« [718]

Obwohl der größte Teil der Stadt von den Reichstruppen bald besetzt war, kam es am Stachus, Hauptbahnhof (Freikorps Görlitz), Justizpalast und in Giesing zu Kämpfen. Der Mathäser, in dem Eisner vor sechs Monaten die »Bayerische Republik« ausgerufen hatte, mußte mit Mienen- und Flammenwerfern gestürmt werden. Am 2. Mai 1919 war auch der letzte schwache Widerstand der schlecht organisierten »Roten Armee« zusammengebrochen.

Die Münchner Garnison, die von Generalleutnant von Oven als »völlig desorganisiert« bezeichnet wurde [719], ist sofort durch die Truppen von Friedeburg und Deetjen entwaffnet worden. Im einzelnen wurde angeordnet:

»Zur Aufrechterhaltung der Ordnung in den Kasernen sind von den Reichs- und Volkswehr-Truppen in die innerhalb ihrer Sicherungsbezirke gelegenen Kasernen oder als solche verwendete Schulen, Wachen zu legen *[d. h.,man traute den »rot verseuchten« bayerischen Regimentern in München nicht. Anm.d.V.]*. Stärke dieser Wachen nach Ermessen der Gruppenkommandeure ... Die derzeitige Verteilung der für die Garnisonskommandos einschlägigen Regierungskommandos ist: Gruppe Friedeburg und Deetjen; Grenze zwischen beiden Infanterie-, Schleißheimer-, Gabelsbergerstraße, Karolinenplatz, Briennerstraße. Abstellung der Wachen muß am 8. Mai 8 Uhr vollzogen sein. Die Entwaffnung der Garnison — soweit noch nicht geschehen — ist ›beschleunigt‹ durchzuführen.« [720]

Am 2. Mai 1919 wurde über München der Belagerungszustand verhängt, der erst am 4.11.1919 (!) wieder aufgehoben worden ist. Das 2. Inf. Regt. ordnete an:

»Alle noch im Kasernement vorhandenen Waffen sind sofort auf der Wache am Dienstgebäude abzuliefern *[d. h. auch Hitler mußte seine Waffe, mit der er sich angeblich »gegen drei Rotgardisten« verteidigt hatte, abgeben! Anm. d. V.]* ... Alle unverheirateten U.O. und Mannschaften *[dazu gehörte auch Hitler. Anm. d. V.]* haben zu kasernieren. Zapfenstreich für U.O. und Mannschaften während der Dauer des Belagerungszustandes um 9 Uhr. Ausgeherlaubnis unter Tage hat in Form eines Ausweises unter Angabe von Zweck und Zeit schriftlich durch die Feldwebel zu erfolgen. Die Soldatenräte werden hiermit aufgelöst.« [721]

In einem grundsätzlichen Erlaß der Stadtkommandantur München (Ia Nr. 4179) vom 7. Mai 1919 »betreffend Auflösung der Garnison« wurde

u. a. ausgeführt, daß Soldaten der Garnison, »die vor Einstellung in die Armee Wohn- und Arbeitsstätte in München hatten, zu entlassen sind. [722]

D. h. Hitler hätte jetzt, wie so viele seiner Kameraden, sofort vom Militär entlassen werden müssen! Aber da kam ihm wieder der Zufall, später nannte es Hitler »Vorsehung«, zu Hilfe, da

»bei den Truppenteilen sofort Untersuchungskommissionen zu stellen ... *[waren]* ... Zusammensetzung:
1 aktiver Offizier (Gerichtsoffizier)
1 Unteroffizier (Berufsunteroffizier)
1 Unteroffizier (Berufsunteroffizier) oder Mann.
Aufgabe: Alle zur Entlassung kommenden Militärpersonen sind eingehend daraufhin zu prüfen, ob sie sich während der letzten revolutionären Wochen einwandfrei gehalten haben. Über das Ergebnis ist im Militärpaß ein Vermerk aufzunehmen. Allen Offizieren, Unteroffizieren und Mannschaften, denen Zugehörigkeit zur Roten Armee oder spartakistisch, bolschewistisch, kommunistische Umtriebe nachgewiesen werden, sind zu verhaften. Standgerichtliches Verfahren ist gegebenenfalls einzuleiten.« [723]

Bereits am 9.5.1919 wurde vom 2. Inf. Regt., ergänzend zur Stadtkommandanturanordnung Ia 4179, bekanntgegeben:

»Die Untersuchungskommission tritt sofort zusammen. Zusammensetzung wird im Regts. Befehl bekannt gegeben. Als Arbeitsraum wird das Zimmer des bisherigen Regimentsrates zugewiesen. Vorstellung der zur Entlassung kommenden Leute täglich 11 Uhr vormittags unter Vorlage der notwendigen Papiere und Unterlagen. Die U.O. u. Mannschaften, deren Zugehörigkeit zur ›Roten Armee‹ oder spartakistisch, bolschewistische, kommunistische Umtriebe nachgewiesen werden können, sind außerdem zum 10.5. der Untersuchungskommission mit kurzer Begründung (Zeugenangabe) namhaft zu machen.« [724]

Das war nun die neue Aufgabenstellung Hitlers! Und daß Hitler seiner Aufgabe gerecht wurde, zeigen u. a. seine schon mehrmals erwähnten Ausführungen vom 23.5.1919 beim Standgericht München, wo Hitler als Zeuge, bezüglich der Tätigkeit der ehemaligen Bataillons Räte Dufter und Seihs des 2. Inf. Regiments, auftrat.

Am 10. Mai 1919 wurde mit einer Regt. Anordnung des 2. Inf. Regts. bekanntgegeben:

»Die Untersuchungskommission setzt sich zusammen aus:
Oberltn. Merklin *[richtig Märklin. Anm.d.V.]* [725]
Feldw. Kleber [726]
Gefr. Hitler. [727]

Eine Aussage des früheren Vizefeldwebels im Regimentsstab des R.I.R. 16, Max Amann, beleuchtet Hitlers damalige Tätigkeit in der Untersuchungskommission. Amann gab 1946 bei seiner Vernehmung in Nürnberg folgendes an:

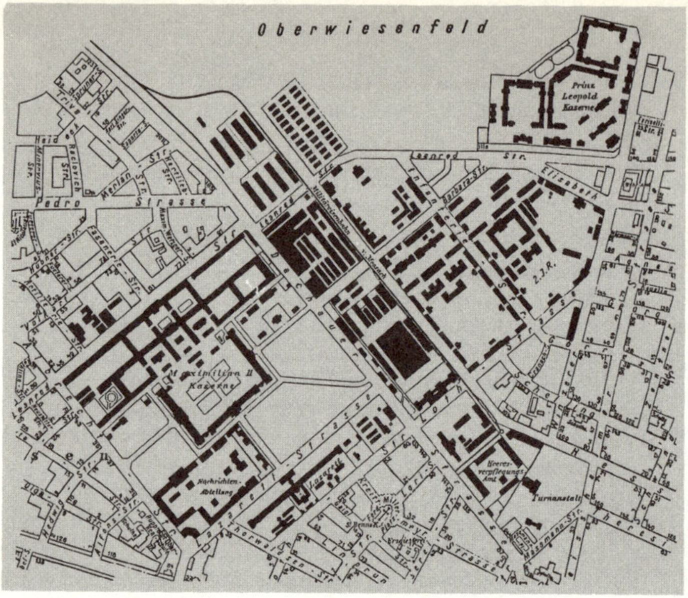

Lageplan des großen Kasernenviertels im Norden von München am Oberwiesenfeld 1919.

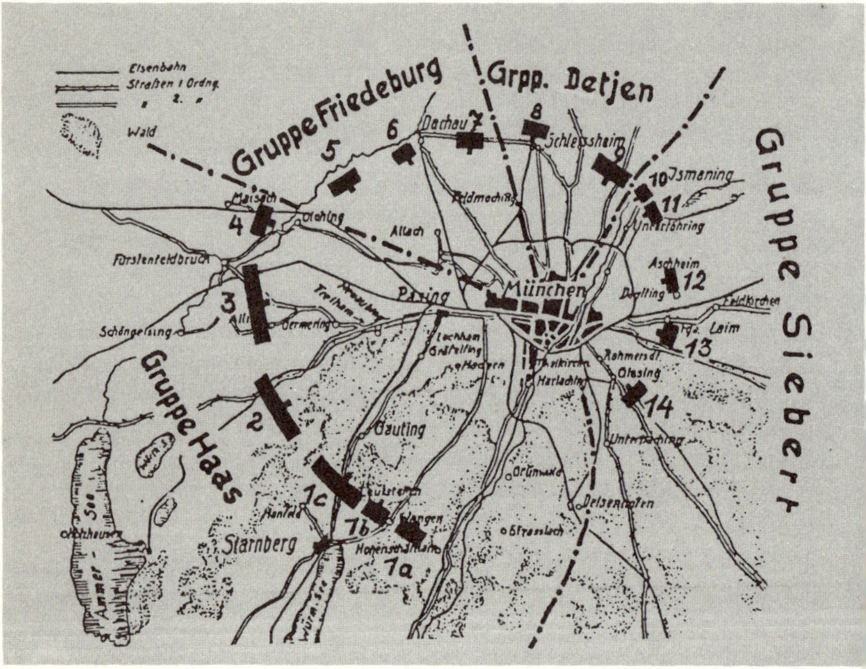

Aufstellung der vier Hauptabteilungen der Reichstruppen und Freikorps vor dem Einmarsch in München am Mittwoch, dem 30. April 1919.
1a = Freikorps Schwaben, Landsberg und Werdenfels. 1b = Bayr. Schützenkorps (Epp und Herrgott). 1c = Württembergisches Freiwilligenkorps (Seutter). 2 = Nicht besetzt. 3 = Württembergisches Freiwilligenkorps (Graeter). 4 = Bayerisches Freiwilligen Detachement (Bogendoerffer). 5–7 = Preußische 2. Gardedivision (Friedeburg), Hessisch-Thüringische-Waldecksche Freikorps (Konatzky) und Freikorps Görlitz (Faupel). 8–9 = Preußische Gardekavallerie-Schützendivision, Schützenkommandos 11 und 14 (Deetjen), II. Marinebrigade (Ehrhardt). 10–11 = Bayer. Freiwilligenabteilung (Schad und Heinzmann). 12 = Bayer. Abteilung Doithenleitner und Freikorps Oberland. 13 = Bayer. Freiwilligenabteilung (Detachement Schaaf). 14 = Preußische Freikorps Lützow.

»Nach dem Kriege traf ich Hitler, als ich mich vom Militär entlassen liess ... Als ich mich beim Ersatz-Bataillon (2. I.R.) Anfang August *[es war lt. KRStr. von Amann der 30.5.1919. Anm.d.V.]* entlassen liess, wurde ich zu einer angeblichen Belehrung in ein Zimmer verwiesen, in welchem zu meinem Erstaunen der ehemalige Gefreite Adolf Hitler sass, der mir erklärte, er sei hier Vorsitzender einer Untersuchungskommission, die zu untersuchen habe, ob Angehörige des Ersatzbataillons 2. Infanterie-Regiment beim sogenannten Räteputsch teilgenommen hatten. Bei mir brauchte er keine Belehrung, denn er kannte mich und händigte mir meine Entlassungspapiere aus.« [728]

Warum und auf wessen Vorschlag Hitler am Freitag, dem 9.5.1919, in die Untersuchungs- und Entlassungskommission gekommen ist, läßt sich nicht mehr feststellen. Höchstwahrscheinlich war es der damalige Regimentskommandeur, Oberstleutnant Karl Buchner [729], der am 9.5.1919 abgelöst wurde und der den regierungstreuen »Vertrauensmann« Hitler von früher kannte.

Am 30.5.1919 wurde der Feldwebel Kleber zu einer informatorischen Beschäftigung beurlaubt:

»Für den Feldw. Kleber springt Feldw. Grillmeier solange bei der Untersuchungskommission ein, bis sich diese auflöst. Gefr. Hüttler *[Hitler]* wird vorerst nicht entlassen, bis er bei der Untersuchungskommission entbehrlich ist.« [730]

Der Name Hitler wurde in den verschiedenen Regiments- und Bataillons Anordnungen immer wieder falsch geschrieben. Schreibweisen wie Hittler, Hietler und Hüttler für Hitler finden sich in den verschiedenen Regiments Anordnungen und auch in den Listen der Vertrauens- und Propagandaleute des Gruppenkommandos 4 sowie auch in Schreiben von Hauptmann Karl Mayr (s. Anm 744) an Hitler. Da aber aus der fraglichen Zeit von der 2. Demob. Komp. ein »Gesamtregister« vorhanden ist und darin nur Hitler und kein Hittler oder Hüttler vorkommt, ist jeder Irrtum ausgeschlossen.

Der 30jährige Hitler, der schon so oft entlassen werden sollte, konnte also weiter beim Militär bleiben. Die beiden Demobilmachungskompanien — zu der 2. Demob. Komp. gehörte Hitler — sind ab Anfang Mai 1919 aufgelöst und die Soldaten entlassen worden. Beim Demob. Batl. blieben nur noch eine Versorgungs- und eine Kommandierten Kompanie bestehen.

Nachdem Hitler ab dem 9.5.1919 zur Entlassungs- und Untersuchungskommission abkommandiert worden war, wurde er am 10.5.1919 der »Kommandierten Kompanie« zugeteilt. [731] Eine weitere Versetzung ist aus den Kriegsstammrollen Hitlers bis zu seiner Entlassung aus dem Militärdienst am 31.3.1920 nicht ersichtlich. Später wurde Hitler in den

Listen der »Propagandaleute« unter »2. Inf. Regt. Abwicklungsstelle« geführt. [732]
Die letzten Mannschaften der ehemaligen Garnison München sind am 31.5.1919 aus dem Militärdienst entlassen worden. Von den einzelnen Regimentern der Garnison blieben nur kleine Abwicklungskommandos übrig, die in den folgenden Wochen ebenfalls aufgelöst bzw. in das Übergangsheer übernommen worden sind.
Wie Generalleutnant Ernst von Oven im Mai 1919 an das Reichswehrministerium in Berlin berichtete, waren die Soldaten der Münchner Garnison »völlig desorganisiert und noch mit kommunistischen und spartakistischen Ideen durchsetzt«, bzw. man befürchtete »eine weitere Agitation dieser Gruppen im Untergrund der bayerischen Truppenteile«. [733]
Inzwischen wurde, entsprechend dem am 6. März 1919 beschlossenen Gesetz über die Bildung einer »vorläufigen Reichswehr«, das »Oberkommando Möhl« am 11.5.1919 in das »Bayerische Reichswehr Gruppenkommando Nr. 4« (Gruko) unter dem Oberbefehl des Generalmajors Arnold von Möhl (Chef des Gen. Stabes Major Prager) umgewandelt [734], dem alle in Bayern stationierten Einheiten des im »Übergang« befindlichen Reichsheeres (»Übergangsheer«) unterstellt wurden. Man darf hier nicht übersehen, daß der bayerische Landtag und die SPD Regierung Hoffmann noch bis zum 27.8.1919 in Bamberg waren und das Gruppenkommando 4 in München nicht nur die militärische sondern auch die politische verwaltungsmäßige Führung und Überwachung und damit die Befehlsgewalt und die Macht in München in den Händen hatte, was auch sehr weitgehend ausgenutzt worden ist. Das ging soweit, daß in großen Teilen der unteren Bevölkerungsschichten Münchens die Räteherrschaft nicht mehr als so schrecklich empfunden wurde wie die nachfolgende Herrschaft der Militärs, die durch verschärfte polizeiliche Maßnahmen und fortdauernde Ausnahmeverordnungen befehligten (regierten). D. h. die ganze Macht, die von Generalmajor Ernst von Möhl im Laufe der Zeit immer weiter und gezielt ausgebaut wurde, lag in den Händen des Gruppenkommandos 4, nachdem die preußischen und württembergischen Truppen mit Generalleutnant Ernst von Oven, München am 2. Juni 1919 wieder verlassen hatten.

Am 7. Mai 1919 gab der Minister für militärische Angelegenheiten Schneppenhorst in Bamberg zwar bekannt, daß das Gruppenkommando Möhl ihm unterstehe, doch in Wirklichkeit hatte das Gruppenkommando 4 in München das Sagen. Schneppenhorst schrieb:
»Betreff: Befehlsverhältnisse.

Am 13. April 1919 stürmtem linksradikale Soldaten und Matrosen den Münchner Hauptbahnhof. Damit hatten die Kommunisten in München die Macht übernommen. Rotarmisten am 14. April 1919 vor dem Münchner Hauptbahnhof.

Am 22. April 1919 demonstrierte die »Rote Armee« in der Ludwigstraße Stärke nach außen.

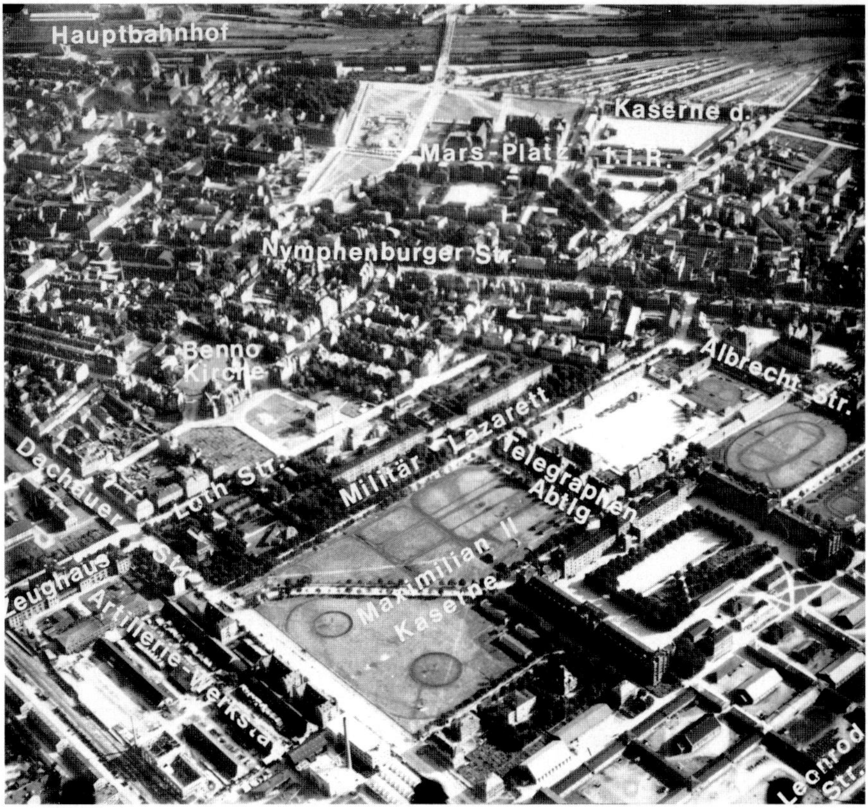

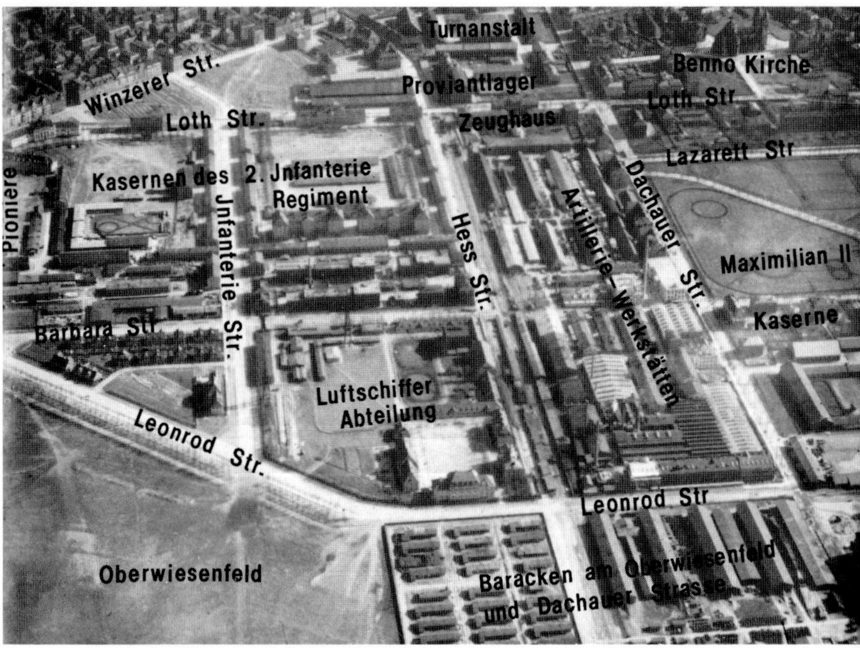

Fliegeraufnahmen der großen Kasernenanlagen im Norden von München 1914 (BHStA, Abt. IV.)

Der Oberkommandierende der Reichswehrtruppen, Generalleutnant Ernst von Oven und der bayerische Generalmajor Arnold von Möhle, Ende Mai 1919 in München.

Generalleutnant Ernst von Oven (links), Oberstleutnant Herrgott (Mitte) und Oberst Deetjen (rechts) Anfang Mai 1919 in München.

Parade des Freikorps Görlitz am Sonntag, dem 5. Mai 1919, vor dem Kommandeur, Oberstleutnant Faupel und Generalleutnant Friedrich von Friedeburg, Kommandeur der 2. Garde-Infanterie-Division, in der Ludwigstraße in München.

Der Leiter der Nachrichtenabteilung I b des Gruppenkommando 4, Hauptmann Karl Mayr (Bildmitte), »Hitlers Ziehvater«, neben dem Reichswehrminister Gustav Noske am 25. August 1919 vor einem Münchner Hotel.

Reichspräsident Friedrich Ebert (1), Reichwehrminister Gustav Noske (2), Generalleutnant Ernst von Oven (3), Franz Ritter von Epp (4) am Montag, dem 25. August 1919, bei der Übernahme des Bayerischen Heeres in die Reichswehr im Hof der großen Kaserne am Marsfeld in München.

1. Das Gruppenkommando Möhl untersteht dem Ministerium für militärische Angelegenheiten.
2. Das Gruppenkommando Möhl ist mit der Wiederherstellung und Sicherung der Regierungsgewalt in Bayern südlich der Donau beauftragt. Hiezu wird ihm das Generalkommando I.A.K. in taktischer Beziehung (Truppenverwendung zur Niederhaltung von Unruhen; polizeiliche Anordnungen im Zusammenhang mit Operationen u. a.) unterstellt, solange militärische Operationen in Aussicht stehen ...
5. Für die Sanierung der Landeshauptstadt München untersteht die Stadtkommandantur München zunächst unmittelbar dem militärischen Oberbefehlshaber.« [735]

Noch unter dem Generalkommando von Oven, das im Mai 1919 an das Reichswehrministerium in Berlin berichtet hatte, daß bei den Arbeitern Münchens »kommunistische und spartakistische Ideen so tief verwurzelt seien, daß es schwierig wird, sie davon zu überzeugen, daß die Sozialisierung nur auf einer sich allmählich entwickelten Grundlage geschaffen werden kann« [736], wurde am 20.5.1919 den Reichstruppen und Freikorps in der Garnison München mitgeteilt:

»Die Hauptaufgabe der in und um München liegenden Truppen ist es nunmehr im Einvernehmen mit der Polizei eine schärfere Überwachung der Bevölkerung durchzuführen, ihre Stimmung sowie voraussichtliche Widerstandpunkte so rechtzeitig kennen zu lernen, daß ein Aufflammen eines neuen Aufstandes frühzeitig erkannt und dadurch im Keim erstickt werden kann. Hierzu ist notwendig: Überwachung der den einzelnen Truppenteilen zugewiesenen Räume ... Feststellung der Volksstimmung ... Überwachung wo Versammlungen oder geheime Zusammenkünfte von Spartakisten stattfinden ... Suche nach Waffenlagern ... Feststellung verdächtiger Personen ... Beobachtung verdächtiger ... usw. ... Schnellste Meldungserstattung täglich an den Nachrichtenoffizier des Generalkommandos Oven, Regina-Palast-Hotel, Zimmer 26. An jedem Freitag, 3 Uhr versammeln sich beim Nachrichtenoffizier des Gen. Kdos. Oven die Nachrichtenoffiziere der Regimenter u. selbst. Batle. u. Abteilungen der Freikorps und Detachements.« [737]

Das Bayerische Gruppenkommando Nr. 4 übernahm im Mai 1919 die »Nachrichtenabteilung« (Abt. Ib/P), die unter Generalleutnant von Oven in München aufgestellt worden war. Die Leitung hatte in den ersten Tagen Hermann Passavant. [738] Diese Nachrichtenabteilung, die auch »Presse- und Propaganda Abteilung« bzw. »Aufklärungs Abteilung» genannt wurde, hatte die Aufgabe, im Rahmen des Gruppenkommandos 4 die Bevölkerung und die Parteien sowie die Truppeneinheiten zu überwachen.

Die starke Antipathie der Militärs des Gruppenkommando 4 gegen die »Linksparteien« — d. h. von USPD bis zu den Kommunisten —

munisten — resultierte aus der Angst vor Marxismus und Bolschewismus, eine Reaktion auf die Räterepublik in München. Sie führte u. a. dazu, daß das Gruko 4 sehr bald den Entschluß faßte, die von den zahlreichen Strömungen der Zeit erfaßten Soldaten politisch aufzuklären und dadurch einmal auf die weitere politische Entwicklung in Bayern Einfluß zu nehmen und ein »gelenktes« politisches Denken bei den neuen Reichswehrtruppen zu verankern.

Z. B. war in der Stadtkommandantur München (Abt. IIa), die dem Bayer. Gruppenkommando 4 unterstand, auch eine »Presseabteilung« aufgebaut worden, in der alle Münchner Zeitungen ausgewertet wurden:

»Fast täglich müssen Berichtigungen und Aufklärungen an die Presse gegeben werden ... eine ständige Überwachung der Presse, Flugschriften und Plakate ist nötig ... «,

hieß es in einem Schreiben der Stadtkommandantur an das vorgesetzte Gruppenkommando 4. Auch ein »Agenten- und Nachrichtendienst« wurde dort aufgebaut, »der ganz München mit den Vororten umspannt« [739].

Am 28.5.1919 erließ Generalmajor Möhl, dem Hitler nach Angaben des Hauptmann Karl Mayr [740] später einmal persönlich vorgestellt worden ist, als Oberbefehlshaber eine grundsätzliche, von ihm selbst unterschriebene Anordnung

»Betreffs: Propagandatätigkeit bei den Truppen.

1. Die Nachrichten mehren sich, daß von spartakistischer Seite neuerlich Propaganda innerhalb der Kasernen versucht und organisiert wird. Rasche Einleitung zielbewußter und unermüdlicher Gegenpropaganda ist dringend notwendig ... Ausführliche Gesichtspunkte wie der Ausbau der Propaganda zu betreiben wäre, werden demnächst ausgegeben ...
2. Die Truppenteile richten, ebenso wie den Nachrichtendienst (Vergleiche Gen. Kdo. v. Oven, Abt. Ia Nr. 476 V. 19), in allen Einheiten bis herab z. Komp. einen Propagandadienst ein ... Zum Propagandadienst können Offiziere, Unteroffiziere oder Mannschaften gestellt werden; unter Umständen ist die Heranziehung der gewählten Vertrauensmänner *[das war Hitler. Anm. d. V.]* zu diesem Zweck besonders wertvoll ...

   Aufgaben der Propagandaleute:

   a) Empfang, persönliches Studium und Verteilung des zugewiesenen Aufklärungsmaterials an die Kameraden. Zwanglose Erörterung. Widerlegung gegenteiliger Ideen. Sammlung und Einlieferung etwa gefundenen feindlichen Propagandamaterials ...
   b) Anregung betreff Beschaffung und Verteilung von Druckschriften aller Art ...
   e) Propaganda für den Reichswehrgedanken in Bekanntenkreisen ausserhalb der Kaserne ...

3. Es wird ersucht die Leiter des Propagandadienstes der im Verteiler bezeichneten Formationen zur erstmaligen Besprechung für Montag 2.6. 4.30 Uhr Nachm. in das Regina-Palast-Hotel Zimmer 26 zu beordern ...
5. Beginn eines antibolschewistischen Lehrganges ist für Anfang kommende Woche beabsichtigt. Hierfür kommen nur Offiziere und im Propagandadienst verwendete Uoffz. und Mannschaften in Betracht. *[Hitler wurde für diese Schulung einige Tage später vorgeschlagen. Anm. d. V.]*. Nähere Angaben folgen ... Abhaltung systematischer Volkshochschullehrgänge wird vorbereitet.« [741]

In einer ergänzenden Anordnung wurden noch folgende »organisatorische Richtlinien« herausgegeben:

»Unter dem Schutz der jungen Reichswehr muß eine sinnvolle Neubegründung aller innerstaatlichen Verhältnisse unseres Vaterlandes durchgeführt werden können ... Die Reichswehr ist also der Eckpfeiler, an dem die letzten Reste und die ersten Anfänge unseres sozialen, wirtschaftlichen und staatlichen Selbstbestimmungsrechtes festgeknüpft werden müssen ... Die politische Aufklärung im Heer muß über den Parteien stehen, sie muß volkstümlich, aber wissenschaftlich einwandfrei sein ... Ausschlaggebend für die Wirkung des Vortrages ist die durch eine anschließende Diskussion den Zuhörern zu bietende Gelegenheit, in freier Aussprache mit dem Vortragenden alle Unklarheiten und Zweifel zum Ausdruck bringen zu können ...

Seitens des Gruppenkommandos wird folgendes durchgeführt:

a) Rednerkurse: Geeignete Persönlichkeiten aus der Truppe sollen über die wichtigsten Fragen im großen Zusammenhang so gründlich orientiert werden, daß sie befähigt werden, zu Trägern der Aufklärung unter ihren Kameraden zu werden. Die Auswahl dieser Teilnehmer muß mit besonderer Sorgfalt getroffen werden. Reife des Charakters, Takt und ein gesunder, scharfer Verstand sind unerläßlich *[da Hitler diese Voraussetzungen erfüllte und vor allem schon durch die »Propagandaabteilung« der sozialistischen Regierung vom Februar bis April 1919 geschult worden ist, war er für diese Aufgabe geradezu prädestiniert. Anm. d. V.]* Unter Fallenlassen der sogenannten Klassenschranken sollen Offiziere, Unteroffiziere und Mannschaften als gleichberechtigte Hörer abgestellt werden, die Mannschaften im besonderen werden als ›Propagandaleute‹ später wertvoll wirken können *[also nicht als »Bildungsoffizier«. Anm. d. V.]*. Im allgemeinen sollen nur Leute abgestellt werden, die voraussichtlich längere Zeit der Truppe angehören werden *[daraus geht eindeutig hervor, daß Hitler bei der Reichswehr bleiben wollte. Anm. d. V.]* ... Das Programm der Kurse des wird im wesentlichen folgendes umfassen:
   1. Überblick über die deutsche Geschichte seit der Reformation, unter besonderer Berücksichtigung des Verhältnisses von Heerwesen und Staat.

2. Die politische Geschichte des Krieges.
3. Weltanschauung und Politik.
4. Der Sozialismus in Theorie und Praxis.
5. Der Kapitalismus als finanzpolitisches Problem.
6. Unsere wirtschaftliche Lage und die Friedensbedingungen.
7. Der Zusammenhang innerer und äußerer Politik.
8. Rußland und seine Vergangenheit.« [742]

Das war also das vorgesehene Programm der »politischen Schulung« der Propagandaleute, die diese vom Übergangsheer erhalten sollten. Ziel der durch das Gruppenkommando 4 dann in Bayern durchgeführten Schulungen [743] war die Beeinflussung der Soldaten des Übergangsheeres durch »antibolschewistisch geschulte Propagandaleute«.

Am 30.5.1919 übernahm der Generalstabsoffizier, Hauptmann Karl Mayr [744] als Nachfolger von Passavant die Nachrichtenabteilung Ib des Gruppenkommandos 4. Mayr, ein ehrgeiziger, intelligenter, organisatorisch begabter und politisch sehr engagierter Offizier, hatte schon vorher, als Kommandeur des 6. Batl. des Wachregiments München, mit Nachrichten- und Sicherheitsfragen zu tun gehabt, wie aus dem K. B. vom 9.5.1919 ersichtlich:

»Unterstützung der Kommandanten u. Kriminalpolizei: Zur milit. Unterstützung der Schutzmannschaft und Kriminalpolizei wird von der Kommandantur das 6. Batl. des Wachregiment aufgestellt. Führer Hauptm. Mayr.« [745]

Innerhalb kürzester Zeit wurde der Republikgegner und Antisemit Mayr aufgrund seiner erstaunlichen Aktivitäten, persönlichen Initiative und Arbeitseifers eine der zentralen Persönlichkeiten des Gruppenkommandos 4 in München, dessen Einfluß und Tätigkeit weit über seine Stellung als Hauptmann und die seines Referates der Nachrichtenabteilung Ib hinausgingen. Generalleutnant von Möhl hatte großes Vertrauen in Mayrs Aktivitäten, stattete ihn mit beträchtlichen Geldmitteln aus und ließ ihm in seiner Tätigkeit weitgehend freie Hand, da er von Mayr eine Konsolidierung der politischen Verhältnisse bei den bayerischen Truppen erwartete. Hauptmann Karl Mayr nahm auf die politische Schulung des Übergangsheeres nach der Räteherrschaft in Bayern einen bedeutenden Einfluß, beherrscht von einer Antipathie gegen »Linksparteien«, die nach Mayrs Vorstellung damals bei der SPD anfing und bei USPD und den Kommunisten aufhörte.

Mayr, der Hitler als seinen »Zögling« betrachtete, und, nach seinen eigenen Angaben, »über fünfzehn Monate lang *[1.6.1919 bis September 1920. Anm. d. V.]* in täglicher Verbindung mit Hitler stand« [746], prägte Hitler (er ist als »der Geburtshelfer« von Hitlers politischer Karriere anzusehen), und er betraute Hitler nach kurzer Zeit mit allen möglichen

Aufgaben. Mayr war damals sehr »national-radikal« eingestellt: »Wir arbeiten weiter«, schrieb er z. B. im September 1920 an Wolfgang Kapp, »wir schaffen die Organisation des nationalen Radikalismus, ein Prinzip, das nebenbeibemerkt, mit Nationalbolschewismus nichts zu tun hat ... Hinter dem Programm steht die Entschlossenheit, zu handeln ... Die nationale Arbeiterpartei ... *[Hitler]* ... muß die Basis geben für den starken Stoßtrupp, den wir erhoffen.

Das Programm ist gewiß noch etwas unbeholfen und vielleicht auch lückenhaft. Wir werden es ergänzen. Sicher ist nur, daß wir unter dieser Fahne doch schon recht viele Anhänger gewonnen haben. Seit Juni vorigen Jahres ... *[1919]* ... schon suche, soweit mir möglich, auch ich die Bewegung zu stärken ... Wir werden, und zwar nicht im parlamentarisch geruhsamen Tempo der deutsch-nationalen Volkspartei, einen glühenden Nationalismus pflegen. Bolschewismus, Seperatismus, Aufgaben in westlerische Pseudokultur und wirtschaftliches Helotentum von Englands und Frankreichs Gnaden werden wir mit Hörnern und Klauen bekämpfen ... Ich habe sehr tüchtige junge Leute auf die Beine gebracht. Ein Herr Hitler z. B. ist eine bewegende Kraft geworden, ein Volksredner 1. Ranges. In der Ortsgruppe München haben wir über 2000 Mitglieder, während es im Sommer 19 noch keine 100 waren.« [747]

Nachdem sich Mayr im Juni 1920 von der Bayerischen Volkspartei (BVP) [748], der er nahestand, zurückgezogen hatte, und am 8.7.1920 vom Militärdienst entlassen wurde, hat er sich »1921 für einige Monate für die nationalsozialistische Bewegung interessiert ... Im März 1921 habe ich mich zurückgezogen. Mitglied des Parteiausschusses war ich nie. Seit März 1921 habe ich Hitler nicht mehr gesprochen.« [749]

In der zweiten Hälfte der zwanziger Jahre trat Mayr wieder in Erscheinung, aber nun als Mitglied der SPD und als Führer sowie Redakteur im »Reichsbanner Schwarz Rot Gold« [750] und als solcher auch als Gegner und Kritiker Hitlers. So schrieb Mayr z. B. im März 1931:

»... Esser [751] behauptet ich sei ›jener Mann, der vor elf Jahren vor dem Zimmer Adolf Hitlers wartete, um dem Nationalsozialismus seine Dienste anzubieten‹. 1920 hätte ich alles getan, ›um die sozialdemokratische Regierung Hoffmann stürzen zu helfen‹. In den Tagen des Umsturzes, ›also doch wohl 1918, hätte ich ›Herrn Auer meine Dienste mit Erfolg angeboten‹. Soviel Behauptungen, soviel Verdrehungen oder direkte Unwahrheiten! 1920, damals aktiver Reichswehroffizier, habe ich genau das getan, was mir (vor Zeugen) von meinen Vorgesetzten vorher befohlen war. Daß ich damals, 1920 politisch noch völlig unbelehrt, rechts eingestellt war, habe ich 1923 selber hier, in der Münchner Post [752], klipp und klar zum Ausdruck gebracht ... Vor elf Jahren wartete nicht ich vor Hitlers Zimmer, sondern Hitler vor meinem Dienstzimmer. Auf persönliche Veranlassung des damaligen Reichswehrbefehlshabers, des Generals von Möhl, der sich ›den Mann‹ auch hatte vorstellen lassen, wurde Hitler damals als eine Art ›Vertrauensmann‹ innerhalb der

Nachrichtenabteilung besoldet. Später zu einem Truppenteil kommandiert, wurde dem Gefreiten Hitler vom dortigen hakenkreuzfrommen Adjutanten der dienstlich ganz unmögliche Titel eines ›Bildungsoffiziers‹ angehängt, der ja dann in die Spalten des Programmbuches ›Mein Kampf‹ und damit in die Weltgeschichte übergegangen ist.« [753]

Nach 1933 emigrierte Mayr nach Frankreich. 1941 erschien in der amerikanischen Zeitschrift »Current History« Vol I, No 3, S. 193-199, ein anonymer, aber von Mayr verfaßter Artikel mit dem Titel: »I was Hitler's Boss, By a former officer of the Reichswehr«. Mayr schildert darin Hitler, auf den er nach der Räterepublik in München gestoßen war, als einen Menschen, dem es nicht um das deutsche Volk und Deutschland ging, der vielmehr einem müden streunenden Hund auf der Suche nach einem Herrn glich, und bereit war, jedem Herrn zu dienen. [754] Nach dem Sieg Hitlers über Frankreich wurde Mayr nach Deutschland gebracht, wo das »wechselvolle Leben« Mayrs am 9.2.1945 im Konzentrationslager Buchenwald endete.

Am 2. Juni 1919 gab das Gruppenkommando 4 (Abt. Ib/P; Hptm. Mayr) den bayerischen Regimentern detaillierte Anweisungen betreffs: »Propaganda bei den Truppen; Rednerkurse«, nachdem schon für den 4.6.1919 ein zweitägiger Kurs für Offiziere (Studenten) geplant war:

»1. Die mit Nr. 1198 op. angekündigten Kurse (Rednerschulen) beginnen am 5.6. 8 Uhr vorm. Dauer jeweils 5 Tage. Ort Universität. Genaue Einteilung mit Vortragsangabe wird noch im Druck bekannt gegeben werden.
2. Dozenten des Kurses: Dr. Michael Horlacher [755], Hauptgeschäftsführer des Zweckverbandes der landwirtschaftlichen Körperschaften Bayerns; Karl Graf von Bothmer [756], Schriftsteller und Redakteur; Dr. Karl Alexander von Müller [757], Professor an der Universität München.«

Bemerkenswert ist, daß damals, kurz vor dem Kurs, noch nicht an einen Vortrag von Gottfried Feder [758] gedacht war, der in »alldeutschen« Zusammenschlüssen und Organisationen als Redner auftrat. »Die überragende Rolle ... (Feders) ... für die DAP bzw. NSDAP ist«, so meinte Ernst Deuerlein, »noch nicht untersucht worden. Feder stellt m. E. den Übergang von der nicht unbedeutenden alldeutschen Bewegung Münchens zum Nationalsozialismus dar.« [759] Hitler selbst führte aus: »Nachdem ich den ersten Vortrag Feders angehört hatte, zuckte mir auch sofort der Gedanke durch den Kopf, nun den Weg zu einer der wesentlichsten Voraussetzungen zur Gründung einer neuen Partei gefunden zu haben.« [760]

Diese Aussage Hitlers und die von Max Amann vom 5.11.1947, wonach Hitler »selbst eine Partei gründen wollte«, die »Partei der Sozialen

Revolutionäre« (s. Anm. 805), deuten darauf hin, daß Hitler damals die Gründung einer »neuen« Partei vorschwebte. Auch der Journalist Konrad Heiden wies daraufhin: »Hitler selbst hätte sie *[die Partei]* am liebsten ›Sozialrevolutionäre Partei‹ genannt.« [760a] Scheinbar stand bei Hitler nach dem Universitätskurs im Juni 1919 schon fest, daß er sich weiterhin politisch betätigen würde!
Hauptmann Karl Mayr, damals Nationalist und Republikgegner, setzte jedoch, wie er selbst berichtete, »trotz Widerstreben sehr einflußreicher Kreise« durch, daß Gottfried Feder in dem Kurs an der Universität vor den Soldaten (also auch vor Hitler) sprechen konnte. [761]

»3. Allgemeine Zeiteinteilung: Vorm. 2-3 Stunden Vortrag, Nachm. Diskussion.
4. Von jeder Komp. sind 2-3 Zuhörer zu stellen, darunter möglichst ein Offizier. Kleine Sonderformationen stellen nach dem Ermessen der Kommandeure ab. Die gem. obiger Verf. für den Propagandadienst ausgewählten Offiziere usw. sind erst für den Kurs 2, über den noch Verfügung folgt, einzuteilen. Die Zuhörer sind vollkommen dienstfrei zu halten.
Es wird gebeten, von den Zuhörern kurze, selbstgeschriebene Lebensläufe herstellen zu lassen, in denen der bisherige Bildungsgang und der Umfang der Teilnahme am Krieg ersichtlich ist. Deutliche Namensschreibung und Truppenbezeichnung! Vorlagen dieser Lebensläufe, die gleichzeitig als Anmeldung gelten, bis 3.6. 10 Uhr vorm. an Gruppenkommando 4 Ib.« [762]

Eine handschriftliche Notiz auf dieser Anordnung sagt: »Sorgfältigste Auswahl der Leute. Vorlage der Lebensläufe heute noch an Regt. Überwachungsoffz. ist für Weiterleitung an Gr. Kdo. 4 Ib zuständig.«

Hitler wurde also am Dienstag, dem 3.6.1919, vom 2. Inf. Regt. vorgeschlagen und sein Lebenslauf [763], den er geschrieben haben muß, wurde vom Regiment an das Gruppenkommando 4 weitergereicht. Das war der Anfang der Ausbildung Hitlers zum »antibolschewistischen Redner« durch das Übergangsheer.
Am 4. Juni 1919 gab das Gruko 4 kurzfristig, mit dem Vermerk »Eilt sehr«, folgende Mitteilung an die Regimenter:

»Der Curs für Aufklärung innerhalb der Truppe (Propagandaleute) beginnt: 5. ds. 8.00 Vorm. Universität, Hörsal 148. Vorstehendes für Beschleunigte Bekanntgabe.« [764]

Nachdem die beiden Demobilmachungs Kompanien Anfang Mai 1919 aufgelöst und die Soldaten entlassen worden sind, gelang es Hitler nach seiner Tätigkeit in der Untersuchungskommission weiter beim Militär zu bleiben, da ihm durch die Aufstellung von »Propagandaleuten« durch das Gruppenkommando 4 eine neue Chance geboten worden ist.

Hitler wurde vom 2. Inf. Regt. dazu vorgeschlagen, weil er nahezu ideal alle Voraussetzungen, die gestellt worden sind, erfüllte. Er war ein reifer Soldat (30 Jahre alt), zuverlässig, auf mehreren Kommandierungen erprobt und hatte eine sehr gute Auffassungsgabe. Er war im sozialistisch-republikanischen Sinn »Vertrauensmann« der 2. Demobilmachungs Kompanie des 2. Inf. Regt. gewesen, so daß er auch von daher für diese Aufgabe prädestiniert war und sicher auch deshalb mit für die Rednerschulung vorgeschlagen worden ist. [765]

Bis zum 9.5.1919 war Oberstleutnant Karl Buchner [766] Führer des 2. Inf. Regt. [767] Am 10.5.1919 übernahm Oberst Otto Staubwasser noch einmal bis zum 25.6.1919 die Regimentsführung. Es ist also anzunehmen, daß Oberst Staubwasser, der Hitler von früher kannte (Staubwasser hatte das 2. Inf. Regt. schon einmal vom 23.12.1918 bis 12.2.1919 geführt), zum Rednerkurs vorgeschlagen hat. Ein Nachweis läßt sich nicht erbringen, da die Vorschlagslisten der Regimenter an das Gruko 4 vom Juni 1919 nicht mehr vorhanden sind.

Hitler wurde vom Gruppenkommando 4 für die Schulung angenommen und am Donnerstag, dem 5. Juni 1919, zu dem Kurs Nr. 1 zur Universität München abgeordnet und vom Dienst freigestellt. Im einzelnen wurden Hitler vom 5.6.1919 bis 12.6.1919 folgende Themen vorgetragen:

»Donnerstag, den 5. Juni vorm. 8-10 Uhr, Universität, Hörsaal Nr. 148 Erdgeschoß links, Eingang Ludwigstraße : Vortrag Professor Karl Alexander von Müller: Die deutsche Geschichte seit der Reformation. Nachmittags 1/2 6-1/2 9 Uhr, Hörsaal Nr. 148: Seminar.

Kursleiter: Karl Graf von Bothmer,
Kustos Dr. Dirr [768],
Dipl.-Ing. Gottfried Feder,
Professor Dr. Joseph Hofmiller [769],
Dr. Michael Horlacher,
Professor Karl Alexander von Müller.

Freitag, den 6. Juni vormittags 9-11 Uhr, Universität, Hörsaal Nr. 148: Vortrag Professor Karl Alexander von Müller: Die politische Geschichte des Krieges.

Nachmittags 1/2 6-1/2 9 Uhr: Seminar. Lehrkräfte die gleichen.

Samstag, den 7. Juni vorm. 8-10 Uhr, Universität, Hörsaal Nr. 148: Vortrag Karl Graf von Bothmer: Der Sozialismus in Theorie und Praxis. Nachmittags 3-6 Uhr: Seminar. Lehrkräfte die gleichen.

Dienstag, den 10. und Mittwoch, den 11. Juni vormittags 9-11 Uhr, Universität, Hörsaal Nr. 148: Vortrag Dr. Michael Horlacher: Unsere landwirtschaftliche Lage und die Friedensbedingungen.

Donnerstag, den 12. Juni vorm. 8-10 Uhr, Universität, Hörsaal 148: Vortrag Karl Graf von Bothmer: Der Zusammenhang zwischen innerer und äußerer Politik.

Nachmittag 3-6 Uhr: Seminar. Lehrkräfte die gleichen.« [770]

4. Bei den Truppenteilen sind sofort Untersuchungskommissionen zu stellen. Zusammensetzung:
1 aktiver Offizier (Gerichtsoffizier);
1 Unteroffizier (Berufsunteroffizier);
1 Unteroffizier (Berufsunteroffizier) oder Mann.

Aufgabe: Alle zur Entlassung kommenden Militärpersonen sind eingehend daraufhin zu prüfen, ob sie sich während der letzten revolutionären Wochen einwandfrei gehalten haben.

Ueber das Ergebnis ist im Militärpaß ein Vermerk aufzunehmen. Allen Offizieren, Unteroffizieren und Mannschaften, denen Zugehörigkeit zur Roten Armee oder spartakistisch, bolschewistisch, kommunistische Umtriebe nachgewiesen werden, sind zu verhaften. Standgerichtliches Verfahren ist gegebenenfalls einzuleiten.

Ausschnitt aus der Anweisung der Stadtkommandantur München vom 7. Mai 1919 über die Auflösung der Garnison München mit dem Auftrag zur Bildung von Untersuchungskommissionen bei den Münchner Truppenteilen.

Untersuchung. Kommission (R.Q.v. 9.5.19.) Die Untersuchungs- u. Entlassungs-Kommission setzt sich zusammen aus Oberltn. Märklin, Feldw. Kleber, Gefr. Hitler.

Ausschnitt aus der Anordnung des Demobilmachungs-Bataillons des 2. J.R. vom 10. Mai 1919, in der Hitler als Mitglied der Untersuchungskommission namentlich genannt ist.

Gefr. Hitler 2. Rgt. (Untersuchungskommission) gibt an:

Dufter war einer der ärgsten u. radikalsten Hetzer des Regiments u. hat jederzeit für die Räterepublik Propaganda gemacht. In den öff. Versammlungen des Regiments hat er jederzeit den radikalsten Standpunkt vertreten und für die Diktatur des Proletariats agitiert.

Daß einzelne Teile des Regiments der roten Armee sich anschlossen, ist jedenfalls auch auf die Propagandatätigkeit des Dufter und des Bataillonsrates Seihs zurückzuführen.

Durch seine Schreiereien gegen die Regierungstruppen, die Dufter noch am 7. Mai betätigte, hat er bewirkt, daß auch Regimentsangehörige an diesen Aufstellungen mit den Kommunisten sich zu Feindseligkeiten gegen die Regierungstruppen hinreißen ließen.

S. M.

Hitler Adolf.

N° [illegible]

Protokollausschnitt des Standgerichts München vom 23. Mai 1919 mit einer Aussage Hitlers.

Hitler wurde durch die Vorlesungen mit den politischen Vorstellungen deutschnationaler bis alldeutscher sowie auch antisemitischer Richtung eingehend bekannt gemacht. Durch die Enttäuschung über den verlorenen Krieg und die Revolution sowie Räteherrschaft in München als auch durch seine früheren »Wiener Straßenstudien« war Hitler natürlich für nationalistische sowie antibolschewistische und antisemitische Parolen im besonderen Maße empfänglich.

Damit begann die »gezielte« politische Ausbildung Hitlers, und er entdeckte wohl dann an sich die Gabe, von der er bisher wenig Ahnung gehabt hatte, er konnte sprechen, und, was noch wichtiger war, er merkte, daß er durch seine Argumentation und Redeweise auf seine Zuhörer eine nicht alltägliche Wirkung ausüben konnte. Dieses Talent konnte Hitler nur als »politischer Redner« erfolgversprechend verwerten. Und je mehr er sprach, um so mehr Gefallen fand er daran, sich selbst, wie in einem Rausch, zu hören. Hitler gewann an Profil und engagierte sich als Redner mit aller Kraft und Energie, deren er fähig war, weil er darin — als bisher gescheiterter Künstler — die letzte Möglichkeit sah, sich im Leben weiter bringen zu können.

Interessant ist in diesem Zusammenhang auch, daß Hitler beim Übergangsheer bis zum 31. März 1920 Löhnung bezog, obwohl er ab dem 16. September 1919 schon Mitglied der »Deutschen Arbeiterpartei« (DAP) und nachweislich ab dem 13.11.1919 als Redner öffentlich im Eberlbräu (Thema: »Brest-Litowsk«) für diese Partei tätig war. So sprach Hitler z. B. über »Deutschland vor seiner tiefsten Erniedrigung« auch am 10.12.1919 im Gasthaus Deutsches Reich in der Dachauerstraße, das von »Civil und ›Militärpersonen‹ besucht war« [770a]. Frontstellung gegen den Versailler Vertrag und die »rote« Regierung in Berlin (richtige Reichswehrthemen!) sowie Hetze gegen die Juden waren damals bevorzugte Objekte Hitlers, die ihm bei seinem Umgang und Schulung durch das Gruko 4 bzw. Übergangsheer und Reichswehr nahegebracht worden sind. Der nun 30 Jahre alte Hitler wußte, daß nach dem Versailler Vertrag [771] das noch bestehende deutsche Heer gewaltig reduziert würde, und es ist nicht feststellbar, ob der ältere Gefreite Hitler überhaupt von der Reichswehr übernommen worden wäre oder nicht. Das Gruppenkommando 4 wurde jedenfalls im März 1920 aufgelöst, genau zu dem Zeitpunkt, da Hitler entlassen worden ist. »Dann besteht«, wie auch Heinrich Bennecke schon richtig feststellte, »eine erhebliche Wahrscheinlichkeit, daß Hitlers Entschluß, der ›Deutschen Arbeiterpartei‹ beizutreten, keineswegs tiefschürfende politische Gedanken zugrundegelegen haben. Dieser Entschluß kann durchaus durch persönliche Überlegung nachhaltig unterstützt worden sein ... Hitler mußte damit

rechnen, daß er in absehbarer Zeit seine Lebensgrundlage bei der Reichswehr verlieren würde.« [772]
Den weiteren Verlauf von Hitlers Einsatz als Redner und Propagandamann hat Ernst Deuerlein in großen Zügen — bis auf verschiedene ergänzende Details — in seiner sehr gut recherchierten Arbeit «Hitlers Eintritt in die Politik« schon 1959 in den Vierteljahresheften für Zeitgeschichte dargestellt. Verschiedene Berichte über die Kurse an der Universität und über Hitlers anschließende Tätigkeit, sind aber — in Bezug auf Hitlers Schulung — noch bemerkenswert.
Hauptmann Mayr, der mit seinen »Zöglingen« einen sehr regen Schriftverkehr unterhielt, schrieb z. B. am 18.7.1919 an Rudolf Beyschlag [773], den Führer des Aufklärungskommandos im Lager Lechfeld:

»Verschiedene Ihrer Anregungen werden wir im Auge behalten für die nächsten Kurse. Ihre Betonung der Wichtigkeit der Geschichte gerade für die Klärung der Schuldfrage ist durchaus zu unterschreiben. Wir glaubten aber durch die zwei Vorträge des Historikers v. Müller, deren einer sich nur mit der Schuldfrage befaßte, Ihrer Forderung Rechnung getragen zu haben. Interessant ist, daß Sie, hinsichtlich der deutschen Schuldlosigkeit noch weiter gehen, als Müller und den bei manchen in ›alldeutschen‹ Geruch stehenden Bothmer und Bethmann Hollweg kaum eine Schuld beimessen. Ihr scharfes Urteil über den Federschen Dilettantismus ist mir bemerkenswert, wenn ich Ihnen auch Bankdirektoren namhaft machen könnte, die Ihnen eben nicht ganz zustimmen. Sie schreiben: ›Ich halte allerdings den Kapitalismus für eine Erscheinung, die wir in unserem heutigen Wirtschaftsleben nicht ganz entbehren können.‹ Danach glauben Sie also ihn etwa zu 3/4 entbehren zu können? Danach glauben Sie also, daß — roh gesprochen — das Industriekapital zu erhalten, das Leihkapital abzuschaffen wäre? Das ist aber, soweit ich verstehe, Feders Ansicht!« [774]

Karl Graf von Bothmer gab am 25. Juli 1919 als Kursleiter einen Erfahrungsbericht über die Universitätskurse, an deren ersten Hitler teilgenommen hatte. Wichtig erscheint, daß der sehr aufschlußreiche Bericht Bothmers einen Stimmungsbericht der damaligen politischen Situation wiedergibt, sowie eine Zusammenfassung der Schulung der »Propagandaleute«, also auch Hitlers, in den Universitätskursen. In dem Bericht führte Bothmer u. a. aus:

»Nachdem ich nun 3 Kurse zur politisch-wirtschaftlichen Aufklärung innerhalb der dem Gruppenkommando IV unterstehenden Reichswehrbrigaden durchgeführt habe, und dabei in ständiger enger Fühlungnahme mit der militärisch verantwortlichen Stelle, vor allem mit dem Referenten des Gruppenkommandos stand *[Hauptmann Karl Mayr. Anm. d. V.]*, scheint es mir an der Zeit zu sein, eine zusammenfassende Darstellung der Beobachtungen und Erfahrungen zu geben.

Zweck der Kurse.

Die politisch wirtschaftliche Aufklärung unter den Reichswehrtruppen hängt aufs engste zusammen mit der Aufgabe, die diese Truppen innerhalb des Landes haben. Die Reichswehrtruppen sind berufen, jegliche gewaltsame Störung in der organischen Fortentwicklung zur neuen Staatsordnung aussichtslos zu machen oder zu unterdrücken. Sie stehen also nicht im Dienste eines bestimmten Parteigedankens, sondern im Dienste einer unpersönlichen Staatsordnung. Alle Versuche, die werdende Staatsordnung gewaltsam zu verhindern und anarchistisch-chaotische Zustände herbeizuführen, haben wir uns gewöhnt mit dem Begriff ›Bolschewismus‹ in Einklang zu bringen. Es liegt somit nahe, die politisch wirtschaftliche Aufklärung bei diesen Truppen als reine ›antibolschewistische Propaganda‹ zu betreiben und ausschließlich unter Zugrundelegung der russischen, ungarischen und deutschen Beispiele diese Erziehungsaufgabe in Angriff zu nehmen. Es wäre aber falsch, mit dieser rein negativen Formulierung des Aufklärungszweckes sich zufrieden zu geben, denn es ist eine alte Erfahrung, daß mit reiner Negation auf die Dauer keine organisatorische Geschlossenheit erzielt und erhalten werden kann *[das hat Hitler aber später als »Politiker« getan. Anm. d. V.]*.

Die geistige und moralische Beschaffenheit der Truppe.

Es muß zunächst nocheinmal eindringlich festgestellt werden, daß das Offizierskorps zum größeren Teil in allen politischen Fragen kenntnislos und unselbständig ist, es steht noch unter der Erziehung zu einem rein militärischen Spezialistentum und ist unter den Folgen einer standesmässigen Abgeschlossenheit unbeholfen in der Erfassung aller im Volke sich zeigenden politischen und geistigen Strömungen. Teilweise empfinden die Offiziere diesen Mangel und suchen nach Abhilfe. Sie begrüssen es daher dankbar, wenn sie wirklich Einführungskurse in die Politik bekommen, und zwar solche Kurse, die von aller parteimässigen Voreingenommenheit frei sind und eine psychologische Erklärung aller Parteiströmungen vorgetragen erhalten ...

Der Unteroffiziersstand machte auf mich den Eindruck, als wenn er politisch viel regsamer wäre und einen gewissen Korpsgeist besäße, der unter allen Umständen nützlich ist. Die Parteizugehörigkeit, so mannigfaltig sie auch sein mag, spielt bei ihnen nicht eine ausschlaggebende Rolle. Sie verstehen sehr wohl, sich in den Gedanken der Berufspflicht einzuleben, es wäre falsch, daraus den Schluß ziehen zu wollen, daß sie unter allen Umständen gegenüber jeder Form von Auftrag und Befehl blinden Gehorsam entgegenbringen. Dazu sind alle diese Leute innerlich zu verwandt mit den breiten Schichten des Volkes und den Strömungen, die in der Mannschaft eine Rolle spielen ... Bei allen, die ich erforscht und beobachtet habe, fand ich ein allgemeines Gefühl für Gerechtigkeit und eine ›nebelhafte‹ Vorstellung von einer Staatsordnung, die aus allgemeinen Staatsnotwendigkeiten hergeleitet werden muß ...

Die Mannschaften, soweit ich sie beobachten konnte, waren bildungsfähiges Menschenmaterial, aber zum Teil ohne jeglichen inneren Halt. Bei ihnen macht sich am meisten bemerkbar, daß wir uns im Zustand einer staatlichen Ungeklärtheit befinden.

Durch alle drei Kategorien, Offiziere, Unteroffiziere und Mannschaften geht ein einheitlicher Zug des Mißtrauens und der Ungeklärtheit gegenüber der augenblicklichen Staatsgewalt *[gemeint ist die demokratische SPD Regierung Eberts in Berlin. Anm. d. V.].* Es ist naturnotwendig, daß innerhalb der Reichswehrtruppe das Tasten nach einer bestimmten Staatsgesinnung und einer vertrauenserweckenden Staatsführung besonders lebhaft ist. Das bringt die Zwecksetzung der Reichswehrtruppe heute von selbst mit sich. Ausnahmslos, wenn auch gradweise verschieden, glauben sie nicht, daß wir schon im wirklichen Aufbau eines neuen Staates begriffen sind *[das hat auch Hitler damals erkannt. Anm. d. V.].* Hier liegt auch die größte Empfänglichkeit für die Einwirkung der äußersten Linken und der U.S.P.D. Vertrauen zu irgend einer bestimmten Partei, das leidenschaftliche Stellungnehmen für die Partei, konnte ich überhaupt nicht beobachten ... Alle die vielen Menschen, die heute Aufklärung betreiben wollen oder treiben sollen, haben noch keine Ahnung davon, wie unbehaglich sie auf die verschiedensten Stände und Gesellschaftskreise wirken. Unter solchen Umständen hat natürlich die radikalste Welt- und Staatsvorstellung ... auf die größte Empfänglichkeit zu rechnen *[Bothmer hat dies damals schon richtig erkannt, wie die Geschichte und Hitlers radikale Einstellung und Politik später bewiesen haben. Anm.d.V.].*

Es wäre aber falsch nun zu meinen, daß damit von vornherein in all diesen Personen eine Neigung gegenüber der kommunistischen Propaganda bestünde. Das ist nicht der Fall. Alle Lehrsätze des Kommunismus werden vom Gemäßigsten bis zum Radikalsten ohne weiteres abgelehnt, und man begreift oder versteht sehr wohl, daß hinter diesen Utopien Demagogie und unehrliche Verhetzung steht *[bei Hitler hat dies die breite Masse des deutschen Volkes später wohl nicht erkannt. Anm.d.V.].* Aber man glaubt doch, daß auch in diesen Begegnungen, vor allem von U.S.P.D. und Kommunismus, reiner Idealismus vorhanden sei und sucht darum in diesen Kreisen nach großen Persönlichkeiten, die man anderswo von vornherein vermißt *[Hitler wurde dann diese »Persönlichkeit«. Anm.d.V.].*

Es besteht also die Empfänglichkeit für radikale Ideen. Alle Voraussetzungen dafür sind gegeben *[was wohl auch Hitler sehr bald erkannt hat. Anm.d.V.]* Diese Empfänglichkeit ist geboren aus der Unkenntnis politischer Zusammenhänge und Wechselwirkungen und aus dem Mißtrauen gegenüber allem, was bisher am Staat herumgedoktert hat. Das Mißtrauen richtet sich gegen alle älteren Parteigebilde ...

<u>Der Inhalt der Kurse.</u>

Die Tätigkeit in den Kursen zerfällt in vier Teile: a) der geschichtliche Unterricht, b) volkswirtschaftlicher Unterricht, c) allgemein politischer Unterricht, d) Übungen mündlicher wie schriftlicher Art.

a) Der geschichtliche Unterricht

Der Zusammenhang zwischen geistigen Strömungen und staatlicher Beschaffenheit, die Erkenntnis, daß nicht nur allein materielle Dinge den Lauf der Geschichte bestimmen, sondern Weltvorstellungen und Lebensauffassungen, d. h. die Idealität alles menschlichen Daseins wird zunächst an Hand der deutschen Geschichte vorgeführt, alle Aufstiege und Niedergänge im Zusammenhange mit all jenen guten und schlechten Eigenschaften des eigenen Volkes an den Tatsachen der geschichtlichen Entwicklung gezeigt.

Im besonderen Maße natürlich muß eingegangen werden auf den großen Zusammenbruch in und nach dem dreißigjährigen Kriege *[Was Hitler später oft zitiert hat. Anm.d.V.]* und auf die treibenden Kräfte und Faktoren, die zunächst über einen einzelstaatlichen Aufbau und einer Wiederherstellung aller Kräfte führten zu der neuen deutschen Einheit, und eine Charakteristik dieser neuen deutschen Einheit als Ausdruck des vollendeten Selbstbestimmungsrechtes deutscher Völker innerhalb der Welt.

Dann aber wird an Hand der jüngsten Geschichte die Schuldfrage am Kriege erörtert, und zwar nicht im Sinne jenes unheilvollen, selbstquälerischen Flagellantentums, das über die großen Zusammenhänge der jüngsten europäischen Zeit im Unklaren ist. Es wird nicht das eigene Volk reingewaschen, denn das würde zu einem unserer zukünftigen Aufgabe unzuträglichen Chauvinismus führen *[wie es bei Hitler der Fall war. Anm.d.V.]*, es würde die ersten Keime eines nationalen Rachegefühls legen, dessen Nutznießer weder Deutschland noch das übrige Europa sein könnte, sondern schließlich wiederum wäre der tautius gaudens, nämlich England. Aber es wird der Beweis geführt, daß der aktive Imperialismus, und zwar ein Imperialismus rein finanziell plutokratischer Art, heute wie zu Beginn des Krieges bei den großen Konzernen der Weltspekulation liegt und daß der deutsche Imperialismus einen rein defensiven Charakter hatte.

b) Der wirtschaftliche Unterricht

Er erstreckt sich auf die Aufgabe der Nahrungsmittelversorgung des eigenen Landes durch eigene und fremde Nährböden, der Kenntnis vom Kohlereichtum der Erde und Europas, der Bodenschätze überhaupt und der Bedeutung, die Bodenschätze im eigenen Land für die wirtschaftliche und nationale Unabhängigkeit von Volk und Staat haben.

Es wird dann auch ein Rückblick gegeben über die Sozialpolitik Deutschlands in den letzten vierzig Jahren, über den Unterschied zwischen deutscher und fremder Sozialpolitik und über die Gefährdung alles internationalen sozialen Rechtes durch einen kapitalistischen Imperialismus überstaatlicher Finanzgewalten, dem gegenüber es keinerlei Einfluß durch die Ausübung von Wahlrecht gibt.

In diesem Zusammenhang wird die Frage von der Verschuldung des Staates und der Privatwirtschaft, der Abhängigkeit des Staates vom heutigen privaten Geldmarkt, die Steuerkraft des Staates, die Grenzen dieser Steuerkraft behandelt und das Problem erörtert, daß der Staat nichts geben kann, was er nicht vorher genommen hat, daß der Staat im letzten Grunde eine sittliche Einrichtung sein muß, dem die absolute Vorherrschaft über alle Funktionen der Privatwirtschaft erhalten zu bleiben hat.

c) Die allgemeine politische Aufklärung

Diese beginnt mit einer allgemeinen Erklärung über das, was Politik ist, daß Politik im letzten Grunde Lebensnotwendigkeit des eigenen Volkes ist, daß ohne eigenen Staat kein Volk leben kann, die Beweisführung, wie notwendig der Staat für das Volk ist, die Grundelemente jeder Politik, die Schaffung von Gründung und Sicherheit, die Erkenntnis, daß der wirtschaftlich und sozial Stärkere den Staat viel weniger notwendig hat als gerade der einfache Mann und das werktätige Volk in Stadt und Land. Daran anschließend wird das Problem der Arbeit eingehend erörtert, die Arbeit gekennzeichnet als das, was im wesentlichen den Menschen vom Tier unterscheidet, nicht als ein notwendiges Übel, sondern eine Quelle sittlicher Kraft, die Arbeit als diejenige Kraftentfaltung bezeichnet, aus der allein überhaupt Besitz und Eigentum kommen kann, und das Vorrecht dieser Arbeit gegenüber allem mühelosen Einkommen, die gemeinschaftbildende Arbeit, die Arbeit als sittliches Gewissensproblem, die Erkenntnis, dass die Ehrbarmachung und Ehrbarhaltung der Arbeit das Persönlichkeitsideal aller schaffenden Stände sein muß.

In diesem Zusammenhang wird dann eingegangen auf Karl Marx, Lenin, die Bolschewisten, die Kommunisten, das kommunistische Manifest und auf die Sehnsucht der Völker, nicht der Spielball internationaler Spekulanten, arbeitsloser Machtbildung, die nicht Ordnung sondern Machtbildung zu ihrem Zweck hat, zu werden. Von da aus geht die Unterrichtsführung weiter zu den Gedankengängen der Staatsnotwendigkeiten, zu dem Zusammenhang zwischen innerer und äußerer Politik, zu den Grundbegriffen des Selbstbestimmungsrechtes eines Volkes, zu der Souveränitätsfrage eines Volkes und zu der Erkenntnis, daß der äußere Ausdruck einer Völkerpersönlichkeit die Staatliche Unabhängigkeit ist, und daß die Organisierung zwischenstaatlicher Art, kontinentaler Interessengemeinschaften usw. nur unter der Voraussetzung staatlichen Eigenlebens möglich und segensreich ist. Und zum Schluß dieser Gedankengänge wird geschildert das Ringen des Staates mit der technischen Entwicklung der Gegenwart. Wie die technischen Hilfsmittel von Telefon und Telegraf mit und ohne Draht von Druckerpresse, Eisenbahn und Flugzeug zu Machtfaktoren werden, hinter denen immer wieder notwendig anonymes Kapitalinteresse steckt, mit denen Organisationen geschaffen werden können, die den Staat eines einzelnen Volkes und anderer Völker unter ihre Botmäßigkeit zwingen, und wie im letzten Grunde man sich danach sehnt, ein durchsichtig klares, der Allgemeinheit ausschließlich dienendes Staatsgebilde zu bekommen, in dem das Interesse der Arbeit und der in Arbeit ruhenden Gemeinschaft gewahrt bleibe ...

d) Übungen

Es werden kurze schriftliche Aufgaben gegeben, und zwar am Anfang des Kurses und an seinem Ende, um den Unterschied festzustellen, zu betrachten, wie weit der Kurs selbst dazu gedient hat, die Leute klarer zu machen, ihnen einheitliche Vorstellungen von persönlichem und völkischem Leben zu geben. Es hat sich noch jedesmal gezeigt, daß die Auffassungsfähigkeit all dieser Menschen durchaus nicht so primitiv ist, als viele sich einbilden, und daß alles dürstet nach Wahrhaftigkeit und nach einem nüchternen Erfassen von Tatsachen. Der Hauptteil des Kurses aber besteht in mündlichen Übungen, in dem Erörtern und Durchsprechen von Schlagwörtern, von den Gedankenreihen der einzelnen Vorträge. Die Übungen vollziehen sich in Wechselrede zwischen den Kursteilnehmern unter sich und zwischen ihnen und dem Seminarleiter.« [775]

Dieser Bericht Bothmers schildert sehr anschaulich und detailliert die Schulung Hitlers in dem Kurs des Gruppenkommandos 4 an der Universität München, und es finden sich viele Ansätze, die Hitler damals wohl erkannt hat und später als Parteiführer und »Trommler« verwendete. Gerade in diesen Kursen und später bei seinen Vorträgen im Lager Lechfeld sowie bei den Münchner Schützenregimentern wurde Hitler vor Augen geführt, daß das Wichtigste für einen Redner und späteren »Führer« das Problem der Massengewinnung und der Massenbeherrschung ist, vor allem das der Gewinnung der breiten Masse der Arbeiter, und daß zur Lösung dieses Problems die bisherigen Mittel nicht ausreichten. Weil Hitler an sich glaubte, entwickelte er zwangsweise auch eine Starrheit, mit der er an seinen nun erkannten Thesen und an sich selbst festhielt (s. z. B. die bekannte Pose auf vielen Fotos mit den krampfhaft vor dem Unterleib verschränkten Händen). Außerdem war Hitler von seiner außergewöhnlichen Begabung so überzeugt, daß er es für überflüssig hielt, sich mit Dingen zu beschäftigen, die mit seinen Interessen und vermeintlichen Erkenntnissen nicht übereinstimmten. So blieb Hitler sein ganzes Leben lang in seiner Geschichtsauffassung und Weltanschauung sowie seinem Geschmack in Kunst und Architektur im wesentlichen ein Produkt seiner Wiener Jahre, den Erfahrungen des Krieges, der Revolutionszeit und Räteherrschaft in München und vor allem seiner Schulung durch das Gruppenkommando 4. Dem Kurs an der Universität München im Juni 1919 ist in Hitlers politischer Entwicklung daher m. E. ein höherer Stellenwert einzuräumen, als dies bisher in der Forschung geschehen ist.

Anfang Juni 1919 wurden von der Abteilung Ib des Gruppenkommandos 4 bereits die ersten umfangreichen Listen über »Propagandaleute« angelegt. In einer Liste vom 7.7.1919 findet sich unter Nr. 53 zum ersten Mal bereits der Name »Adolf Hitler, 2. Inf. Regt., Abw. Stelle« [776].

Vom 13.8.1919 datiert ein Schreiben des Gruko 4, das an jeden der sechsundzwanzig »Aufklärer«, unter ihnen Hitler, die in einer Liste zusammengestellt waren [777], verteilt wurde. Darin heißt es:

»1. Das gemäß Reichsw. Grp. Kdo. 4 Ib/P. Nr. 365 vom 22.7.19 zusammengestellte Aufklärungskdo. sammelt am 19. ds. im Lager Lechfeld bei der Komp. Bendt des II. Batls. Reichsw. Inf. Regts. Nr. 43 zu einer Probedienstleistung.
2. Dauer bis 24. ds. einschl. Rückreisetag am 25. ds.
3. Eintreffen sämtlicher Kommandierten im Laufe des 19. ds. im Lager Lechfeld. Dort Meldung bei Lagerkdtr. und Komp. Bendt.
4. Abfahrt der von Münchner Truppenteilen Kommandierten am 19. ds. 5 Uhr 30 Min. Vorm. vom Hauptbahnhof ...
12. Das Kommando ist disziplinär und wirtschaftlich der Komp. Bendt unterstellt: die Tätigkeit des Kommandos regelt Herr Beyschlag nach Vortrag bei Oberlt. Bendt. Rückbeorderung des Kommandos oder einzelner Aufklärer erfolgt durch Oberlt. Bendt.« [778]

Hitler kam also am 19.8.1919 in das Durchgangslager Lechfeld, wo er mit seinen Kameraden vor den »bolschewistisch und spartakistisch verseuchten, aus der Kriegsgefangenschaft zurückkehrenden deutschen Soldaten« [779] »antibolschewistische Vorträge« hielt. Oberleutnant Bendt, der Führer des Wachkommandos des Durchgangslagers Lechfeld, berichtete am 21.8.1919 an das Gruppenkommando 4:

»Das Propaganda-Kdo. unter Führung des Herrn Beyschlag traf am Dienstag den 19. d. Mt. im Laufe des Tages hier ein (namentliche Liste liegt bei). Nach Rücksprache mit Herrn Beyschlag wurde die Tätigkeit während des 5tägigen Aufenthaltes folgendermaßen festgelegt: Tägl. von 9 h findet ein Aufklärungsvortrag statt (Beyschlag), ferner an einem Abend über Erlebnisse des Herrn B. in London und an einem weiteren über die Verhältnisse an der Ostfront (Inf. Gerl).
Der erste gestern *[also am 20.8.1919. Anm.d.V.]* gehaltene Vortrag behandelte das Thema ›Wen trifft die Schuld am Weltkrieg.‹ Der Vortrag war in leicht faßlicher Art gehalten und erweckte bei den geistig regen Leuten der Komp. großes Interesse. Durch Ergänzungen und weitergreifende Ausführungen des Gefr. Hitler wurde die Grundlage für eine Diskussion geschaffen und hoffe ich, daß, wenn die anderen Angehörigen des Kdos. durch Zwischentreten, Zwischenrufe etc. sich an der Diskussion beteiligen, auch die anderen Leute aus der Passivität heraustreten.« [780]

Hitler »profilierte« sich im Lager Lechfeld als ein sehr guter und leidenschaftlicher Redner, wie in vielen Berichten von Teilnehmern festgehalten. [781] Zur Verfügung hatten die »Aufklärer« 5000 Schriften »Was man wissen muß über den Bolschewismus« (Broschüre von Ernst Lindemann) und 5000 Flugblätter 1, 2, 3 und 4 sowie eine Handbibliothek mit den wichtigsten Aufklärungsschriften [782], die Hitler sicher gelesen hat.

Programm des Kurses Nr. 1

beginnend Donnerstag, 5. Juni, endigend Donnerstag, 12. Juni 1919.

Donnerstag, den 5. Juni vorm. 8—10 Uhr, Universität, Hörsaal Nr. 148 Erdgeschoß links, Eingang Ludwigstraße: Vortrag Professor Karl Alexander von Müller: Die deutsche Geschichte seit der Reformation.

Nachmittags ½6—½9 Uhr, Hörsaal Nr. 148: Seminar.

Kursleiter: Karl Graf von Bothmer,
Kustos Dr. Dirr,
Dipl.-Ingenieur Gottfried Feder,
Professor Dr. Joseph Hofmiller,
Dr. Michael Horlacher, Geschäftsführer des Zweckverbandes landwirtschaftlicher Vereine und der Agrarindustrie,
Professor Karl Alexander von Müller.

Freitag, den 6. Juni vormittags 9—11 Uhr, Universität, Hörsaal Nr. 148: Vortrag Professor Karl Alexander von Müller: Die politische Geschichte des Krieges.

Nachmittags ½6—½9 Uhr: Seminar. Lehrkräfte die gleichen.

Samstag, den 7. Juni vorm. 8—10 Uhr, Universität, Hörsaal Nr. 148: Vortrag Karl Graf von Bothmer: Der Sozialismus in Theorie und Praxis.

Nachmittags 3—6 Uhr: Seminar. Lehrkräfte die gleichen.

Dienstag, den 10. und Mittwoch, den 11. Juni vormittags 9—11 Uhr, Universität, Hörsaal Nr. 148: Vortrag Dr. Michael Horlacher, Geschäftsführer des Zweckverbandes landwirtschaftlicher Vereine und der Agrarindustrie in Bayern: Unsere wirtschaftliche Lage und die Friedensbedingungen.

Nachmittags ½6—½9 Uhr: Seminar. Lehrkräfte die gleichen.

Donnerstag, den 12. Juni vorm. 8—10 Uhr, Universität, Hörsaal Nr. 148: Vortrag Karl Graf von Bothmer: Der Zusammenhang zwischen innerer und äußerer Politik.

Nachmittags 3—6 Uhr: Seminar. Lehrkräfte die gleichen.

Original des Unterrichtsplanes des ersten Kurses an der Universität München, der vom Gruppenkommando 4 zur Heranbildung von »antibolschewistischen Rednern« (Propagandaleuten) – unter ihnen Adolf Hitler – veranstaltet worden ist (BHStA, Abt. IV, R.W. Gr. Kdo. 4, Akt 312).

Neu-Ulm, den 4.9.19

Hochverehrter Herr Hauptmann !

Jhr freundliches Schreiben ist mir geworden, gestatten Sie, dass ich Jhnen meinen ergebensten Dank sage.

Sehr gespannt bin ich auf die in Aussicht gestellte Schrift ueber Staatsaufbau usw.

Heute hätte ich eine sehr grosse Bitte und ich möchte Sie um Jhren erfahrenen Rat bitten; wenn es Jhnen nicht zu viel Zeit und Mühe kostet, wäre ich Jhnen für einen, wenn auch noch so kurzen Aufschluss sehr dankbar.

Von einem Freunde bin ich angehalten worden, dem „Ausschuss für Volksaufklärung" Berlin W.9, Köthenerstr.45 Hof I beizutreten. Dieser Ausschuss dürfte Jhnen, der Sie doch mitten in der Volksaufklärung stehen, nicht unbekannt sein und er verfolgt einen Kampf bis aufs Messer gegen das Judentum. Wie verhält sich nun der heutige Sozialismus unserer Mehrheits-, also Regierungssozialisten hierzu ? Selbstverständlich weiss ich, dass es nicht im Sinne der heutigen Regierung sein kann, eine Bewegung offiziell zu unterstützen, eine Bewegung, die schliesslich zu öffentlichen Unruhen führen kann. Doch darf dies wiederum kein Beweggrund sein, eine Gefahr für das Volkstum **n i c h t** auszumerzen : jede Operation ist doch letzten Endes ein Aufbäumen, ein Aus-dem-Weg-schaffen irgend einer Kalamität und gelingt bei besonnener Ausführung in den meisten Fällen.

Jch meine: Wenn die Regierung wirklich erkannt hat dass die Juden eine nationale Gefahr bedeuten, müsste Sie doch dem Judentum eine Bedeutung in der Politik, eine Bedeutung für das Volkswohl in jeder Beziehung abstreitig machen.

Vorerst tut sie das aber nicht und für mich erhebt sich nun die Frage: Sind die Juden nicht die Gefahr, für die man sie hält, wird ihr verderblicher Einfluss ueberschätzt

ueberschätzt wird, oder verkennt die Regierung die Gefahr oder aber -- ist die Regierung zu schwach, um gegen ein gefährliches Judentum einzuschreiten?

Und nun die Generalfrage: Wie verhält sich eigentlich die Regierungssozialdemokratie gegenueber dem Judentum ? Gehören zur „Gleichberechtigung" der Völker auch die Juden mit in das sozialistische Programm, auch wenn man sie als eine Gefahr für das Volkstum betrachten muss ?

Vielleicht macht Jhnen, verehrter Herr Hauptmann, die Beantwortung dieser Fragen grosse Schwierigkeiten, weil Sie an Jhr Amt gebunden sind und parteilos sein müssen. Dann verzichte ich natürlich auf die Beantwortung, wenngleich ich hier versprechen möchte, dass niemals einen offiziellen Brauch von Jhrer Antwort machen werde. Jn dieser Beziehung brauchen Sie also nicht vorsichtig zu sein, und ich nehme an, dass Sie meinem Versprechen glauben werden.

Jch möchte Jhre kostbare Zeit nun nicht länger in Anspruch nehmen.

Hoffentlich haben Sie inzwischen wieder einen recht erfolgreichen Aufklärungskurs leiten dürfen: wenn auch nicht glänzende Redner aus dem Kursen hervorgehen können, so dürfen Sie doch ueberzeugt sein, dass diesen Kursen nur Gutes entspringt, ich möchte sagen, das Beste, was einem heute mit auf den Weg gegeben werden kann in unsern Zeiten der inneren Bedrängnis und Zerrissenheit.

Jm kommenden Winter hoffe ich, dass ich einige kleinere Vorträge halten kann. Vielleicht darf ich dann in einigen Gewissens- und Wissensnöten nochmals zu Jhnen kommen.

Mit vorzüglicher Hochachtung
Jhr ganz ergebenster
(Adolf Gemlich)
Gemlich.

Aufgrund dieser Anfrage des »Propagandamann« Adolf Gemlich aus Ulm vom 4. September 1919 an den Leiter der Abt. I des Gruko 4, Hauptmann Karl Mayr, beauftragte dieser Hitler, zu dem Problem »Regierungssozialdemokratie und Judentum« Stellung zu nehmen.

München, den 10. September 1919.

Sehr verehrter Herr H i t l e r !

Anbei eine Abschrift eines Briefes. Da ich derzeit sehr in Anspruch genommen bin, wenn Sie mir eine 1 – 2 Seiten lange Ausführung zu den Fragepunkten (mit Jhrer Unterschrift und Briefadresse) zur Verfügung stellen könnten, ich behalte mir vor, im Anschluss an Jhre Zeilen noch die Fragen wegen des Ausschusses und der " Regierungssozialdemokratie" zu beantworten.

Jhre Ausführungen über die Ansiedelungsfrage habe ich erhalten; das Gru. Kdo. behält sich vor, u. U. diesen dienstl. Bericht gekürzt oder ungekürzt in geeigneter Weise in die Presse zu lancieren.

Besten Gruss

Auftrag des Hauptmanns Karl Mayr an Hitler, der den Brief des Adolf Gemlich vom 4. September 1919 beilegte, diesen zu beantworten.

München, den 17. September 1919.

Herrn Adolf G e m l i c h

U l m a/Donau

Schaffnerstr. 13.

Sehr verehrter Herr Gemlich!

Besten Dank für Jhren Brief! Da ich augenblicklich sehr in Anspruch genommen war, habe ich den von Herrn Hitler (ebenfalls einem früheren Kursteilnehmer) um Aeusserung gebeten; sie liegt im Wortlaut an. Ich kann den sehr klaren Ausführungen nur durchaus beipflichten – mit einer Ausnahme, und das ist das von Herrn Hitler ebenfalls berührte Zinsproblem. Der Zins ist nicht eine Erfindung der »Manichäer« oder Juden, sondern eine im Prinzip des Eigentums und dem gesunden Erwerbstrieb begründete Hinrichtung, bei der es nur darauf ankommt, alle Auswüchse rechtzeitig und mit rücksichtsloser Entschiedenheit auszumerzen.Was die Juden in Verbindung mit der Zinsfrage anlangt, so ist das festzustellen, dass natürlich diese Rasse es gewesen ist, die die schädlichen und gewinnreichen Möglichkeiten des Zinsproblems am raschesten erkannt und am rücksichtslosesten auszubeuten und jede grosszügige gesetzgeberische Beschränkung mit grösster Gerissenheit zu hintertreiben verstand. Den besten Einblick in das Zinsproblem geben die Ausführungen des Herrn Feder, die ich deshalb auch trotz Widerstreben sehr einflussreicher Kreise gefördert habe; nur schüttet eben auch Herr Feder schliesslich das Kind mit dem Bade aus. Mit dem Zinsproblem geht es wie mit dem Problem z.B.der Autokratie (Selbstherrschaft, Despotie,Zarismus – Man muss die Auswüchse beschneiden, den goldenen »constitutionellen« Mittelweg gehen und darf nicht alles über einen Kamm scheren (sozialistische Demokratie).

Schreiben des Hauptmanns Karl Mayr vom 17. September 1919 an Adolf Gemlich in Ulm, wobei er den antisemitischen, »sehr klaren Ausführungen« Hitlers beipflichtete.

Es zeigte sich, wie Rudolf Beyschlag am 22.8.1919 an das Gruko 4 berichtete [783], »daß es eigentlich nur 2 Leute ... *[waren]* ... welche die Hauptarbeit geleistet haben«, nämlich er und Hitler. In den Berichten finden sich u. a. drei Vorträge von Hitler: »Samstag, den 23. August 1919 vorm. 9-11 Uhr, ›Friedensbedingungen und Wiederaufbau‹, Sonntag, den 24. August 1919 vorm. ›Auswanderung‹ und Montag, den 25. August 1919 nachm. 2-5 Uhr, ›Sozial- und wirtschaftliche Schlagworte‹.« Hitler hielt auch Vorträge über ›Die Befruchtung des Kapitals auf internationalem Wege‹. Hitler, der von verschiedenen Teilnehmern als ein »hervorragender und temperamentvoller Redner« bezeichnet worden ist, kam in seinen Vorträgen schon damals auf die Juden zu sprechen, obwohl, wie ein Kollege Hitlers berichtete,

»von Seiten der Regierung unliebsame und äußerst bedauerliche Hindernisse in den Weg gelegt waren, so bei der Behandlung der Judenfrage, dann bei der Schuldfrage an unserem Zusammenbruch« [784].

Das hielt aber Hitler nicht davon ab, die Juden anzugreifen, wie der Führer des Wachkommandos im Lager Lechfeld, Oberleutnant Bendt in seinem Bericht vom 25.8.1919 an das Gruko 4 ausführte:

»Gelegentlich eines sehr schönen, klaren und temperamentvollen Vortrages des Gefr. Hitler über den Kapitalismus, der dabei die Judenfrage streifte ... entstanden über die Art und Weise ... *[Hitlers]* ... gelegentlich einer Besprechung der Beteiligten mit mir Meinungsverschiedenheiten, ob man klar und unverblümt seine Meinung äußern solle, oder in etwas verschleierter Form. Es wurde angeführt, die Abteilung sei vom Gruppenkommando Möhl aufgestellt in dienstlicher Eigenschaft tätig. Wenn nun die Judenfrage in ganz klarer Form unter besonderer Berücksichtigung des germanischen Standpunktes dargestellt wurde *[von Hitler. Anm.d.V.]*, so könnte leicht diese Erörterung den Juden Anlaß geben, die Vorträge als eine Judenhetze zu bezeichnen. Ich sah mich also veranlaßt anzuordnen, daß bei Behandlung dieser Frage möglichst vorsichtig vorgegangen werden solle und daß zu deutliche Hinweise auf die dem deutschen Volke fremde Rasse nach Möglichkeit zu vermeiden seien.« [785]

Das ist der »erste dokumentierte« Angriff Hitlers auf die Juden! Diese, dem Gruppenkommando 4 durch Oberleutnant Bendt bekannt gewordene erste Rede Hitlers über das »Judenproblem« war wohl auch Anlaß dafür, das Hauptmann Karl Mayr Hitler am 16.9.1919 den bekannten Brief an seinen »Kollegen Aufklärer«, Adolf Gemlich in Ulm schreiben ließ, wo Hitler völlig ungehemmt und ausführlich zur »Regierungssozialdemokratie und Judentum« Stellung nahm. [786] U. a. führte Hitler in diesem Brief schon damals aus, »letztes Ziel aber muß unverrückbar die Entfernung der Juden überhaupt sein. Zu ... *[dem]* ... ist nur fähig eine Regierung nationaler Kraft und niemals eine Regierung nationaler

Ohnmacht.« [787] Und der Antisemit und Republikgegner, Hauptmann Karl Mayr, pflichtete den »sehr klaren Ausführungen Hitlers« bei! [788]
Die vorhandene antisemitische Grundhaltung bei der Reichswehr in München führte z. B. so weit, daß die Schützenbrigade 21 in einer Anweisung vom 8. April 1920 feststellte,

»daß neuerdings wieder Zeitfreiwillige in Uniform in der Königinstraße antisemitische Flugblätter *[möglicherweise von der DAP Hitlers. Anm.d.V.]* verteilt haben. Ich glaube es mir ersparen zu können«, so führte der stellvertretende Brigadeführer, Oberstleutnant Aschauer aus, »nach all den wiederholten eindringlichen Ermahnungen neuerdings auseinanderzusetzen, daß gerade jetzt der Wiederkehr der von allen Einsichtigen ersehnten, geordneten straffen Zustände nichts schädlicher sein kann, als einseitige politische Betätigung der Reichswehr. Der Einzelne mag über die jetzigen und die kommenden Verhältnisse denken wie er will, in der Öffentlichkeit muß die Reichswehr politisch ungefärbt dastehen. Nur dann kann sie, wenn es not tut, mit wirklichem Nachdruck auftreten ...
Ob die Zeitfreiwilligen als Civil-Personen sich politisch betätigen, kann und will ich nicht beeinflussen. In Uniform jedenfalls ist eine politische Betätigung ausgeschlossen.
Ich verkenne keineswegs die reinen und idealen Beweggründe für die Handlungsweise der vereinzelt sich noch öffentlich in Uniform politisch betätigenden Zeitfreiwilligen, hoffe aber, daß sie um des großen Ganzen willen und mit Rücksicht auf den inneren Wert der Reichswehr diesen meinen endgültigen Hinweisen folge geben.« [789]

Nach der Beendigung des fünftägigen »Aufklärungskurses« im Lager Lechfeld, am Montag, dem 25.8.1919, kam Hitler wieder nach München zurück und durch Geldmanipulationen von Rudolf Beyschlag, der angeblich 500 RM verloren hatte, die er an die »Aufklärer« zahlen sollte, wurde Hitler »Sprecher« der Propagandagruppe des Lagers Lechfeld. Er hatte Beyschlag damit ausgestochen und das volle Vertrauen des Hauptmann Karl Mayr gewonnen, der nun seine Hand schützend und stützend über sein »Zöglingstalent« Hitler hielt.
Hitler führte ab Oktober 1919 verschiedene Tätigkeiten im Auftrag von Hauptmann Mayr aus. Er schrieb Briefe [790], hielt als »Propagandamann« des Gruko 4 Vorträge beim II. Bataillon des Bayerischen Schützen Regiments Nr. 42 (Major Ruith), das in der Kaserne des ehemaligen 2. Inf. Regt. an der Lothstraße lag und beim 2. Bayer. Schützen Regiment Nr. 42 in der Marsfeldkaserne (Oberstleutnant Haack) sowie beim 1. Bayerischen Schützenregiment, das als Reichswehreinheit die Regimentsnummer 41 führte und in der Türkenkaserne stationiert war (Oberstleutnant Hergott). Auch außerhalb Münchens, z. B. in Passau,

Und diese Wiedergeburt wird nicht in die Wege geleitet durch eine Staatsführung unverantwortlicher Majoritäten unter dem Einfluss bestimmter Parteidogmen einer unverantwortlichen Presse, durch Phrasen und Schlagwörtern internationaler Prägung, sondern nur durch rücksichtslosen Einsatz nationalgesinnter Führerpersönlichkeiten mit innerlichem Verantwortungsgefühl.

Diese Tatsache jedoch raubt der Republick die innere Unterstützung der vor allem so nötigen geistigen Kräfte der Nation. Und so sind die heutigen Führer des Staates gezwungen sich Unterstützung zu suchen bei jenen die ausschliesslich Nutzen aus der Neubildung der deutschen Verhältnisse zogen und zishen. und die aus diesem Grunde ja auch die treibenden Kräfte der Revolution waren; den Juden. Ohne Rücksicht auf die auch von den heutigen Führernsicher erkannte Gefahr des Judentums (Beweis dafür sind verschiedene Aussprüche derzeitig leitender Persönlichkeiten) sind sie gezwungen die ihnen zum eigenen Vorteil von den Juden bereitwillig gewährte Unterstützung anzunehmen, und damit auch die geforderte Gegenleistung zu bringen. Und dieser Gegendienst besteht nicht nur in jeder möglichen Förderung des Judentums überhaupt, sondern vor allem in der Verhinderung des Kampfes des betrogenen Volkes gegen seine Betrüger, in der Unterbindung der antisemitischen Bewegung.

Mit vorzüglicher Hochachtung

Adolf Hitler

Letzte Seite der Stellungnahme Hitlers vom 16. September 1919 bezüglich »Regierungssozialdemokratie und Judentum«, die Hauptmann Karl Mayr am 17. September 1919 an Adolf Gemlich in Ulm sandte.

München, den 17. September 1919.

Sehr geehrter Herr Hitler!

Besten Dank für Jhre Ausführungen! Anbei ein Durchschlag meiner Bemerkungen! Sind Sie telefonisch erreichbar?

Besten Gruss!

Mayr.

Brief Akt

Gemlich Brief vom 17.9.19.

Schreiben des Hauptmanns Karl Mayr an Hitler vom 17. September 1919, in dem er sich bei Hitler für die antisemitischen Ausführungen bedankte und seinem Brief an Adolf Gemlich vom gleichen Tag beilegte.

sprach Hitler vor einem Bataillon des Infanterie Regiments Nr. 20 (Regimentsstab in Regensburg), dessen Kommandeur Oberstleutnant Hans Georg Hofmann [791] war und der Hitler den Titel »Bildungsoffizier« anhängte. Hitler wurde auch als sogenannter »V-Mann« zur Überwachung von politischen Parteien, Vereinigungen und Organisationen eingesetzt, aber »Bildungsoffizier«, wie sich Hitler dann in seinem Buch »Mein Kampf« und auch im Prozeß 1924 vor dem Volksgericht München I bezeichnete, war er jedoch nie gewesen. [792]

»Ich begann mit aller Lust und Liebe», so berichtete Hitler später, »bot sich mir doch jetzt mit einem Male die Gelegenheit, vor einer größeren Zuhörerschaft zu sprechen, und was ich früher immer, ohne es zu wissen aus dem reinen Gefühl heraus einfach angenommen hatte, traf nun ein: ich konnte reden. Auch die Stimme war schon viel besser geworden, daß ich wenigstens in kleinen Mannschaftszimmern überall genügend verständlich blieb.
Keine Aufgabe konnte mich glücklicher machen, als diese, denn nun vermochte ich noch vor meiner Entlassung in der Institution nützliche Dienste leisten, die mir unendlich am Herzen gelegen hatte: im Heere. Ich durfte auch von Erfolg sprechen: Viele hunderte, ja wohl tausende von Kameraden habe ich im Verlaufe meiner Vorträge wieder zu ihrem Volk und Vaterland zurückgeführt. Ich ›nationalisierte‹ die Truppe.« [793]

Als der bis Februar 1919 eher gehemmt wirkende Hitler merkte, daß er in der Öffentlichkeit und vor vielen Menschen reden konnte und Beifall bekam, war das wohl das erste wirkliche »Erfolgserlebnis« in seinem Leben. Er fand Gefallen daran, und schon einige Monate später hieß es in einem Bericht des »Polizeilichen Nachrichten Dienstes« (PND) der Polizeidirektion München, daß Hitler »Kaufmann ... *[sei]* ... und berufsmäßiger Werberedner ... *[wird]* ...« [794]. Es existieren mehrere Zeugenberichte, die Hitler damals eine fanatische, beinahe krankhaft hektische Redekunst, eine radikale Einstellung und Skrupellosigkeit sowie eine rauhe, zur Schau getragene Frontsoldatenart und eine suggestive Kraft der Überzeugung durch seine Rede auf die Zuhörer bescheinigten.
Da, wie schon erwähnt, das Gruppenkommando 4 auch die politische Tätigkeit der damals rund fünfzig (!) politischen Parteien und Organisationen in München überwachte, wurden, neben dem »Agentendienst« der Stadtkommandantur München, vom Gruko 4 auch sogenannte »V-Männer« eingesetzt. Diese hatten die Aufgabe, die politische Tätigkeit und die Versammlungen durch Observation und Besuche zu überwachen und darüber Berichte anzufertigen, die sie nicht mit ihren Namen, sondern mit einem Zahlencode unterschrieben.
Schon einige Tage nach seiner Rückkunft aus dem Lager Lechfeld

wurde Hitler u. a. beauftragt, am Freitag, dem 12.9.1919, als »V-Mann« eine Versammlung der »Deutschen Arbeiter Partei« (DAP) zu besuchen. [795] Diese Partei war am 5. Januar 1919 von Anton Drexler [796], der als Werkzeugschlosser in der Eisenbahn-Hauptwerkstätte an der Donnersberger Brücke arbeitete, gegründet worden. Das Ziel Drexlers und seiner DAP war es, unter der Arbeiterschaft den völkischen Gedanken zu verbreiten. Vorsitzender war damals der Journalist Karl Harrer [797], der am 7.2.1918 von der »Thulegebrüderschaft« zu Drexler gestoßen war.

Drexler gab später an:

»Die erste Berührung der Partei mit Adolf Hitler hat wohl schon im August 1919 stattgefunden *[nach Angaben von Michael Lotter Anfang September 1919. Anm. d. V.]*. Dietrich Eckart war damals Mitglied geworden und sollte einen Vortrag halten. Wir hatten zu jener Zeit etwa 200 Mitglieder und auch 200 Freunde, so daß wir 400 Einladungen versenden konnten. Dietrich Eckart wurde krank und die Versammlung mußte verschoben werden. Dann sprach Gottfried Feder; nach ihm Professor Baumann, der als Gast geladen war. Baumann war Demokrat. Hitler war von seiner militärischen Dienststelle zur Informationsaufnahme anwesend. Baumann sagte, Tirol solle sich an Bayern anschließen, aber nicht an Deutschland! Darauf antwortete Hitler so scharf, daß ich ... mich bei ihm für seine Ausführungen bedankte und ihn bat, meine Schrift ›Mein politisches Erwachen‹ mitzunehmen, sie durchzulesen, es seien die Richtlinien und Grundanschauungen der neuen Bewegung in ihr enthalten und, wenn er damit einverstanden sei, möge er in 8 Tagen wieder kommen und im engeren Kreis mitarbeiten, denn solche Leute wie ihn, könnten wir notwendig brauchen.« [798]

Michael Lotter [799], der ab dem 9.12.1918 mit Anton Drexler zusammen als Schlosser in der Eisenbahn-Hauptwerkstätte arbeitete und 1919/20 erster Schriftführer der DAP gewesen war, gab an:

»Bei der am 15.8.1919 im ›Sternecker‹ [800] (Leiberzimmer) angesetzten Versammlung war Dietrich Eckart als Redner gewonnen worden. Eine weitere Versammlung im ›Sternecker‹ wurde für Anfang September 1919 festgesetzt. Als Redner sprang für den erkrankten Dietrich Eckart Gottfried Feder ein und hielt einen Vortrag über ›Brechung der Zinsknechtschaft‹. Anwesend waren ungefähr 80 Leute. Anschließend an den Vortrag entwickelte Anton Drexler wieder die Ziele der Deutschen Arbeiter Partei. In der Diskussion sprach ein Professor Baumann über separatistische Anschauungen und setzte sich für die Bildung der Donaulinie ein. Ein zweiter Redner meldete sich zum Wort und erledigte in kurzen markigen Worten diesen Prof. Baumann, so daß dieser seinen Hut nahm und ging. Es war dies ... Adolf Hitler.

Die Versammlung wurde kurz darauf von Drexler geschlossen, mit der Bitte an Adolf Hitler wieder zu uns zu kommen, denn solche Leute

konnten wir gebrauchen. Dabei übergab Drexler Hitler sein von ihm verfaßtes »Mein politisches Erwachen« mit der Bitte, es lesen zu wollen. Die Freude Anton Drexlers und die Aussicht auf Eintritt Adolf Hitlers in die Partei, kam am besten mit den Worten zum Ausdruck: ›Jetzt haben wir einen Österreicher, der hat eine solche Goschen.‹
Einige Zeit später wurde bekanntlich dann Adolf Hitler die Mitteilung zugestellt, daß er als Mitglied in die Deutsche Arbeiter Partei aufgenommen sei. Der Eintritt Hitlers in die Deutsche Arbeiter Partei war am 16. September 1919.« [801]

In »Mein Kampf« und in seinem bekannten Brief vom 29.11.1921 sowie 1924 vor dem Volksgericht München I gab Hitler immer wieder an, daß er als 7. Mitglied in die DAP eingetreten sei: »So meldete ich mich als Mitglied der ›Deutschen Arbeiter Partei‹ an«, schrieb Hitler, »und erhielt einen provisorischen Mitgliedsschein mit der Nummer sieben.« [802]

Michael Lotter, 1. Schriftführer der DAP, berichtete später dazu:

»Ich selbst habe nur Mitteilung ... *[an Hitler]* ... über die erfolgte Aufnahme als Mitglied mit dem Hinweis ausgegeben, daß diese Mitteilung auch als vorläufiger Mitgliedsausweis anzusehen ist ... Eine Mitgliedskarte mit der Nummer ›sieben‹ gab es weder bei der am 9.1.1919 gegründeten DAP, noch bei der ab 1.2.20 erfolgten Namensänderung in NSDAP. Die alphabetische Einreihung der Mitglieder ab 1.1.1920, wurde auch für die bereits vor diesem Zeitpunkt vorhandenen Mitglieder bestimmt. So hatte der Führer ... *[Hitler]* ... Nr. 555, Anton Drexler als zeitältester Nationalsozialist Nr. 526, ich selbst hatte Nr. 709. Die Einteilung begann mit der Nr. 501.« [803]

Max Amann sagte 1947 in Nürnberg aus:

»Etwa im Frühjahr 1920 traf ich durch einen Zufall Hitler am Odeonsplatz in München. Er trug immer noch Soldatenuniform. Auf meine Frage, wo er jetzt sei, erklärte er mir, er sei Bildungsoffizier bei der Reichswehr und seine Aufgabe sei, Vorträge bei den Formationen der Reichswehr zu halten, und zwar bis zu Bataillonsstärke. In diesen Vorträgen machte er auf den Bolschewismus aufmerksam und in Sonderheit auf die Gefahr, die durch den Bolschewismus dem deutschen Volk drohe. Diese Tätigkeit befriedige ihn aber auf die Dauer nicht. Er beabsichtige in das politische Leben einzutreten und eine eigene politische Partei zu gründen. Auf meine Erklärung, daß ich nie in meinem Leben politisch tätig gewesen wäre, ich sei auch noch zu jung — aktiver Soldat 1912 gewesen und ob denn die Zahl der Parteien noch nicht genügend sei, sagte er mir, die Gründung sei notwendig, denn er wolle mit seiner Partei die Arbeiter gewinnen, die jetzt in ihrer Mehrheit bei politischen Parteien sein, die dem Bolschewismus nahe stünden oder im Zunehmen sein würden.« [804]

An anderer Stelle gab Amann an:

»... traf ich ihn ... *[Hitler]* ... an der Feldherrnhalle und da hatte er einen uniformähnlichen Mantel angehabt und ich fragte ihn, ob er noch immer Soldat sei. ›Ich muß Ihnen sagen, ich bin jetzt bei der Reichswehr‹, sagte er. ›Was machen Sie da?‹ ›Ich bin Bildungsoffizier.‹ ›Was ist das‹, fragte ich ihn. ›Ich halte Vorträge gegen den Bolschewismus.‹ Ich fragte ihn, ob das denn die Soldaten interessiere. ›Leider nicht‹, sagte er, ›das ist zwecklos. Es gefällt mir nicht auf die Dauer. Die Soldaten interessiert es mehr, aber die alten Majore nicht. Ich halte Vorträge bei Soldaten bis zu Bataillonsstärke und den Majoren passt es nicht. Denen wäre es lieber, wenn ich mit dem Tanzbären den Soldaten Späße vormachen würde und das passt mir nicht und deshalb gehe ich. Ich werde selbst eine Partei gründen.‹ Ich sagte: ›So, haben wir noch nicht genug?‹ ›Das verstehen Sie nicht, eine Partei gegen den Bolschewismus.‹ ›Mit ihrem ewigen Bolschewismus‹, sagte ich und fragte ihn gleichzeitig, wie dann die Partei heißen soll. ›Die Partei der Sozialen Revolutionäre.‹« [805]

Die DAP und spätere NSDAP war damals in München noch eine völkisch-nationalistische Gruppe unter vielen und bei weitem nicht die stärkste. Aber durch den pausenlos trommelnden Agitator Hitler, der seine Aufgabe darin sah, seine Idee des Nationalsozialismus einer großen Zahl von Menschen zu vermitteln, übertraf sie die anderen durch propagandistische Aktivitäten bei weitem, und schon bis Jahresende 1920 hatte die NSDAP über 2000 Mitglieder mit einigen Ortsgruppen außerhalb Münchens. Der Unterschied zwischen den Nationalsozialisten und den anderen Rechtsgruppen lag in ihrer besseren Organisation und in der außergewöhnlichen Radikalität, mit der vor allem Hitler dann verbal und physisch gegen seine Gegner vorging.
Am Freitag, dem 29.7.1921, ist Hitler, mit diktatorischen Vollmachten ausgestattet, als Mitglied Nr. 3680 Vorsitzender der »Nationalsozialistischen Deutschen Arbeiterpartei« (NSDAP) in München geworden. [806] Wie der nun 32jährige anschließend die Partei aufbaute und organisierte sowie durch eine extreme Propaganda die Menschen für seine Idee begeistern konnte, gehört zu den phänomenalen Leistungen Hitlers, der in den folgenden Jahren in einem Tempo über sich hinauswuchs, das bereits zwangsläufig Hybris und Ende enthielt.

»Ich habe Hitler nicht mehr gekannt«, so meinte Max Amann 1947. »Es war ein unbekanntes Feuer, das in ihm brannte ... Ich war dann 2 oder 3 Mal in seinen Versammlungen. Ich hatte da den Kameraden Thoma [807] getroffen und der sagte, daß er in die Hitler-Versammlung geht und da ging ich mit. Der Mann ... *[Hitler]* ... schrie, er führte sich auf, ich habe nie so etwas gesehen! Aber alle sagten: ›Der Mann meint es ehrlich.‹ Ihm ist das Wasser heruntergelaufen, er war ganz naß, es ist ganz unglaublich ...« [808]

Hitler hatte gegenüber Karl Harrer, Anton Drexler und den anderen damaligen Parteimitgliedern nicht nur das Redetalent voraus, sondern vor

Reichswehr-Gru.-Kdo. 4 München, den 24. Oktober 1919.

Abtlg. I b/P

An

Herrn H i t t l e r .

Herr Hauptmann Mayr lässt Sie für 25.ds. 9 Uhr45 Vorm. zu einer Besprechung (Angel. Beyschlag) zu sich bitten. Herr Beyschlag wird sich 10 Uhr Vorm. dort einfinden. Kriegsministerium, Eingang Ludwigstr. Zimmer 42.

A. B.

Lt. und Ordz. Offz.

Am 25. Oktober 1919 fand in der Abt. Ib/P des Gruppenkommandos 4 in München eine Besprechung statt, die zur Ablösung des Kommandoführers der Propagandaleute, Rudolf Beyschlag, führte. Damit hatte Hitler Beyschlag überrundet und das volle Vertrauen des Hauptmanns Karl Mayr gewonnen.

Bayer.Reichswehrgruppenkommando No.4 München,den 21.Nov.19.

Abteilung I b/P.

No. 908

Sehr geehrter Herr H i t t l e r !

Herr Hauptmann M a y r lässt Sie bitten, sich heute (21.11.1919) zu einer Besprechung einzufinden. Kriegsministerium, Eingang Ludwigstrasse,Zimmer 42,1.Stock.

A.B.

Ltn.und Ordz.Offz.

Aus dem Schreiben des Leiters der Nachrichtenabteilung Ib/P des Gruppenkommandos 4, Hauptmann Karl Mayr, vom 21. November 1919 an das DAP-Mitglied Hitler geht hervor, daß Mayr sein »Zöglingstalent« Hitler sehr schätzte. Er ließ den »Sehr geehrten Herrn Hitler« zu sich »bitten«.

allem seine vorhergehenden politischen Schulungen und die praktische Rednertätigkeit bei der Reichswehr. Außerdem konnte Hitler sich als einziger den ganzen Tag der Parteiarbeit widmen — bis zum 31.3.1920 bezog er Löhnung bei der Reichswehr, und dann bekam er »Rednerhonorare« — während alle anderen Mitglieder einen »Beruf« hatten und die Parteiarbeit nur nebenbei machen konnten. Damit hatte Hitler sein Ziel erreicht, er hatte endlich einen Beruf gefunden: Er war Politiker geworden!

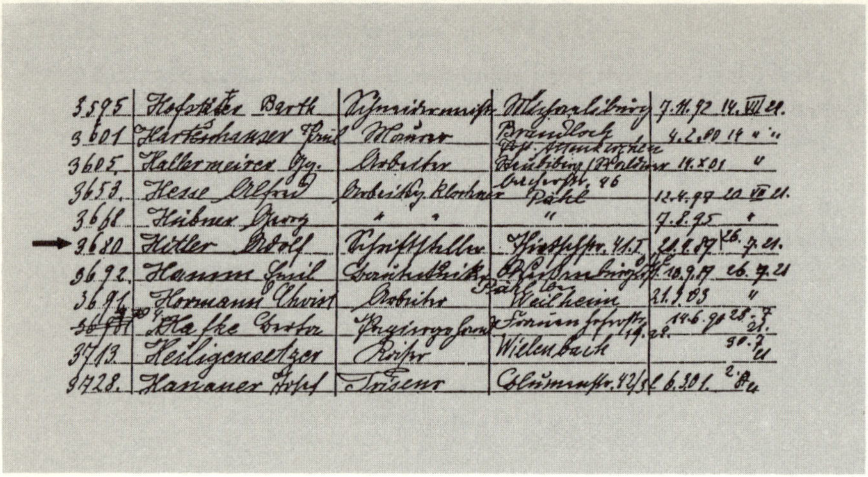

Aus der ersten Mitgliederliste der NSDAP, die am 2. Februar 1920 angelegt wurde, geht hervor, daß man Hitler am 26. Juli 1921 als Mitglied Nr. 3680 geführt hat. Am 29. Juli 1921 ist Hitler, mit diktatorischen Vollmachten ausgestattet, zum 1. Vorsitzenden der NSDAP gewählt worden.

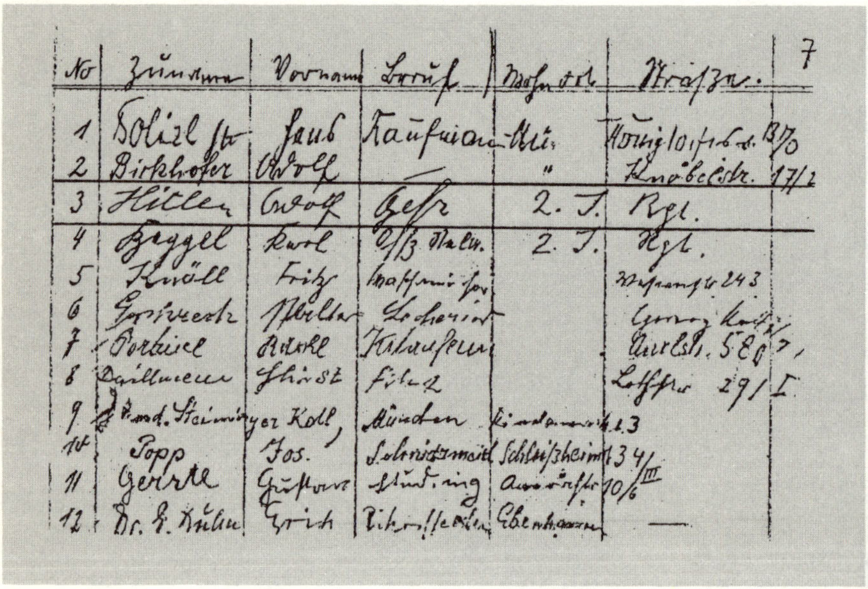

Ausschnitt aus einer frühen Versammlungsteilnehmerliste der NSDAP von Anfang 1920. Unter Nr. 3 Hitler und unter Nr. 10 sein früherer Vermieter, der Schneider Joseph Popp.

Anmerkungen

1 Nach dem Polizeimeldebogen (PMB) vom 27.5.1913 des Rudolf Häusler, der zusammen mit Hitler von Wien nach München kam, war Häusler seit Sonntag, dem 25.5.1913, in München (Polizeimeldebogen des Rudolf Häusler, Stadtarchiv München). Die Abmeldung von Hitler und Häusler in Wien erfolgte am Samstag, dem 24.5.1913. In Häuslers Abmeldung ist auch kein neuer Wohnsitz, sondern wie bei Hitler nur der Vermerk »unbekannt verzogen« angegeben. Magistrat der Stadt Wien, (MA 8), Meldezettel von Häusler, bzw. Abschriften bei Hitler und HIMC, File 17, Reel 1 und NS 26, BA Koblenz. In »Germany's Hitler« von Heinz A. Heinz, London, Hurst & Blackett, Ltd. 1934, S. 56, gab Frau Popp über Hitlers Ankunft auch an: »... Es war ein schöner Sonntagnachmittag ...«

2 Niederschrift von Karl Honisch, NSDAP-Hauptarchiv, Hoover Institution, Stanford University, California, File 17, Reel 1. Die Sammlung des NSDAP-Hauptarchivs in München, Barerstr. 15 wurde, infolge der zunehmenden Fliegerangriffe auf München, 1943 nach Passau, Neumarkt St. Veit und Lenggries ausgelagert. Nach Kriegsende von der US-Army aufgefunden und Anfang 1946 als »Collection NSDAP Hauptarchiv« im Berlin Document Center zusammengestellt. Bis 1963/64 von den Amerikanern mikroverfilmt (143 Reels), wurde das Material an das Bundesarchiv in Koblenz übergeben und dort als Bestand NS 26 geführt (Teile der Sammlung wurden an Länderarchive abgegeben, so z. B. die Akten der »Polizeidirektion München« an das Bayerische Hauptstaatsarchiv München usw.). Da ich überwiegend mit den Mikrofilmen der »Hoover Institution on War, Revolution and Peace, Stanford University« gearbeitet habe, weiterhin zitiert als »NSDAP Hauptarchiv, Hoover Institution, Microfilm Collection« = NSDAP Hauptarchiv, HIMC.

3 ebenda. Die Angaben von Karl Honisch — nicht zu verwechseln mit Reinhold Hanisch — sind glaubwürdig, da z. B. der Mann, der mit Hitler von Wien nach München »auswanderte«, Rudolf Häusler war.

4 Maser schreibt: »... Hitler fährt, mit 80 Kronen in der Tasche, nach München ...«, Maser, a.a.O., S. 117. Nachdem man immer wieder feststellen muß, daß Prof. Dr. Maser scheinbar oft nicht in der Lage ist, Quellen richtig abzuschreiben und zu zitieren, wundert es auch nicht, daß Hitler in dem Brief vom 29.11.1921 — auf den sich Maser bezieht — schrieb: »... mein gesamter Barbetrag bei meiner Reise nach Wien (sic) betrug 80 Kronen ...« Ein Kommentar dazu erübrigt sich wohl: Hitler fuhr 1908 nach Wien und 1913 (!) nach München. Aber bei dem »international angesehensten Hitler Forscher« Maser (Zitat aus der BUNTEN von 1977, Nr. 46, S. 13), dessen Bücher angeblich in achtzig Sprachen übersetzt wurden und der in Speyer eine Versandbuchhandlung für »handsignierte« Bücher betreibt (!), darf man das alles halt nicht so genau nehmen.

5 Karl Honisch, geb. am 10.2.1891 in Altstadt in Mähren war Kontorist und später Beamter in Wien. Er lernte Hitler 1913 im Ersten Wiener Männerheim in Wien, XX. Bezirk, Meldemannstraße 27, kennen. Nach seiner Heirat wohnte Honisch in Wien 16, Wilhelminenstraße 44 und zog am 30.7.1938 nach Wien Siebenhirten, Johann-Schwarz-Gasse 22. Im Mai 1939 schrieb er für das NSDAP-Hauptarchiv seine Erinnerungen über seine Zeit mit Hitler im Männerheim auf, die realistisch und nachvollziehbar sind. Honisch,

der sich im I. Weltkrieg ein Lungenleiden zugezogen hatte, starb am 28.9.1942 im Alter von 51 Jahren in Wien.

6 Karl Honisch, »Wie ich im Jahre 1913 Adolf Hitler kennenlernte«, Niederschrift vom 31.5.1939, NSDAP Hauptarchiv, HIMC, File 17, Reel 1.

7 John Toland, Adolf Hitler, Gustav Lübbe Verlag GmbH, Bergisch Gladbach, 1977, S. 73.

8 S. Anm. 161.

9 Rudolf Häusler, geb. 5.12.1893 in Aspang (B. Bz. Wiener Neustadt), Volksschule, drei Klassen Mittelschule und Handelsschule, 1908-1910 kaufmännische Lehre in Wien I. Als 19jähriger arbeitslos (»Gelegenheitsarbeiter«), mit Hitler vom 4.2.1913 bis 25.5.1913 im Männerheim in der Meldemannstraße 27 in Wien. Am 25.5.1913 mit Hitler nach München gefahren, wo er bis zum 15.2.1914 mit Hitler bei dem Schneider Popp in der Schleißheimerstr. 34/III wohnte. Bis zum 3.8.1914 als Gelegenheitsarbeiter in München. Anschließend Rückfahrt nach Wien und Militärdienst ab 17.8.1914 beim Inf. Regt. 4 in Rumänien und Italien bis 1919 als Zugführer. Bis 1921 selbständiger Kaufmann in Wien und von 1927 bis 1933 Bankbeamter bei der Wiener Lomb. u. Esk. Bank in der Schottengasse. Von 1933 bis 1937 Geschäftsführer eines Hotels auf der Bischofskoppe und ab 1938 Wagmeistr in einer Zuckerfabrik. Mitglied der NSDAP (Juni 1933 sowie 1.9.1938) und ab 1.12.1938 Hauptabteilungsleiter bei der DAF (Deutsche Arbeitsfront) und ab 1940 Hauptstellenleiter der NSDAP bis 1945. Häusler starb am 26.7.1973 im Alter von 79 Jahren in Wien.

10 Meldeunterlagen des Magistrats der Stadt Wien (MA 8).

11 Joseph Popp, geb. am 2.3.1874 als Sohn eines Bauhilfsarbeiters in Ilmmünster (Pfaffenhofen), zog mit seinen Eltern 1881 im Alter von 7 Jahren nach München in die Adalbertstraße 18. Er lernte hier von 1888-1891 das Schneiderhandwerk. Am 29.8.1900 heiratete er und war dann als 27jähriger ab dem 1.3.1901 als selbständiger Schneider in der Schleißheimer Str. 34/III tätig. Popp hatte zwei Kinder, Josef und Elise, die 1913, bei Hitlers Ankunft in München 12 und 8 Jahre alt waren. Hitler wohnte bis zum 16.8.1914 bei Popp in Untermiete und schrieb aus dem Feld mehrere Briefe an die Familie Popp, die auch seine Sachen bis nach dem Krieg aufbewahrte. Hitler wohnte dann bis zum 1.5.1920 in der Kaserne des 2. I. R. in der Lothstraße 29. 1928 gab Popp sein Geschäft auf, er starb am 22.5.1935 im Alter von 61 Jahren in München, seine Frau Anna Popp am 9.10.1945 in Haar.

Der Sohn Josef Popp, geb. am 9.5.1901 in München, lernte Gold- und Silberschmied und war bereits 1920 als neunzehnjähriger Mitglied der DAP (Nr. 609, s. Mitgliederliste der DAP von 1920/21, BA Koblenz, NS 26/230). Popp sen. und jun. nahmen, wie die Teilnehmerlisten von 1920 beweisen (s. NSDAP-Hauptarchiv, HIMC), an mehreren Versammlungen der DAP mit Hitler teil. Popp sen. war jedoch nicht Mitglied der DAP. Popp jun. arbeitete ab Ende 1920 in Saarbrücken und war dann von 1923 bis 1936 in Den Haag, Adjestraat 32 (Holland) als selbständiger Goldschmied tätig. Ab 1.5.1934 Mitglied der NSDAP, Mitglied Nr. 4 200 000. Von 1938 bis 1942 als Angestellter im Finanzamt München beschäftigt, anschließend Kriegsdienst in der Wehrmacht bis 1945. Nach dem Krieg wieder als Goldschmied in München tätig. Popp wanderte später in die USA aus (Datum bei der Einwohnerstelle München nicht bekannt).

Maser erweckt den Eindruck, mit Joseph Popp sen., der 1935 starb, gesprochen zu haben »... Josef Popp, der in seinen jungen Jahren als Herrenschneider in vornehmen Pariser Ateliers gearbeitet hat, französisch spricht und überzeugt ist, etwas ›von der Welt‹ gesehen zu haben ...« (Maser, Adolf Hitler, a.a.O., S. 117/118). Joseph Popp sen. war nach dem PMB immer in München gewesen, und sein Sohn Josef war damals 12 Jahre alt. Außerdem schreibt Maser (s. S. 120), daß der besonders in Paris geschulte ... Herrenschneider Popp 1919 Mitglied der DAP war (Nr. 609). Daß dies sein Sohn Josef Popp war, was aus der Mitgliederliste (s. BA Koblenz, NS 26/230) eindeutig hervorgeht, hat Maser wieder einmal nicht lesen oder abschreiben können.

12 »Germany's Hitler« von Heinz A. Heinz, London, Hurst & Blackett, Ltd. 1934, S. 56. Die Angabe 1912 von Frau Popp ist, wie später auf dem Schild an dem Haus, falsch.

13 Polizeimeldebogen (PMB) Hitlers und Häuslers, Stadtarchiv München und NSDAP Hauptarchiv, HIMC, File 17, Reel 1.

14 Hitlers Lebenslauf vom 29.11.1921, NSDAP Hauptarchiv, File 17, Reel 1, »Mein Kampf«, S. 138, Prozeß vor dem Volksgericht I in München 1924 usw. Hitlers Faktotum Schaub gab z. B. nach 1945 auch an, daß Hitler am 24.4.1912 nach München gekommen wäre, was ja nachweislich nicht stimmt. I. f. Z., ZS 771/52.

15 Polizeimeldebogen (PMB) des Rudolf Häusler, Stadtarchiv München.

16 Recherchen von Thomas Orr, der mit Nachbarn und dem Sohn des Schneiders Popp gesprochen hat. »Revue«, München, Nr. 37/1952 bis Nr. 8/1953, Bayer. Staatsbibliothek Nr. 1692.

17 S. auch Christine Schroeder, »Er war mein Chef«, Langen Müller Verlag München-Wien, 1985, 4. Aufl., S. 4 und 152.

18 Eva Anna Paula Braun, geb. 6.2.1912 in München, besuchte nach der Volksschule das Lyzeum (Tengstraße), anschließend die Handelsschule (Klosterschule) bei Simbach/Inn. 1929 Sprechstundenhilfe bei dem Frauenarzt Dr. Gunther Hoffmann in der Theresienstraße. Anschließend bei dem Fotografen Heinrich Hoffmann in der Schellingstraße 50 als Angestellte im Büro und Verkauf. Im Oktober 1929 lernte die 17jährige den 40jährigen Hitler kennen, der ihr von Hoffmann vorgestellt wurde. Ab und zu ging Hitler mit Eva Braun aus, was von Hoffmann geschickt lanciert wurde, jedoch ohne irgendwelche festere Bindung. Nach dem Selbstmord von Geli Raubal am 18.9.1931 verstand es Eva Braun sehr geschickt, sich durch einen Selbstmordversuch am 1.11.1932 Hitlers Aufmerksamkeit zu sichern. Nach einem zweiten Selbstmordversuch im Mai 1935 bezog sie am 9.8.1935 als kleine Angestellte Hoffmanns eine »eigene« Wohnung in der Widenmeyerstraße 42; die Miete zahlte Hitler. Ende 1935 kaufte Hoffmann in Hitlers Auftrag in Bogenhausen, Wasserburgerstraße 12, eine kleine Villa für sie (Kaufpreis 35 000 RM), die sie am 30.3.1936 bezog. Nach dem Weggang von Hitlers Halbschwester Angela Raubal und dem Ausbau des »Berghofs« am Obersalzberg 1936 hielt Eva Braun mit ihren Schwestern und Freundinnen auch Einzug auf dem Berghof und war nun fester Bestandteil in Hitlers privater Umgebung; sie mußte jedoch bei allen offiziellen Anlässen im Hintergrund bleiben. Sie war auch nicht Hausdame am Berghof, wie Picker schrieb, sondern immer nur Gast Hitlers. Am 3.6.1944 heiratete ihre Schwester Margarete Hermann Fegelein, den Eva Braun sehr mochte. Am 26.10.1944 schrieb Eva Braun unter dem Eindruck der immer kritischeren Kriegslage ihr Testament, und am 7.3.1945 fuhr sie nach mehreren Aufenthalten endgültig nach Berlin. Sie veranstaltete u. a. kleine intime Feste, wobei sie viel mit Fegelein tanzte. Fegelein, der in seiner Wohnung vom RSD festgenommen wurde, wobei man feststellte, daß er eine Frau bei sich hatte, wurde am 28.4.1945 gegen 23 Uhr auf Hitlers Anordnung wegen Desertion erschossen. Am 28.4.1945, kurz vor Mitternacht, heiratete Hitler Eva Braun, und am 30.4.1945 gegen 15.30 Uhr beging Eva Braun-Hitler im Alter von 33 Jahren im Bunker unter dem Park des Reichskanzlerpalais (Wilhelmstraße) in Berlin Selbstmord durch Gifteinnahme (Blausäure).

19 Gedächtnis-Schrift der Maria Wohlrab, geb. Kubata, vom 11.6.1940, NSDAP Hauptarchiv, HIMC, File 17, Reel 1.

20 Limes Verlag München, 1980, S. 344, Anm. 90.

21 S. Aussagen von Reinhold Hanisch und Karl Honisch, NSDAP Hauptarchiv, HIMC und Siegert, »Judenmord — warum«, Profil, Nr. 9, vom 27.2.1979.

22 Heinrich Heim, »Adolf Hitler, Monologe im Führerhauptquartier 1941-1944«, Albrecht Knaus Verlag, Hamburg 1980, S. 316.

23 Walter Buch, geb. 24.10.1883 in Bruchsal, trat nach dem Abitur in Konstanz 1902 als Fahnenjunker in das 6. bad. Inf. Rgt. Kaiser Wilhelm II. Nr. 114 in Konstanz ein. Am 27.1.1904 zum Leutnant ernannt, anschließend Lehroffizier (1913 Oberleutnant). Im I. Weltkrieg aktiver Offizier als Kompanie- und Bataillonsführer. 1915 Hauptmann, im März 1918 als Major in Döberitz an der Landesschule und im September 1918 im Kriegsministerium in Berlin. Am 20.11.1918 Verabschiedung als Major a. D. Anschließend Kleintierzüchter (Hühnerfarm) in Scheuern bei Gernsbach im Murgtal (bad. Schwarzwald). Ostern 1920 lernte er Hitler kennen, als er im Auftrag seines Vaters ein Buch überbrachte. Im November 1922 Eintritt in die NSDAP und im August 1923 von Hitler nach Nürnberg geschickt, um dort die SA aufzubauen. Nach dem Putsch 1923 bis Ostern 1924 Vertreter für Wein und Spirituosen in München. Anschließend wieder SA-Führer von München-Oberbayern und am 1.1.1928 an Stelle des im November 1927 verstorbenen Ulanen-Generals Heinemann zum Vorsitzenden des »Untersuchungs- und Schlichtungsausschusses« (USCHLA) der NSDAP, ab 31.3.1933 »Oberstes Parteigericht« genannt, ernannt. Mitglied des Reichstages, Reichsleiter und SS-Obergruppenführer. Am 30.4.1945 wurde Buch von der US-Armee interniert. Zu fünf Jahren Arbeitslager verurteilt, wurde Buch am 29.7.1949 nach Revision des Urteils aus der Haft entlassen. Am 12.11.1949 verübte der 66jährige Walter Buch Selbstmord durch Ertränken im Ammersee.

24 Brief von Walter Buch an Hitler vom 1.10.1928, BA Koblenz, NS 26/137s.

25 In einem Koffer, den Hitlers Haushälterin Anny Winter (1905-1970) mit Unterlagen aus Hitlers Schreibtisch 1945 an sich nahm, war u. a. dieser Heimatschein. 1949 versuchte Frau Winter den Inhalt des Koffers zu verkaufen. Er wurde von der Polizei beschlagnahmt. Einen Teil des Inhalts bekam Frau Winter nach einem Gerichtsverfahren 1954 zurück (1971 bei Klenau, 55. Auktion, versteigert), der andere Teil wurde vom Freistaat Bayern beschlagnahmt und liegt heute im Bayerischen Hauptstaatsarchiv in München.

26 NSDAP Hauptarchiv, HIMC, File 17, Reel 1, Polizeimeldebogen Hitlers (PMB).

27 Franz Jetzinger, »Hitlers Jugend«, Europa-Verlag Wien, 1956, S. 279 und Polizeimeldebogen Kl. III München, NSDAP Hauptarchiv, HIMC, File 17, Reel 1.

28 S. D. C. Watt, »Die bayerischen Bemühungen um Ausweisung Hitlers 1924«, VJH f. Zeitgeschichte (6) 1958, S. 278. Bericht des Gesandten Haniel von Haimhausen vom 27.3.1925.

29 Vermerk auf dem Polizeimeldebogen Kl. III München, NSDAP Hauptarchiv, HIMC, File 17, Reel 1 und Franz Jetzinger, a.a.O., S. 280.

30 Heinrich Heim, a.a.O., S. 405.

31 Franz Jetzinger, Dr. theol., geb. 3.12.1882 in Ranshofen (OÖ) war Priester, später Redakteur und Politiker. Gymnasium und Studium an der Theologischen Fakultät in Salzburg, Weltpriester und Professor an der Philosophisch-Theologischen Lehranstalt in Linz. Palästinaaufenthalt 1908, Teilnahme am I. Weltkrieg als Feldkurat. Anschließend intensive politische Betätigung. Zuerst bei der Deutschen Volkspartei (Wahlkreis Ried) und ab 1919 bei der Sozialdemokratischen Partei. Von 1919 bis Februar 1934 sozialdemokratischer Abgeordneter im Landtag (Wahlkreis Innviertel). Von 1920 bis 1930 Redakteur beim »Tagblatt«. Am 14.2.1921 Austritt aus der katholischen Kirche (exkommuniziert). Am 26.5.1930 Landrat-Ersatzmann und am 26.3.1932 als Landrat Mitglied der oberösterreichischen Landesregierung in Linz. Nach Verbot der Mandatsausübung am 12.2.1934 wurde Jetzinger unter Dollfuß als Sozialdemokrat fünf Wochen in Linz in Haft genommen. Danach Versicherungsangestellter bei der Wiener Gemeindeverwaltung. 1935 Wiedereintritt in die kath. Kirche und Beschäftigung als Amtsbibliothekar in der Studienbibliothek in Linz. Als Mitglied der Landesregierung von Oberösterreich hat sich Jetzinger Hitlers Militärakt besorgt und bis 1945 sichergestellt. Am 22.4.1944 von der Gestapo verhaftet und einige

Zeit in Haft. 1957 schrieb Jetzinger, der als Politiker Hitler und das NS-System haßte, ein vielbeachtetes Buch, »Hitlers Jugend«, in dem er u. a. die Dokumente aus Hitlers Militärakt präsentierte. Dr. Jetzinger starb am 19.3.1965 im Alter von 82 Jahren in Ottensheim in Oberösterreich.

32 NSDAP Hauptarchiv, HIMC sowie Stadtarchiv München und Magistratsabteilung 8, Landes- und Stadtarchiv Wien.

33 Franz Jetzinger, »Hitlers Jugend. Phantasien, Lügen — und die Wahrheit«, Europa-Verlag Wien, 1956, S. 255.

34 ebenda, S. 256.

35 Franz Jetzinger, a.a.O., S. 257 und Meldezettel Hitlers bei Jetzinger sowie NSDAP Hauptarchiv, HIMC, File 17, Reel 1. Die Meldezettel Hitlers tragen jeweils andere Meldedaten für das Männerheim in der Meldemannstraße 25-27 und zwar vom 9.2.1910 bis 21.6.1910 und vom 26.6.1910 bis 24.5.1913. D. h. Hitler hat sich zwischen dem 21.6. und dem 26.6.1910 für fünf Tage »unbekannt wohin« abgemeldet. Magistrat der Stadt Wien (MA 8).

36 Franz Jetzinger, a.a.O., S. 257.

37 ebenda, S. 257.

38 ebenda, S. 261.

39 ebenda, S. 263.

40 Abschrift der Stellungnahme der Musterungskommission vom 5.2.1914. NSDAP Hauptarchiv, HIMC und NS 26/17a. Diese Bestätigung hatte sich Hitler am 23.2.1932 für den Prozeß gegen die Zeitschrift »Hamburger Echo« ausstellen lassen, die einen Artikel »Kamerad Hitler« veröffentlichen wollte, in dem seine Stellungsflucht und sein Verhalten als Soldat während des I. Weltkrieges aufgezeigt werden sollte.

41 Adolf Hitler, »Mein Kampf«, S. 20 und S. 138.

42 Heinrich Heim, a.a.O., S. 75.

43 Bayerischer Kurier, 76. Jg. vom 24.3.1932, S. 1.

44 NSDAP Hauptarchiv, HIMC, Urteil des Landgerichts Hamburg vom 9.3.1932. Im Fränkischen Kurier, Nr. 69 vom 10.3.1932 ist u. a. nachzulesen: »... daß dem Beklagten (Verleger und Drucker) verboten wird zu verbreiten, daß sich Hitler in böswilliger Absicht dem Militärdienst entzogen habe und seiner Dienstpflicht in Österreich nicht nachgekommen sei.«

45 ebenda.

46 ebenda.

47 NSDAP Hauptarchiv, HIMC, File 17, Reel 1, Zeitungssammlungen.

48 Der Hitler-Prozeß vor dem Volksgericht in München, Knorr & Hirth G.m.b.H., 1924, S. 16. Hitler kam erst im Mai 1913 nach München, und er war kein »fertiger Architekturzeichner« und hatte keine Ausbildung. Die Aussage deutet aber auch darauf hin, daß sich Hitler 1913 in München einen neuen beruflichen Anfang versprochen hatte. Es gibt noch die Darstellung (s. »Vorwärts«, Berliner Volksblatt vom 26.2.1924), daß Hitler dem Richter antwortete: »Jawohl, ich wollte Architekt werden.«

49 S. Vermerk über die Abgabe von »6 Bänden« an die Bayerische Politische Polizei (I/1 Reinhard Heydrich). Pol. Dir. Mü. 10082, Bayerisches Staatsarchiv München.

50 Franz Jetzinger, a.a.O., S. 253 u. 283.

51 Julius Gregor Schaub, geb. 20.8.1898 in München, besuchte die Volks- und Drogisten Fachschule in München bis 1916. Nach der Gehilfenprüfung bei der Handelsgesellschaft deutscher Apotheker tätig. Am 31.1.1917 als Krankenwärter zum Militärdienst eingezogen, verbrachte er die meiste Zeit selbst im Lazarett. Durch einen Sturz verletzte sich Schaub an beiden Beinen und wurde 1918 aus dem Lazarett entlassen. Anschließend als Vertragsangestellter beim Hauptversorgungsamt München in der Barerstraße. Eintritt in die NSDAP am 10.10.1920, aktive Teilnahme am Putsch 1923

und anschließend Flucht nach Kärnten. Festnahme an der Grenze Salzburg und Verurteilung zu 1 1/2 Jahren Festungshaft in Landsberg. Am 31.12.1924 frühzeitig entlassen, wurde Schaub am 1.1.1925 von Hitler als Privatangestellter eingestellt, wo er bis 1945 als Faktotum Hitlers blieb. Mitglied des Reichstages und SS-Obergruppenführer. Am 23.4.1945 ist Schaub von Berlin nach München geflogen und hat im Auftrag Hitlers den Panzerschrank in seiner Wohnung am Prinzregentenplatz 16 und anschließend den in Hitlers Arbeitszimmer am Berghof ausgeräumt und den Inhalt vernichtet. Am 27.4.1945 fuhr Schaub nach Zell/See und Mallnitz (Sprengung des Führersonderzuges) und flüchtete dann, mit einem falschen Ausweis versehen, als Josef Huber nach Kitzbühel, wo er am 8.5.1945 von der US-Army (36th CIC Det.) festgenommen und bis zum 17.2.1949 in verschiedenen Lagern interniert war. Schaub starb am 27.12.1967 im Alter von 69 Jahren in München.

52 Christine Schroeder, Er war mein Chef, Langen Müller, München-Wien, 1985, 4. Auflage, S. 213.

53 Berufsangabe Hitlers auf dem Meldebogen Kl. III der Polizeidirektion München, NSDAP Hauptarchiv, HIMC, File 17, Reel 1.

54 In seinem Rechtfertigungsschreiben an den Linzer Magistrat vom 23.1.1914 gab Hitler an: »Ich werde in der Vorladung als Kunstmaler bezeichnet. Führe ich auch diesen Titel zu Recht (sic), so ist er aber dennoch bedingt richtig. Wohl verdiene ich meinen Unterhalt als selbständiger Kunstmaler jedoch nur, um mir, da ich ja gänzlich vermögenslos bin, (mein Vater war Staatsbeamter) meine weitere Fortbildung zu ermöglichen ...« Franz Jetzinger, a.a.O., S. 262.

55 Typisch für Hitlers Verhalten ist z.B. auch, daß er während der Kriegsjahre bei der Fahrt mit seinem Sonderzug die Fenstervorhänge herunterziehen ließ, damit er die Zerstörungen in den Städten nicht sah, und bis zu seinem Tode im Bunker unter dem Reichskanzlerpalais weigerte er sich, das in Trümmern liegende Berlin anzusehen (Aussage von Frau Schroeder a.d.V.)

56 S. Hitlers Aussage vom 26.2.1924 vor dem Volksgericht I in München.

57 »Adolf Hitler, Monologe im Führerhauptquartier 1941 - 1944«, Aufzeichnungen von Heinrich Heim, Albrecht Knaus Verlag, 1980, S. 239.

58 Franz Jetzinger, a.a.O., S. 105. Brief des Dr. Eduard Hümer von 12.12.1923 an Hitlers Rechtsanwalt Dr. Lorenz Roder. Dr. Hümer war 1904 Hitlers Lehrer für Französisch und Deutsch an der Realschule in Linz.

59 Heinrich Heim, a.a.O., S. 377 und 395.

60 ebenda, S. 375.

61 August Kubizek, geb am 3.8.1888 in Linz a.D., nach Bürgerschule Lehre als Tapezierer im väterlichen Betrieb. Kubizek war in den Jahren von 1904 bis 1908 mit Hitler befreundet und wohnte auch während seines Musikstudiums am Konservatorium in Wien mit Hitler bei der Polin Zakreys in einem Zimmer. Militärdienst von 1908 bis 1910. Ab Oktober 1912 bis 1914 zweiter Kapellmeister am Stadttheater in Marburg a.d. Drau. Anschließend Militärdienst im österreichischen Heer bis 1918. Dann Kapellmeister in Wien und ab Januar 1920 Stadtamtsleiter in Eferding (Oberösterreich), Mitglied der NSDAP ab 1942, Propagandaleiter, Kulturhauptstellenleiter und Ortswalter der KdF. Vom Gauleiter Eigruber wurde Kubizek am 3.5.1943 im Zuge einer außerordentlichen Beförderung folgendermaßen beurteilt: » ... Herr Kubizek ist ein Jugendfreund des Führers. Er verbrachte mit dem Führer die Linzer-Zeit und die Studienjahre in Wien. In seinem Besitz befinden sich wertvolle Erinnerungsstücke an diese Zeit, wie Briefe des Führers und Zeichnungen. Der Führer erinnerte sich des Jugendfreundes auch, als er im April 1938 in Linz weilte und empfing ihn zu einer persönlichen Aussprache. Später folgten Einladungen des Führers zur Teilnahme an

den Festspielen in Bayreuth (1939). Zur Zeit ist Herr Kubizek mit der Ausarbeitung seiner Erinnerungen an die Zeit mit dem Führer beschäftigt. Die Reichskanzlei hat hiervon Kenntnis ... « (Parteiarchiv d. NSDAP, Nr. 101 10190, BA Koblenz). Im Mai 1945 wurde Kubizek von der US Army (bis September 1946) inhaftiert. Die schon 1943 begonnenen Erinnerungen Kubizeks an seine Zeit, die er mit Hitler verbrachte, hat er 1953 als Buch mit dem Titel: »Adolf Hitler — Mein Jugendfreund« veröffentlicht (Leopold Stocker Verlag, Göttingen und Graz). Kubizek starb am 23.10.1956 im Alter von 68 Jahren in Linz.

62 August Kubizek, »Adolf Hitler, mein Jugendfreund«, Leopold Stocker Verlag, Göttingen und Graz, 1953, S. 21.

63 Konrad Heiden, »Adolf Hitler. Das Zeitalter der Verantwortungslosigkeit« (1. Bd.) Europa Verlag Zürich, 1936, (30. bis 32.) S. 30.

64 Konrad Heiden, geb. am 7.8.1901 in München, war nicht, wie Hitlers Adjutant Schaub nach dem Krieg aussagte, ein Pseudonym für einen Juden namens Hamburger (s. I.f.Z. München, ZS 771/25) und hat auch sein Material für seine Hitlerbiographie nicht von Otto Strasser erhalten. Die Mutter von Heiden, Lina Deutschmann, war Jüdin; sie starb aber schon 1906 in München. Heiden wurde von seiner jüdischen Großmutter aufgezogen und hatte die israelische Religionszugehörigkeit; später frei religiös. Nach dem Studium der Rechtswissenschaften an der Universität München, Redakteur und Ausw. des Bayerischen Landtagsamt (1932). Von 1924 bis 1929 Leiter des demokratischen Studentenbundes an der Münchner Universität. Der überzeugte Republikaner und Nazigegner Heiden verfolgte jede Spur Hitlers, seit er in München Mitte der zwanziger Jahre Zeuge des Aufstiegs Hitlers geworden war. Am 3.10.1929 ging Heiden nach Frankfurt, wo er als Journalist bei der Frankfurter Zeitung arbeitete. 1933 Emigration über die Schweiz in die USA. Heiden, ein überzeugter Gegner Hitlers, schrieb die ersten kritischen Biographien über den Nationalsozialismus und Hitler: »A History of National Socialism«, New York, 1935, »Adolf Hitler«, Biography, New York, 1936, »Der Führer«, Boston 1944. Der 1933 von den Nazis aus Deutschland ausgebürgerte Heiden starb am 18.7.1966 im Alter von 65 Jahren in New York.

65 Konrad Heiden, a.a.O., S. 37.

66 Konrad Heiden, a.a.O., S. 30, August Kubizek, a.a.O., S. 159, Hitler, Mein Kampf, S. 19.

67 Heinrich Heim, a.a.O., S. 115, Konrad Heiden, a.a.O., S. 31, J. Sydney Jones, »Hitlers Weg begann in Wien 1907 - 1913«, Wiesbaden und Wien 1980, a.a.O., S. 299 u.a.

68 Heinrich Heim, a.a.O., S. 115.

69 ebenda, S. 72.

70 S. Albert Speer, Hermann Giesler, Christine Schroeder u.a. Frau Schroeder sagte mir, daß Hitler einmal erzählt hat, daß er das Buch »Modern Opera Houses and Theatres« des englischen Architekten Sachs studiert hätte.

71 Mein Kampf, S. 19 und 20.

72 ebenda, S. 36.

73 Heinrich Heim, a.a.O., S. 44 und 101.

74 Hermann Giesler, geb. 2.8.1898 in Siegen (Westf.), nach Schulausbildung und praktischer Tätigkeit mit 17 Kriegsfreiwilliger. Nach dem I. Weltkrieg als Maurer und Zimmermann tätig. Architekturstudium in München an der Kunstgewerbeschule. Tätigkeiten in Augsburg und Berlin in einem Architekturbüro. Ab 1928 selbständiger Keramiker in Altstädten und Sonthofen. NSDAP Mitglied seit dem 1.10.1931. 1933 Bezirksbaumeister in Sonthofen, Bau der Ordensburg Sonthofen. 1936 Entwurf des Gauforum Weimar und Umbau des Hotel Elephant in Weimar. 1938 durch Hitler zum Professor an der Hochschule für Baukunst in Weimar ernannt, erstellte Giesler Entwürfe für das Gauforum in Augsburg und die hohe Schule der NSDAP am

Chiemsee. Am 2.12.1938 als Generalbaurat mit der Neugestaltung Münchens und ab 1941 neben Prof. Fick auch mit der Neugestaltung der Stadt Linz betraut. Vom Mai bis Oktober 1951 als OT-Führer in Haft der US Armee. Später in Düsseldorf als Architekt tätig. Giesler starb am 20.1.1987 im Alter von 88 Jahren in Düsseldorf.

75 »Hitlers Terminkalender«, geführt von Heinz Linge vom 14.10.1944 bis 28.2.1945, I.f.Z. München, MA-147 u. F 19/14.

76 NSDAP Hauptarchiv, HIMC, Niederschrift eines Gespräches zwischen Hitler und Heinrich Hoffmann am 12.3.1944 am Obersalzberg, File 36, Reel 2 und Christine Schroeder, a.a.O., S. 134.

77 Emilie Philippine Schroeder, geb. am 19.3.1908 in Hannoversch Münden, besuchte die Volks- und Mittelschule in Hannoversch Münden. Anschließend kaufmännische Lehre vom 11.4.1922 bis 1.4.1925. Bis 19.6.1929 bei der Fa. C.F. Schroeder Schmiergelwerke KG in Hannoversch Münden tätig und ab 20.10.1929 bei einem Rechtsanwalt in Nagold (Wttbg.) als Bürokraft angestellt. Aufgrund eines Zeitungsinserates bewarb sich Frau Schroeder im Februar 1930 bei der Reichsleitung der NSDAP in München, wo sie am 7.3.1930 als Stenotypistin eingestellt wurde. Am 4.3.1933 in Berlin beim Verbindungsstab, und ab Juni 1933 wurde sie als Sekretärin in die »Persönliche Adjutantur des Führers« übernommen. Bis 20.4.1945 als eine der vier Sekretärinnen Hitlers tätig. Am 28.5.1945 in Hintersee von der US Army verhaftet, blieb sie bis zum 12.5.1948 in verschiedenen Lagern und Gefängnissen der Besatzungsmacht interniert. Mit Albert Zoller, einem Vernehmungsoffizier des CIC-Center der 7. US Armee, wollte Frau Schroeder 1948 ein Buch über Hitler herausgeben, für das sie Zoller das Material geliefert hatte. Nachdem Zoller das Buchmanuskript in seinem Sinne und Verständnis geändert hatte, kam es zum Zerwürfnis mit Zoller, und dieser veröffentlichte das Buch 1949 ohne Genehmigung von Frau Schroeder zuerst in französischer Sprache: »Douze ans après d'Hitler« und kurze Zeit später als »Hitler privat, Erlebnisbericht einer Geheimsekretärin«, Droste-Verlag, Düsseldorf, 1949. Frau Schroeder distanzierte sich zu Recht von dem Buch Zollers, da Zoller verschiedene Passagen, Wortwendungen usw. verändert und auch die Aussagen von anderen prominenten Nationalsozialisten und Militärs mit hineingenommen hatte. Nach ihrer Entlassung aus dem Internierungslager Ludwigsburg arbeitete Frau Schroeder als Sekretärin in einem Leichtmetallwerk in Schwäbisch Gmünd und ab dem 1.9.1959 bei einer Münchner Baubetreuungsfirma. Mit 59 Jahren ging Frau Schroeder in Rente und lebte bis zu ihrem Tode am 28.6.1984 zurückgezogen in München.

78 Albert Zoller, geb. am 14.5.1904 in Metz, flüchtete bei der Besetzung Frankreichs in den von der deutschen Wehrmacht nicht besetzten Teil Frankreichs (Vichy-Regierung), um von da später in die französischen Kolonien Algerien und Marokko überzuwechseln. Als Angehöriger einer Spezialeinheit war er im November 1942 an der Durchführung der Landung der Alliierten in Afrika beteiligt. Als französischer Verbindungsoffizier bei der 8. britischen Armee in Tunesien machte Zoller anschließend die Landung in Sizilien und dem ital. Festland mit. Er trat dann als Verbindungsoffizier zu der 7. US Army über, mit der er am 15.8.1944 in Südfrankreich landete. Anschließend Feldzug mit der 7. US Armee bis Berchtesgaden. Zoller spezialisierte sich auf die Vernehmung deutscher Gefangener. Im Lager Augsburg verhörte er als Angehöriger des CIC-Center der 7. US Armee viele Prominente des Dritten Reiches (S. Christine Schroeder »Er war mein Chef«, Langen Müller Verlag, München-Wien, 1985).

79 Henry Daniel Theodor Picker, geb. am 6.2.1912 in Wilhelmshaven, studierte Rechtswissenschaft. Versuchte Promotion über das »Strafrecht im Dritten Reich«. Promotion, HJ-Bannführer und Reichsamtsleiter bis zum 1.11.1944, wo ihn Hitler eigenhändig seines Postens enthob: »Der Führer: Ich verfüge die Enthebung nachstehender Politischer Leiter: ... Bereichsleiter Henry Picker unter Enthebung als Reichsamtsleiter. Führerhauptquartier, den 1.11.1944.« Die Verfügung ist von Hitler und Bormann

unterschrieben! Mitglied der NSDAP seit 1.4.1930. Picker kam am 21.3.1942 aushilfsweise als Vertreter von Heinrich Heim in das »Führerhauptquartier Wolfsschanze«, wo er bis zum 31.7.1942 (Rückkehr von Heinrich Heim) im Auftrag von Martin Bormann Hitlers Gespräche mithörte, sie unauffällig oder später in der Nacht dem Sinn nach notierte und diese Aufschreibungen Bormann übergeben mußte. Hermann Giesler berichtet in seinem »Nachtrag«, Heintz & Höffkes Verlag, Düsseldorf, 1988 (S. 17/18), daß Pickers »Platz am Nebentisch der Adjutanten war und nicht zu den nächtlichen Tee-Gästen Hitlers gehörte.« Daraus macht Picker in einem Prospekt zu seinem Buch (3. Ausgabe, 1976), »daß er ständiger Gast Hitlers war und daß ihm Hitler die Genehmigung zur Mitnahme seiner Aufschreibungen gegeben hätte.« (S. 28). Bereits im August 1942 Ablösung Pickers durch Bormann. Landrat (Oberregierungsrat) in Ostfriesland. Picker lebte später in Süddeutschland; er starb am 2.5.1988 im Alter von 76 Jahren in Starnberg.

80 Werner Maser, »Hitlers Briefe und Notizen«, Econ Verlag, Düsseldorf-Wien, 1973, S. 130.

81 Paula Hitler, geb. 26.1.1896 in Hafeld (OÖ), war Hitlers einzige Vollschwester. Nach Volksschule, Lyzealschule und kaufmännische Ausbildung. In den zwanziger Jahren als Paula Hietler Kanzleikraft in der österreichischen Bundesländer-Versicherung in Wien tätig. Am 2.8.1930 angeblich wegen ihres Bruders Adolf von der Geschäftsleitung entlassen. Hitler unterstützte sie dann mit einer monatlichen Rente von 250 Schilling und nach 1938 mit 500 Reichsmark bis 1945. In den letzten Kriegsjahren war sie in einem Lazarett in Wien als Schreibkraft tätig. Am 14.4.1945 wurde sie von zwei SS-Männern als »Paula Wolf« nach Berchtesgaden geholt, wo ihr (und ihrer Halbschwester Angela) von Hitlers Adjutant Schaub am 24.4.1945 im Auftrag Hitlers 100 000 Reichsmark übergeben worden sind (s. Aussage Schaub vom 5.5.1951, Bay. HStA München). Sie wohnte in der Dietrich Eckart-Hütte, wo sie am 26.5.1945 vom CIC der 101st Airborne Division aufgespürt und verhört wurde. Paula Hitler fuhr anschließend wieder nach Wien zurück, wo sie in einem Kunstgewerbegeschäft arbeitete. Am 1.12.1952 kam sie wieder nach Berchtesgaden und nahm dort ihren ständigen Wohnsitz, um ihre Ansprüche aus dem privaten Testament Hitlers zu stellen. Sie nannte sich wieder Paula Wolf, ein Deckname, den Hitler in den zwanziger Jahren immer verwendet hatte, und bemühte sich bis zu ihrem Tode um das Erbe von Hitler. Paula Wolf-Hitler starb am 1.6.1960 im Alter von 64 Jahren in Schönau bei Berchtesgaden. Fünf Monate später stellte das Amtsgericht Berchtesgaden den Erbschein aus, in dem ihr zwei Drittel von Hitlers persönlichem Nachlaß zugesprochen worden sind.

82 Angela Franziska Johanna Hitler, geb. 28.7.1883 in Wien, nach Volksschule in Braunau a.I., Passau und Lambach, zog sie mit der Familie nach Leonding bei Linz. Am 14.9.1903 heiratete die 20jährige in Leonding den 24jährigen Steueramtsadjunkt Leo Raubal aus Linz (geb. 11.6.1879 in Stadt Ried, Österr.). Sie hatte drei Kinder (Leo, geb. 2.10.1906, Angela (genannt Geli), geb. 4.1.1908 und Elfriede, geb. 10.1.1910). Ihr Mann Leo Raubal starb am 10.8.1910 in Linz. Angela Raubal, die nun drei kleine Kinder und ihre 14jährige Schwester Paula versorgen mußte, arbeitete ab dem 12.10.1915 in einem Mädchenheim in Wien, wo sie später als Küchen- und Heimleiterin bis Oktober 1926 tätig war. Am 17.6.1924 besuchte sie ihren Bruder Adolf im Gefängnis Landsberg. Als Hitler 1925/26 das Haus Wachenfeld am Obersalzberg mietete, holte er am 3.3.1927 seine Schwester Angela als Haushälterin aus Wien zu sich, auf deren Namen das Haus auch die ersten Jahre lief (s. Steuererklärung in Hitlers Steuerakt von 1929). Auch als Hitler das Haus am 26.6.1933 kaufte, blieb sie als seine Haushälterin im Haus Wachenfeld. Als Angela Raubal am Parteitag 1935 in Nürnberg gegen Eva Braun, die sie nicht leiden konnte, bei Hitler u.a. wegen des auffälligen Benehmens der Braun hetzte, bat Hitler sie, das Haus zu verlassen. Am 18.2.1936 verließ sie den Obersalzberg und lernte auf einer anschließenden Kur in Bad Nauheim

den Direktor der Staatsbauschule in Dresden, Prof. Martin Hammitzsch kennen, den sie Ende 1936 heiratete. Sie sah Hitler zum letzten Mal 1942 in Berlin. Im April 1945 kam sie, wie auch ihre Schwester Paula, nach Berchtesgaden, wo ihr von Schaub in Hitlers Auftrag 100 000 Reichsmark übergeben wurden, was der CIC bei ihrer Einvernahme in Berchtesgaden nicht bekannt wurde (s. Aussage Schaub vom 5.5.1951, Bay. HStA München). Angela Hammitzsch fuhr wieder nach Dresden zurück, sie starb dort am 30.10.1949 im Alter von 66 Jahren.

83 Aussage von Paula Hitler, CIC-Einvernahme am 5.6.1946, US-Army Military History Research Collection, Charlisle Baracks, Pa.

84 August Kubizek, a.a.O., S. 190.

85 Heinrich Heim, a.a.O., S. 171.

86 Mein Kampf, S. 135.

87 Hitler im Oktober 1941. Heinrich Heim, a.a.O., S. 74.

88 Mein Kampf, S. 111.

89 ebenda, S. 135.

90 ebenda, S. 287.

91 Leo Goldhammer, »Die Juden in Wien«, Wien und Leipzig 1927, S. 9.

92 ebenda, S. 10.

93 Mein Kampf, S. 28.

94 Aussage von Marie Fellinger, geb. Rinke, NSDAP Hauptarchiv, HIMC.

95 Mein Kampf, S. 21.

96 Mein Kampf, S. 38.

97 Viktor Adler, Dr. med., geb. 24.6.1852 in Prag als Sohn reicher jüdischer Eltern (trat später zum Protestantismus über). Gymnasium und Medizinstudium in Wien, Promotion. Gehörte bis 1884 dem deutschnationalen Kreis um Georg von Schönerer an (1882 Linzer Programm usw.). 1885 schloß sich Adler unter dem persönlichen Eindruck der Bekanntschaft mit Engels, Bebel und Wilhelm Liebknecht der sozialistischen Bewegung an. 1888 gelang es Adler, die verschiedenen sozialistischen Gruppen (radikale und gemäßigte) zur Sozialdemokratischen Partei Österreichs zu vereinigen, die er auf das marxistische Brünner Programm festlegte. Adler begründete 1889 die »Arbeiterzeitung« und blieb bis zu seinem Tode Chefredakteur. 1905 in den Reichsrat gewählt, trug Adler wesentlich zur Durchsetzung des allgemeinen Wahlrechts 1907 bei. Adler setzte sich bis zum I. Weltkrieg für einen demokratischen Vielvölkerstaat ein. Nach dem Zusammenbruch der Habsburger Monarchie befürwortete er 1918 als Staatssekretär des Auswärtigen den Anschluß Deutsch-Österreichs an das republikanische Deutschland. Adler starb am 11.11.1918 im Alter von 66 Jahren in Wien.

98 Hitler im September 1928 auf einer Parteiführertagung in München.

99 Georg Ritter von Schönerer, geb. 17.17.1842 in Wien, Gymnasium, Besitzer der Burg Rosenau (»Ritter von Rosenau«), der als ländlicher Liberaler die Armut und das Elend des Stadtlebens beseitigen wollte. Er schloß sich jedoch bald den Linksdemokraten an im Kampf gegen wirtschaftliche Korruption und die »Tyrannei des ungezügelten Kapitalismus«. 1873 Mitglied des öster. Abgeordnetenhauses, wo er später als extremer Deutschnationaler und Antisemit auffiel. Der von ihm getragenen deutschnationale Bewegung in Österreich gab er 1882 in Linz ein Programm mit den Hauptforderungen nach Einführung des Deutschen als Staatssprache, des Anschlusses Österreichs an Deutschland und der Förderung des deutschen Elements auf allen Gebieten im Nationalitätenstaat. Schönerer verschärfte seinen Antisemitismus, drang 1888 gewaltsam in die Redaktion des judenfreundlichen »Neuen Wiener Tagblatt« ein, und wurde zu vier Monaten Gefängnis, Verlust seines Adelstitels sowie auf fünf Jahre aller aktiven und passiven Rechte enthoben und vom Reichsrat ausgeschlossen. In der Folge begann Schönerer auch seinen Haß auf die Kirche auszudehnen. Die »Los-von-Rom-Bewegung« war um die Jahrhundertwende eine der erfolgreichsten

Programmpunkte der »Alldeutschen« Schönerers. 1897 erhielt er ein Mandat vom Sudetenland in den Reichsrat, aber die echte politische Macht, auch bezüglich des Antisemitismus, lag bei Lueger und seinen Christlichsozialen. Schönerer starb am 14.8.1921 im Alter von 79 Jahren auf seinem Besitz Rosenau bei Zwettl.

100 Karl Freiherr von Vogelsang, geb. 3.9.1818 in Liegnitz, übte mit seiner Idee zur sozialen Frage auf die sozialreformerischen Bestrebungen der deutschen und österreichischen Katholiken nachhaltigen Einfluß aus. In Anlehnung an die scholastische Ethik und die mittelalterliche Rechtsordnung verfocht Vogelsang in der konservativen Wiener Zeitung »Vaterland«, deren Redakteur er 1875 wurde, die Idee von der korporativen Organisation der Gesellschaft und der Bildung »nationalen, gemeinsamen ideell geteilten Eigentums«. Seinen Kampf für einen »gerechten Lohn« der Arbeiter und gegen die Alleinherrschaft der Kapitalisten, der ihm den Vorwurf des »Staatssozialismus« einbrachte, verband er jedoch nicht mit der grundsätzlichen Infragestellung des Kapitalismus. Das österreichische Bürgertum übernahm sein reformistisches Konzept, das der Christlichsozialen Partei Luegers zum Aufstieg als Massenpartei verhalf. Vogelsang starb am 8.11.1890 im Alter von 72 Jahren in Wien.

101 Karl Lueger, geb. 24.10.1844 in Wien, Gymnasium und Studium an der juristischen Fakultät der Universität in Wien bis 1866, anschließend Rechtsanwalt und ab 1870 liberaler Politiker in Wien. 1875 Mitglied des Stadtrates in Wien. Schloß sich dann der christlich-sozialen Bewegung an, als sich die Arbeiterschaft gegen die Auswüchse des kapitalistischen Systems zu wehren anfing. Geschickt die sozialen und ökonomischen Schwierigkeiten des österreichischen Kleinbürgertums nutzend, gründete Lueger 1889 die »Christlich-Soziale Partei Österreichs«, die er als demokratische Massenbewegung des christlichen Wiener Kleinbürgertums gegen den z.T. von Juden bestimmten kapitalistischen Liberalismus organisierte und mit einer Mischung aus Sozialismus, Katholizismus und Antisemitismus Wien im Sturm eroberte. Am Anfang seiner Laufbahn stark antisemitisch eingestellt. In einer Rede im Reichsrat 1890 zitierte er z.B. den Vorschlag eines Freundes, daß man die Juden auf ein Schiff bringen und das Schiff auf hoher See versenken solle und »sicherstellen, daß es keine Überlebenden gibt.« Hitler hat dies dann ab 1942 durchgeführt. 1895 zum Bürgermeister gewählt, aber vom liberalen Großbürgertum mit Unterstützung des Kaisers wurde die Wahl angefochten. Erst nach mehrmaliger Wiederholung der Wahl 1897 vom Kaiser als Bürgermeister in seinem Amt bestätigt. Durch sozial fortschrittliche Maßnahmen, wie Kommunalisierung von Gas, Wasser, Licht und Verkehr erzielte Lueger bis zu seinem Tode glänzende Erfolge im Ausbau Wiens zu einer modernen Großstadt. Reichspolitisch vertrat Lueger konsequent die Idee des Gesamtstaates, verbunden mit der Treue gegenüber dem katholischen Herrscher. Später vertrat er nicht mehr die radikale antisemitische Linie (»Wer ein Jude ist bestimme ich«), da er die große jüdische Gemeinde für seine Kommunalpolitik benötigte. Lueger starb am 10.3.1910 im Alter von 65 Jahren in Wien.

102 Hitler am 17.12.1941, Heinrich Heim, a.a.O., S. 153.

103 Mein Kampf, S. 20.

104 Der Hitler-Prozeß, Knorr & Hirth, GmbH., München 1924, S. 17.

105 S. Anm. 115.

106 Brief von Reinhold Hanisch an Franz Feiler vom Juli 1933, NSDAP Hauptarchiv, HIMC, File 64, Reel 3.

107 Mein Kampf, S. 64.

108 Zeitschrift »Das bayerische Vaterland« vom 9.4.1907, S. 2.

109 Mein Kampf, S. 66.

110 ebenda, S. 40.

111 ebenda, S. 59.

112 Meldeunterlagen, Magistrat der Stadt Wien (MA 8).

113 Ausführungen Hitlers in seinem Rechtfertigungsbrief vom 21.1.1914 an den Magistrat von Linz. Franz Jetzinger, a.a.O., S. 263.

114 Heinrich Heim, a.a.O., S. 317.

115 Reinhold Hanisch, geb. 27.1.1884 in Grünwald bei Gablonz in Deutschböhmen (Sudetenland). Volksschule, Gelegenheitsarbeiter und Hausdiener. Hanisch kam als Wanderbursche im Herbst 1909 von Berlin, wo er als Diener gearbeitet hatte, nach Wien. In Berlin war Hanisch 1907 wegen Diebstahls zu 3 Monaten Gefängnis und 1908 zu 6 Monaten Gefängnis verurteilt worden. Im Heim für Obdachlose in Wien, wo er bis zum 21.12.1909 wohnte, lernte er Hitler kennen. Ab dem 21.12.1909 arbeitete der 25jährige Hanisch wieder als Hausdiener und wohnte in der Hermanngasse 16, II. Wiener Bezirk (Leopoldstadt). Ab dem 11.2.1910 in der Herzgasse 3/4 im X. Wiener Bezirk (Favoriten) gemeldet. Hanisch, der angab, mit Hitler im Männerheim in der Meldemannstraße 27 gewohnt zu haben, ist jedoch dort nicht nachweisbar. Er hat aber sicher im Männerheim verkehrt und nachweisbar Hitlers Aquarelle verkauft. Am 4.8.1910 Anzeige durch einen jüdischen Mitbewohner des Männerheimes Siegfried Löffner im Auftrag Hitlers wegen Veruntreuung von einem Bild Hitlers und Falschmeldung unter dem Namen Walter Fritz (diese Falschmeldung von Hanisch ist jedoch in den Meldeunterlagen ebenfalls nicht nachvollziehbar). Nach einer Gerichtsverhandlung am 11.8.1910 zu 7 Tagen Gefängnis verurteilt. Ab dem 25.8.1910 in der Landgutgasse 15/5, X. Wiener Bezirk (Favoriten) und ab dem 6.10.1911 in der Rauschergasse, XX. Wiener Bezirk (Brigittenau) gemeldet. Am 18.3.1912 als Bauzeichner in der Ybbsgasse 16/33, II. Wiener Bezirk (Leopoldstadt) wohnhaft und ab 20.4.1912 in der Springergasse 22, II. Wiener Bezirk (Leopoldstadt). Am 5.8.1912 ging Hanisch in seine Heimat Gablonz zurück (Brünnergasse 3). Militärdienst im I. Weltkrieg von 1914 bis 1917. Am 4.7.1918 kam er mit seiner Verlobten Franziska Bisurek wieder nach Wien zurück, wo er am 22.7.1918 heiratete und in der Rauschergasse 19, XX. Wiener Bezirk (Brigittenau) wohnte. Das Haus gehörte den Eltern des Bundesbahnschaffners Franz Feiler, einem kuriosen Bildersammler, mit dem Hanisch verschiedentlich Bildergeschäfte tätigte, der aber am 6.7.1933 Hanisch wegen Betruges — angeblich im Auftrag Hitlers — anzeigte. Gefängnisstrafe. Am 20.7.1923 in Haft (Landgericht I, Wien) wegen Diebstahls (Gefängnisstrafe von 3 Monaten), Ehescheidung am 17.4.1928 (Hörnergasse 17, III. Wiener Bezirk). Nach 1930 hat Hanisch verschiedene Hitler-Aquarelle gefälscht und als Originale verkauft. Am 7.5.1932 zu 3 Tagen Gefängnis verurteilt. Nach verschiedenen Wohnungswechseln in Wien (Hanisch wechselte alle 1 bis 2 Jahre die Wohnung bzw. das Zimmer!) am 6.7.1933 Gerichtsverfahren wegen Betruges, Landgericht Wien. 1935 Berufsangabe »Radierer« und verschiedene Wohnungswechsel. Am 2.12.1936 wegen Betrugs (Fälschung von Hitler-Bildern en gros) inhaftiert (Landgericht Wien I). Nach zwei Monaten starb Hanisch am 2.2.1937 im Alter von 53 Jahren im Gefängnis in Wien an Herzversagen.

116 Werner Maser, »Adolf Hitler ...« (Biographie), a.a.O., S. 115.

117 S. z. B. den Artikel »I was Hitler's Buddy«, der in Amerika in der Zeitschrift »New Republic«, Vol 98, Nr: 1270-1272 vom 5./12. und 19. April 1939, S. 239-300, veröffentlicht wurde. Reinhold Hanisch starb am 2.2.1937; er war also zu dem Zeitpunkt der Veröffentlichung schon zwei Jahre tot!

118 Brief von Franz Feiler an das NSDAP Hauptarchiv München von 1938, NSDAP Hauptarchiv, HIMC, File 64, Reel 3.

119 S. Anm. 64.

120 Rudolf Olden, »Hitler the Pawn«, Victor Gollanecz, London 1936. Olden war bis 1933 Redakteur beim »Berliner Tagblatt«.

121 Konrad Heiden, a.a.O., S. 30.

122 Brief von Reinhold Hanisch an Franz Feiler vom Juli 1933. NSDAP Hauptarchiv,

HIMC, File 64, Reel 3. Das Schreiben von Hanisch wurde mit allen orthographischen Fehlern, die im Originalbrief vorhanden sind, übernommen.

123 Bradley, F. Smith, »Adolf Hitler, his Family, Childhood and Youth«, Board of Trustees of Leland Stanford Junior University, 1967, S. 163.

124 ebenda, S. 164.

125 Magistrat der Stadt Wien (MA 8).

126 Franz Jetzinger, a.a.O., S. 226.

127 NSDAP Hauptarchiv, HIMC, File 64, Reel 3. Der Bericht von Hanisch »Meine Begegnung mit Hitler« ist von 1933 und kam von Franz Feiler in das NSDAP Hauptarchiv in München. Vor allem ist die damalige politische Einstellung Hitlers von Hanisch in diesem Brief gefärbt und anders gehalten als in andere Aussagen von Hanisch. Der Bericht wurde mit allen orthographischen Fehlern übernommen.

128 Zeitschrift »New Republic«, 5., 12. und 19. April 1939.

129 Zeitung »Reichspost«, Nr. 185 vom 6.7.1933, BHStA, PrASlg. 11.

130 NSDAP Hauptarchiv, HIMC, File 64, Reel 3 und Reinhold Hanisch »I was Hitler's Buddy», S. 239 und 240.

131 ebenda.

132 Hitler am 28.9.1941; Heinrich Heim, a.a.O., S. 72.

133 Reinhold Hanisch, a.a.O., S. 240.

134 Werner Maser, Adolf Hitler, a.a.O., S. 115.

135 S. Anmerkung 5.

136 Im File 17, Reel 1, ist die Seite IV im Microfilm nicht vorhanden; es geht mit der Seite V weiter.

137 Karl Honisch, Niederschrift vom 31.5.1939, »Wie ich im Jahre 1913 Adolf Hitler kennenlernte«. NSDAP Hauptarchiv, HIMC, File 17, Reel 1. Der Brief wurde mit allen orthographischen Fehlern übernommen.

138 Bestätigung von Reinhold Hanisch vom 11.5.1936. NSDAP Hauptarchiv, HIMC, File 64, Reel 3.

139 S. auch Smith, a.a.O., S. 163.

140 »Bilder, die Adolf Hitler schuf.« Volksparole, Nr. 174 vom 28.6.1935, BayHStA, PrASlg. 116.

141 Brief des NSDAP Hauptarchivs an den Oberforstrat Rendl, einem Schulfreund Hitlers. HIMC, File 40, Reel 2.

142 Brief des NSDAP Hauptarchiv an Dr. Detig vom 20.4.1938, NSDAP Hauptarchiv, HIMC, File 40, Reel 2.

143 Aktenvermerk des NSDAP Hauptarchiv über ein Gespräch mit dem Lehrer Franz Echinger, HIMC, File 40, Reel 2.

144 Aktenvermerk von Martin Bormann für Schulte-Strathaus vom 29.3.1938, HIMC, File 40, Reel 2.

145 Heinrich Himmler, geb. 7.10.1900 in München, Abitur 1917, Fahnenjunker bis 1918 in Ausbildung (Fähnrich). Studium der Landwirtschaft an der Techn. Hochschule in München. 1923 bei der Organisation »Reichskriegsflagge«, Laborassistent in einer Kunstdüngerfirma. Teilnahme am Putsch 1923. Eintritt in die NSDAP am 2.8.1925 im Stab bei Gregor Strasser. Eintritt in die SS 1925 und am 6.1.1929 nach Schreck, Berchtold und Heiden »Reichsführer SS« (RFSS). 1930 Reichstagsabgeordneter. Im März 1933 kommissarischer Polizeipräsident in München (ab April auch Leiter der politischen Polizei) und am 17.6.1936 Chef der Deutschen Polizei. Aufbau von Gestapo, SD, Konzentrationslagern, Waffen-SS usw. Am 25.8.1943 Reichsinnenminister. Am 6.5.1945 von Dönitz aller Funktionen enthoben, wurde Himmler am 20.5.1945 von der Britischen Armee festgenommen. Am 23.5.1945 verübte der 44jährige Himmler Selbstmord durch Einnahme von Blausäure.

146 NA Washington, T 175, File 50, Reel 69.

147 ebenda.
148 Akten der Parteikanzlei der NSDAP, Nr. 12334 B 128.
149 »Süddeutsche Zeitung«, Nr. 205 vom 5.9.1984.
150 »Adolf Hitler als Maler und Zeichner«, a.a.O., S. 16.
151 ebenda, S. 161.
152 S. auch die Ausführungen von Frau Schroeder in »Er war mein Chef«.
153 V. f. Z., 32 (1984), Heft 1, S. 164.
154 »Der Spiegel«, Nr. 46/1977, S. 130.
155 »Adolf Hitler als Kunstmaler, ein interessanter Betrugsprozeß«, Zeitschrift »Reichspost«, Nr. 185 vom 6.7.1933.
156 Brief von Franz Feiler an den Stabsleiter Schulte-Strathaus des NSDAP Hauptarchivs in München vom 11.5.1938, NSDAP Hauptarchiv, HIMC, File 64, Reel 3.
157 ebenda.
158 Gespräch Hitlers mit dem Fotografen Heinrich Hoffmann am 12.3.1944 (Obersalzberg), NSDAP Hauptarchiv, HIMC, File 36, Reel 2.
159 S. Zusammenstellung der »Führerbilder, die vom Stabsleiter zurückerworben wurden (durch Pg. Schulte-Strathaus)«. NSDAP Hauptarchiv, HIMC, File 40, Reel 2.
160 Heinrich Hoffmann, »Hitler wie ich ihn sah«, F. A. Herbig Verlagsbuchhandlung, München-Berlin, 1974, S. 151.
161 Josef Neumann, geb. 8.12.1878 in Vöslau (B. B. Wiener Neustadt) war israelitischen Glaubens und nach Kabold in Ungarn heimatzuständig (s. Meldezettel Magistrat der Stadt Wien, MA 8). Von Beruf Hilfsarbeiter und Kupferputzer (ledig). Er war mit Hitler befreundet und lebte mit diesem vom 28.1.1910 bis 12.7.1910 zusammen im Männerheim in Wien XX, Meldemannstraße 27 (Brigittenau). Vor allem Hanisch (auch Greiner) berichteten viel über Neumann und Hitler. Ob Neumann dann nach Deutschland ausgewandert ist, läßt sich nicht feststellen. Er meldete sich am 3.8.1914 wieder für zwei Tage im Männerheim in der Meldemannstraße 27 an und zog am 5.8.1914 in das Männerheim in der Wurlitzergasse 89 (XVII. Wiener Bezirk). Neumann gab an, daß er von Hirtenberg (ein Ort bei Baden) zugezogen wäre. Ob er vorher in Deutschland gewesen ist, läßt sich nicht mehr nachvollziehen. Neumann wohnte dann öfters mit Unterbrechungen bis zum 25.8.1914 im Männerheim in der Wurlitzergasse 89.
162 Reinhold Hanisch, »I was Hitler's Buddy«, S. 272.
163 S. Meldeunterlagen über Josef Neumann, Magistrat der Stadt Wien (MA 8).
164 ebenda.
165 ebenda.
166 Heinrich Hoffmann, a.a.O, S. 29 und 30.
167 Meldeunterlagen des Magistrat der Stadt Wien (MA 8).
168 Reinhold Hanisch, a.a.O., S. 272.
169 ebenda, S. 299.
170 ebenda, S. 299.
171 ebenda, S. 299.
172 Bestätigung von Reinhold Hanisch vom Mai 1933 für Franz Feiler, NSDAP Hauptarchiv, HIMC, File 64, Reel 3.
173 Vermerk von Schulte-Strathaus vom 14.5.1938. NSDAP Hauptarchiv, HIMC, File 64, Reel 3.
174 Zusammenstellung der vom NSDAP Hauptarchiv bis 1939 zurückerworbenen Bilder Hitlers (Stabsleiter Schulte-Strathaus), NSDAP Hauptarchiv, HIMC, File 40, Reel 2.
175 ebenda.
176 Brief Franz Feilers an das NSDAP Hauptarchiv vom 11.5.1938, NSDAP Hauptarchiv, HIMC, File 64, Reel 3.
177 NSDAP Hauptarchiv, HIMC, File 1741, Reel 86.

178 ebenda und Franz Jetzinger, a.a.O., S. 224.
179 Magistrat der Stadt Wien (MA 8).
180 NSDAP Hauptarchiv, HIMC, File 40, Reel 2.
181 Brief von Reinhold Hanisch an Franz Feiler vom Mai 1933. NSDAP Hauptarchiv, HIMC, File 64, Reel 3.
182 Brief Feilers an das NSDAP Hauptarchiv, HIMC, File 64, Reel 3 und Meldeauskunft des Magistrats der Stadt Wien (MA 8).
183 NSDAP Hauptarchiv, HIMC, File 1741, Reel 86.
184 NSDAP Hauptarchiv, HIMC, File 64, Reel 3.
185 Werner Maser, »Adolf Hitler ...«, S. 89.
186 »Adolf Hitler als Maler und Zeichner« (Werkkatalog), S. 161.
187 Werner Maser, a.a.O., S. 89.
188 Schreiben Bormanns an Dr. Brügemann vom NSDAP Hauptarchiv vom 17.2.1944. NSDAP Hauptarchiv, HIMC, File 40, Reel 2.
189 NSDAP Hauptarchiv, HIMC, Brief Feilers an das NSDAP Hauptarchiv vom 11. Mai 1938 und Maser »Adolf Hitler ...«, S. 89.
190 Werner Maser, a.a.O., S. 8.
191 Werner Maser, »Adolf Hitler ...«, S. 90.
192 ebenda, S. 88.
193 Hans Mend, geb. 16.3.1888 in Schafhof, Gemd. Schillingsfürst (Franken), Volksschule, Laufjunge, Diener, Reit- und Stallbursche. Vom 10.10.1908 bis 22.9.1911 Militärdienst beim Bayer. 2. Ulanenregiment in Ansbach. Ab 1912 Reitbursche und Bereiter bei Baron Weinberg (Schloß Waldfried, Frankfurt). Vom 6.8.1914 Kriegsdienst bei der Res. Ers. Eskadron d. 18. A. K., ab 12.8.1914 beim Schweren Reiterregiment in München und ab 31.8.1914 zum R. I. R. 16 (List) als Meldereiter kommandiert; 24.11.1914 Gefreiter. Mit Hitler zeitweise im Regimentsstab bis Ende 1915. Ab 19.1.1916 bei verschiedenen Einheiten, 1918 bei einer Munitionskolonne. Von 1914 (!) bis 1918 mehrere Lazarettaufenthalte wegen Trippers und Lues, am 4.12.1918 in München entlassen. Nach dem Krieg verschiedene Stellungen als Reitbursche und Bereiter. In der Zeit von 1919 bis 1921 sieben Vorstrafen wegen Betrugs und Diebstahls (Pferdehandel). Ab 10.6.1921 bis 6.5.1923 Gefängnisstrafe von 2 Jahren wegen Eigentumsdelikts (Pferdehandel). Nach seiner Entlassung 1923 versuchte Mend bereits mit Hitler in Verbindung zu treten (s. Brieftagebuch Lauboeck). Anschließend Reitlehrer in Amsterdam und von 1926 bis 1930 Bereiter bei der Herzogin von Croy in Brüssel. 1930 schrieb Mend in München — er war inzwischen Verwalter in Berg — ein Buch »Adolf Hitler im Felde« (ohne Quellenwert und größtenteils kuriose und unwahrscheinliche Schilderungen), in dem der selbstüberhebliche Mend mehr sich darstellt, als seine Erinnerungen an Hitler. Das Buch wurde 1938 auf Weisung der Gestapo Berlin im »Einvernehmen mit der Kanzlei des Führers« eingezogen und eingestampft. Seit 1930 Verwalter auf Schloßgut Elsholz in Berg. 1933 wird sein Antrag auf Aufnahme in die NSDAP abgelehnt. Vom 1.4.1933 bis 6.5.1933 Schutzhaft im KZ Dachau wegen Beleidigung Hitlers (s. Mends Veröffentlichung in »Der Gerade Weg« vom Oktober 1932). Insgesamt war Mend bis 1940 zwölfmal wegen Betrugs, Diebstahls und Urkundenfälschung sowie Sittlichkeitsdelikte vorbestraft (Strafzeit insgesamt 5 1/2 Jahre). Am 13.12.1940 wegen Verleumdung Hitlers in Zusammenhang mit der Annäherung an eine Frau in Berg (Starnberger See) verhaftet und wegen eines Vergehens § 1 des Gesetzes gegen heimtückische Angriffe auf Staat und Partei in München zu 2 Jahren Gefängnis verurteilt. Mend starb am 13.2.1942 im Alter von 53 Jahren in der Strafvollzugsanstalt Osterstein in Zwickau (Sachsen) an Kopferysipel mit Herzschwäche. Die Biographie von Mend wurde so ausführlich gehalten, weil über Mend die absurdesten Geschichten geschrieben, und er wurde oft als Opfer Hitlers persönlicher Rache dargestellt, was nachweislich nicht der Fall war.

194 Werner Maser, »Adolf Hitler ...«, S. 94.
195 NSDAP Hauptarchiv, HIMC, File 64, Reel 3.
196 NSDAP Hauptarchiv, HIMC, File 64, Reel 3 und Staatsarchiv München, StAw 9959.
197 Josef Greiner, geb. 28.6.1886 in Preding (Steiermark) nannte sich Ingenieur, Konstrukteur, Chefkonstrukteur. Seit 1916 selbständig; »Telefonfabrikant«, Konkurs. Ab 1934 Direktor der österreichischen Notrufgesellschaft (Mariahilferstr. 32, Wien VI.). Greiner schrieb 1939 ein Buch »Sein Kampf und Sieg« über seine Erinnerungen aus dem Jahr 1911 mit Hitler. Die Auflage wurde auf Anordnung Hitlers vernichtet. 1947 schrieb Greiner wieder ein Buch »Das Ende des Hitler-Mythos«, Almathea-Verlag, Zürich-Leipzig-Wien, das auf Intervention der alliierten Besatzungsmächte eingestampft werden mußte.
198 Magistrat der Stadt Wien (MA 8) und Stadtarchiv München.
199 S. auch Bradley F. Smith, a.a.O., S. 165, J. Sydney Jones, a.a.O., S. 328 und Franz Jetzinger, a.a.O., S. 225, 237 und 294.
200 BDC Unterlagen Josef Greiner, BDC Berlin.
201 ebenda.
202 Mein Kampf, S. 137.
203 ebenda, S. 20.
204 Heinz. A. Heinz, a.a.O., S. 56ff.
205 S. Aussage von Karl Honisch über Hitlers »Reisefond« nach München.
206 Heinz A. Heinz, a.a.O., S. 56ff.
207 Mein Kampf, S. 37 und 38.
208 ebenda, S. 20 und 35.
209 ebenda, S. 139.
210 S. auch die Aussagen von Karl Honisch und Hitler in »Mein Kampf«, S. 43 und 56.
211 Aussage von Walter Frentz a.d.V. 1982.
212 S. Anm. 9.
213 Recherchen von Thomas Orr, der mit Nachbarn und dem Sohn des Schneiders Popp gesprochen hat. Revue, München, Nr. 37/1952 bis Nr. 8/1953, Bayer. Staatsbibliothek Nr. 1692.
214 Angaben von Thomas Orr, der 1952 Leute aus dem Hause befragt haben soll.
215 BDC-Unterlagen Rudolf Häusler, BDC Berlin und Magistrat der Stadt Wien (MA 8) sowie Personal-Fragebogen der DAF vom 9.10.1939.
216 ebenda.
217 S. auch die Aussage von Karl Honisch: »... er *[Hitler]* konnte noch etwas zurücklegen für den Reisefond nach München ...« NSDAP Hauptarchiv, HIMC, File 17, Reel 1.
218 Hitlers Angaben in seinem Schreiben an den Linzer Magistrat vom 21.1.1914. Franz Jetzinger, a.a.O., S. 261.
219 Maser gibt in seinen Büchern an, daß Hitler »... zunächst allein lebte.« (s. z. B. Hitlerbiographie S. 93), obwohl Hitler nachweislich »zunächst« mit Rudolf Häusler zusammen wohnte.
220 Mein Kampf, S. 138.
221 ebenda, S. 138.
222 ebenda, S. 138.
223 Werner Maser, »Adolf Hitler ...«, S. 118.
224 Heinrich Heim, a.a.O., S. 115.
225 Franz Jetzinger, a.a.O., S. 262.
226 Heinrich Hoffmann, geb. 12.9.1885 in Fürth, nach Schulbesuch im Fotogeschäft seines Vaters in Fürth. Ab 1908 in München als selbständiger Fotograf tätig. Im I. Weltkrieg Bildberichterstatter. Veröffentlichte 1919 einen Bildband über die Räte-

republik. Als Mitglied 925 am 6.4.1920 der NSDAP beigetreten, nachdem er Hitler kennengelernt hatte. Er erhielt von Hitler das ausschließliche Recht, Bilder und Bildberichte von Hitler zu veröffentlichen. Dadurch war es Hoffmann möglich, einen großen Bildverlag mit Filialen in Berlin und Wien aufzubauen. 1933 Mitglied des deutschen Reichstages, 1938 verlieh ihm Hitler den Titel Professor. Nach dem Krieg im Mai 1945 von der US-Armee interniert. Am 31.5.1950 aus dem Arbeitslager entlassen. Hoffmann starb am 16.12.1957 im Alter von 72 Jahren in München.

227 NSDAP Hauptarchiv, HIMC, File 35, Reel 2. Obwohl es sich bei dem Aquarell, das Hoffmann als Sammler von Hitler-Bildern gekauft hatte, um eine Arbeit Hitlers von 1910 gehandelt haben soll, meinte Hitler mit den Angaben wohl seine Münchner Zeit, da bei einem Vergleich Kronen und Mark die Preisrelation nicht stimmt.

228 S. auch die Ausführungen von Friedrich Krohn, ZS 89, I.f.Z. München, Gottfried Feder usw.

229 Aussagen von Friedrich Krohn, Starnberg. I.f.Z. München, ZS 89.

230 Werner Maser, »Sturm auf die Republik«, S. 86/87.

231 ebenda, S. 76.

232 ebenda, S. 8.

233 NSDAP Hauptarchiv, HIMC, File 30, Reel 2.

234 Woher Maser wissen will, daß Hitler seine Bilder »vornehmlich« in der »Kunsthandlung Stuffle« am Maximiliansplatz verkauft haben soll, ist jedoch schleierhaft. Maser, »Adolf Hitler ...«, a.a.O., S. 93 und »Hitlers Briefe und Notizen«, a.a.O., S. 44.

235 Schreiben von Dr. Alfred Detig an das NSDAP Hauptarchiv vom 10.11.1937, HIMC, File 31, Reel 2.

236 NSDAP Hauptarchiv, HIMC, File 40, Reel 2.

237 NSDAP Hauptarchiv, HIMC, File 40, Reel 2. In einer Zusatzbemerkung ist festgehalten: »Das Bild ›Hofbräuhaus‹ ist auf Malkarton gemalt und mißt 22,2 x 29,4 cm. Das Bild ›Sendlinger Tor‹ ist ebenfalls auf Malkarton gemalt und mißt 22,4 x 30,9 cm. Die ›Propyläen‹ sind auf großgekörntem Aquarellpapier, das auf grasgrünen Karton aufgeklebt wurde, gemalt. Die Bildfläche mißt 34,9 x 21,2 cm.«

238 ebenda.

239 ebenda.

240 ebenda.

241 Spruchkammerakt Paul Kerber, Sonderregistratur S, München.

242 ebenda.

243 Kerber bestätigte auf eine weitere Frage ausdrücklich das Jahr 1912, was nicht stimmt und 1913 heißen muß.

244 Spruchkammerakt Paul Kerber, Sonderregistratur S, München.

245 BDC Unterlagen Dr. Josef Schnell und Angaben von Thomas Orr, der 1951 mit Dr. Josef Schnell gesprochen hatte. S. auch »Revue«, München, Nr. 37/1952 bis Nr. 8/1953, Bayer. Staatsbibliothek Nr. 1692.

246 Aussage von Ernst Hepp an Thomas Orr.

247 Feldpostkarten und Brief Hitlers an Ernst Hepp vom Januar und Februar 1915. NSDAP Hauptarchiv, HIMC, File 4, Reel 1.

248 Angaben von Thomas Orr.

249 S. NSDAP Hauptarchiv, HIMC, File 19/43, Reel 2 und Zeugenaussagen nach 1945 an Thomas Orr.

250 Werner Maser, »Adolf Hitler ...«, S. 119.

251 ebenda, S. 120.

252 Angaben des Archivs der Industrie- und Handelskammer München und »Statistisches Jahrbuch für das Königreich Bayern«, 1915, 13 Jg., S. 200.

253 Stadtarchiv München und Archiv der Industrie- und Handelskammer München und »Statistisches Jahrbuch für das Königreich Bayern«, 1915, 13. Jg., S. 200.

254 Angaben von Thomas Orr.
255 Brief Hitlers vom 29.11.1921 an einen unbekannten Doktor. NSDAP Hauptarchiv, HIMC, File 17, Reel 1.
256 Hitlers Aussage am 26.2.1924 vor dem Volksgericht I in München, Knorr & Hirth, G.m.b.H., München 1924, S. 17.
257 Auszüge aus Hitlers Buch »Mein Kampf«, von S. 18 bis 171.
258 Mein Kampf, S. 171.
259 Henry Picker, »Hitlers Tischgespräche im Führerhauptquartier«, Seewald Verlag, Stuttgart-Degerloch 1963/1976, S. 200.
260 Heinrich Heim, a.a.O., S. 215.
261 Mein Kampf, S. 173 und 177.
262 28.7.1914 Kriegserklärung Österreich-Ungarn an Serbien. 30.7.1914 Generalmobilmachung Rußlands. 31.7.1914 Generalmobilmachung Österreichs. 1.8.1914 Kriegserklärung Deutschlands an Rußland und deutsche Mobilmachung. 3.8.1914 Kriegserklärung Deutschlands an Frankreich. 4.8.1914 Einmarsch deutscher Truppen in Belgien, daraufhin Kriegserklärung an Deutschland. 6.8.1914 Kriegserklärung Österreichs an Rußland und Serbien an Deutschland. 11.8.1914 Kriegserklärung Frankreichs an Österreich. 12.8.1914 Kriegserklärung Englands an Österreich usw.
263 Ploetz, »Geschichte der Weltkriege«, Verlag Ploetz Freiburg/Würzburg 1981, S. 11.
264 Bericht des Bayer. Kriegsarchivs an das Staatsministerium des Inneren vom 13.10.1924, Nr. 4514/1576, Bayer. StA, StAnw. Mü I 3099.
265 »Münchner Neueste Nachrichten« vom 1.8.1914 und Fridolin Solleder, »Vier Jahre Westfront, Geschichte des Regiments List R.I.R. 16«, Verlag Max Schick, München 1932, S. 1.
266 Am 1.8.1914 erfolgte die deutsche Mobilmachung und Kriegserklärung an Rußland. Frankreich erklärte an dem Tag, daß es »gemäß seinem Interesse« handeln werde, und so erklärte am 3.8.1914 Deutschland an Frankreich den Krieg.
267 Fridolin Solleder, a.a.O., S. 2.
268 ebenda, S. 2.
269 S. Anm. 226
270 Heinrich Hoffmann, a.a.O., S. 15 und 32.
271 Mein Kampf, S. 177 und 179.
272 Heinrich Hoffmann, a.a.O., S. 33
273 S. Hitlers Angaben in »Mein Kampf«, S. 179.
274 ebenda, S. 179
275 Heinz. A. Heinz, a.a.O., S. 56-60
276 Ignaz Westenkirchner, geb. 8.8.1891 in Steghäuser, Gem. Minichsdorf, B.A. Eggenfelden, später Münchsdorf, Volksschule, Dienstknecht. Ab 14.8.1914 Militärdienst beim Rekruten-Depot V des Ersatzbataillons des 2. Inf. Regiment in München und ab 1.9.1914 zur 6. Kompanie des R.I.R. 16, am 20.9.1914 an die Front, wo er mit Hitler bis zum 9.9.1918 als Regimentsstab-Radfahrer Meldegänger war. Am 28.11.1918 vom Militärdienst nach Habach, wo seine Eltern einen Bauernhof hatten, entlassen. Im Januar 1928 wanderte Westenkirchner, der in Deutschland arbeitslos war, mit seiner Familie nach Amerika (Pennsylvania) aus. 1933 war Westenkirchner auch in Amerika arbeitslos, und Hitler zahlte durch Max Amann dem ehemaligen Kriegskameraden Westenkirchner mit seiner Familie die Rückreise nach Deutschland und empfing ihn im Dezember 1933 in der Reichskanzlei in Berlin. Anschließend wurde er durch Amann im Eher-Verlag in München untergebracht, wo er bis 1945 als Hausmeister arbeitete. NSDAP Mitglied seit 1.5.1937. Nach dem Krieg arbeitete Westenkirchner bei einer Münchner Feinmechanikfirma; er starb am 15.1.1967 im Alter von 75 Jahren in München.

277 Thomas Orr, »Revue« München, Nr. 37/1952 bis Nr. 8/1953, Bayer. Staatsbibliothek, Nr. 16920.
278 Mein Kampf, S. 178.
279 ebenda, S. 177
280 S. die Anfrage der Polizeidirektion München vom 26.3.1924 an die Landesregierung Linz. D.C. Watt, »Die bayerischen Bemühungen um Ausweisung Hitlers 1924«, V.f.Z., 6 (1958). S. 272 und Franz Jetzinger, a.a.O., S. 276.
281 S. V.f.Z. 6 (1958), S. 272 und Franz Jetzinger, a.a.O., S. 275.
282 ebenda, S. 274.
283 ebenda, S. 274.
284 ebenda, S. 277.
285 Bericht des Bayerischen Kriegsarchivs an das Bayerische Innenministerium (Regierungsrat Thedy) vom 13.10.1924, BStA, StAnw. Mü I 3099.
286 Lebenslauf Hitlers in einem Brief vom 29.11.1921 an einen »Lieber Herr Doktor«. NSDAP Hauptarchiv, HIMC, File 17a. Reel 1.
287 Urteil des Landgerichts Hamburg vom 9.3.1932, NSDAP Hauptarchiv, HIMC, File 48, Reel 2.
288 V.f.Z. 6 (1958), S. 276.
289 ebenda, S. 278.
290 Werner Maser, a.a.O., S. 127.
291 S. auch Fridolin Solleder, a.a.O,. S. 3.
292 ebenda, a.a.O., S. 5.
293 Werner Maser, a.a.O., S. 134.
294 ebenda, S. 127.
295 Mein Kampf, S 180.
296 Heinz. A. Heinz, a.a.O., S. 53.
297 S. Polizeimeldebogen Hitlers, HIMC bzw. Stadtarchiv München.
298 S. Anm. 193.
299 Werner Maser, a.a.O., S. 127.
300 ebenda, S. 138.
301 S. Kriegsstammrolle Nr. 3040/737 und Nr. 13814/6046 von Hans Mend. BHStA, Abt. IV.
302 Hans Mend, »Adolf Hitler im Felde«, Josef C. Huber Verlag Diessen, 1931, S. 15 und 19.
303 Rudolph Binion, »... daß ihr mich gefunden habt, Hitler und die Deutschen: eine Psychohistorie«, Klett-Cotta, Stuttgart, 1978, S. 18.
304 Alfred Julius Eduard List, geb. 19.12.1864 in München, Gymnasium, am 1.10.1882 einjähriger Freiwilliger beim 1. Inf. Regt. in München, 24.3.1883 Fähnrich, 24.3.1885 Leutnant, 28.10.1899 Hauptmann (Komp. Führer beim 1. Inf. Regt.), 26.10.1906 Major (Batl. Kdt. b. 1. Inf. Regt.), 7.3.1912 Oberstleutnant (Stab des 12. Inf. Regt.), 27.3.1913 Kdt. des Landwehrbezirks I München, 7.1.1914 Oberst und ab 5.9.1914 Regts. Kdt. des neuaufgestellten bayerischen Reserve Inf. Regiment Nr. 16. List wurde gleich am Anfang des Krieges bei dem dreitägigen Gefecht um Cheluvelt (südöstlich von Ypern) am 31.10.1914 schwer verwundet und starb am gleichen Tag im Alter von 49 Jahren an seiner Schrapnellwunde (Brustschuß) im Schloßpark von Cheluvelt, wo er auch begraben wurde.
305 Heinrich Heim, a.a.O., S. 373.
306 Ernst Schmidt, geb. 16.12.1889 in Würzbach (Thüringen), 1896-1904 Volksschule, Malerlehrling. Nach der Gesellenprüfung bis 1912 an verschiedenen Orten tätig, 1913 in der Schweiz und Frankreich, ab Frühjahr 1914 in Bozen als Malergeselle. Ab dem 6.8.1914 Militärdienst in München und am 7.9.1914 zum R.I.R. 16 versetzt, wo er mit Hitler als Ordonnanz (Meldegänger) beim Regimentsstab des R.I.R. 16 bis

Oktober 1918 zusammen war. Am 28.11.1918 kam Schmidt nach München zur 7. Komp. des Ersatzbataillons des 2. I.R., wo er Hitler wieder traf, der aus dem Lazarett Pasewalk nach München, ebenfalls zur 7. Komp. des Ers. Batl. des 2. I.R. kam. Die beiden waren dann noch vom 6.12.1918 bis Ende Januar 1919 als Wachen im Gefangenenlager Traunstein. Schmidt wurde am 12.4.1919 vom Militär entlassen. Er arbeitete anschließend bei einer Malerfirma in München, wo er Hitler noch öfters traf und durch Hitler 1920 Mitglied der DAP/NSDAP wurde (Nr. 858). Im Herbst 1919 kam Schmidt durch eine Malerfirma zeitweise nach Garching a.d.Alz, ab 1921 ganz in Garching, wo er 1922 ein eigenes Malergeschäft gründete. Schmidt war Mitglied der NSDAP von 1920 bis 1923 und 1925 bis 1945, Ortsgruppenleiter sowie SA Mitglied von 1931 (Sturmführer), 1941 Bürgermeister. Am 28.5.1945 von der US Armee einige Tage interniert, lebte Schmidt weiter als Malermeister in Garching a.d.Alz und starb dort am 3.5.1985 im Alter von 95 Jahren.

307 S. Kriegsstammrolle Nr. 3071 und 4424/157 von Ernst Schmidt, Bayer. HStA, Abt. IV.

308 S. Thomas Orr, »Revue«, München 1952, Nr. 37 bis Nr.8/1953.

309 Heinz A. Heinz, a.a.O., S. 53.

310 Fridolin Solleder, a.a.O., S. 8.

311 S. Eberhard Jäckel und Axel Kuhn, »Hitlers sämtliche Aufzeichnungen 1905-1924«, Deutsche Verlags-Anstalt, Stuttgart 1980, S. 58. Auch hier ist festzustellen, daß Maser die Texte in seinen Büchern nicht richtig wiedergeben, sprich abschreiben kann. Immer wieder weisen Jäckel und Kuhn darauf hin, z. B. »ungenauer Textabdruck bei Maser«, »Maser fälschlich«, »bei Maser fehlt Zahl« usw.

312 Jäckel/Kuhn, a.a.O., S. 59.

313 Fridolin Solleder, a.a.O., S. 10.

314 Brief Hitlers vom 20.10.1914 an Frau Anna Popp, Jäckel/Kuhn, a.a.O., S. 58.

315 Jäckel/Kuhn, a.a.O., S. 59.

316 Mein Kampf, S. 180.

317 Heinrich Heim, a.a.O., S. 407.

318 ebenda, S. 375.

319 ebenda, S. 79.

320 Mein Kampf, S. 180.

321 Brief Hitlers an Ernst Hepp vom 5.2.1915. Jäckel/Kuhn, a.a.O., S. 68.

322 S. Kriegstagebuch I des R.I.R. 16 und Fridolin Solleder, a.a.O., S. 51.

323 Zeugenangabe, s. »Fränkische Post«, Nr. 60 vom 12.3.1932.

324 Bericht von Johann Raab vom 5.8.1939 an das NSDAP Hauptarchiv, HIMC, File 47, Reel 2.

325 Fridolin Solleder, a.a.O., S. 23.

326 ebenda, S. 28.

327 ebenda, S. 33.

328 Heinrich Heim, a.a.O., S. 75.

329 Fridolin Solleder, a.a.O., S. 60.

330 Werner Maser, »Adolf Hitler ...«, S. 137.

331 Brief Hitlers an Joseph Popp vom 3.12.1914, Jäckel/Kuhn, a.a.O., S. 60 und an Ernst Hepp vom 5.2.1914, wo Hitler schrieb, »... In 4 Tagen war unser Regiment von 3 1/2 tausend Mann auf 600 zusammengeschmolzen.« Jäckel/Kuhn, a.a.O., S. 68.

332 Brief Hitlers an Joseph Popp vom 3.12.1914, Jäckel/Kuhn, a.a.O., S. 60.

333 Heinrich Heim, a.a.O., S. 71.

334 »Kamerad Hitler«, Fränkischer Volksfreund, Nr. 60 vom 12.3.1932.

335 Brief Hitlers an Ernst Hepp vom 5.2.1914. Jäckel/Kuhn, a.a.O., S. 68.

336 Briefe Hitlers an Joseph Popp und Ernst Hepp vom 22.1.1915 und 26.1.1915. Jäckel/Kuhn, a.a.O., S. 62 und 63.

337 Nach dem Tod von Oberst List am 29.10.1914 übernahm kurzzeitig Hitlers Bataillonsführer, Hauptmann Franz Rubenbauer (und nach dem Tod von Major Julius Graf von Zech (ebenfalls am 29.10.1914)), das R. I. R. 16 bis zum 9. 11.1914. Am 10. und 11.11.1914 war Oberstleutnant Friedrich Petz kurzzeitig Regimentskommandeur und ab dem 12.11.1914 wurde Oberstleutnant Philipp Engelhardt mit der Führung des R.I.R. 16 betraut, bis er am 17.11.1914 vor Wytschaete schwer verwundet wurde. Anschließend übernahm wieder Oberstleutnant Petz das R.I.R. 16 bis zum 31.11.1914, wo er von Oberstleutnant von Langenlois abgelöst wurde.

338 Kriegsstammrollen Hitlers. NSDAP Hauptarchiv, HIMC, File 12, Reel 1A und BHStA. Abt. IV.

339 In der Kriegsstammrolle Nr. 7111 Hitlers steht u. a. auch »Radfahrer beim Regiment«. Hitler wurde scheinbar auch mit dem Fahrrad als Melder eingesetzt.

340 Werner Maser, Adolf Hitler: »Vater eines Sohnes«, Zeitgeschichte, 5. Jg. 177/78, S. 173-202.

341 Friedrich Wiedemann, geb. 16.8.1891 in Augsburg, nach Abitur 1909 am 23.7.1910 als Fahnenjunker beim 3. bayer. Inf. Regt. in Augsburg. Am 3.3.1911 Fähnrich und ab 1.10.1911 Kriegsschule in München, am 28.10.1912 Leutnant. Ab 1.10.1914 Bat. Adjt. im R. I. R. 17 (Augsburg) und am 20.10. an die Front. Ab 12.7.1915 Ord. Offz. bei der 12. Res. Inf. Brigade und ab 14.8.1915 stellv. Regt. Adjt. beim R. I. R. 17. Am 14.1.1916 Oberleutnant und am 1.1.1916 als Regt. Adjt. zum R. I. R. 16 versetzt, wo er Hitler kennenlernte und mit diesem beim Regimentsstab bis zum 16.8.1917 zusammen blieb. Ab 7.2.1918 zweiter Ord. Offz. im Stab d. 6 Bayer. Res. Division, ab 14.7.1918 Adjt. in der 12. Res. Inf. Brigade, ab 15.9.1918 Adjt. beim bayer. Inf. Regt. 25, wo er schlecht beurteilt und »für eine Vertrauensstellung als nicht geeignet« empfunden wurde (»... ließ die Forderung durchblicken, daß der Regts. Kmdr. entfernt und dessen Stelle nach Beschluß eines Offizier-Rates besetzt werde.«) und ab 20.12.1918 zum 3. bayer. Inf. Regt. in Augsburg versetzt. Am 19.6.1919 »mit dem Charakter als Hauptmann« als überzähliger Offizier entlassen (am 18.12.1921 nachträglich zum Hauptmann befördert mit Patent vom 18.10.1918). Ab 1.7.1919 Landwirt auf eigenem Bauernhof mit 24 Tgw. in Pfronten (Allgäu) und ab 1921 Landwirt in Fuchsgrub (Niederbayern). 1928 gründete er in Fuchsgrub mit anderen die »Zentralmolkerei Pfarrkirchen«. Als es ihm 1933 wirtschaftlich schlecht ging, bat er einen früheren Regimentskameraden, Bruno Horn, und später Max Amann, den früheren Vizefeldwebel im Regimentsstab des R.I.R. 16, bei Hitler vorzusprechen, ob er nicht zur Reichswehr als Offizier kommen könnte. Vor Weihnachten 1933 traf er Hitler im »Braunen Haus« in München, der Wiedemann eine Stelle als Adjutant anbot. Am 1.2.1934 trat Wiedemann seinen Dienst im Stab von Rudolf Heß an. Eintritt in die NSDAP am 2.2.1934. Nach der Einarbeitung in München wurde er am 1.1.1935 in Berlin zum Adjutanten Hitlers in der Persönlichen Adjutantur ernannt. Beförderung zum NSKK Brigadeführer und ab 1938 Reichstagsabgeordneter. Liaison mit der österreichischen Halbjüdin Prinzessin Stephanie Hohenlohe-Waldenburg-Schillingsfürst (geborene Stefanie Juliane Richter, am 16.9.1896 in Wien, gest. 13.6.1972 in Genf), mit der er u. a. auch mehrere Auslandsreisen, u. a. zu Lord Halifax in London usw. unternahm. Als Hitlers »Pessimist« mit seiner Politik nicht einverstanden, lebte er aber nicht schlecht dabei (s. auch das Buch »Stephanie von Hohenlohe« von Rudolf Stoiber und Boris Celovsky, F. A. Herbig Verlagsbuchhandlung München-Berlin, 1988, S. 124 usw.). Ende Dezember 1938 fand Hitler Wiedemanns langjähriges Verhältnis mit Stephanie von Hohenlohe heraus, und am 13.1.1939 entließ er Wiedemann als Adjutant, der im März 1939 den Posten eines Generalkonsuls in San Francisco antrat. Am 16.1.1941 forderte die USA die Schließung aller deutschen Konsulate und Abreise des Personals bis zum 14.7.1941. Wiedemann mußte daher im Juli 1941 die USA verlassen und wurde von Hitler im November 1941 als Generalkonsul

nach Tientsin (China) kommandiert, von wo er am 18.9.1945 durch die US-Armee zuerst nach Washington und dann als Zeuge zum »Nürnberger-Prozeß« zurückgebracht wurde (7.10.1945). Wiedemann war bis zum 5. Mai 1948 inhaftiert. 1964 schrieb er ein Buch, »Der Mann der Feldherr werden wollte«; er starb am 24.1.1970 im Alter von 78 Jahren in Fuchsgrub.

342 Fritz Wiedemann, »Der Mann der Feldherr werden wollte«, blick + bild Verlag für politische Bildung S. Kappe KG, Velbert und Kettwig, 1964, S. 23-25.

343 Einvernahme von Max Amann in Nürnberg am 5.11.1947 durch Rudolph L. Pins (Interrogationsbericht Nr. 2210 B), Spruchkammerakt Max Amann, Sonderregistratur S, München.

344 Brief Hitlers an Joseph Popp vom 3.12.1914. Jäckel/Kuhn, a.a.O., S. 60. Die Hervorhebung »dafür« durch den Autor, alle orthographischen Fehler Hitlers wurden übernommen.

345 S. »Echo der Woche«, Wochenblatt Hamburg, Samstag/Sonntag, den 27./28.2.1932.

346 Michael Schlehhuber, geb. 7.7.1874 in München, Lagerist, Vater von vier Kindern, wurde am 16.8.1914 mit Hitler zusammen zum Ersatzbatl., Rekruten Depot VI, des 2. Inf. Regt. eingezogen (ungedienter Landsturm). Am 1.9.1914 zum neuaufgestellten R.I.R. 16, 1. Kompanie des I. Batl. versetzt, am 21.9.1914 mit Hitler ins Feld. Am 15.11.1914 durch ein Inf. Geschoß bei Wytschaete am linken Arm verwundet. Am 13.2.1914 nach Lazarettaufenthalt wieder zur 1. Komp. des R.I.R. 16 an die Front. Schlehhuber wurde am 11.1.1918 vom Militär in München entlassen. BHStA, Abtl. IV, KStR. Nr. 3067/1002

347 Adolf Meyer, »Mit Adolf Hitler im Bayerischen Reserve-Infanterie-Regiment 16 List«, Verlag Georg Auppele, Neustadt-Aisch, 1934, S. 15, »Berner Tagblatt« Nr. 139 vom 23.3.1932 und Heinz A. Heinz, a.a.O., S. 96.

348 Angaben von Thomas Orr.

349 Heinrich Heim, a.a.O., S. 46.

350 Balthasar Brandmayer, geb. 15.9.1892 in Götting bei Bad Aibling, Volksschule und Maurerlehre. Am 7.11.1914 als Rekrut in das Rekruten Depot I des I. Ersatzbatl. des 1. Inf. Regt. eingerückt. Am 10.2.1915 zur 12. Komp. des III. Batl. des R.I.R. 16 versetzt und am 30.5.1915 als Regimentsordonnanz (Meldegänger beim Regimentsstab) mit Hitler zusammen bis zu seiner Verwundung am 31.5.1918. Am 17.10.1918 vom Militärdienst entlassen, Maurer in Bruckmühl. Brandmayer schrieb mit Heinz Bayer (Verleger) 1932 ein Buch über seine Erlebnisse mit Hitler im Krieg, »Zwei Meldegänger«. Am 1.2.1932 Eintritt in die NSDAP, ab 1934 als ehemaliger Kriegskamerad Hitlers Anstellung bei der Reichsbahn und ab 1935 beim Regierungspräsidenten für Oberbayern. In einem Schreiben vom 18.10.1939 von der »Kanzlei des Führers der NSDAP« in Berlin wurde ausgeführt: »Brandmayer ist ein Kriegskamerad des Führers und einer der wenigen, die dem Führer gegenüber das kameradschaftliche ›Du‹ anwenden dürfen. Brandmayer erhielt im Juni des Jahres 1937 im Auftrag des Führers zur Klärung seiner gesamten wirtschaftlichen Verhältnisse eine einmalige Unterstützung in Höhe von 5000,– RM ....« Ab 1.4.1940 war Brandmayer als Amtswart bei einer Kreisfürsorgestelle in München bis Mai 1945 beschäftigt. Nach 1945 wieder als Maurer in München tätig. Brandmayer starb am 23.1.1960 im Alter von 68 Jahren in Putzbrunn bei München.

351 Balthasar Brandmayer (Heinz Bayer), »Zwei Meldegänger«, Verlag Heinz Bayer, Bruckmühl, 1932, S. 48.

352 Heinrich Heim, a.a.O., S. 80.

353 Philipp August Lorenz Engelhardt, geb. 10.6.1866 in Dresden, Abitur, 1884 Bergakademie. Am 14.9.1884 als Dreijhr. Freiwilliger im 1. Pionier Batl. und am 2.12.1884 Unteroffizier. Am 9.9.1889 Leutnant (Ing. Offz.) und am 28.6.1893 Über-

tritt in die Kaiserliche Schutztruppe für Deutschafrika bis 16.6.1899. Am 19.8.1899 Oberleutnant. Von 1900-1904 beim Auswärtigen Amt und ab 28.9.1904 Kompanieführer. Am 23.6.1907 Hauptmann. Verschiedene Kommandierungen, am 1.10.1913 stellv. Inspekteur des Mil. Luft- und Kraftfahrwesens, am 25.10.1913 Oberstleutnant und ab 12.11.1914 Kommandeur des R.I.R. 16. Am 17.11.1914 bei Wytschaete schwer verwundet. Lazarettaufenthalte, am 19.5.1916 Oberst, Mai 1918 Brigadekommandeur. Am 24.4.1919 mit Freikorps »Engelhardt« Grenzschutz Böhmen. Am 31.3.1920 als Generalmajor vom Militärdienst entlassen.

354 Johann Georg Eichelsdörfer, geb. 7.12.1886 in Unterhaid bei Bamberg, Abitur, Techn. Hochschule in München. Am 1.10.1912 Einj. Freiw. beim 2. Inf. Regt, am 30.9.1913 Unteroffizier d. R.; 18.5.1914 Vizefeldwebel. Am 4.8.1914 beim Ers. Batl. des 2. Inf. Regt. und am 15.9.1914 zum R.I.R. 16 als Verpfl. Offizier (I. Batl.) versetzt, am 10.10.1914 ins Feld und am 28.10.1914 Leutnant d. R. vom 17.11.1914 bis 31.10.1915 Regt. Adjutant beim R.I.R. 16. Ab 14.2.1916 zum 2. Inf. Regt. versetzt. Am 15.3.1918 Oberleutnant d. R. und am 31.12.1918 aus dem Militärdienst ausgeschieden.

355 Fridolin Solleder, a.a.O., S. 75.

356 Brief Hitlers an Joseph Popp vom 3.12.1914. Jäckel/Kuhn, a.a.O., S. 60.

357 Brief Hitlers an Ernst Hepp vom 5.2.1914, Jäckel/Kuhn, a.a.O., S. 68/69.

358 Friedrich Petz, geb. 30.3.1865 in Landshut, Abitur, 2.8.1884 Fähnrich im 2. Schweren Reiter Regt., am 6.7.1887 Leutnant und am 4.8.1901 Hauptmann. Am 28.10.1909 Major im Stab der 10. Inf. Brigade und am 19.3.1914 Beförderung zum Oberstleutnant. Ab 7.9.1914 Batl. Kdr. beim R.I.R. 17 in Augsburg. Vom 10.11.1914 bis 11.11.1914 und vom 17.11. bis 1.12.1914 stellv. Kdr. des R.I.R. 16 und vom 21.1.1915 bis 2.8.1915 nochmals stellv. Kdr. des R.I.R. 16. Vom 3.8.1915 bis 16.10.1916 Kommandeur des R.I.R. 16 (da Petz am 15.3.1916 erkrankte, übernahm Oberstleutnant Emil Spatny das R.I.R. 16 bis zum 23.4.1917). Ab 28.10.1916 Kdr. des Bayr. Inf. Regt. Nr. 7 bis 26.9.1917, am 20.8.1918 Beförderung zum Oberst.

359 Brief Hitlers an Ernst Hepp vom 5.2.1915, Jäckel/Kuhn, a.a.O., S. 68.

360 Brief Hitlers an Joseph Popp vom 3.12.1914. Jäckel/Kuhn, a.a.O., S. 60-61.

361 Heinrich Heim, a.a.O., S. 71.

362 Anton Bachmann, geb. 27.9.1895 in Schweinheim bei Aschaffenburg, Kaufmannslehre. Am 15.8.1914 als Kriegsfreiwilliger in das Rekruten Depot III des Ers. Batl. des 2. Inf. Rgt. in München, am 1.9.1914 zur 6. Komp des II. Batl. des R.I.R. 16 versetzt und ab 10.11.1914 mit Hitler als Regimentsordonnanz (Meldegänger) beim Regimentsstab. Ab 1.3.1915 Gefreiter. Am 6.10.1916 verwundet, kam er mit Hitler, der am 5.10.1916 verwundet worden war, in das Lazarett Beelitz. Am 8.5.1917 nach Rumänien kommandiert, fiel Bachmann am 12.8.1917 im Alter von 22 Jahren in Ungureano.

363 Angaben von Thomas Orr.

364 Brief Hitlers an Joseph Popp vom 26.1.1915. Jäckel/Kuhn, a.a.O., S. 63.

365 Brief Hitlers an Ernst Hepp vom 5.2.1915. Jäckel/Kuhn, a.a.O., S. 69.

366 Heinz A. Heinz, a.a.O., S. 56/60.

367 Angaben von Thomas Orr.

368 Heinrich Heim, a.a.O., S. 320.

369 Fridolin Solleder, a.a.O., S. 92 und 96.

370 Bericht von Heinrich Lugauer vom 5.2.1940 an das NSDAP Hauptarchiv, HIMC, File 47, Reel 2.

371 Brief Hitlers an Joseph Popp vom 26.1.1915. Jäckel/Kuhn, a.a.O., S. 63.

372 Kriegstagebuch I des R. I. R. 16. BHStA, Ab. IV.

373 Karl Lippert, geb. 3.9.1890 in Miltenberg (Main), Volksschule, Fortbildungs- und

Dekorationsschule, Dekorateur. Am 8.8.1914 als Kriegsfreiwilliger im Rekruten Depot II des II. Ers. Batl. des 2. Inf. Regt. in München und am 1.9.1914 zur 4. Komp. des II. Batl. des R.I.R. 16 versetzt. Am 19.10.1914 Gefreiter und am 4.11.1914 zum Unteroffizier befördert. Ab 22.11.1914 als »Ordonnanzführer« zum Regimentsstab des R.I.R. 16 kommandiert und Vorgesetzter Hitlers bis zum 9.3.1916. Anschließend Frontdienst bis zu seiner Entlassung vom Militär am 2.12.1918 in München. Hier Textilvertreter und selbständiger Textilkaufmann. Ab 1.3.1932 Mitglied der NSDAP und am 18.9.1933 durch Hitler in der Reichszeugmeisterei der NSDAP untergebracht und zum Stellenleiter (Unterabteilungsleiter und Betriebsprüfer) ernannt. Nach 1945 als Hilfsarbeiter in München tätig. Lippert starb am 27.10.1986 im Alter von 96 Jahren in München.

374 Später gab Hitler an: »Den ganzen Weltkrieg über habe ich die fünf Bände der Werke Schopenhauers im Tornister mit mir herumgeschleppt. Ich habe viel von ihm gelernt.« (Hitler am 19.5.1944 im FHQ Wolfsschanze. Heinrich Heim, a.a.O., S. 441). Heinrich Lugauer sagte aus: »... entlieh er ... *[Hitler]* ... einmal ein Werk, es war Nietzsche, so viel ich noch in Erinnerung habe.« Bericht vom 26.2.1940 von Heinrich Lugauer, NSDAP Hauptarchiv, HIMC, File 47, Reel 2.

375 Lipperts Angaben zu seinem Porträt, das Hitler im Juni 1915 zeichnete. NSDAP Hauptarchiv, HIMC, File 47, Reel 2.

376 Alfred Rosenberg, geb. 12.1.1893 in Reval, Studium in Riga und Moskau (Ingenieur und Architekt), 1917 nach der russischen Revolution in Paris und dann in München. Durch Dietrich Eckart wurde er mit Hitler bekannt, 1919 DAP Mitglied und 1923 Schriftleiter des »Völkischen Beobachters«. Fanatischer Antibolschewist und Antisemit. Rosenberg wurde der führende NS-Theoretiker, der den Rassismus predigte und darüber viel schrieb. 1930 Reichstagsabgeordneter, veröffentlichte »Der Mythos des zwanzigsten Jahrhunderts« (von der Mystik der »Reinhaltung des Blutes«), 1934 »Beauftragter des Führers für die Überwachung der gesamten geistigen und weltanschaulichen Schulung und Erziehung der NSDAP«. Reichsleiter der NSDAP und ab 17.7.1941 Minister für die besetzten Ostgebiete. Im Mai 1945 von den Alliierten inhaftiert, wurde Rosenberg in Nürnberg zum Tode verurteilt und am 16.10.1946 im Alter von 53 Jahren gehängt.

377 Alfred Rosenberg, »Kameraden und Gegner«, zitiert nach Original seines Verteidigers Dr. Thoma, Bd. II, S. 185.

378 S. Nr. 413, S. 185, Nr. 429, Seite 188 und Nr. 464, Seite 196 im »Werkkatalog«.

379 Aussage von Heinrich Lugauer vom 26.2.1940. NSDAP Hauptarchiv, HIMC, File 47, Reel 2.

379a Aufschreibungen von Hans Bauer vom 15.5.1940 für das NSDAP Hauptarchiv. NSDAP Hauptarchiv, HIMC, File 47, Reel 2. Bauer hat mehrere Aufnahmen im I. Weltkrieg gemacht, s. bei Fridolin Solleder.

380 Max Mund, geb. 27.7.1893 in München, Lehre als Rahmenmacher und Vergolder. Am 21.10.1914 als Rekrut im Rekruten Depot II des Ers. Batl. des 2. Inf. Regt. eingerückt. Am 3.2.1915 zur 10. Komp. des III. Batl. des R. I. R. 16 versetzt und vom 20.5.1915 bis 4.10.1916 als Regimentsordonnanz (Meldegänger) mit Hitler zusammen beim Regimentsstab. Am 4.10.1916 bei Le Barque Gasvergiftung und bis 18.11.1916 im Res. Lazarett Gera. Aufgrund seines schlechten Gesundheitszustandes am 16.7.1917 aus dem Militärdienst entlassen. Anschließend als selbständiger Vergolder in der Dachauerstraße in München tätig. Mund starb am 13.12.1952 im Alter von 59 Jahren in Traunstein.

381 Karl Tiefenböck, geb. 16.11.1894 in München, 1908 Kaufmannslehre, Kontorist. Am 1.10.1914 als Rekrut beim 15. Inf. Regt., am 19.11.1914 zum 2. Inf. Regt. und am 24.1.1915 ins Feld. Am 13.2.1914 zur 9. Komp. des R. I. R. 16, am 13.3.1915 verwundet und ab 24.4.1915 als Regimentsordonnanz zum Regimentsstab versetzt,

wo er mit Hitler bis zum 5.10.1917 als Meldegänger Dienst machte (von Hitler »Wackerl« genannt). Am 28.10.1916 Gefreiter und am 5.10.1917 zur Fliegerersatz-Abt. Schleißheim kommandiert. Am 10.10.1917 Unteroffizier und am 10.12.1918 aus dem Militärdienst entlassen. Nach dem Krieg Prokurist, DAP Mitglied Nr. 648, seit 1919 und Mitglied der »Sterneckergruppe«, überreichte Hitler 1933 ein Fotoalbum mit den Fotos aus Fournes und Fromelles usw. Tiefenböck starb am 22.4.1969 im Alter von 74 Jahren in München.

382 Josef Inkofer, geb. 8.5.1891 in Regensburg, Kellner, kam am 3.8.1914 als Rekrut (Rekruten Depot IV) zum Ers. Batl. des 2. Inf. Regt. und am 10.10.1914 zur 1. Komp. des R.I.R. 16, wo er Hitler kennenlernte. Am 20.10.1914 ins Feld und am 2.1.1915 als Regimentsordonnanz (Meldegänger) zum Regimentsstab versetzt, wo er mit Hitler bis zum 28.8.1918 (Verwundung) zusammen war. Am 5.3.1919 in München vom Militärdienst entlassen und wieder als Kellner tätig. DAP Mitglied Nr. 566 (Hitler hatte die Nr. 555), »Sterneckergruppe«. Inkofer starb am 8.6.1931 in Alter von 40 Jahren in München.

383 Karl Lanzhammer, geb. 21.9.1896 in Dingolfing, Mechanikerlehre, Techniker. Am 16.8.1914 als Kriegsfreiwilliger in das Rekruten Depot VI des Ers. Batl. des 2. Inf. Regt. und am 1.9.1914 zur 1. Komp. des R.I.R. 16 versetzt, wo er Hitler kennenlernte. Am 20.10.1914 ins Feld und am 27.10.1914, also früher als Hitler, zum Regimentsstab als Ordonnanz (Meldegänger) versetzt. Am 13.9.1917 zur Fliegerschule 5 nach Schleißheim kommandiert, wo Lanzhammer am 16.3.1918 im Alter von 21 Jahren tödlich abstürzte.

384 Johann Sperl, geb. 24.3.1881 in München, lernte Steindrucker. Vom 24.10.1903 bis 22.9.1905 Militärdienst und am 21.8.1914 zum Landsturm Batl. 1 in München eingezogen. Am 25.8.1914 ins Feld und am 22.5.1915 zur 9. Komp. des R.I.R. 16 versetzt. Ab 15.1.1916 Regimentsordonnanz (Meldegänger) im Regimentsstab mit Hitler bis zum 12.11.1918. Sperl sagte nach 1945 aus, daß Hitler für ihn, der fünf Kinder hatte, öfters Meldegänge übernommen habe. Am 27.7.1919 in München vom Militärdienst entlassen. Nach dem Krieg als Steindrucker und Hilfsarbeiter in München, seit 1.5.1933 Mitglied der NSDAP (arbeitslos bis Februar 1934). 1936 bat er seinen »Kriegskameraden« Hitler, da er wieder arbeitslos war, um eine Stellung beim Landesvermessungsamt München, die er auch ab 5.6.1936 erhielt. Nach 1945 Hilfsarbeiter in München; Sperl starb am 15.4.1962 im Alter von 81 Jahren in München.

385 Jakob Weiß, geb. 16.5.1892 in Abens, lernte in der Landwirtschaft. Am 15.8.1914 in das Rekruten Depot III des Ers. Batl. des 2. Inf. Regt. und am 1.9.1914 zur 7. Komp. des R.I.R. 16. Am 10.10.1914 ins Feld, am 6.11.1914 zum Gefreiten ernannt und am 4.1.1915 als Regimentsordonnanz (Meldegänger) zum Regimentsstab versetzt, wo er mit Hitler bis zum 29.9.1918 zusammen war. Nach Verwundung am 31.3.1919 in München vom Militär entlassen. Anschließend Landwirt in Abens, NSDAP Mitglied seit 1.5.1933. Weiß übernahm am 1.10.1928 die Posthalterei von seinem Vater in Abens und starb am 8.12.1944 im Alter von 52 Jahren in Abens.

386 S. Anm. 373.

387 Josef Wurm, geb. 30.1.1893 in München, Kaufmann, Militärdienst ab 1.10.1913 bei der 1. Komp. des 1. Inf. Regt. Am 1.10.1914 zur 12. Komp. des R.I.R. 16 versetzt und am 10.10.1914 ins Feld. Am 9.10.1914 Gefreiter und ab 15.3.1915 als Unteroffizier zum Regimentsstab versetzt, wo er Hitler kennenlernte. Am 25.9.1917 Beförderung zum Vizefeldwebel und am 31.12.1919 aus dem Militärdienst entlassen. Nach dem Krieg als Bank- und kaufm. Angestellter bis 1934 tätig. Als Schwager von Max Amann und Kriegskamerad Hitlers kam Wurm 1934 als Abteilungsleiter zum Eher-Verlag (»Völkischer Beobachter«), wo er bis 1945 tätig war. NSDAP Mitglied seit 1.5.1933. Nach 1945 bei einer Münchner Firma als Angestellter tätig, starb Wurm am 11.4.1963 im Alter von 70 Jahren in München.

388 Karl Höfele, geb. 29.11.1980 in Pfarrkirchen, Landwirtschaftsschule bis 1905 und Baugewerbeschule in Passau, seit 1912 Bauführer in München. Am 16.8.1914 Kriegsfreiwilliger beim 2. Inf. Regt. und am 1.9.1914 zur 3. Komp. des R.I.R. 16 versetzt. Am 10.10.1914 ins Feld, am 19.10.1914 Gefreiter und am 30.11.1914 als Unteroffizier bis zum 18.2.1916 beim Regimentsstab des R.I.R. 16 mit Hitler zusammen. Am 29.10.1916 zum Vizefeldwebel befördert und vom 3.12.1916 bis 3.3.1917 Ausbildung zum Fahnenjunker. Am 22.9.1917 Leutnant d. R. und am 13.2.1918 in München vom Militärdienst entlassen.

389 Werner Maser, »Hitlers Briefe und Notizen«, a.a.O., S. 39. Überhaupt ist in diesem Buch Masers ein leichtfertiger Umgang mit den Quellen festzustellen.

390 S. Anm. 350.

391 Balthasar Brandmayer, a.a.O., S. 49 und 50.

392 Der Hund wird von verschiedenen Autoren mit den unterschiedlichsten Namen (!) ohne Einzelheiten oft erwähnt.

393 In den Unterständen und Gräben gab es damals viele Ratten, die Hitler seit seiner Jugend besonders gehaßt zu haben scheint. Schon in Leonding und in Steyr machte er Jagd auf Ratten mit einem Flobertgewehr. Auch im I. Weltkrieg war es nicht anders, wie Balthasar Brandmayer (S. 91) u. a. berichtete.

394 Wie aus Briefen an Hitler hervorgeht und auf einem Foto ersichtlich, hatten die Meldegänger noch einen größeren dunklen Hund. S. Brief von Karl Tiefenböck an Hitler vom 19.4.1923, wo er schreibt: »... Dein Kriegsalbum wird sicher noch Erinnerungen aufnehmen können und in dieser Voraussetzung, daß die beigelegten Aufnahmen Freude bereiten, lege ich selbe bei. Sie greifen nun schon 8 Jahre zurück. Bei den Bildern ist unser lieber unvergesslicher Dickerl mit aufgenommen und glaube ich daher mit den bescheidenen Bildern Dir doch eine große Freude zu machen ...« NSDAP Hauptarchiv, HIMC, File 2, Reel 1A.

395 Ausführungen Hitlers in der Nacht vom 22. auf 23.12.1942 im Führerhauptquartier Wolfschanze. Heinrich Heim, a.a.O., S. 219 und 220.

396 Balthasar Brandmayer, a.a.O., S. 51. Mend wurde Ende 1915 versetzt. Von seiner Zeit beim Regimentsstab muß noch ein Lazarettaufenthalt ab dem 14.8.1914 wegen akuten Trippers abgerechnet werden.

397 BDC Berlin, BHStA, StAnw. Nr. 9959, KRStR. Nr. 13184/6046 und Nr. 3040/737, BHStA, Abt. IV und »Mend-Protokoll« (ich würde es »Lügenprotokoll« nennen), BHStA, Abt. IV, HS 3231, Stadtarchiv München, Zeitungsausschnitte 1932, Unterlagen des NSDAP Hauptarchivs, HIMC, File 64, Reel 3 und Parteiarchiv Nr. 124 01550 f. (173).

398 Wilhelm Brückner, geb. 11.12.1884 in Baden-Baden, Gymnasium, vom 1.10.1904 bis 30.9.1905 einjähriger Freiwilliger beim Kgl. sächs. Inf. Regt. Nr. 105 in Straßburg. Bis August 1914 Studium an der Techn. Hochschule in München. Vom 3.8.1914 bis 15.6.1918 Frontdienst in Frankreich und Rumänien im I. Weltkrieg; Oberleutnant. Am 28.2.1919 vom Militärdienst entlassen. Bis 1922 als Ingenieur bei der Fa. Arnold & Richter in München. Von 1922 bis zum Putsch 1923 SA Führer (Regiment München), hauptamtlich bei der NSDAP angestellt. 1.4.1924 Frontbannführer und Studium an der Universität München. Von 1925 bis Ende 1926 Generalsekretär im Verein für das Deutschtum im Ausland. Ab 1.8.1930 Adjutant Hitlers, 1.3.1934 SA Obergruppenführer. Am 18.10.1940 von Hitler als Adjutant entlassen und ab 1.6.1941 als Major d. R. in Frankreich. Am 4.5.1945 im Lazarett Traunstein von der US Armee interniert, blieb Brückner bis zum 22.9.1948 in Haft. Brückner starb am 18.8.1954 im Alter von 70 Jahren in Herbsdorf bei Traunstein.

399 Der Brief wurde in verschiedenen antinazistischen Zeitungen veröffentlicht, u. a. »Fränkische Tagespost« Nr. 250 vom 24.10.1932 und »Münchner Post« Nr. 235 vom 10.10.1932.

400 BDC-Unterlagen Hans Mend, BDC Berlin.

401 S. Anmerkung 415.

402 Vernehmung von Max Amann am 5.11.1947 durch Rudolph L. Pins (Interrogationsbericht No 2210 B), Spruchkammerakt Max Amann, Sonderregistratur S, München.

403 Wiedemann Papers, I. f. Z. München, MA 149.

404 Parteiarchiv Nr. 124 01552.

405 »Illustrierter Beobachter«, Folge 15 vom 15.4.1937, S. 526.

406 Auszüge aus Notizbüchern Martin Bormanns über den Tagesablauf Hitlers in den Jahren 1934-1943. NSDAP Hauptarchiv, HIMC, File 16, Reel 1.

407 Heinrich Heim, a.a.O., S. 324.

408 ebenda, S. 324.

409 BDC-Unterlagen Brandmayer Balthasar, BDC Berlin.

410 »Illustrierter Beobachter«, 12. Jg., Folge 15 vom 15.4.1937, S. 526.

411 Parteiarchiv Nr. 124 62935.

412 NSDAP Hauptarchiv, HIMC, File 47, Reel 2.

413 Parteiarchiv Nr. 124 03597.

414 S. »Illustrierter Beobachter«, 12. Jg., Folge 15 vom 15.4.1937, S. 527.

415 Max Amann, geb. 24.11.1891 in München, Volksschule 1898 bis 1905, Bürolehre von 1905-1908 in Münchner Anwaltskanzlei, von 1908 bis 1912 Anwaltsbuchhalter. Vom 24.10.1912 bis 1.3.1913 Militärdienst beim 1. Inf. Rgt. (am 1.10.1913 Gefreiter). Am 10.9.1914 zur 2. Komp. des R.I.R. 16 eingezogen, wo er »Regimentsschreiber« wurde; am 11.9.1914 Unteroffizier und am 20.11.1914 als Vizefeldwebel im Regimentsstab bis Kriegsende Vorgesetzter Hitlers. Am 13.2.1919 als Schreibaushilfe zum Ministerium f. milit. Angelegenheiten bis zu seiner Entlassung am 9.10.1919. Anschließend Angestellter bei der Siedlungs- und Landesbank München. Ab 1921 Geschäftsführer der NSDAP und ab 1.10.1921 Mitglied der NSDAP und seit dem 1.4.1922 Verlagsdirektor des Eher-Verlages der NSDAP bis Mai 1945. 1924 Stadtrat in München, 1933 Reichstagsabgeordneter, Dezember 1933 Präsident der Reichspressekammer, 1934 SS-Obergruppenführer. Am 4.5.1945 von der US Armee interniert. In einem Gerichtsprozeß am 8.9.1948 zu 2 1/2 Jahren Gefängnis (wegen Körperverletzung, begangen 1933) und am 6.12.1948 von der Spruchkammer München zu 10 Jahren Arbeitslager verurteilt (ab 18.9.1950 im Arbeitslager Eichstätt). Amann wurde jedoch schon 1953 entlassen und starb am 30.3.1957 im Alter von 65 Jahren in München.

416 Einvernahme von Max Amann in Nürnberg am 6.12.1946 und 30.10.1947 in Nürnberg. Spruchkammerakt Max Amann, Sonderregistratur S, München.

417 »Süddeutsche Zeitung« vom 7.12.1948, S. 2.

418 ebenda, 30.10.1947.

419 Brief Hitlers an Max Amann vom 30.1.1934. BA Koblenz, NS 10/123.

420 Heinrich Heim, a.a.O., S. 291, 292 und 295.

421 S. Anm. 341.

422 Friedrich Wiedemann, a.a.O., S. 91 und 93 sowie »Stephanie von Hohenlohe« Herbig Verlag München-Berlin, 1988.

423 S. auch Wiedemann, a.a.O., S. 59.

424 Aussage von Wiedemann am 12.11.1948, Entnazifizierungsakt Friedrich Wiedemann, Sonderregistratur S, München.

425 Bruno Horn, geb. 14.5.1878 in Leezen, Segeburg (Holstein), 9 Klassen Mittelschule und kaufmännische Lehre in Hamburg-Altona. Auslandsaufenthalte in Belgien und Frankreich. Am 1.10.1901 Einj. Freiw. beim 31. Inf. Regt. in Altona; 1.7.1902 Gefreiter und am 8.10.1910 Unteroffizier. Ab 1910 in München bei einer Speditionsfirma und am 15.9.1914 beim Ers. Batl. des 1. Inf. Regt. in München eingerückt, kam Horn am 18.2.1915 zur 11. Komp des R.I.R. 16 als Vizefeldwebel ins Feld,

am 23.8.1915 Leutnant d. R. Ab 3.3.1916 Ordonnanzoffizier beim Regimentsstab des R.I.R. 16, wo er Hitler kennenlernte. 31.3.1916 stellv. Ortskommandant von Fournes. Vom 21.4.1916 bis 6.5.1916 stellv. Regt. Adjt. und ab 6.4.1917 bis 26.4.1917 sowie ab 19.6.1918 nochmals Ordonnanzoffizier und vom 22.7.1918 bis 15.8.1918 stellv. Regt. Adjt. Am 20.8.1918 nach München wegen Krankheit beurlaubt und am 3.11.1918 in Altona aus dem Militärdienst entlassen. Kaufmann in Hamburg.

426 Urteil des Landgerichts Hamburg vom 9.3.1932.

427 Balthasar Brandmayer, a.a.O., S. 66 und 67.

428 Friedrich Wiedemann, a.a.O., S. 57 und 58.

429 ebenda, S. 58.

430 Korbinian Rutz, geb. 18.11.1877 in Oberammergau, Volksschule und Lehrerseminar in Freising. 1897 Hilfslehrer in Petershausen, 1902 Lehrer in Dachau, von 1904 bis 1907 an verschiedenen Orten tätig. Vom 11.8.1897 bis 19.10.1897 beim 20. Inf. Regt. Militärdienst. Am 9.9.1914 beim Ers. Batl. des 1. Inf. Regt. in München eingerückt und am 12.11.1914 mit der 2. Komp. des R.I.R. 16 ins Feld. Meldegänger und Gefechtsschreiber beim Bataillonsstab. Am 15.5.1915 Gefreiter. Als Batl. Meldegänger lernte Rutz auch Hitler kennen. Am 31.3.1915 Unteroffizier, 29.12.1915 Vizefeldwebel, am 23.4.1916 Leutnant der Landwehr ohne Patent, Kompanieführer (1. Komp.) und am 20.11.1918 vom Militär entlassen. Ab 1.2.1919 Lehrer in Polling. Rutz, der ein Gegner Hitlers war, schrieb im Frühjahr 1932 einen Brief an einen Bekannten über Hitlers Fronttätigkeit. Dieser Brief wurde dann in der Zeitschrift »Der Gerade Weg« (Nr. 15 vom 10.5.1932) von Dr. Fritz Gerlich und auch in mehreren ausländischen Zeitschriften veröffentlicht. Nach der »Machtübernahme« wurde Rutz deswegen vom 15.9.1933 bis 20.12.1933 in das Konzentrationslager Dachau in »Schutzhaft« genommen. Am 1.7.1934 aus dem Schuldienst entlassen und pensioniert, nach 1945 rehabilitiert.

431 S. »Fränkische Tagespost« Nr. 82 vom 8.4.1932.

432 BDC Akten Korbinian Rutz, BDC Berlin.

433 Spruchkammerakt Max Amann, Sonderregistratur S, München

434 ebenda.

435 ebenda.

436 BDC Akten Korbinian Rutz, BDC Berlin.

437 ebenda.

438 Spruchkammerakt Max Amann, Sonderregistratur S, München.

439 S. Anm. 529.

440 Wiedemann Papers. I.f.Z. München, MA 149.

441 Balthasar Brandmayer, a.a.O., S. 66 und 67.

442 Einvernahme von Max Amann in Nürnberg am 5.11.1947 durch Rudolph L. Pins, Interrogationsbericht Nr. 2210 B. Spruchkammerakt Max Ammann.

443 Friedrich Wiedemann, a.a.O., S. 27.

444 Werner Maser, »Adolf Hitler: Vater eines Sohnes«, »Zeitgeschichte«, 5. Jg. 1977/78, S. 184.

445 Aussage von Ernst Schmidt bei Heinz A. Heinz, a.a.O., S. 78.

446 Hitler am 21.8.1942 in FHQ Werwolf, Heinrich Heim, a.a.O., S. 357.

447 Angaben von Thomas Orr, der 1951 mit Ignaz Westenkirchner gesprochen hat.

448 ebenda.

449 Einvernahme von Max Amann in Nürnberg am 5.11.1947 in Nürnberg, Spruchkammerakt Max Amann, Sonderregistratur S, München.

450 Mein Kampf, S. 182.

451 Heinz A. Heinz, .a.O., S. 112.

452 Balthasar Brandmayer, a.a.O., S. 60ff.

453 Einvernahme von Max Amann in Nürnberg am 5.11.1947, Spruchkammerakt Max Amann, Sonderregistratur S, München.
454 ebenda.
455 ebenda.
456 Friedrich Wiedemann, a.a.O., S. 26.
457 Einvernahme von Max Amann in Nürnberg am 5.11.1947, Spruchkammerakt Max Amann, Sonderregistratur S, München.
458 Spruchkammerakt Friedrich Wiedemann, Sonderregistratur S, München.
459 Zeugnis von Friedrich Petz von 1922. NSDAP Hauptarchiv, HIMC, File 47, Reel 2.
460 Emil Spatny, geb. 3.2.1861 in Wasserburg, Abitur. Ab 8.8.1879 Fähnrich im 16. Inf. Regt., am 12.11.1881 Oberleutnant und am 1.11.1899 Hauptmann (Komp. Führer), am 26.12.1904 Major. Am 20.8.1907 mit Pension zur Verfügung gestellt. Ab 2.8.1914 wieder in Passau Major und als Bataillons Kdr. am 12.11.1914 ins Feld. Am 10.4.1915 Oberstleutnant. Ab 15.3.1916 Kommandeur des R.I.R. 16, bis er am 23.4.1917 Kommandeur der bayer. Res. Inf. Division 6 wurde. Am 28.9.1919 als Oberst vom Militärdienst entlassen. Spatny starb am 26.8.1935 im Alter von 75 Jahren in München-Solln.
461 Friedrich Wiedemann, a.a.O., S. 30 und 31.
462 »Der Spiegel«, Nr. 46, 1977, S. 127.
463 Werner Maser, »Adolf Hitler, Legende — Mythos — Wirklichkeit«, 7. Auflage (Bildteil nach S. 528)
464 5. Jg., 1977/78. S. 173-202.
465 S. Aussage von Frau Schroeder und Frau Wohlrab.
466 Angela Raubal, geb. 4.6.1908 in Linz. 1927 holte Hitler die 19jährige, deren Mutter seit März 1927 seinen Haushalt im Haus Wachenfeld am Obersalzberg führte, nach München, wo sie sich am 7.11.1927 an der Universität München als Studentin der Medizin immatrikulierte. Im Winter 1927/28 Abbruch des Medizinstudiums und Gesangs- und Musikstudium im Gesangsstudio Streck in der Gedonstraße. Am 5.7.1928 wieder in Linz, weil ihr Paß abgelaufen war. Am 5.8.1928 wieder in München in der Thierschstraße, wo Hitler seit dem 1.5.1920 wohnte. Ab 5.11.1921 nahm sie Hitler in seiner Wohnung am Prinzregentenplatz 16 auf. Hitler verliebte sich in seine Nichte, er wachte eifersüchtig über sie und nahm sie überall hin mit. Als Angela Raubal 1931 einen 16 Jahre älteren Violinisten aus Linz heiraten wollte (Aussage ihrer Mutter am 17.5.1945 in Berchtesgaden; CIC 101st Airborne Division), Hitler und seine Schwester ihr aber den Umgang mit ihm untersagten, erschoß sich die 23jährige Angela Raubal am 18.9.1931 nach einem Streit mit Hitler in seiner Wohnung (Todesursache Lungenschuß). Angela Raubal wurde am 23.9.1931 im Wiener Zentralfriedhof beerdigt.
467 S. Anm. 18.
468 Balthasar Brandmayer, a.a.O., S. 103.
469 S. das sogenannte »Mend-Protokoll« von 1932.
470 »Der Spiegel« Nr. 46, 1977, S. 127 und Werner Maser »Adolf Hitler«, S. 312.
471 BDC und Spruchkammerakten Eleonore Baur/Sponseil.
472 »Der Spiegel«, Nr. 46, 1977, S. 129.
473 Originalbrief von Jean Loret vom 21.7.1979 aus dem Nachlaß von Christine Schroeder mit allen orthographischen Fehlern, i.B.d.V.
474 S. Artikelserie in der »Bunten« von 1977.
475 »Der Spiegel«, Nr. 46, 1977, S. 130.
476 Balthasar Brandmayer, a.a.O., S. 70.
477 ebenda, S. 76.
478 ebenda, S. 79.
479 Friedrich Wiedemann, a.a.O., S. 28 und 29.

480 Heinrich Heim, a.a.O., S. 172.
481 Friedrich Wiedemann, a.a.O., S. 29.
482 S. Kriegsstammrolle Nr. 3071 von Ernst Schmidt, BHStA, Abt. IV.
488 Balthasar Brandmayer, S. 96. Brandmayers Darstellung stimmt nicht ganz, da auch noch Karl Tiefenböck da war. Anton Bachmann wurde am 6.10.1916 bei La Bapaume durch einen Granatsplitter und Max Mund am 7.10.1916 gasvergiftet. Johann Sperl ist am 1.9.1916 versetzt worden und Johann Wimmer wurde am 5.9.1916 durch einen Gewehrschuß an der linken Schulter verwundet.
484 Und andere auch, z. B. Brandmayer.
485 Mein Kampf, S. 209.
486 Brief Hitlers an einen unbekannten Doktor vom 29.11.1921. NSDAP Hauptarchiv, HIMC, File 17a, Reel 1.
487 S. Hitlers Militärunterlagen und Kriegsstammrollen. NSDAP Hauptarchiv, HIMC, File 11, Reel 1 und Kriegsstammrollen sowie Verlustlisten im BHStA, Abt. IV. Hitler schrieb in seinem Brief vom 29.11.1921: »... und kam am 10. Oktober 1916, am Jahrestag meines Ausmarsches, als Verwundeter zum ersten Mal wieder in die Heimat.«
488 Mein Kampf, S. 210.
489 Kriegsstammrolle Nr. 3063 T 25, Anton Bachmann, BHStA, Abt. IV.
490 S. Jäckel/Kuhn, a.a.O., S. 77.
491 ebenda, S. 78.
492 Mein Kampf, S. 211.
492 ebenda, S. 211 und 212.
493 Jäckel/Kuhn, a.a.O., S. 78 und 79. Die Angabe von Jäckel/Kuhn »bei Brandmayer S. 71« stimmt jedoch nicht; Brandmayer erwähnt nur kurz eine falsch datierte Karte auf Seite 89.
495 Jäckel/Kuhn, a.a.O., S. 78
496 Friedrich Wiedemann, a.a.O., S. 30 und Jäckel/Kuhn, a.a.O., S. 78.
497 Freiherr Anton von Tubeuf, geb. 28.6.1870 in München, Abitur, 1899 zum Militär, am 6.3.1890 Fähnrich im 16. Inf. Regt. Am 27.9.1899 Oberleutnant, 17.10.1906 Hauptmann und am 25.8.1913 Major. Am 7.9.1914 als Batl. Kmdr. mit dem 22. Inf. Regt. an die Front. Regt. Kmdr. beim 23. Inf. Regt., 18. Inf. Regt. und 17. Inf. Regt. Ab 29.4.1917 Regimentskommandeur des R.I.R. 16 bis 27.7.1918 und als Oberstleutnant am 11.8.1919 vom Militärdienst verabschiedet. Als einzigen seiner Regimentskommandeure beförderte der »Gefreite« Hitler den Oberstleutnant a.D. von Tubeuf am 15.8.1935 eigenhändig nachträglich zum Oberst und nicht, wie Wiedemann unverständlicherweise schrieb, »1933 zum General« (Wiedemann, a.a.O., S. 31). S. O. P. Anton von Tubeuf, 29177. BHStA, Abt. IV.
498 Friedrich Wiedemann, a.a.O., S. 31.
499 Einvernahme von Max Amann in Nürnberg am 5.11.1947. Spruchkammerakt Max Amann, Sonderregistratur S, München.
500 Friedrich Wiedemann, a.a.O., S. 31.
501 Zeugnis des Oberstleutnant a.D. von Tubeuf vom 20.3.1922. NSDAP Hauptarchiv, HIMC, File 47, Reel 2.
502 Heinrich Heim, a.a.O., S. 57, 77 und 391.
503 S. KRStR, Nr. 3071, Ernst Schmidt, BHStA, Abt. IV. Ernst Schmidt hatte Urlaub vom 30.9.1917 bis 17.10.1917, den er in seiner Heimatstadt Würzbach verbrachte.
504 Richard Arendt, geb. 15.1.1895 in Hamburg, war gelernter Schriftsetzer, wohnte 1914 in Augsburg, rückte am 1.7.1915 zum 1. Inf. Regt. in München ein und kam am 24.1.1916 zur Masch. Gew. Komp. des R.I.R. 16. Am 20.8.1916 Gefreiter und am 24.9.1916 Unteroffizier. Arendt kam am 31.5.1917 zum Stab des R.I.R. 16, wo er sich mit Hitler anfreundete. Arendt, der vom 2.9. bis 19.9.1917 bei seinen Eltern

(Fritz und Helene Arendt in Berlin N 113, Schonnrische Str. 15/3) in Urlaub war, lud Hitler, der von Berlin schwärmte, ein, seinen Urlaub bei seinen Eltern in Berlin zu verbringen. Kriegsstammrolle Nr. 3043/1293, Richard Arendt, BHStA, Abt. IV.

505 S. Karte Hitlers an Ernst Schmidt vom 6.10.1917. Jäckel/Kuhn, a.a.O., S. 82.

506 ebenda.

507 ebenda.

508 Heinrich Heim, a.a.O., S. 101.

509 Jäckel/Kuhn, a.a.O., S. 82.

510 Joachim C. Fest, »Hitler«, Propyläen Verlag Berlin, 1973, S. 105.

511 BA Koblenz, NS 26/12.

512 Am 7.8.1920 Delegiertentag in Salzburg (s. Gruko 4, Politische Gruppen K-R, Nr. 287, BHStA, Abt. IV.) und im September 1920 eine Wahlreise vom 29.9. bis 8.10.1920. Wie aus den Akten des Gruko 4 des BHStA, Abt. IV, Nr. 287 hervorgeht, sagte Drexler am 26.10.1920, »daß Hitler 4 Wochen für die Sache in Österreich tätig war«.

513 Heinrich Heim, a.a.O., S. 100.

514 Fahrschein aus dem Nachlaß Hitlers, der bei seiner Haushälterin Anny Winter aufgefunden wurde (s. Aufstellung der Münchner Polizei vom 22.12.1950), BHStA, Pol. Dir. Mü. 10021.

515 Balthasar Brandmayer, a.a.O., S. 101.

516 Josef Dietrich, geb. 25.5.1892 in Hawangen, Volksschule, Kutscher in der Landwirtschaft. Von 1909 bis Mitte 1911 in der Schweiz als Arbeiter in einem Hotel. Militärdienst vom 18.10.1911 bis 27.11.1911 beim 4. F.A.R. 2. Batl. in Augsburg, »wegen Krankheit« (Sturz vom Pferd) entlassen. In Memmingen bei einem Bäcker Botendienste bis zum 5.8.1914. Anschließend Frontdienst im I. Weltkrieg in Frankreich und Italien, zum Schluß bei der Sturmpanzerwagen Abt. 13 als Panzerwagenführer. Bei der Auflösung am 9.11.1918 war Dietrich »Soldaten Rat« der Abt. Am 26.3.1919 nach Hawangen als Vize-Wachtmeister entlassen. Ab dem 4.4.1919 in München und ab 24.2.1920 bei der Bayer. Landpolizei. Anschließend Arbeiter und Bekanntschaft mit dem Nazi Christian Weber, der ihn in seiner »Blau-Bock-Tankstelle« beschäftigte. Am 1.5.1928 NSDAP Mitglied und Bekanntschaft mit Heinrich Himmler. SS Eintritt am 5.5.1928 und am 1.8.1928 schon SS Standartenführer. Am 18.5.1929 Führer der SS Brigade Bayern und ab 11.7.1930 Führer der SS Gruppe Süd sowie Reichstagsabgeordneter. Ab 16.1.1933 Führer des »SS Sonderkommandos« in Berlin und Aufbau der »Leibstandarte SS Adolf Hitler«. 1934 Beteiligung an dem Mord von sechs SA Führern und Beförderung zum SS Obergruppenführer. Bei Kriegsausbruch 1939 im Fronteinsatz in Polen, Frankreich, Balkan und Rußland. Am 20.4.1942 Generaloberst der Waffen SS, Ardennenoffensive 1944, anschließend in Ungarn und Wien im Einsatz. Am 8.5.1945 von der US Armee in Kufstein gefangengenommen, wurde Dietrich im Sommer 1946 zu lebenslanger Haft verurteilt (1950 auf 25 Jahre herabgesetzt). Am 20.10.1955 aus der Haft entlassen, starb Dietrich am 21.4.1966 im Alter von 74 Jahren in Ludwigsburg.

517 Kriegsstammrolle Josef Dietrich, Nr. 13337/117 und andere Unterlagen im BHStA, Abt. IV.

518 S. Eintrag in das Kriegstagebuch der Bayer. Sturmpanzerwagen Abt. 13 vom 9.11.1918. BHStA, Abt. IV.

519 Friedrich Wiedemann, a.a.O., S. 25.

520 Hugo Gutmann, geb. 19.11.1880 in Nürnberg, Handelsschule, Kaufmann, übernahm später die Büromaschinenfabrik seines Vaters in Nürnberg. Am 1.10.1902 bis 30.9.1903 Einj. Freiwilliger beim 8. Feld Artillerie Regt. in Nürnberg; Unteroffizier am 26.7.1903. Am 5.8.1914 zur 1. Abt. des 6. Res. Feld Art. Regt. eingezogen, kam Gutmann am 20.10.1914 ins Feld. Am 1.11.1914 Vizewaffenmeister und ab 13.1.1915

als Adjutant des Hauptmann Lüneschloß zum III. Batl. des R.I.R. 16 kommandiert. Am 15.4.1915 Leutnant der Landwehr. Nach dem Abgang von Wiedemann wurde Hugo Gutmann Adjutant des Regimentskommandeurs Major von Tubeuf des R.I.R. 16. Gutmann, der von seinen verschiedenen Vorgesetzten »hervorragend« beurteilt worden ist, wurde am 8.2.1919 aus dem Militärdienst nach Nürnberg entlassen. Anschließend Büromaschinenfabrikant in Nürnberg und später vor den Nazis nach Brüssel emigriert.

521 Heinrich Heim, a.a.O., S. 132.

522 Balthasar Brandmayer, a.a.O., S. 49.

523 Friedrich Wiedemann, a.a.O., S. 33.

524 ebenda, S. 26.

525 S. Kriegstagebuch III des R.I.R. 16, Eintrag vom 22.7.1918. BHStA, Abt. IV.

526 Aussage von Eugen Tannhäuser vom 4.8.1961, der mit Hugo Gutmann gesprochen hatte. I.f.Z. München, ZS-1751.

527 Aussage von Johann Raab vom 4.8.1948. Spruchkammerakt Johann Raab, Sonderregistratur S, München.

528 Antrag des stellv. Regt. Kdr. Freiherr von Godin für die Verleihung des EK I an Hitler vom 31.7.1918. NSDAP Hauptarchiv, HIMC, File 47, Reel 2.

529 Wilhelm Karl, Eugen Maximilian von Baligand, geb. 23.4.1869 in München. Am 22.7.1888 Fähnrich im 1. Inf. Regt. in München (Kadettenkoprs), 6.3.1890 Leutnant und ab 1.6.1896 Regt. Adjutant beim 1. Inf. Regt. Am 17.3.1897 Oberleutnant und am 8.3.1905 Beförderung zum Hauptmann. Ab 28.8.1906 Komp. Führer der 12. Komp. beim Inf. Leibregiment und ab 23.10.1910 Major u. Adjt. bei der 6. Division. Am 4.8.1914 Kdr. des I. Batl. des 14. Inf. Regt. und später Kdr. des R.I.R. 6. Ab 10.8.1918 wurde von Baligand letzter Regiments Kdr. des R.I.R. 16. Mit dem Regiment von Brüssel (1.12.1918 bis 15.12.1918) nach Deutschland zurückgekommen. Demobilmachung in Ebersberg, Grafing und Oexing. Am 31.12.1919 ist von Baligand mit dem Charakter als Oberst aus dem Militärdienst entlassen worden und lebte bis 1943 in München.

530 BA Koblenz, NS 26/12.

531 Fridolin Solleder, a.a.O., S. 336.

532 Das »Senfgas« (Gelbkreuz) war ein flüssiges Sprühmittel, das sich in die Haut einbrannte.

533 Mein Kampf, S. 221.

534 Brief Hitlers an einen unbekannten Doktor vom 29.11.1921. NSDAP Hauptarchiv, HIMC, File 17a, Reel 1.

535 »Vorwärts« (Berliner Volksblatt) vom 26.2.1924 und »Hitler's Source Book«, S. 318.

536 »Illustrierter Beobachter«, 1937, S. 530.

537 Bericht von Johann Raab vom 5.8.1939 an das NSDAP Hauptarchiv, HIMC, File 47, Reel 2.

538 Bericht von Heinrich Lugauer vom 5.2.1940 an das NSDAP Hauptarchiv, HIMC, File 47, Reel 2.

539 Die Garnison München unterstand dem I. Armeekorps (Generalkommando München). Dazu gehörte u. a. die 1. Division (Kommand. München) mit der 1. und 2. Inf. Brigade, der 1. Kavallerie- sowie der 1. Feldartillerie Brigade. Zur 1. Inf. Brigade gehörten das Infanterie Leibregiment München (gegr. 1814) und das 1. Inf. Regiment (König, gegr. 1778). Zur 2. Inf. Brigade gehörten das 2. Inf. Regiment (Kronprinz, gegr. 1682) und das 16. Inf. Regiment (Standort Passau und Landshut) sowie das 1. Jäger Bataillon (Prinz Ludwig, gegr. 1815, Standort Freising). Weiter die 1. Kavallerie Brigade mit 1. Schweres Reiterregiment (Prinz Karl v. Bayern, gegr. 1814) und die Feld-Artillerie-Brigade mit 1. Feldart. Regiment (Prinz Regent Luitpold,

gegr. 1824), 3. Feldart. Regiment (Prinz Leopold, gegr. 1848) und 7. Feldart. Regiment (Prinz Luitpold, gegr. 1900) sowie einer Artilleriewerkstätte und 1. Fußartillerie Regiment (gegr. 1873) und das 1. Trainbataillon (Bespannungsabteilung München, gegr. 1872). Zum Ingenieurkorps gehörten das 3. Pionierbataillon (gegr. 1900), ein Eisenbahn-Bataillon mit Kraftfahrer-Abteilung (gegr. 1873), ein Telegraphen-Detachement (mit Funkentelegraphen-Abteilung, gegr. 1901), eine Kavallerie-Telegraphen Schule (gegr. 1901) und eine Luftschiffer-Abteilung (gegr. 1890). Weiter gehörten die Kriegsakademie München, die Artillerie- und Ingenieur Schule München, Kriegsschule und Kadettenkorps dazu. Die bayerischen Kriegsschulen wurden am 1.8.1919 aufgelöst.

540 S. Anm. 545.

541 Heinrich Heim, a. a. O., S. 245.

542 S. Anm. 545.

543 Hitlers Schulung durch das Übergangsheer wurde in der Gruko Verfügung Nr. 1396 vom 1.6.1919 als »antibolschewistische Schulung« bezeichnet. BHStA, Abt. IV.

544 Erhard Auer, geb. 22.12.1874 in Passau. Nach Militärdienst 1896 als Bote in einem Münchner Handelshaus, 1900 Angestellter bei der Ortskrankenkasse. SPD Mitglied, Redakteur, 1907 in den bayer. Landtag gewählt. Ab 1908 Landessekretär der SPD und ab 1918 Landesvorsitzender. Innenminister, 1919 bis 1920 MdR, Chefredakteur der »Münchner Post«, 1920 Vizepräsident des bayer. Landtages, dem er bis 1933 angehörte. Ab 1933 von den Nazis verfolgt, starb Auer am 20.3.1945 im Alter von 70 Jahren in Bingen a. d. Brenz.

545 Kurt Eisner, geb. 15. 5. 1867 in Berlin, jüdischen Glaubens, studierte Germanistik und Philosophie, anschließend Journalist und Schriftsteller, Sozialdemokrat. Näherte sich später dem linken Parteiflügel der SPD, und im April 1917 war Eisner in Gotha bei der sozialistischen Oppositionsgruppe, die die Abspaltung von der SPD beschloß und die »Unabhängige Sozialdemokratische Partei Deutschlands« (USPD) gründete. Anschließend in München Vorsitzender der USPD, mehrmals inhaftiert. Am 7./8.11.1918 proklamierte Eisner den republikanischen »Freistaat Bayern«, Vorsitzender des Arbeiter-, Bauern- und Soldatenrates sowie Ministerpräsident und Außenminister. Bei der Landtagswahl am 12.1.1919 erreichte Eisners USPD aber nur 3 von 180 Sitzen (61 Sitze SPD und 116 Sitze verschiedene bürgerliche Parteien). Auf dem Weg zum Landtag wurde Eisner am 21.2.1919 im Alter von 51 Jahren von Graf Arco von Valley erschossen.

546 Auf der Durchreise vom österreichischen Kriegshafen Pola nach Wilhelmshaven und Kiel wurden aufgrund der Meldung vom Ausbruch der Revolution in Kiel (3.11.1918), ca. 1000 Matrosen in München vorübergehend aufgehalten und in Massenquartieren untergebracht. Viele dieser Matrosen, zu denen noch solche aus Kiel stießen, blieben in München und stellten später den harten Kern der »Rotgardisten« unter dem Matrosen Egelhofer. Interessant ist, daß ein Teil der Matrosen ab 4.1.1919 zum Ers. Batl. des 2. Inf. Regt. kam, dem Hitler angehörte: »... Beim Ers. Batl. tritt in der Kaserne Luisenschule heute eine Matrosen-Komp. ... die einen Teil des 2. Inf. Regt. bildet und wird jetzt schon zum Wach-, Bereitschafts- u. Arbeitsdienst herangezogen ...« Regts. Anordng. des 2. Inf. Regt. vom 4.1.1919, 2. Inf. Regt., Bund 19, BHStA, Abt. IV.

547 Ludwig Gandorfer (1880-1918), Führer des Bayerischen Bauernbundes, am 10.11.1918 bei einer Propagandafahrt bei Schleißheim tödlich verunglückt.

548 Hans Unterleitner, geb. 27.1.1880 in Freising, Schlosser, SPD-Mitglied und später Mitglied der USPD, Schwiegersohn Eisners. Von 8.11.1918 bis 13.11.1918 Minister für soziale Angelegenheiten und vom 14.11.1918 bis 21.2.1919 Minister für soziale Fürsorge unter Eisner und ab 1.3.1919 bis 12.4.1919 unter Segitz und Hoffmann, Landessekretär der USPD in Bayern. Von 1920 bis 1933 Mitglied der SPD Fraktion

im Reichstag. Nach der Machtübernahme durch die Nazis im Januar 1933 emigrierte Unterleitner nach Amerika.

549 Felix Fechenbach, geb. 28.6.1894 in Bad Mergentheim, Journalist, 1917 Mitglied der USPD, November 1918 Mitglied des »Soldatenrates« und Sekretär Eisners. Am 5.3.1919 legte er den Vorsitz in der USPD nieder. 1922 in einem Landesverratsverfahren, wegen Veröffentlichung eines Telegramms des bayer. Gesandten von Ritter aus dem Jahre 1914, das angeblich in der Kriegsschuldfrage Deutschlands belastend war, zu »elf« Jahren Zuchthaus verureilt. Das Urteil wurde 1924 vom Reichsgericht aufgehoben und Fechenbach aus der Haft entlassen. 1929 bis 1933 Redakteur des »Volksblattes« in Detmold. Am 7.8.1933 im Alter von 39 Jahren von den Nazis in der Nähe von Warburg/Westf. »auf der Flucht erschossen«.

550 Areal zwischen der Arnulfstraße-Maillingerstraße-Deroystraße und Hasslangstraße sowie Kriegsschule und Militär. Bildungsanstalten, Kriegsakademie an der Pappenheimstraße usw.

551 Heinrich Heim, a.a.O., S. 59.

552 S. auch Ludwig Hümmert, »Bayern vom Königreich zur Diktatur, 1900-1933«, Verlag W. Ludwig, Pfaffenhofen 1079, S. 142.

553 Ludwig III., geb. 7.1.1845, Sohn des 1912 verstorbenen Prinzregenten Luitpold, studierte Volkswirtschaft. Im Krieg 1866 schwer verwundet. Am 5.11.1913 Thronbesteigung als König Ludwig III. (obwohl der geisteskranke König Otto noch lebte). Am 7.11.1918 Flucht über Wildenwart, Hintersee (Ramsau) und am 10.11.1918 nach Schloß Anif bei Salzburg in Österreich. Thronverzicht am 13.11.1918. Ab 1920 lebte er mit seiner Familie (Ludwig III. hatte 13 Kinder (!)) auf Schloß Wildenwart im Chiemgau. Am 18.10.1921 starb Ludwig III. im Alter von 70 Jahren in Savar in Ungarn.

554 Otto Ritter von Dandl (1868-1942), war von 1917 bis November 1918 Staatsminister des kgl. Hauses und des Äußeren sowie Vorsitzender im Ministerrat. 1919-1933 Präsident des Landesfinanzamtes Würzburg bzw. München.

555 Heinrich Heim, a.a.O., S. 31.

556 Die am 8.11.1918 gebildete Regierung setzte sich folgendermaßen zusammen: Eisner (USPD), Ministerpräsident und Außenminister. Hoffmann (SPD), stellvertretender Ministerpräsident und Kultusminister. Roßhaupter (SPD), Minister für militärische Angelegenheiten. Auer (SPD), Innenminister. Timm (SPD), Justizminister. Unterleitner (USPD), Minister für soziale Angelegenheiten. Prof. Jaffé (USPD), Finanzminister, von Frauendorfer (parteilos), Verkehrsminister.

557 Albert Roßhaupter, geb. 8.4.1878 in Pillnach bei Regensburg, Lackierer und seit 1897 Mitglied der SPD. 1907 bis 1933 MdL in Bayern. Vom 7.11.1918 bis 1.3.1919 bayer. Minister für militärische Angelegenheiten, 1945-1947 bayer. Staatsminister für Arbeit und soziale Fürsorge unter Schäffer, Hoegner und Ehart. 1946 Mitglied der Verfassunggebenden Landesversammlung und 1948 des Parlamentarischen Rates in Bonn. Roßhaupter starb am 14.12.1949 im Alter von 71 Jahren in Nannhofen bei München.

558 Kurt Königsberger, geb. 1.9.1891 in Fürth, Sohn eines jüdischen Kaufmanns, studierte Volkswirtschaft in München, Heidelberg, Berlin und Erlangen. Am 11.11.1914 zum Militärdienst beim Ers. Batl. des 6. Inf. Regt. eingezogen. Am 12.5.1915 Unteroffizier, am 16.7.1915 Vizefeldwebel umd am 5.2.1916 Beförderung zum Leutnant der Res. Ab 15.1.1917 bei der Flieger-Ersatz Abt. Schleißheim. Vom 7./8.11.1919 bis 9.11.1919 provisorischer Kriegsminister unter Eisner und vom 9.11.1918 bis 13.11.1918 »Oberkommandierender der bayer. Armee«. Nachdem Königsberger vom Offizierskorps vorgeworfen wurde, er habe sich aus »Ehrgeiz, Eitelkeit, Herrschsucht oder gar Habsucht« an eine führende Stelle gesetzt, trat er als Oberkommandierender zurück und rechtfertigte sich in seiner Erklärung vom

25.11.1918. Ab 14.11.1918 wurde Königsberger zum »Staatskommissar für Demobilmachung« ernannt und am 13.12.1918 aus dem Militärdienst ohne Versorgung nach Nürnberg entlassen. Anschließend war Königsberger als »Volkswirtschaftlicher Referent« beim Staatskommissar für Demobilmachung bis Mai 1919 tätig. Später soll er nach Berlin gegangen sein, wo sich seine Spur verliert. S. auch O.P. Kurt Königsberger, Nr. 43091, BHStA, Abt. IV.

559 Regt. Anordnung des 2. Inf. Regt. vom 14.2.1919, Bund 19, BHStA, Abt, IV.

560 Richard Scheid, geb. 11.5.1876 in München, ab 1902 Gewerkschaftssekretär und Vorsitzender des Bildungsausschusses. Vom 6.7.1911 bis 12.6.1919 Gemeindebevollmächtigter. Ab 8.11.1918 Führer des Landessoldatenrates in München und vom 1.3.1919 bis 18.3.1919 Minister für militärische Angelegenheiten unter Ministerpräsident Segitz. Kandidierte am 15.6.1919 als Bürgermeister von München, vom 15.6.1919 bis 2.11.1920 Stadtrat (USPD). Scheid starb am 19.2.1962 im Alter von 85 Jahren in München.

561 Rudolf Schricker, »Rotmord über München«, Zeitgeschichte Verlag m.b.H., Berlin 1934, S. 28.

562 Batls. Anordnung des Ers. Batl. des 2. Inf. Regt. vom 15.2.1919, Bund 19, BHStA, Abt. IV.

563 Akten des Gruppenkommando 4, R. W. Gr. Kdo, 4 Nr. 150 bis 515 des Bayerischen Hauptstaatsarchivs (Kriegsarchiv), Abteilung IV. Zitiert als BHStA, Abt. IV. Die älteren Akten vom April 1919 entstammen teilweise noch dem Generalkommando von Oven, dann von dem Oberkommando von Möhl. Die späteren Akten ab 1920 sind bereits Akten des nachfolgenden Wehrkreiskommando VII.

564 V. f. Z.; Bd. 7, 1959, S. 177-227.

565 Es gibt vom 2. Inf. Regt. in der in Frage kommenden Zeit vom November 1918 bis August 1919 drei Unterlagen, die im wesentlichen im Bund 19 der Akten des 2. Inf. Regt. des BHStA, Abt. IV, vorhanden sind, und zwar: Die Regiments Befehle und Anordnungen des 2. Inf. Regt. ab 2.1.1918 bis 31.8.1919, die Bataillons Anordnungen des Ersatz Bataillons des 2. Inf. Regt. und die Bataillons Anordnungen des am 18.2.1919 aufgestellten Demobilmachungs Bataillons des 2. Inf. Regt., dem Hitler bis 10.5.1919 angehörte.

566 Hitler bezeichnete sich in seiner Schlußrede am 27. April 1924 beim Prozeß vor dem Volksgericht München I als »Trommler«.

567 Ernst Deuerlein, »Hitler, eine politische Biographie«, List Verlag, München 1969, S. 40.

568 Am 10.5.1919 ordnete der Min. f. Militärangelegenheiten, Schneppenhorst, in Bayern die Errichtung eines dem Gesetz über die Bildung einer vorläufigen »Reichswehr« (RGBL Nr. 571919 vom 6.3.1919, S. 295ff) entsprechenden Heeres an, das allgemein als »Übergangsheer« bezeichnet wurde. Am 27.8.1919 erfolgte in der Türkenkaserne die Übernahme des bayerischen Heeres in die »vorläufige Reichswehr« in Gegenwart von Reichspräsident Ebert (bis 21.12.1920 vorläufige Reichswehr, Bayer. Staatsanzeiger Nr. 71, Jg.). 1921 hieß das deutsche Heer dann offiziell »Reichswehr«; am 31.3.1921 auf 100 000 Mann reduziert). Das Reichsgebiet wurde in sieben Wehrkreise eingeteilt, in denen je eine Division untergebracht war. Der Wehrkreis VII (7. bayer. Division) umfaßte Bayern ohne die Pfalz.

569 Friedrich Otto Staubwasser, geb. 2.7.1866 in München, Militäreintritt am 10.8.1885, als Fahnenjunker zum 2. Inf. Regt., Leutnant am 7.3.1887 und Oberleutnant am 11.6.1895. Hauptmann am 10.3.1902 und Major am 30.10.1909. Ab 5.1.1914 Oberstleutnant und als Kdr. des I. Batl. des 2. Inf. Regt. am 4.8.1914 an die Front. Ab 26.9.1914 Regt. Kdr. des 2. Inf. Regt., Beförderung zum Oberst am 19.5.1916. Ab 15.8.1915 Führung der 1. Inf. Brigade und am 9.4.1918 verwundet. Vom 23.12.1918 bis 12.2.1919 und 10.5.1919 bis 25.6.1919 Regimentsführer des

2. Inf. Regt. Am 9.1.1920 mit dem Charakter als Generalmajor aus dem Militärdienst ausgeschieden. O.P. Nr. 13916 Otto Staubwasser, BHStA, Abt. IV.

570 Johannes Hoffmann, geb. 3.7.1867 in Ibbesheim, war von 1887 bis 1908 Volksschullehrer in Kaiserslautern und seit 1908 Mitglied des bayer. Landtags (SPD). 1921 Stadtrat von Kaiserslautern und ab 1921 Mitglied des Reichstags. Vom November 1918 bis März 1919 bayer. Kultusminister und ab 17. März 1919 Ministerpräsident der Bayer. Regierung. Nach der Ausrufung der Räterepublik am 7./8.4.1919 floh Hoffmann mit seiner Regierung nach Bamberg. Rückkehr nach München erst am 27. August 1919. Am 14.3.1920 wurde die Regierung Hoffmann gestürzt (Nachfolger Gustav von Kahr am 16.3.1920), und Hoffmann kehrte wieder in den Schuldienst zurück. Er starb am 5.12.1930 im Alter von 63 Jahren in Berlin.

571 Die bayerischen Truppen wurden entsprechend dem Gesetz über die Bildung einer vorläufigen Reichswehr vom 6. März 1919 dem Oberbefehlshaber der bayerischen Truppen, Generalmajor Möhl unterstellt. Schon am 11.5.1919 wurde das Oberkommando Möhl in das Bayerische Gruppenkommando Nr. 4 umgewandelt, dem die in Bayern stationierten Truppen des im Übergang befindlichen Reichsheeres unterstellt worden sind. Im März 1920 wurde das Gruppenkommando 4 aufgelöst, und die in Bayern stationierten Heereseinheiten bildeten die 7. Division im Wehrkreiskommando VII beim Gruppenkommando II.

572 O.P. Nr. 13916, Otto Staubwasser, BHStA, Abt. IV.

573 Heinrich Heim, a.a.O., S. 248.

574 1935 wurde dort eine »Adolf Hitler-Weihestätte« eingerichtet: »Die Weihestätte, die zu den Heiligtümern der Bewegung gehört«, schrieb man in der NS-Presse damals, »ist der Erinnerung an die entscheidenden Tage im Leben Adolf Hitlers geweiht, als dieser als gaserblindeter Soldat des Weltkrieges beschloß, Politiker zu werden.«

575 Mein Kampf, S. 225.

576 S. Anm. 744.

577 S. »I was Hitler's Boss, By a former officer of the Reichswehr«, »Current History«, November 1941, Vol I, S. 193.

578 Wilhelm Hoegner, geb 23.9.1887 in München, seit 1907 SPD Mitglied, juristisches Studium, 1920 bis 1933 Staatsanwalt und Richter in München. 1924 Mitglied des bayer. Landtags. 1933 Emigration (Österreich und 1934 Schweiz). Ab Mai 1945 Bayerischer Ministerpräsident und ab 1946 Landesvorsitzender der SPD in Bayern. Vom 22.12.1946 bis 1947 Justizminister in der Regierung Erhard. Im November 1950 stellv. Ministerpräsident und Innenminister. Ab Dezember 1954 Ministerpräsident; Rücktritt am 8.10.1957. Hoegner starb am 5.3.1980 im Alter von 92 Jahren in München.

579 Wilhelm Hoegner, »Die verratene Republik«, Isar Verlag, München 1958, S. 123. Bei der Verhandlung am 26.2.1924 gegen Hitler beim Volksgericht München I wurde festgehalten: »Der Vorsitzende gibt dann aus dem Lazarett-Krankenblatt bekannt, daß Hitler zweimal verwundet wurde.« Auf der anderen Seite ist nachzulesen, daß der Richter Neithardt in der Verhandlung erklärte, daß der Lazarett-Akt Hitlers verschwunden sei.

580 »Vorwärts«, Berliner Volksblatt vom 26.2.1914. S. 2.

581 BA Koblenz, NS 26/1927-1/32, Artikel in »Münchner Neueste Nachrichten« vom 27.2.1924.

582 Hitler-Prozeß, Knorr & Hirth, München 1924, S 16.

583 Brief Hitlers vom 29.11.1921 an einen unbekannten Doktor, NSDAP Hauptarchiv, HIMC, File 17, Reel 1.

584 S. Regt. Anordnungen des 2. Inf. Regt., Bund 19, BHStA, Abt. IV.

585 Kriegsstammrolle von Ernst Schmidt, Nr. 4424/157, BHStA, Abt. IV.

586 Regt. Anordnung des 2. Inf. Regt. vom 31.12.1918, Bund 19, BHStA, Abt. IV.

587 Karl August Max Buchner, geb. 21.2.1868 in München, Abitur und am 1.9.1886 Offiziersaspirant beim 9. Inf. Regt. Am 21.2.1887 Unteroffizier, 19.12.1888 Leutnant und am 20.6.1896 Oberleutnant beim 19. Inf. Regt. Ab 19.12.1900 Adjt. bei der 5. Inf. Brigade und am 30.5.1904 Hauptmann. Ab 18.11.1908 Adjt. beim Gen Kmdo. des III. Armeekorps und am 7.3.1910 Major . Am 2.8.1914 Batl. Kdr. des III. Batl. des 2. Inf. Regt. Bei verschiedenen Res. Regimentern kommandiert, am 2.11.1915 Kdr. des R.I.R. 17. Am 14.1.1916 Oberstleutnant, ab 1.10.1918 die Führung des 2. Inf. Regt. übernommen bis 23.12.1918. Vom 30.12.1918 bis 12.2.1919 vom Militär beurlaubt. Anschließend übernahm Buchner nochmals das 2. Inf. Regt. bis zum 9.5.1919, wo er wieder von Oberst Staubwasser abgelöst worden ist. Am 9.9.1919 mit dem Charakter als Oberst pensioniert.

588 Regt. Anordnung des 2. Inf. Regt. vom 13.12.1918, Akten des 2. Inf. Regt., Bund 19, BHStA. Abt. IV.

589 Regt. Anordnung des 2. Inf. Regt., Ers. Batl. und Demob. Batl., 2. Inf. Regt., Bund 19, BHStA, Abt. IV. Z.B. wurden immer wieder Freiwillige für den »Grenzschutz Ost« und »Süd« usw. gesucht.

590 Die »Freikorps« wurden in Bayern mit Erlaß Nr. Ia Nr. 3299 vom 31.2.1919 durch die sozialdemokratische Regierung Hoffmann gebildet. Die Führer der einzelnen Korps hatten die Erlaubnis der Regierung, Soldaten gegen Sold anzuwerben. Der Dienst entsprach dem eines Berufssoldaten. Verpflichtet waren die Korps der jeweiligen Landesregierung, welche die Erlaubnis zur Aufstellung gegeben hatte. Die Freikorps wurden auch »Sicherheitskompanien« oder »Freiwilligen Eskadron« oder auch »Freiwillige Batterie« benannt. Sie wurden im Mai 1920 auf Verlangen der Entente aufgelöst.

591 Die »Volkswehr« wurde nach der Ausrufung der kommunistischen Räterepublik von der bayerischen Regierung Hoffmann am 14.4.1919 (Mil. Min. 510) unter dem Minister Schneppenhorst gegründet, waren eine militärische Truppe, stellten eine Synthese von bestehenden Freiwilligen Verbänden und Neuanwerbungen dar und bestanden aus Teilen des alten kaiserlichen Heeres sowie aus Freiwilligen oder Sicherheitskompanien. Die »Volkswehr« kämpfte am 15.4.1919 in Dachau gegen die »Rote Armee« und erlitt eine Niederlage. Sie ist nicht zu verwechseln mit dem »Volksheimatschutz«, den der Minf. f. mil. Angelegenheiten Roßhaupter am 12.2.1919 aufstellen ließ.

592 Die »Republikanische Schutztruppe« wurde schon in den ersten Revolutionstagen im November 1918 von dem Gefreiten Alfred Seyffertitz aus ehemaligen Frontsoldaten gebildet. Sie hatte die Aufgabe, in den turbulenten Revolutionstagen in München für Ruhe und Ordnung zu sorgen. Die Republikanische Schutztruppe hatte am 13.4.1919, als sie gegen den Zentralrat »ohne« Unterstützung der Münchner Garnison losschlug, eine Stärke von ca. 2000 Mann und setzte sich nicht durchwegs aus begeisterten Kämpfern für Eisner, Auer bzw. Hoffmann zusammen. Trotzdem haben die Republikanische Schutztruppe und der »Volksheimatschutz« Roßhaupters durch ihre neutrale Haltung viel Unheil durch anarchistische und radikale Elemente damals in München verhindern können. Die Republikanische Schutztruppe wurde am 13.5.1919 durch Anordnung (Gruko 4. Ia Nr. 4440) der Stadtkommandantur München (Major Seisser) aufgelöst.

593 Aussagen von Dr. Ludwig Hümmert a.d.V. und Nachlaß Deuerlein.

594 Aussage Hitlers im Prozeß vor dem Volksgericht München I, Knorr & Hirth GmbH, München, S. 17.

595 S. Anm. 516.

596 Kriegstagebuch der Bayer. Sturmpanzer-Kraftwagen Abt. 13 vom 9.11.1918, S. 52, BHStA, Abt. IV.

597 Julius Schreck, geb. 13.7.1898 in München, kaufmännische Lehre, ab 1915 als Kauf-

mann tätig. Vom 1.12.1916 Militärdienst, am 23.4.1919 als Vizefeldwebel entlassen. Am 5.10.1921 Eintritt in die NSDAP und SA-Führer in Giesing. Ab 13.11.1922 Angestellter der NSDAP Parteileitung. Nach dem Putsch am 20.11.1923 nach Österreich geflüchtet, am 3.1.1924 an der Grenze festgenommen (drei Tage Festungshaft). Gründete nach Hitlers Rückkehr 1925 eine Stabswache für Hitler, aus der die SS hervorging. Am 21.9.1925 erster SS Führer und Fahrer Hitlers nach der Entlassung von Emil Maurice. 30.2.1932 SS-Sturmführer und am 1.1.1935 Ernennung zum SS-Brigadeführer. Schreck starb am 16.5.1936 im Alter von 37 Jahren an einer Gehirnblutung in München.

598 Akten Julius Schreck, Pol. Dir. 10148, BHStA, München.

599 Da die Münchner Kasernen bei Ausbruch des I. Weltkrieges nicht ausreichten, wurden verschiedene Schulen in München als Unterkunft für Soldaten zu Kasernen umfunktioniert. Im Bereich der Türkenkaserne (Türkenstraße Nr. 17, 1820 erbaut und später in Prinz-Arnulf-Kaserne umbenannt, 1944/45 durch Fliegerangriffe zerstört, heute Institutsgelände der Universität) z.B. die Türkenschule (Türkenstraße 68), Luisenschule (Luisenstraße 27), die Höhere Töchterschule (Luisenstraße 11), Schwindschule (Schwindstraße 19), Guldeinschule (Guldeinstraße 24), St. Annaschule, Amalienschule (Amalienstraße 36), Luitpoldgymnasium, Kirchenschule, Stielerschule, die teilweise bis 1920 und länger von der Münchner Garnison belegt wurden. S. auch Akten des 2. Inf. Regt., Bund 19, BHStA, Abt. IV.

600 Das 2. Inf. Regt. lag im rechten (nördlichen) Teil des großen Kasernenviertels am Oberwiesenfeld; damaliges Areal etwa Hesstraße-Lothstraße-Infanteriestraße-Leonrodstraße.

601 Zuf. st. G.K.V. vom 20.11.1918, Nr. 17666/1315 IIa. 2. Inf. Regt., Bund 19, BHStA, Abt. IV.

602 Akten des 2. Inf. Regt., Bund 19, BHStA, Abt. IV.

603 Werner Maser, a.a.O., S. 151.

604 Heinz. A, Heinz, a.a.O., S. 102.

605 Hans Weber, »Das Gefangenenlager Traunstein, 1914-1918«, Verlag der Oberbayerischen Genossenschaft, Traunstein 1924, S. 65

606 Mein Kampf, S, 226.

607 Hans Weber, a.a.O., S. 59.

608 ebenda, S. 65.

609 ebenda, S. 65.

610 ebenda, S. 56.

611 ebenda, S. 58.

612 Hans Weber, a.a.O., S. 59 und Akten des stellv. Gen. Kdo. I. Armee Korps Nr. 1-1869, Lager Traunstein, BHStA, Abt. IV. (1396 = Gefangenenlager Traunstein, Tagebuch vom 7.7.18-20.11.18, Nr. 1397 = Gefangenenlager Traunstein, Auszüge aus den Tagebüchern, Dienstbetrieb (Einzelnes) 1918-1919).

613 Hans Weber, a.a.O., S. 65.

614 ebenda, S. 61 und 62.

615 ebenda, S. 66.

616 Regt. Anordnung des Ers. Batl. des 2. Inf. Regt., Bund 19. BHStA, Abt. IV.

617 Heinz A. Heinz, a.a.O., S. 102.

618 Bund 19, 2. Inf. Regt., BHStA, Abt. IV.

619 Anordnungen des Demob. Batl. des 2. Inf. Regt., Bund 19. BHStA, Abt. IV.

620 Heinz A. Heinz, a.a.O., S. 102 und 103.

621 Regts. Anordnung des 2. Inf. Regt. vom 19.2.1919, 2. Inf. Regt., Bund 19, BHStA, Abt. IV.

622 Regt. Anordnung des 2. Inf. Regt. vom 18.3.1919, Bund 19, BHStA, Abt. IV.

623 Batl. Anordnung des Demob. Batl. vom 21.2.1919, 2. Inf. Regt., Bund 19, BHStA, Abt. IV.

624 Batls. Anordnung des Demob. Batl., 2. Inf. Regt., Bund 19, BHStA, Abt. IV.

625 Batls. Anordnung des Demob. Batl. vom 22.2.1919, 2. Inf. Regt. Bund 19, BHStA, Abt. IV.

626 Kriegsstammrolle Ernst Schmidt, Nr. 4424/157, BHStA, Abt. IV.

627 Max Levien, geb. 21.5.1885 in Moskau von deutsch-russischen Eltern (nicht, wie vielfach angenommen, jüdischer Eltern). Nach 1905/06 an der ersten russischen Revolution beteiligt. Konnte bei der Verhaftung flüchten, kam nach Zürich, wo er Lenin traf. Anschließend Studium in Deutschland, Promotion (Dr. phil.). Erwarb die deutsche Staatsangehörigkeit und leistete Militärdienst im Krieg beim Münchner Infanterie Leibregiment. 1919 Mitbegründer der KPD (Spartakusbund) in München, Vorstand der Sektion Schwabing. Mitglied des vierköpfigen »Vollzugsrates der Betriebs- und Soldatenräte Münchens« in der kommunistischen Räterepublik (vom 13.4 bis 27.4.1919). Herausgeber der »Münchner Roten Fahne«. Nach der Befreiung Münchens im Mai 1919 ist Levien nach Wien geflüchtet und dort am 7.10.1919 verhaftet, aber nicht an Bayern ausgeliefert worden.

628 Das als Wachregiment der bayer. Könige im Juli 1814 gegründete Inf. Leibregiment lag in der Türkenkaserne in München und gehörte zur 1. Inf. Brigade. Vom 4. bis 6.7.1914 feierte das Regiment mit einer Parade vor König sein 100 jähriges Bestehen. Am 5.8.1914 rückte das aktive Regiment an die Front nach Frankreich (in München verblieben nur die Reserveeinheiten). Das Inf. Leibregiment verlor im I. Weltkrieg insgesamt 3534 Mann. Im Herbst 1916 wurde das Regiment nach Rumänien verlegt. Rückkehr des aktiven Inf. Leibregt. von Serbien am 26. bis 29.11.1918 unter dem Kommandeur Oberst Ritter von Epp, nach München. Am 2.12.1918 erklärten der Stadtkommandant Oskar Dürr und der Kdr. des Inf. Leibregiments Oberst v. Epp: »Zur Beseitigung gegenteiliger beunruhigender Gerüchte, geben wir bekannt, daß das Inf. Leibregiment sich mit Einschluß seiner Offiziere zur Aufrechterhaltung der öffentlichen Ordnung und Sicherheit der Stadtkommandantur zur Verfügung gestellt hat.« Das Paktieren des späteren »Helden«, Oberst Franz Ritter von Epp mit dem Stadtkommandanten Oskar Dürr (SPD) gewährleistete zumindest am Anfang der Republik Ruhe und Ordnung in München. Teile des Inf. Leibregiments waren später gegen die Räteherrschaft eingestellt. Z.B. beteiligten sich einige Offiziere und Soldaten am Putsch der Republikanischen Schutztruppe gegen den Zentralrat am 13.4.1919. Am 1.5.1919 erhoben sich (nur!) 200 Mann des Inf. Leibregiments gegen die Räteherrschaft und nahmen den Ostflügel der Türkenkaserne in Besitz. Am 6.6.1919 wurde das Inf. Leibregiment aufgelöst; Truppenteile sind vom Übergangsheer übernommen worden.

629 Batls. Anordnung des Demob. Batl. des 2. Inf. Regt. vom 15.2.1919, 2. Inf. Regt., Bund 19. BHStA, Abt. IV.

630 Ernst Müller-Meiningen, geb. 11.8.1866 in Mühlhof bei Schwabach, trat 1896 nach dem Studium in den Justizdienst. 1903 Landesgerichtspräsident in Aschaffenburg und später Oberlandesgerichtspräsident in München. 1898 bis 1919 Abgeordneter im Deutschen Reichstag und 1919 bis 1920 bayer. Justizminister und stellv. Ministerpräsident. Müller-Meiningen starb am 1.6.1944 im Alter von 77 Jahren in München.

631 »Die Rote Fahne«, München, vom 18.2.1919, S. 1.

632 Batl. Anordnung des Demob. Batl. vom 19.2.1919. 2. Inf. Regt., Bund 19, BHStA, Abt. IV.

633 Bericht über die Republikanische Schutztruppe des Alfred Seyffertitz von 1941. NSDAP Hauptarchiv, HIMC, File 72, Reel 3.

634 Emil Aschenbrenner, geb. 21.9.1885 in Isen, Schneidermeister in Rosenheim und ab 26.4.1901 in München. Militärdienst am 21.10.1905 beim 2. Inf. Regt., ab 1.10.1906

Unteroffizier. Am 4.8.1914 beim I. Ers. Batl. des 2. Inf. Regt. und am 8.9.1914 zur 5. Komp. des R.I.R. 16 versetzt; am 8.11.1914 Vizefeldwebel. Vom 11.3.1915 bis 21.5.1917 wieder beim 2. Inf. Regt., dann nochmals bei der 8. Komp. des R.I.R. 16 bis 14.9.1917. Nach Verwundung ab 22.10.1917 bei der 1. Komp. I. Ers. Batl. des 2. Inf. Regt. in München und ab 15.8.1918 zur Stadtkommandantur München, Wache Hauptbahnhof, kommandiert. Ab Dezember 1918 bei der Republikanischen Schutztruppe unter Alfred Seyffertizt. Am 13.4.1919, als die Republk. Schutztruppe Miglieder des Zentralrates verhaftete, kam es zum Sturm des Hauptbahnhofs durch linksradikale Arbeiter, Soldaten und Matrosen unter kommunistischer Führung. Aschenbrenner (Irlinger, Felber, Grimm und 3 weiteren Männern) gelang es, mit einer Lokomotive zu fliehen. Aschenbrenner warb dann Freiwillige in Ulm für die Befreiung Münchens von der kommunistischen Räteherrschaft und nahm an den Kämpfen in München am 1. und 2. Mai 1919 teil. Am 10.8.1919 aus dem Militärdienst entlassen. Später als Schneider tätig und am 13.8.1924 nach Argentinien ausgewandert.

635 S. 1. Sitzung des A.B.S. Rates am 25.2.1919. Stenographische Berichte. Verlag Klaus Guhl, Berlin 1984, S. 18.

636 ebenda, Bericht Reichert, S. 20.

637 ebenda, S. 29 und 30.

638 Batl. Anordnung des Demob. Batl. des 2. Inf. Regt. vom 8.3.1919, Bund 19, BHStA, Ab. IV.

639 Heinrich Heim, a.a.O., S. 234.

639a Josef Seihs, geb. 13.5.1880 in München, von Beruf Taglöhner. Am 2.10.1902 Militärdienst bei der 5. Esk. des 2. Chev. Regt. San. Gefreiter am 1.8.1902 und am 1.6.1905 entlassen. Am 5.8.1914 bei der Bayer. San. Komp. 3 eingerückt und bis 16.1.1918 an der Westfront. Mehrere Lazarettaufenthalte und zweimal wegen Trunkenheit mit Arrest bestraft. Am 6.2.1918 bei der 7. Komp. des 2. Inf. Regt. in München. Vertrauens- und Propagandamann im Ersatzbataillon des 2. Inf. Regt. und ab 15.2.1919 im Bataillonsrat des Demob. Batl. des 2. Inf. Regt. Am 15.4.1919 mit 36 Stimmen der Komdrt. Komp. in den Batallionsrat gewählt. Seihs, der bereits am 8.5.1919 infolge Demobilmachung vom Militär entlassen worden ist, wurde am 23.5.1919 von Hitler in einer Zeugenaussage wegen Unterstützung der Räteherrschaft belastet, jedoch vom Standgericht München nicht weiter verfolgt.

640 S. Beiblatt der Propaganda-Abteilung zu der Regt. Anordnung des 2. Inf. Regt. vom 7.2.1914 sowie 15.2.1919 und Aussage Hitlers am 23.5.1919 vor dem Standgericht München (Akt Georg Dufter, BHStA, StAnw. München 1, Nr. 1979), 2. Inf. Regt., Bund 19, BHStA, Abt. IV.

641 Der Name »Hitler« wurde oft nicht richtig geschrieben. Da aber aus dieser Zeit durch den Arbeitseinsatz und Löhnung der Angehörigen des Demobilmachungs Bataillons genaue Namenslisten der Kompanien (s. Gesamtregister der 2. Demob. Komp.) existieren und darin nur Hitler und kein Hittler, Hietler oder Hüttler vorkommt, ist eine Verwechslung und jeder Irrtum ausgeschlossen. Auskunft des BHStA, Abt. IV.

642 Batl. Anordnung des Demob. Batl. vom 3.4.1919. 2. Inf. Regt., Bund 19, BHStA, Abt. IV.

643 S. auch Batl. Anordnung des Demob. Batl. des 2. Inf. Regt. vom 20.2.1919. 2. Inf. Regt., Bund 19, BHStA, Abt. IV.

644 Anordnung des Demob. Batl. des 2. Inf. Regt. vom 20.2.1919. 2. Inf. Regt., Bund 19, BHStA, Abt. IV.

645 »Münchner Post«, Nr. 57 vom 24/25.3.1923, S. 3.

646 Alois Hundhammer, »Staatsbürgerliche Vorträge«, Verlagsanstalt vorm. G.J. Manz, Akt. Ges., München-Regensburg, 1931, S. 72.

647 Konrad Heiden, a.a.O., S. 83 und »Geschichte des Nationalsozialismus«, S. 18.

648 S. Anm. 665.
649 Ernst Toller, »Eine Jugend in Deutschland«, Gesammelte Werke 4, S. 208.
650 Batl. Anordnung des Demob. Batl. des 2. Inf. Regt. vom 3.4.1919, 2. Inf. Regt., Bund 19, BHStA, Abt. IV.
651 Batl. Anordnung des Demob. Batl. des 2. Inf. Regt. vom 16.4.1919, 2. Inf. Regt., Bund 19, BHStA, Abt. IV.
652 Beiblatt zur Regiments Anordnung des 2. Inf. Regt. vom 7.2.1919, 2. Inf. Regt., Bund 19, BHStA, Abt. IV.
653 Batl. Anordnung des Demob. Batl. vom 20.2.1919. 2. Inf. Regt., Bund 19, BHStA, Abt. IV.
654 »Berliner Tagblatt« vom 29.10.1930, Nr. 510 und Auszug aus einem Lebenslauf Hitlers in der Sammlung Rhese des BHStA, München (Sammlungen).
655 August Klumpf, geb. 3.2.1889 in München. Ab 1.10.1904 Militärdienst, am 1.10.1907 zum 2. Inf. Regt. versetzt. Am 29.9.1907 Unteroffizier und am 1.4.1914 Feldwebel, am 7.10.1917 Offz. Stellvertreter. Vom 31.10.1918 bis 15.12.1918 beim Grenzschutz Schlagintweit in Österreich und ab 16.12.1918 bei der 4. Komp. des Ers. Batl. des 2. Inf. Regt. in München. Klumpf wurde Anfang 1919 zum Kasernenrat des 2. Inf. Regt. gewählt und arbeitete mit Oberst Staubwasser zusammen (Abzeichnung von Regts. Anordnungen usw., sogar »für den Regimentsführer«). Klumpf kam im Februar 1919 zum Demob. Batl., wo Hitler war. Ab 15.4.1919, als Hitler von der 2. Demob. Komp. als Ers. Batl. Rat gewählt wurde, ist Klumpf von dieser mit 52 Stimmen in den Regts. Rat gewählt worden. Am 31.3.1920 ist Klumpf aus dem Militärdienst entlassen worden und arbeitete dann als Geldzähler bei der Reichsbank in München, und später wurde er, wie so viele Bekannte Hitlers aus der Militärzeit, Beamter beim Stadtrat München. Ab 1933 SA-Führer und ab 1937 NSDAP Mitglied. Ab dem 12.3.1940 als Hauptmann d. Res. bis 1945 bei der Wehrmacht. Klumpf starb am 22.2.1970 im Alter von 81 Jahren in München.
656 BDC Unterlagen August Klumpf, BDC Berlin.
657 »Der Hitler Prozeß«, a.a.O., S. 89.
658 »Westdeutsche Arbeiterzeitung«, Nr. 18 vom 12.3.1932, S. 2.
659 Der Hitler Prozeß, a.a.O., S. 88.
660 Heinrich Heim, a.a.O., S. 248 und 249.
661 Ein angeblicher Text dieser Eisner'schen Erklärung wurde in der »Neuen Zeitung« vom 30.3.1919 veröffentlicht, doch es konnte nie nachgewiesen werden, ob das veröffentlichte Dokument echt war.
662 Anton Graf von Arco auf Valley, geb. 5.2.1897 in St. Martin in Österreich, bayer. Offizier, Leutnant im Inf. Leibregiment, wurde bei der Ermordung Eisners durch Leibwächter schwer verletzt, überlebte und wurde am 16.1.1920 zum Tode verurteilt. Der bayerische Ministerrat wandelte am nächsten Tag die Strafe in lebenslängliche Festungshaft um. Schon am 13.4.1924 erfolgte die Aussetzung des Strafvollzugs. Arco-Valley starb am 29.6.1945 im Alter von 48 Jahren in Salzburg.
663 Alois Lindner, geb. 17.8.1887 in Kehlheim, Metzger und Schenkkellner, Kommunist und Mitglied des RAR (BHStA, MInn 54200). Nachdem er am 21.2.1919 Erhard Auer schwer verletzt und den Major Ritter von Jareis sowie den Abgeordneten Heinrich Osel erschossen hatte, floh Lindner nach Österreich, wurde dort verhaftet und an Bayern ausgeliefert. Am 15.2.1919 ist Lindner zu 14 Jahren Zuchthaus verurteilt worden; eine Begnadigung wurde 1927 abgelehnt.
664 Ernst Niekisch, geb. 23.5.1889 in Trebnitz (Schlesien), aufgewachsen in Nördlingen, dann Lehrer in Augsburg. Militärdienst von 1914 bis 1917. Ab 1917 Mitglied der SPD und ab April 1919 der USPD. Am 8.11.1918 erster Vorsitzender des ABS-Rates in Augsburg, ab Februar 1919 Schriftleiter einer SPD Zeitschrift in München. Ab 21.2.1919 Vorsitzender des Zentralrates bis 8.3.1919. Niekisch verließ am 18.4.1919

München, wurde verhaftet und zu 2 Jahren Festung verurteilt. 1921 bis 1922 USPD Fraktionsführer im Bayer. Landtag. 1921 aus dem Schuldienst entlassen. 1923 Gewerkschaftssekretär bis 1927 in Berlin. Ab 1926 Mitglied der Altsozialistischen Partei. 1937 von den Nazis verhaftet und zu lebenslänglichem Zuchthaus verurteilt. Im Mai 1945 aus dem Zuchthaus Brandenburg befreit. 1945 Mitglied der KPD und SED; 1948 ordl. Professor an der Humboldt-Universität in Berlin, ab 1950 Mitglied der Volkskammer. Entwarf mit anderen das Programm der Nationalen Front der DDR. 1954 legte Niekisch sämtliche Ämter nieder und trat aus der SED aus. Niekisch starb am 22.3.1967 im Alter von 78 Jahren in Berlin.

665 Ernst Toller, geb. 1.12.1893 in Samotschin in Posen, jüdischer Schriftsteller, Teilstudium in Grenoble. Am 9.8.1914 Kriegsfreiwilliger. Wegen Kriegsuntauglichkeit im Herbst 1916 entlassen, studierte Toller 1917 in Heidelberg und ab Januar 1918 in München. USPD Mitglied, begleitete Eisner im Februar 1919 nach Bern. Nach Eisners Tod Vorsitzender der USPD und im April 1919 Kommandeur der »Roten Armee« in Dachau. Nach der Besetzung Münchens im Mai 1919 tauchte Toller unter, wurde aber am 5.6.1919 verhaftet und von einem Münchner Standgericht am 24.7.1919 zu fünf Jahren Festungshaft verurteilt, wo Toller verschiedene lyrische Dichtungen verfaßte. Am 16.7.1924 entlassen, war Toller dann bis 1933 in Berlin und verübte am 22.5.1939 im Alter von 45 Jahren Selbstmord im Exil in New York.

666 Batl. Anordnung des Demob. Batl. vom 25.2.1919, Inf. Regt., Bund 19, BHStA, Abt IV.

667 Regt. Anordnung des 2. Inf. Regt. vom 25.2.1919, Bund 19, BHStA, Abt. IV.

668 Erich Mühsam, geb. 6.4.1878 in Berlin, von Beruf Apotheker, jüdischer Bohemien, Schriftsteller und Anarchist, der seit 1909 in München lebte und ab 18.11.1918 die Zeitschrift »Süddeutsche Freiheit« herausgab. Mühsam, Toller und Landauer riefen am 7.4.1919 die Bayerische Räterepublik aus. Nach der Besetzung Münchens im Mai 1919 wurde Mühsam am 12.7.1919 zu 15 Jahren Festungshaft verurteilt. 1925 begnadigt, lebte Mühsam dann in Berlin. Nach dem Reichstagsbrand 1933 verhaftet, wurde Mühsam von den Nazis am 10.7.1934 im Alter von 56 Jahren im KZ Sachsenhausen-Oranienburg ermordet.

669 Die Republikanische Schutztruppe verhaftete daraufhin die prominentesten Anarchisten und Spartakisten, unter ihnen Mühsam, Levien und Landauer. Sie wurden aber kurze Zeit später wieder freigelassen.

670 Martin Segitz, geb. 26.7.1853 in Fürth, Zinngießer, SPD Mitglied und seit 1897 Mitglied des bayer. Landtags, von 1898 bis 1903 und von 1912 bis 1919 Mitglied des Deutschen Reichstags. Ab 12.11.1918 bis 27.2.1919 Demobilmachungskommissar, ab 1.3.1919 Ministerpräsident und Minister des Äußeren und Inneren. Ab 17.3.1919 bis 31.5.1919 unter Johannes Hoffmann Innenminister und bis 14.3.1920 Minister für soziale Fürsorge. Segitz starb am 1.8.1927 im Alter von 74 Jahren in München.

671 Bayerische Volkspartei (BVP), als Nachfolgepartei des bayerischen Zentrums am 15.11.1918 gegründet. Die Arbeitsgemeinschaft mit der Reichstagsfraktion des Zentrums wurde 1920 gekündigt. Die BVP trat im Reichstag für eine Revision der Weimarer Verfassung im föderalistischen Sinne ein. Die BVP wurde 1933 durch die Nazis aufgelöst.

672 S. Anm. 570.

673 Ernst Schneppenhorst, geb. 19.4.1881 in Krefeld, Zimmermann, SPD Mitglied und Gewerkschaftsfunktionär in Nürnberg. 1912 Mitglied des bayer. Landtags und ab November 1918 Leiter des Generalkommandos des III. Bayer. Armeekorps. Ab 1.3.1919 Minister für militärische Angelegenheiten unter Segitz und Hoffmann bis 14.3.1920. Anschließend leitete Schneppenhorst ein optisches Institut. Mitglied des Reichstags von 1932 bis 1933. Im Juli 1944 wurde er von den Nazis verhaftet und in der Nacht vom 23. auf 24.4.1945 mit 63 Jahren von der Gestapo in Berlin ermordet.

674 Gustav Landauer, geb. 17.4.1870 in Karlsruhe, studierte in Zürich und Heidelberg Germanistik und Philosophie, freier Schriftsteller. 1893 schloß sich Landauer in Berlin der anarchistischen Bewegung an. 1918 wurde er von Kurt Eisner nach München geholt. Rief mit Toller und Mühsam am 7.4.1919 die »Bayerische Räterepublik« aus und ließ als »Volksbeauftragter für Volksaufklärung« (vom 28.2.1919 bis 13.4.1919) die Universität München schließen. Später Mitglied des 15 köpfigen Aktionsausschusses unter Leviné. Landauer wurde am 2.5.1919 im Alter von 48 Jahren im Gefängnis Stadelheim erschlagen.

675 Eugen Leviné, geb. 10.5.1883 in Petersburg, Sohn eines jüdischen Kaufmanns. Ab 1897 in Wiesbaden und Heidelberg. 1902 Studium an der Universität Heidelberg. 1905 nahm Leviné an der ersten russischen Revolution teil und wurde verhaftet. Ende 1908 wieder in Deutschland, 1909 Fortsetzung seines Studiums der Volkswirtschaft in Heidelberg und SPD Mitglied. Promotion 1914 und Zuerkennung der deutschen Staatsbürgerschaft. Im März 1915 zum Militärdienst eingezogen; im Herbst 1916 kriegsuntauglich entlassen. Leviné arbeitete dann in Berlin als Redakteur der Telegraphenagentur »Rosta«. Im Dezember 1918 Eintritt in die KPD. Anfang März 1919 von der KPD in Berlin nach München geschickt, wo Leviné unter dem Namen »Niessen« eine Reorganisation und Neuorientierung der Münchner KPD durchführte. Leviné war wohl der beste Redner der Kommunisten und die treibende Kraft bei der Errichtung der kommunistischen Räterepublik am 13.4.1919. Vorsitzender des Vollzugsrates (BHStA,. Abt. I, 2106/II) und seit dem 5.3.1919 Redakteur »Der Roten Fahne«. Leviné wurde am 2.6.1919 vom Standgericht München zum Tode verurteilt und am 5.6.1919 im Alter von 36 Jahren im Gefängnis Stadelheim erschossen.

676 Anordnung des Demob. Batl. vom 2.4.1919. 2. Inf. Regt., Bund 19, BHStA, Abt. IV.

677 BA Koblenz, R. 43 I/2212.

678 S. »Münchner Post« vom 9.4.1919, Nr. 83 und Nr. 95 vom 23.4.1919.

679 Rudolf Schricker, a.a.O., S. 71.

680 S. Monacensia, München, 3337.

681 Rudolf Schricker, a.a.O., S. 71.

682 ebenda, S. 71.

683 Alfred Seyffertitz, geb. 6.10.1884 in München, Student, zahnärztlicher Assistent, Kunstmaler und Verlagsgeschäft 1914. Seyffertitz gab sich immer wieder als Adeliger aus, am 29.8.1914 unter Strafandrohung verboten, Adelstitel zu führen. Am 2.10.1914 Kriegsfreiwilliger beim 3. Rekr. Depot des Ers. Batl. des Inf. Leibregiments. Am 2.11.1914 zum 1. Ers. Masch. Gew. Komp. beim I. bayer. A.K., am 14.12.1914 als »dienstunbrauchbar« entlassen. Am 25.3.1915 als Kriegsfreiwilliger wieder zum 1. Rekr. Depot der II. Ers. Abt. beim 4. bayer. Feldart. Regt., am 20.1.1916 überz. Gefreiter. Verschiedene Lazarettaufenthalte und Dienst bei wechselnden Einheiten. Verschiedentlich wieder (9.12.1916 und 15.5.1917) zur »Arbeitsaufnahme» vom Militärdienst entlassen. Führte wieder Prädikat »von« und wohnte ab 3.7.1918 in München, Karlsplatz. Seyffertitz gründete mit anderen im Dezember 1918 (am 30.1.1919 zog er als »Kommandeur« in die Schwindschule) die sogenannte »Republikanische Schutztruppe« aus gedienten Frontsoldaten. Am 13.4.1919 verhaftete die Republ. Schutztruppe unter Seyffertitz Mitglieder des prov. Rates. Kampf am Hauptbahnhof und Flucht Seyffertitz. Wahrscheinlich am 24.10.1919 vom Militär entlassen. Nach Aufenthalten in Fürstenfeldbruck und Augsburg ab 1929 bis 1939 als Angestellter in München, am 15.6.1939 nach Linz a.D. verzogen. Angestellter der DAF (Deutsche Arbeitsfront). Seyffertitz, der eine sehr umstrittene Persönlichkeit war, starb am 10.5.1944 im Alter von 59 Jahren in Linz.

684 Ludwig Morenz und Erwin Münz, »Revolution und Räteherrschaft in München«, Albert Langen Georg Müller Verlag, 1968, S. 70.

685 Rudolf Egelhofer, geb. 23.4.1896 in München, trat in die Marine als Schiffsjunge ein und desertierte bereits im Juni 1913 vom Schiff »S.M.S. Victoria Luise«. Im September 1913 war er in Italien erkrankt und kam nach einer Bestrafung wieder zur Marine. 1917 desertierte Egelhofer wieder und wurde an der dänischen Grenze festgenommen, zum Tode verurteilt, dann aber zu lebenslänglicher Haft in dem Festungsgefängnis Köln-Müngerdorf begnadigt. Nach der Revolution 1918 befreit, kam er Ende 1918 mit Kieler Matrosen nach München. KPD Mitglied seit der Gründung. Versuchte mit Mühsam am 7.12.1918 einen Staatsstreich, wurde aber von der Republikanischen Schutztruppe Eisners überwältigt. Am 13.4.1919 führte Egelhofer den Kampf gegen die Republ. Schutztruppe am Münchner Hauptbahnhof. Ab 14.4.1919 Stadtkommandant von München und am 16.4.1919 Oberkommandierender der »Roten Armee«. Nach der Befreiung Münchens am 1.5.1919 festgenommen, wurde Egelhofer am 3.5.1919 im Hof der Residenz im Alter von 23 Jahren erschossen (s. auch BHStA, Pol.Dir.Mü 6638).

686 Monacensia, 3354, 3356 und 3260.

687 Mein Kampf, S. 226.

688 S. stenographischer Bericht über die Verhandlungen des Kongresses der Arbeiter-, Bauern- und Soldatenräte vom 25.2.1919 bis 8.3.1919 in München. Verlag Klaus Kuhl, Berlin 1981.

689 Ernst von Oven, geb. 3.7.1859, Militäreintritt 1878 in das Inf. Regt. 91, Sekondleutnant nach Kriegsakademie 1880. Im Großen Generalstab Hauptmann, ab 1893. Batl. Kdr. des Inf. Regt. 153, dann Oberstleutnant beim Stab des Inf. Regt. 27, 1908 zum Oberst befördert und Kdr. des Füs. Regt. 38. 1912 Generalmajor und Kdr. der 38. Inf. Brigade. Ab August 1914 als Kdr. der 21. Inf. Division an die Front. Ab 2.1.1917 Generalleutnant und Kdr. des XXI. Armeekorps; erhielt am 25.10.1918 den »Pour le mérite«. Im April 1919 vom Reichswehrminister Noske mit dem Oberbefehl über die Reichstruppen und Freikorps beauftragt, die München von der Räterepublik befreien sollten. Am 1. und 2.5.1919 Einnahme von München und Abzug aus München am 2.6.1919. Anschließend Kdr. des II. Armeekorps in Stettin. Wegen Verringerung des Heeres am 30.9.1919 unter Verleihung des Charakters als General der Infanterie aus dem Militärdienst ausgeschieden.

690 Regt. Anordnung des 2. Inf. Regt. vom 14.4.1919, 2. Inf. Regt., Bund 19, BHStA, Abt. IV.

691 BHStA, Pol. Dir. 10040.

692 Brief Hitlers an einen unbekannten Doktor vom 29.11.1921. NSDAP Hauptarchiv, HIMC, File 17a, Reel 1.

693 Batl. Anordnung des Demob. Batl. 2. Inf. Regt. vom 15.4.1919, 2. Inf. Regt., Bund 19, BHStA, Abt. IV.

394 Batl. Anordnung des Demob. Batl. des 2. Inf. Regt. vom 16.4.1919. 2. Inf. Regt., Bund 19. BHStA, Abt. IV.

694a S. Gruko 4, Nr. 478, Bund 67, Akt 4, »V«, Verschiedenes, 4.) Kasernenräte usw. BHStA, Abt. IV.

694b Georg Dufter, geb. 13.4.1892 in München, rückte am 25.2.1915 bei der 1. Komp. des I. Ers. Batl. des 1. Inf. Regt. in München ein und kam am 7.5.1915 zur 9. Komp. des R.I.R. 16 an die Front. Am 9.9.1915 bei Fromelles verwundet. Nach Lazarett ab 28.10.1915 bei der 1. Komp. I. Ers. Batl. des 2. Inf. Regt. in München bis Kriegsende. Ab 10.5.1917 bei der 7. Komp. I. Ers. Batl. des 2. Inf. Regt., wo später auch Hitler war. USPD Mitglied und Mitglied des Soldatenrates sowie Leiter der Propagandagruppe des 2. Inf. Regt. Bei der Wahl am 15.4.1919 zum Vorsitzenden des Batl. Rat des Demob. Batl. gewählt. Bei einem Verfahren vor dem Standgericht München im Mai 1919 von Hitler belastet, wurde Dufter jedoch freigesprochen und am 20.6.1919 infolge Demobilmachung aus dem Militärdienst entlassen.

695 Rudolf Schricker, a.a.O., S. 107 und 119.

696 Ludwig Morenz und Erwin Münz, a.a.O., S. 30, 33 und 34.

697 »Die Rote Fahne«, Ausgabe München vom 16.4.1919, S. 1.

698 Gustav Noske, geb. 9.7.1868 in Brandenburg, Holzarbeiter, SPD Mitglied seit 1897, Redakteur der »Brandenburger Zeitung«, »Königsberger Volkszeitung«, ab 1902 der »Volksstimme« in Chemnitz. Vom 13.3.1906 bis 5.6.1920 Mitglied des Reichstag (Armee- und Marineangelegenheiten). Seit Dezember 1918 Mitglied im Rat der Volksbeauftragten; schlug im Januar 1919 mit Regierungstruppen und Freikorps den Berliner linksradikalen Aufstand nieder. Reichswehrminister und Aufbau der neuen Reichswehr. Rücktritt nach dem Kapp-Putsch (13.3.1920) im März 1920. Anschließend bis 1933 Oberpräsident in Hannover. Im August 1944 von den Nazis bis 25.4.1945 inhaftiert. Noske starb am 30.11.1946 im Alter von 78 Jahren in Hannover.

699 S. Anm. 689.

700 Arnold von Möhl, geb. 26.3.1867 in Amberg. Am 25.8.1884 als Freiw. Offiziersaspirant bei dem 6. Inf. Regt. Am 11.1.1887 Leutnant und am 24.7.1901 Hauptmann im Generalstab der Festung Ingolstadt. Am 8.3.1907 zum Major befördert und am 3.3.1911 Oberstleutnant im Stab des II. A.K. Am 27.3.1913 Direktor der Kriegsakademie und der Art.- und Ing. Schule. Am 25.8.1913 Oberst und am 8.4.1915 Beförderung zum Generalmajor. 1917 Kdr. der 16. bayer. Inf. Division, am 24.4.1919 bayerischer Oberkommandierender unter Generalleutnant von Oven. Ab 5.5.1919 Oberbefehlshaber des Gruppenkommandos Nr. 4 und am 1.10.1919 Oberbefehlshaber der Regierungstruppen; zum Landeskommandanten für Bayern ernannt. Anschließend von 1923 bis 1924 Befehlshaber des Reichswehr Gruppenkommandos 2 in Kassel. Möhl starb am 27.12.1944 im Alter von 77 Jahren in Starnberg.

701 Gruppe Oberst Deetjen:
a. Die Gardekavallerie-Schützendivision unter Oberst Deetjen und Major von Mannstein sowie das Freikorps Lützow und
b. die II. Marinebrigade des Korvettenkapitäns Ehrhardt.

Gruppe Generalleutnant von Friedeburg:
a. Die 2. Gardedivision unter Generalleutnant Friedeburg u. d. Hessisch-Thüringische-Waldecksche Freikorps unter Oberst von Konatzky,
b. das Freikorps Görlitz unter Oberstleutnant Faupel.

Gruppe Generalmajor Haas:
a. Das Württembergische Freiwilligenkorps des Generalmajor Haas und Bayer. Freiwilligen Detachement Bogendoerffer und
b. das Bayerische Schützenkorps Epp und Freikorps Schwaben, Landsberg und Werdenfels.

Gruppe Generalmajor Siebert:
a. Das Detachement Denk, bestehend aus kleineren bayerischen Freikorps und
b. dem Detachement Schaaf (Regensburger Volkswehr).

702 Hans Beyer, »München 1919. Der Kampf der Roten Armee in Bayern 1919«, Berlin 1956, S. 203.

703 Regt. Anordnung des 2. Inf. Regt. vom 28.4.1919, 2. Inf. Regt., Bund 19, BHStA, Abt. IV.

704 Batl. Anordnung des Demob. Batl. des 2. Inf. Regt. vom 30.4.1919. 2. Inf. Regt., Bund 19, BHStA, Abt. IV.

705 Rudolf Schüssler, geb. 16.3.1893 in München, Kaufmann, Militärdienst vom 22.10.1912 bis 1.10.1913 beim 2. Inf. Regt. in München; Unteroffizier. Am 8.8.1914 an die Front und am 27.3.1917 Vizefeldwebel. Am 12.10.1917 verwundet, anschließend bei der 7. Komp. des Ers. Batl. des 2. Inf. Regt. in München. Am 2.1.1919 zum »Militärischen Kasernen Vorstand« des 2. Inf. Regt. gewählt, wo er später mit Hitler

zusammen war. Am 1.6.1919 vom Militär entlassen und mit Hitler zu den DAP Versammlungen gegangen; DAP Mitglied seit Dezember 1919, Mitglied Nr. 641. Vom 5.3.1920 bis 31.12.1921 von Hitler als »Geschäftsführer« der DAP angestellt. Mitglied der »Sternecker-Gruppe«. Anschließend Bankbeamter im Bankhaus Aufhäuser in München von 1923 bis 1945. Am 1.5.1933 Eintritt in die NSDAP, Reichsstellenleiter. NSKOV von 1937 bis 1945 und DAF Betriebsobmann. Am 24.2.1943 goldenes Parteiabzeichen. Vom 5.7.1945 bis Dezember 1945 von der US Armee interniert, starb Schüssler am 16.9.1974 im Alter von 81 Jahren in München.

706 Zitiert nach Masers Hitlerbiographie aus einem angeblichen Bericht von Goote Thor. Goote Thor ist ein Pseudonym für Hermann von Langsdorf, der im wesentlichen nur militärische Abhandlungen geschrieben hat. Maser zitiert: »Aus der Geschichte der Bewegung, Deutsche Arbeitsfront, Nov. 1934«, einen Artikel, der sich in der Bundesrepublik nicht finden läßt.

707 Am 27.4.1919 hatten die Soldaten des Generalleutnant von Oven bereits den Lech, vierzig Kilometer nordwestlich von München erreicht und begannen mit der Einkreisung von München. RKM, Bd. IV, S. 111ff.

708 Werner Maser, a.a.O., S. 159.

709 ebenda, S. 159.

710 Heinz. A. Heinz, a.a.O., S. 109 und 110.

711 Franz Ritter von Epp, geb. 16.10.1868 in München. Am 1.8.1887 Fahnenjunker beim 9. bayer. Inf. Regt. in Würzburg. 1.8.1888 Leutnant. Am 1.8.1896 Oberleutnant in Erlangen. Von 1900 bis 1901 Teilnahme an der Expedition zur Niederwerfung des »Boxeraufstandes« in China. Anschließend Adjutant bei der 5. Bayer. Inf. Brigade in Zweibrücken. 1904 bis 1906 Kompanieführer in der Schutztruppe für Deutsch-Südwestafrika (Herero-Feldzug). Am 4.8.1914 als Batl. Kdr. mit dem Inf. Leibregiment an die Front. Am 30.11.1914 Oberstleutnant und Regimentskommandeur, Oberst am 15.12.1917. 1918 »Pour le mérite«. Ab 8.2.1919 in Thüringen (Lager Ohrdruf) Aufstellung eines Freikorps mit Reichsmitteln. Einmarsch in München unter Generalmajor Haas am 1.5.1919; Kämpfe in Giesing. Juli 1921 Beförderung zum Generalmajor und bis 1923 Infanterieführer bei der 7. Division in München (Generalleutnant). Beteiligung beim Kauf des »Völkischen Beobachters« der NSDAP. 1928 Eintritt in die NSDAP und Mitglied des Reichstags (Propagandafigur der NSDAP!); SA Obergruppenführer und am 8.9.1932 Reichsleiter der NSDAP. Am 8.3.1933 Reichskommissar für Bayern und am 10.4.1933 Reichsstatthalter in Bayern bis 1945 (im Juli 1935 von Hitler zum General befördert). Im Mai 1945 von der US Armee interniert, starb Ritter von Epp am 31.1.1947 mit 78 Jahren in München.

712 S. auch Morenz und Münz, a.a.O., S. 95 und Rudolf Schricker, a.a.O., S. 140.

713 Batl. Anordnung des Demob. Batl. des 2. Inf. Regt. vom 10.5.1919. Bund 19, BHStA. Abt. IV.

714 Anordnung der Stadtkommandantur München vom 7.5.1919, Akten des 2 Inf. Regt., Bund 19, BHStA, Abt. IV.

715 S. H. J. Gordon, »Die Reichswehr und die Weimarer Republik«. Verlag für Wehrwissenschaft, Berner & Krampe, Frankfurt 1959, S. 415.

716 Werner Maser, »Sturm auf die Republik«, Econ Verlag Düsseldorf, 1979, S. 132.

717 Werner Maser, »Adolf Hitler«, a.a.O., S. 158 und »Sturm auf die Republik«, a.a.O., S. 132.

718 Konrad Heiden, a.a.O., S. 83.

719 BHStA, Abt. IV, H 05-10/11.

720 Anordnung der Stadtkommandantur München (Ia Nr. 4179) vom 7.5.1919, 2. Inf. Regt., Bund 19, BHStA, Abt. IV.

721 Regt. Anordnung des 2. Inf. Regt. vom 9.5.1919, 2. Inf. Regt., Bund 19, BHStA, Abt. IV.

722 Erlaß der Stadtkommandantur München vom 7.5.1919 (Ia 4179). 2. Inf. Regt., Bund 19. BHStA, Abt. IV.

723 ebenda.

724 Regt. Anordnung des 2. Inf. Regt. vom 9.5.1919. 2. Inf. Regt., Bund 19, BHStA, Abt. IV.

725 Richard Märklin, geb. 19.7.1867 in Langenburg (Württb.), aktiver Militärdienst vom 1.10.1886 bis 3.6.1890 (Vizefeldwebel). 1891 als Kaufmann nach Brasilien. Kam bei Ausbruch des 1. Weltkrieges nach Deutschland zurück und rückte (nach freiwilliger Meldung) am 9.9.1914 als Vizefeldwebel beim 2. Inf. Regt. in München ein. Am 27.11.1914 Leutnant und am 15.3.1918 Oberleutnant d. R. beim 2. Inf. Regt. Märklin betrieb seit April 1919 seine Entlassung, da er wieder nach Brasilien zurück wollte. Entlassung aus dem Militärdienst am 31.6.1919.

726 Albert Kleber, geb. 3.2.1884 in München, aktiver Militärdienst vom 1.10.1902 bis 9.11.1912 (Vizefeldwebel). Am 8.8.1914 zum 2. Inf. Regt. eingezogen. Wurde am 20.1.1920 aus dem Militärdienst entlassen.

727 Regt. Anordnung des 2. Inf. Regt. vom 9.5.1919 und Batl. Anordnung des Demob. Batl. vom 10.5.1919. 2. Inf. Regt., Bund 19, BHStA, Abt. IV.

728 Einvernahme von Max Amann durch Mr. Fehl am 6.12.1946 von 10.20 bis 12.30 Uhr durch Mr. Dichinson, Ministry Section. Spruchkammerakt Max Amann, Sonderregistratur S, München.

729 Am 9.5.1919 wurde der Regimentskommandeur Oberstleutnant Karl Buchner abgelöst und durch Oberst Otto Staubwasser ersetzt (R.A. vom 10.5.1919): »Bis zur Auflösung des Regiments hat Herr Oberst Staubwasser ab 10.5.19 die Führung des Regiments übernommen.« Batl. Anordnung des Demob. Batl. vom 12.5.1919. 2. Inf. Regt., Bund 19, BHStA, Abt. IV. Am 26.6.1919 übernahm Oberst Leibrock das Kommando über die »Abwicklungsstelle« des 2. Inf. Regt. S. Regt. Anordnung des 2. Inf. Regt. vom 26.6.1919. 2. Inf. Regt., Bund 19, BHStA, Abt. IV. S. auch Anm. 587.

730 Regt. Anordnung des 2. Inf. Regt. vom 30.5.1919. 2. Inf. Regt., Bund 19. BHStA, Abt. IV.

731 Kriegsstammrolle Hitlers, Nr. 204 und Nr. 4470, BHStA, Abt. IV und NSDAP Hauptarchiv, HIMC, File 12, Reel 1A.

732 Reichswehr Gruppenkommando 4, Bund 315, BHStA, Abt. IV.

733 S. Akten H-05-10/11, BHStA, Abt. IV.

734 »Die Niederwerfung der Räteherrschaft in Bayern 1919.« Im Auftrag des OKW bearbeitet und herausgegeben von der Kriegsgeschichtlichen Forschungsanstalt des Heeres. Berlin 1939, S. 43.

735 Akten der Stadtkommandantur München, Bund 11, BHStA, Abt. IV.

736 S. Akten H 05-10/11, BHStA, Abt. IV.

737 Anordnung des Generalkommandos von Oven, Abt. I Nr. 267/V19 vom 20.5.1919. Akten des Schützenregiments Nr. 41, Bund 233, BHStA, Abt. IV.

738 Hermann Passavant, geb. 11.6.1870. Am 27.7.1889 Fähnrich im 5. bayer. Inf. Regt. Vom 28.11.1891 bis 22.1.1895 bei der deutschen Schutztruppe in Ostafrika. Nach dort ausgewandert am 14.3.1899 und bei Rückkehr am 25.5.1904 wieder im bayer. Militärdienst. 1906 bis 1914 Buchhalter, vom 4.8.1914 bis 7.5.1918 Kriegsdienst an der Front. Am 5.3.1919 wurde Passavant zum Leiter der Nachrichtenabteilung (Abt. Ib/P) unter Generalleutnant von Oven ernannt und am 30.9.1919 vom Militärdienst entlassen.

739 Schreiben der Stadtkommandantur München an das Gruppenkommando 4 vom 7.7.1919. R. W. Gruko 4, Bund 127, BHStA, Abt. IV.

740 S. Anm. 744.

741 Anweisung des Bayer. Gruppenkommandos Nr. 4 (Ib Nr. 1198 op.) vom 28.5.1919. Akten des Schützenregiments Nr. 41, Bund 233, BHStA, Abt. IV.

742 Schreiben des Bayer. Gruppenkommandos Nr. 4 (Ib m (Prop.) Nr. 1937 op.) vom 13.6.1919. Gr. Kdo. 4, Bund 307, BHStA, Abt. IV.

743 Z. B. wurde auch in Würzburg die gleiche Ausbildung von Propagandaleuten vom Gruppenkommando 4 durchgeführt.

744 Karl Mayr, geb. 5.1.1883 in Mindelheim, Gymnasium und am 14.7.1901 Fahnenjunker im 1. bayer. Inf. Regt. in München. 31.1.1902 Fähnrich, am 9.3.1903 Leutnant und am 26.10.1911 Oberleutnant. Ab 15.8.1914 an der Front in Lothringen, Ypern, Somme usw. Am 1.6.1915 Beförderung zum Hauptmann. Bis zum 1.7.1918 an der Front (Stellungskrieg in Flandern). Ab 13.8.1918 Kdr. des 1. Bayer. Jäger Batl. Vom 20.7.1918 bis 15.10.1918 bei der Heeresgruppe Ost in der Türkei und ab 1.12.1918 Komp. Führer beim 1. bayer. Inf. Regt. in München. Am 15.2.1919 b.a.w. vom Militär beurlaubt. Anfang Mai 1919 Kdr. des 6. Batl. des Wachregiments München und ab 30.5.1919 Leiter der Nachrichtenabteilung beim Gen. Kdo. von Oven und Gruppenkommando Nr. 4 (Abt. Ib) unter Generalleutnant von Möhl. Am 8.7.1920 ist Mayr mit dem Charakter eines Majors, weil er höchstwahrscheinlich Kontaktmann der Kappisten in Bayern war, aus dem Generalstab des Wehrkreiskommandos VII vom Militärdienst entlassen worden. 1921 tendierte Mayr zur NSDAP Hitlers, später Gegner und Kritiker Hitlers! 1925 wechselte er zur SPD (Ausschluß aus dem Offiziersverein des 1. Inf. Regt.!) und war anschließend Führer und Redakteur beim »Reichsbanner Schwarz Rot Gold«. Nach 1933 Emigration nach Frankreich; 1940 nach Deutschland gebracht. Mayr ist am 9.2.1945 im Alter von 62 Jahren im KZ Buchenwald gestorben.

745 Batl. Anordnung des Demob. Batl. des 2. Inf. Regt. vom 12.5.1919. 2. Inf. Regt. Bund 19, BHStA, Abt. IV.

746 »I was Hitler's Boss, By a former officer of the Reichswehr«, Current History, November 1941, Vol I, No 3, S. 193.

747 Brief des Hauptmanns Karl Mayr an Wolfgang Kapp vom 24.9.1920. S. Kurt Gossweiler, »Kapital, Reichswehr und NSDAP 1919-1924«. Verlag Pahl-Rugenstein, Köln 1982, S. 554 ff. und BHStA, München, Rep. 92 (Nachlaß Kapp).

748 S. Anm. 671.

749 Artikel Mayrs, »Ein Stück bayerische Geschichte«, »Münchner Post« vom 2.7.1923, S. 2

750 Karl Rohe, »Das Reichsbanner Rot Schwarz Gold«, Düsseldorf 1966, S. 149 ff.

751 Hermann Esser, geb. 27.7.1900 in Röhrmoos, Gymnasium in Kempten, von 1917 bis 1918 Militärdienst. Anschließend journalistische Tätigkeit bei einer SPD Zeitung in Kempten. Mitte 1919 kam Esser in die Presseabteilung des Gruppenkommandos 4 zu Hauptmann Mayr (Abt. Ib) und lernte dort Hitler kennen. Ab Oktober 1919 bei der DAP und am 8.3.1920 Eintritt in die Partei (Mitglied Nr. 881). 1920 erster Schriftleiter des »Völkischen Beobachters«. Neben Hitler damals einer der agilsten und aggressivsten Redner der NSDAP. Am 27.2.1925 als NSDAP Mitglied Nr. 2 wieder »Propagandaleiter« der NSDAP bis 1929. Ab 1926 Herausgeber des »Illustrierten Beobachters« (Partei-Illustrierte) bis 1932. 1929 Fraktionsvorsitzender der NSDAP im Bayer. Landtag. März 1933 Mitglied der Bayer. Staatsregierung und ab November 1933 Mitglied des Reichstags und dessen Vizepräsident. 29.11.1934 Preiskommissar für Bayern, am 3.4.1936 Präsident des Reichsfremdenverkehrsverbands und am 27.1.1939 Staatssekretär für den Fremdenverkehr. Am 11.5.1945 von der US Armee bis zum 27.12.1947 in Nürnberg interniert. Ab dem 9.9.1949 wieder verhaftet, war Esser bis Mitte 1952 im Gefängnis. Esser starb am 7.2.1981 im Alter von 80 Jahren in Dietramszell.

752 S. Artikel Karl Mayrs »Ein Stück bayerische Geschichte« in der »Münchner Post« vom 2.7.1923, S. 2.

753 »Münchner Post«, Nr. 50 vom 2.3.1931, S. 2.

754 Hellmuth Auerbach, »Hitlers politische Lehrjahre und die Münchner Gesellschaft 1919-1923«, VfZ, 1/1977, S. 17 ff.
755 Michael Horlacher, geb. 18.1.1888 in Pottenstein. Studium der Volkswirtschaft an der Universität München (Promotion am 21.1.1913). Vom 1.6.1913 bis 28.8.1916 wissenschaftlicher Mitarbeiter am Bayer. Statistischen Landesamt. Militärdienst. Ab 1.4.1917 Mitarbeiter der Bayer. Lebensmittelstelle und anschließend bis 15.4.1918 volkswirtschaftlicher Schriftleiter der »Münchner-Augsburger Abendzeitung«. Dann Hauptgeschäftsführer der landwirtschaftlichen Landesverbände und ab September 1920 geschäftsführender Direktor der neuen Landesbauernkammer. Vorstandsmitglied des Münchner Bürgerrechts und Bayer. Bürgerblocks. Mitglied des bayer. Landtags. Horlacher starb 1933 in München.
756 Karl Ludwig Graf von Bothmer, geb. 28.3.1881 in Bamberg, Redakteur und Publizist bei der »Münchner Zeitung«, 1919/20 Leiter der bayer. Dienststelle der Reichszentrale für Heimatdienst. 1920 Verfasser der Streitschrift »Bayern den Bayern«. Bothmer starb 1947 in München.
757 Karl Alexander von Müller, geb. 20.12.1882 in München, Studium der Rechtswissenschaften und Geschichte in München und Oxford. 1914 bis 1918 Schriftführer des Roten Kreuzes für Oberbayern, ab 1917 Honorarprofessor für Geschichte an der Universität München und Syndikus der Bayer. Akademie der Wissenschaften. Seit 1928 ordentlicher Professor für deutsche und bayerische Geschichte in München und ab 1931 Leiter des Instituts zur Erforschung des deutschen Volkstums im Süden und Südosten. 1933 Mitglied des Führungsrings im Reichsbund Volkstum und Heimat.
758 Gottfried Feder, geb. 27.1.1883 in Würzburg. Gymnasium in Ansbach und München. Technische Hochschule (Bauingenieur 1905). Ab 1908 selbständiger Konstruktionsingenieur. Auslandstätigkeit und Geschäftsführer sowie Mitinhaber des Bauunternehmens Ackermann & Co (Flugzeughallenbau usw.). Seit 1907 beschäftigte sich Feder mit finanzpolitischen und volkswirtschaftlichen Fragen. Februar 1919 Veröffentlichung eines Artikels »Das Radikalmittel« und »Das Manifest zur Brechung der Zinsknechtschaft«. Hitler griff Feders Gedankengänge auf und benützte die finanz- und sozialpolitischen Forderungen Feders als Aushängeschild, ohne je die Absicht zu haben, diese Gedanken zu realisieren. Feder wurde dadurch schon Ende 1919 eines der ersten Mitglieder der DAP (Mitglieds-Nr. 531; Hitler hatte die Nr. 555). 1920 Gründung des »Deutschen Kampfbundes zur Brechung der Zinsknechtschaft«. Ausgedehnte Vortragstätigkeit und Versammlungsredner der NSDAP. Durch Feders verschiedene Schriften und Bücher, die mit Angriffen gegen das jüdische Börsenkapital verbunden waren, hat Feder die Entwicklung der NSDAP wesentlich unterstützt. NSDAP Mitglied von 1924 bis 1941 und seit 1924 Mitglied des Reichstags. Vorsitzender des Reichswirtschaftsrates der NSDAP ab 22.9.1932 und ab Juni 1933 Staatssekretär im Reichswirtschaftsministerium bis zum 2.1.1934. Anschließend Reichskommissar für das Siedlungswesen. Feder starb am 24.9.1941 im Alter von 58 Jahren in Murnau.
759 Ernst Deuerlein, »Hitlers Eintritt in die Politik«, V. f. Z., 7. Jg., 1959, S. 192.
760 Mein Kampf, S. 229.
760a Konrad Heiden, »Geschichte des Nationalsozialismus«, Rowohlt, Berlin 1933, S. 21.
761 Brief des Hauptmanns Karl Mayr an Adolf Gemlich vom 17.9.1919. R. W. Gruko 4, Band 314, BHStA, Abt. IV.
762 Anordnung des Gruppenkommandos 4 Ib Nr. 1396 op. vom 2.6.1919, Akten des R. W. Gr. Kdo. 4, Bund 307, BHStA, Ab. IV.
763 Der Lebenslauf, den Hitler an das Gruko 4 geschrieben haben muß, ist nicht mehr auffindbar.
764 R. W. Gr. Kdo. 4, Bund 307, BHStA, Abt. IV.
765 Regiments Anordnung des 2. Inf. Regt. vom 3.4.1919, Bund 19, BHStA, Abt. IV.

766 S. Anm. 587.
767 S. O.P. 5240. Karl Buchner, BHStA, Abt. IV.
768 Pius Dirr, geb. 1875, war von 1919 bis 1924 Mitglied der bayerischen Kammer der Abgeordneten. Ab 1919 Leiter des Münchner Stadtarchivs. Dirr starb 1943 in München.
769 Josef Hofmiller, geb. 1872, Gymnasiallehrer und Publizist in München. 1903 Mitbegründer und Herausgeber der »Süddeutschen Monatshefte«. Hofmiller starb 1933 in Rosenheim.
770 Akten des Schützenregiments 41, BHStA, Abt. IV.
770a Gruko 4, Politische Gruppen A-D, Bd. 46, Nr. 285 und 286, BHStA, Abt. IV.
771 Friedensvertrag zwischen Deutschland und 26 Feindmächten im Spiegelsaal zu Versailles. Am 28.6.1919 unterzeichnet und am 10.1.1920 ratifiziert.
772 Heinrich Bennecke, Hitler und die SA, Günter Olzog Verlag München, 1962, S. 21.
773 Rudolf Beyschlag, geb. 1.1.1881 in Nördlingen, von Beruf Buchhandlungsgehilfe, Sekretär, Schriftsteller, kam am 2.9.1902 von Stuttgart nach München. 1916 bis 1918 Militärdienst, 1919 Infanterist beim Wehrregiment München. Ausbildung als »Propagandamann« des Gruppenkommandos 4. Mit Hitler als Führer der »Aufklärer« im Durchgangslager des Übergangsheeres im Lager Lechfeld. Wegen finanzieller Manipulationen im Oktober 1919 vom Militärdienst entlassen, anschließend Redakteur in Kempten und dann Geschäftsführer einer Buchhandlung in München. Beyschlag starb am 16.6.1928 im Alter von 47 Jahren in München.
774 Gr. Kdo. 4, Band 313, BHStA, Abt. IV.
775 Bericht des Kursleiters Karl Graf von Bothmer an das Gruppenkommando 4 vom 25.7.1919. R. W. Gr. Kdo. 4, Band 307, BHStA, Abt. IV.
776 S. Listen der »Propaganda- und Vertrauensleute«, R. W. Gr. Kdo. 4, Band 315, BHStA, Abt. IV.
777 R. W. Gr. Kdo. 4, Band 309, BHStA, Abt. IV.
778 R. W. Gr. Kdo. 4, Band 307, BHStA, Abt. IV.
779 S. Bericht des Hauptmanns Lauterbach an das Gruko 4 vom 19.7.1919, R. W. Gr. Kdo. 4, Band 309, BHStA, Abt. IV.
780 Brief des Oberleutnants Bendt an das Gruppenkommando 4 vom 21.8.1919. R. W. Gr. Kdo. 4, Band 309, BHStA, Abt. IV.
781 S. Berichte in R. W. Gr. Kdo. 4, Band 309, BHStA, Abt. IV.
782 Schreiben des Gruppenkommandos 4 vom 22.7.1919, R. W. Gr. Kdo. 4, Band 309, BHStA, Abt. IV.
783 S. Renner für Akt Lechfeld, Gr. Kdo. 4, Band 309, BHStA, Abt. IV.
784 Bericht von Hans Knodn vom 25.8.1919 an das Gruppenkommando 4, R. W. Gr. Kdo. 4, Band 309, BHStA, Abt. IV.
785 Bericht des Oberleutnants Bendt vom 25.8.1919 an das Gruppenkommando 4, R. W. Gr. Kdo. 4, Band 309, BHStA, Abt. IV.
786 Brief Hitlers an Adolf Gemlich vom 16.9.1919. R. W. Gr. Kdo. 4, Band 314, BHStA, Abt. IV.
787 ebenda.
788 S. Brief des Hauptmanns Karl Mayr an Adolf Gemlich vom 17.9.1919. R. W. Gr. Kdo. 4, Band 314, BHStA, Abt. IV.
789 Anweisung der Bayer. Schützenbrigade 21 (Abt. Ia No. 8842) vom 8.4.1920. Schützenbrigade 21, Band 233, BHStA, Abt. IV.
790 S. z. B. den Brief Hitlers an Adolf Gemlich in Ulm vom 16.9.1919.
791 Hans Georg Hofmann, geb. 27.9.1873 in Hof, nach Abitur Leutnant und Oberleutnant im 16. Bayer. Inf. Regt. in Passau und Landshut. Hauptmann und Major im 13. Inf. Regt. in Ingolstadt, Oberstleutnant im Reichswehr Inf. Regt. Nr. 20 in Regensburg. Als Oberst pensioniert. SA Obergruppenführer (Inspekteur der SA für

Südost seit 1934), 1933 komm. Polizeidirektor in Regensburg und später Rgierungspräsident von Ober- und Mittelfranken. 1932 bis 1942 Mitglied des Reichstags, 1934 bis 1942 Staatssekretär beim Reichsstatthalter von Bayern. Hofmann starb am 31.1.1942 im Alter von 68 Jahren in München. S. auch Heinrich Heim, a.a.O., S. 295.

792 Mein Kampf, a.a.O., S. 235 und »Der Hitlerprozeß«, a.a.O., S. 17.

793 ebenda, S. 235.

794 PND-Bericht der Polizeidirektion München vom 13.11.1919, BHStA München, Pol. Dir. Mü.

795 Erst ab dem 5.1.1920 nannte sich die Partei NSDAP.

796 Anton Drexler, geb. 13.6.1884 in München, war ab dem 2.10.1902 Schlosser in der Eisenbahn-Centralwerkstätte in München und gründete am 5.1.1919 die »Deutsche Arbeiter Partei« (DAP), deren Vorsitzender Drexler bis zum 28.7.1921 war. Als Hitler am 29.7.1921 den Vorsitz der NSDAP übernahm, geriet Drexler immer mehr in den Hintergrund und spielte in der NSDAP und politisch keine Rolle mehr. 1924 bis 1928 nationalsozialistischer Landtagsabgeordneter. 1925 Differenzen mit Hitler. Beförderung bis zum Reichsbahn-Amtmann. Drexler starb am 25.2.1942 im Alter von 57 Jahren in München.

797 Karl Harrer, geb. 8.11.1890 in Beilngries, Realschule in München (Luitpold Kreisrealschule) und Neuburg. Volontierte dann bei einer Zeitung, ab 1910 als Redakteur bei der Zeitung »Münchner Neueste Nachrichten«. Ab 1.10.1913 als Einj. Freiwilliger bei der 7. Komp. des 2. Inf. Regt. und am 8.8.1914 an die Front nach Frankreich. Am 25.9.1914 durch einen Gewehrschuß am Knie schwer verwundet. Nach Lazarettaufenthalten am 25.3.1916 beim 1. Ers. Batl. des 2. Inf. Regt. in München. Anschließend Dolmetscher bis September 1916 bei der 5. Ers. Komp. Auf Anforderung der Zeitung »Münchner Neueste Nachrichten« vom November 1916 bis Anfang Februar 1917 vom Militär beurlaubt. Ab März 1917 bei der Bahnhofskommandantur im Münchner Hbf. Bewarb sich in die Offizierslaufbahn, wobei seine »völkische (nationale) Gesinnung« besonders hervorgehoben wurde, jedoch am 30.6.1918 vom Militärdienst entlassen. Anschließend Journalist bei der »Münchner-Augsburger-Abendzeitung«. Am 7.12.1918 kam Harrer mit Anton Drexler zusammen (Gründung des »Politischen Arbeiterzirkels« im Oktober 1918), und am 5.1.1919 wurde er Vorsitzender der DAP, Drexler sein Stellvertreter. Nach Differenzen mit Hitler (»Harrer wollte immer Einfluß auf die Partei nehmen«) am 5.1.1920 zurückgetreten. Neuer Vorsitzender wurde Anton Drexler, bis am 29.7.1921 Hitler den Vorsitz der NSDAP übernahm. Als Journalist in München starb Harrer am 5.9.1926 im Alter von 36 Jahren in München.

798 Bericht von Anton Drexler für das NSDAP Hauptarchiv vom 23.1.1939 und Bericht Drexlers im BHStA, Slg. P 3071.

799 Michael Lotter, geb. 16.8.1893 in München. Schlosser. Ab Juni 1918 Militärdienst (II. Pionier Batl.), am 25.11.1918 vom Militär entlassen. Arbeitete ab dem 9.12.1918 zusammen mit Anton Drexler als Schlosser in der Eisenbahn-Centralwerkstätte in München. Drexler nahm Lotter mit zur Gründung der DAP am 5.1.1919 im Gasthof »Fürstenfelderhof«. 1. Schriftführer der DAP (Mitglied Nr. 709) bis Februar 1920. Am 1.1.1931 Lokomotivführer, 1945 techn. Obersekretär. NSDAP Mitglied seit 1.5.1937. Lotter starb am 4.5.1967 im Alter von 73 Jahren in München.

800 Münchner Gastwirtschaft im Tal.

801 Vortrag von Michael Lotter (Gründungsmitglied und 1. Schriftführer der DAP) am 19.10.1935 vor der »Sternecker-Gruppe« im Leiberzimmer des »Sterneckers«. NSDAP Hauptarchiv, HIMC, File 78, Reel 3.

802 Mein Kampf, S. 244.

803 Brief von Michael Lotter an das NSDAP Hauptarchiv vom 17.10.1941. NSDAP Hauptarchiv, HIMC, File 78, Reel 3.

803 Einvernahme von Max Amann in Nürnberg am 6.12.1946 durch Mr. Fehl. Interrogations Bericht No. 212. Spruchkammerakt Max Amann, Sonderregistratur S, München.

805 Aussage von Max Amann in Nürnberg am 5.11.1947 vor Mr. Pins. Spruchkammerakt Max Amann, Sonderregistratur S, München.

806 Nach Hitlers Kündigung seiner Mitgliedschaft bei der NSDAP am 10.7.1921, weil Drexler mit anderen völkischen Gruppen wegen eines evtl. Zusammenschlusses verhandelt hatte, Hitler aber nicht wollte, daß die Partei diese Richtung einschlug, ist Hitler am 26.7.1921 wieder in die NSDAP eingetreten, nachdem Drexler Hitler diktatorische Vollmachten zum Neuaufbau der Partei — nach Hitlers Vorstellung von Führung sowie Verantwortung — und den Vorsitz der NSDAP angeboten hatte.

807 Xaver Thoma, geb. 11.2.1881 in München. Am 24.10.1902 Militärdienst beim 3. Inf. Regt., am 1.10.1903 Gefreiter, 28.3.1904 Unteroffizier und am 6.6.1906 Feldwebel. Am 23.10.1909 bei der Polizei in München bis zum 1.9.1914, wo er in die 1. Komp. des R.I.R. 16 kam und Hitler traf. Bis 1918 beim R.I.R. 16. Am 1.10.1914 Vizefeldwebel und am 11.11.1914 Offiziersstellvertreter. Am 23.1.1915 Feldwebel-Leutnant und ab 15.10.1916 bei der Masch. Gew. Komp. des II. Batl. des R.I.R. 16. In Grafing bei der Demobilmachung am 24.12.1918 aus dem Militärdienst entlassen. Ab März 1920 wieder bei der Münchner Polizei.

808 Einvernahme von Max Amann in Nürnberg am 5.11.1947 durch Mr. Pins, Interrogationsbericht No 2210 B. Spruchkammerakt Max Amann, Sonderregistratur S, München.

Anhang

Quellen- und Literaturverzeichnis

A) Zeitungen und Zeitschriften

Münchner Post (Zeitung der bayerischen Sozialdemokraten)
Münchner Neueste Nachrichten (bürgerliche Zeitung)
Bayerischer Kurier (Zeitung der Bayerischen Volkspartei)
Völkischer Beobachter (Völkische Zeitung (1919), ab Dezember 1920 Organ der NSDAP)
Illustrierter Beobachter (nationalsozialistische illustrierte Zeitung)
Echo der Woche (Organ der Sozialdemokratischen Partei in Hamburg)
Westdeutsche Arbeiterzeitung (sozialdemokratische Zeitung)
Neue Zeitung (Zeitung der kommunistischen Partei in München)
Die Rote Fahne (kommunistisches Kampfblatt, München)
Fränkischer Kurier und *Fränkisches Volksblatt* (Nürnberg und Würzburg)
Das bayerische Vaterland (München)
Berliner Tagblatt (Berlin)
Vorwärts (Berlin)
Vierteljahreshefte für Zeitgeschichte (München)
Neue politische Literatur (Frankfurt/Main)
The Journal of Modern History (Chicago)
New Republic (New York)
Current History (Philadelphia)
Militärgeschichtliche Mitteilungen (Freiburg)
Wehrwissenschaftliche Rundschau (Darmstadt)
Zeitschrift für Bayerische Landesgeschichte (München)
Reichspost (Wien)
Revue (Illustrierte München)
Der Spiegel (Hamburg)
Süddeutsche Zeitung (München)

B) Archive und Nachlässe

Bayerisches Hauptstaatsarchiv München (Abt. VI: K.T.B. des R.I.R. 16, Akten des 2. Inf. Regt. Gruppenkommando 4, Kasernenräte, Politische Parteien, Kriegsstammrollen und O.P. Abt. V: Akten der Pol. Dir. Mü. und StAnw. Mü., Foto- und Zeitschriften- sowie Personensammlungen).

Institut für Zeitgeschichte München (ZS-Bestände und Mikrofilmsammlungen).

Bundesarchiv Koblenz (Bestand NS 26).

Berlin Document Center (Personalakten und Aktenbestände).

Bayerische Staatsbibliothek und Stadtbibliothek München, Monacensia-Sammlungen.

Sonderregistratur S, München.

Hoover Institution on War, Stanford University (Mikrofilme aus dem Bestand des NSDAP Hauptarchivs, HIMC).

US-Army Military History Research Collection, Charlies Baracks. Pa.

NA Washington (verschiedene Bestände).

Stadtarchiv München (Meldeunterlagen und Sammlungen).

Archiv der Industrie- und Handelskammer München.

Magistrat der Stadt Wien, Landes- und Stadtarchiv Wien, Abt. MA 8 (Meldeunterlagen und Aktensammlungen).

Stadtarchiv der Stadt Linz a. D.

Nachlaß von Christine Schroeder, i.B.d.Verf.

Nachlaß Hitlers im Bayerischen Hauptstaatsarchiv München (Sammlungen).

Akten der Parteikanzlei (Mikrofilmsammlung, Hrsg. von R. Oldenburg und K. G. Sauer Verlag 1983 und 1985).

C) Veröffentlichungen, Zeitschriftenaufsätze

Kluge, Ulrich, Die Militär- und Rätepolitik der bayerischen Regierung Eisner und Hoffmann. Militärgeschichtliche Mitteilungen 1/1973, S. 7-58.

Krebs, Willi, Der Alldeutsche Verband in den Jahren 1918-1939, ein politisches Instrument des deutschen Imperialismus. Phil. Diss., Ms., Berlin 1970.

Nusser, Horst, Militärischer Druck auf die Landesregierung Johannes Hoffmann vom Mai 1919 bis zum Kapp-Putsch. Zeitschrift für Bayerische Landesgeschichte 33, 1970, S. 818-850.

Speckner, Herbert, Die Ordnungszelle Bayern. Studien zur Politik des bayerischen Bürgertums, insbesondere der Bayerischen Volkspartei, vor der Revolution bis zum Ende des Kabinetts Dr. von Kahr. Phil. Diss. Erlangen 1955 (masch.).

Orlow, Dietrich O., The Organizational History and Structure of the NSDAP 1919-1923. The Journal of Modern History, Vol. XXXVII, 1965, S. 208ff.

Verhandlungen des Bayerischen Landtags, Stenographische Berichte, Bde. 1-9 (1919-1924) München.

Der Dolchstoß-Prozeß in München. Oktober-November 1925.

Der Hitler-Prozeß vor dem Volksgericht in München. 2 Bde., Knorr & Hirth GmbH, München 1924.

Kriegsgeschichtliche Forschungsanstalt des Heeres (Hrsg. v.): Die Niederwerfung der Räteherrschaft in Bayern 1919. Berlin 1939.

Geschichte der deutschen Arbeiterbewegung, Chronik, Teil II. 1917-1945. Berlin 1966.

Peradovic, Nikolaus, Kein Ariernachweis. Der Spiegel vom 12.6.1957.

Die bürgerlichen Parteien in Deutschland. Handbuch der Geschichte der bürgerlichen Parteien und anderer bürgerlicher Interessenorganisationen vom Vormärz bis zum Jahre 1945. Hrsg. v. Dieter Fricke, Bd. 1 und 2. Leipzig 1968-1970.

Ursachen und Folgen. Vom deutschen Zusammenbruch 1918 und 1945 bis zur staatlichen Neuordnung in der Gegenwart. Eine Urkunden- und Dokumentensammlung zur Zeitgeschichte, 5. Bd., Die Weimarer Republik. Berlin 1960.

Faschismusforschung, Positionen, Probleme, Polemik. Hrsg. v. Dieterich Eichholtz und Kurt Gossweiler. Berlin 1980.

Geschichte der deutschen Arbeiterbewegung, Bd. 3. Berlin 1966.

Psychological Analysis of Hitler (OSS Hitler's Source book), NA Washington 1969, Record Group 226.

Juden im deutschen Kulturbereich. 2. Auflage, Berlin, Jüdischer Verlag, 1959.

Die Niederwerfung der Räteherrschaft in Bayern 1919. Darstellungen aus den Nachkriegskämpfen deutscher Truppen und Freikorps. Berlin 1939.

Urkunden zum Friedensvertrag von Versailles vom 28. Juni 1919. Berlin 1920-1921 und Berlin 1939 (Kriegsgeschichtliche Forschungsanstalt des Heeres).

Vorgeschichte des Waffenstillstandes. Berlin 1919.

Handbuch der deutschen Geschichte von Bruno Gebhardt, Bd. 4, 1960.

Handbuch der deutschen Geschichte von A. O. Meyer, neu hrsg. von Leo Just, Bd. 4, Abschnitt 1-3.

Ploetz, Geschichte der Weltkriege. Freiburg-Würzburg 1981.

Stenographische Berichte über die Verhandlungen des Kongresses der Arbeiter-, Bauern- und Soldatenräte vom 25.2.1919 bis 8.3.1919 in München. Berlin 1984.

Merinsky, Karl, Das Ende des Zweiten Weltkrieges und die Besatzungszeit im Raum Zwettl in Niederösterreich. Phil. Diss., Wien 1966 (masch.), Österr. Nationalbibliothek, Sign. I. 013.300-C.

Klein, Anton Albert, Hitlers dunkler Punkt in Graz? Historisches Jahrbuch der Stadt Graz. Graz 1970, S. 7-30.

Auerbach, Hellmuth, Hitlers politische Lehrjahre und die Münchner Gesellschaft 1919-1920. V.f.Z., 25 Jg. 1977 (1).

Damon, L. T., Austrian Antisemitism. Nation, Band 79 vom 14.6.1900, S. 435-455.

Deuerlein, Ernst, Hitlers Eintritt in die Politik. V.f.Z., 7. Jg. 1959 (2).

Ders., Der Freistaat Bayern zwischen Räteherrschaft und Hitler-Putsch. Politik und Zeitgeschehen, 44/1966.

I was Hitler's Boss. By a former officer of the Reichswehr. Current History, Nov. 1941, Vol I, No 3.

Bloch, Dr. Eduard, My Patient Hitler. Collier's, 15. und 22. März 1941.

Hanisch, Reinhold, I was Hitler's Buddy. New Republic, 5., 12., 19. April 1939, S. 239-300.

Bilder die Adolf Hitler schuf. Volksparole, Nr. 147 vom 28.6.1935.

Gollwitzer, Heinz, Bayern 1918-1933. V.f.Z. 3, 1955, S. 363-387.

Gordon, A. Craig, Reichswehr and National Socialism. The policy of Wilhelm Groener 1928-1932, Political Science Quarterly. LXIII, 1948, H 2.

Gordon, Harold J., Ritter von Epp und Berlin 1919-1923. Wehrwissenschaftliche Rundschau, 1959 (9), S. 329-341.

Hale, Oron James, Gottfried Feder calls Hitler to order: An unpublished letter on Nazi Party Affairs. The Journal of Modern History, Vol. XXX, 1958, S. 358ff.

Orr, Thomas, Das war Hitler. Die erste Hitler-Biographie nach 1945. Revue München, Nr. 37/1952 bis Nr. 8/1953.

Hillmayr, Heinrich, München und die Revolution von 1918/19, in Bosl, 1969, S. 453-504.

Hitler im Krieg. Illustrierter Beobachter, 12. Jg., Folge 15 vom 15.4.1937.

Liebe in Flandern. Der Spiegel, Nr. 46, 1977, S. 127-134.

Maser, Werner, Adolf Hitler: Vater eines Sohnes. Zeitgeschichte, 5. Jg. 1977/78, S. 173-202.

Kessel, Eberhard, Zur Geschichte und Deutung des Nationalsozialismus. Archiv für Kulturgeschichte. XLV. Bd., 1963.

Jedlicka, Ludwig, Die Anfänge des Rechtsradikalismus in Österreich. Wissenschaft und Weltbild, Juni 1971, S. 96-110.

Landauer, Karl, The Bavarian Problem in the Weimarer Republik 1918-1923. Journal of Modern History, XVI, 1944.

Phelps, Reginald H., Hitler als Parteiredner. V.f.Z., 11. Jg. 1963 (8), S. 247-330.

Ders., Anton Drexler — Gründer der NSDAP. Deutsche Rundschau, 87, 1961.

Ders., Aus den Groener-Dokumenten. Deutsche Rundschau, 76, 1950.

Ders., Dokumente aus der »Kampfzeit« der NSDAP — 1923. Deutsche Rundschau, 84, 1958, S. 459-468 und 1034-1044.

Ders., Hitlers »grundlegende« Rede über den Antisemitismus. V.f.Z. 16, 1968, S. 390-420.

Ders., Hitler and the Deutsche Arbeiterpartei. The American Historical Review, July 1963.

Ders., Before Hitler came: Thule Society and Germans Orden. Journal of Modern History, Jg. 1963.

Hitler, Adolf, 10 Jahre Kampf. Illustrierter Beobachter, 4. Jg. 1929, Nr. 31 vom 3.8.1929.

Faul, Erwin, Hitlers Über-Machiavellismus. V.f.Z. 1954 (2), S. 344-372.

Siegert, Michael, Judenmord — Warum? Profil, Nr. 9 vom 27.2.1979, S. 41-44.

Nolte, Ernst, Eine frühe Quelle zu Hitlers Antisemitismus. HZ 192, 1961, S. 584-606.

Statistisches Jahrbuch für das Königreich Bayern, 1915, 13. Jg.

Watt, D. C., Die bayerischen Bemühungen um Ausweisung Hitlers. V.f.Z., 1958 (6).

Wiesmayer, Mit dem Führer auf der Schulbank. Die Zeit vom 26.6.1938.

D) Sachbücher und Biographien

Adler, H. G., Die Juden in Deutschland. München 1961.

Andics, Hellmut, 50 Jahre unseres Lebens. Österreichs Schicksal seit 1918. Wien-München-Zürich 1968.

Ay, Karl-Ludwig, Die Entstehung einer Revolution. Die Volksstimmung in Bayern während des Ersten Weltkrieges. Berlin 1968.

Barth, Emil, Aus der Werkstatt der deutschen Revolution. Berlin 1919.

Bennecke, Heinrich, Hitler und die SA. München und Wien 1962.

Ders., Die Reichswehr und der »Röhm-Putsch«. München-Wien 1964.

Bethmann-Hollweg, Theobald von, Betrachtungen zum Weltkriege. Berlin 1919-1921.

Beyer, Hans, Von der Novemberrevolution zur Räterepublik in München. Berlin 1957.

Ders., Die Revolution in Bayern 1918-19. Berlin 1982.

Ders., München 1919. Der Kampf der Roten Armee in Bayern 1919, Berlin 1956.

Binion, Rudolph, Hitler und die Deutschen: Eine Psychohistorie. Stuttgart 1978.

Bosl, Karl, Bayern im Umbruch. Die Revolution 1918. Ihre Voraussetzungen, ihr Verlauf und ihre Folgen. München 1969.

Ders., Versailles-St. Germain-Trianon. Umbruch in Europa vor fünfzig Jahren. München-Wien 1971.

Bothmer, Karl Graf von, Bayern den Bayern. Dießen 1920.

Bracher, Karl Dietrich, Die deutsche Diktatur. Köln-Berlin 1969.

Ders., Adolf Hitler. Bern-München-Wien 1964.

Brammer, Karl, Fünf Tage Militärdiktatur. Dokumente zum Kapp-Putsch. Berlin 1920.

Brandmayer, Balthasar, Zwei Meldegänger. Mitgeteilt von Heinz Bayer, Bruckmühl 1932.

Brandstötter, Rudolf, Dr. Walter Riehl und die Geschichte der nationalsozialistischen Bewegung in Österreich. Phil. Diss., Wien 1969.

Breitling, Kurt, Die nationalsozialistische Rassenlehre. Entstehung, Ausbreitung und Schaden einer politischen Ideologie. Meisenheim a. Glan 1971.

Broszat, Martin, Der Staat Hitlers. Grundlegung und Entwicklung seiner inneren Verfassung. München 1974.

Ders., Der Nationalsozialismus. Weltanschauung, Programm und Wirklichkeit. Stuttgart 1961.

Buchheim, Hans, Das Dritte Reich. Grundlagen und politische Entwicklung. München 1959.

Buchheit, Gert, Hitler der Feldherr. Rastatt 1958.

Bullok, Adam, Hitler. Eine Studie über Tyrannei. Düsseldorf 1957.

Buttmann, Rudolf, Bayerische Politik 1924-1928. München 1928.

Carr, Wilhelm, Adolf Hitler. Persönlichkeit und politisches Handeln. Stuttgart/Berlin/Köln/Mainz 1980.

Ciller, Alois, Deutscher Sozialismus in den Sudetenländern und in der Ostmark. Hamburg 1944.

Ders., Vorläufer des Nationalsozialismus. Geschichte und Entwicklung der nationalen Arbeiterbewegung im deutschen Grenzland. Wien 1932.

Craig, A. Gordon, Über die Deutschen. München 1982.

Czech, Erich und Jochberg, Hitler. Reichskanzler. Oldenburg i. O. 1930.

Dahrendorf, Ralf, Gesellschaft und Demokratie in Deutschland. München 1965.

Daim, Wilfried, Der Mann, der Hitler die Idee gab. München 1958.

Deuerlein, Ernst, Hitler. Eine politische Biographie. München 1969.

Ders., Der Hitler-Putsch. Bayerische Dokumente zum 8./9. November 1923. Stuttgart 1962.

Ders., Der Aufstieg der NSDAP in Augenzeugenberichten. Düsseldorf 1968.

Drexler, Anton, Mein politisches Erwachen. Aus dem Tagebuch eines deutschen sozialistischen Arbeiters. 2. Auflage München 1920.

Eisner, Kurt, Gesammelte Schriften. 2 Bd., Berlin 1919.

Ders., Sozialismus als Aktion. Frankfurt a. M. 1975.

Endres, Franz, Reichswehr und Demokratie. Leipzig 1919.

Fabry, W. Phillip, Mutmaßungen über Hitler. Königstein 1973.

Falkenhayn, Erich von, Die Oberste Heeresleitung in ihren wichtigsten Entschließungen 1914-1916. Berlin 1920.

Fechenbach, Felix, Der Revolutionär Kurt Eisner. Berlin 1929.

Feder, Gottfried, Das Manifest zur Brechung der Zinsknechtschaft. München 1919.

Ders., Der Staatsbankrott, die Rettung. München 1919.

Fenske, Hans, Konservatismus und Rechtsradikalismus in Bayern nach 1918. Berlin-Zürich 1969.

Fest, Joachim C., Hitler. Eine Biographie. Berlin-Wien 1973.

Fischer, Fritz, Griff nach der Weltmacht. Düsseldorf 1961.

Frank, Walter, Franz Ritter von Epp. Der Weg eines deutschen Soldaten. Hamburg 1934.

Fricke, Dieter (Hrsg.), Die bürgerlichen Parteien in Deutschland. 2 Bd., Leipzig 1968/70.

Gerstl, Max, Die Münchner Räterepublik. München 1919.

Geßler, Otto, Reichswehrpolitik in der Weimarer Zeit. Stuttgart 1958.

Gisevius, Hans Bernd, Adolf Hitler. Versuch einer Deutung. München 1963.

Goldhammer, Leo, Die Juden in Wien. Wien und Leipzig 1927.

Gordon, J. Harold, Die Reichswehr und die Weimarer Republik 1919-1926. Frankfurt a.M. 1959.

Görlitz, Walter und Quint, Herbert, Adolf Hitler. Eine Biographie. Stuttgart 1952.

Görlitz, Walter, Adolf Hitler. Eine Biographie. Göttingen-Zürich-Frankfurt a. M. 1960.

Gossweiler, Kurt, Kapital, Reichswehr und NSDAP 1919-1924. Köln 1982.

Grebing, Helga, Der Nationalsozialismus. Ursprung und Wesen. München 1959.

Greiner, Josef, Das Ende des Hitler-Mythos. Wien 1947.

Grieswelle, Detlef, Propaganda der Friedlosigkeit. Eine Studie zu Hitlers Rhetorik 1920-1933. Stuttgart 1972.

Gulick, A. Charles, Österreich von Habsburg bis Hitler. Bd. I., Wien 1948.

Haffner, Sebastian, Anmerkungen zu Hitler. München 1978.

Ders., 1918/19. Eine deutsche Revolution. München 1979.

Hallgarten, George, Hitler, Reichswehr und Industrie. Frankfurt a. M. 1955.

Hammer, Wolfgang, Adolf Hitler — ein deutscher Messias? Dialog mit dem »Führer« I: Geschichtliche Aspekte. München 1970.

Hasselbach, Ulrich, Die Entstehung der nationalsozialistischen deutschen Arbeiterpartei 1919-1923. Leipzig 1931 (Diss.).

Heiber, Hellmut, Adolf Hitler. Eine Biographie. Berlin-Dahlem 1960.

Heidegger, Hermann, Die deutsche Sozialdemokratie und der nationale Staat 1870-1920. Göttingen 1956.

Heiden, Konrad, Geschichte des Nationalsozialismus. Die Karriere einer Idee. Rowohlt, Berlin 1933.

Ders., Adolf Hitler. Eine Biographie. Erw. Neuauflage in 2 Bänden. Zürich 1936.

Heinl, Eduard, Über ein halbes Jahrhundert. Wien 1951.

Heim, Heinrich, Monologe im Führerhauptquartier 1941-1944. Hamburg 1980.

Heinz, Heinz A., Germany's Hitler. London 1934.

Herrmann, Arthur, Gottfried Feder: Der Mann und sein Werk. Leipzig 1933.

Hillgruber, Andreas, Deutschlands Rolle in der Vorgeschichte der beiden Weltkriege. Göttingen 1967.

Ders., Hitlers Strategie. Politik und Kriegsführung 1940-1941. Frankfurt a. M. 1965.

Hillmayr, Heinrich, Roter und weißer Terror in Bayern nach 1918. München 1974.

Hilpert, Friedrich, Die Grundlagen der bayerischen Zentrumspolitik 1918-1921. Berlin 1941.

Hitler, Adolf, Mein Kampf. Zwei Bde. in einem Bd. Erster Bd.: Eine Abrechnung. Zweiter Bd.: Die nationalsozialistische Bewegung. 419.-423. Aufl. München 1939.

Ders., Hitlers Zweites Buch. Ein Dokument aus dem Jahre 1928. Eingeleitet und kommentiert von G. L. Weinberg. Stuttgart 1961.

Hitzer, Friedrich, Der Mord im Hofbräuhaus. Unbekanntes und Vergessenes aus der Baierischen Räterepublik. Frankfurt a. M. 1981.

Hoegner, Wilhelm, Der schwierige Außenseiter. München 1959.

Ders., Hitler und Kahr. Die bayerischen Napoleonsgrößen von 1923. München 1928.

Ders., Der Volksbetrug der Nationalsozialisten. Berlin 1930.

Ders., Die verratene Republik. München 1958.

Hoffmann, Hans Hubert, Der Hitlerputsch. Krisenjahre der deutschen Geschichte 1920-1924. München 1961.

Hoffmann, Heinrich, Hitler, wie ich ihn sah. München 1974.

Hofmiller, Josef, Ausgewählte Briefe. Memmingen 1955.

Ders., Revolutionstagebuch 1918/19. Aus den Tagen der Münchner Revolution. Leipzig o. J.

Horn, Wolfgang, Führerideologien und Parteiorganisation in der NSDAP (1919-1933). Düsseldorf 1972.

Hümmert, Ludwig, Bayern vom Königreich zur Diktatur 1900-1933. Pfaffenhofen 1979.

Ders., Bedeutende Zugereiste. Pfaffenhofen 1972.

Hundhammer, Alois, Staatsbürgerliche Vorträge. München-Regensburg 1931.

Jäckel, Eberhard, Hitler. Sämtliche Aufzeichnungen 1905-1924. Stuttgart 1980.

Ders., Hitlers Weltanschauung. Stuttgart 1981.

Jenks, A. William, Vienna and the Young Hitler. New York, Columbia Univ. Press 1961.

Jetzinger, Franz, Hitlers Jugend. Phantasien, Lügen — und die Wahrheit. Wien 1956.

Ders., Hitlers »Ausbürgerung« aus Österreich. Ein Dokumentarbericht, in: Ernst Niekisch zum 70. Geburtstag. Nürnberg 1959.

Jochmann, Werner, Nationalsozialismus und Revolution. Ursprung und Geschichte der NSDAP in Hamburg 1922-1933, Dokumente. Frankfurt a. M. 1963.

Jones, J. Sydney, Hitlers Weg begann in Wien 1907-1913. Wiesbaden und München 1980.

Jung, Rudolf, Der nationale Sozialismus. Seine Grundlage, sein Werden, seine Ziele. Aussig 1919.

Kahn, Siegbert, Antisemitismus und Rassenhetze. Eine Übersicht über ihre Entwicklung in Deutschland. Berlin 1948.

Kalow, Gert, Hitler — das gesamtdeutsche Trauma. Zur Kritik des politischen Bewußtseins. München 1967.

Kandl, Eleonore, Hitlers Österreichbild. Diss., Österr. Nationalbibliothek, Wien 1963.

Kantorowicz, Der Offizierhaß im deutschen Heer. Freiburg i. Br. 1919.

Kanzler, Rudolf, Bayerns Kampf gegen den Bolschewismus. Geschichte der bayerischen Einwohnerwehren. München 1931.

Klaeger, Emil, Durch die Wiener Quartiere des Elends und Verbrechens. Wien 1908.

Knirsch, Hans, Aus der Geschichte der deutschen nationalsozialistischen Arbeiterbewegung Alt-Österreichs und der Tschecho-Slowakei. Dux 1931.

Kolb, Eberhard, Die Arbeiterräte in der deutschen Innenpolitik 1918-1919. Frankfurt/Berlin/Wien 1978.

Kritzer, Peter, Die bayerische Sozialdemokratie und die bayerische Politik in den Jahren 1918 bis 1923. München 1969.

Kruck, Alfred, Geschichte des Alldeutschen Verbandes. Wiesbaden 1954.

Kubizek, August, Adolf Hitler, mein Jugendfreund. Graz und Göttingen 1953.

Landauer, Gustav, Sein Lebensweg in Briefen. Frankfurt a. M. 1929.

Langer, C. Walter, The Mind of Adolf Hitler — The Secret Wartime Report. New York 1972.

Leviné, Eugen, Ahasver Skizzen, Rede vor Gericht und anderes. Berlin 1925 (2. Auflage).

Locheus, W. J., Das Sprachgenie Adolf Hitler. München o. J.

Marcker, Ludwig, Vom Kaiserheer zur Reichswehr. Leipzig 1922.

Maser, Werner, Die Frühgeschichte der NSDAP. Hitlers Weg bis 1924. Frankfurt a. M.-Bonn 1965.

Ders., Adolf Hitler, Legende, Mythos, Wirklichkeit. München-Esslingen 1974.

Ders., Hitlers Briefe und Notizen. Düsseldorf-Wien 1973.

Mend, Hans, Adolf Hitler im Felde. München 1931.

Meyer, Adolf, Mit Adolf Hitler im Bayerischen Reserve-Infanterie-Regiment 16 List. Neustadt a. d. Aisch 1934.

Mohler, Armin, Die konservative Revolution in Deutschland 1918-1932. Stuttgart, Vorwerk 1950.

Mohrmann, Walter, Antisemitismus, Ideologie und Geschichte im Kaiserreich und in der Weimarer Republik. Berlin 1972.

Morenz, Ludwig und Münz, Erwin, Revolution und Räteherrschaft in München. München 1968.

Mühsam, Erich, Wie wir belogen wurden. München 1918.

Ders., Von Eisner bis Leviné. Berlin-Britz 1929.

Ders., Namen und Menschen. Leipzig 1949.

Müller, Karl Alexander von, Mars und Venus. Erinnerungen 1914-1919. Stuttgart 1954.

Ders., Im Wandel einer Welt. Erinnerungen Band 3 (1919-1932). Hrsg. v. O. A. Müller, München 1966.

Müllern-Schönhausen, Johannes von, Die Lösung des Rätsels Adolf Hitler. Wien 1959.

Niekisch, Ernst, Gewagtes Leben. Begegnungen und Begebnisse. Köln und Berlin 1965.

Ders., Politische Schriften. Berlin 1965.

Noske, Gustav, Von Kiel bis Kapp. Berlin 1920.

Nuß, Karl, Militär und Wiederaufrüstung in der Weimarer Republik. Berlin 1977.

Nusser, Horst, Militärischer Druck auf die Landesregierung Johannes Hoffmann vom Mai 1919 bis zum Kapputsch. Unter besonderer Berücksichtigung der geheimdienstlichen Überwachung der USPD und KP in München und Umgebung. Zeitschrift für Bayerische Landesgeschichte, Bd. 33, H. 2. München 1970.

Ders., Konservative Wehrverbände in Bayern, Preußen und Österreich 1918-1933, Band I. München 1973.

Oertzen, Franz, Die deutschen Freikorps von 1918-1923. München 1936.

Olden, Rudolf, Hitler the Pawn. London 1936.

Orlow, Dietrich, The History of the Nazi Party 1919-1933. Newton Abbot 1971.

Payne, Robert, The Life and Death of Adolf Hitler. New York 1973.

Philipp, Albrecht, Die Ursachen des deutschen militärischen Zusammenbruchs 1918. Die Geschichte einer parlamentarischen Untersuchung. Berlin 1925.

Picker, Henry, Hitlers Tischgespräche im Führerhauptquartier 1941-1942. Stuttgart 1965.

Plack, Arno, Wie oft wird Hitler noch besiegt. Düsseldorf 1982.

Popp, Lothar und Artelt, Karl, Ursprung und Entwicklung der Novemberrevolution. Kiel 1919.

Prager, Eugen, Geschichte der USPD. Berlin 1921.

Priesack, August, Offermann, Claus, Dorscher, Christine, Adolf Hitler als Maler und Zeichner. Zug/Schweiz 1983.

Rimscha, Hans, Der russische Bürgerkrieg und die russische Emigration von 1917-1921. Jena 1924.

Röhm, Ernst, Die Geschichte eines Hochverräters. München 1928.

Rosenberg, Alfred, Letzte Aufzeichnungen. Ideale und Idole der nationalsozialistischen Revolution. Göttingen 1955.

Salomon, Ernst von, Das Buch vom deutschen Freikorpskämpfer. Berlin 1938.

Sandvosse, E., Hitler und Nietzsche. Göttingen 1969.

Schade, Franz, Kurt Eisner und die deutsche Sozialdemokratie. Hannover 1961.

Schäfer, Wolfgang, NSDAP. Entwicklung und Struktur der Staatspartei des Dritten Reiches. Hannover und Frankfurt a. M. 1957.

Schmidt, Pauli Edgar von, Geschichte der Freikorps 1918-1925. Stuttgart 1936.

Schönhoven, Klaus, Die Bayerische Volkspartei 1924-1932. Düsseldorf 1972.

Schricker, Rudolf, Rotmord in München. Berlin 1934.

Schroeder, Christine, Er war mein Chef. (Hrsg. von Anton Joachimsthaler). München 1985.

Schüddekopf, Otto-Ernst, Das Heer und die Republik. Quellen zur Politik der Reichswehrführung 1918 bis 1933. Hannover/Frankfurt a. M. 1955.

Schulze-Pfälzer, Anti-Hitler. Eine unabhängige Zeitbetrachtung. Berlin 1931.

Schwend, Karl, Bayern zwischen Monarchie und Diktatur. Beiträge zur bayerischen Frage in der Zeit von 1918-1933. München 1954.

Shirer, L. William, Aufstieg und Fall des Dritten Reiches. München und Zürich 1963.

Siemsen, Hans, Hitlers Youth. London 1940.

Smith, Bradley F., Adolf Hitler, His Family, Childhood and Youth. Stanford 1967.

Solleder, Fridolin (Hrsg.). Vier Jahre Westfront. Die Geschichte des Regiments List. Reserve-Infanterie-Regiment 16. München 1932.

Spindler, Max, Handbuch der Bayerischen Geschichte, Bd. 4. München 1974.

Steffahn, Harald, Adolf Hitler. Hamburg 1983.

Stern, J. P., Hitler. Der Führer und das Volk. München 1981.

Stierlein, Helm, Adolf Hitler. Familienperspektiven. Frankfurt a. M. 1975.

Stresemann, Gustav, Von der Revolution bis zum Frieden von Versailles. Berlin 1919.

Ströbel, Heinrich, The German Revolution and After. London o. J.

Thies, Jochen, Architekt der Weltherrschaft. Hitlers Endziele. Königstein 1976.

Thomee, Gerhardt, Der Wiederaufstieg des deutschen Heeres 1918-1938. Berlin 1939.

Toland, John, Adolf Hitler. Eine Biographie. Bergisch Gladbach 1977.

Toller, Ernst, Eine Jugend in Deutschland. Amsterdam 1933.

Ders., Deutsche Revolution. Berlin 1933.

Tormin, Walter, Zwischen Rätediktatur und sozialer Demokratie. Düsseldorf 1954.

Tyrell, Albrecht, Vom »Trommler« zum »Führer«. Der Wandel von Hitlers Selbstverständnis zwischen 1919 und 1924 und die Entwicklung der NSDAP. München 1975.

Ders., Führer befiehl! Selbstzeugnisse aus der »Kampfzeit« der NSDAP. Düsseldorf 1969.

Valley Arco, Graf Anton von, Aus fünf Jahren Festungshaft. Regensburg 1925.

Vogelsang, Thilo, Reichswehr, Staat, NSDAP. Stuttgart 1962.

Volz, Hans, Daten aus der Geschichte der NSDAP. Berlin-Leipzig 1936.

Waite, G. L. Robert, The Psychopathic God, Adolf Hitler. New York 1977.

Ward, G. Price, I know These Dictators. London 1937.

Weber, Hans, Das Gefangenenlager Traunstein 1914-1918. Traunstein 1924.

Werner, Andreas, SA und NSDAP. »Wehrverband«, »Parteigruppe« oder »Revolutionsarmee«. Studien zur Geschichte der SA und der NSDAP 1920-1933. Phil. Diss. Erlangen 1964.

Westarp, Kuno Graf von, Das Ende der Monarchie am 9. November 1918. Hrsg. von Werner Conze. Berlin 1952.

Whiteside, G. Andrew, The Natialism of Fools, Georg Ritter von Schönerer und Austrian Pan-Germanism. Berkeley Univ. of California Press 1975.

Wiedemann, Friedrich, Der Mann der Feldherr werden wollte. Erlebnisse und Erfahrungen des Vorgesetzten Hitlers im I. Weltkrieg und seines späteren Persönlichen Adjutanten. Velbert und Kettwig 1964.

Willing, Franz Georg, Die Hitlerbewegung, Bd. I: Der Ursprung 1919 bis 1922. Hamburg und Berlin 1962.

Zimmermann, Werner Gabriel, Bayern und das Reich 1918-1923. Der bayerische Föderalismus zwischen Revolution und Reaktion. München 1953.

Zoller, Albert, Hitler Privat: Erlebnisbericht seiner Geheimsekretärin. Düsseldorf 1949.

Register

A

B

C

T

U

V

W

Z

LES CAHIERS DU JEU VIDÉO - #2 FOOTBALL STORIES

D… Sébastien Mirc
…n: Tony Fortin
… Audureau
Contributeurs : William Audureau, Sébastien … …, Thibault
Lecuyer, Martin Lefebvre, Frederic Lepont, P… …ain Zorzin
…Marc Pétronille,
…ille, Marc Pétronille
Logo: Fabien Vautrin
Couverture : Marty McFly
Correction… …, Marc Pétronille, Florent Gorges
Remerciements : Douglas Alves, Cécile C… …aura, Antoine Cohet, Mathilde Daurès,
Melissa Flauraud, Thibaut Gérard, Johan … …es, Juliette Legrand, Thibault Lecuyer, Yoram
Lichtenstein, Philippe Quéau, Ahmed Salah, … …ef Salloum, Patrick Tapin, Julien Van de Steene,
Jérémy Vidal

http://editionspixnlove.fr
Dépôt légal : octobre 2009
ISBN : 978-2-918272-06-9
Imprimé et relié en Espagne

pix'n love EDITIONS

#2 sommaire

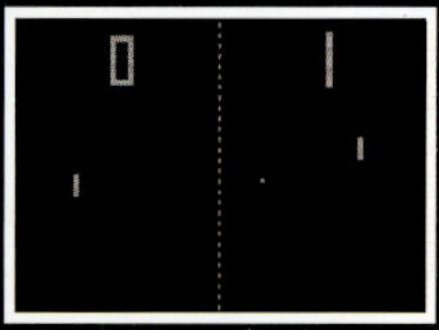

SELECT A PLAYER!

////////////////////////////////////// William AUDUREAU

William Audureau est journaliste à *SVM* et *SVMlemag.fr*. Il a débuté à *Nintendo Magazine* en 2002, puis rejoint *Jeux Vidéo Magazine* en tant que chef de rubrique de 2006 à 2008. Il a également collaboré à *Chronic'Art*, *Géo Ado*, *Kid Paddle*, *ruedutheâtre.fr* et *Score*. Indifféremment bon à *FIFA*, *PES* et *Street Fighter*, pourvu qu'il joue avec Arsenal.

Stéphane BARRIER //////////////////////////////////////

Sa carrière de footballeur s'étant arrêtée en Critérium après un claquage à la buvette, Stéphane Barrier a su rebondir en tant que membre d'une communauté de rétrogaming pour exprimer sa passion mêlant football et jeux vidéo. Bercé par *NASL Soccer* sur Intellivision, il collectionne et pratique les jeux vidéo de football exotiques sur toutes les plateformes existantes.»

// Remi DALTA

Journaliste à la rubrique jeux vidéo de *Chronic'Art* depuis 2008, philosophe de formation, il tend parfois à confondre les deux. Persuadé que Platon était un défenseur argentin des années 50 et Claude Puel un économiste berrichon, il ne jure aujourd'hui que par Socratès. Oui, le philosophe brésilien des années 1970-80.

Julien FYOT //

Actuellement journaliste chez *Jeux Vidéo Magazine*, pour qui il a réalisé quelques dossiers sur le ballon rond virtuel, Julien Fyot découvre les plaisirs du football vidéoludique avec *Kick Off* en 1989. Il a vécu ensuite une longue histoire d'amour avec *PES*, avant de se reconvertir, le cœur brisé, à la Fifamania nouvelle génération.

// Bruce GRANNEC

Bruce Grannec, 22 ans, est surtout connu dans le monde du foot virtuel sous le pseudonyme Spank. Champion de France puis Champion du Monde de *PES 5*, vice-champion du monde *PES 6*, puis Champion de France et du Monde sur *FIFA 09*. Il contribue à l'écriture de guides de jeu, comme le Piggyback.

Thibault LECUYER ///

Rédacteur aux *Cahiers du football*, Thibault s'est fait les dents sur une console Vidéopac avant de passer à l'inénarrable *World Cup*, sur NES. Friand de simulations, il porte haut les couleurs de l'équipe *cahiersdufoot* sur *Hattrick*, convaincu de son potentiel après avoir rempli son armoire à trophées dans *Football Manager*.

martin LEFEBVRE

Martin Lefebvre est un piètre footballeur depuis 1977. Dans la cour de récréation, il était souvent le dernier choix des capitaines d'équipe, mais il se considérait néanmoins comme un goal convenable. Depuis 2004, il est l' un des animateurs du site *Planetjeux.net*, et il lui arrive de mettre à jour son blog.

Frédéric LEPONT

Dans le cadre de ses études en management sportif et en sciences de l'information et de la communication, Frédéric Lepont s'est intéressé à l'organisation structurelle de l'activité sociale et « sportive » du jeu vidéo en France, en collaborant notamment avec Philippe Mora. Passionné de problématiques communautaires, il évolue aujourd'hui dans l'industrie du jeu vidéo à Montréal.

PHILIPPE MORA

Philippe Mora a effectué des recherches sociologiques sur les compétitions de jeux vidéo et a réalisé plusieurs publications à ce sujet - presse, universitaires, Internet, livre - consultables sur son site (http://pagesperso-orange.fr/emmijaphi/). Il a notamment co-écrit avec Tony Fortin et Laurent Trémel *Les jeux vidéo : pratiques contenus et enjeux sociaux*, paru en 2005 aux éditions L'Harmattan.

Jean-Etienne POISOT

En matière de sport de ballon virtuel, Jean-Etienne a abimé ses premiers pads sur *Speedball*. Dribblé par *Kick Off*, il se rattrape sur *FIFA 98* puis *ISS/PES*. Après son petit moment de gloire lors d'une étape de la PES League des années 2000 (tout petit moment), il s'apprête à vivre la prochaine décennie sur *FIFA* et son Live.

Axel SONG

Collaborateur occasionnel aux *Cahiers du football*, Axel a chaussé ses premiers crampons virtuels sur *Kick Off 2* avant de se prendre une claque sur un air de Blur - *FIFA 98* - puis d'aduler la série des *ISS/PES*. Mais sa soif d'abolir les frontières entre simulation et réalité l'aura fait revenir sous le giron d'EA Sports.

Sylvain ZORZIN

Pour Sylvain, le foot a longtemps tenu en deux mots : *Kick Off* (1 puis 2). Ce jeu l'a bercé jusqu'à ce que les épopées de l'OM (91), du PSG et d'Auxerre (93) en Coupe d'Europe ne l'enflamment. Une enquête réalisée pour les *Cahiers du football*, traitant des conséquences de la guerre au Liban sur le jeu en ligne *Hattrick* reste, pour lui, un beau moment d'investigation.

simulations ? Qu'en 2006, la guerre au Liban a eu des répercussions directes dans le jeu en ligne *Hattrick*, où certains stades virtuels ont même été (virtuellement) vandalisés ? Que Konami s'oppose à la professionnalisation des compétitions de *PES* ? Autant d'anecdotes qui méritent qu'on raconte leur histoire. Alors, voilà, ce *Cahiers des Jeux Vidéo* est une revue transversale. C'est ainsi qu'elle a été pensée et conçue par Tony Fortin, son initiateur (par ailleurs fondateur du site *www.Planetjeux.net* et co-auteur de *Les jeux vidéo : pratiques contenus et enjeux sociaux*, en 2006, aux éditions *L'Harmattan*). C'est également ainsi qu'a été dirigée sa première parution, sortie en octobre 2008, « La guerre » (quoique sur un ton nécessairement plus grave !).

Bref, entendez que cette jeune collection s'intéresse à tout, absolument tout. Les sciences précieuses (philosophie, sociologie, littérature) ; les arts numériques (*gamedesign*) ; les contre-cultures (web, forum, magazines spécialisés). Vous retrouverez ainsi dans ce second volume des « *CdJV* », dédié au football, plus d'une quinzaine d'articles. Leur point commun ? Tous les angles sont permis. Exemple, quelle est la préhistoire des jeux de football ? L'argent peut-il pénétrer et modifier l'e-sport comme il a bouleversé le football professionnel ? Pourquoi Franck Sauzée est-il le meilleur commentateur jamais entendu dans une simulation ? Quelles ont été les évolutions, subtiles, stratégiques et techniques, de *PES* en 10 ans ? Comment un jeu de football *online* peut-il répercuter à l'échelle mondiale le conflit palestinien ? Quel est le rôle symbolique et ludique du carton rouge dans un jeu vidéo ?

Voilà notre pari : il est possible de parler des jeux de football sur une multitude de tons, d'angles ou d'approches différentes. Et grâce au format livre plutôt que magazine, nous nous en sommes donné le temps. Cette approche transversale, c'est d'abord celle de la jeune collection des *Cahiers du Jeu Vidéo*.

Alors bien sûr, ça n'a guère été toujours facile ! Il a même fallu se faire violence pour couvrir la sortie de *FIFA 10* et de *PES 2010* sans rentrer dans une logique de test ou de comparatif. L'étude que nous consacrons au jeu d'Electronic Arts tente ainsi de détourner les yeux de la concurrence en se posant une question à la Coluche. Si la nouvelle lessive lave plus blanc que blanc, c'est quoi comme couleur, s'interrogeait l'humoriste. Et si *FIFA 09* était la meilleure simulation de football, un *FIFA 10* encore meilleur, ça ressemble à quoi ? Quant à *PES 2010*, nous avons souhaité le réinscrire dans une perspective historique et humaine. Il a suffisamment été répété que ses deux précédents opus avaient déçu. Or, *PES 2010* marque une rupture non seulement avec ces derniers, mais avec la série dans son entier. C'est du moins ce qu'a, à plusieurs reprises, assuré le producteur des *Pro Evolution Soccer*, Seabass, dont nous citons ici en largeurs d'étonnantes déclarations d'intention. Enfin, de peur de nous laisser happer par le tourbillon myope de l'actualité, nous célébrons dans l'article qui suit les 20 ans de *Kick Off*, jeu référence du début des années 1990, par une analyse de son influence sur... les jeux de la nouvelle génération ! Bref, même lorsqu'il n'a pas été possible d'inventer un angle à l'originalité foudroyante, nous nous sommes tenus le plus en retrait possible des traitements conventionnels. Non pas qu'ils soient mauvais : mais d'autres le font déjà et très bien, alors autant essayer d'apporter un petit quelque chose de différent.

Reste à éclaircir un dernier mystère. Ce « nous » dont on parle ici, qui est-ce au juste ? Eh bien, un collectif d'auteurs venus de plusieurs horizons, et recrutés pour leurs compétences. Certains sont ainsi joueurs professionnels, comme Bruce Grannec, champion du monde de *PES 6* et de *FIFA 09*. D'autres appartiennent au milieu universitaire, c'est le cas de Philippe Mora, qui a déjà publié plusieurs

études sociologiques sur le jeu vidéo. Vous retrouverez également dans ces pages des plumes de journalistes, de blogueurs, aussi bien que de chroniqueurs talentueux. Enfin, à ce comité inédit s'est agrégé l'excellent site *cahiersdufootball.net*, dont les connaisseurs savourent quotidiennement le ton décalé, les analyses pertinentes, et l'humour décoiffant. Ses auteurs nous gratifient de leurs meilleures lucarnes, ainsi que de trois articles mémorables, dont deux inédits. C'est un honneur et une fierté, et c'en aurait presque été un plaisir, si, dans un excès de sincérité suicidaire, notre interlocuteur premier aux « *CdF* » n'avait pas confessé supporter l'Olympique de Marseille. Entendons-nous bien : le football n'est pas une chose totalement sérieuse, mais dès que possible, je compte bien lui apprendre la politesse manette en main. ■

Par William Audureau

à l'affiche

à l'affiche

unicef

FIFA 10 ou l'art du peaufinage

L'évolution après la révolution, un difficile défi ! La série d'Electronic Arts attaque la saison 2009-2010 en position de leader, avec pour obligation de capitaliser sur les bases de FIFA 09, mais sans proposer le même jeu. Manette en main, analyse des différences.

Par Julien Fyot
- Journaliste -

APICIL
NOVOTEL

L'important, ce n'est pas de devenir le meilleur, mais de le rester. Ce vieil adage de grand-père sévère mais juste, asséné à chaque fois, que, minot, vous rameniez un bon point de l'école, Electronic Arts en a fait son fonds de commerce. Sempiternel frustré de l'écrasante supériorité des *Pro Evolution Soccer* générations 128 bits, la franchise *FIFA* retrouve en 2007, sur les consoles HD, un leadership presque inattendu. Les fans les plus hystériques de *PES* voire ceux qui n'ont touché jusque là qu'aux pépites de Konami, remballent leur habituel patriotisme vidéoludique et passent à l'ennemi, où l'herbe serait désormais plus verte. Accident de parcours, exploit sans lendemain ou prémice d'une épopée durable? Le succès critique, commercial et public de l'opus 2009 a ancré *FIFA* dans un cycle de domination et atteste du savoir faire d'EA pour perpétuer sa position de force. Soucieux d'entretenir cette dynamique de victoire, EA organise sa stratégie de séduction autour d'un triptyque vertueux : peaufiner les acquis, développer de l'inédit et soulager les griefs de la communauté des aficionados. Au vu de la qualité ébouriffante de *FIFA 10*, la tactique en trois temps vaut de l'or.

Gérer l'innovation

S'assurer le leadership sur plusieurs années implique donc d'améliorer, en douceur, les vertus fondatrices du titre roi. Dans un travail subtil d'équilibriste, l'éditeur doit s'assurer de ne pas épuiser, en un opus, toutes les possibilités d'amélioration de sa franchise tout en assurant un service minimum pour justifier un nouvel épisode. Pendant une bonne partie de son règne, la saga des *PES* a brillamment distillé à la pipette, d'opus en opus, de quoi fidéliser à long terme sa clientèle de joueurs. Avant de relâcher l'effort lors des dernières éditions et de susciter le scepticisme relatif des « PESophiles » convaincus. A l'évolution délicate s'était substituée la sale habitude annuelle et frileuse de n'effectuer que des mises à jour. La première prise en main avec *FIFA 10* s'inscrit en trompe l'œil dans cette logique routinière. Faute de nouveau moteur graphique, le nouveau titre d'EA n'opte pas pour la révolution visuelle. En gardant la silhouette de play boy de l'opus 09, *FIFA 10* a toujours belle gueule, sans coup de vieux ni faute de goût. Sans plus. Même étrange et frustrante sensation d'immobilisme manette en main. On tend naturellement

à répéter les mêmes actions que dans l'édition précédente, sans dépaysement et sans avoir ce sentiment, vital pour une suite, de se confronter à de l'inédit et à de l'inattendu. Puis soudain, au bout de quelques minutes de tripotage de pads, une chaleur sourde titille votre cœur de joueur, une douce sensation d'euphorie fait frissonner la pilosité de vos avant-bras. Sans trop comprendre pourquoi. Plus que *FIFA 09* et presque autant qu'à la grande époque des *PES* sur PS2 et Xbox, la nouvelle mouture porte à son paroxysme le plaisir incandescent, la grisante envie de ne jamais plus passer la manette à un autre joueur. Ce sentiment de puissance qui vous signifie que tout est possible et que la jouissance permanente est à portée de pad, à tout moment. À coups de détails presque invisibles, d'ingrédients impalpables, EA surbooste le plaisir de jeu. Comme l'avait fait précédemment l'édition 09, *FIFA 10* accélère encore un peu le rythme, décuplant ainsi le dynamisme et la vivacité des confrontations. Les actions s'enchaînent désormais sans moment de flottement ni temps de respiration, si bien que la mi-temps sifflée sert autant à soulager les mollets de vos virtuoses virtuels qu'à relâcher la tension dans vos mains hyperactives. La fureur que dégage le nouveau bijou d'EA se veut d'autant plus marquée que la réactivité des joueurs a été considérablement vitaminée. Souvent handicapante dans *FIFA 08*, parfois frustrante dans le 09, la lourdeur de nos taquineurs de ballon rond laisse place ici à une vivacité de chaque instant. À peine effleure-t-on un bouton que le joueur exécute au millimètre et à la milliseconde près la commande souhaitée. Plus de temps de latence assommant, plus de contrôle curieusement plombant : le ballon circule comme une plume entre les papattes de nos surdoués en short sur une moquette délicieusement moelleuse, pour un confort de jeu rare. Partant du principe que le joueur sait l'amadouer, le cuir devient l'ami de confiance, et ne se comporte plus comme une entité

« LE SUCCÈS CRITIQUE, COMMERCIAL ET PUBLIC DE L'OPUS 2009 A ANCRÉ *FIFA* DANS UN CYCLE DE DOMINATION »

« IL NE S'AGIT PLUS DE FEINTER À DROITE, À GAUCHE OU EN DIAGONALE, MAIS DE CRÉER LE GESTE »

parfois irrationnelle, à l'image des précédentes versions. Disciplinée dans des phases maîtrisées, folle quand elle doit l'être, la balle n'a plus de virtuel que son enrobage de pixels.

Liberté offensive...

Dopés à l'adrénaline, les joueurs bénéficient entre outre d'une liberté de mouvement étoffée. L'époque pas si lointaine où les footballeurs virtuels gambadaient, avec la rigidité d'un roi d'échec, dans quatre directions prédéterminées prend, avec ce nouveau *FIFA*, quelques siècles dans la face. En mettant en place un système de dribble à 360°, EA assouplit grandement les face à face et démultiplie presque à l'infini les opportunités de passer l'adversaire. Il ne s'agit plus de feinter à droite, à gauche ou en diagonale mais de créer le geste, d'orienter sa course dans un panel immense de directions. Vous aurez désormais d'autres armes que le rateau à 90° ou le coup de rein en diagonale. Et là où *FIFA 08* et *09* réservaient aux seuls élus de la manette l'opportunité d'effacer une défense en dribblant à la sueur de leur front, l'édition 10 démocratise le football-spectacle en le rendant hautement intuitif. Mais que les ayatollahs de la simulation réaliste se rassurent : *FIFA 10* se situe toujours à des années lumière du

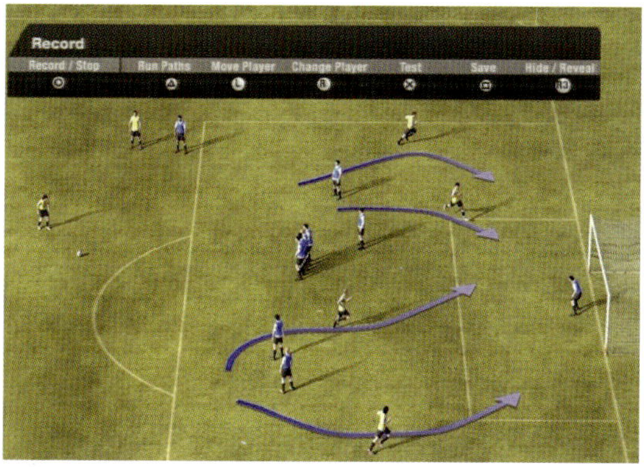

« *FIFA 10* OFFRE UNE EXPÉRIENCE PLUS RAPIDE, PLUS RÉALISTE, PLUS AGRÉABLE »

football arcade champagne où Messi terrasserait de ses zigzags diaboliques onze miséreux à crampons avant d'enchaîner un grand pont et une Madjer dans la lucarne. Chaque geste technique réussi reste le fruit délicat d'une parfaite maîtrise et du respect d'un timing minutieux. Un dribble à 360° ne mènera pas à l'autre bout du gazon. Il permet juste, et c'est déjà beaucoup, de créer des décalages salutaires pour redonner très rapidement la priorité au jeu collectif. Il libère quelques secondes, tout au mieux, du marquage obsessionnel d'un défenseur attitré. Car l'une des grandes forces de cette dixième saison, l'un des acquis les plus brillamment peaufinés, reste la combativité et l'intelligence des défenseurs.

...ET RIGUEUR DÉFENSIVE

Les adeptes, représentés en masse sur le online, des contrôles orientés avec Cristiano Ronaldo, suivis d'une course « usanboltienne » vers le but et d'une frappe de mule dans le petit filet, doivent revisiter leur manière d'appréhender la construction du jeu. Les développeurs ont insufflé aux défenseurs une rage et une motivation de chaque instant à même de faire passer le très rugueux Gattuso pour une fillette apeurée. Marquage à la culotte oblige, les Heinze, Milito et autre Puyol ne laissent pas cogiter un seul instant. Leur faculté décuplée d'anticipation et de placement met pourtant les neurones à rude épreuve pour trouver, au milieu de ce Catenaccio permanent, l'ombre d'un espace. Et la traditionnelle et très payante technique de la passe en profondeur fait désormais doucement sourire les défenses adverses, tant leur capacité à se couvrir mutuellement et à anticiper les stratégies classiques s'illustrent sur chaque action. Tout comme *FIFA 09* l'avait fait avec l'opus précédent, ce nouvel épisode se réapproprie donc les fondamentaux de la franchise en les sophistiquant de manière éclatante. Loin de succomber à la tentation de rentabiliser sans panache une saga reconnue, EA offre une expérience plus rapide, plus réaliste, plus agréable.

À l'écoute de la communauté

Mais connaissant la susceptibilité naturelle de tout fanatique, les développeurs ne se sont pas contentés de peaufiner leurs acquis et de dépoussiérer leur trône. Grâce à une communauté vaste, dynamique et réactive d'amoureux de la série, EA dispose d'un *feedback* constant sur l'appréhension de son poulain par les fans. Habitué à un menu de haute volée, l'amateur standard de *FIFA* n'hésite pas à pousser son petit coup de gueule, le plus souvent sur les forums dédiés, pour pointer ici et là les imperfections de son jeu de chevet. Une manière de guider les développeurs vers une certaine idée de la perfection. En état de veille permanente, EA suit de près ce cahier de doléances interactif. Outre l'identification de pistes à suivre pour le développement du prochain épisode, cette prise en compte des griefs de monsieur tout le monde conduit les fans à se sentir valorisés, considérés et respectés par l'éditeur, amplifiant de facto le ciment communautaire et la force du lien entre EA et les joueurs. Et en s'attaquant aux revendications les plus populaires, *FIFA 10* transpire cette volonté de réactivité aux exigences des *gamers*.

Un gardien revisité

Canard boiteux de l'opus 09, le gardien de but faisait tristement l'unanimité. Un peu comme un joueur de poker racontant la larme à l'œil ses coups de malchance à la table, chaque habitué de *FIFA* pourrait passer une nuit entière à narrer ses défaites amères dues à l'impotence pathologique du portier. Un mètre à droite, un mètre à gauche, un pas en avant, un pas en arrière : la mobilité contrariée du gardien, dans les précédentes versions, s'apparentait, en caricaturant un poil, à une mauvaise chorégraphie de fin de soirée. Très casanier sur sa ligne de but, très peu porté sur les excursions à plus de 80 cm de sa cage, le goal ne sortait que pour les grandes

occasions. Trop peu d'interceptions de centres, absence de réactions quand le cuir passait mollement à quelques décimètres de son nez : les capacités autonomes du portier faisaient peine, sans parler de son absence de réactivité aux quelques ordres que le joueur s'autorisait à lui donner sans plus trop y croire. Les demandes polies de sortie du gardien, grâce à une pression pleine d'espoir du bouton triangle, n'occasionnaient que trop rarement l'action escomptée. Conscient d'avoir irrité à petit feu bon nombre des membres de son fan club, EA s'est empressé de rectifier le tir pour *FIFA 10*. Malgré un sens de l'initiative et de l'aventure encore un chouïa bridé, le gardien nouvelle génération a appris à quitter, le temps d'une sortie héroïque, sa ligne de but. Interceptions plus fréquentes et plus assurés sur les corners ou sur les centres accessibles, plongeons dans les pieds des attaquants, prise de balle plus ferme : le portier a pris confiance en lui et sa virtualité s'estompe peu à peu en s'appropriant progressivement les attitudes de ses homologues de chair et de sang, et en proposant notamment des gestes un peu plus étoffés qu'à l'accoutumée. Il dispose par exemple désormais de la faculté de se relever rapidement et de replonger après avoir essuyé le dribble réussi d'un attaquant arrogant. Plus réactif, plus entreprenant et moins frileux, le goal de *FIFA 10* répond très largement aux attentes de la communauté.

L'arbitre se rachète une conduite

Autre vilain petit canard des éditions précédentes, l'homme en noir n'en finissait pas d'alimenter les topics colériques de joueurs désabusés. Laxisme déconcertant sur des tacles meurtriers, carton jaune et remontrances horrifiées pour un contact à la limite de l'imaginaire : dans *FIFA 09*, le gardien des lois se voulait, à ses heures, d'humeur vagabonde, oscillant, d'une surface à l'autre, d'une mansuétude

Photo : Konami

Seabass : PES 10 année charnière

2

En perte de vitesse depuis deux saisons, la série produite par Shingo « Seabass » Takatsuka est confrontée à un double défi : à la fois rattraper le temps perdu, et défricher de nouveaux axes pour les prochaines années. Mais son chef d'orchestre s'y engage.

Par William Audureau
- Journaliste -

Il y a des signes qui ne trompent pas, comme une poignée de main virile dans un trailer de présentation de *PES 2010*, tourné par Konami dans ses locaux tokyoïtes, et disponible sur le net. Une poignée de main ô combien louche : au pays du Soleil Levant, traditionnellement, on se salue sans se toucher. Mais cette vidéo a été conçue pour un public bien spécifique, les européens, et le mot d'ordre est simple : reconquérir leur confiance. Alors, d'un geste brusque, déterminé, un chouïa maladroit, les deux protagonistes se la serrent. Le premier parle même dans un anglais impeccable, ce qui n'est guère si courant sur l'archipel. Quant au second, Shingo Takatsuka, dit Seabass, il s'exprime en japonais, certes, mais n'oublie pas d'adresser sa présentation du jeu au public occidental. « *Je sais que les joueurs européens veulent plus de réalisme dans PES* », précise-t-il avant d'enchaîner « *Je le garde à l'esprit et m'applique à améliorer l'intelligence artificielle des footballeurs et les réglages tactiques.* » Un promesse envers le public européen, jugé le plus exigeant, qui sonne aussi comme un engagement, bien au-delà d'un simple épisode. Car c'est précisément l'humilité, la finesse d'esprit et l'application de cet homme qui pourraient remettre la série *Pro Evolution Soccer* sur les rails du succès qui longtemps étaient les siens.

L'HUMILITÉ DE SEABASS

Seabass ne parle peut-être pas anglais et serre la main maladroitement, mais il sait faire montre d'humilité auprès de ses fans ! Surtout au moment d'évoquer la délicate phase de reconquête à laquelle s'est obligé Konami après deux épisodes mal reçus. « *Jusqu'à PES 2009, je croyais que la meilleure façon de faire une réelle simulation était de compiler des actions simples, fidèles au vrai football – et qu'en réunissant celles-ci nous ferions une authentique simulation* », expliquait-il dans une interview au site *Videogamer*. Cette méthode, grâce à de petites améliorations locales, avait longtemps porté ses fruits, et permis chaque année de peaufiner le réalisme de jeu, sans qu'il perde en accessibilité. « *C'est du moins ce que je pensais jusqu'en*

Photos : Konami

« JE SAIS QUE LES JOUEURS EUROPÉENS VEULENT PLUS DE RÉALISME DANS *PES* »

- Seabass

Lionel Messi lors d'une séance de motion-capture.

Photo : Konami

2009 », observe Seabass. « *Cependant, nous le reconnaissons, spécialement ces deux dernières années, les joueurs nous ont fait comprendre que notre approche était un peu trop arcade. Donc nous avons changé notre idée et la direction du jeu.* » Il faut percevoir ici toute la modestie de l'homme qui, pendant près de dix ans, a pourtant incarné la meilleure compréhension du football auprès des joueurs. C'est sous sa direction que la série *Pro Evolution Soccer* a défriché les principales caractéristiques des simulations modernes : des joueurs aux déplacements indépendants et structurés ; des duels dont l'issue dépend du poids, de la vitesse et de l'orientation des footballeurs ; une physique de balle complexe et dynamique, permettant des buts imprévisibles ; et enfin une part de chance qui laisse sa place au suspense et aux surprises. Sa méthode, faite d'observation, de tâtonnements et de réglages empiriques, il l'avait lui-même illustrée en trois exemples à son retour de la Coupe du Monde 2006 en Allemagne, dans un entretien accordé à *Planete-PES*. Nous en reproduisons ici un extrait : « *Le premier est la couverture de balle. Quand vous bloquiez votre défenseur, jusqu'à PES5 et WE10* [*Winning Eleven*, nom japonais de la série], *peu importe avec quel joueur, vous étiez invincibles, et nous avons pensé que ce n'était pas vrai en observant la coupe du monde. Donc* [depuis] *PES 6, selon la force physique du défenseur et la vôtre, vous pourrez perdre la balle ou non. De même pour la vitesse de passe, nous avons pensé que le jeu était trop rapide pour toutes les équipes. Nous avons décidé de le ralentir pour celles ayant un faible jeu collectif. De la même façon, le Japon ne pourrait jamais marquer après une phase de très longue possession de balle. Ce n'est pas réaliste, mais c'était comme ça dans nos précédents opus PES et WE. Nous avons*

décidé de changer ça et c'était sous l'influence de la Coupe du monde. Enfin, nous avons changé la position des défenseurs. Nous avons pensé que celle-ci était très différente après avoir vu le mondial. »

Pour en finir avec les 5-5

D'année en année, les retouches se sont donc ajoutées, complétées, parfois annulées (lire également *PES Evolution*, par Bruce Grannec). Mais Seabass, toujours attentif et sensible, a su s'approprier les critiques des joueurs sur ses derniers opus, jugés exagérément simples et spectaculaires. « *Pour être honnête, le fait de voir les finales des PES League européennes se conclure sur des Brésil - Brésil avec des scores fantaisistes m'a interpelé* », reconnaît Seabass dans une interview à *Gamekult*. « *À partir de là, il fallait faire en sorte de tendre vers des résultats beaucoup plus intéressants et réalistes.* ». Or, là commence pour le producteur de la série la plus délicate des équations : comment rendre *PES* plus réaliste qu'avant, mais sans altérer le plaisir et la simplicité auquel les fans l'associent ? « *La partie la plus difficile du management, je dirais, est que nous ne voulions pas dégarnir l'expérience offensive, mais en même temps, nous voulions modifier l'équilibre de la série afin que les prochains PES ne se finissent pas par des scores de 4-4 ou 5-5 par exemple. Donc il a fallu faire des réglages* », confirme-t-il dans un entretien à un site spécialisé, *Winning Eleven Next-Gen Blog* (WENB). « *Par exemple, si vous jouiez Brésil-Brésil, le match pouvait se finir aussi bien par un 4-4 ou un 5-5, qu'il pouvait se terminer par un 0-0. Pourtant, même s'il se finissait par un score nul et vierge, nous voulions que le match conserve la physionomie d'une rencontre offensive. C'était un équilibre très difficile à atteindre mais je crois que nous l'avons maintenant. L'autre souci concernait les superstars : si vous avez des joueurs aussi hors-normes que Messi ou Cristiano Ronaldo dans un match, comment faire pour les stopper ? En choisissant une dé-*

fense stratégique qui permette de stopper les footballeurs de cette trempe. Or, avec les toutes nouvelles options tactiques, c'est possible. »

Des étoiles aux cartes

Le neuvième épisode des *Pro Evolution Soccer* inaugure en effet, et c'est sa principale originalité, deux nouveaux modes de gestion tactique, les *sliders* et les cartes. Les premières s'apparentent à des jauges, similaires à celles que l'on trouvait dans *FIFA 09*. Elles permettent de régler le comportement collectif de l'équipe : alignement défensif, vitesse de repli, solidarité entre les joueurs, etc. Elles correspondent, en somme, aux consignes globales d'un entraîneur. Les secondes servent, elles, à gérer les déplacements individuels des footballeurs. Certaines, appelées « Player Style », sont même propres à un joueur, il s'agit de gestes qui les signent, comme la carte « Incisive run » pour Messi, cette propension à repiquer depuis l'aile vers la surface de réparation. D'autres, sont communes à plusieurs joueurs, comme le repli défensif pour Hoarau ou Drogba, ou le dribble pour Ronaldo et Ribery. Au final, chaque joueur a un set de cartes différent, certaines exclusives, d'autres non, et c'est à chacun de choisir lesquelles utiliser. Nul aspect jeu de rôle à la *Magic* ou à la *Yu-Gi-Oh* à l'horizon : il ne s'agit pas de devoir se procurer la carte « tacler » pour tenter de récupérer le ballon, comme dans le piètre *World of Soccer* sur PC, ni d'invoquer une carte « soutien du public » pour bénéficier d'un bonus de terrain, comme dans l'improbable adaptation japonaise d'*Olive & Tom* sur GameBoy Advance ! En toute rigueur, dans *PES 2010*, les cartes ne se collectionnent pas, ne s'échangent pas, ni se jouent à proprement parler en cours de match. En réalité, elles remplacent les étoiles de compétences, en vigueur depuis le premier *PES*, et qui permettaient quelques démarcations discrètes, mais audacieuses, entre les différents footballeurs dans leurs statistiques de jeu. On se souvient ainsi que les gardiens de but Chilavert (Paraguay), Campos (Mexique) et Van der Sar (Pays-Bas), avaient, comme faculté spéciale respective dans le premier *PES*, de pouvoir marquer sur coup-franc, évoluer en pointe, ou jouer libéro ! Mais les cartes vont un peu plus loin que les étoiles de compétence. En effet, plutôt qu'à améliorer les statistiques d'un footballeur – comme ses chances de marquer dans telle ou telle condition – elles servent à recréer leur comportement sur la pelouse, et influent donc également sur la manière dont ils évoluent lorsqu'ils sont sous contrôle de l'ordinateur. « *Les caractéristiques des joueurs ne peuvent pas être rendues de façon fiable par un simple jeu de paramètres* », explique en détail Tatsuya Tanaka, responsable du *gameplay* des matchs et de la conception des modes de jeu. « *Par exemple, la carte 'centre de l'arrière' ne sert pas à augmenter les chances de centrer, mais le joueur ayant cette carte aura tendance à se placer de façon à pouvoir facilement centrer. Il dépendra alors de votre vision du jeu et de votre savoir-faire que le centre soit réussi ou non.* »

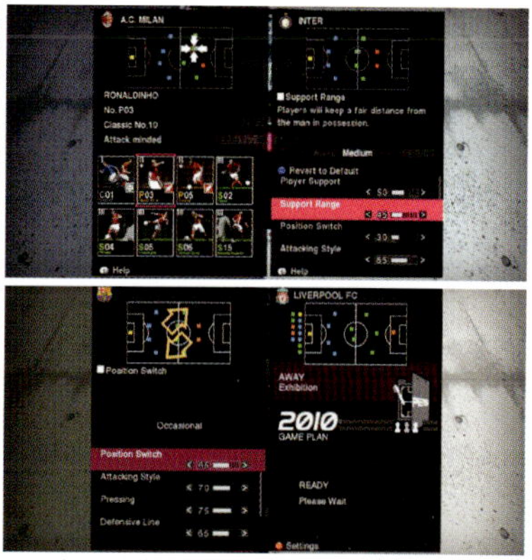

PES 2010 inaugure deux nouveaux modes de gestion tactique : les *sliders* et les cartes.

En combinant ces cartes avec les jauges (ou Sliders) qui gèrent le collectif, le joueur obtient une mainmise aussi bien sur les joueurs que l'équipe. Pour le dire avec les mots de « Seabass » Takatsuka : « *C'est une façon de tenir compte de la personnalité des joueurs, individuellement et collectivement.* »

Le management, c'est l'avenir

Si *PES 2010* joue comme à son habitude sur quelques réglages de vitesse et de précision, l'essence du jeu est donc bel et bien à chercher du côté des options de gestion. Loin d'un pis-aller censé contrer les scores irréalistes, les innovations de *PES 2010* inaugurent l'avenir de la série. « *Nous avons implémenté l'aspect stratégique du football, avec les sliders et le système de cartes, et je crois que c'est une bonne manière de faire un grand pas dans le management* », confie Seabass à *WENB*. « *Pour la première fois, le mode management a plus de profondeur, si bien que vous pouvez choisir le style que vous voulez pour votre équipe aussi bien que le style individuel de votre joueur. Bien sûr il ne s'agit que d'une petite avancée par rapport à ce que nous voulons atteindre, mais il y a eu des différences de perspectives quant à savoir s'il fallait s'orienter vers davantage de gestion ou d'action. Cependant avec les sliders et le système de cartes en place, c'est un parfait mélange des deux et c'est juste le commencement de ce qui est à venir pour ce mode management, car nous avons de grands projets pour le futur.* » En effet, *PES 2010*, épisode de reconquête, n'est évidemment pas l'épisode définitif – ni d'un point de vue chronologique, puisqu'il y en aura d'autres, ni d'un point de vue qualitatif, Seabass lui-même concédant n'avoir pas eu le temps d'aller plus loin dans les modifications. « *Il y a tant d'éléments que nous voulions implémenter dans le jeu que nous n'avons pas pu. Bien que nous ayons inclus plus de 300 nouveaux gestes ou mouvements dans PES 2010, ce n'est pas assez, cela ne couvre pas tout ce que je voulais. Par exemple, dans le vrai football, vous voyez le joueur bloquer le ballon sous son talon. C'est très difficile à implémenter dans un jeu, nous*

n'avons pas encore réussi pour l'instant. Autre exemple, le système de défense. Dans le jeu, il s'agit juste de presser un bouton. Mais ce n'est pas le cas dans le vrai football, où nous devons considérer avec attention comment le centre de gravité se déplace quand un joueur court. Ce n'est pas complètement reproduit dans le jeu. Donc il y a encore beaucoup d'éléments que nous voulons, mais ne pouvons pas encore, intégrer. » Et les joueurs de rêver, déjà, à des footballeurs qui trébuchent, rebondissent, s'accrochent ou tombent de manière dynamique lors d'une course défensive, a fortiori au coude-à-coude avec un attaquant adverse.

Seabass voit de l'avant

Aussi anecdotique que cela puisse paraître, cela faisait longtemps que Seabass n'avait plus parlé d'avenir. Après la sortie du décevant *Pro Evolution Soccer 2008*, le producteur de la série avait passé plus de temps à s'excuser, à se justifier, et à corriger les erreurs des versions passées. Qu'on se souvienne de ses déclarations à *Gamekult*, en octobre 2008 : « *L'équipe de développement a pris conscience des erreurs commises sur Pro Evolution Soccer 2008. Nous avons mis en évidence deux vrais problèmes sur cette version : d'abord le lag sur la partie en ligne, qui pouvait s'avérer gênant, mais aussi les saccades in game, sur les ralentis comme dans le jeu.* » Moins d'un an avant, alors même que *PES 2008* n'était pas encore sorti, le technicien prenait même la peine de justifier les difficultés rencontrées. « *En règle générale, il faut un à deux ans pour apprivoiser les outils et la puissance des machines. Mais nous devons faire en sorte que Pro Evolution Soccer sorte chaque année, sur de multiples plateformes. (...) Nous ne pouvons pas poursuivre de la même manière, donc je peux vous garantir que des changements sont en train d'être opérés. Nous-mêmes ne sommes pas satisfaits du résultat, et notre objectif reste la satisfaction de tous, de nous comme des joueurs.* » (*Gamekult*, 16 octobre 2007). Depuis, plus de deux longues saisons se sont écoulées, deux saisons particulièrement difficiles médiatiquement (voir aussi *PES-FIFA, un drôle de classico médiatique*). Mais au final, Seabass ne présente pas *PES 2010* comme une correction de l'opus 2009, comme *PES 2008* l'était vis-à-vis de 2008, mais un premier pas vers les évolutions de la série. Il lui faudra juste encore du temps. « *Nous avons plein d'éléments à intégrer, et idéalement sortir un jeu tous les deux ans nous aiderait, même si nous croyons qu'un jeu par an est la meilleure option, dans la mesure où c'est ce que les fans veulent. Mais avec toutes les innovations apportées dans PES 2010, on ne peut pas dire que notre équipe ne sait pas faire un jeu complet par an !* »

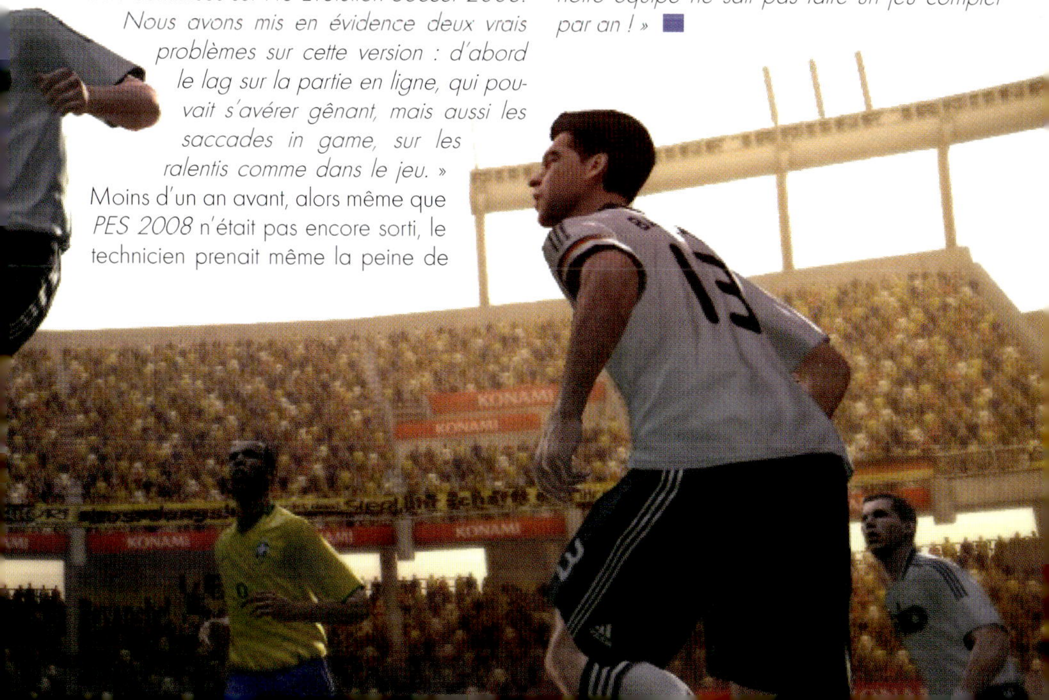

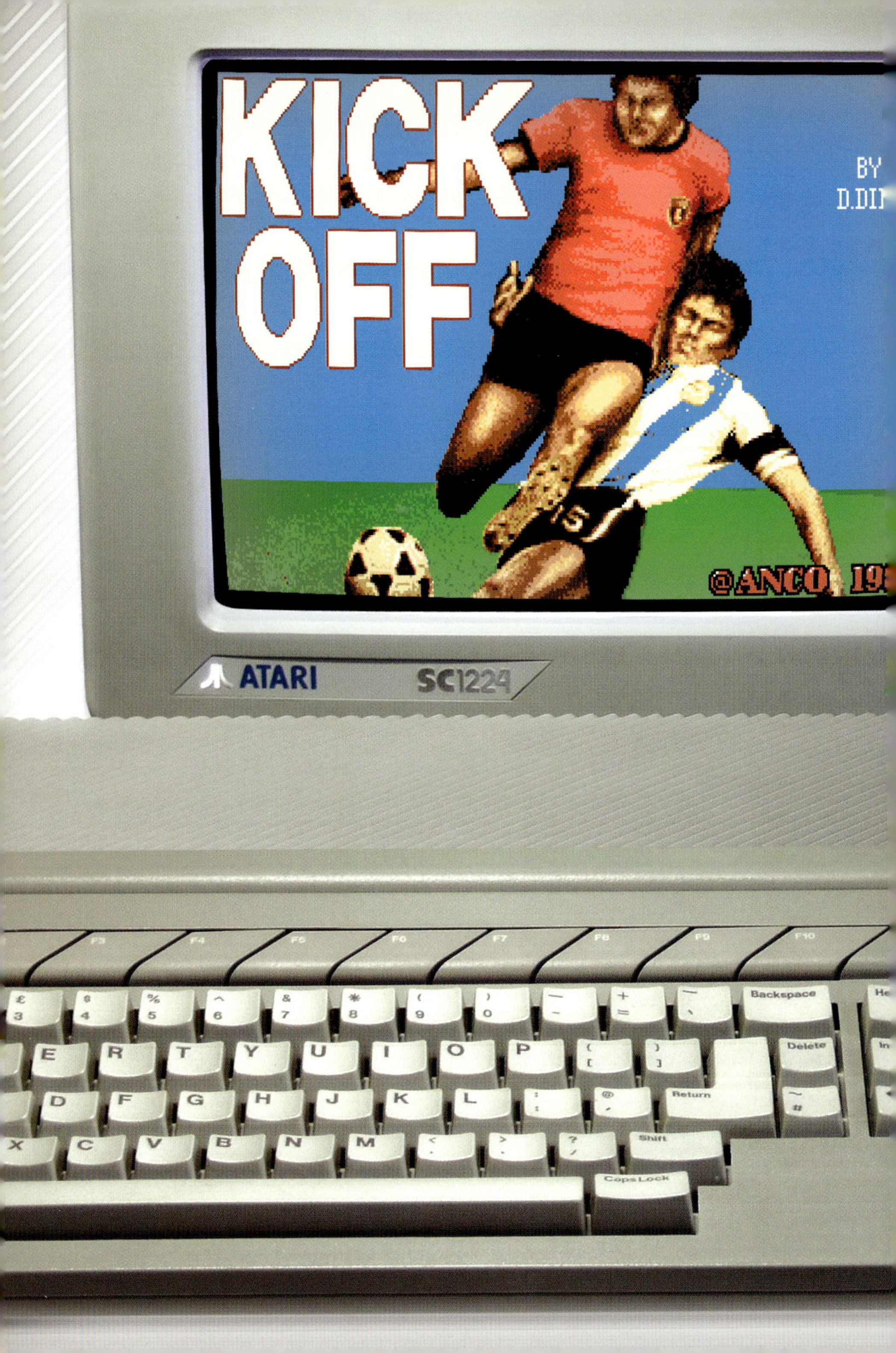
KICK OFF
BY
ATARI
SC1224

KiCk Off :
ce qu'il a apporté ce qu'il en reste

Simulation de football référence d'une époque, la série des Kick Off a fêté ses 20 ans en 2009. Optimisation des graphismes, sophistication du gameplay, explosion des bases de données : le monde du ballon rond virtuel a depuis fait bien du chemin. Sans pour autant faire oublier que Kick Off a été le premier à comprendre le football, et continue d'influencer les meilleurs jeux aujourd'hui.

Par Julien Fyot
- Journaliste -

« *KICK OFF* VOUS MET FACE À UNE RESPONSABILITÉ SUPPLÉMENTAIRE ET INÉDITE : LE CONTRÔLE DU BALLON AVEC LES PIEDS. LE JOYSTICK DEVIENT COMME UNE QUEUE DE BILLARD, LE PROLONGEMENT VIRTUEL DE LA JAMBE DU FOOTBALLEUR. »

la défense adverse se profile à l'horizon. Pour éviter la confrontation, le footballeur vire à droite à 90°. Mais ô surprise, le ballon continue sa route, tout droit, tout seul, sans lui ! *Kick Off* propose ainsi une expérience ludique unique, censée rappeler les sensations authentiques d'un footballeur.

Tact, but et mérite

Après plusieurs tentatives infructueuses et quelques vols planés de joystick, le joueur apprendra à maîtriser la technique reine chez *Kick Off* : le coup de queue, référence honorable au billard. Il faut en effet pousser la balle pour l'orienter dans la direction souhaitée, de manière à ce qu'elle suive autant que faire se peut votre déplacement. Là où les productions traditionnelles de l'époque lient la course du joueur à celle du cuir, *Kick Off* vous met face à une responsabilité supplémentaire et inédite : le contrôle du ballon avec les pieds. Le joystick devient comme une queue de billard, le prolongement virtuel de la jambe du footballeur. Ici pas de dribbles magiques, pas de roulettes zidanesques pour se tirer d'une mauvaise passe. Tout se joue à l'intuition, au tact et toucher, comme sur un terrain de football. Il faut juste apprendre à apprivoiser le cuir. Le célèbre adage du manga Olive et Tom, « le ballon est ton meilleur ami », n'a jamais été aussi porteur de sens ! Dino Dini évoque d'ailleurs en 2004 sur le site d'Eurogamers la clé de la réussite de son œuvre : « *le profond sentiment de satisfaction qui vous envahit quand vous marquez un superbe but et que vous savez que tout cela n'est dû qu'à votre mérite* ».

La physique du « vrai foot »

Un *gameplay* novateur qui n'en finit pas de hanter les plus belles réussites du XXIème siècle. Antoine Cohet, chef de produit d'EA Sports, voit dans *Kick Off* « *le premier jeu où l'on peut véritablement produire du vrai foot, construire des actions authentiques.* » Si les *FIFA* et les *Pro Evolution Soccer* n'ont pas poussé l'indépendance du ballon aussi loin, délaissant la technique de la queue de billard, les blockbusters d'EA et de Konami travaillent chaque année la physique du cuir pour en faire une entité à part entière, lui conférant une semi-liberté. « *Cette indépendance du ballon reste la marque de fabri-*

que, la force de Kick Off. La série des FIFA, avec le cru 08, a peut-être opéré un retour en force en s'inspirant de cet aspect : le ballon devient de plus en plus dur à maîtriser », avance Antoine Cohet.

Maîtrise et hasard

Dans *Kick Off,* à chaque contrôle, chaque frappe, chaque collision, on ressent cette urgence à bien appréhender la balle. Il faut savoir apprécier sa trajectoire et la manière dont elle va interagir avec les éléments - poteau, pelouse et protège tibia - pour produire un football efficace. La position du ballon dans l'espace, sa vitesse de déplacement, sa force d'impact : autant d'éléments qui forment une équation complexe dont il faut identifier, en un battement de paupière, les inconnues. Presque vingt ans avant tout le monde, Dino Dini avait défini les contours d'une simulation moderne, en conditionnant et complexifiant le toucher de balle.

De la physique au gameplay

Presque vingt ans avant tout le monde, Dino Dini avait défini les contours d'une simulation moderne, en conditionnant et complexifiant le toucher de balle sur le mode d'une élégante queue de billard. Une approche réaliste, méritante qui, une fois maîtrisée, a notamment ouvert la voie à *PES* et sa gestion complexe du ballon, physique et dynamique, à la manière d'une boule de billard dont le joueur ne maîtrise pas les rebonds. Avec la gestion de ces nombreux paramètres, vitesse, course et trajectoires, naît également la possibilité d'un jeu de football comme *FIFA 08*, reposant sur le beau jeu, géométrique, imprévisible, créatif. Antoine Cohet confirme : « *Kick Off, c'est l'ancêtre de la simulation footballistique.* »

Gestuelle et précision

Au-delà de sa gestion intelligente et fondatrice des relations joueur/ballon, au fur et à mesure des épisodes, la série est aussi la première à avoir proposé un panel complet de gestes sophistiqués à réaliser. Tacles glissés, jeu de tête dynamique, tirs brossés, lobs ajustables, bicyclette, pied sur le cuir et même grand pont pour les Mozart du ballon rond : ils ne se contentent pas, comme leurs prédécesseurs oubliés, d'enchaîner passes basiques et tirs standardisés. La possibilité de donner un effet au ballon rend même le joueur totalement maître de la trajectoire des frappes, au millimètre près. Potentiellement, pas un but, pas une frappe ne se ressemblent, vertu maintes fois associée aux meilleurs crus de *FIFA* ou de *Pro Evolution Soccer*.

Un gameplay de l'impro

Pour Douglas Alves, *Kick Off* a clairement élargi le champ des possibles. « *Un jour, on*

découvre qu'on peut donner de l'effet à son tir ou que le ballon peut rebondir avec plus ou moins de force et cela change toute sa stratégie de jeu. La simulation d'effets physiques plus complexes venait de faire son apparition dans un jeu de football », constate-t-il. Là où un titre traditionnel se contentait de schémas d'actions stéréotypés et redondants, la saga d'Anco, grâce à la richesse de son gameplay, laisse le joueur libre de façonner son style de jeu et de créer, à chaque poussée de balle, une action inédite. La prouesse reste d'autant plus remarquable que toute cette gamme technique ne s'exprime qu'à travers le manche du joystick et son bouton unique. On est loin d'une manette Dual Shock... Avec les moyens du bord et une bonne dose de créativité, *Kick Off* a expérimenté, pour ses lointains successeurs, un catalogue déjà bien fourni de gestes que les *FIFA* et *Pro Evolution Soccer* se chargeront d'étoffer, aidés de contrôleurs bien mieux dotés en boutons et fonctions.

« LA POSSIBILITÉ DE DONNER UN EFFET AU BALLON REND LE JOUEUR TOTALEMENT MAÎTRE DE LA TRAJECTOIRE DES FRAPPES, AU MILLIMÈTRE PRÈS. »

Tout voir, mieux viser

Mais tout en se focalisant sur les fondamentaux d'un football vidéoludique dynamique et réaliste, la saga *Kick Off* n'en néglige pas moins les détails précieux, toujours portée par la recherche d'un réalisme, d'une immersion aux petits oignons. Banalisés, car récupérés par les simulations d'aujourd'hui, une flopée d'éléments novateurs enrichissent l'expérience *Kick Off*. Un radar, miniaturisation du terrain bien utile pour

se repérer sur la pelouse, fait son apparition. Ce n'est pas une première dans un jeu de football, mais jamais un plan n'avait été associé à un jeu orienté simulation auparavant. Un sens du détail que l'on retrouve dans la gestion des corners. Premier ou deuxième poteau, collé au goal ou au point de penalty, l'interface propose pas moins de neuf possibilités pour placer le ballon lors d'un coup de pied de coin.

Dino Dini, créateur de *Kick Off*.

Une suite avant-gardiste

Kick Off, deuxième du nom, apporte, lui aussi, son lot d'idées fortes. Les joueurs, que l'on peut désormais remplacer en pleine partie, se fatiguent et même se blessent au cours du match. La customisation préalable des maillots sera reprise par *International Superstar Soccer*, ancêtre arcade de *PES*, tandis que la visualisation et la sauvegarde des plus beaux buts au ralenti lancent une tradition à laquelle aucun *PES* n'a renoncé. Enfin les plus compétitifs se ruent sur l'option à quatre joueurs simultanés, chacun contrôlant un joueur sur le terrain. Une idée reprise des années plus tard dans *Euro 2008*, puis *FIFA 09* et *Pro Evolution Soccer 2009*. De son côté, l'extension *Final Whistle* intégrera le hors-jeu, un classique depuis les années 1990, et invitera l'arbitre, qui a, lui, fait son apparition (la série de Konami ne s'y résoudra qu'à partir de *PES 4* !), et même le staff médical sur la pelouse – un détail encore inédit dans les récents *FIFA* et *PES*. Là encore, la série de Dino Dini impulse et expérimente une dynamique que la nouvelle génération de simulations footballistiques se chargera de reprendre, compiler, affiner et magnifier.

« DE 1989 À 2009, LES JEUX DE FOOT VONT SE SUCCÉDER EN EMPRUNTANT AVEC PLUS OU MOINS DE RESPECT LE SENTIER TRACÉ PAR LE TITRE D'ANCO. »

Softographie

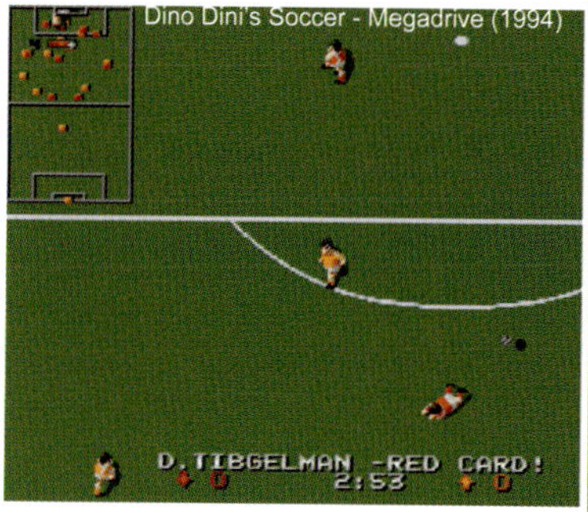

Dino Dini's Soccer - Megadrive (1994)

International Superstar Soccer - Super Nintendo (1994)

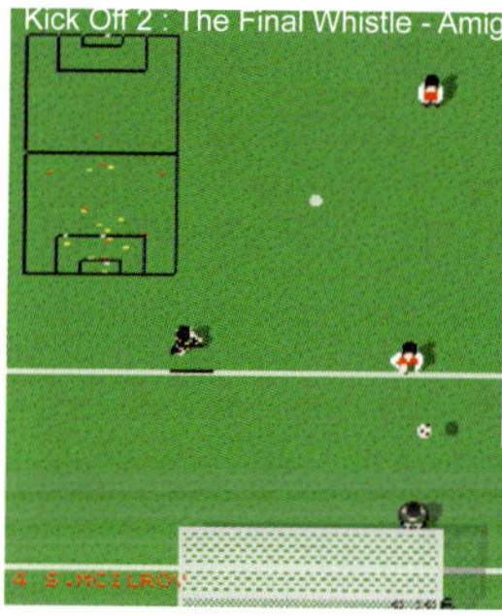
Kick Off 2 : The Final Whistle - Amiga (1991)

Player Manager - Atari ST (1990)

Sensible Soccer - Atari ST (1992)

Une influence qui court

Kick Off, c'est donc un peu l'an 0 de l'histoire des simulations de football. Les fondations sont posées, la voie est tracée. Ne reste plus à ses successeurs qu'à construire sur ces acquis et à les renouveler. De 1989 à 2009, les jeux de foot vont se succéder en empruntant avec plus ou moins de respect le sentier ébauché par le titre d'Anco. En 1992, *Sensible Soccer*, développé par Sensible Software, marche sur les glorieuses plates-bandes de *Kick Off* tout en rafraîchissant subtilement la formule. La prise de vue est élargie, l'approche plus tactique et l'interaction ballon/joueur conditionnée par les caractéristiques de ce dernier. Plus le footballeur est doué, plus le cuir colle au pied. Un an plus tard, Dino Dini en personne sort sur Amiga et Atari ST son nouveau bijou, *Goal*, considéré comme le troisième et meilleur épisode de la série des *Kick Off*. Un nouveau système de dribbles intuitifs associé à l'indépendance du ballon, une banque de données monumentale pour l'époque et un système de transfert en font un élève plutôt doué. Les *Dino Dini's Soccer*, *International Superstar Soccer*, *Pro Evolution Soccer* ou encore *FIFA* poursuivront avec panache l'histoire du ballon rond en pixel.

Dino, merci

Alors, oui, *Kick Off* et ses couleurs fadasses peuvent faire doucement glousser une génération éduquée aux modélisations soignées et aux animations sophistiquées. Mais que les rires de cette jeunesse gâtée se teintent aussi d'une reconnaissance attendrie, pour un ancêtre courbatu qui a enfanté, par son empreinte fossilisée, les plus louables productions d'aujourd'hui. Les plus belles branches de l'arbre généalogique de la famille du foot virtuel. Respect éternel. ■

Rétro

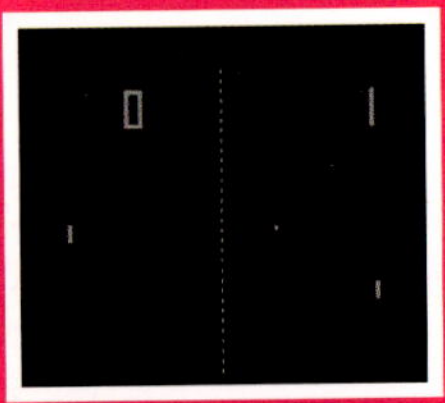

De *Pong* aux 80's

44

Alors que dès 1975, le tennis est dignement représenté en jeu vidéo (*Tennis for Two*, William Higinbotham), le football va devoir attendre 1977 pour de premiers essais maladroits, et 1985 pour que ses règles soient enfin respectées ! Pourquoi cette émergence tardive ? Quels ont été les jeux clés ? Peut-on parler d'une prescription pour Battiston ? Réponses préhistoriques.

Marketing : l'avant et l'après 1998

58

L'année de la Coupe du Monde en France, dont on se souvient pour la victoire des Bleus, a également laissé une trace dans l'histoire du jeu vidéo. Dans le sillon d'un foot-business émergent, *FIFA* et *ISS* y apprennent les règles du succès : régularité, médiatisation et professionnalisation.

PES Evolution

64

Longtemps considérée comme une référence absolue, la série des *Pro Evolution Soccer* est en réalité passée par des hauts et des bas, avec de nombreuses différences subtiles à voir ou exploiter. Des grandes stratégies aux petites techniques vicieuses, rétrospective.

Shoot!

Super Sidekicks 3
- *SNK, 1995*

de Pong aux 80's

La tumultueuse naisance d'un genre

4

*Alors que dès 1985, le tennis est dignement représenté en jeu vidéo (*Tennis for Two*, William Higinbotham), le football va devoir attendre 1977 pour de premiers essais maladroits, et 1985 pour que ses règles soient enfin respectées ! Pourquoi cette émergence tardive ? Quels ont été les jeux clés ? Peut-on parler d'une prescription pour Battiston ? Réponses préhistoriques.*

Par Stéphane 'Gabberstef' Barrier

À la fin des années 1970, le football est le sport n°1 mondial. Il se développe notamment aux États-Unis avec l'apparition de la NASL (North American Soccer League), fondée à coups de millions et de stars,. A cette époque, les Verts de Saint Etienne dominent l'hexagone, la perruque verte, les cheveux et moustaches beaucoup trop longs fleurissent partout, de Béziers à Dunkerque. L'équipe de France est encore et toujours dans l'ombre de son aînée de 1958, mais une bande emmenée par un certain Michel Platini commence à asseoir sa réputation, et réussira à se qualifier pour la Coupe du Monde 1978 en Argentine. Au même moment, la micro informatique familiale devient abordable pour la plupart des ménages. C'est l'époque des Apple II, PET 2001, Atari 2600, Intellivision et bientôt Colecovision. Tous les ingrédients semblent réunis pour que se développent les premiers jeux de football, d'autant que le public ne demande qu'à voir onze joueurs courir sur une pelouse virtuelle en short moulant. La jeune industrie du jeu vidéo ne peut définitivement pas passer à côté d'un tel réservoir de clients potentiels. Elle fera tout pour surfer sur le phénomène, quitte à fermer les yeux sur le manque de fidélité des premiers jeux au sport dont ils se revendiquent.

1977, *PONG* SERT DE MODÈLE

À la fin des années 1970, les limitations techniques empêchent la réalisation de simulations complexes. Il est tout simplement impossible de représenter le football tel que les spectateurs le voient : vingt-deux acteurs sur une pelouse, un ballon, des cages, un arbitre, des supporters qui s'affrontent à coups de tessons de bouteilles. Sans parler des nombreuses règles de base du sport, telles que les remises en jeu, les fautes, les hors-jeu, toutes plus compliquées les unes que les autres, qui doivent être intégrées dans des logiciels aussi basiques que peuvent l'être les premiers jeux vidéo. Par conséquent, comme très souvent à l'époque, la solution pour créer un jeu de football qui soit à la hauteur des attentes vient de la ruse des programmeurs... et de l'imagination du joueur. On se satisfait d'une balle, de deux ou trois footballeurs et de notre modeste écran monochrome en guise de terrain.

Dès 1977, l'ITMC Téléjeu SD 043 de Soundic, et le Télélude de Schneider proposent quatre jeux de sport similaires sobrement intitulés *Tennis*, *Pelote Basque* (!), *Mur d'entraînement* (ou *Exercice*), et *Hockey Football* sur ITMC, *Foot Ball* sur Télélude. En lançant ces programmes, le public de l'époque s'attend peut-

Photo : Axel Tregoning

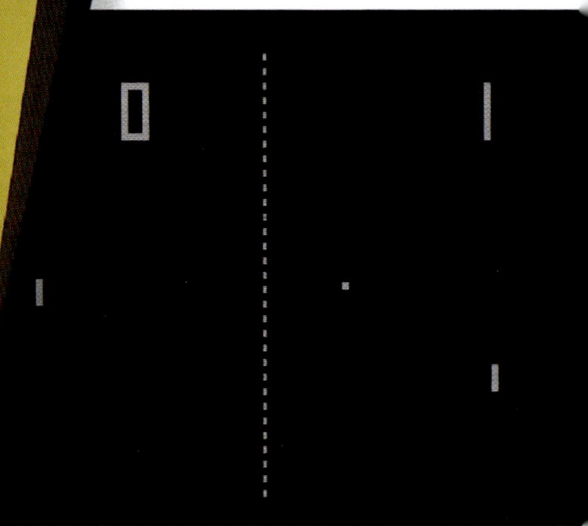

PONG
Atari Corporation - 1979

« EN 1979, *ATARI SOCCER* PERMET À QUATRE JOUEURS DE S'AFFRONTER EN VUE DE DESSUS »

être à défier Mario Kempes réalisant des dribbles à donner le tournis à Johan Cruyff. Mais le mot « Football » n'est pas détourné pour rien : c'est plutôt un ersatz de *PONG*, doté d'une réalisation sommaire, qui est proposé aux joueurs de l'époque. Une balle au centre, deux raquettes par camp (une pour le joueur de champ, l'autre pour le gardien), et c'est parti, l'objectif étant de marquer des buts en faisant passer la balle derrière les raquettes adverses. La similitude est évidente avec les innombrables jeux de tennis en vogue à l'époque. En effet, deux raquettes et une balle sont autrement plus simples à retranscrire que vingt-deux stéphanois chevelus...

Un petit air de squash

Les limitations de l'époque restreignent d'abord à deux le nombre de joueurs par équipe. Elles ont aussi une autre conséquence : le terrain fait la taille d'un seul écran, et comme dans *PONG*, la balle rebondit contre les murs. Pas de sorties de but ni de touches, voilà qui apparente l'aire de jeu à une salle de squash. Cette caractéristique marque la fin des années 1970, et les tout premiers jeux à se réclamer du football, comme *Atari Soccer*, qui sort en 1979 dans les salles d'arcade.

Conçu et programmé par Dave Theurer, à qui l'on doit le célèbre *Tempest*, le *soft* permet à quatre joueurs de s'affronter en vue du dessus, dans des matchs où chaque équipe compte désormais quatre footballeurs en tout (une légion pour l'époque). La présence de gardiens et celle d'un terrain « tracé », malgré sa petite taille par rapport aux proportions des footballeurs, apportent un air de réalisme à ce jeu, en comparaison aux « Pong-like » d'alors. Mais le dessin des contours reste purement décoratif. En effet, il n'y a pas de sorties de terrain, le ballon rebondissant contre les lignes de touches.

Atari impose son drôle de style

La tradition des murs invisibles autour du terrain se prolongera jusqu'au début des années 1980. Ainsi dans *RealSports Soccer* publié par Atari en 1982, les sorties de balle sont impossibles. Contrairement à *Atari Soccer*, le ballon ne rebondit pas contre les bords, mais s'arrête tout simplement quand il touche une limite du terrain de jeu. En outre, le jeu ne propose pas de gardien, ce qui est un comble au regard de ses concurrents, surtout pour un produit appelé « *RealSports* ». Sorti sur Atari 2600 en 1982, *Pelé's Soccer* intègre également les limites de terrain infranchissables ainsi qu'un nombre de footballeurs réduit. Il est impossible de voir le ballon sortir en touche ou en corner, la balle rebondira continuellement contre les rebords, obligeant le joueur à prendre en compte ce point pour espérer marquer.. Les productions d'Atari, dignes héritières de *PONG* mais peu réalistes avec leurs trois footballeurs, sont autant de tentatives qui laissent le public sur sa faim. Ces *softs* sont certes amusants, mais finalement peu représentatifs de l'émotion que peut susciter le football chez le passionné. La révolution est pourtant en marche.

RealSports Soccer
Atari - 1982

« *REALSPORTS SOCCER* NE PROPOSE PAS DE GARDIEN, CE QUI EST UN COMBLE AU REGARD DE SES CONCURRENTS »

1982
Pelé's Soccer
Les débuts du foot marketing

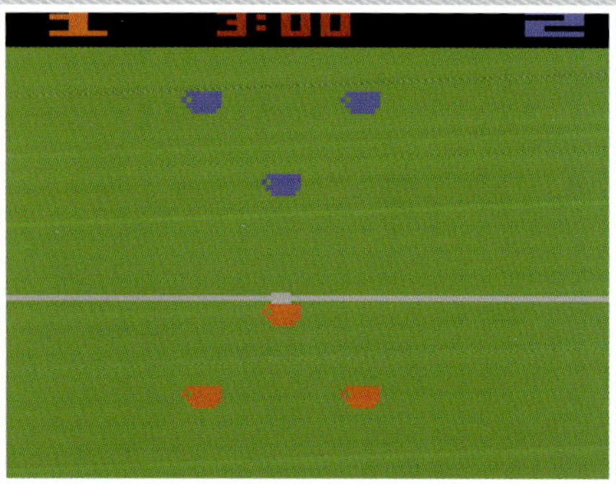

DÉJÀ LA COURSE AUX GRAPHISMES

Pelé's Soccer, comme d'autres, fait visuellement avec les moyens du bord. Chaque équipe est identifiée par une couleur, rouge contre bleu. Rappelons que trois ans plus tôt, en arcade, le noir et blanc restent encore de rigueur. La reproduction des joueurs est toutefois sommaire, un simple carré avec des jambes pour donner une impression de course. Il y a même un gardien. Mais les limites apparaissent surtout en mouvement : chaque joueur sur le terrain ne se déplace pas individuellement. Vos trois footballeurs sont liés entre eux sous une forme triangulaire, les déplacements réalisés à l'aide de la manette dirigent les 3 coéquipiers en même temps.

1979 : *NASL Soccer*, pionnier méconnu

Car discrètement, en 1979, l'année du triomphe de l'Allez Trincamp et de son attaquant vedette Berthier, Mattel sort un jeu de football palpitant sur Intellivision, *NASL Soccer*. Il s'intéresse uniquement à la North American Soccer League, le championnat américain tout aussi folklorique que lucratif, pour proposer un *soft* haut en couleurs. La principale nouveauté provient de la mise en place de sorties de but, de touches et de corners. Oublié le ballon qui rebondit contre les bords de l'écran, il faut maintenant bien cadrer ses tirs et assurer ses passes, pour ne pas être trompé par l'adversaire. De surcroît, six footballeurs sont présents au centre du terrain, soit autant que dans *Pelé's Soccer* et *RealSports Soccer*, mais avec trois ans d'avance sur eux. Les anciens se souviennent peut-être de la célèbre publicité américaine pour l'Intellivision, « *Two pictures are worth a thousand words* » (« deux images valent mieux que mille mots »). La véracité de ces propos se confirme à la vue de *NASL Soccer* : contrairement à la majeure partie des productions d'Atari, qui possède alors le leadership sur le marché des consoles de salon, Mattel propose une vue « retransmission télévisuelle » innovante. Le terrain est montré de côté, coupé en trois, et le score s'affiche en permanence. On y voit même le chronomètre indiquant 45 minutes. Des prolongations apparaissent également lorsque le jeu se termine par un match nul, ce qui est bien pratique pour départager les joueurs.

NASL Soccer et le gardien plongeant

Techniquement, les footballeurs sont en plus très bien articulés, la décomposition de leur animation ayant un rendu proche de la réalité. Si au niveau sonore, nous sommes face au strict minimum, avec des bruitages composés du bruit du ballon, du sifflet strident de l'arbitre, et des spectateurs en émoi, il faut admettre qu'en terme de réalisme, le jeu touche au but. En outre, le disque directionnel de la manette de l'Intellivision se prête parfaitement au genre, puisqu'il permet de se diriger dans seize directions. Il est même possible de diriger le gardien, en le fai-

LES DÉBUTS DU SPONSORING

Pour l'époque, *Pelé's Soccer* s'avère un réel succès tant sur le plan critique que sur le plan commercial. Il est assez rapide pour proposer une action soutenue et trépidante, les buts étant assez difficiles à marquer. Lors du M.I.J.I.D (Marché International du Jeu vidéo et de l'Informatique individuel et Domestique) en 1983 à Cannes, le Roi lui-même fera une apparition pour soutenir la marque de N. Bushnell. S'il peut paraître surprenant de voir déjà à l'époque des grands joueurs de football prêter leur nom à une cartouche de jeu, ce choix n'est pas un hasard. Le marketing tourne déjà à plein :, le jeu se vendant autant pour ses qualités que pour le nom de Pelé qui lui est accolé.

Photo : Old-computers.com

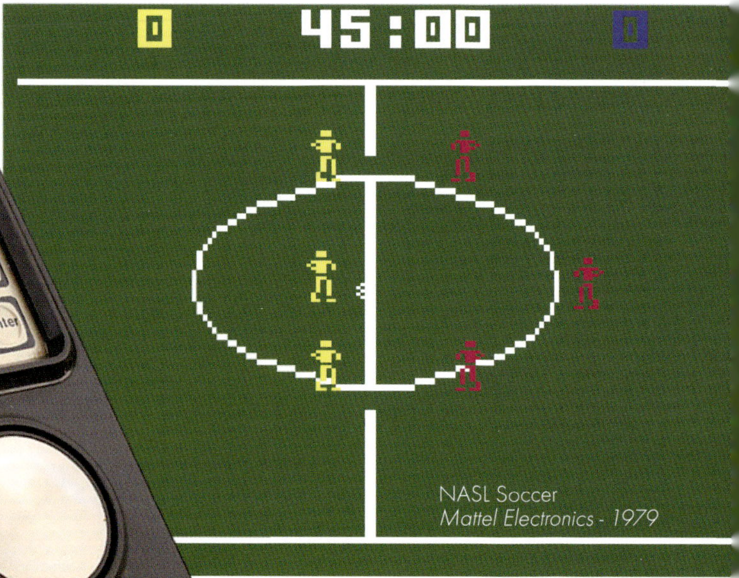

NASL Soccer
Mattel Electronics - 1979

« LA MANETTE DE L'INTELLIVISION PERMET DE SE DIRIGER DANS 16 DIRECTIONS »

sant « plonger » en haut ou en bas, grâce aux touches situées sur le flan de la manette (cette idée sera par exemple reprise dans *Head's Up Soccer*, sur *Vectrex*). Il ne peut bloquer le ballon, mais simplement le repousser, donnant ainsi un certain dynamisme à l'action. Et là où les jeux d'Atari ne laissent que peu de liberté aux déplacements, *NASL Soccer* propose des joueurs indépendants les uns des autres, qui se meuvent de manière aléatoire sur le terrain, tentant de se démarquer de l'adversaire. Il convient alors, dans certaines actions, de conserver la balle, afin d'attendre qu'un de nos coéquipiers se démarque pour battre le gardien. Cet embryon de tactique trace les contours de la « vraie » simulation de football.

NASL SOCCER ET LA TÉLÉPORTATION

Et ce n'est pas tout. Même si la présence de trois joueurs par équipe relève alors de l'exploit, les programmeurs de Mattel sont allés plus loin. S'il est impossible d'afficher plus de joueurs à l'écran, se disent-ils, tentons de trouver une ruse pour donner l'illusion d'avoir une équipe complète de football, composée d'attaquants de milieux et de défenseurs. Et cette idée de prestidigitateur est simple : lorsqu'un joueur sort de l'écran à droite par exemple, il revient sur la même ligne, mais à gauche. En clair, suite à une perte de balle, si l'on se sent dépassé par l'adversaire, il faut s'empresser de sortir de l'écran pour réapparaître de l'autre coté, afin de se positionner en défenseur. Cette astuce fantaisiste donne un aspect stratégique à la partie, et oblige à réagir rapidement sous peine de voir des trous béants s'ouvrir dans sa défense. Seul bémol, *NASL Soccer* ne propose malheureusement pas de jeu en solitaire, les limites de l'intelligence artificielle étant encore trop élevées. Un point négatif frustrant, tant le jeu semble en avance sur son temps en termes de réalisation, mais surtout de plaisir de jeu.

NASL Soccer et ses petits-fils

D'autres jeux sortis sur des plateformes comme les ordinateurs (ZX Spectrum, CPC, C64) ont suivi la voie des débuts de la simulation ouverte par *NASL Soccer*. Mais cette évolution n'est perceptible qu'à partir du milieu des années 1980, au fur et à mesure des progrès techniques. La vue de coté devient la norme pour assurer une bonne représentation du football. *Match Day*, qui sort en 1985 sur ZX Spectrum puis sur C64 et CPC, ne déroge pas à la règle, en proposant des graphismes fins et colorés tirant parti des possibilités des machines. Tout comme dans *NASL Soccer*, les règles du football sont bien respectées, y compris touches et corners, mais surtout il permet de participer à une sorte de Coupe du Monde, avec des groupes et des éliminations. Contrairement aux premiers jeux sur Atari ou Intellivision, non seulement le jeu laisse le choix des équipes, mais en plus il permet de les adapter à notre humeur du jour. En effet, sur sa version ZX Spectrum et seulement celle-ci, il est même possible de changer le nom des équipes et les couleurs des joueurs. Il devient alors ainsi aisé de se créer une simili-coupe de l'UEFA par exemple, pour donner un peu plus de réalisme à la compétition. Ce petit détail anodin est une réelle avancée dans le monde du jeu de football : l'imagination voit ses limites repoussées. On pourra ainsi éprouver le plaisir de diriger des équipes comme... Sedan ou Blois sur son ordinateur.

1982 L'invention du management

Jouer avec l'équipe de sa ville, gérer ses réservistes, ou enrôler l'attaquant du grand concurrent local, c'est justement la grandiose idée de Kevin Toms. Programmeur de métier, ce passionné de football, supporter de l'obscur club de Torquay United, bidouille pour ses amis un jeu de gestion sur ZX 81, *Football Manager*. Devant leur enthousiasme, il le commercialise en 1982 sur ZX Spectrum, et lance à lui seul un nouveau genre, qui fait fi de la technique. En effet, point de terrain, de footballeurs et de public : toute l'interface est constituée de tableaux et textes. Seules sont visibles les meilleures occasions des matchs, réalisées très sommairement. C'est alors un pari que de tenter une telle approche. Sans savoir si les joueurs seront réceptifs et le marché porteur, Kevin Toms propose une base de données complète sur le championnat d'Angleterre. Ce sera justement, aujourd'hui encore, la principale force de ce type de jeu. Pour le joueur, il s'agit de trouver la perle rare parmi les milliers de footballeurs dans le but d'améliorer le rendement de son club : énergie, moral, défense, milieu et attaque sont les leviers pouvant hisser un club de 3ᵉ division au titre suprême de champion d'Angleterre. *Football Manager* a en tout cas ouvert la voie à un nouveau genre de jeu de football... qui rencontre un succès incontestable.

Kevin Toms

Football Manager
Mattel - 1982

L'hymne, une idée française

Nous sommes au milieu des années 1980, et avec le développement des ordinateurs 8-bits, les limitations techniques tombent une à une. La concurrence entre les jeux de foot devient féroce. Pour se démarquer, les éditeurs jouent la surenchère : rajout de règles, améliorations graphiques, personnalisation des joueurs et des équipes, réalisme sont autant de possibilités. L'apparition des hymnes dans les jeux vidéo de football sera par exemple une idée française. En 1985, Loriciel sort *Soccer'86* sur Amstrad CPC (en France sous le nom de *Marius Trésor Football*), et propose uniquement de jouer la France contre l'Angleterre. À peine entrés sur le terrain, nos joueurs se placent en ligne, fièrement, et d'un coup la Marseillaise se fait entendre. L'hymne fixe immédiatemment l'enjeu, les adversaires ne sont pas de simples pixels mais différentes nationalités que l'on imagine revanchardes.

Le premier *FIFA*… sans Electronic Arts

World Cup Carnival, édité par US Gold à partir de 1984 sur Amstrad CPC, Commodore 64 et ZX Spectrum, est le premier jeu vidéo de football estampillé de la mention « jeu officiel de la FIFA ». Mention que nous retrouvons régulièrement sur les *softs* actuels, mais avec Electronic Arts aux commandes. Le *packaging* du jeu contient même un écusson et un livret avec des anecdotes sur le football. Son objectif ? Profiter de la future Coupe du Monde au Mexique approchant à grands pas, pour proposer un jeu assez classique sur de multiples plateformes (ZX Spectrum, CPC et C64). Il contiendra 10 équipes, sauf la version ZX Spectrum qui intègrera les 24 participantes à la Coupe du Monde. Rappelons qu'il faut à l'époque faire le choix entre la qualité graphique du jeu et son contenu…La principale innovation du titre, ce sont alors les séances de tirs au but avec une indication nouvelle à l'écran : la barre d'énergie permettant de plus ou moins appuyer sa frappe. Même si le contrôle n'est pas encore très précis, le principe, plutôt amusant et prometteur, donne un certain cachet au jeu.

World Cup Carnival, *US Gold - 1984*

« *TEHKAN WORLD CUP* INTÈGRE UN RADAR PERMETTANT DE VISUALISER L'ENSEMBLE DES JOUEURS »

1985 : *Tehkan World Cup*, première simulation !

En 1985, Tehkan (qui deviendra la firme bien connue Tecmo au cours de la même année) choisit l'esprit « simulation » et donne un coup de fouet à l'innovation des jeux vidéo de football avec *Tehkan World Cup*, utilisant une vue de dessus. Connue principalement pour son méga hit Bombjack paru l'année précédente, la société est la première entreprise japonaise à s'immiscer dans le monde du jeu vidéo de football. Et pour une première, c'est une franche réussite. Tecmo reprend une borne d'arcade similaire visuellement à celle d'*Atari Soccer* de 1979. Cependant le contenu est de bien meilleure qualité. L'action est ultra rapide, les musiques rythmées et ensorcelantes, les graphismes sont fins et colorés, proposant des détails encore jamais vus (les photographes sur le bord du terrain) et des commandes classiques mais efficaces. Le jeu propose les principales règles du football et des penalties en cas d'égalité.

Tehkan World Cup, même un radar

Mais ce qui marque les esprits, en sus de la présence de onze athlètes par équipe, étape importante, reste l'apparition pour la première fois d'un scanner. En effet, depuis le début des jeux vidéo de football, aucun éditeur n'avait trouvé la solution pour que le joueur puisse savoir en temps réel et à tout moment où sont placés les joueurs sur le terrain. Le scanner, également appelé radar permet enfin de ne plus se faire prendre en contre-attaque, et donne cette dimension stratégique et d'anticipation qui manque à toutes les autres créations. Son utilité découle également du choix de faire apparaître les 22 footballeurs sur le terrain. Sept rounds sont proposés au joueur pour tenter de remporter le titre suprême. Le dynamisme des commandes permettant de construire un jeu collectif à base de passes courtes – longues - lobées explique sans nul doute le succès de ce jeu,

Pro Soccer anticipe la DS

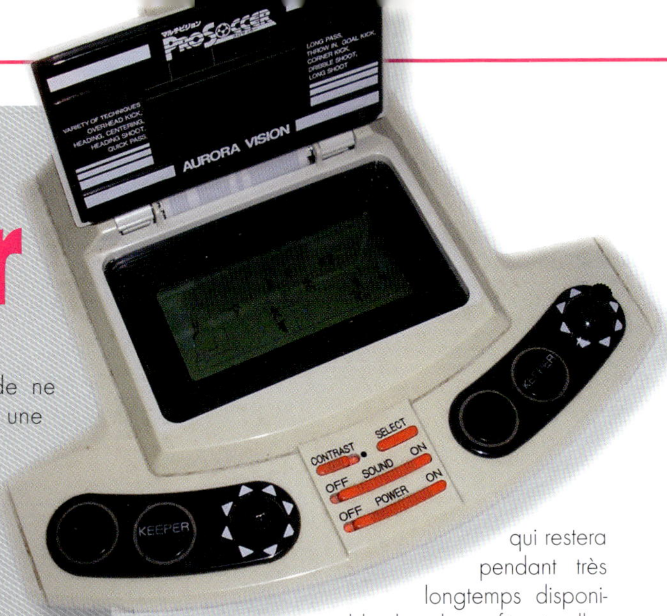

Mais à l'époque, tout le monde ne possède pas un ordinateur ou une console. Leur prix étant plutôt élevé, le football trouve rapidement sa place sur les Game & Watch, les petits jeux électroniques de Nintendo au prix plus modeste, constitués d'un ou deux écrans rabattables, et surtout, qui n'embarquent qu'un seul jeu. La majorité des jeux électroniques proposés offrent une action ciblée, comme la lourde tâche de contrôler le gardien. Mais Bandai ne s'en satisfait pas, et crée en 1985 un jeu LCD simulant l'intégralité d'un match de football : *Pro Soccer*. Sous un design élégant, il donne la possibilité à deux personnes de s'affronter à l'écran, chose assez rare. A deux, il ne faut pas être envahissant pour voir les footballeurs à l'écran, mais la fonction est louable. *Pro Soccer* permet la majorité des actions du football, tout en incorporant les règles principales. Sa grande originalité vient de la présence d'un second écran rétro-éclairé, au-dessus de l'écran principal, nommé « Aurora Vision ». Quel est son intérêt ? Tout simplement représenter en gros plan les actions se déroulant devant le gardien. Les footballeurs sont très détaillés, et bénéficient de nombreuses étapes d'animation. Lors des centres, il est très agréable de voir défiler le ballon devant la cage, et son joueur courir pour tenter de placer une tête ou une retournée acrobatique. C'est pourtant tout simplement le concept par lequel Nintendo a vendu au grand public la Nintendo DS, vingt ans en avance.

qui restera pendant très longtemps disponible dans les cafés et salles d'arcade de l'Hexagone. De nombreuses adaptations plus ou moins fidèles comme *Emilio Butragueno Soccer* fleurissent sur Amstrad CPC, Spectrum, Commodore 64, MSX et Pc. Il ne fait également pas de doute que ce jeu inspirera les futurs *Microprose Soccer* (1988), ainsi que *World Cup Italia 90* (1989).

1987 : *Kick'n Run*, le football rumba

Mais revenons au monde de l'arcade. Un autre jeu disponible à la même époque fait le pari d'offrir des équipes de onze : *Kick'N Run*, réalisé par Micro Search en 1987 pour l'arcade. Profitant après coup de la popularité de la récente Coupe du Monde, il est renommé *Mexico 86* sur Amstrad CPC. À l'instar de *World Soccer*, il propose au public d'affronter des équipes nationales comme le Japon ou les USA. Le jeu est bien réalisé avec des graphismes hauts en couleurs, ainsi qu'une animation rapide et délirante. On y voit notamment des joueurs italiens ou argentins se signer lors d'un but marqué. Mention spéciale également pour la musique dynamisante, d'une qualité rarement atteinte jusqu'ici. En effet, elle donne envie non seulement de jouer, mais aussi de danser, par l'utilisation de sonorités aiguës et festives. De même que

Tehkan World Cup, Mexico 86 est l'un des premiers jeux à donner l'impression de voir se dérouler sous les yeux ébahis du public un affrontement à onze contre onze sur le terrain (les joueurs n'étant pas tous présents sur un écran, l'absence de radar empêchant de les compter mais l'illusion est là), dans une ambiance étonnante. De plus, il apporte encore une petite nouveauté, avec la possibilité de contrôler le gardien en même temps que les joueurs de champs. Et il est permis de réaliser des plongeons réalistes : laisser approcher l'attaquant adverse pour ensuite bloquer sa frappe qui partait en pleine lucarne...

SEGA joue l'arcade

Maintenant que la technique permet des jeux de football dignes de ce nom, c'est la qualité qui les départage, plus que leur respect des règles du jeu. En 1987, Nintendo sort *Soccer*, jeu pauvre techniquement et aux matchs très redondants. Il ne suffit pas de «faire football », il faut aussi amuser, parfois en privilégiant la simplicité à la complexité, chose impensable quelques années auparavant. Et qui d'autre maîtrise mieux cette approche que SEGA ? En 1987, forte de son expérience dans le monde de l'arcade, la firme lutte face à la domination de la NES en sortant sur Master System un jeu de football qui

« *KICK'N RUN* EST L'UN DES PREMIERS JEUX À DONNER L'IMPRESSION DE VOIR SE DÉROULER UN AFFRONTEMENT À ONZE CONTRE ONZE SUR LE TERRAIN »

Kick'N Run, *Micro Search - 1986*

Soccer, *Nintendo - 1987*

marque les esprits par sa bonne réalisation et ses nouveautés : *World Soccer*. Le joueur choisit son équipe parmi huit grandes nations du football : France, Italie, Allemagne, Brésil, Argentine, URSS et toujours les deux pays inévitables, Japon et USA, davantage présents au titre de leur poids économique que de leur réputation footballistique. SEGA fait également le pari des hymnes lors de la sélection des équipes, idée malheureusement souvent oubliée dans les jeux de football actuels. Lors de l'entrée des joueurs, nous distinguons parfaitement les deux équipes sur le terrain, les graphismes étant fins et colorés. L'animation est d'assez bonne facture, malgré quelques clignotements des joueurs, et des mouvements quelque peu saccadés. Les footballeurs se déplacent assez lentement, ce qui donne des matchs assez peu dynamiques. Malgré tout cela, ceux-ci sont accrocheurs, les frappes se multiplient, le goal ne lâche rien (au sens propre comme au figuré : il est assez doué et ne relâche jamais les ballons), les actions à base de passes multipliées sont légion. Le jeu ne propose pas de prolongation, mais des séances de tirs au but. La représentation graphique de ce mode est classique de nos jours, (joueurs de dos, au loin la cage et le gardien) mais pour l'époque, c'est du grand art sur console de salon : de gros *sprites*, une animation de frappe bien décomposée, et la possibilité de tirer plus ou moins fort pour placer le ballon au fond des filets. Dans le top des jeux Master System publié dans le magazine *MEGA Force* de septembre 1990, *World Soccer* sera classé dans les dix premiers, notamment grâce à l'épreuve des tirs au but. Une bonne performance pour un jeu sorti en 1987 qui devra faire face aux arrivées d'excellents *softs* comme *Castle of Illusion* et autres *Golden Axe* sur le même support.

Un bonheur de simplicité

Pour reprendre la phrase de Michel Platini : « *Il suffit d'une rue étroite, des enfants, une chaussette roulée ou une boite vide, et le*

football vit ». L'histoire du football dans les jeux vidéo reprend parfaitement cet adage. Oui, la réalisation technique peut être médiocre et indigeste. Mais ces productions sont un bonheur de simplicité, et une source inépuisable d'imagination : deux pixels, et l'on se prend pour Kevin Keegan ou Daniel Xuereb ; un *sprite* qui descend à l'écran, et l'impression de tacler avec hargne et fougue frôle la réalité. L'objectif principal est rempli : s'amuser en jouant au football chez soi, devant son écran. Onze contre onze, arcade, simulation, plaisir de jeu, choix des équipes, popularité et marketing, dès les années 80, les jeux de foot ont tout, ... ou presque. Il leur manque encore une référence, un jeu qui retranscrirait non pas seulement l'allure extérieure d'un match de football, mais également ses sensations. Un jeu qui ferait date, redéfinirait l'approche du genre, au point qu'il serait encore cité en référence, malgré son âge plus de vingt ans plus tard. Nous sommes encore à la fin des années 1980, et un certain Dino Dini associé à Steve Screech, sont paraît-il sur le coup. ■

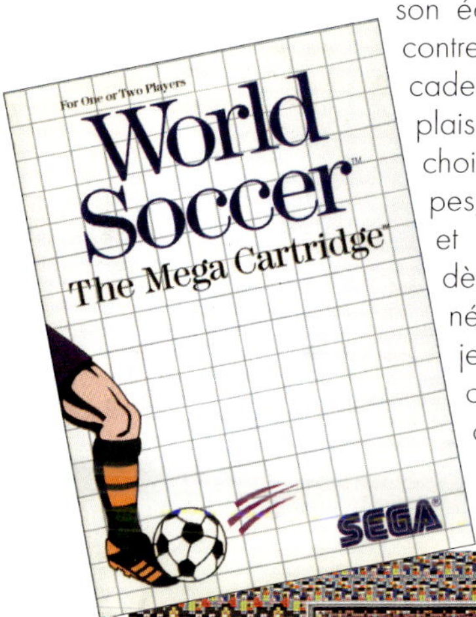

« EN 1987, SEGA RÉPOND AU LEADER NINTENDO ET SON JEU *SOCCER* AVEC *WORLD SOCCER* SUR CONSOLE MASTER SYSTEM»

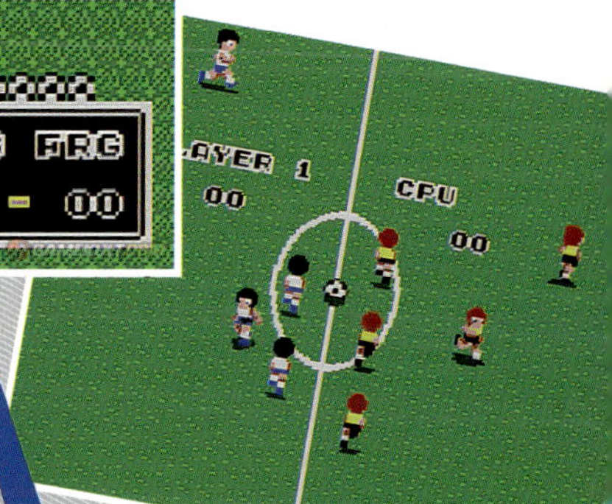

5

Marketing: L'avant et L'après 1998

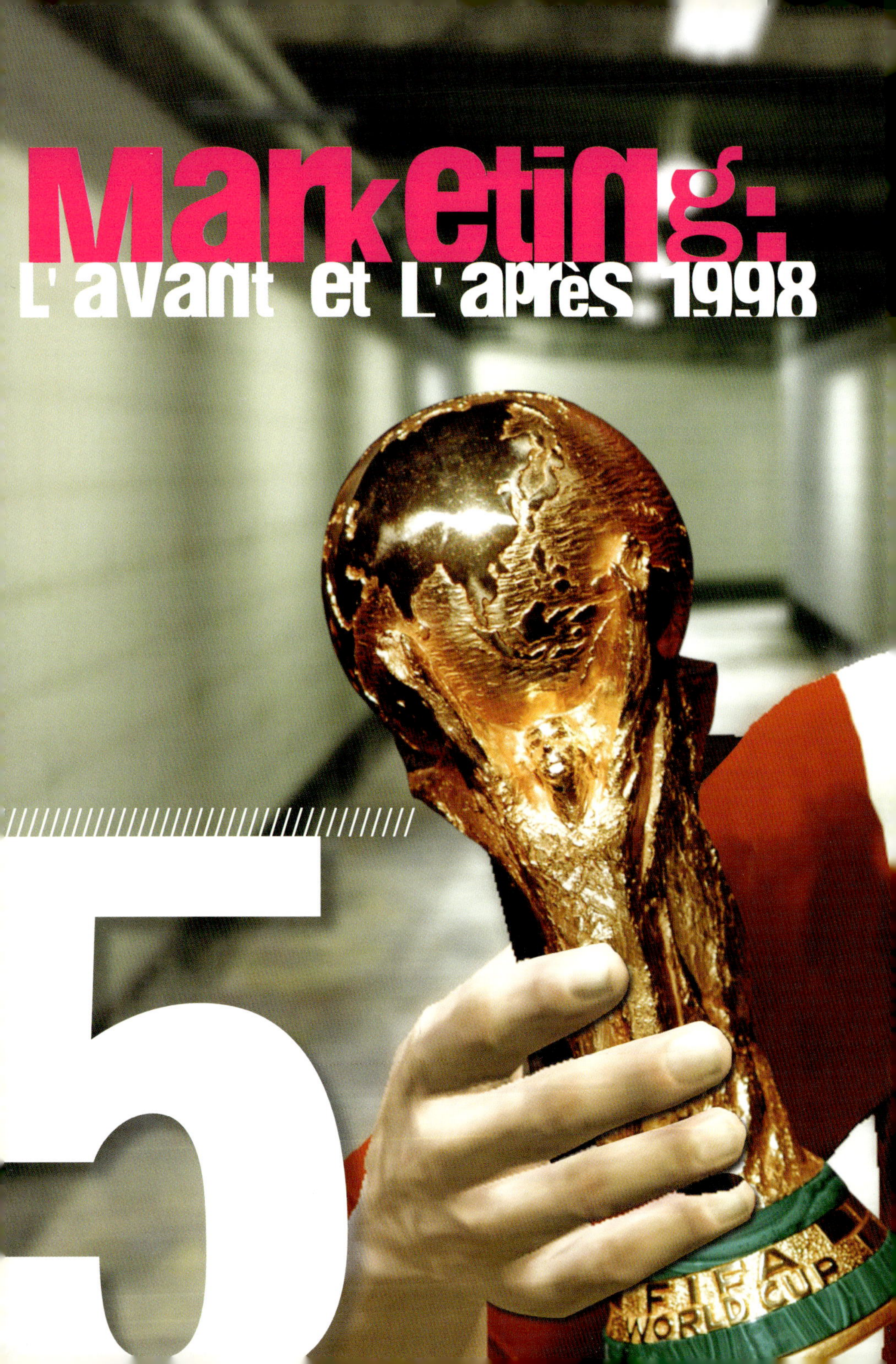

L'année de la coupe du monde en France, dont on se souvient pour la victoire des Bleus, a également laissé une trace dans l'histoire du jeu vidéo. Dans le sillon d'un foot-business émergent, FIFA et ISS y apprennent les règles du succès : régularité, médiatisation et professionnalisation.

Par William Audureau
- Journaliste -

année 1998 marque un tournant dans l'histoire des jeux de football, et de la manière dont ils sont commercialisés. Plusieurs changements majeurs s'opèrent cette année-là. Le premier est sociétal, et tient au succès de la coupe du monde de football en France. Les déclarations d'amour soudaines se multiplient, parfois de manière très... inattendue. Ainsi Johnny Hallyday à quelques heures de la finale France-Brésil : « *Avant, je ne m'intéressais pas trop au football* » avoue-t-il, « *mais depuis le début de cette coupe du monde, je dois dire que je suis devenu aussi passionné que les fervents*. » Plus en profondeur, engouement médiatique, mais aussi investissements financiers et starification des joueurs entérinent le passage du football dans l'ère de l'ultra-médiatisation. Ils culmineront à l'été 2001 avec le transfert de Zinedine Zidane au Real Madrid pour 75 millions d'euros, somme qui reste à ce jour le record historique.

Cet emballement médiatique se produit également dans le jeu vidéo. *FIFA* et *ISS* en ont d'abord créé les conditions, grâce à une triple posture. D'abord, l'aménagement d'un rythme de sortie régulier. *FIFA International Soccer*, commercialisé en 1993, peut être considéré comme le numéro 0. Suite à son succès, dès l'année suivante, Electronic Arts lance *FIFA 94*, premier épisode assumé d'une longue série ininterrompue de suites annuelles. De son côté, Konami adopte dans un premier temps des adjectifs pour différencier ses jeux : à *International Superstar Soccer*, sorti en 1994, succède *International Superstar Soccer Deluxe* (1995), puis *International Superstar Soccer Pro* et *64* (1997). Plus irrégulière que son homologue, la série à l'origine de *PES* alterne les années creuses (1996, 1999), avec celles où sortent plusieurs versions (1997, 2000), si bien que huit jeux sont commercialisés entre 1994 et 2001, soit autant que *FIFA*, *Pro Evolution Soccer*, dont le premier épisode voit le jour en 2001, se contentera de mieux répartir les sorties, à raison d'une par an.

Coupe du Monde 98
Electronic Arts - 1998

International Superstar Soccer Pro 98
Konami - 1998

Ensuite, une propension à surfer sur les grands rendez-vous footballistiques. Electronic Arts sort en mai 1998 le jeu officiel de la coupe du monde. Il n'est pas le premier à surfer sur un événement sportif : déjà *Italia 90'* en 1990, et *World Cup 86* en 1987 (!) avaient misé sur la portée médiatique du tournoi. Mais l'éditeur est le premier à cumuler trois simulations en moins de treize mois, dont deux font référence à l'événement : d'abord *FIFA 98 : en route pour la Coupe du Monde*, ensuite *Coupe du Monde 98*, enfin *FIFA 99*. Konami possède lui aussi la licence officielle du tournoi, mais uniquement pour le Japon. En Occident, il doit donc composer. Ainsi cette même année de coupe du monde, le nouvel épisode s'appelle *International Superstar Soccer Pro 98*, affichant pour la première fois la date de la saison qu'il couvre. *ISS'98* a par ailleurs l'astucieuse idée de signer quelques grandes icônes internationales du moment, stars attendues de la coupe du monde à venir, pour qu'ils posent sur la pochette : ainsi de l'italien Fabrizio Ravanelli et l'allemand Andreas Kopke en France et en Allemagne, Paul Ince en Angleterre, et le colombien Valderrama en Amérique du Nord ! Ce n'est pas le moindre des bons choix : *FIFA 98* arbore lui David Ginola sous le maillot de Tottenham – et donc pas vraiment le joueur ni l'équipe qui ont enflammé cette année de coupe du monde...

« *ISS 98* A L'ASTUCIEUSE IDÉE DE SIGNER QUELQUES GRANDES ICÔNES INTERNATIONALES DU MOMENT. »

Les trois versions de la jaquette d'*ISS Pro 98* affichent des stars différentes (Fabrizio Ravanelli et Andreas Kopke en France et en Allemagne, Fabrizio Ravanelli et Paul Ince en Angleterre et Carlos Valderrama pour l'Amérique du Nord.)

Enfin, l'achat progressif des droits d'utilisation des noms de joueur, ou par défaut, le recours à des noms allusifs. Dès *FIFA 96*, Electronic Arts acquiert les licences officielles des footballeurs auprès de la FIFpro. Ce sera pendant de longues années son principal avantage sur la série *ISS/PES*. Konami consent pourtant des efforts, dans les limites du droit à l'image, pour coller au plus près à la réalité. À défaut de concurrencer la riche base de données de *FIFA*, les joueurs reprennent ainsi fidèlement la silhouette des footballeurs existants, et imitent leurs noms : ainsi trouve-t-on, en 1998, Rabanilli pour Ravanelli, Romedio pour Romario, et en France, Ber, Decham et Shibane, en lieu et place de... Bâ, Deschamps et Zidane ! La formule demeure imparfaite, au moins signe-t-elle un certain progrès par rapport aux tous premiers *ISS*, où l'équipe de France se composait, improbable, de Leblanc, Le Roux, Dupont et même de... L. de Funès !

Dix ans plus tard, comme des châtaignes, *FIFA* et *PES* tombent chaque année en automne. Entre un *FIFA 08* et un *FIFA 09*, EA publie *Euro 2008*, le jeu officiel du tournoi européen. Entre les deux séries, la rivalité engagée reprend les armes nées en 1998, mais avec plus de moyens et, désormais, une certaine faculté à se marcher sur les pieds. L'éditeur américain détient ainsi l'exclusivité totale de la Bundesliega et quasi-intégrale de la Première League ; tandis qu'en 2008, Konami signe les droits d'utilisation de la Ligue des Champions dans *PES 2009*. Ronaldhino et Ribery côté *FIFA*, Cristiano Ronaldo puis Lionel

Pro Evolution Soccer 2010
Konami - 2009

« *FIFA* ET *PES* SE RÉPONDENT SUR LES JAQUETTES, DANS UNE SURENCHÈRE DE STARS QUE LES ÉDITEURS S'ARRACHENT. »

Messi côté *PES* se répondent sur les jaquettes, dans une surenchère de stars que les éditeurs s'arrachent. En 2004 a même eu lieu le premier « transfert virtuel », puisqu'après trois saisons à faire la couverture de *FIFA*, Thierry Henry a rejoint celle de *PES 4*. Une anecdote qui pourrait en amener encore bien d'autres. Interrogé par *Gamekult* à propos de la prochaine étoile à se retrouver en jaquette de la série de Konami, Shingo « Seabass » Takatsuka, dans une interview du 1er octobre 2008, expliquait ainsi suivre « *de très près l'évolution de Karim Benzema,* [...] *un joueur très talentueux, qui dispose de toutes les qualités de l'attaquant moderne.* » « *Mais Electronic Arts l'a signé...* », rappelle le journaliste. Et Seabass de s'étonner puis de rire. « *Ah, euh, eh bien... Cela n'enlève rien à ses qualités !* » ■

6

Longtemps considérée comme une référence absolue, la série des Pro Evolution Soccer est en réalité passée par des hauts et des bas, avec de nombreuses différences subtiles à voir ou exploiter. Des grandes stratégies aux petites techniques vicieuses, rétrospective.

Par Bruce Grannec
- champion du monde 2006 et 2008 de *PES* -

2001-2008 ces détails qui ont fait évoluer PES

Artwork Winning Eleven 10

PES : LE DÉBUT DU GRAND CHELEM

Pro Evolution Soccer est le premier opus de la série sur PlayStation 2 et marque le début d'une très grande aventure. Après un succès phénoménal sur la première PlayStation, les nouvelles versions, aidées par les caractéristiques techniques de la PS2, ne pouvaient qu'augurer du meilleur. Outre une évolution graphique indéniable, le *gameplay* a été revu pour offrir aux joueurs des sensations dépassant leurs attentes, tout en conservant l'essence même du jeu. Ainsi, dribbler aisément trois défenseurs à la fois n'est plus à la portée de tous, et les meilleurs joueurs sont justement ceux qui maîtrisent l'art de la construction. Après plusieurs heures de jeu intensives, les plus assidus trouvent enfin les techniques les plus efficaces, celles à répéter en tournoi. Avec un aspect simulation très poussé favorisant les défenses, il est rare de voir des scores faramineux, ce qui rend les victoires bien plus jouissives. Vous l'aurez donc compris, ce *PES* fait certes partie des plus difficiles, mais reste également l'un des plus plaisants à jouer.

Cette première mouture ne comporte pas ou peu de *bugs*, mais quelques techniques se démarquent des autres. Pour commencer, les coups francs, qui se veulent très efficaces, et ce de près ou de loin. Bien exécutés, ils peuvent s'avérer difficiles à parer pour les gardiens. Dans cet opus, le domaine aérien est également des plus importants car, avec les centres, il n'est pas rare de voir les attaquants prendre le dessus sur les défenseurs. On peut aussi mentionner les corners, sur lesquels même la plus grande vigilance n'est pas toujours suffisante, les attaquants réussissant souvent à couper la trajectoire. La passe en profondeur dans le dos des défenseurs se révèle dévastatrice, c'est l'une des meilleures armes pour se créer de franches occasions. Pour finir, les frappes à ras de terre finissent souvent au fond des filets

Pro Evolution Soccer, *Konami - 2001*

Pro Evolution Soccer 2
Konami - 2002

« SORTI EN 2002, *PRO EVOLUTION SOCCER 2* EST PLUS 'ARCADE' QUE SON PRÉDECESSEUR »

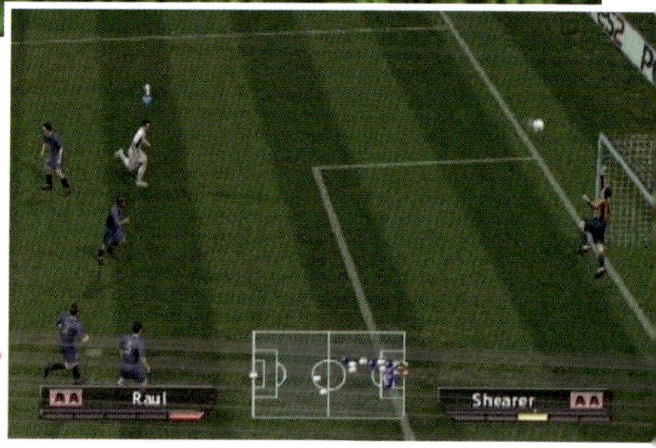

car les gardiens de buts, surtout les grands, ont plus de mal à les contrer. Il n'y a pas spécialement de tactique qui ressorte du lot dans ce *PES*. Le mot d'ordre est tout simplement de jouer au ballon. Le jeu se montre peu technique et il est difficile de dribbler ses vis-à-vis. Il faut donc favoriser un jeu reposant sur les passes afin de créer des brèches exploitables, grâce notamment à la fameuse passe en profondeur dans le dos des défenseurs. Les organisations tactiques les plus répandues sont le 4-3-3 et le 4-4-2, qui permettent de créer le décalage et ainsi de prendre à défaut son adversaire.

Grâce au réalisme défiant l'imaginaire et aux sensations de jeu alors jamais vues, ce *PES* a forcé l'admiration, aussi bien auprès de la presse spécialisée que des joueurs, pros ou amateurs. À une époque où les *early adopters* de la PlayStation 2 cherchent à justifier les milliers de francs investis dans leur nouvelle console, le jeu de Konami tombe à point nommé. Il fait partie à ce jour des *PES* les plus appréciés.

PES 2 : un peu de stars et d'arcade

Deuxième *Pro Evolution Soccer* de la PlayStation 2, *PES 2* est plus « arcade » que son prédécesseur. En effet, jusqu'à *PES 6*, les versions sorties les années paires (*PES 2* en 2002, *PES 4* en 2004 et *PES 6* en 2006) ont toujours eu un aspect moins réaliste, moins simulation, en d'autres termes, ils ont toujours été plus faciles que les *PES* d'années impaires. La seule explication trouvée à ce phénomène ? Lors de ces années paires, une grande compétition de football a lieu (Coupe du Monde ou Euro, en alternance). Pour profiter au mieux de ces événements très médiatiques, les producteurs ont décidé de rendre les jeux plus accessibles et ainsi toucher un public plus large. Avec un *gameplay* beaucoup plus fluide, des matchs plus rapides privilégiant les styles de jeux plus simples et directs, ce *PES 2* est loin d'être le plus réaliste de toute la série, mais reste tout de même le meilleur jeu de football de l'époque. Notons que le niveau des footballeurs a été rehaussé comparé à *PES 1*, où ils sont sous-évalués à quelques exceptions près.

Pro Evolution Soccer 2, *Konami - 2002*

Une nouvelle fois, peu de *bugs* à signaler mais quelques techniques utiles pour faire la différence. Pour commencer, la passe longue flottante qui a pour but de survoler la défense en hauteur. Effet de surprise garanti lorsqu'elle atterrit dans le dos de la défense ! Il y a peu de *PES* où les lobs représentent une arme efficace , or dans cet opus, c'est le cas. Que ce soit en face-à-face avec le gardien ou en dernier recours dans les angles impossibles, le lob s'impose comme une très bonne alternative. La technique la plus intéressante, spécifique à ce *PES*, demeure toutefois la double formation. Il faut savoir que dans *PES*, il est possible de jouer avec une, deux ou trois formations en switchant de l'une à l'autre à l'aide d'une simple manipulation et ce à tout moment pendant le match. Dans *PES 2*, il est possible d'écarter les défenses adverses grâce à cette technique. Prenons par exemple un 4-3-3 avec les trois attaquants resserrés. Par le biais de la double formation, on peut en écarter deux sur les ailes afin d'attirer les défenseurs et créer des brèches pour l'attaquant de pointe. Alors celui-ci se retrouve souvent avec un boulevard devant lui, ou en face-à-face avec un seul défenseur.

Avec ce jeu beaucoup plus simple, il ne faut pas se casser la tête et faire appel à la technique qui fera ses preuves tout au long de la série; chercher l'ailier, perforer la défense, créer le décalage et alerter le joueur le mieux placé. Et pour trouver encore plus facilement les ailiers, on peut s'aider de la passe longue flottante, qui est aussi très efficace pour lancer les avant-

centres. La formation ultime pour créer le décalage ? Le 4-3-3, *a fortiori* lorsqu'on utilise la technique de la double formation, qui permet de changer son organisation en plein match et de déstabiliser l'adversaire. Guère bousculé par une concurrence encore très faible, *PES 2* réussit sans trop de difficultés à s'imposer comme la référence des jeux de football. Très bien accueilli par la presse et par les joueurs qui voient en lui une suite logique au premier, il a laissé de très bons souvenirs, même si on le range aujourd'hui dans la catégorie des *PES* « sales », c'est-à-dire trop faciles.

PES 3 : une date dans la série

Le troisième opus de *Pro Evolution Soccer* a été un tournant dans la série. Au-delà d'une refonte graphique qui a donné au jeu une nouvelle dimension, le *gameplay* a largement gagné en réalisme. Et pas seulement parce qu'il s'agissait d'un *PES* impair, donc axé simulation ! De l'avis général, le *soft* a vraiment pris une autre dimension par rapport aux deux premières versions. Il se montre équilibré, aussi bien en défense qu'en attaque, puisqu'il est possible de construire de belles actions, mais délicat de transpercer le dernier rideau adverse. L'écart entre les équipes s'est resserré. On peut aussi bien défier la France ou le Brésil avec des équipes comme le Nigéria ou l'Espagne. Il y a donc un esprit d'ouverture clairement affiché par les développeurs qui veulent que le titre soit accessible à un large panel de styles de jeux, qu'ils soient lents ou rapides.

En plus d'être l'un des meilleurs *PES*, ce troisième opus ne comporte, pour couronner le tout, que peu de *bugs* notoires... à l'exception d'un seul, qui fait partie des plus « sales » de l'histoire, et qu'on appellera « la frappe du milieu de terrain latérale ». Il faut d'abord contrôler un joueur possédant une très bonne frappe de balle, comme Beckham ou Rivaldo, se trouver au milieu de terrain, mais excentré, puis effectuer un tir puissant qui monte alors avec un effet pour redescendre rapidement dans les cages du gardien. Comment une frappe si lointaine peut donner lieu à un but ? Le *bug* se situe au niveau du gardien. Celui-ci, lorsque le ballon se trouve dans la moitié de terrain adverse, s'avance jusqu'à la limite de sa surface de réparation : il offre ainsi

Technique et particulièrement bien équilibré, *Pro Evolution Soccer 3* est légitimement considéré comme le meilleur épisode de la série aux côtés de *PES 5*.

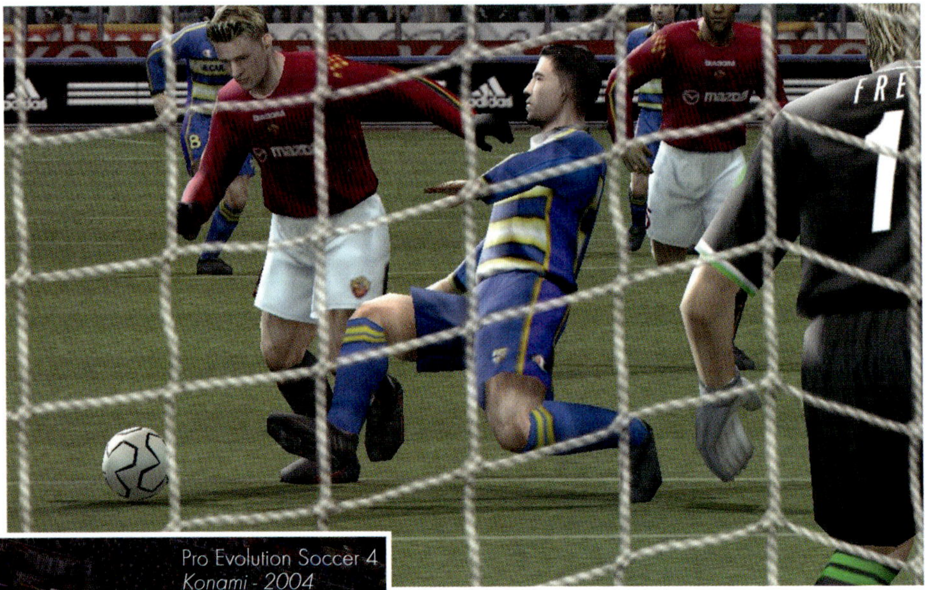

Pro Evolution Soccer 4
Konami - 2004

« *PRO EVOLUTION SOCCER 4* FAIT PARTIE DES OPUS LES PLUS RAPIDES DE LA SÉRIE »

de la place pour le lober ! Parmi les techniques plus classiques, citons le coup franc du milieu de terrain, sur lequel il est possible de marquer directement à l'aide de joueurs à la grosse force de frappe, comme Roberto Carlos. On retiendra également les centres, redoutables dans *PES 3*, surtout au premier poteau, car très difficiles à contrer, aussi bien à ras de terre que flottants. Enfin, les centres sur corners, déjà très efficaces dans *PES 1*, gagnent encore en dangerosité lorsqu'ils sont tirés au premier poteau.

Un peu comme dans le premier opus, il faut ici jouer tout simplement au football et surtout, laisser s'exprimer son propre style puisque le jeu le permet. Par conséquent, chacun peut adopter une tactique et des procédés différents pour être efficace. Du joueur défensif évoluant en 4-5-1 au joueur technique en passant par le simple centreur, tout le monde y trouve son compte. Même si, au fil du temps, les meilleurs joueurs optent pour le 4-3-3 afin de transmettre le ballon à l'ailier (pour ne pas changer), centrer dans les meilleurs conditions, ou prendre de vitesse son défenseur latéral dans le but de créer le surnombre. Avec un jeu qui possède autant de points positifs et qui se veut accessible à tous, il est presque futile de signaler qu'il a été bien accueilli par l'ensemble de la presse, des amateurs de foot, des joueurs pros, bref, de tous les acteurs qui font vivre ce jeu. Très peu de *bugs*, un *gameplay* équilibré, un choix d'équipe important pour un jeu encore plus ouvert, et des matchs endiablés... *PES 3* est légitimement considéré comme le meilleur épisode de la série avec *PES 5*.

PES 4 : LE PLUS OFFENSIF

En cette année 2004, qui a vu le triomphe inattendu de la Grèce lors de l'Euro, les développeurs restent eux, sur leurs habitudes : une année paire, donc un *PES* plus arcade. Cet épisode fait effectivement partie des opus les plus rapides de la série. Plusieurs raccourcis permettent d'arriver au but rapidement : adresser des passes facilement au-dessus des défenseurs, effectuer des transmissions en profondeur n'importe où sur le terrain, partir dans des rushs solitaires sans jamais se faire rattraper, voilà de quoi est fait ce *PES* ! Pourtant, ce n'est pas le volet que les joueurs ont le plus rejeté, même s'il fait aujourd'hui partie des épisodes les plus « sales », les plus permissifs. Mais les sensations propres à la série y sont bien présentes, la concurrence de l'époque se montrant très faible. Il est aussi le premier *PES* à bénéficier d'un mode en ligne sur PC, très peu pratique mais suffisant pour offrir aux amateurs un nouveau moyen de profiter du jeu.

C'est dans les airs que se jouent les matchs. Passes et tirs lobés n'ont jamais été aussi efficaces. Il en va ainsi de la fameuse passe lobée dans l'axe qui, réalisée au bon moment, prend à défaut toute la défense adverse. Il suffit avec un bon timing de lancer son attaquant lorsque celui-ci est à la limite du hors-jeu. S'il est rapide, le face-à-face avec le gardien adverse est acquis ! Bien souvent, le joueur se retrouvant avec un boulevard devant lui, il a tout le temps d'ajuster le gardien à l'aide du tir lobé des 18-20 mètres, jauge de frappe au maximum et bouton « R1 » enfoncé. Cette technique s'impose parmi les plus utilisées, car elle est quasiment impossible à contrer, sauf à avoir le réflexe de prendre le contrôle manuel du gardien à temps afin de le faire reculer.

L'autre tir lobé s'avère plus classique mais terriblement efficace. Arrivé seul devant le gardien, il suffit de piquer la balle pour le voir se coucher et regarder le cuir lui passer au-dessus de la tête. Le tir sans contrôle, précurseur du « tir de l'aigle » (voire plus bas), s'avère lui aussi très prisé, car simple d'utilisation mais difficile à parer pour le gardien.

Enfin, évoquons la passe triangle, technique voire *bug*, découvert très tardivement par les joueurs et qui aurait pu être l'arme ultime de ce *PES 4*. Lorsqu'un joueur se retrouve en position pour centrer, au lieu justement d'adresser un long ballon aérien à l'attaquant, il faut appuyer sur la touche de passe en profondeur (la touche triangle, d'où le nom du *bug*), sans aucune direction, ce qui envoie une passe rapide et parfaitement calibrée à l'attaquant. De par sa soudaineté, cette technique s'avère plus assassine que beaucoup d'autres. Elle perdurera dans les opus suivants.

Il est possible de faire du grand classique dans *PES 4*, en passant principalement par les ailiers, pour ensuite chercher la passe en retrait afin d'effectuer un tir sans contrôle. Mais dans cet opus, la grande faille se trouve plutôt dans l'axe. Pour ouvrir les brèches, mieux vaut jouer de passes rapides, capables de déstabiliser le bloc adverse, et ensuite utiliser la passe lobée pour lancer l'attaquant dans l'axe. Cette technique est encore plus efficace en contre lorsque le bloc adverse ne s'est pas encore replié ! Concernant les formations, il y en a pour tous les goûts, du joueur défensif évoluant en 5-4-1 au joueur équilibré jouant en 4-4-2, ou encore l'inépuisable 4-3-3. Un jeu très accessible donc, moins équilibré mais apportant quelques nouveautés, ce *PES 4* a été un bon successeur à l'excellentissime *PES 3* et a tenu le rang de la série. Toujours aussi bien noté par la presse, et bien accueilli par les joueurs amateurs comme professionnels, il est toutefois en dessous de l'épisode qui le précède, et surtout de celui qui le suit, *PES 5*, probablement le meilleur de la série.

PES 5 : L'EXIGENCE DU MEILLEUR

Les spécialistes s'accordent à peu près tous : en matière de simulation, c'est la référence de la série. Comparé à *PES 4*, l'épisode 5 est beaucoup plus lent et de ce fait, la construction est devenue le maître mot de tous les joueurs, obligés de revoir leur façon de procéder. En effet, les passes étant moins automatisées, il est beaucoup plus difficile de les enchaîner. Les frappes ont également subi un *lifting* puisque les trajectoires se veulent plus réalistes, notamment avec l'apparition de frappes enroulées. C'est aussi le premier *PES* où certains dribbles s'effectuent tout seuls au cours d'un enchaînement. Mais malgré cela, il fait partie de ceux où il n'est pas aisé d'effacer ses vis-à-vis. C'est justement l'un des rares épisodes où la défense prend le pas sur l'attaque, avec un repli défensif impressionnant, tant les défenseurs comblent assidûment les espaces vides. L'arbitre, ne laissant rien passer, en fait parfois un petit peu trop, puisqu'une simple poussette peut suffire à le faire sortir de ses gonds. Un arbitrage tatillon qui a rendu les joueurs plus disciplinés, et du même coup, les matchs plus fluides et moins hachés. Les joueurs subissent en effet moins d'attentats, les matchs se déroulent dans un meilleur esprit. Tant mieux, c'est avec *PES 5* qu'un mode en ligne fait son apparition sur PlayStation 2.

Bien qu'il s'agisse de l'un des meilleurs *PES* de la série, si ce n'est du meilleur, *PES 5* comporte tout de même son lot de techniques qui fonctionnent presque à tous les coups, et d'autres que l'on peut simplement définir comme *bugs*. Parmi ces derniers, citons d'entrée le Javelot, à la fois le pire *bug* et le plus impressionnant de toute l'histoire de *PES* ! C'est un coup franc joué à deux, placé à environ quarante mètres, avec une frappe qui, comme son nom l'indique, monte très haut pour redescendre subitement tout en lobant le gardien. Le seul moyen de la contrer ? Prendre le contrôle du goal afin de le faire reculer sur sa ligne. Cette technique a très rapidement été bannie des tournois. Quant à ceux qui continuent d'en faire usage, ils ne sont plus considérés comme des joueurs *fair-play*. Le coup franc à deux est un autre *bug* sur coup de pied arrêté, tout aussi agaçant, mais, contrairement au Javelot, il a été davantage toléré lors des tournois. Pour le réaliser, le ballon doit être placé aux vingt mètres environ, et il faut disposer de joueurs possédant de bonnes frappes de balle comme Totti ou Adriano. Il suffit alors de décaler le ballon pour ensuite tirer instantanément. Si le geste est correctement appliqué, le but s'avère quasiment imparable.

Côté armes secrètes et cette fois honnêtes, évoquons la désormais célèbre frappe enroulée, plus communément nommée « Carré-R2 ». À la manière de Thierry Henry contre l'Irlande en éliminatoires de la coupe du monde 2006, cette frappe tout en finesse, de près ou de loin,

« *PRO EVOLUTION SOCCER 5* EST L'UN DES RARES ÉPISODES OÙ LA DÉFENSE PREND LE PAS SUR L'ATTAQUE »

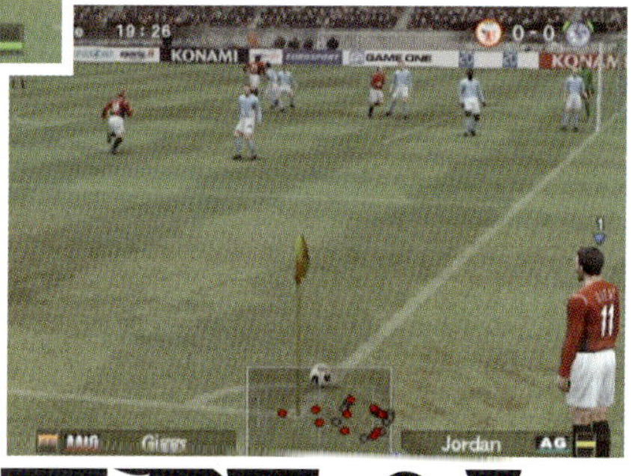

à gauche comme à droite, vient se loger tout doucement dans le petit filet. Le seul moyen de la contrecarrer reste la prise de contrôle du gardien. Cette technique marque une révolution puisqu'elle ouvre de nouvelles possibilités pour conclure les actions. Dans un registre plus sournois, le tir au premier poteau qui consiste à tirer du côté le plus proche de soi, en force ou en finesse, se montre lui très efficace de près. Utilisé principalement par les joueurs les plus expérimentés, il représente une bonne alternative à la frappe croisée (la plus classique) et de surcroît peut surprendre l'adversaire.

Passons maintenant à l'arme ultime de ce *PES*, à savoir le *super-cancel*. Cette technique dont le but est de modifier la course prédéfinie du joueur, et par la même occasion de prendre un temps d'avance sur son adversaire, sert aussi bien à défendre qu'à attaquer et dribbler. Rares sont les joueurs qui maîtrisent ces subtilités : indispensable à haut niveau, le *super-cancel* est souvent mésestimé voire inconnu aux yeux des amateurs. De plus, il se couple parfaitement avec d'autres techniques très utiles de ce *PES 5*. Parmi celles-ci, on citera la passe longue flottante latérale, si soudaine qu'elle peut débloquer des situations désespérées. Elle a pour but de lober la défense par les côtés en longeant la ligne de touche. Réalisée dans le bon *timing*, elle permet souvent de se dégager un boulevard devant soi ! Citons également le centre tendu à ras de terre, geste apparement anodin, mais qui prend une toute autre dimension grâce au *super-cancel*. Sans oublier le contrôle orienté, très efficace pour prendre à défaut son garde du corps, surtout dans la surface de réparation !

Contrairement à la plupart des *PES* où pénétrer dans la surface avec un ailier s'avère un jeu d'enfant, cet opus oblige les joueurs à modérer cette tactique. Ainsi, il est souvent plus judicieux de repasser par l'arrière pour faciliter la transmission du ballon aux attaquants. Les centres sont très efficaces pour débloquer des situations bien mal engagées, pourvu que l'attaquant parvienne à couper la trajectoire. L'attaquant de pointe s'avère primordial : dans un épisode aussi défensif, il lui arrive de décider de l'issue d'un match grâce à une action individuelle. Le *pressing* est également une arme redoutable, mais il faut tout de même éviter de jouer trop haut : on peut alors se retrouver exposé à des ballons aériens ou à ras de terre. Ce

PES offre en fait la possibilité à tous les types de joueurs de s'exprimer dans leur style de jeu, que ce soit défensif ou offensif. Le 4-3-3 s'avère néanmoins, encore une fois, la formation la plus efficace. Considéré par beaucoup de joueurs pros comme le meilleur *PES,* notamment grâce à l'équilibre trouvé entre l'attaque et la défense, *PES 5* reste à leurs yeux, à ce jour, l'opus le plus abouti. Contraste étrange avec le grand public qui ne l'a pas du tout vu de cet œil en le trouvant trop difficile et pas assez ouvert. En revanche, le titre a été encensé par les médias (presse et sites spécialisés) qui lui ont mis de très belles notes et attribué plusieurs récompenses.

PES 6 : Le virage du grand spectacle

PES 6 est un jeu très différent de *PES 5,* et on pourrait même dire qu'ils sont les parfaits opposés. En effet, cet opus est plus rapide, et l'attaque a largement repris le dessus sur la défense, grâce à la puissance de certains attaquants. Plus techniques, plus précis, plus rapides, bref, plus forts en tous points que dans les moutures précédentes, les joueurs à vocation offensive, et surtout les buteurs, représentent un cauchemar pour les défenseurs. Il est devenu très facile d'effacer ses adversaires en un-contre-un, et comme si cela ne suffisait pas, il est fréquent de bénéficier d'un contre favorable après avoir raté un dribble. Concernant les tirs, pas de changement radical à signaler si ce n'est peut être un rehaussement de la puissance de tir et de la précision, ainsi qu'un léger ajustement des trajectoires, qui se veulent plus rectilignes. Ces petites modifications, qui au début paraissent sans grande importance, se révèlent déterminantes. Dans *PES 6,* il n'est pas rare d'encaisser des buts de loin, ou parfois même des frappes a priori sans réel danger. Les passes sont de nouveau téléguidées, et peuvent s'enchaîner rapidement. Dans cette version, l'arbitre siffle moins de fautes que dans *PES 5,* mais distribue les cartons plus facilement. Pour finir, on peut désormais jouer les coups francs rapidement, et il est possible d'organiser des matchs en ligne entre un joueur PlayStation 2 et un adversaire sur PC.

Ce *PES* ne contient pas énormément de *bugs* mais il comporte tout de même quelques techniques faciles à placer et dévastatrices. Le tir de l'aigle est la plus utilisée et la plus répandue dans *PES 6,* de par la facilité avec laquelle on

Pro Evolution Soccer 6
Konami - 2006

Pro Evolution Soccer 6

Le « tir de l'aigle » est la technique la plus utilisée dans *PES 6*.

peut l'utiliser, mais aussi et surtout, grâce à son efficacité. Il suffit de passer le ballon en retrait ou latéralement à un joueur pour ensuite décocher un tir instantané. Le joueur se bloque alors pour se mettre en position afin de réaliser une frappe à reculons, à la trajectoire rectiligne, atteignant souvent la cible. Cette frappe imparable de près peut l'être également de loin, et avec des snipers tels Ballack ou Adriano, il est relativement aisé de marquer. Le seul moyen de la contrer est de placer un joueur sur la trajectoire ou alors d'anticiper très rapidement en prenant le gardien manuel, et ensuite, de choisir le bon côté. La feinte de frappe se veut très efficace lorsqu'on est en face-à-face avec le goal, en l'utilisant à environ 2 mètres du gardien pour qu'il plonge dans le vent. On peut aussi s'en servir pour dribbler : réalisée à bon escient, elle invite le défenseur à tacler... dans le vide. La passe forte à ras de terre devant le but est dévastatrice lorsque l'on parvient à couper celle-ci. Il suffit d'être parallèle à la ligne de touche, vers un des coins du terrain, et d'effectuer une passe en profondeur sans mettre de direction : la balle prend alors le trajet de la surface, pour passer juste devant le goal ! De nouvelles manières de dribbler apparaissent. Ainsi, le *stop and go* consiste à arrêter le ballon pour ensuite repartir aussitôt dans la direction sou-

« PLUS TECHNIQUES, PLUS PRÉCIS, PLUS RAPIDES, LES BUTEURS DE *PES 6* REPRÉSENTENT UN CAUCHEMAR POUR LES DÉFENSEURS »

haitée. Cette technique ancestrale de *PES* est particulièrement efficace dans cet opus très rapide, dans lequel les joueurs s'arrêtent instantanément. Il devient alors très difficile pour les joueurs adverses de défendre. Le meilleur moyen pour la contrer est tout d'abord de ne pas se jeter en suivant le porteur du ballon, pour ensuite se faire aider d'un coéquipier, en utilisant le bouton de *pressing* « deuxième défenseur », afin de le prendre en sandwich. Des joueurs puissants peuvent également faire la différence sans courir, simplement à l'aide de petits décalages, pour écarter physiquement leur adversaire et le contourner. Cette technique est extrêmement utilisée, souvent en association le double contact, qui sert à se faufiler entre les adversaires à la façon d'une anguille. Cette technique se veut encore plus efficace avec des joueurs habiles tels que Ibrahimovic, qui, en plus de se faufiler, écartent leurs adversaires grâce à leur puissance. Ils sont capables de se frayer un chemin là où, au départ, il n'y en a pas.

Côté tactique, ce *PES 6* a connu un retour aux sources : déborder avec l'ailier et pénétrer dans la surface en s'aidant des petits décalages ou du double contact. Il n'y a alors plus qu'à choisir entre l'action individuelle ou la passe à un attaquant. Lorsqu'on ne trouve pas la solution dans la surface, la passe en retrait pour sortir le tir de l'aigle est une excellente alternative.Ne pas jouer en 4-3-3 apparaît manifestement comme du gâchis, tant les attaquants sont au-dessus du lot et peuvent faire la différence à tout moment. Le pressing est un autre élément déterminant à *PES 6* car, bien utilisé, il permet d'étouffer littéralement son adversaire. Associé avec un 4-3-3, il sert aussi à ralentir la progression adverse ; et de replacer ses propres joueurs plus rapidement. Pratique, pour éviter une contre-attaque.

Contrairement à *PES 5*, ce sixième opus a été très apprécié du grand public, car il s'agit d'un épisode ouvert, qui permet avant tout de produire du spectacle et de mettre beaucoup de buts grâce à des joueurs offensifs de folie. Et cette fois, ce sont les joueurs pros qui ont été déçus, regrettant l'équilibre entre attaque et défense atteint par *PES 5*. Le jeu a, pour eux, repris un aspect arcade qui ne correspond manifestement pas aux tournois. Les médias, eux, ont très bien reçu ce sixième volet en lui attribuant des notes similaires à son aîné.

PES 2008 : quand les arrières se trouent

On arrive à *PES 2008*, la première version PlayStation 3, et qui, malheureusement, a marqué le début de la baisse de qualité et de popularité des *PES*. Ici, tout ce qui fait la force des épisodes précédents a été anéanti : les sensations que l'on ressentait en jouant aux précédentes versions, qu'on les aime ou non, ont complètement disparu. On a l'impression de jouer à tout, sauf à un *PES*. Cette transition a clairement été manquée par les développeurs du jeu, un coup dur pour la plupart des amateurs. Ses défauts ? Des terrains gigantesques où les joueurs se perdent, ne sachant pas se placer, des espaces en tout lieu, des passes complètement robotisées qui rendent le jeu beaucoup trop ouvert, des gardiens incapables de capter des ballons pourtant simples... La liste est longue. Pour couronner le tout, l'attaque a une nouvelle fois été revue à la hausse par rapport à la défense. Il n'est pas rare, pour ne pas dire fréquent, de voir les arrières se trouer littéralement. Quelques ajouts (in)utiles : il est désormais possible de simuler (bien que cette technique ne dupe jamais l'arbitre), et de choisir le nombre de joueurs à placer dans le mur, sur coup-franc.

Bien qu'il reste à sa sortie le pire des *PES*, il n'est pas foncièrement rempli de bugs. Mais même en faible quantité, leur influence est considérable. Et pour commencer, l'un des pires avec le Javelot de *PES 5*, le bug « type 4 ». En activant ce type 4 (configuration de la manette), il est possible de centrer de n'importe quelle position sur le terrain, à la manière d'une frappe, c'est à dire avec une jauge et en choisissant n'importe quelle direction. En général,

• « EN ACTIVANT LE *BUG 'TYPE 4'*, IL EST POSSIBLE DE CENTRER DE N'IMPORTE QUELLE POSITION SUR LE TERRAIN »

Pro Evolution Soccer 8, *Konami* - 2007

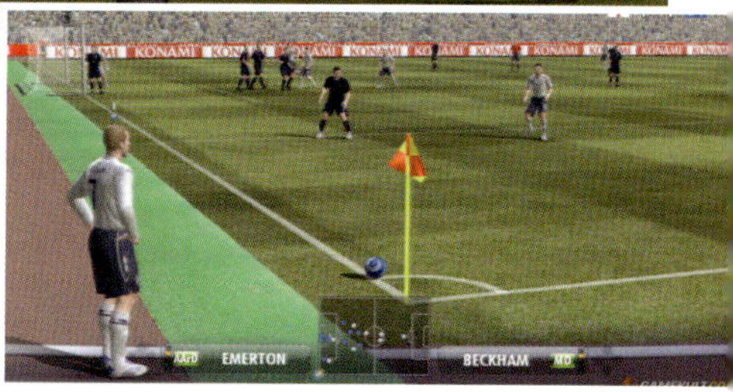

les centres sont automatisés, sans jauge avec des trajectoires visant la surface de réparation, et en l'occurrence, les attaquants. Mais ici, il est possible à l'aide de cette technique de marquer directement, de 20 à 25 mètres des buts ou alors dans la surface de réparation, en visant les cages. Si cette frappe, ou plutôt ce centre puissant et plongeant est correctement appliqué, il est alors très difficile voire impossible pour le gardien de sauver ses buts. Après plusieurs requêtes militantes, l'exploitation de ce *bug* a fini par être interdit dans les tournois, ce qui n'est pas pour déplaire aux joueurs.

Une technique s'est transformée en *bug* dans ce *PES 2008*, le corner rentrant. Déjà bien efficaces dans cette version, les développeurs n'ont pas pu s'empêcher de donner une autre dimension aux corners. En effet, lorsqu'on les frappe tendu au premier poteau et le plus proche du gardien, celui-ci peut simplement se trouer et rentrer avec le ballon dans les buts. On pourrait presque considérer le double contact de *PES 2008* comme un *bug*, bien qu'il n'en soit pas un, puisqu'il s'est avéré encore plus efficace grâce à la hausse de la vitesse d'exécution et de l'agilité de certains joueurs comme Ibrahimovic. Bien maîtrisé, il est pratiquement impossible de se faire prendre le ballon : de ce fait, il est devenu la tecnhique phare du jeu. Pour finir, la frappe premier poteau a fait son retour, très efficace mais seulement dans la zone de vérité ou aux alentours. Elle permet de conclure idéalement les actions.

Entre les joueurs qui abusent des centres, ceux qui tirent de loin en espérant une erreur du gardien, des passes longues de tous les côtés, il y'en a pour tous les goûts dans ce *PES 2008*. Mais cela prouve surtout une nouvelle fois que même en jouant n'importe comment, il est possible d'y obtenir de bons résultats. Heureusement d'ailleurs, les adeptes du beau jeu peuvent toutefois s'y retrouver, puisqu'il est encore possible de produire quelques belles actions. Pour cela, le joueur est aidé par l'aspect automatique des passes. Avec un jeu court et rapide, il devient très difficile pour les adversaires de suivre et de récupérer le ballon. Et pour perforer la défense, deux choix : la puissance ou la vitesse. Le plus judicieux est bien évidemment de jouer sur la puissance de joueurs comme Ibrahimovic, Adriano ou Drogba et de se servir du double contact afin de se faufiler entre les défenseurs et créer des brèches. Avec cette technique, le joueur a tout le temps pour envisager la meilleure solution puisque le ballon reste collé au pied de l'attaquant. L'autre choix donc, la vitesse, et avec des attaquants rapides à l'image de David Suazo ou Eto'o, il n'est pas rare de partir dans un long raid solitaire. Une fois lancés, lorsque les attaquants disposent de boulevards devant eux, il est presque impossible de les rattraper ! Pour une fois, toutes les voix qui se sont élevées se sont accordées. Le jeu a été énormément critiqué, et a reçu de très mauvaises notes. Les joueurs pros le voient comme le pire volet de la série. Certains se désolidarisent même du jeu pour aller faire un tour chez le concurrent, *FIFA 08*, très en vue pour la première fois.

PES 2009 : cap sur la vitesse

Ce nouveau *PES* n'a pas apporté de grande révolution par rapport à la cuvée 2008. Une simple mise à jour ? Il contient, à quelques détails près, les mêmes défauts que son prédécesseur. Le jeu fait partie des plus rapides puisqu'il est cette fois-ci basé d'avantage sur la vitesse que la puissance, avec des joueurs encore plus agiles, facteur qui les rendaient indéfendables. Certains points négatifs sont plus flagrants que d'autres, notamment les contres favorables qui font toujours légion. Mais le plus grand motif de reproche concerne les gardiens. Les développeurs ont décidé d'en faire des passoires ! Ils donnent carrément l'impression d'avoir les gants savonnés tant ils n'arrivent pas à bloquer les tirs, même les plus inoffensifs. C'est véritablement un des gros points noirs de *PES 2009*. À noter la disparition très étrange du « goal manuel » qui a toujours été présent dans les *PES*... et qui a fait ses preuves. Quelques points positifs tout de même avec l'apparition de deux modes non négligeables, à savoir la « Ligue des Champions » et « Deviens une légende ». Ce dernier permet de faire carrière dans la peau d'un jeune joueur, dans le but de le faire progresser et de le signer dans les meilleurs clubs.

Les techniques ou les *bugs* sont rares dans ce *PES*, et heureusement d'ailleurs. Avec tous les contres favorables, les passages à travers les joueurs et autres situations trop permissives, qu'il contient déjà, cela aurait été difficilement défendable. Il y en a quelques uns tout de même. Et en premier lieu, le coup franc à ras de terre, réalisable dès vingt mètres. Il faut tirer en force au sol pour prendre le mur à revers, que celui-ci saute ou non car en tirant entre deux joueurs, il est possible de « faire ficelle ». Mais cette technique ne marche pas à tous les coups. Deux armes ultra efficaces de *PES 2008* se sont maintenues, à savoir le double contact,

« DANS *PRO EVOLUTION SOCCER 9*, LES GARDIENS SONT DE VÉRITABLES PASSOIRES ! ILS DONNENT L'IMPRESSION D'AVOIR LES GANTS SAVONNÉS »

référence depuis *PES 6*, mais aussi la frappe au premier poteau, qui marche encore mieux cette fois-ci dans la surface de réparation.

Du grand classique pour ce *PES 2009*, à savoir créer le décalage pour ensuite faire la différence avec son ailier. En effet, ceux-ci sont intenables ! Il est aussi possible de faire la différence directement avec l'avant-centre, qui peut se jouer d'une défense entière à lui tout seul. Il faut donc opter pour une approche individualiste, dans le but d'éliminer quelques défenseurs et de créer le surnombre. Le pressing est très important, bien que difficile à maîtriser : il s'agit aussi du seul moyen pour bloquer ou prendre le ballon aux attaquants, et éviter un face-en-face entre son gardien et un buteur comme Messi ou Cristiano Ronaldo. Le 4-3-3 est une nouvelle fois à l'honneur. Défendre sur un seul attaquant est déjà pénible mais sur trois, cela devient une véritable épreuve !

Si à la sortie de *PES 2008*, quelques joueurs commencent à s'essayer au jeu du concurrent direct, *FIFA 08*, avec *PES 2009*, c'est presque une communauté entière qui migre vers *FIFA 09*, et notamment la plupart des joueurs confirmés de la scène *PES*. Médias, public et joueurs pros s'accordent pour estimer que ce *PES 2009* n'atteint pas les espérances. De son côté, *FIFA* a comblé son retard et même repris le flambeau de la meilleure simulation sportive. En l'état, il semble que le rapport de force s'est inversé pour longtemps. Mais dès 2008, Konami expliquait que leurs ambitions se portaient, non sur l'opus 2009, mais sur *PES 2010*. ■

Pro Evolution Soccer 9, *Konami - 2008*

CLASH

CARTON ROUGE MON AMOUR

Le football est un sport régulé, encadré de plusieurs arbitres, et pétri dans les bons sentiments du fair-play. Comment se fait-il alors que sa violence nous fascine tant ? De *Nintendo World Cup* aux jeux flash en hommage à l'ultime coup de boule de Zinedine Zidane, plongée dans les entrailles irrationnelles du football.

UN DRÔLE DE CLASSICO MÉDIATIQUE

Konami, Electronic Arts et les journalistes français ont tissé des relations ambigües, faites d'intérêts communs, de passion et de méfiance. Entre coups de cœur et coups de Jarnac, récit d'un ménage à trois que tous ont voulu, mais qu'aucun ne maîtrise.

HATTRICK : LA GUERRE ENTRE EN JEU

En envahissant le Liban en 2006, l'armée israélienne a aussi franchi la frontière entre réel et virtuel... Les répercussions du conflit sur le jeu de football en ligne *Hattrick* n'ont en tout cas pas été neutres.

carton ROUge mon amour

7

Le football est un sport régulé, encadré de plusieurs arbitres, et pétri dans les bons sentiments du fair-play. Comment se fait-il alors que sa violence nous fascine tant ? De Nintendo World Cup *aux jeux flash en hommage à l'ultime coup de boule de Zinedine Zidane, plongée dans les entrailles irrationnelles du football.*

Par William Audureau
- Journaliste -

avea

13 juillet 2006. Quelques jours seulement après l'inextricable combat que se mènent français et italiens en finale de la coupe du monde, le monde apprend à jouer Zinedine Zidane différemment. Une petite animation interactive, programmée en Flash, propose en effet de rendre hommage à son ultime saillie : non une roulette, une volée ou sa Panenka, mais l'inoubliable coup de boule. Le meneur français est là, au centre de l'écran, seul, tout de blanc vêtu, déjà arc-bouté, prêt à se défendre. Face à lui, non pas deux joueurs, ni quatre, ni même onze, mais une armée infinie de Materazzi qui s'avance vers lui !

Moins d'une semaine après l'une des plus cruelles désillusions du football français, le joueur, souris en main, a alors une minute pour frapper le maximum possible de Materazzi. Le but du jeu ? Récolter le plus grand nombre de cartons rouges. Cet étonnant jeu Flash n'est bien sûr qu'un mini-jeu comique et sans prétention, cousu en urgence pour surfer sur un événement ultramédiatisé, comme plus récemment l'affaire de la chaussure lancée sur Bush. Mais par son ironie mordante, il montre le football sous un angle que le jeu vidéo lui connaissait peu : la colère des icônes, ce qu'elle a d'à la fois grandiose, ridicule, entêtante et captivante.

« LE MENEUR FRANÇAIS EST LÀ, AU CENTRE DE L'ÉCRAN, SEUL, FACE À UNE ARMÉE INFINIE DE MATERAZZI »

■ Joueur d'exception, l'argentin Maradona entre dans la légende en inscrivant un but de la « main de Dieu » contre l'Angleterre en 1990.

Dans les jours qui ont suivi le 9 juillet, le carton rouge est devenu un hommage au meneur des Bleus, non pas à son talent footballistique, que l'on connaissait déjà, mais à son comportement iconoclaste et volcanique. Comment un geste contraire à toutes les lois du jeu peut devenir le fait majeur d'une finale de football ? Pourquoi les mini-jeux qui lui font suite oublient tout des conventions du jeu de football ? D'où vient qu'il pourrait y avoir moins de jouissance dans le sport lui-même que dans la transgression de ses règles ? Eléments de réponse, dans le passé des jeux vidéo d'abord, dans le geste de Zidane ensuite.

Une histoire du n'importe quoi

L'histoire médiatique du football est une longue affaire de culte et d'opprobre. Maradona, buteur de la main puis cocaïnomane, appartient à la catégorie des génies alchimistes. Ce qu'il touche, même de la main, il le transforme en or, ainsi de la « main de Dieu », contre l'Angleterre en 1990, ou l'art de marquer l'un des plus beaux buts de l'histoire dans la plus totale irrégularité ! Au contraire, pour sa sortie assassine sur Battiston en demi-finale de la coupe du monde 1982, Schumacher restera, notamment dans la mémoire française, un barbare impuni, honteux et haïssable. Maradona et Schumacher, extrêmes d'un sport qui se nourrit d'histoires et de gestes iconiques, ont également fomenté l'imaginaire des jeux de football. Régulièrement depuis les années 1980, avec sérieux ou humour, les meilleures simulations prévoient quelques gestes dont la fonction navigue entre la fourberie et l'attentat.

Le tacle, dangereux

Aujourd'hui, dans les simulations de football classiques, le carton rouge est surtout un risque, et l'arbitre un paramètre : de sa sévérité dépend l'équilibre du jeu. *PES 6* restera longtemps comme un modèle en la matière : capable de traiter les tacles en fonction de leur angle, de la position du ballon et du joueur, il autorise des défenses audacieuses mais précises, comme un tacle de trois-quarts arrière, qui, délivré dans le bon timing, permet de repousser le ballon sans effleurer l'adversaire. Il donne à voir, également, d'impressionnantes glissades pied en avant sur le ballon, qui emporte le cuir et l'adversaire avec, mais ne sera sanctionné que si l'opposant a été touché avant et non après le ballon. Le tacle

■ 1982, demi-finale de la coupe du monde. Le gardien allemand Ralf Schumacher commet une faute grave sur le joueur français Patrick Battiston.

PES 6
Konami - 2006

FIFA 99
Electronic Arts - 1998

« DANS *PES6*, LE TACLE EST UNE QUESTION DE TECHNIQUE, D'ANGLE ET DE TIMING »

y est une question de pure technique, d'angle et de timing. Désinvesti de toute charge philosophique, affective ou symbolique : juste un outil infiniment délicat mais précieux. Pas une arme, non. Un instrument. À moins que le joueur, expert légaliste le jour mais Dexter des surfaces la nuit, n'utilise ce bistouri avec des intentions purement criminelles...

FIFA et la « faute intelligente »

Tacler non pour récupérer le ballon, mais pour détruire une action ? Un grand classique du football, et un paramètre que quelques jeux ont assez tôt intégré. Ainsi *FIFA 99* alloue spécialement un bouton pour la faute intentionnelle, celle qui casse l'adversaire et excite l'arbitre. Le jeu d'Electronic Arts intègre même son pendant tartuffe : la simulation de faute, pour obtenir un coup franc ou un penalty. Tendance *serial killer* ou *comedia del arte*, ces deux fonctions sont tournées vers un seul homme, l'arbitre, qui lui décidera bien souvent de siffler, mais pourra aussi sortir le carton. Ces deux techniques représentent en fait un pari : celui que la faute intentionnelle enraye une contre-attaque mortelle, celui que la simulation amène un penalty inespéré. Le joueur n'agit alors que par calcul. Froid rationalisme ? Plutôt mouvement de joueur d'échecs. Dans ce célèbre sport cérébral, deux grandes écoles s'opposent : celle du réalisme et celle du romantisme. La première privilégie les petites avancées de pions, l'économie des pièces, l'impénétrabilité de la zone du roi. Le romantisme vante au contraire les grandes diagonales des fous, les attaques imprévisibles, les échanges et les sacrifices de pièces. Aux échecs, le romantique joue du risque. Il aime perdre beaucoup, parce qu'il espère récupérer plus. Au football, on qualifie un tacle en position de dernier défenseur d'attentat. Et s'il s'agissait d'un geste romantique, le sacrifice d'un pion, le libéro, pour le gain ultérieur de la partie ?

En réalité, il y a mille et une bonnes et mauvaises raisons d'écoper un carton rouge. La plus classique et la plus répandue aujourd'hui relève de l'erreur technique : c'est le bistouri mal maîtrisé, l'éraflure, la boulette. La seconde, celle qu'on qualifiera au choix de calculatrice ou romantique, est déjà plus rare mais pas si folle : pour anéantir une action dangereuse et préserver l'espoir d'un résultat, le joueur va sacrifier un défenseur, ou, si l'on peut dire, échanger un des équipiers contre un « non-but ». En dépit de la sanction qui peut les accompagner, ces deux premières tendances s'inscrivent dans le cadre d'une pratique régulière du jeu. Or elles ne sont pas les seules, et elles n'expliquent pas le coup de boule de Zidane.

Plaisir de tacler, plaisir d'énerver

Une troisième raison d'écoper un carton rouge, la plus irrationnelle, appartient à la tendance transgressive, jouissive et sociopathe, voire anale régressive. C'est le plaisir décadent de l'assassinat, le meurtre pour le meurtre, le geste cracra qui enfreint la loi, juste pour le plaisir d'énerver. Et que celui qui n'a jamais placé un tacle meurtrier par pure gratuité nous jette le premier crampon ! Dans les jeux vidéo, on trouve trace de ce plaisir pervers dès les années 1980. Il a même donné lieu à des « non-simulations » de football, des jeux qui en adoptent la forme mais pas les règles, comme pour mieux mettre en avant, non plus l'importance de la construction collective, mais le plaisir du tacle destructeur. Car si l'histoire des jeux de football est une histoire de la reconstitution des règles complexes de ce sport, elle est aussi l'histoire frondeuse de leur transgression.

Ce qui est possible, ce qui est permis

Nintendo World Cup est ainsi l'un des premiers à avoir marqué les esprits par son positionnement permissif et cathartique. Le jeu, distribué par Nintendo en Europe, a en fait été créé par Tecmo, les auteurs de la série *Double Dragon*, à laquelle *World Cup* est d'ailleurs affilié au Japon. En plein âge du jeu de castagne, des ruelles peuplées de punks anarchistes et de tags « no future », il encourage volontiers la débauche de ruses et de coups bas. L'un des plus célèbres consiste à se placer directement dans les buts adverses – il n'y a pas de hors-jeu – pour attendre le ballon et le fouetter d'un retourné rageur. Une situation spectaculaire, improbable et décalée. Mais le jeu assume également (voire surtout) sa part de virilité rustre : en l'absence d'arbitre, rien n'y est plus naturel que le tacle par derrière.

20 ans avant Zinedine Zidane, le joueur est même amené à se faire de la place à grands renforts de coups de boule. Mais *Nintendo World Cup* n'en a pas la portée, l'intensité ni l'aura. En dépit des apparences, il ne s'agit pas du même geste, en tout cas pas de la même fonction. Le jeu de Tecmo permet de donner

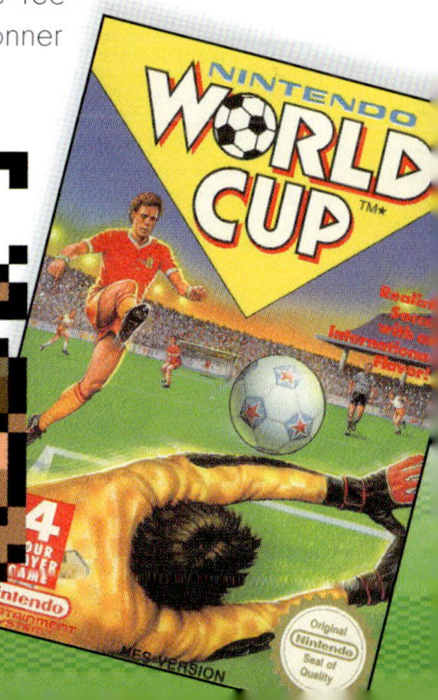

des coups de tête, mais s'avère dénué de règles, d'arbitre et de cartons, le mouvement se révèleant davantage défoulant que transgressif. Dans l'ensemble du jeu, la violence n'est d'ailleurs qu'une commodité, un moyen de marquer, et non un détournement des règles. Or dans un jeu de football classique, il existe une ligne de démarcation nette entre ce qui est possible et permis. Ainsi, tacles, hors-jeu, voire mains ou simulations sont possibles, mais pas permis. C'est dans cette interstice que se niche la possibilité d'une faute, d'une sanction, et d'une provocation. Or l'histoire retiendra que Zinedine Zidane, lui, savait ce qu'il encourrait.

Permissif mais pas transgressif

C'est le paradoxe du jeu cathartique : sans la possibilité du carton rouge, sa violence symbolique est réduite à un acte anarchique et gratuit. Le cœur de la violence ne repose pas dans la violence elle-même, mais dans la sanction qui la punit. Car dans un attentat, c'est elle qu'on connaît, qu'on risque et qu'on brave. La sortie de Schumacher est doublement transgressive : parce qu'elle appelle le carton rouge, en même temps qu'elle est restée impunie.

Pour prétendre au titre de jeu transgressif, un jeu doit offrir des règles à enfreindre, une sanction à risquer. Peu de titres en tiendront compte. La série des *Soccer Slam/ Mario Strikers* (réalisée par la même équipe, conçue avec le même moteur et sur le même modèle) se consacra plus à la construction d'un football fantaisiste qu'à la violation du football traditionnel. *FIFA Street*, qui s'affranchit des arbitres, des stades et des sorties de touche, fait également impasse sur les règles restrictives. Pourtant, de la même manière qu'il met l'accent sur le défi technique et l'humiliation par les dribbles, il ne transgresse aucune des valeurs du football, mais se contente de jouer avec les variateurs : il insiste sur la personnalisation, le défi et le face-à-face. Un sport un peu moins collectif, mais un sport toujours. En retirant toutes règles, et donc toutes possibilités d'infraction, tout comme *Soccer Slam*, il rate la dimension transgressive à laquelle il aurait pu prétendre.

Une érotique du carton rouge ?

Il manque cet élément qui fait le sel de l'attentat réussi : l'excitation du carton rouge. Heureusement, quelques rares jeux ont perçu sa dimension ludique, à l'image de *Red Card*. Ce petit jeu mésestimé joue authentiquement sur les trois moments de la transgression : d'abord, le respect des règles du football, ensuite, la possibilité d'appuyer ses tacles à l'envi, voire d'envolées de karatékas ; enfin, l'incertaine et délicieuse adrénaline de l'éventualité d'une sanction dis-

ciplinaire, coup-franc, avertissement, ou exclusion. Le jeu ne fait pas l'impasse sur les règles : il tourne au contraire autour de leur violation. Une véritable érotique du carton rouge, puisqu'il s'agit de sans cesse flirter avec lui tout en espérant qu'il ne tombe pas. Zinedine Zidane ne rêvait peut-être pas d'une exclusion rouge. Mais en cette 110ème minute du match contre l'Italie, entre son invraisemblable coup de tête, qui n'appartient à aucun geste de football, et son exclusion, qui rappelle la supériorité des lois du jeu, un surprenant pont s'est tendu entre *Red Card* et Zizou. Le meneur des jeux n'a toutefois pas frappé pour le plaisir de l'adrénaline, et son geste singulier, loin de l'associer à un vague *gameplay* arcade et permissif, a au contraire donné lieu, en Flash, à une relecture inédite du football en jeu vidéo.

SEGA Soccer Slam, *SEGA - 2002*

Football, hockey et combat

De *Red Card* et sa répétition des fautes, aux jeux Flash et leur répétition du coup de boule de Zidane, il n'y a qu'un saut de focale. Le premier joue la violence générique, celle de footballeurs lambda, mais dans le cadre d'un jeu de football ; les seconds, eux, déplacent les deux acteurs de la scène sur le champ inattendu du... jeu de combat. Les différentes versions du célèbre coup de tête de Zidane s'inscrivent en effet dans le registre parodique de la référence à des *Street Fighter II*, *Mortal Kombat*, ou encore aux combats de *Final Fantasy*. Le passage d'un *gameplay* classique, celui d'un jeu de football à 11 contre 11, à un *gameplay* d'emprunt, plus proche du *mano a mano* viril, n'est pas une première dans les jeux vidéo. Les simulations de hockey sur glace se sont fait une spécialité de ces phases de combat entre joueurs, lors d'un arrêt de jeu qui dégénère. Deux jauges de vie apparaissent alors, l'arbitre renonce à intervenir, et l'issue de la scène se décide aux poings, à la manière d'un jeu de combat un peu rustre et sans enjeu. En effet, qu'importe le vainqueur, la sanction sera la même : l'exclusion des deux hockeyeurs. Mais alors que dans les jeux de hockey, ces interludes se jouent sur le ton du règlement de compte rituel – répétition du sport-spectacle à l'américaine – les parodies martiales du coup de boule de Zidane tranchent avec une production footballistique habituellement très politiquement correcte. Si dans le hockey, la bataille de crosse est un rendez-vous, au football, le coup de boule est un événement. Or cette violence extraordinaire, le jeu Flash qui nous intéresse, par sa répétition absurde et référentielle, ne fait pas que la répéter : il l'institue en *gameplay*, l'iconise et contre toute attente, la sublime.

Ce qu'un coup de tête a de sublime

Assurément, le coup de boule de Zidane n'a rien à voir avec le beau jeu, tel qu'on l'entend habituellement. Mais de par l'importance du contexte, la dramaturgie de cette finale, l'ultramédiatisation de la scène et la charge symbolique de ce geste, il a fait image bien au-delà du plus beau des buts collectifs. Soyons ambitieux : il relève du sublime, au sens kantien. On doit en effet à Emmanuel Kant d'avoir opéré l'une des plus célèbres distinctions entre les deux principales catégories du plaisir esthétique, le beau et le sublime. Le premier est prétention à l'universalité, reposant sur le plaisir des sens. Au contraire, « *le sublime peut être écrasant, horrible ou informe* », explique le philosophe allemand. Il pense aux paysages romantiques d'une falaise frappée par les vagues démontées, d'une forêt ébouriffée par le vent et l'orage, ou d'un ciel d'hiver lourd, bas et oppressant, qui plongent leur spectateur dans un puissant sentiment, grisant, océanique et oppressant, d'impuissance et d'humilité. Emmanuel Kant était allemand et protestant, il ne respectait rien plus que la puissance divine à l'œuvre dans la nature à l'état brut. Depuis, Météo France et les éoliennes ont quelque peu cassé le mythe des forces naturelles imprévisibles. Mais la société moderne n'a pas tout à fait perdu de sa religiosité : ces héros qui courent en short et crampons, ces génies imprévisibles et capricieux, Messi le farfadet, Cristiano Ronaldo l'Apollon, Zidane l'Orageux, les icônes sportives sont nos nouveaux dieux grecs. De la cuisse de Zeus au crâne de Zinedine, une même fascination est à l'œuvre ; leurs caprices sont divins, notre passion les sacralise. Sublimer, ce n'est pas bêtement trouver ce geste beau, mais dans un même mouvement s'en fasciner, ne pas le comprendre

« ON N'INCARNE PAS ZIDANE LE FOOTBALLEUR, MAIS ZIDANE L'INSOLENT »

et l'adopter. Derrière ce jeu Flash, ce qu'il nous faut finalement saisir, c'est peut-être ce plaisir étrange qu'il y a à rejouer la folie d'un héros, sur un mode qui n'est ni simulation, ni anarchie, mais plutôt celui de la répétition.

Zidane outragé, Zidane humilié, mais Zidane libéré

En effet, ces jeux Flash ne prétendent pas faire revivre la finale et basculer le cours du jeu. Ils jouent au contraire la répétition en boucle du même gimmick iconique. Ils célèbrent quelque chose d'à la fois grandiose, ridicule et fatal, un geste à l'empreinte si forte dans la mémoire collective qu'à peine quelques jours plus tard, il n'est plus vraiment question de le discuter, mais seulement de le reproduire sur le mode de l'hommage rituel et ludique. Le joueur n'est pas là pour incarner Zidane le footballeur, et jouir de sa vista ou de son toucher de balle, comme le proposent les simulations de l'époque . Il s'agit bien plutôt, sans rien changer au résultat, de s'approprier le geste, le parodier, l'entériner et le sacraliser. On n'incarne pas Zidane le footballeur, mais Zidane l'insolent. Avec ces jeux en Flash, le spectateur réapprend à considérer la violence sous la lumière de sa puissance dramatique et tragique. Ce qu'ils proposent à voir avec une jouissance de la transgression, une conscience de la sanction, et une délectation du sens tragique. Dans leur manière humoristique de répéter le geste de Zidane sans le juger, ces mini-jeux rappellent que la violence devient sublime dans la réconciliation. C'est en effet au nom de valeurs supérieures, le respect de la famille, que Zinedine Zidane a légitimé son coup de tête rageur.

FIFA-PES
un drôle de classico médiatique

8

Konami, Electronic Arts et les journalistes français ont tissé des relations ambigües, faites d'intérêts communs, de passion et de méfiance. Entre coups de cœur et coups de Jarnac, récit d'un ménage à trois que tous ont voulu, mais qu'aucun ne maîtrise.

Par William Audureau

- Journaliste -

Un beau jour de mars 2007, dans la lumière feutrée d'un pub irlandais du second arrondissement de Paris, l'auteur de ces lignes atteint, un peu par miracle, les quarts de finale du tournoi *PES 6* des journalistes français. Après m'avoir infligé un cuisant 4-1, Puyo, de *GameKult*, remporte les titres de champion de France puis d'Europe cette année-là. De cette compétition *off*, le site de la *PES League* conserve aujourd'hui encore une trace attendrie. Il évoque ainsi un « *tournoi atypique et si sympa* », où les matchs se déroulent « *entre deux bières, et dans une ambiance conviviale* », avant de remercier le parrain de l'épreuve, Konami, pour ces « *bons souvenirs* », et les journalistes présents d'« *avoir joué le jeu* ». La scène peut faire sourire. Mais n'étaient quelques anicroches sur fond de tacles trop appuyés, l'atmosphère ce jour-là portait en effet à la communion et la fraternité.

L'idée même d'un tournoi entre médias, qui plus est organisé par Konami, aurait pourtant de quoi étonner. Et l'indépendance, alors ? Or ce genre d'événements avait lieu chaque année. Un rituel printanier auquel tous les journalistes se soumettaient volontiers, sans craindre ni pour leur conscience morale ni pour leur réputation, parce que fondamentalement, ces mêmes journalistes avaient longtemps écrit les critiques les plus élogieuses et les plus sincères de la série, souvent au détriment de celle d'Electronic Arts. Comme un symbole des relations ambiguës entre éditeurs et journalistes, en 2008, l'année suivant la consécration de *FIFA 09* dans la presse, le tournoi *PES* des médias ne s'est pas tenu.

À travers ce long article, nous voudrions raconter la lente évolution de cette rivalité entre *FIFA* et *PES*, d'abord bon enfant, et qui au fur et à mesure du succès de *PES*, a acquis une dimension, des enjeux, voire une électricité démesurés. Electronic Arts et Konami, nous le verrons, ont été très actifs dans cette médiatisation, en jouent parfois, et s'en dédouanent dès que les tensions montent. C'est le paradoxe d'un « PSG-OM du jeu vidéo » dont ses acteurs voudraient l'audience, mais sans les retours de flamme de passionnés.

« LES MATCHS SE DÉROULENT ENTRE DEUX BIÈRES ET DANS UNE AMBIANCE CONVIVIALE »

EA est « la grosse Bertha de la simulation »

Des grands désaveux entre la presse et une série, il y en eut principalement deux. Celui de *PES 2008* en 2007, et presque dix ans auparavant, de *FIFA 2000* en 1999. Mais revenons quelques années en arrière. Nous sommes en 1998, année de coupe du monde. Entre septembre 1997 et octobre 1998, pas moins de trois épisodes de la jeune série d'Electronic Arts se sont succédés. Si ce rythme intensif ne surprend plus aujourd'hui, il était nouveau à l'époque, et vaut à la série ses premières critiques extrasportives. « *En un an, EA Sports a cassé nos habitudes d'achat en adoptant un rythme de production déconcertant : FIFA 98, Coupe du Monde et maintenant FIFA 99 ! (...) L'éditeur est en position de quasi-monopole et c'est une façon de nous le faire savoir !* », bondit alors *Joypad*, magazine leader d'opinion du moment, et dont l'équipe continue d'officier aujourd'hui sur le sémillant site *GameBlog*. Cette réputation d'éditeur mercantile vaut très vite au géant américain les railleries récurrentes du magazine. Elles iront de la plaisanterie potache (« *'tain, j'ai tellement fait d'intro sur EA Sports et la série FIFA que là, ben paf, je bloque, j'ai comme qui dirait une panne, quoi. Je vous jure, c'est la première fois que ça*

International Superstar Soccer *Konami - 1994*

m'arrive ! », novembre 1999) à la raillerie corrosive (« *Electronic Arts a pensé que sortir un jeu dédié à la coupe du monde serait une idée juteuse... euh, judicieuse !* », mai 1998), en passant par le sobriquet grinçant (« *la grosse Bertha de la simulation sportive* », *Joypad* de juillet-août 1999).

FIFA-ISS, prémisses d'une rivalité

À la fin des années 1990, et en dépit d'une réputation de plus en plus délétère, *FIFA* passe pour la simulation référence. Sa force de frappe commerciale, bien sûr, mais aussi son rythme qui lui permet de progresser annuellement, souvent par petites touches, lui confèrent une image singulière. Celle d'une série qui préfère frustrer le joueur, pour lui vendre une meilleure version l'année d'après. « *Décidément, il faudra attendre la version 99 pour (peut-être ?) atteindre le sans faute auquel ce* Coupe du Monde *semblait promis* », résume ainsi *Joypad* en mai 1998, évoquant, parmi tant d'autres, « *quelques défauts de maniabilité qui montrent* [que FIFA] *est encore perfectible.* » Son assise médiatique, EA la doit alors pour beaucoup à la renommée encore modeste de la série des *International Superstar Soccer*, ancêtres de *PES*. Non pas que la qualité leur fasse défaut, à l'image d'un *ISS 64* plébiscité par la presse et les joueurs (« *Une majorité d'entre vous l'a élu meilleur jeu de football tous supports confondus* », écrit *GamePlay 64* en mai 1998). Mais elle est pénalisée par les écarts de niveau entre versions Nintendo 64 et PlayStation (imputables à l'inégal talent des deux studios en charge de la série, KCEO et KCET), par l'irrégularité de leur rythme de parution (parfois deux par an, parfois aucun), et enfin par le monopole de *FIFA*, depuis 1996 et jusqu'en 2000, sur la licence FIFpro (qui permet d'exploiter les noms des joueurs professionnels).

Régularité des sorties, droits d'utilisation des noms des joueurs pros, identité de la série... À quelques mois de la coupe du monde en France, Konami avait en effet pris du retard. Mais sous l'impulsion de son studio le plus doué, KCET, et d'un homme, Shingo Takatsuka, l'éditeur s'attèle à le combler très rapidement. Et grâce à *ISS Pro* et surtout *ISS Pro Evolution*, renverse la situation en moins de deux ans.

Joypad et Pro Evolution, la belle idylle

« *De 1993 à 2000, les magazines ont consacré l'hégémonie des FIFA, la série des ISS n'en étant qu'à ses balbutiements* », résume l'actuel chef de produit de la série chez Electronics Arts, Antoine Cohet. Jusqu'au printemps 1999, rien ne laisse imaginer un possible renversement de situation, d'autant que les journalistes se laissent berner par le nom du nouvel opus de Konami, *ISS Pro Evolution*. « *On parle bien d'évolution et non de révolution. (...) Il y avait trop peu de différences techniques entre ISS Pro et ISS 98* » rappelle ainsi froidement *Joypad* en juillet-août 1999. Mais six mois plus tard, au moment du test, le magazine réalise une volte-face impressionnante. « *Autant être franc, après avoir goûté à ISS* Pro Evolution, *il est assez difficile d'apprécier le titre d'EA Sports* », assène *Joypad*.

Le basculement de *Joypad* en faveur de *PES* est d'abord le fruit d'un lent et mesuré désaveu de *FIFA*, qui culmine fin 1999, avec la sortie de *FIFA 2000*. « *Pas de méprise, le titre d'Electronic Arts n'est pas la super déception à laquelle tout le monde s'attendait* (que tout le monde espérait ?), *ni une réactualisation éhontée*, s'excuse le magazine, *mais à force d'exploiter un filon, il s'épuise.* » À la réputation d'éditeur mercantiliste attribuée à EA, les testeurs opposent désormais des valeurs très subjectives, le ressenti, l'expérience, la passion. « *Malgré* [notre] *apparente carapace en béton armé, il nous arrive d'avoir des sentiments... pour certains jeux d'exception. (...) Eh bien nous ne le répèterons jamais assez, dès que nous avons vu ISS Pro Evolution, ce fut le coup de foudre immédiat* », déclame le test du nouveau jeu référence. « *Bon okay, FIFA 2000 est un bon jeu d'arcade, joliment réalisé, complet et tout et tout ; le problème, c'est qu'il ne parvient pas à me faire oublier ce que je vis actuellement sur ISS Pro Evolution* », conclut un autre testeur.

Une particularité française

Le magazine a choisi son camp : celui de Konami et d'un « *style zéro concession, vous poussant à développer vos attaques avec un profond sens tactique. On se situe à des années lumières des patators de FIFA 2000 !* » A l'aube des années 2000, un bon jeu de football se doit désormais d'être une simulation. Cette sensibilité au registre réaliste d'*ISS Pro Evolution* va se répandre auprès du grand public français, au fur et à mesure qu'il évolue en *Pro Evolution Soccer*. Influence du magazine ou osmose avec les attentes des joueurs français ? « *La presse a soutenu ce jeu très tôt, et très fort. Du coup, les joueurs dit prescripteurs, qui lisent la presse et conseillent leurs amis, sont devenus majoritairement pro-PES* », tranche Julien Van de Steene, rédacteur en chef de *Jeux Vidéo Maga-*

Scans : abandonware-magazines.org

zine de 2006 à 2009, alors rédacteur en chef du magazine *PlayPower*. « *C'est à ce moment, avec l'explosion de la PlayStation 2, qu'il y a eu un phénomène "jeu de foot" en France, et c'est naturellement au jeu de Konami que cela a profité.* »

EA et Konami voient plutôt le triomphe de *Pro Evolution Soccer* dans l'Hexagone, aussi bien critique que public, comme l'expression d'une particularité culturelle. « *Ce qui a fait le succès de PES et notamment en France ou dans les pays latins de manière générale, c'est le côté simulation* », analyse Cécile Caminades, responsable communication de Konami France. « *Les pays latins sont effectivement plus attachés à PES qu'à FIFA* », confirme Antoine Cohet chez EA. « *En Italie et en Espagne par exemple, la série de Konami continue aujourd'hui encore d'afficher les meilleures ventes. Dans le même esprit, en Angleterre et en Allemagne, les joueurs ont toujours préféré FIFA même lors de la période faste de PES. Peut-être que la plus-value majeure en termes de banque de données (licences, vrais noms des joueurs, etc.) est plus importante dans les pays où il y a une vraie culture foot, une vraie culture de supporter. Les pays latins sont peut être moins réceptifs à ça et se focalisent plus sur le gameplay.* »

PES 6
Konami - 2006

Véritable succès commercial, *PES 6* s'écoule à plus de 3 millions d'unités sur le marché européen après 10 jours de commercialisation.

2005-2006, la consécration de *PES*

Le succès galopant de *PES* prend peu à peu une dimension imprévue. Il accompagne en effet le développement du marché des jeux de football, secondaire il y a dix ans, majeur aujourd'hui. « *En résumant* », insiste Cécile Caminades de Konami, « *nous sommes passés d'un simple jeu vidéo à une véritable simulation footballistique, devenue pour la première fois en 2005 le premier bien culturel français et considérée aujourd'hui comme un véritable sport virtuel. La série PES est également révélée par les médias comme un phénomène culturel et de société* ». La consécration arrive à partir de 2006, lorsque les grands médias s'emparent de son succès. Ainsi du quotidien national *Aujourd'hui en France/Le Parisien*, qui consacre le 10 octobre une large place à la sortie de *PES 6*, dans un article intitulé « *Un million d'accros l'attendent aujourd'hui* ». Il y est décrit par les journalistes généralistes comme le premier bien culturel vendu. Un abus de langage : le DVD de *Harry Potter* s'est en fait mieux vendu en volume, mais du fait de son prix trois fois moins élevé, a généré moins d'argent au total. Qu'importe : l'événement est dans le titre.

La presse en redemande

C'est dans la presse spécialisée que *PES* prend le plus de place, parfois à travers des biais inattendus pour un jeu de foot, comme l'entretien avec un auteur. Konami communique ainsi à partir de 2003 sur Shingo Takatsuka, dit « Seabass », homme-orchestre de la série autant que porte-parole pour les journalistes. « *Seabass s'occupe de ISS Pro / PES depuis très longtemps* », explique Cécile Caminadès de Konami. « *Il a surtout été mis en avant par les médias qui souhaitaient l'interviewer, notamment la presse spécialisée. C'est une sorte de père spirituel pour PES et les fans le recherchent au même titre que Hideo Kojima pour Metal Gear Solid. Mais je pense que dans plus de 90% des cas, PES a été mis en avant sans Seabass !* ». Un épiphénomène purement médiatique, aux yeux de Julien Van de Steene : « *Les joueurs achètent un nom, une marque, avant tout chose. Dans le cas de PES, je crois que Konami a trouvé ici un moyen de nourrir une presse très demandeuse. Car remettons Seabass à sa juste place dans la communication de Konami : la plupart des joueurs n'en ont jamais entendu parler, ou l'ont oublié sitôt découvert son existence.* »

Plus que les interviews de Seabass, ce sont véritablement les comparatifs entre *PES* et *FIFA* qui serviront de locomotive aux médias. D'autant qu'à partir de *Pro Evolution Soccer*, la série de Konami sort annuellement en automne, et se cale ainsi sur les dates de *FIFA*. Une aubaine pour les différentes revues, qui multiplient alors les confrontations. « *La presse a tout intérêt à ce qu'il y ait une concurrence, ici ou ailleurs* », reconnaît Julien Van de Steene. « *Et elle sait en tirer parti, comme en témoignent les ventes en hausse des magazines lors des chocs FIFA-PES* ». En 2007, alors que *Jeux Vidéo Magazine* vend 73 000 exemplaires en moyenne par mois, la couverture « *FIFA 08 vs PES 2008 : La fin de l'ère PES ?* » attire ainsi plus de 80.000 lecteurs. Ce sera la troisième meilleure vente de la revue cette année-là, derrière un comparatif d'achat pour Noël et un hors-série resté deux mois en kiosque. Car ce classico passionne les lecteurs, et les médias en surjouent volontiers. Dans son dossier « *FIFA 08 et PES 2008 s'affrontent sur PS3 et 360* », *Jeuxvideo.com* évoque d'abord une question « *éternelle* », qui « *se pose quasi-instinctivement depuis toujours.* »

Shingo Takatsuka

DES COMPARATIFS À DOUBLE TRANCHANT

Mais c'est véritablement depuis le soudain rééquilibrage de qualité entre les deux jeux que la presse trouve sa plus grande légitimité à les comparer. « *Le duel FIFA-PES n'en finit plus* », écrit ainsi *Play3-live.com* le 23 septembre 2008. « *En effet, après le retournement de situation exceptionnel qui s'est passé l'année dernière à l'occasion de la sortie de FIFA 08 et de PES 2008, la sortie des deux nouvelles simulations de foot incontournables sur console ne cesse de faire couler de l'encre.* » Les rédacteurs n'hésitent à jouer des métaphores footballistiques. « *PES 2009 vs FIFA 2009 : le match* », titre *20minutes.fr* en octobre 2008. « *FIFA tacle, PES contre-attaque* » pour *Play4ever* dans son test de *PES 2009*. La surenchère pousse même certains sites à user de la métaphore guerrière. Même le blog hi-tech de *LCI*, pourtant généraliste, y va ainsi d'un théâtral « *PES contre FIFA, la guerre du foot aura bien lieu* ». Problème : ces comparatifs de plus en plus nombreux et frontaux s'accordent à remettre en doute la supériorité de *PES*.

« *Vainqueur : FIFA 09* », conclue *JeuxVidéoPC.com*. « *La série Pro Evolution Soccer suit de son côté une courbe descendante, comme en témoigne le moteur du jeu, à mi-chemin entre les machines d'hier et celles d'aujourd'hui.* », assène *MSN.fr*. Plus cruel encore, la meilleure réponse sur *Yahoo.fr*, à la question « *FIFA 08 ou PES 2008 ?* » : « *J'ai toujours été un inconditionnel de PES, mais force est de constater que cette année FIFA est d'après la critique meilleure.* » Le classico médiatique est devenu 2.0 : les tests de la presse sont lus, repris, commentés, déformés, éparpillés, et tandis que *PES* paraissait intouchable depuis six ans, en dépit de quelques opus mineurs comme *PES 2* ou *PES 4*, jamais la baisse de forme d'un épisode n'a été aussi rapidement et largement relayée.

JEUXVIDÉO MAGAZINE EN PORTE-À-FAUX

Cette mise en scène, où *PES* est désormais égratigné plus qu'à son tour, a le don d'agacer l'éditeur Konami, dont la suprématie est pour la première fois menacée. Les relations entre journalistes et éditeurs tendent alors à se dégrader. « *Fin 2007, la presse française reconnaît quasi unanimement la supériorité de FIFA. L'année suivante, retour de bâton : la presse a reçu la version Test de PES 2009 un mois après celle de FIFA 09* », se désole Julien Van de Steene.

Sa revue, *JeuxVidéo Magazine* se résout alors, par défaut, à comparer une version définitive de *FIFA 09* à un échantillon non-finalisé de *PES 2009*, avant de le tester dans les règles de l'art le mois suivant. Pas idéal, pour un comparatif ! Sans accepter de parler de boycott ou de représailles, Julien Van de Steene préfère reconnaître des tensions. « *En 2007, nous avions titré "La fin de l'ère PES ?", ce qui, pour l'éditeur et les distributeurs du jeu, pouvait se lire "La fin de la poule aux œufs d'or ?". Alors oui, eux ne se sont pas gênés pour critiquer.* »

Lorsque l'auteur de ces lignes travaillait pour *JeuxVidéo Magazine*, le responsable d'une grande chaîne de distribution, très intéressé au succès commercial de *PES 2008*, l'avait alors pris à parti, reprochant au magazine de l'avoir noté moins de 15/20, sa réelle valeur selon lui. Pourtant dans le même temps, les clients et joueurs avaient attribué, sur un site marchand très fréquenté, la sanction bien plus sévère, voire ingrate, de 11/20, avec une moyenne de plus de 70% de déçus. « *Rappelons que* PES *n'a jamais été décrit comme un mauvais jeu* », relativise Julien Van de Steene, « *c'est l'événement créé par la supériorité de son concurrent qui a engendré la panique chez les sus-cités.* » Ironie de l'histoire, *JeuxVidéo Magazine* avait noté *PES 2008* exactement 15/20, contre 17/20 pour *FIFA 08*.

A qui profite le match ?

C'est qu'après avoir longtemps bénéficié de l'influence de ce classico médiatique, l'éditeur japonais en passe pour l'initiateur. « *Durant des années, sachant que son jeu était meilleur, Konami a cherché la confrontation : bien que PES sortait chaque année un mois après FIFA, l'éditeur prenait soin d'envoyer les versions tests à la presse un mois en avance* », se rappelle Julien Van de Steene. Une analyse qu'EA accepte volontiers de corroborer. « *Konami a cultivé cette opposition, ce PSG-OM du foot virtuel, pendant sa belle période, pour se valoriser, pour rentrer dans le lard d'EA* », estime-t-on chez l'éditeur de *FIFA*. Mais la position de ce dernier n'est qu'à peine plus pacifiste. « *Même aujourd'hui où l'on a repris le dessus, on n'a pas envie de se taper le torse de fierté* », assure d'abord Antoine Cohet, le chef de produit EA Sports, avant de se féliciter, sans

FIFA 08
Electronic Arts - 2008

peur de la contradiction, que le « *phénomène de revirement, qu'on a vu avec ISS Pro Evolution en 2000, s'est reproduit à l'identique en 2007, en faveur de FIFA.* » Quitte à s'approprier les résultats d'un choc médiatique que l'éditeur prétend ne pas rechercher : « *La presse spécialisée a porté aux nues cet opus* [FIFA 08], *en le notant mieux que son concurrent, ce qui n'était pas arrivé depuis plus de 6 ans.* » « *La presse plus généraliste, plus grand public, a été plus lente à consacrer la passation de pouvoir entre PES et FIFA* », reconnaît toutefois Antoine Cohet. « *C'est seulement avec FIFA 2009 que des magazines comme Métro ou L'Equipe Magazine ont évoqué le retour en force de la série d'EA.* » Après tant d'années dans l'ombre de *PES*, au moins reconnaîtra-t-on à l'éditeur le droit de se payer de sa patience !

Ce classico médiatique, Konami, lui, ne le cautionne pas, ou plus. « *Je ferai le parallèle avec la sortie de nouvelles consoles* », explique Cécile Caminades. « *Les médias parlent souvent de guerre des consoles et nous retrouvons cette notion par rapport aux sorties de FIFA et PES. Ce n'est pas pour autant que Konami attise et met en avant ce côté guerre. Nous prônons d'autres valeurs telles que le fair play, la plaisir de jeu, le loisir.* » Et d'estimer que ce sont « *plutôt les médias qui entretiennent ce mythe et cette compétition entre les deux éditeurs.* »
Après deux années 2007 et 2008 électriques, ponctuées de comparatifs volcaniques, Konami préfère d'ailleurs faire acte de sagesse. « *Parfois, les différences culturelles, l'appréhension des jeux, du côté simulation, etc. peuvent être marquées et créer un décalage. Plus nous vendons de jeux, plus les fans sont nombreux, plus les exigences sont fortes. La passion parle d'elle-même et les réactions peuvent être exagérées dans un sens ou dans l'autre* ».

PES, Olympique Lyonnais du jeu vidéo ?

Au jeu du poker menteur, difficile d'identifier le véritable responsable de cette médiatisation, où les critiques acerbes des journalistes envers *PES* sont à la hauteur de la passion qu'il a longtemps suscitée. Le jeu de Konami semble subir le même destin que Lyon en 2008-2009 : à mesure qu'il devient faillible, c'est la sévérité des jugements qui l'enfonce et le coule. *FIFA* n'avait guère eu droit à meilleur traitement il y a dix ans, mais l'audience cumulée de la presse et des sites web, ainsi que le marché du jeu de football, n'avaient pas encore cette envergure. S'il semble que Konami ait volontiers profité du classico médiatique entre *FIFA* et *PES*, l'éditeur a en même temps adoubé une presse exigeante, fougueuse et regardante. Une presse elle-même emportée dans son allant, sa passion et ses audiences, et qui surjoue d'une métaphore footballistique, le match, voire militaire, la guerre, sans se demander si elles font vraiment sens. En-

Peter Moore
Photo : Electronic Arts

Pour Peter Moore, l'actuel président d'EA Sports,la série de Konami est dans le rétroviseur de *FIFA*

fin *FIFA*, qui marche sur l'eau depuis deux ans, ne voit pas encore le danger de la stagnation qui le guette, et les journalistes snipers qui ont leur arme déjà chargée, le tiennent en joue, et n'auront plus qu'à tirer.

Au final, les dessous ce de classico virtuel sont bien plus confus et complexes qu'il n'y paraît. Chaque année, tant pour les uns que pour les autres, il y a autant à perdre qu'à gagner. La presse a également besoin des éditeurs, car c'est eux qui leur fournissent une grande partie de leur matière : illustrations, interviews (comme ici), et bien sûr jeux. La sincérité des journalistes, souvent perceptible, ne les rend pas pour autant indépendants. A charge des médias de trouver le juste équilibre entre leur passion et l'objectivité, à charge des éditeurs d'apprendre, selon la jolie formule de Kippling, à « *rencontrer Triomphe et Défaite/Et recevoir ces deux menteurs du même front* ». On parle d'un PSG-OM du jeu vidéo ? L'expression collerait davantage à *Kick Off* et *Sensible Soccer*, ces deux vieilles écoles qui n'impressionnent plus depuis longtemps, mais qui ont marqué les mémoires, et continuent de mimer leur vieille rivalité sur un mode inoffensif. Non, *FIFA-PES*, ce serait plutôt Bordeaux-Lyon, soit le retour soudain du champion de France 1999, grâce à un jeu à la fois physique et léché, mais dont on se demande s'il a les reins pour durer, face au lion blessé et vieillissant, celui dont on se délecte du déclin, partagé entre la jouissance d'une icône qui tombe, d'un grand chelem qui finit, et l'attachement nostalgique au plus beau jeu du milieu des années 2000.

En 2008, pour la première fois depuis plusieurs années, le tournoi *PES* n'a pas eu lieu. Quelques jours avant la date prévue, dans un mail dépité, les organisateurs ont en effet annoncé ne pas avoir pu réunir un nombre suffisant de participants. Jusqu'alors, il s'agissait pourtant d'un événement plébiscité par les différentes rédactions, tout heureuses d'en découdre aux manettes d'un de leurs jeux préférés. Cette année-là, la compétition devait avoir lieu en dehors de Paris, où est localisé un certain nombre de médias spécialisés, comme *JeuxActu* et *GameKult*, et à l'opposé de Levallois-Perret, où siègent les nombreuses rédactions de la société *Yellow Media*, anciennement *Future France* (entre autres : *JeuxVidéo Magazine*, *Consoles+*, *Joypad*, *PC Jeux*, *Joystick*, *PlayStation Magazine*, etc.). La distance a servi d'excuse à de nombreux journalistes. Mais le problème est ailleurs. La popularité. Depuis quelques mois, mon groupe, *Future France*, était devenu à *PES* ce que *L'Equipe* est depuis deux ans à Jean-Michel Aulas : une force de contestation, un poil à gratter, un censeur, un passionné, bref, un avis dangereux. Mais comme les journalistes sportifs regrettent, au fond, les épopées européennes de l'Olympique Lyonnais des belles années, et combien ils espèrent leur retour ! Je peux bien vous l'avouer, maintenant : ce petit tournoi journalistique de mars 2007, c'était sympa.

hattrick

La GUERRE entre en JEU

9

En envahissant le Liban en 2006, l'armée israélienne a aussi franchi la frontière entre réel et virtuel... Les répercussions du conflit sur le jeu de football en ligne Hattrick *n'ont en tout cas pas été neutres.*

Par Sylvain Zorzin
- Chroniqueur -

Hattrick
ExtraLives - 1997

À Beyrouth, le « Skydome » tient encore debout. Avec ses 50.000 places (dont 1.250 places en loges VIP), il a été épargné par les bombardements. Et pour cause : le Skydome est un stade virtuel. Tout comme les joueurs de division 1 libanaise qui y évoluent. Hasard du calendrier : il a même accueilli l'équipe de France pour les qualifications pour la Coupe du Monde, selon des règles qui diffèrent légèrement de celles de la FIFA.

Au cœur d'un monde où une ville comme Paris peut accueillir une centaine de stades de 10.000 places, on ne trouve guère qu'une seule chose de réelle : les utilisateurs. Dans *Hattrick*, ils sont près d'un million à se connecter régulièrement à ce jeu en ligne. Une « communauté » gigantesque, composée de plus de cent dix fédérations nationales, de la Suède (patrie de ses concepteurs) à l'Arabie saoudite en passant par le Pakistan. Alors, quand une guerre enflamme le Proche-Orient, comme ça a été le cas entre Israël et le Hezbollah au Sud-Liban, ce sont autant de joueurs, autant de nationalités, de religions qui peuvent se connecter en même temps. En de telles circonstances, le « virtuel » s'empresse vite de rattraper la réalité. Au début du mois d'août 2006, l'UEFA avait décidé qu' « en raison du conflit qui sévit dans la région d'Israël, aucun match de compétition ne pourrait avoir lieu dans le pays jusqu'à nouvel ordre »- la faute, entre autres, aux roquettes du Hezbollah qui atteignaient le nord d'Israël. Mais, s'ils n'ont ni détruit les stades informatiques et ni épouvanté les équipes virtuelles, les bombardements, aussi bien ceux du Hezbollah que de l'armée israélienne, ont atteint, indirectement, le cœur de la communauté *Hattrick*. Ainsi, Karim-Atef Salloum, champion du Liban et propriétaire du Skydome, a fui son pays pour rejoindre le Canada, d'où il continue de diriger son équipe. De ces jours de guerre, il se souvient : « *Nous étions assis dans notre living-room. Nous entendions les bombes s'écraser sur le sol de notre pays. C'était vraiment difficile pour nous tous, et encore plus difficile de jouer à Hattrick.* » Sélectionneur de l'équipe nationale du Liban lorsque la guerre fait rage, James - de nationalité néerlandaise - précise : « *Avant la guerre, je recevais des messages quotidiens à propos de l'équipe nationale, de mes choix, etc. Puis, quand la guerre a débuté, les messages ont diminué. Ceux qui, par la suite, sont revenus sur le forum avaient trouvé un refuge à l'étranger ou ailleurs, chez des amis ou des parents.* »

« *HATTRICK* NE PRENDRA JAMAIS POSITION DANS DES PROBLÈMES DE POLITIQUE DU MONDE RÉEL »

Débats explosifs

Si la guerre déplace les joueurs comme elle déplace les populations, elle peut tout autant attiser leur colère et leur haine. En même temps que l'UEFA décide de déplacer les matchs d'Israël en terrain neutre, les créateurs de *Hattrick* ouvrent leur page de garde avec un édito très ferme : « *RAPPEL IMPORTANT. Dans Hattrick, il est strictement interdit de publier des images/textes comportant de la politique et/ou du racisme via vos logos d'équipe et communiqués de presse. (...) Avec les problèmes actuels au Moyen-Orient, nous avons noté une augmentation inquiétante de ces actes injurieux. CELA DOIT CESSER !!! Hattrick ne prendra jamais position dans des problèmes de politique du monde réel.* »

« *Traditionnellement, il y a toujours eu des échanges violents entre Juifs et Arabes. Ces problèmes étaient relativement rares et faciles à résoudre. Mais après le début de la guerre, nous avons été confrontés à un véritable raz-de-marée* », confirme Yoram Lichtenstein, modérateur de la conférence israélienne et *gamemaster*. Cet édito était volontairement virulent, explique Johan Gustafson, l'un des créateurs et développeurs du programme. « *Dans les jours qui ont précédé sa mise en ligne, nous avions vu les débats se multiplier autour de cette guerre et de la guerre en général. La plupart des messages étaient corrects, mais certains glissaient vers le politique et le religieux, en des termes souvent agressifs, provocateurs. Nous avons préféré intervenir avant que la situation ne nous échappe complètement et ne dégénère.* » Et de citer les exemples précédents – Onze septembre, ex-Yougoslavie, rivalité traditionnelle entre Grèce et Macédoine ou provinces espagnoles réclamant leur indépendance –, qui ont permis de retenir quelques leçons sur la façon de gérer ces « débats explosifs ». De fait, même si les douteux Al Qaeda Sport Center et Al Aqsa Martyr Stadion ouvrent encore leurs portes et que certains messages demeurent dans les « livres d'or » – tels ce « Go Israel go! Kill all t*rr*rists! », ou ce lien vers un site de propagande anti-israélienne que donne le sélectionneur de l'équipe de Grèce (avant de faire un lien entre une citation de... Charles Manson et l'extermination par Dieu du Peuple élu) –, les modérateurs et gamemasters (environ quatre cents collaborateurs *Hattrick*, répartis dans le monde entier) ont su effacer les étoiles de David formées de croix gammées, les appels à la destruction d'Israël ou à la haine contre les musulmans.

Sentiment de culpabilité

Mais comment du football « virtuel » peut-il déclencher des réactions aussi violentes ? « *Le football est déjà une bulle en soi, et il est largement utilisé par les médias et les politiques comme un succédané de la vieille recette romaine ('du pain et des jeux du cirque' pour satisfaire le peuple). Le monde du football placé dans un monde virtuel, c'est une sorte de virtuel au carré* », explique Philippe Quéau, directeur de recherche sur la société de l'information à l'Unesco et cofondateur du salon Imagina.

Et, appliquées à la guerre au Liban, les haines sont tout aussi décuplées. « *Apparemment, vivre dans le virtuel n'est pas suffisant : il y a comme un malaise ou une culpabilité à délaisser le réel pour se réfugier dans le virtuel* », poursuit le chercheur. Avant d'ajouter : « *Quand des événements vraiment graves arrivent, comme la dernière guerre au Liban, cette culpabilité se réveille, et alors le monde réel*

revient en force dans le virtuel. La bulle virtuelle, soi-disant protectrice, éclate, et les vieux démons de la réalité s'emparent des esprits pour exiger leur dû.* » Et tandis que Karim-Atef Salloum affirmait vouloir « *seulement essayer de transposer [sa] vie dans ce jeu pour oublier le chantier sinistre qu'est devenu Beyrouth* », d'autres laissent libre cours à leurs passions destructrices.

Au-delà de la sanction immédiate des attitudes les plus intolérables, la question essentielle est celle de la position à adopter face aux réactions que suscite un conflit de cette ampleur. Pour tous les responsables interrogés, un seul mot dicte l'attitude à avoir : la neutralité. « *Nous avons cherché un niveau 'moyen' de tolérance, qui puisse satisfaire tout le monde* », précise Johan Gustafson. « *Certaines conférences nationales ont certes des conceptions larges de la liberté d'expression, comme le Danemark. Mais rester neutre, ne pas prendre parti, voilà une ambition noble.* » Ahmed Salah, modérateur égyptien en charge d'un grand nombre de communautés arabes (Irak, Algérie, Maroc, Jordanie, Bahreïn, Iran, Liban, Egypte, Arabie saoudite, Tunisie, Emirats Arabes Unis) confirme pour sa part : « *Nous devons être neutres, car nous sommes les portes-parole du jeu, qui prône le respect de tous* ».

« Neutralité volcanique »

Une neutralité que conteste Philippe Mora, membre du Laboratoire d'anthropologie et de sociologie (LAS) de l'université Rennes-2,

spécialiste des liens entre sport et jeux vidéo : « *Les organisateurs et la plupart des joueurs de Hattrick semblent installer une neutralité volcanique, un apaisement de façade pour pouvoir continuer à jouer mais on sent que cela pourrait se fissurer voire exploser si la pression devenait plus forte. En effaçant simplement les messages, peut-être laissent-ils d'une certaine manière les choses s'autoréguler ? Jusqu'au prochain problème ?* »

D'autant qu'il peut paraître très subjectif de faire la différence entre un message de propagande « acceptable » et un qui entraîne avertissement ou sanction. « *Les manifestations patriotiques, comme les drapeaux, sont permises, mais pas question de détourner les symboles d'autres pays* », précise – ou tente de préciser – Yoram Lichtenstein.

Plus encore, en glissant que « *le Proche-Orient est une de ces régions où tout peut être sujet à discussions sans fin* », Johan Gustafson rappelle combien l'histoire d'Israël, de la Palestine, de cette zone du globe est terriblement ancienne et douloureuse. Et donc qu'une telle guerre ne peut pas avoir les mêmes répercussions qu'une « banale » crise politique. Yoram Lichtenstein a ainsi cette phrase: « *Être neutre ? Non, je ne peux pas l'être. Mais je dois le rester dans mon travail.* » Phrase à laquelle Karim-Atef Salloum fait écho avec encore plus de force : « *Certains joueurs israéliens sont encore à me proposer des matchs amicaux. C'est tout simplement inacceptable.* » Ancien sélectionneur du Liban, il fait même le lien entre la situation de son pays, « jouet dans ce conflit du Proche-Orient » et la situation de l'équipe nationale *Hattrick*, alors dirigée par un Néerlandais : « *Beaucoup de joueurs n'acceptent pas que la situation politique se propage dans l'univers de Hattrick. C'est pourquoi le prochain sélectionneur sera libanais, j'en suis persuadé.* » De fait, depuis que l'interview a été réalisée, Karim-Atef Salloum a retrouvé son poste de sélectionneur. Son opinion a beau paraître radicale, elle démontre combien le jeu peut servir de dérivatif à tous ceux qui vivent la situation dans leur chair.

« CHACUN DOIT SE CONTENTER DE FAIRE APPLIQUER LA RÈGLE: NI POLITIQUE, NI VIOLENCE »

Comprendre l'autre ?

De par sa position centrale sur la plupart des pays du Proche et du Moyen-Orient, le modérateur égyptien Ahmed Salah offre ce constat : « *La grande majorité des utilisateurs arabes de Hattrick partagent la même opinion sur ce qui se passe au Liban, mais aussi en Palestine ou en Irak. Ils refusent tous la guerre, mais si Israël et leur allié américain souhaitent poursuivre la guerre, ils défendront tous leurs terres. Ils ne céderont pas.Être modérateur, c'est sentir la colère de tous ceux qui s'opposent à cette situation.* » Avant de souligner : « *Un modérateur israélien ne pourra quasiment jamais intervenir dans la conférence d'un pays arabe, et inversement. Chacun doit se contenter de faire appliquer la règle : ni politique ni violence.* »
Ainsi Philippe Mora s'interroge-t-il: « *Que voit-on finalement: des dirigeants qui restent neutres mais qui pour beaucoup seraient sans doute prêts à faire la guerre le cas échéant – de même pour les joueurs... Un cloisonnement ethnique et national des utilisateurs de Hattrick (le fameux mélange par le réseau, on voit bien que ça ne marche que sous certaines conditions)... On retrouve la question épineuse: le sport est-il un moyen de compréhension de 'l'autre' ?* » Et de rapprocher cette « neutralité » de celle qui a consisté à attribuer les Jeux Olympiques 2008 à Pékin...

Si l'on pousse les questions un peu plus loin, on constate que Johan Gustafson remet lui-même en cause cette neutralité : « *J'ai parfois l'impression que nos utilisateurs attendent que nous contribuions un peu au bien de cette planète. Déjà plusieurs utilisateurs ont lancé des initiatives en faveur de la paix. Et c'est quelque chose que nous aimerions étudier à l'avenir.* » Les Casques bleus se couvrent de pixels. ■

hommage

hommage

Par Jean-Etienne Poisot
et Axel Song
- Cahiersdufootball.net -

FIFA 09 et l'art subtil du commentaire sportif

10

Les dernières simulations d'EA, marquées par le très bon duo Hervé Mathoux et Franck Sauzée, permettent de mesurer les progrès réalisés par les speakers virtuels, tant en terme d'intensité que de pertinence. Ficelles narratives, morceaux choisis, et perspectives futuristes.

Les simulations sportives tendent vers toujours plus de réalisme. Mais le réalisme du point de vue télévisé. Angles de vue, incrustations, présentation des équipes, c'est le fantasme du téléspectateur, souvent un footballeur frustré, qui est mis en scène. Alors tant qu'une chaîne de télévision n'aura pas fait le choix radical de se passer de commentateurs pour la retransmission d'une rencontre de football et de laisser simplement les micros branchés sur la clameur d'un stade, la grande majorité des fans de foot et de jeux vidéo qui souhaitent « refaire le match » depuis leur canapé seront toujours tentés, dans un réflexe pavlovien, de laisser une voix familière adouber chacune de leurs actions manette en mains.

Les éditeurs l'ont bien compris, s'assurant, année après année, la signature d'habitués du petit écran pour pousser des vocalises. De Thierry Rolland à Eugène Saccomano, en passant par Thierry Gilardi, Grégoire Margotton, Cyril Linette, Rémi Garde, Stéphane Guivarch, Jean-Luc Arribart, Jean-Michel Larqué, Denis Balbir, Olivier Rouyer, David Ginola ou encore Paul Le Guen, tous ont fait don de leur organe à la communauté des amateurs de ballon virtuel. Avec plus ou moins de bonheur et presque toujours sous la forme d'un duo. Un attelage formé sur le même modèle que dans la réalité : à un journaliste sportif « maître de cérémonie » est ainsi systématiquement accolé un consultant - généralement un ancien joueur de haut niveau - chargé d'apporter ses « lumières techniques » sur la rencontre. Pour leur opus 2009, les deux mastodontes de la simulation de foot sur console - *FIFA* et *PES* - n'ont pas dérogé à la règle, faisant chacun appel à un couple de « célébrités » : l'inédit duo Christian Jean-Pierre - Laurent Paganelli côté Konami, et surtout la paire Hervé Mathoux - Franck Sauzée côté Electronic Arts, reconduite après un essai concluant sur *FIFA 08*.

Un métier particulier

Comme à la télévision, le commentaire dans une simulation de football est avant tout contextuel. C'est une phase de jeu, une situation donnée, une action réalisée voire l'inactivité du joueur qui, au cours d'une rencontre, va délier les cordes vocales des hommes de micro et ne pas leur faire seulement psalmodier des noms de joueurs. L'obstacle principal à franchir pour faire de cet habillage sonore un véritable atout est donc bien identifié : la lassitude auditive du *gamer*,

Photo : TF1

■ Célèbre journaliste et commentateur sportif français, Thierry Gilardi a prêté sa voix pour certains jeux de la gamme *FIFA* d'Electronic Arts. Ici, dans *Coupe du Monde FIFA 2002*.

Pro Evolution Soccer 2009
Konami - 2008

provoquée par la trop grande répétitivité des textes, leur absence de variété et l'éventuel ton lancinant employé par les commentateurs.

Sur ce terrain, dans la continuité des éditions précédentes, Electronic Arts s'est donné, avec *FIFA 09*, les moyens de muscler ce compartiment du jeu, Franck Sauzée et Hervé Mathoux ayant manifestement passé de nombreuses heures loin de leur famille à déclamer des pages entières de textes enfermés dans un studio d'enregistrement. S'échinant, entre autres, à décrire un même événement en variant les formulations. Ainsi, un avertissement, une expulsion, une remise en touche ou bien encore un coup de pied de coin n'est pas commenté de la même façon d'un match à un autre voire dans la même rencontre. À titre d'exemple, l'annonce d'un remplacement peut varier selon le poste, le pedigree du joueur invité à rejoindre les vestiaires ou encore le moment du match (« *Et c'est donc un milieu défensif qui sort en la personne de Toulalan* » ; « *Y'a beaucoup d'animation autour du banc de touche, va y'avoir du changement* » ; « *Il joue son va-tout avec ce remplacement* » ; « *Il voit que son système ne fonctionne pas alors il change* », « *Un joueur de Lyon va céder sa place* » etc.).

Le journaliste sportif Christian Jean-Pierre et Laurent Paganelli, ex-joueur de l'A.S. Saint-Etienne, forment un duo survolté dans *Pro Evolution Soccer 2009*.

Autre ficelle utilisée pour atténuer l'effet répétitif : la différenciation des types de centres ou de passes exécutées afin de leur accoler le qualificatif adéquat (en profondeur, lobé, ras de terre, etc.) et donner ainsi l'illusion de coller véritablement à l'action. Même chose s'agissant des tirs, le commentateur pouvant aussi être amené à ajouter le nom du tireur et à mentionner le fait que ce dernier a réalisé un doublé ou était sur le point de le faire. La façon même de marquer pourra être commentée de différentes façons. Un but de raccroc pourra ainsi être qualifié de « *véritable but de fouine* ». Le même soin est apporté pour les actions défensives.

Un arrêt du gardien ou un tacle sera ainsi commenté de diverses manières tenant compte de l'intensité du geste réalisé, que l'intervention ait été « très propre » ou exécutée à l'arrachée. Hervé Mathoux s'époumonant alors pour expliquer que « *oooh sur ce coup là, il est allé au casse-pipe* » ou encore que le défenseur « *a payé de sa personne !* ». Au passage, on remarquera que le journaliste de Canal + dispose également de toute une palette de qualificatifs pour instiller un semblant d'émotion en cas de situation chaude. Sans jamais tomber dans les hululements au bord de l'apoplexie d'Eugène Saccomano dans *FIFA 06*, il monte ainsi facilement dans les aigus pour glapir une grande variété de termes choisis (« *Whooo très dangereux ce ballon qui se balade* » ; « *Personne ne peut plus l'arrêter maintenant* » ; « *Oh le danger dans la défense* » ; « *Tout près de la zone de vérité* » ; « *Il est tout seul ! il est tout seul !* »), avec une voix de sauve-qui-peut.

Un duo qui sait flatter... ou taquiner

Mais le commentaire dans *FIFA 09* n'est pas que purement descriptif. Au-delà des modestes « lumières techniques » de Franck Sauzée - assénées avec le ton de l'alchimiste expliquant le secret de la pierre philosophale ou du tonton de Provence racontant une histoire au coin du feu -, le duo apporte ainsi quasiment sur chaque phase de jeu un jugement de valeur. Chacun ajoutant le prénom de l'autre pour donner l'illusion d'un dialogue et n'hésitant jamais à brosser le *gamer* - ou son adversaire - dans le sens du poil. Ainsi, un geste « *astucieux* », un « *bon appel* », un « *bon comportement* », une « *belle inspiration* » ou une « *bonne anticipation* » seront salués d'un ton appréciateur. Les plus habiles auront même droit à des déclarations enflammées proches des combustions spontanées de certains commentateurs à la télévision devant les arabesques des hommes en short. Franck Sauzée surjouant par exemple l'admiration en avouant que, lui, « *ça* (le) *laisse baba, regardez tout y est, la lucidité,*

« FRANCK RIBÉRY DANS UNE CHEVAUCHÉE DONT IL A LE SECRET ! »

le sang-froid, l'application surtout, le geste parfait pour conclure une belle action ». Inversement, les duettistes peuvent aussi se faire plus venimeux. Ainsi, une passe pourra être qualifiée, d'un ton badin, d'« *un p'tit peu téléphonée* », un centre d'« *un p'tit peu raté* » ou encore un dégagement de « *pas très académique* ». Le ton pourra se faire plus sépulcral pour confirmer qu'un ballon vient d'être perdu voire carrément sarcastique (« *La défense est complètement à la rue* » ; « *Quel cadeau, là, c'est rare à ce niveau !* » ; « *Tout le monde peut s'tromper, hein !* » ; « *Il perd la balle... normaaal* » etc.) ou second degré (« *Oh la belle passe* » - la passe s'avère ratée - « *Il suffit que je dise ça...* » ; ou encore « *Oui bien anticipée... oh j'ai rien dit !* »).

Au pire, plusieurs séquences sonores sont même proposées quand le spectacle n'est pas au rendez vous, Hervé Mathoux et Franck Sauzée rivalisant de qualificatifs pour sortir le joueur de sa coupable torpeur (« *C'est pas folichon, ce match* » ; « *Une période assez ennuyeuse, c'est un euphémisme* » ; « *On n'est pas loin du non-match, là* » ; « *On espère que le pire est passé* » ; « *45 minutes insipides* » ; « *C'est un véritable cauchemar* », etc.) ou franchissant même allègrement les frontières du n'importe quoi pour se lancer dans des dialogues surréalistes sur la rage de dent du chien d'Hervé Mathoux, les douleurs lombaires et les vacances de Franck Sauzée. Ou bien encore « ce petit resto du centre ville » dans lequel l'ancien phocéen aime bien manger.

Les clins d'œil aux puristes

La richesse des commentaires dans *FIFA 09* se retrouve également dans les multiples clins d'œil adressés aux puristes du ballon rond. Avec des commentaires personnalisés pour les joueurs les plus cotés (« *Eh oui, le but de Gomis! La panthère a encore frappé !* » ; « *Luca Toni, un des meilleurs joueurs de tête du continent* »; « *Franck Ribéry dans une chevauchée dont il a le secret* »). Mais aussi des anecdotes, sur un joueur (« *Ah Diego qui s'est un peu précipité avec cette frappe... quoiqu'il a marqué il n'y a pas très longtemps un but de 50 mètres avec le Werder* »), un stade (Anfield, le Vélodrome, San Siro, le Parc des Princes, etc.) ou une équipe (par exemple Liverpool, ses supporters et leur hymne, « *You'll never walk alone* »). Du miel pour les oreilles, qui finira, toutefois, par écœurer celui qui, à force de jouer avec les mêmes équipes, aura droit aux mêmes anecdotes à chaque match. Il y a fort à parier, par exemple, que tous les fans du PSG n'en peuvent déjà plus d'entendre, à chaque fois qu'ils prennent le

Hervé Mathoux

contrôle de leur équipe fétiche pour un match à domicile, que le Parc des Princes a abrité en 1991 un match de l'équipe de France au cours duquel Franck Sauzée a marqué un but éclair, d'autant que la même anecdote était déjà servie dans le millésime 2008.

Quid, enfin, de l'énonciation des noms des joueurs, qui, pour les commentateurs de football réel ou virtuel, constitue la rampe à laquelle se raccrocher entre deux analyses de plus ou moins haut vol ? Hervé Mathoux s'en sort plutôt bien, chantant sur tous les tons des ribambelles de patronymes de tous les pays sans jamais se claquer la langue et en variant même parfois d'un iota les formulations pour les joueurs les plus cotés. Celui qui prend les commandes du Barca entendra par exemple le nom de son prodige argentin dans un habillage particulier : « *Et Messiii maintenant* », « *Lionel Messiiii* », « *Et avec Messiiii* » etc. Un petit rien qui, à l'oreille, contribue à donner l'illusion d'une certaine fluidité. Et constitue une mélopée rassurante pour les habitués des retransmissions télé.

Lionel Messi dans *Pro Evolution Soccer 9*.

AU-DELÀ DE *FIFA* : LE CHOIX DE LA LANGUE

Pour un *FIFA 09* aux voix soignées, combien de versions ratées, soit chez la concurrence, soit dans le passé de EA. Si l'on ajoute à cela une frange de puristes que l'exercice du commentaire irrite par nature, subir n'est pas la seule option. Grâce à Seabass (surnom de Shingo Takatsuka, concepteur des *PES*), ou grâce à Dieu, c'est selon, on peut commencer par les désactiver. Si l'environnement sonore est suffisamment soigné (chants des supporters, pression du public à domicile...) et c'est la marque de fabrique EA, le joueur retrouve l'expérience du stade, avec l'infini plaisir de pouvoir faire taire le public d'icelui pour peu que l'on joue, et gagne, avec l'équipe des visiteurs. Mais même le janséniste du spectacle footballistique a parfois besoin de cette petite musique vocale. Notamment quand elle peut satisfaire son imaginaire, biberonné aux matchs étrangers vus, ou entendus, en VO. Les "*goooooooooooooooooooooooooooooooooooal* " des commentateurs latins, généralement sud-américains sont donc également téléchargeables et sélectionnables (brésilien ou portuguais, espagnol..), tout autant que les "*oooh, what a tackle*" admiratifs de nos amis anglais férus de glissades sur short, ou les exclamations germaniques renvoyant au souvenir masochiste de l'affrontement de Séville, vu de l'autre côté du Rhin. Le choix de la langue du

Shingo Takatsuka

commentaire n'est donc pas anodin; il illustre les préférences et personnalise l'expérience du joueur passionné. Un choix fort, et surtout la possibilité de varier régulièrement les langues pour conserver la musicalité et repousser la lassitude issue de la répétitivité endurée par le *hardcore player*. Des possibilités de personnalisation et un goût de l'idiosyncrasie qui donnent peut-être un avant-goût des commentaires dans les jeux vidéo du futur...

Vers les guignols du micro

La tendance, en effet, pourrait consister à verser encore plus dans la caricature. Le jeu vidéo agit déjà comme un miroir déformant de la réalité du commentaire sportif d'aujourd'hui. À cet égard, on frémit par avance à l'éventuelle intégration d'un journaliste de terrain ou plutôt de pelouse, à la manière de David Astorga, qui tenterait d'exister par la délivrance de tout un tas de statistiques ou d'observations parfaitement indispensables, comme la puissance extraordinaire du regard que porte l'entraîneur aux arbitres. Autre mutation possible pour les speakers virtuels : la désignation par eux d'un bouc émissaire, autrement dit l'acharnement sur un joueur à chaque fois qu'il toucherait le ballon ou qu'il s'apprêterait à l'avoir... et inversement, l'adulation outrancière, avec orgasmes intégrés à chaque prise de balle. Histoire d'accentuer l'effet comique, des joueurs comme Daniel Moreira ou Fabrice Pancrate seraient préférés à Lionel Messi ou Thierry Henry pour ces séquences de priapisme verbal. Toujours pour creuser la piste du second degré, les hommes de micros pourraient se mettre à écorcher certains noms de joueurs, à hurler « *buuut* » alors que le joueur en position de marquer n'a même pas encore armé son tir (dans le souci de démontrer leur prescience, une spécialité de certains commentateurs bien réels), cesser un instant de s'intéresser au jeu pour poser des question SMS totalement idiotes ou encore assurer, avec une mauvaise foi chevillée au corps, des commentaires parfaitement partisans, prenant fait et cause pour ou contre le *gamer* et réclamant des fautes ou des cartons

« ET MESSIIII MAINTENANT ! »

à tout va. De quoi faire des commentaires un véritable élément du jeu, propre à provoquer quelques lancers de manette à travers son salon, à l'instar des soubresauts de capsules de bières provoqués par le chauvinisme et les analyses péremptoires des nos voix *off* télévisuelles habituelles.

Mieux que YouTube, YouComment ?

L'essence du jeu vidéo, c'est l'incarnation et l'interaction. Le « je » tue le « il », le joueur prend le pouvoir et incarne lui-même ce qu'auparavant il se contentait de regarder et d'écouter. Quel futur pour les commentaires dans un monde vidéoludique souvent innovant ? En fait, les voies d'avenir du commentaire de jeu vidéo de football ne sont pas impénétrables et plurielles. Car il y a le jeu en réseau. Affublé de son casque, le footballeur en pyjama recrée les conditions d'une bonne partie en multi dans son salon, expérience de jeu qui n'est pas le mode idéal pour savourer la belle élaboration des actuels commentaires. Mais contrairement aux parties à plusieurs en chair et en os, le joueur en réseau ne peut joindre le geste donc a tendance à développer sa parole (si tant est qu'il connaisse son interlocuteur). Avec l'oreillette du casque collée à l'oreille, les sons venus du téléviseur ne sont plus qu'une simple petite musique de fond. Dès lors que le nombre de joueurs en réseau dépasse les trois personnes, ces lointains gazouillis oscillent alors entre le dispensable et le pénible. Adieu CPU et scripts élaborés, bienvenue au commentaire moqueur de l'adversité.

Une autre voie mixe les deux mamelles du trentenaire des années 2000, la nostalgie et la personnalisation : l'ère est au tuning, à la customisation, tout se doit d'être unique. Les *PS2* n'étaient pas seulement pucées pour pirater des copies gratuitement, mais également pour permettre au joueur d'accroitre la mainmise sur son univers de jeu. Les menus, le fond d'écran, les musiques, tout était modifié par le PESiste, par nature jusqu'au-boutiste et déjà très friand de reconfiguration : les équipes, les logos, les maillots et surtout la reconstitution des vrais noms exclus des licences obtenues par Konami. Modification du paradigme ludique pouvant aller jusqu'à rajouter des extraits en MP3 issus des faits de gloire de l'histoire du commentaire de football (Thierry et Jean-mimi s'écharpant, *off*, sur le nombre corrects de places à accorder au petit personnel pendant le chargement de la console). L'on serait certainement nombreux à vibrer plus que la manette avant un tir au but, en entendant le tonitruant « *Vas-y mon petit bonhomme* » de la voix éternellement enthousiaste de Mr Roland. Et que n'éprouverait-on pas lorsque, celui-ci ayant cogné la transversale, l'on s'entendrait dire « *C'est pas toi qui l'as raté, c'est la barre qui l'a renvoyée !* » au son de la rocailleuse voix de feu M. Gilardi ? Et avec *Singstar* qui a fait de nous des chanteurs, *Guitar Hero* des rockeurs ou *Scene It* des acteurs, le champ des possibles est ouvert. *Football Manager* a prospéré sur l'idée de nous faire occuper d'autres rôles que celui du footballeur. Pourquoi ne pas imaginer la possibilité d'enregistrer ses propres commentaires qui se diffuseraient pendant nos propres parties ? L'ego trip ultime du *gamer control freak* pourrait se réaliser. Il crée puis joue son personnage sur le pré, il entend ses propres commentaires pré-enregistrés sur les actions de jeu qu'il lance, se fait des éloges pour augmenter sa valeur marchande et maximiser son transfert vers le club qu'il va diriger via son interface de gestion. CPU *is dead*, mais il ne le sait pas encore. ■

« AVEC L'OREILLETTE DU CASQUE COLLÉE AU TYMPAN, LES SONS DU TÉLÉVISEUR NE SONT PLUS QU'UNE SIMPLE PETITE MUSIQUE DE FOND »

Liu Yuki, pour la promotion de *FIFA Online 2* en Chine.

TV et simulation

Les jeux de football comme PES et FIFA se rapprochent chaque année un peu plus de la réalité d'une retransmission télé. Mais ce réalisme qu'ils offrent à voir et à jouer contient sa part de fantasme, comme une emprise sur le jeu qui dépasse celle de l'entraîneur et des footballeurs réunis. La simulation est un mirage.

Par Martin Lefebvre
- Chroniqueur -

FIFA 09

Collez un jeu de foot entre les pattes d'un néophyte, aussi connaisseur du sport soit-il, et le voici désorienté. Assez rapidement risque de lui venir à la bouche la question : « *Je suis qui ?* ». Sans le savoir, le débutant pose à la représentation ludique du football une question décisive : celle de la place assignée au joueur, du point de vue et de l'influence qui lui sont conférés.

Doom, Mario ou *Civilization* ?

On connaît les grandes focales vidéoludiques : première ou troisième personne, selon l'emplacement de la caméra relativement à l'avatar qu'incarne le joueur. Le point commun entre la première personne de *Doom* et la troisième de *Mario* est d'ancrer la vision sur le personnage agissant. Les jeux de stratégie, quant à eux, adoptent la perspective cavalière, qui offre une vision globale, permettant au joueur de manipuler à sa guise les objets en son pouvoir. Cette panoptique, qui permet de voir sans être vu, d'agir sans appartenir au monde du jeu, est essentiellement une vision du pouvoir : dans *Civilization* par exemple, le joueur se fait conscience nationale, génie d'un peuple, guidant d'une main invisible, extra-diégétique (hors du récit) le devenir historique de son camp, devenir qui trouve évidemment sa raison d'être dans la domination des autres nations.

Entre vue globale et première personne...

Le football a tout de la représentation guerrière, codifiant sous la forme d'un jeu des stratégies militaires (ne serait-ce que lexicalement, le football a ses « lignes », son « attaque », sa « défense »), miniaturisant sur la pelouse les tensions ethniques et sociales (exacerbées lors des derbies par exemple). En ce sens, il faut évidemment se référer à l'analyse du sociologue Christian Bromberger (*Le Match de Football : ethnologie d'une passion partisane*), qui s'intéresse notamment aux derbies et autres rivalités (Naples-Juve, Juve-Torino, Marseille-Bordeaux) comme expression de ces tensions. Si le football tient de la guerre ritualisée, il apparaît tout à fait naturel que le jeu de football tienne du jeu de stratégie.

Mais le sport, de par sa nature de représentation, a aussi besoin d'acteurs individuels, les vedettes, héros épiques qui s'étalent comme des statues grecques (en survêtement) sur les couvertures des jeux : Ribéry, Messi, Ronaldinho... Ces héros, dont on porte les maillots comme des fétiches, que les supporters vénèrent comme des dieux, un seul désir : les incarner. Aussi le jeu doit-il permettre cette identification à l'idole, en prise directe : exécuter les gris-gris, les tirs surpuissants, les tacles héroïques. C'est pour cela

Softographie

Nintendo World Cup
Nintendo - 1990

FIFA International Soccer
EA Sports - 1993

Pro Evolution Soccer 9
Konami - 2008

que le genre dominant de la représentation footballistique est le jeu d'action, dont les incarnations contemporaines sont *FIFA* ou *PES*. Les jeux de management qui insistent sur la nature stratégique du sport comme *Football Manager* ont aussi leur public (et permettent aussi de fantasmer l'idole, mais sous le registre de l'acquisition), mais celui-ci est bien moins large.

L'importance de la vue TV

Pour représenter le football en jeu vidéo et satisfaire l'amateur, un compromis a rapidement (dès les années 1980) été trouvé entre position surplombante de l'observateur panoptique et l'incarnation de la vedette. Ce compromis a été d'autant plus facile à trouver, que la télévision a donné la clef permettant cette représentation. Rien d'étonnant à cela : l'écran est le lieu du jeu vidéo, il y a donc coïncidence entre représentation vidéoludique et football à la télévision. Aussi, le cadrage télévisuel, vue surplombante latérale, est très vite adoptée par les jeux de football : elle permet dans le cadre de l'écran d'avoir la couverture la plus complète possible de l'action, sans pour autant occulter les détails. Le terrain n'est pas entièrement représenté (même si un radar permet de donner une vision d'ensemble), mais la vue est suffisamment large pour que les actions puissent être lues et exécutées. La focale est assez proche pour que le joueur individuel soit repéré et qu'il soit possible de distinguer ses gri-gris et ses dribbles. Formellement la caméra suit le ballon, mais en tant qu'objectif que se disputent deux équipes.

« LE CADRAGE TÉLÉVISUEL EST TRÈS VITE ADOPTÉ PAR LES JEUX DE FOOTBALL »

Pro Evolution Soccer 10
Konami - 2009

Simulation ou cérémonie ?

Le point de vue télévisuel n'est pas seulement fonctionnel, et les jeux de football se plaisent à imiter la représentation du match télévisé, jusque dans sa dramaturgie. La tentation est de piéger le regard du spectateur : que se passe-t-il à l'écran ? Jeu de football ou retransmission d'un match réel ? Tout est fait pour entretenir le doute, ou plutôt afin d'obtenir la complicité du joueur qui se plaît à oublier qu'il est face à un jeu pour entrer dans un match en direct. Cette façon de représenter les sports collectifs n'est pas nouvelle. Qu'on songe à la série *TV Sports* de Cinemaware qui dès 1988 (avec *TV Sports : Football*, jeu de football américain sur PC et ordinateurs 16 bits) annonçait clairement le programme : jouer le sport comme à la télé, avec présentateur et parodie de publicité. On peut aussi mentionner la série de jeux sous le sigle de la chaîne ESPN. Ainsi, ce qu'imitent *FIFA* ou *PES*, ce n'est pas tant le match vu de la pelouse ou même des tribunes, mais la cérémonie du match à la télévision. On commence par une présentation des équipes en incrustation ou un plan sur les joueurs qui entrent sur le terrain. Les commentateurs font leur boniment, ils ne nous lâcheront pas de tout le match. Les actions de but seront soulignées d'un ralenti, tout y est ou presque.

Ces caméras impossibles

Si pour des raisons de jouabilité, tous les dispositifs télévisuels ne sont pas repris durant le jeu, tels la loupe ou le plan sur les tribunes qui empêcheraient de voir l'action à laquelle participe le joueur, le jeu vidéo offre des possibilités inédites, en confiant lors des *replays* la réalisation au spectateur. Le moteur de jeu en trois dimensions permet de glisser la caméra partout, de choisir un angle de vue, et d'ailleurs la télévision s'inspire de cette représentation en recréant en image de synthèse les actions de but pour les montrer selon différents points de vue. Dans ces conditions, qu'incarne le joueur ? On peut distinguer au moins trois rôles : footballeur, entraîneur, téléspectateur.

Pro Evolution Soccer 9
Konami - 2008

FIFA 09

FIFA 09

Pro Evolution Soccer 9

Pro Evolution Soccer 9

Ceux qui jouent...

Footballeur d'abord, nous l'avons vu, en incarnant le porteur du ballon (et donc le point de focalisation) en phase d'attaque, ou le défenseur de son choix, souvent le plus à même d'intervenir, en phase défensive. S'offre à lui une panoplie de gestes, du plus simple au plus technique, grâce à des scripts permettant l'exécution de roulettes, coups du foulard et autres retournés acrobatiques. Mais le joueur ne se contente pas (dans le mode normal, nous reviendrons plus tard sur la possibilité d'incarner un unique footballeur) d'un seul rôle. Il saute toujours d'un équipier à l'autre, toujours au centre de l'action, toujours sous le regard de la - sa - caméra. Seules limites à cette liberté, outre sa compétence, les commandes du jeu et les partenaires gérés par l'IA (l'intelligence artificielle), qui viennent souvent rappeler au joueur qu'il est en train de jouer à un jeu vidéo, avec ses rigidités, ses commandes à connaître, ses techniques plus ou moins efficaces (le jeu de tête dans une édition, les passes en profondeur dans une autre, etc.) Entraîneur ensuite, non seulement parce qu'il sélectionne les hommes sur le terrain et leur disposition, mais plus essentiellement parce qu'il met en place sur le terrain les tactiques qu'une équipe répète à l'entraînement. Le joueur dicte le rythme du jeu, choisit d'écarter sur les ailes ou de passer au centre, de se replier ou d'attaquer.

Photo : Kate Wilkey

« LE *REPLAY* PERMET D'OUBLIER LA MANETTE POUR DEVENIR SPECTATEUR NARCISSIQUE DE SES PROPRES EXPLOITS »

... ET CELUI QUI REGARDE

Spectateur enfin, dans la mesure où il bénéficie de la meilleure vue possible sur l'action. Mais cette position de spectateur est loin de celle du supporter dénué d'influence sur le résultat, qui se contente d'encourager. Nous avons vu que le joueur agit sur le match. Il en maîtrise aussi la représentation, en choisissant l'angle de caméra, notamment lors d'un moment essentiel au plaisir procuré par les jeux de football : le *replay*. Il s'agit d'abord d'oublier un temps la manette, de la lâcher, et donc de se détacher des contraintes de la jouabilité pour devenir spectateur narcissique de ses propres exploits. Et c'est là peut-être que le trouble entre réalité (du match télévisé), et fiction (le jeu vidéo) se révèle le plus évident, et qu'il est entretenu par le joueur pour satisfaire sa passion du sport et ses sensations esthétiques : on fait comme si le but qu'on vient de marquer de volée en martelant « B » était un vrai but, un splendide but, chef d'œuvre de l'attaquant. Sans doute de nombreux enfants, dans les années pré-vidéoludiques, jouant à Subbuteo, fermaient-ils les yeux au moment de marquer et se retrouvaient magiquement transportés à Guadalajara pour égaliser contre le Brésil. De même, il arrive parfois -souvent ?- au footballeur du dimanche tirant un coup-franc mollement détourné dans ses filets par le gardien de but adverse de se rêver Juninho.

Non seulement le jeu vidéo caresse ce fantasme, mais il nous l'offre les yeux grands ouverts. De plus, confortablement installé dans son canapé, le joueur bénéficie en temps réel de toutes les statistiques du match : plaisir des chiffres, mais aussi pouvoir d'analyse sur les moindres compartiments du jeu.

FIFA 09
EA Sports - 2008

Un jeu à la... 4ème personne

Ces trois fonctions qui sont dévolues au joueur ne suffisent pas à épuiser sa place dans le jeu. Il se trouve en plusieurs lieux à la fois : sur le terrain, tâtant le cuir ou les mollets adverses, sur le banc, dans les tribunes. Sur le modèle du jeu à la première ou à la troisième personne, on peut parler d'un jeu à la quatrième personne : c'est un collectif, un « nous » qu'incarne le joueur. En ce sens, ce n'est pas tant chacune des fonctions que nous venons d'évoquer qu'il s'agit de jouer, mais plutôt le collectif qui les lie en un tout cohérent. Le joueur prend donc en main cet indéterminable qui caractérise une équipe, qu'on nomme tantôt style, fond de jeu, esprit d'équipe... Ainsi, les une-deux : ce qu'un footballeur répète à l'entraînement, le joueur l'exécute. Celui-ci agit certes successivement sur les différents acteurs du match, mais plus profondément, il est le liant, la force qui détermine les synergies entre ces acteurs. Entraîneur, il permet au footballeur sur le terrain de trouver sa place, et de produire du spectacle pour le téléspectateur. Jouer au jeu de football en solo, c'est se retrouver dans un système clos, où l'on est à la fois producteur et consommateur du spectacle. Le jeu se fait le support du narcissisme.

On peut difficilement passer sous silence la plus récente « innovation » proposée par les licences phares : les modes « Deviens pro » de *FIFA 08* et « Vers une légende » de *PES 2009*, tous deux inspirés du jeu d'arcade de Namco, *Libero Grande* (1997), dans lequel on incarne un seul footballeur sur le terrain. Pour ce faire, la caméra est évidemment déplacée. Dans *FIFA 09*, celle-ci se positionne derrière le jeu, suivant un axe entre le footballeur contrôlé par le joueur et le ballon. Il arrive, pour peu qu'on incarne par exemple un avant-centre privé de ballon, de se voir minuscule au fond de la perspective. Le principal intérêt de ces modes est de proposer pour le joueur quelque chose qui ressemble un peu plus à du football tel qu'on peut le vivre sur le terrain : il s'agit d'être attentif à sa position relativement à celle des coéquipiers, de s'aligner en défense ou de faire les bons appels en attaque. D'ailleurs *FIFA 09* emploie des symboles pour aider le joueur à se replacer. Le risque pour le joueur est de s'ennuyer : certaines tâches peuvent être ingrates quand les circonstances de match le veulent. À vrai dire, on n'est guère enthousiasmé à l'idée de jouer un latéral, et quitte à n'incarner qu'un seul joueur, autant qu'il s'agisse d'un élément moteur de l'équipe, un milieu central organisateur par exemple, ou un libero à l'ancienne.

Même en limitant le joueur, et donc son poids sur le terrain, à un seul avatar, le jeu vidéo ne peut s'empêcher de lui conférer les pouvoirs d'entraîneur : il faut qu'il puisse changer la tactique, qu'il décide des remplacements... Quel que soit le mode de jeu, le joueur reste la star, et le jeu est évidemment centré autour de ses désirs.

Une simulation de... simulation

Que conclure de cette rapide étude de la place dévolue au joueur dans les jeux de football en temps réel ? D'abord, que ce qui est représenté n'est pas le match en lui-même, mais sa retransmission télévisuelle : représentation d'une représentation, qui induit un lissage

LiberoGrande, *Namco - 1997*

Pro Evolution Soccer 9, *Konami - 2008*

des aspérités. Ce que la télévision tend déjà à évacuer ou à modaliser (le dopage, la triche, la violence... cas particuliers dénoncés comme tels), le jeu vidéo peut se permettre de le faire tout bonnement disparaître par souci du politiquement correct. Il est certes possible de plonger dans *PES 2008*, mais c'est surtout parce que le plongeon entre dans l'ordre du spectacle footballistique. Il s'agit dès lors d'une idéalisation du sport spectacle. Il n'est donc pas étonnant que le jeu de football trouve facilement sa place dans l'organisation lucrative du football-business : rien de polémique qui viendrait fâcher les clubs ou les sponsors. Il va de soi que cette idéalisation s'écarte très largement des promesses de réalisme formulées sur les pochettes et dans les dossiers de presse. Quand *FIFA 09* se vend comme « *La simulation de foot au summum du réalisme* », il faut sans doute entendre les mots simulation et réalisme dans le sens qu'on leur confère habituellement sur les terrains : respectivement un jeu d'acteur pour obtenir un avantage, et la capacité à exploiter – y compris cyniquement - les situations favorables pour marquer.

L'art subtil de la frustration

Ensuite, le jeu de football fait tout pour satisfaire les désirs du joueur, notamment en le plaçant dans la position la plus gratifiante possible. Nous avons montré de quelle manière il s'agit de lui conférer le maximum d'avantages propres à différentes positions. C'est un trait constitutif du jeu vidéo, qui pour être « *fun* » doit donner au joueur une sensation de contrôle sur la fiction qu'il bâtit, afin de lui assurer une régulière gratification. Évidemment, le jeu n'exclut pas la frustration, qu'on peste contre la stupidité de l'IA ou les arrêts surnaturels du gardien adverse. Il n'en demeure pas moins que le jeu de football tente de proposer un jeu fluide et esthétique, et l'offre tant à la manipulation qu'à la contemplation du joueur.

Pourquoi les footballeurs aiment se jouer

C'est peut-être ce dernier élément qui explique la fascination des footballeurs eux-mêmes pour *PES* ou *FIFA* : jouer le football, c'est prendre le contrôle du jeu dans son ensemble, dépasser la simple condition de footballeur pour devenir le football lui-même dans toute la grandeur d'un cérémonial. Jouer et se regarder jouer, être à la fois l'œil et le ballon, habiter l'équipe de ses rêves. Construire, marquer, et voir son triomphe sous tous les angles. En ce sens, il s'agit sans doute aussi de reproduire le jeu de l'enfant à la poupée, qui à la fois incarne celle-ci et la surplombe du regard, ou encore de jouer aux petits soldats avec ses footballeurs virtuels, piocher à volonté dans une caisse à joujoux qui permet de sortir Cristiano Ronaldo, Steven Gerrard ou Samuel Eto'o pour les manipuler à souhait. Et si le joueur n'était, à proprement parler, qu'un enfant qui rêve d'embrasser le football, totalement, irréalistement ? ■

LETTRE D'UN JOUEUR MÉCONTENT

EA Sports
Football Department
Grobelaar Lane
SW 1138 Londres

À qui de droit

C'est avec indignation que je vous écris, à propos du traitement que m'a réservé la dernière version de votre jeu FIFA Football 2009, pourtant réputé pour la fidélité avec laquelle les qualités et défauts de chaque joueur sont restitués. En premier lieu, je note que si votre indulgence est colossale lorsqu'il s'agit de restituer l'apparence physique de mes concurrents, mon personnage ne comporte pas la seyante barbichette que je porte depuis mars 2004 : vous me mettez en difficulté avec mon sponsor, vis-à-vis duquel je m'étais engagé à conserver cette apparence ! À quand une option pour relooker les joueurs, comme dans les émissions culturelles de TF1, bon sang ? Le traitement sportif n'est pas plus réussi.

Vous m'avez mis une note de 67/100 en vitesse, et surtout, de 59 en jeu de tête. Jetez un coup d'oeil à mon dernier match avec l'équipe nationale pour constater que je n'ai rien à envier à George Weah. De plus, j'ai constaté avec horreur que mon remplaçant affichait un honorable 78/100 en vitesse. J'ai donc subi l'humiliation de devoir me remplacer moi-même en cours de match, alors que je perdais tous mes duels sur le côté gauche, malgré mes appuis constants sur R1. Et il ne s'agit pas là des seules erreurs magistrales que vous avez commises : j'ai tenté plusieurs fois l'amorti de la poitrine suivi d'un coup du sombrero en pressant les touches comme indiqué dans le manuel... Je perds le ballon trois fois sur quatre ! Alors qu'il s'agit d'un geste que je réussis très régulièrement à l'entraînement, comme le prouve l'attestation de mon coach ci-jointe. Je me pose donc beaucoup de questions sur la vraisemblance de vos produits, auxquels j'accordais pourtant un immense crédit quant à l'analyse des faiblesses de mes adversaires.

Cependant, la raison principale de ma colère, c'est que vos maladresses risquent de compromettre mon transfert en Angleterre. Déjà que je n'apparaissais pas encore dans la version de 2001 que la cellule de recrutement de Bolton continue à utiliser... Je note d'ailleurs qu'en mode « gestion », aucun club anglais n'accepte de me recruter, et que les seules propositions viennent de Turquie, ce qui porte gravement atteinte à ma crédibilité. Je n'exclus donc pas de vous attaquer en diffamation si vos excuses n'étaient pas rendues publiques sous 72 heures, ce dont je ne doute pas. Je ne vous salue pas.

Un client doublement mécontent.

analyse

analyse

adidas
T··Home·

Des JO à la FFJV

PES et la construction sociale du sport

12

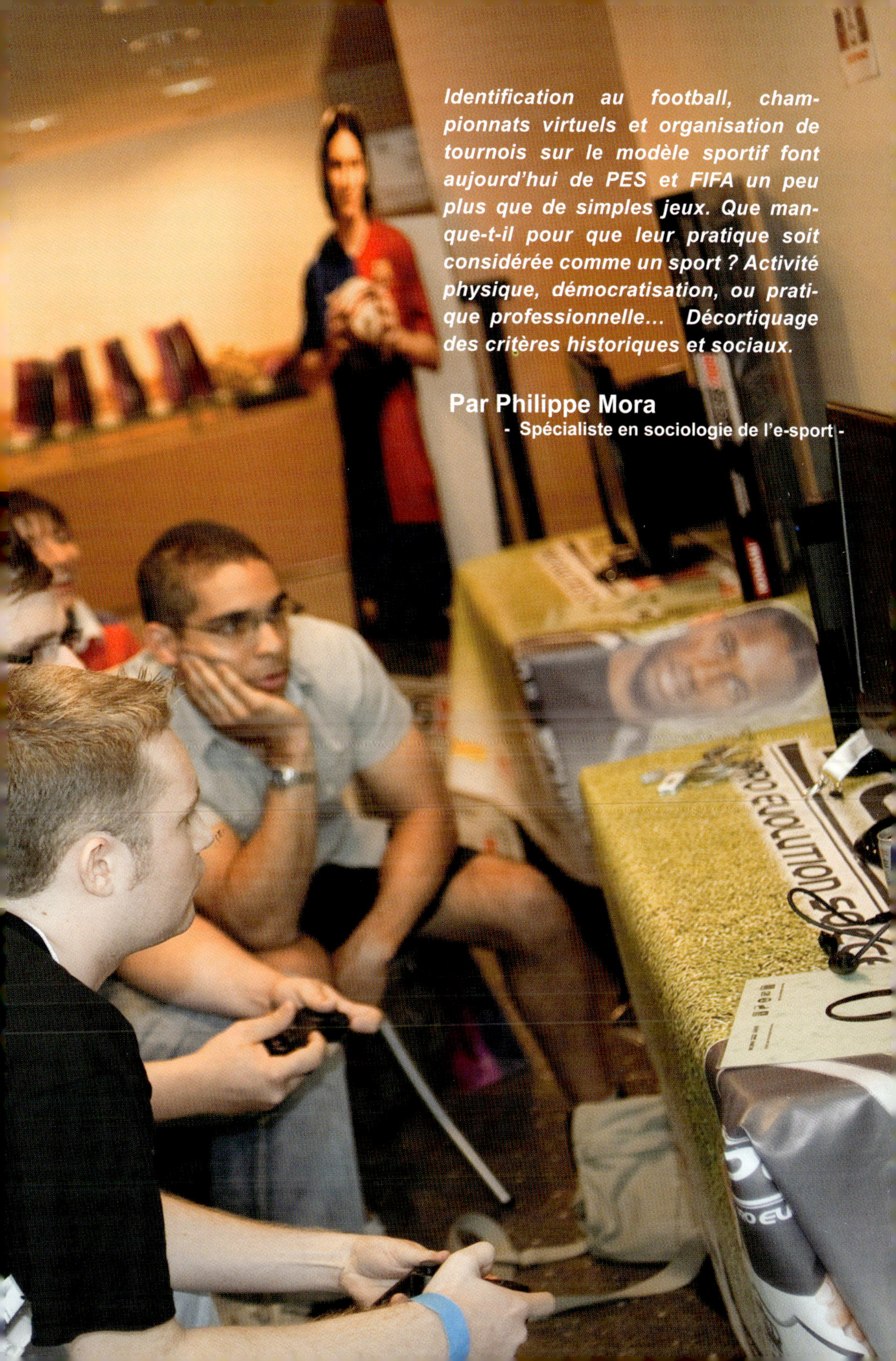

Identification au football, championnats virtuels et organisation de tournois sur le modèle sportif font aujourd'hui de PES et FIFA un peu plus que de simples jeux. Que manque-t-il pour que leur pratique soit considérée comme un sport ? Activité physique, démocratisation, ou pratique professionnelle... Décortiquage des critères historiques et sociaux.

Par Philippe Mora

- Spécialiste en sociologie de l'e-sport -

La question du lien entre sport et jeux vidéo fut au centre de mes réflexions universitaires voici quelques années. L'idée d'interpréter ce lien traverse certes fréquemment l'esprit des joueurs ou des personnes extérieures au mouvement, mais c'est aussi une question pleine de pièges. C'est pourquoi je vais tenter d'apporter une base de réflexion originale en m'appuyant sur l'histoire du sport et ses caractéristiques sociales aujourd'hui.

Déjà, soulignons que « l'esprit sportif » ne sera pas cherché dans les profondeurs du cortex des joueurs mais dans l'aspect social du sport. En effet, un analyste qui réfléchirait au « sport » sans penser à ses relations avec les autres activités physiques ou les jeux traditionnels, passerait à côté des imbrications historiques entre ces mouvements sociaux. Pourtant, il est rare que ces distinctions soient faites alors que c'est comme si on considérait le capitalisme résumant l'économie. Or, l'économie pourrait être communiste, elle pourrait être fondée sur la notion de don, de contre-don, de trocs ou que sais-je. Il existe aussi plusieurs types de capitalismes, ce que parfois on ne sait pas, pensant ainsi qu'il n'y a pas d'autres voies possibles. C'est pareil pour le sport. « Sport » n'est pas synonyme « d'activité physique ». De nos jours, ces expressions sont pourtant assimilées l'une à l'autre ce qui rend flou et anhistorique le terme « sport » et peut laisser penser qu'il n'y a pas « d'autres possibles ». Or, à l'instar du capitalisme, ce n'est pas vrai.Donc, si le sport n'est pas synonyme « d'activité physique », affirmer que *PES* n'en n'est pas un parce qu'« qu'on ne bouge pas assez » est infondé et repose sur une méconnaissance du sujet ou sur ses propres préjugés, souvent liés à l'âge, au sexe, sa condition sociale, son rapport à l'activité physique.

Naissance de l'esprit sportif

En premier lieu, faisons tomber un mythe particulièrement vivace en France de par le poids historique de Pierre de Coubertin : le sport serait ancestral, le parfait copier-coller des Jeux Olympiques grecs. Ce n'est pas la réalité et c'est comme dire que le capitalisme

« LA LUTTE ANTIQUE SERAIT INSUPPORTABLE À REGARDER POUR UNE PERSONNE DE NOTRE ÉPOQUE »

existait déjà en Grèce antique. Notons les différences les plus significatives.

- Seuls les citoyens Grecs (classe privilégiée exclusivement masculine) avaient le droit de participer aux J.O. antiques, alors qu'aujourd'hui, tout le monde peut y concourir.
- Différence de violence acceptée : la lutte antique serait insupportable à regarder pour une personne de notre époque du fait du degré de violence accepté. Le sport réduit la violence de la confrontation, dans une société elle-même moins violente.
- Les J.O. antiques ne connaissaient pas la notion de record. Il n'y avait pas de mesures des performances, les participants ne pouvaient donc pas se comparer aux générations précédentes et pensaient même que leurs illustres aînés étaient supérieurs à eux. Le sport, lui, est le premier à mettre en place cette notion de record, dans une société tout entière tournée vers le progrès : les jeunes générations dépassent les anciennes.
- Les J.O. grecs mettaient l'accent sur la force et voyaient la technique comme fourbe, tout l'inverse du sport où la force est vue comme rustre et la technique comme intelligence.

Ainsi, le sport n'existe pas depuis les jeux grecs (le mot n'existait pas d'ailleurs) et si on fait le parallèle avec *PES*, il est clair qu'il s'inscrit dans le processus amorcé par les premiers sports (diminution de la violence, le « tous contre tous » généralisé, technicisation).

Les activités physiques ont une longue histoire souvent méconnue. Histoire dans laquelle le sport n'intervient que tardivement vers la fin du XVIIIème siècle. Norbert Elias, sociologue et historien, estime que la première activité qui laisse présager l'avènement du sport, est la partie de chasse en Angleterre qui n'avait pour but que de battre l'adversaire (et non de se nourrir). C'est ce moment fondateur qui aurait vu naître l'esprit du sport : pour la première fois, l'homme aurait tué un animal par simple souci de jeu et de comparaison. Cela ne fut possible que parce que la bourgeoisie naissante était assez aisée pour ne pas se soucier de nourriture. Il est intéressant de voir que les prémices du sport sont apparues dans une pratique indirecte. Effectivement, c'est la balle du fusil qui touche l'animal, un peu comme l'avatar relié à la manette du joueur.

Ce n'est pas parce que cette activité était particulièrement « physique » qu'elle représente les balbutiements du sport. C'est la naissance d'un état d'esprit particulier, bourgeois... l'esprit sportif. Le sport n'est autre que l'activité physique du capitalisme (on pourrait dire, « de notre époque ») et les premiers sportifs sont justement les jeunes bourgeois anglais des *public school* (en fait des écoles... privées).

L'arrivée du sport a permis de grands changements dans la manière de se confronter aux autres. Finis les jeux traditionnels aux codes locaux qui confrontaient violemment les gens selon leur statut : mariés contre célibataires par exemple... et il valait mieux être un homme car les jeux traditionnels étaient le plus souvent interdits aux femmes. Avec le sport, tout le monde a le droit de participer et chacun est choisi selon son niveau et non pas selon sa condition. Grand ou petit, le « tous contre tous » généralisé par le jeu vidéo est le symbole d'une société où la différence, la domination, se font désormais par l'esprit. Cette compétition totale, on la voit aussi avec les joueuses de *PES* qui se confrontent aux joueurs, chose impensable en d'autres temps ou lieux, signe d'une égalité des rapports de sexe en marche... En Occident.

« LES JOUEURS DE *PES* SONT CLAIREMENT LES ENFANTS DU MOUVEMENT SPORTIF »

Le sport a battu ses concurrents

Le sport, né tout récemment à l'échelle de l'Histoire, n'était qu'un des mouvements des activités physiques. Il fût porté par la bourgeoisie. Au 20ème siècle, d'autres mouvements lui firent concurrence :

- La méthode naturelle de Georges Hébert. Sa devise était : « Être fort pour être utile ». Hébert exécrait le sport qui selon lui, créait des spécialistes inaptes pour la vie de tous les jours, des gens égoïstes et prétentieux.
- L'hygiénisme, mouvement d'un médecin français, Philippe Tissié, qui privilégiait les mouvements doux pour la santé. Le sport était pour lui producteur de pathologies plus qu'autre chose.
- Le mouvement militaire qui privilégiait la gymnastique, qui forgeait les corps pour les guerres.

Il faut se rappeler que le football, très décrié, ne plaisait pas à la société de la fin du 19ème/début 20ème car perçu comme dangereux pour le corps et pour l'esprit. Le football était supposé dévoyer la jeunesse de l'époque. Cela rappelle certaines critiques envers des pratiques de la jeunesse actuelle !

Les mouvements d'activités physiques peuvent être fort différents et le mouvement sportif, c'est sa spécificité, est le seul à glorifier et à spécialiser les individus contrairement aux autres activités qui ne mettent pas en avant l'individu mais le groupe ou d'autres valeurs (santé, altruisme) guerrières. Dans les années 1930, les français disaient volontiers qu'ils faisaient de « la gym » lorsqu'ils pratiquaient une de ces activités physiques (y compris le sport). De nos jours, on dit qu'on fait « du sport » pour n'importe quel exercice corporel. En tous cas, les joueurs de *PES* sont clairement les enfants du mouvement sportif plutôt que des autres mouvances citées. Mais sont-ils toutefois des sportifs comme les autres ?

Joueurs et compétiteurs

Cette question touche aux valeurs profondes et s'évalue difficilement, bien plus que « la pizza d'à midi était bonne ? ». Il ne suffit pas de demander à quelqu'un s'il a l'esprit sportif. Pensons à Dr. House qui assène régulièrement que les patients « mentent tous ». Les gens n'ont pas forcément un regard objectif sur leur pratique. Pour ma part, j'ai déjà entendu des personnes se dire très compétiteurs et, en fait, ne pas l'être beaucoup, et inversement, des champions se décrire comme peu sportifs. J'ai été aussi témoin de résultats assez étonnants d'évaluations sur le degré de « compétitivité » d'une personne.

Cette question des pratiquants de *PES* « oui » ou « non » sportifs nécessite un éclairage social pour comprendre réellement ce phénomène. Les tournois amateurs et semi-professionnels offrent un double visage instructif (cf. le reportage sur la PES League et l'Ultimate, dans les pages qui suivent). Il nous apprend en effet que ces événements dédiés à *PES* sont des rassemblements autant festifs que sportifs.

La PES League opère une sélection de niveau, c'est un peu un circuit fermé. Après avoir sélectionné les

Photo: lightnin.fr

« DROODIE, LE CHAMPION DE *PES*, PERSONNIFIE L'UNION AMATEUR/PROFESSIONNEL »

joueurs susceptibles d'y participer selon un classement, des phases de qualifications ont lieu jusqu'aux championnats d'Europe. L'Ultimate est un événement organisé par une section locale, ouverte à tous. Les joueurs d'une même région s'y retrouvent, avec quelques joueurs extérieurs de bon niveau.

Amateurisme et professionnalisme

Il peut paraître étonnant de parler d'amateurisme et de professionnalisme alors qu'il n'y a aucun joueur ou presque, en France, qui vive des compétitions de *PES*. Et pourtant, ces catégories de pensées sont déjà à l'œuvre dans les esprits. On entend partout du « *pro-gaming* » et des noms « ressortent » tels des champions.

Tout d'abord ne tombons pas dans le traditionnel schéma « amateurisme angélique » opposé au « méchant professionnalisme » qui ne penserait qu'à l'argent. L'amateurisme a aussi sa part d'élitisme, en accentuant l'entre soi, la constitution d'une bulle sociale avec son réseau et ses valeurs. L'amateurisme à *PES* n'échappe pas à cela, du fait que tout le monde partage les mêmes valeurs. Le sport professionnel intègre les personnes selon leur niveau et non selon leur caractère.

Qui plus est, le professionnalisme sportif n'est pas qu'une histoire d'argent, c'est avant tout une affaire d'autonomie ! Et plus on est autonome, plus on a de chances de remporter le « jackpot ». En effet, plus les ponts de passage de l'amateur vers le professionnel sont rares, plus les professionnels jouent entre eux et donc se partagent les gains. Pensez au tennis, au golf ou à la formule 1 où il n'y a aucun mélange entre professionnels et amateurs... Tennismen, golfeurs ou pilotes comptent parmi les sportifs qui gagnent le plus ! En gros, moins l'ascension sociale vers le professionnalisme est possible, plus une caste privilégiée peut agir dans son intérêt.

Le football français sépare moins les deux pratiques en laissant une compétition où tout le monde a sa chance (la Coupe de France), même si les meilleures formations interviennent tardivement et ont donc moins de risque de se faire éliminer prématurément. D'ailleurs, l'amateurisme a une forte emprise sur le football professionnel dans notre pays : « *La spécificité du football français réside dans le fait que le professionnalisme est resté sous la coupe de l'amateurisme qui régissait la pratique à ses débuts. Les structures propres au football professionnel, les relations qu'il entretient avec les champs politiques et économiques font que les deux logiques coexistent et se perpétuent* ». Est-ce un hasard si *PES* est pour le moment dans cette logique ? Il se trouve que les mêmes personnes gèrent Au-delà du Virtuel (ADDV) et la Fédération Française des Sports Vidéo. La première entité s'occupe de la PES League, compétition tournée vers le professionnalisme (sélection à l'entrée, gains plus importants, éliminations progressives jusqu'au championnat européen) tandis que la seconde s'occupe de clubs de villes, a un projet plus pédagogique avec les tournois organisés par des sections locales ouvertes à tous (y compris aux joueurs au profil « pro »). Situation schizophrénique ? Lorsque l'on sait comment cela se passe ailleurs, on aurait tendance à répondre : « pas vraiment ».

Deux philosophies différentes

Deux modèles s'affrontent donc chez les joueurs de *PES*, deux modèles qui ne vont pas jusqu'à tomber dans un débat « pour » ou « contre » le sport... Tous les protagonistes sont passionnés de sport ! L'amateurisme sportif de *PES* est plus lié à une volonté de mélange de tous les joueurs, à des valeurs éducatives et conviviales. Patrick Tapin, ancien président de la FFSV s'est battu pour inculquer des valeurs par des actions pédagogiques auprès des jeunes, auxquels il apprenait le *fair-play* : « *Je leur apprenais à se serrer la main après chaque match* », se souvient-il en évoquant une de ses actions passées. Droodie, le champion emblématique de *PES*, personnifie l'union amateur/professionnel. Aimé de tous, il met tout le monde d'accord alors qu'il arrive à faire le grand écart entre les compétitions dites

Finale PES League, le 6 septembre 2009 au Stade de France sur *PES 2009*.
Photos: Lightnin.fr

« pros » et les compétitions amateurs. D'ailleurs, il a commencé par ces dernières. Son parcours, son caractère et ses performances unissent les joueurs, qu'ils soient dans un esprit amateur ou un esprit professionnel.

Comme dans les autres pratiques sportives, le professionnalisme à *PES* est une recherche de séparation entre amateurs et professionnels. Cette césure apparaît pour partie dans la PES League mais de manière incomplète. Certains des meilleurs joueurs regrettent le manque de visibilité des champions de *PES* décrite un peu plus haut. Dans une optique professionnelle, il existe une limite entre pros et amateurs ; les joueurs agissent alors comme des « mercenaires » à la recherche du club ou du clan qui les accueilleront le mieux. Ces joueurs jouent pour eux-mêmes et non pour l'équipe d'une ville. La pratique amateur insiste sur ce qu'a déjà engrangé le mouvement, alors que le professionnalisme veut poursuivre le mouvement. Ce n'est pas une guerre entre rétrogrades et novateurs, mais un rapport de force sans cesse en mouvement, comme cela existe dans la plupart des fédérations sportives.On verra ce qu'il adviendra à *PES*. Est-ce que les meilleurs joueurs pros demanderont une séparation précise de leur activité et ainsi se garder les gains entre eux ? Un peu comme l'ont fait les tennismen en leur temps ? Ou alors resteront-ils dans un continuum amateur/professionnel, avec un classement commun ? Cette dernière possibilité serait typiquement française.

Des freins en France

Cette question des « joueurs de *PES*, sportifs ou pas ? » attend, par sa formulation, une réponse tranchée qui ne peut pourtant pas l'être. Certains joueurs font véritablement du sport mais ce n'est pas le cas de tous. L'esprit sportif germe actuellement dans *PES* et peut très bien se développer ou périr... tout comme le jeu lui-même.Par ailleurs, être reconnu comme « pratique sportive » en France est un long parcours du combattant, qu'il soit étatique (reconnaissance du ministère des sports) ou social. Des démarches infructueuses ont déjà eu lieu pour que la FFSV entre au ministère des sports, signe que c'est possible... et qu'il reste des freins. Ces derniers sont particulièrement forts en France

Photo: gameongirls.com

du fait de notre héritage historique, notamment dans la gestion des activités sportives. Ils sont spécifiques à notre pays, ce qui ne veut pas dire qu'il soit facile d'en faire un sport dans les autres. Dans les pays anglo-saxons, il y a des sports de saut en longueur de chiens, des compétitions de fléchettes, qui font sourire moins que chez nous. C'est sûr que dans ces conditions, il est plus facile de développer une nouvelle pratique sportive... Mais elles essaient de se répandre un maximum et se retrouvent donc en concurrence, dans un marché du sport. *PES* doit faire sa place dans ce marché bien établi des activités sportives. Plus vous avez de pratiquants et plus vous êtes puissants.

Nous l'avons vu, le titre de Konami a des atouts en main pour devenir un sport à part entière. Il lui faudra mener un long combat même si la compétition sportive des jeux vidéo connaît un fulgurant développement, surprenant même les spécialistes du processus de sportivisation (une pratique qui devient un sport). Cependant, en plus d'un poids historique national particulier, il existe des freins au sein de la pratique elle-même : le fait que le jeu soit lié à Konami pose un véritable problème d'un point de vue sportif. Il faudrait une simulation de football qui ne soit pas liée à un éditeur de jeux vidéo (l'industrie). Et que dire des nombreuses plateformes qui permettent de jouer à *PES* ? Il manque encore une uniformisation. Gageons que tout ceci évoluera un jour... comme le sport a lui-même évolué. Il y eut en premier lieu le rugby et le football, suivis du basket lui-même suivi par le volley... La simulation de football se prépare à poursuivre ce processus de sportivisation débuté il y a plus d'un siècle.

En 2008, Alfonso Ramos remporte la FIFA Interactive World Cup et repart avec un chèque de 20.000$.

L'argent et le football virtuel

13

Qui, parmi les joueurs assidus de simulation de football, n'a jamais rêvé de vivre de sa passion ? Qui n'a jamais souhaité remporter la PES League et gagner des sommes astronomiques à l'instar des vedettes du football « physique » ? Cette vision est bien loin de la réalité. En effet malgré les apparences, le football virtuel français n'est pas en mesure de réunir les conditions pour instaurer le pro-gaming aujourd'hui.

Par Frédéric Lepont
- Organisateur sportif -

Coupons court en effet au suspense : non, être le joueur vedette de votre quartier à *PES* ou *FIFA* ne fera pas de vous un multimillionnaire, pas plus que si vous devenez le champion français, voire, soyons fous, le champion européen. Par là même, continuons notre lancée en cassant quelques préjugés également sur la notion de *pro-gaming*. Cette idée de bien gagner sa vie en disputant de grands tournois de jeux vidéo, synonyme de fantasme chez de nombreux hardcore gamers, n'est pas vraiment à l'ordre du jour dans notre pays, et ce même pour les joueurs invétérés de *Counter-Strike* et autres *Warcraft III* sur PC. Philippe Mora, spécialiste de l'e-sport nous le précise : « *On peut estimer le nombre d'e-sportifs à part entière entre 10 et 15 000. Beaucoup d'autres ne jouent que sur Internet ou dans des LAN plus petites et seraient susceptibles d'évoluer vers des compétitions en LAN. On peut avancer qu'une fédération forte pourrait rassembler quelques 20 000 licenciés. Néanmoins, combien peuvent se targuer d'en vivre ? Par exemple, si l'on considère les LAN, il faut constater que les dotations notables n'apparaissent qu'une fois que vous êtes en tête de classement de votre région* ». Ce qui en effet réduit déjà drastiquement le nombre de prétendants à un revenu confortable. Dans le même ordre d'idées, les structures de compétition en ligne, telles CyberLeagues, se révèlent extrêmement élitistes dans leurs récompenses : seuls ceux qui accrochent les toutes premières places se voient rétribués. Dans ce sens, nous voyons donc la notion de *pro-gaming* comme une expression à manipuler avec précaution.

Ainsi, même si la France peut se vanter d'organiser des évènements de grande ampleur comme le Mondial du Gaming, qui voit se dérouler de nombreuses compétitions prestigieuses de l'Electronic Sports World Championship (ESWC), nous sommes encore loin de la puissante industrie de spectacle en Corée du Sud, où le jeu vidéo est devenu un véritable sport national largement médiatisé avec ses propres stars comme Choi Yeon-sung, grand champion de *Starcraft* qui a gagné environ 190 000 dollars de revenu annuel en 2006.

La genèse du football virtuel en France

Revenons aux jeux de football. *International Superstar Soccer Pro Evolution*, le blockbuster footballistique de Konami, sort sur PlayStation 2 en se faisant rebaptiser *Pro Evolution Soccer* (*PES*) suite à une sombre histoire de conflit entre studios internes (Konami Osaka et Konami Tokyo pour être plus précis). Nous sommes alors en 2001. Au même moment, la Fédération Française

des Sports Vidéo (FFSV), créée quelques mois plus tôt de manière indépendante, organise quelques tournois autour de *PES*. Face au succès en fréquentation de ces évènements, Konami France décide de s'investir pour lancer la fameuse PES League, en confiant les rênes de l'organisation de celle-ci à la société Au-Delà Du Virtuel (ADDV), composée des membres fondateurs de la FFSV. Cette compétition connaîtra un large succès et permettra de gonfler la communauté de joueurs autour de la fédération. Patrick Tapin, cofondateur et ancien président de la FFSV, ainsi que de la société ADDV, nous précise : « *Lorsque Konami nous a dit qu'ils souhaitaient quelque chose, on leur a proposé un truc qui les a super emballés. Ils étaient prêts à investir une grosse somme, mais pas pour une association... Nous avons donc choisi de créer une société, Au-Delà Du Virtuel, pour permettre la mise en place de la PES League. D'ailleurs, afin d'éviter tout conflit, nous faisons en permanence en sorte de ne pas mettre le même dirigeant à la tête des deux entités.* » En parallèle, le succès grandissant de *PES* au fur et à mesure de ses éditions inspire d'autres initiatives : ainsi, *PES* devient une épreuve officielle de l'ESWC en 2003, et d'autres communautés à l'impact peut-être moindre, mais néanmoins dynamiques comme par exemple WEarePES voient le jour... Nous le voyons, l'essentiel de l'activité du football virtuel en France repose sur

« MÊME SI LA FRANCE PEUT SE VANTER D'ORGANISER DES ÉVÈNEMENTS DE GRANDE AMPLEUR, NOUS SOMMES ENCORE LOIN DE LA CORÉE DU SUD, OÙ LE JEU VIDÉO EST DEVENU UN VÉRITABLE SPORT NATIONAL. »

PES. Cependant, l'éternel rival de *PES*, *FIFA*, commence à faire de l'ombre à la série star de Konami. En effet, en 2007-2008, celle-ci est jugée comme au bord de l'essoufflement par la critique et le public. Et inversement, la série *FIFA* est accueillie comme la nouvelle reine du jeu de football sur les dernières machines de salon. Gageons que cette situation ne manquera pas de bouleverser le paysage du football virtuel français : l'Electronic Sports League (ESL), grande structure européenne de jeu en réseau commence à intégrer *FIFA* dans ses compétitions par exemple.

Konami et la PES League

Contrairement à ce que l'on pourrait croire, la PES League ne propose pas de récompenses faramineuses. Certes, les grands prix sont fortement appréciables : consoles de jeu, voyages tous frais payés pour disputer les étapes européennes... Mais Konami semble s'opposer à l'idée de rémunérer les joueurs, comme nous l'explique Luc Chweudura, alias Lucio, double vainqueur de la PES League : « *J'ai eu le privilège de discuter avec les dirigeants de Konami France, notamment ceux qui ont porté le projet de la PES League. Leurs ambitions étaient claires : non seulement la PES League est bien évidemment un moyen de promouvoir le produit, mais également de fédérer les joueurs. En fait, c'est surtout l'aspect communautaire de ce genre de pratique qui les a motivés...* » De fait, la PES League est ainsi devenue le fer de lance de la FFSV, avec l'opportunité de l'homologuer parmi ses compétitions.

Ce positionnement de Konami vis-à-vis des joueurs semble se confirmer lorsque la société demande le retrait de son jeu dans les compétitions de l'ESWC en 2008. Rappelons que ce type d'épreuve rapporte une coquette somme

d'argent à son vainqueur : Bruce Grannac, alias Spank, joueur chevronné de la FFSV, a obtenu son titre de champion du monde lors de l'ESWC 2006, empochant ainsi, grâce à sa maîtrise du jeu *PES 5*, la jolie somme de 13 000 dollars. Le retrait de PES de l'ESWC découle d'abord de la volonté de Konami de préserver la PES League (du fait du contrat passé avec Au-Delà Du Virtuel, l'ESWC étant un événement produit par une société concurrente, Games-Service). Mais ce retrait d'une compétition rémunératrice a aussi pu être interprétée, par les joueurs, comme un choix politique voire philosophique : développer une pratique orientée vers, non pas le professionnalisme, mais la convivialité...

« LA PES LEAGUE NE PROPOSE PAS DE RÉCOMPENSES FARAMINEUSES. KONAMI SEMBLE S'OPPOSER À L'IDÉE DE RÉMUNÉRER LES JOUEURS. »

La FFSV : une problématique communautaire

La FFSV, qui s'est développée à l'aide de l'aura de la PES League, est une structure associative. Elle se positionne comme une alternative au jeu online, préférant ainsi la rencontre physique entre les joueurs autour d'une console de jeu. Elle a compté, dans ses moments forts, un vivier d'environ 1000 joueurs, répartis en 80 clubs, qui se disputaient jusqu'à une centaine de tournois par an. Aujourd'hui, cette structure est confrontée à une baisse de régime qui peut s'expliquer par plusieurs facteurs : la relative baisse de qualité de *PES* dans ses dernières éditions ; le départ d'anciens joueurs qui sont moins motivés à s'investir dans un rythme soutenu de la pratique, parce qu'ils entrent dans la vie active, qu'ils changent de situation familiale, ou tout simplement qu'ils ne se reconnaissent plus dans l'activité actuelle... mais également les divergences de conception au sein même de la communauté, certains souhaitant davantage de professionnalisme. Or nous l'avons vu à l'origine, la PES League et la FFSV visent essentiellement la convivialité, comme nous le souligne Patrick Tapin : « *Notre ambition est collective, et axée sur le déve-loppement et la rencontre de clubs. Pas sur du clientélisme, où les joueurs viennent, jouent et s'en vont vers des compétitions aux récompenses plus alléchantes à leurs yeux* ». Or d'autres joueurs se démarquent en appelant une pratique plus compétitive, plus axée sur les résultats et, par extension, sur les distinctions. Cette différence de vision de l'activité a conduit à des conflits, les joueurs les plus anciens n'étant pas enclins au développement d'une pratique plus « mercenaire » du tournoi de jeu de football. En effet, pour beaucoup de joueurs ayant connu l' « âge d'or » de la communauté, la perspective de pression par le gain n'est pas perçue comme compatible avec leur premier objectif, le plaisir. Thibaut Gérard, alias TG, ancien joueur du club Lille Absolute Furet Club : « *Après avoir connu la PES League, les*

ultimates (tournois FFSV réunissant de 160 à 200 joueurs) *d'un côté, et l'ambiance ESWC de l'autre, je peux vous dire que franchement, la différence se ressent. On peut dire que l'introduction d'argent dans une compétition dégrade, d'une certaine manière, l'ambiance de celle-ci. Disons que l'atmosphère devient tendue...* » Luc Chweudura enchaîne : « *Pour faire une comparaison simple, d'un côté, nous avons avec la FFSV le plaisir : revoir des joueurs devenus pour pas mal des potes, avec qui la fête continue après la compétition. De l'autre, avec l'ESWC, c'est un peu la compétition avant tout, beaucoup de pression, dans un climat moins propice à la convivialité.* »

Ce conflit de motivations est à l'origine d'une scission entre les joueurs : plaisir de se retrouver et jouer ensemble avant tout pour les uns, recherche de compétitions et de gloire pour les autres. En effet à la base, la première génération de joueurs avait volontiers adopté la philosophie des fondateurs de la FFSV, à savoir la création d'une communauté solide dont les membres cherchent la convivialité en priorité au travers de l'amour du jeu et du plaisir de la rencontre, sans se poser la question de la rémunération de leur pratique. Aujourd'hui, la communauté est partagée entre ceux qualifiés de « conservateurs », à savoir ceux cherchant la préservation de la communauté et de sa convivialité, et ceux cherchant le côté « pro » de la pratique, c'est-à-dire focalisés sur les récompenses des tournois. Des divergences de motivations ne sont pas étonnantes au sein d'une communauté qui évolue, et avec ses effectifs en croissance continue, la FFSV ne déroge pas à la règle. Le phénomène s'est accentué avec ce que l'on peut appeler le « flux migratoire » des joueurs : le départ d'anciens, l'arrivée de nouveaux joueurs plus jeunes... Mais ce serait une cruelle erreur que de systématiser cette scission comme une opposition entre les anciens et les nouveaux : c'est un conflit interne que l'on peut schématiser comme « convivialité contre compétitivité », qui a eu comme conséquence indirecte la diminution d'organisation de tournois, et ainsi un ralentissement, peut-être temporaire, de l'activité de la FFSV.

Toutefois, au sein de cette communauté partagée en deux, des exceptions existent, comme Jérémy Vidal, capable de réunir autour de sa personnalité les participants les plus convivialistes comme les plus compétiteurs. « *Droodie est un joueur extraordinaire en plus d'être un mec remarquable. C'est l'archétype du joueur rêvé pour une communauté : il est arrivé à la FFSV sans faire de bruit, s'est attiré la sympathie de tous, et par-dessus tout, s'est révélé être un compétiteur hors pair. Il a tout gagné* », nous explique Luc Chweudura. C'est

le seul joueur à bénéficier d'un sponso-ring d'une grande marque d'informatique pour jouer à *PES*, après s'être fait remarquer lors de l'ESWC. Et il le mérite vraiment, personne ne peut le lui reprocher. Mais peut-il en vivre ? Je n'en suis pas sûr ». Ce que nous confirme humblement l'intéressé, Jérémy Vidal, alias Droodie : « *En effet, ce partenariat me permet de bien vivre en complément d'une activité professionnelle. Néanmoins, il faut bien comprendre que cela reste un complément, et que je ne m'imagine pas assumer la vie de tous les jours avec uniquement cette activité...* »

Des perspectives pour le *pro-gaming* ?

On l'aura compris, devenir pro-gamer en France en jouant à *FIFA* ou *PES*, ce n'est pas pour tout de suite. Les compétitions FFSV (incluant la PES League) ne reposent que sur le jeu *PES*, or, actuellement, *FIFA* est en train de rafler l'adhésion de la majorité des joueurs. Ainsi est donc apparue la FIFA Interactive World Cup (FIWC), événement international organisé conjointement par Electronic Arts et Sony. Cette multiplication de compétitions fait elle avancer le football virtuel vers le *pro-gaming* ?

Thibaut Gérard analyse les facteurs qui peuvent bloquer cette éventualité : « *Il y a de nombreux obstacles à mon avis, et pas uniquement au niveau des joueurs. Il suffit de regarder le fonctionnement de l'ESWC pour comprendre : les jeux sont les mêmes depuis un bon moment comme par exemple Counter-Strike, mais surtout, on joue sur une plateforme unique, le PC.* » Cette remarque est particulièrement judicieuse car elle met en lumière un bon nombre de freins. En premier lieu, la dépendance de l'activité vis-à-vis de l'actualisation des éditions des jeux de football : si jusqu'à présent, la question ne se posait pas puisque *PES* trônait fièrement comme le jeu star, aujourd'hui la donne change avec un *FIFA* au succès énorme. Au final, les joueurs changent de jeu, pour quitter la structure à laquelle ils

Bruce Grannac, vainqueur de la FIFA Interactive World Cup 2009.

Les 32 finalistes de la grande finale de la FIFA Interactive World Cup 2009.

participaient si celle-ci ne leur propose pas de compétition sur le jeu en vogue. Cette problématique est renouvelable à l'infini au fur et à mesure des nouvelles sorties. Que se passerait-il si *PES* et *FIFA* étaient balayés d'un revers par un troisième jeu concurrent qui remporterait l'unanimité auprès des joueurs ?

Autre point, puisque l'on parle de compétitions pratiquées sur consoles, l'aspect multiplateforme est à remettre en question. Aujourd'hui, c'est un fait, les jeux de football sortent sur la quasi-totalité des supports existants : si l'on organise un tournoi, quelle plateforme adopter ? Quel que soit le choix effectué, une partie des joueurs se sentira lésée, à raison. Car si l'on parle de compétition de haut niveau, nul doute que ces joueurs, perdant leurs habitudes en changeant de type de manette par exemple, trouveraient des choses à redire.

Thibaut Gérard continue : « *Par-dessus tout, il faudrait du sponsoring, des partenariats. Des compétitions soutenues par des éditeurs et constructeurs, mais également des équipes de joueurs sponsorisés. Mais là, on peut encore attendre...* » En effet, le partenariat avec un constructeur renvoie au problème de l'adaptation multiplateforme du jeu. Quant au sponsoring des joueurs, cela soulève d'autres interrogations, comme l'image de la pratique du jeu vidéo, qui peut constituer un véritable frein auprès de tout mécène potentiel. Luc Chweudura ajoute que « *le problème en fin de compte, est qu'il n'y a aucun véritable catalyseur d'infos, aucune couverture médiatique véritable sur cette activité. La PES League attire les magazines de jeu vidéo, certes, mais personne ne va chercher à voir ce qu'il y a derrière. Au final, c'est un peu un sentiment de manque de reconnaissance de la pratique qui est essentiellement constituée de passionnés. La PES League est une belle vitrine de ce point de vue, mais de nombreux joueurs aimeraient pouvoir montrer que leur communauté a aussi autre chose à offrir.* »

« LA MULTIPLICATION DE COMPÉTITIONS, FAIT-ELLE AVANCER LE FOOTBALL VIRTUEL VERS LE *PRO-GAMING* ? »

Le difficile modèle sud-coréen

On pense alors inévitablement à la Corée du Sud, perçue comme modèle dans la structuration de l'e-sport, avec un déchaînement médiatique, une starification des joueurs vedettes, des dotations mirobolantes... Mais il faut bien comprendre que le contexte y est très différent, et bien plus propice à l'essor de l'e-sport. Kim Seungkyu, journaliste et critique de jeu, avait déclaré en 2002 sur *Interactu.net* : « *Jusqu'au milieu des années 1990, le phénomène n'était pas très important. Mais à partir de fin 1997, le marché de l'informatique personnelle a connu une forte croissance. Cela a favorisé le déploiement des jeux en ligne et du marché de l'Internet.* [...] *À la fin de l'année 1998, un joueur - Lim Yo Han - a gagné un tournoi international sur Starcraft, cette histoire a alors été fortement reprise par les médias et les Coréens y ont alors vu un nouveau moyen de conquérir le monde. Après cela, Starcraft est devenu un succès national. Des joueurs professionnels et des ligues professionnelles sont apparues. Les chaînes de télé ont organisé des compétitions, et par la suite des émissions broadcast se sont spécialisées sur le jeu vidéo, un peu comme le français Game One.* [...] *En 2000 l'industrie du jeu vidéo online a connu une croissance supérieure à celle des jeux offline.* [...] *Les gens se sont aperçus que les jeux en ligne étaient plus amusants. La plupart des développeurs coréens ont alors changé leur stratégie au profit du marché des jeux PC et des jeux en réseau. Au cours des dernières années, la Corée du sud a construit la première infrastructure réseau du monde, si bien que plus de 50 % des connexions personnelles sont aujourd'hui à haut débit.* » Pour compléter cette intervention, Vanessa Hua, du San Francisco Chronicle, nous précise dans son article de 2006 que l'industrie de l'e-sport représente 8,7 milliards de dollars, avec un investissement annuel de 100 millions de dollars de la part du gouvernement pour promouvoir et développer le marché.

Nous le voyons, en Corée du Sud, l'e-sport et le *pro-gaming* sous-jacent constituent presque une cause nationale, bénéficiant d'une infrastructure et d'une base de joueurs solides. Qui plus est, cette activité s'y est développée exclusivement sur une plateforme unique, le PC, avec très peu de jeux différents pratiqués, *Starcraft* en tête. En France, nous sommes loin de ce contexte : un marché du jeu vidéo qui propose un nombre conséquent de plateformes non compatibles entre elles qui divise le public au final, une image du jeu vidéo souvent malmenée par les médias (les débats sur l'épilepsie, la violence des jeux,

l'addiction...) qui peut refroidir les acteurs publics à investir sur une telle initiative... Soit deux obstacles majeurs dans la constitution d'une activité véritablement stable, qui pourquoi pas, verra naître des joueurs professionnels.

Qu'importe le flacon...

En résumé, si les conditions techniques, humaines et économiques se mettent en place, nous pouvons entrapercevoir la perspective d'un développement du *pro-gaming* du jeu de football. Mais cela risque de prendre du temps... Ne serait-ce pour que cette idée soit acceptée par le plus grand nombre des joueurs actifs de la communauté. Mais il ne faut pas oublier que le mouvement du football virtuel n'en est encore qu'à ses balbutiements. De ce fait, et de par la dépendance de l'activité vis-à-vis du « jeu du moment », l'émergence de cette pratique s'inscrit actuellement dans un contexte structurel pour le moins opaque et rempli d'incertitudes : d'un côté une communauté forte bâtie autour de *PES*, et de l'autre, des compétitions alléchantes organisées par des éditeurs, telle la FIWC qui propose à son vainqueur une dotation de 20 000 $ et une voiture... Ce flou perdurera tant que l'uniformisation de la pratique ne sera pas effectuée : ce n'est qu'une fois que les choix du jeu - matière première des compétitions - et du support (console, PC ?) seront une bonne fois pour toutes arrêtés que nous pourrons envisager le départ d'un processus visant au rassemblement du plus grand nombre de joueurs derrière la compétition du jeu de football, qui conduira, peut-être, vers une pratique suffisamment stable pour intéresser des financeurs potentiels. Mais cela impose le succès inconditionnel d'un jeu de football : aujourd'hui *FIFA* a pris l'ascendant sur *PES*, mais l'éditeur de ce dernier titre va certainement tenter de réagir...

Alors en attendant, pourquoi ne pas se contenter de suivre l'idéologie des fondateurs du football virtuel, et se laisser enivrer par des matches endiablés entre amis... Pour le plaisir. ■

PES League et Ultimate

Les deux visages d'un week-end sportif

Philippe Mora, spécialiste en sociologie du sport, est parti à Lille et Marcq-en-Barœul, à la découverte de deux compétitions de PES, l'une sélective, l'autre ouverte à tous. Deux microcosmes pas si différents, qui naviguent entre fête et compétition...

Par Philippe Mora

- Spécialiste en sociologie du sport -

Photo : Konami

Par l'intermédiaire de deux rencontres *Pro Evolution Soccer* (*PES*), je vais tenter de décrire le « football des clochers », celui, amateur, des compétitions Ultimate, et le « football à paillettes », celui, plus médiatisé, de la PES League. Dans les grandes lignes, ils ont tous deux une teinte sportive. Mais l'esprit sportif y est-il exactement le même ? Les joueurs se considèrent-ils comme des participants, des compétiteurs, des passionnés ou des sportifs ? J'ai observé l'organisation sociale de ces pratiques pour essayer de mieux cerner les joueurs. Mon regard s'est porté plus particulièrement sur leurs actes, plutôt que leurs paroles.

Les deux rencontres observées appartiennent à la même famille. La Fédération Française des Sports Vidéo (FFSV), née en 2001, et qui organise les Ultimate, a monté l'entreprise Au-Delà Du Virtuel (ADDV) pour gérer le circuit « pro » qu'est la *PES League*. Elle chapeaute donc les deux. Cette dernière opère une sélection de niveau, c'est un peu un circuit fermé. Après sélection sur classement des joueurs susceptibles d'y participer, des phases de qualifications ont lieu jusqu'aux championnats d'Europe. Un Ultimate, c'est l'inverse du football paillettes, une compétition ponctuelle, organisée par un des clubs de la FFSV, mais qui participe au classement sur l'année de la fédération.

DE LILLE À MARCQ-EN-BAROEUL

Nous sommes en avril 2006. Ce jour-là, la PES League se déroule à « Lille Grand Palais », haut lieu culturel et social de la ville. Le circuit pro prend souvent place dans les villes les plus importantes, dans les lieux les plus symboliques. La finale nationale a lieu au Stade de France, rien de moins ! C'est un football à paillettes, quoique perfectible dans son domaine de par sa faible visibilité extérieure. L'événement lillois paraît d'ailleurs discret vu de dehors, mais il s'agit en réalité de l'un des plus gros rassemblements de joueurs de l'année, venus des quatre coins de France.

Avril 2006 toujours, mais le lendemain : hasard du calendrier, c'est le jour de l'Ultimate. La rencontre observée a lieu dans la salle municipale

> **« NOUS SOMMES EN AVRIL 2006. CE JOUR-LÀ, LA PES LEAGUE SE DÉROULE À *LILLE GRAND PALAIS*, HAUT LIEU CULTUREL ET SOCIAL DE LA VILLE »**

de Marcq-en-Barœul. Nous sommes ici dans le football des clochers : ce sont les clubs de la fédération qui organisent ces tournois. Or, ces clubs prennent souvent racine dans des agglomérations de petite ou moyenne tailles. Généralement, les grandes villes préfèrent les événements ponctuels et spectaculaires alors que les villes moins importantes sont plus accueillantes pour une association rassemblant une dizaine de membres. Les joueurs d'une même région s'y retrouvent, avec quelques joueurs extérieurs de bon niveau qui font le déplacement. De par la proximité de l'événement « pro », les joueurs de la PES League ont pu faire d'une pierre deux coups en enchaînant le lendemain avec l'Ultimate, à Marcq-en-Barœul, qui, comme tout Ultimate digne de ce nom, est ouvert à tout un chacun.

Petite foule et petites amies

Le moins que l'on puisse dire, c'est que les compétitions sportives de *PES* ne déplacent pas les foules, au contraire d'un sport populaire. Les seules personnes que l'on croise durant les événements sont les joueurs eux-mêmes ou leurs petites amies, parfois joueuses. C'est aussi à cela que l'on mesure tout ce qui sépare *PES* d'une pratique sportive établie.

Les pratiquants de *PES* sont quasi-exclusivement des hommes, dans les mêmes proportions que le football, pratique essentiellement masculine en France (98,3 % des licenciés sont des hommes) tandis qu'elle est féminine aux USA (les footballeuses américaines ont d'ailleurs été deux fois championnes du monde, alors que l'équipe masculine de *soccer* n'a jamais dépassé les quarts de finale de la coupe du monde). Pas étonnant que la France soit le pays moteur pour la diffusion des compétitions de *PES* : une pratique sportive se développe d'autant mieux dans un pays lorsqu'elle est plébiscitée par les hommes.

Photo : www.studiosushi.com

Une identification forte

La compétition de simulation de football tend donc le miroir à une pratique très médiatique et légitime en France : le football lui-même. Il n'est donc pas surprenant que l'identification soit grande avec un modèle sportif aussi fort. Cette dernière se retrouve bien entendu dans l'organisation des tournois (éliminatoires par poules, matchs allers-retours, séances de tirs au but, etc.) mais aussi jusqu'aux joueurs eux-mêmes, dans leurs attitudes, leur pseudonymes ou les maillots qu'ils portent, souvent tournés vers le football. Peu de pratiquants de compétitions de jeux vidéo s'identifient autant à un jeu, à un sport, à une pratique ! En fait, beaucoup de pratiquants de *PES* actuels sont autant dans un rapport d'affirmation de soi par la compétition sportive, que d'identification au football (revivre cette passion, lui faire honneur).

A la PES League, la compétition la plus « pro », un gigantesque poster de Thierry Henry et Didier Drogba écrase tout le reste du décor. Il sert de photo souvenir aux participants et à la remise des récompenses. Dans le mobilier de la salle, on trouve même les deux sièges princiers sur lesquels les stars du foot sont assises lors des photos promotionnelles. Les joueurs de *PES* peuvent alors s'asseoir dessus pour faire comme leurs idoles... et immortaliser la scène le temps d'une photo. Thierry Henry et Didier Drogba sont même à côté des coupes, place centrale dans une compétition sportive.

Ainsi, ce ne sont pas les champions du jeu *PES* qui sont mis en avant mais les champions de football. C'est l'indice que la pratique de *PES* est pour le moment autant une activité d'identification à une autre passion, qu'une pratique sportive reconnue comme telle, même dans le

Thierry Henry et Didier Drogba sont autant respectés pour leurs performances en football qu'en tant que parrains et joueurs de *PES*.

Photo: Konami

« LES PARTICIPANTS PORTENT SOUVENT DES VÊTEMENTS EN L'HONNEUR DE LEUR CLUB OU JOUEUR FAVORI »

circuit « pro » qui est censé mettre l'accent sur les meilleurs joueurs de *PES*. Les héros dans la salle sont bien Henry et Drogba, respectés pour leurs performances en football, mais aussi aimés en tant que parrains et joueurs de *PES*.

Déguisements, stars et pseudos

À l'Ultimate, il n'y a pas de décor à proprement parler. Seuls quelques matchs importants sont projetés contre un mur nu. Pour le reste, des écrans de toutes les tailles s'alignent dans une pièce tout en longueur, dans une pièce immaculée, ou presque : seules les fiches de poules sont appliquées sur les murs. Les paillettes sont bien loin, le principal étant d'être ensemble.

Détail significatif, les participants à la PES League et à l'Ultimate portent souvent des vêtements en l'honneur de leur club ou joueur favori. Mais d'autres joueurs accentuent l'aspect d'une fête délirante plutôt que d'une pratique sportive en optant pour des déguisements sans rapport avec le football. Le déguisé s'affirme comme quelqu'un d'autre tandis que le sportif s'affirme sous sa propre identité (« je suis Thierry Henry », etc.). Par ailleurs, ces déguisements sont autant présents à la PES League qu'à l'Ultimate.

Ils vont dans le même sens que l'utilisation des pseudos que se choisissent les joueurs, comme pour attester que le héros est sur l'écran et non derrière la manette. Toutefois, les comptes-rendus officiels des compétitions de PES League préfèrent communiquer les noms des participants et non leurs pseudos afin que les néophytes puissent accrocher, mais aussi pour coller à l'esprit du sport.

Au-delà de l'affirmation de soi, une compétition sportive tend à starifier tel ou tel compétiteur (y compris dans un sport collectif comme le football). D'ailleurs, le « 4 contre 4 » à PES est une compétition mineure comparée au « 1 contre 1 », la discipline reine ! La simulation de foot réalise les fantasmes du football. Dans les tournois de PES League, l'esprit du sport est bien là malgré les déguisements et le décor.

Le champion Jérémy Vidal dit « Droodie », à l'oeuvre sur *PES 8*.

Sportifs ou spectateurs, la confusion

Dans une rencontre sportive aboutie, les participants sont clairement séparés des spectateurs. Or que ce soit lors de la PES League ou de l'Ultimate, les spectateurs sont très proches des compétiteurs en action. Scène à laquelle je n'ai jamais assisté dans les autres compétitions de jeux vidéo, les spectateurs touchent volontiers ceux qui jouent pour les stimuler et participer à la fête. Bière à la main, certains tiennent même des commentaires désobligeants, en plein match, juste à côté du joueur...

À Marcq-en-Barœul, ce mélange entre joueurs et spectateurs est d'autant plus flagrant que le lieu, tout en longueur, n'offre que peu de places pour se faufiler entre les concurrents. Ils n'ont pas intérêt à se laisser facilement déconcentrer par les bruits et mouvements autour d'eux ! En fait, les joueurs de *PES* semblent apprécier cette promiscuité chaleureuse, qui permet de se taper dans les mains, ou de se rassembler autour d'un téléviseur souvent tout petit. Et dans les moments forts, par exemple une demi-finale, ou un match au scénario haletant, tout le monde, spectateurs et joueurs au repos, se masse autour d'un écran pour encourager les deux compétiteurs ! On est

« LES SPECTATEURS SONT TRÉS PROCHES DES COMPÉTITEURS EN ACTION »

loin des champions des autres compétitions de jeux vidéo, par exemple de *Counter-Strike*, qui à la manière des tennismen, occupent un espace complètement séparé de la foule.

Face-à-face mais côte-à-côte

Ce côté « à la cool » est empreint d'affection chaleureuse. J'ai été témoin d'un geste amical de Droodie (Jérémy Vidal), l'un des meilleurs joueurs de *PES*, envers un joueur inconnu qui était déçu d'avoir perdu contre lui. Droodie lui passe alors la main dans les cheveux et lui glisse quelques mots de réconfort à l'oreille, tel un grand frère. Je n'avais jamais vu un tel geste affectueux dans les autres compétitions de jeux vidéo entre un champion et un joueur lambda. Il y en a quand même, mais ces gestes dans les autres tournois de jeux vidéo sont moins tactiles. Peut-être que le côté « football » et l'ambiance populaire (pas au sens péjoratif) explique cette chaleur humaine plus ou moins grande selon les compétitions. Mais encore, et pour rejoindre l'idée principale de cet article, l'ambiance est moins compétitive et verse plus dans la fête, entre soi, ce qui entraîne une profusion de gestes affectueux. Le sport, lui, sort de l'entre-soi et amène à la compétition avec « l'autre » que l'on considère et traite comme « inconnu ».

En parlant de l'aspect corporel, tactile de la pratique, il me vient en tête une réflexion quant au dispositif des concurrents lorsqu'ils se confrontent à *PES*. Le plus souvent, les pratiquants du *soft* de Konami jouent l'un à côté de l'autre, chose rare dans le jeu vidéo. J'ai constaté que lorsque les participants sont côte à côte, il y a moins d'intimidation physique et/ou verbale alors qu'il y a beaucoup plus d'exclamations, de chambres, de mouvements lorsqu'ils sont l'un en face de l'autre. Or, le sport est justement un spectacle qui accentue le plus possible l'antagonisme, qui met d'un côté un concurrent face à un autre. Le fait d'être l'un à côté de l'autre apaise la confrontation et paraît presqu'un ballet joué à deux : c'est grâce à l'autre qu'on a une belle victoire, non dans un quelconque record. D'ailleurs, il y a beaucoup moins de statistiques dans *PES* que dans les autres pratiques e-sportives. Or, comme je l'écrivais plus haut, le sport est féru de records pour mesurer le progrès et de statistiques pour ne rien laisser au hasard (rationalisation sportive).

Un mélange d'esprits sportifs

Au final, PES League et Ultimate apparaissent à la fois différents, et pourtant très proches. On y retrouve les mêmes joueurs, et les organisateurs sont pour ainsi dire les mêmes. L'une se veut plus professionnelle, médiatique et spectaculaire, tandis que l'autre, avec sa maille associative locale, tient davantage à une volonté de mélange de tous les joueurs, qui se battent pour leurs villes, mais avec leurs amis. PES League et Ultimate partagent aussi des valeurs éducatives et conviviales. Patrick Tapin, ancien président de la FFSV, s'est battu pour inculquer aux jeunes les bases du fair-play. « *Je leur apprenais à se serrer la main après chaque match* », m'a-t-il confié. Un même joueur peut participer à la PES League le samedi et à l'Ultimate le dimanche. C'est son état d'esprit qui fera la différence. Ainsi, certains des joueurs de *PES* font véritablement du sport, qu'ils aient une optique plus « pro » ou plus « amateur » ; d'autres encore, font plutôt la fête, et poursuivent leur passion du football. Chacun opère son mélange personnel de tous ces possibles. Mais la coexistence de ces deux approches dépend beaucoup du contexte.

Ces derniers temps sont difficiles avec *FIFA* qui revient en force. L'esprit sportif germe actuellement dans *PES* et peut très bien se développer ou périr... tout comme le jeu lui-même. Le site internet de la fédération est laissé à l'abandon, le nombre de clubs décline avec une cinquantaine en 2008 contre 80 en 2006. Pendant ce temps, la PES League attend 2010 en croisant les doigts pour que *PES* redevienne la simulation de football de référence. Sinon, un passage de témoin avec *FIFA* risque de créer une période de flottement qui atteindra jusqu'aux compétitions « pros » et donc, ADDV, l'entreprise organisatrice. Cela met en avant une des spécificités des compétitions sportives de jeux vidéo. Sans disciplines de références ou dans la peur que celles-ci ne tiennent pas, seule l'initiative privée, l'organisation informelle par « clans » (souvent constituée sur internet) semble pouvoir réagir au plus vite tandis que les clubs et les structures plus solides ne se relèvent pas des changements. Le football des clochers est peut-être voué à disparaitre, au profit du football à paillettes.

Le plus souvent, les pratiquants de *PES* jouent côte-à-côte, chose rare dans le jeu vidéo.

INDEX